D1922583

Hromadka/Sieg
Sprecherausschussgesetz

Sprecherausschuss-
gesetz

Kommentar

von

Prof. Dr. Dr. h.c. Wolfgang Hromadka
Professor an der Universität Passau (entpfl.),
Gastprofessor an der Karls-Universität zu Prag

Prof. Dr. Rainer Sieg
Honorarprofessor an der Universität Passau,
ehem. Vorsitzender des Konzern- und Gesamtsprecherausschusses
und Mitglied des Aufsichtsrats der Siemens AG

6. Auflage 2025

C.H.BECK

Zitiervorschlag: Hromadka/Sieg SprAuG § 1 Rn. 1

beck.de

ISBN 978 3 406 80466 3

© 2025 Verlag C.H.Beck GmbH & Co. KG
Wilhelmstraße 9, 80801 München
info@beck.de
Druck und Bindung: Beltz Grafische Betriebe GmbH
Am Fliegerhorst 8, 99947 Bad Langensalza

Satz: Meta Systems Publishing & Printservices GmbH, Wustermark
Umschlag: Druckerei C.H.Beck Nördlingen

myclimate
shape our future

chbeck.de/nachhaltig
produktsicherheit.beck.de

Gedruckt auf säurefreiem, alterungsbeständigem Papier
(hergestellt aus chlorfrei gebleichtem Zellstoff)

Alle urheberrechtlichen Nutzungsrechte bleiben vorbehalten.
Der Verlag behält sich auch das Recht vor, Vervielfältigungen dieses Werkes
zum Zwecke des Text and Data Mining vorzunehmen.

Vorwort zur 6. Auflage

„Die Mitwirkung des SprA erfüllt vor allem folgende Zwecke: Sie soll gewährleisten, dass die leitenden Angestellten auch über ihren eigenen Tätigkeitsbereich hinaus ausreichend informiert werden. Sie soll auch dazu dienen, angemessene Arbeitsbedingungen für die Gruppe der leitenden Angestellten zu finden, soweit solche Regelungen die leitenden Angestellten gemeinsam betreffen. Ferner soll die Mitwirkung ermöglichen, die besonderen Kenntnisse und Einsichten der leitenden Angestellten in die organisatorischen und wirtschaftlichen Zusammenhänge des Unternehmens in Entscheidungsprozesse einzubringen" (BT-Drs. 11/2503, 26). Diese Erwartungen, die der Gesetzgeber bei der Verkündung des Sprecherausschussgesetzes geäußert hat, haben sich voll erfüllt. Das Gesetz, das bei seiner Entstehung Wirtschaft und Gesellschaft heftig bewegte, hat sich bewährt. Der Sprecherausschuss ist zusammen mit dem Betriebsrat zu einem wichtigen Baustein in der Zusammenarbeit von Belegschaften und Arbeitgebern geworden.

Der Kommentar ist in erster Linie für Mitglieder von Sprecherausschüssen gedacht, für deren Gesprächs- und Verhandlungspartner in Betrieb und Unternehmen sowie für Vertreter von Verbänden. Er möchte aber natürlich auch Anregungen geben für Forschung und Lehre. Die Autoren haben sich deshalb bemüht, Wissenschaft mit einer praxisnahen Darstellung zu verbinden und auf möglichst viele Fragen, die die Verantwortlichen im Betriebsalltag beschäftigen, Antworten zu geben. Literatur und Rechtsprechung sind bis März 2025 ausgewertet.

Die Verfasser danken der Wissenschaftlichen Hilfskraft Lea Greissinger ganz herzlich für ihre tatkräftige Unterstützung.

Passau, im Juni 2025

Wolfgang Hromadka
Rainer Sieg

Vorwort zur 1. Auflage

Mit dem Sprecherausschussgesetz ist eine alte Forderung der leitenden Angestellten und ihrer Verbände in Erfüllung gegangen. Das Gesetz zieht die Folgerungen aus der wirtschaftlichen und gesellschaftlichen Entwicklung der vergangenen Jahrzehnte und ist der vorläufige Schlussstein in der deutschen Betriebsverfassung. In den immer größer und komplexer werdenden Betrieben und Unternehmen mussten die Unternehmensleitungen immer mehr Leitungsaufgaben auf hochqualifizierte Angestellte übertragen. Sollen die Unternehmer dennoch für den wirtschaftlichen Erfolg einstehen, dann müssen sie die Richtlinien der Unternehmenspolitik bestimmen und durchsetzen können. Dazu dient ihnen individualrechtlich das Weisungsrecht; kollektivrechtlich darf ihnen die Möglichkeit nicht durch Mitbestimmung genommen werden. Andererseits ist die Zahl der leitenden Angestellten inzwischen so groß geworden, dass sie ihre Interessen nur noch schwer einzeln wahrnehmen können. Vor allem der Gleichbehandlungsgrundsatz, der die Regelung der Vertragsbedingungen in Form allgemeiner Arbeitsbedingungen fördert, hindert individuelle Verhandlungen. Das legt es nahe, den leitenden Angestellten die kollektive Wahrnehmung ihrer Interessen zu ermöglichen.

Der Gesetzgeber, der sich zwischen der Skylla der gewerkschaftlichen Forderung nach Einbeziehung der leitenden Angestellten in den Betriebsrat und der Charybdis des Arbeitgeberwunsches nach Belassung dieser Gruppe außerhalb der Betriebsverfassung sah, ist einen Mittelweg gegangen. Er gibt den leitenden Angestellten eine Vertretung, beschränkt sie aber auf Mitwirkungsrechte. Formal orientiert er sich beim Aufbau des Sprecherausschussgesetzes an dem des Betriebsverfassungsgesetzes. Die allgemeinen Grundsätze der Betriebsverfassung für die leitenden Angestellten und die organisatorischen Regelungen für ihre Vertretungen entsprechen weitgehend denen der Betriebsverfassung für die übrigen Arbeitnehmer. Bei den Beteiligungsrechten geht das Gesetz naturgemäß eigene Wege. Für die Auslegung bedeutet das: Soweit Übereinstimmung besteht, kann weitgehend auf das zurückgegriffen werden, was zum Betriebsverfassungsgesetz gesagt und entschieden wurde. Anders ist es bei der inhaltlichen Mitwirkung; hier kommt ein Rückgriff nur punktuell in Betracht. In beiden Fällen darf er nicht unbesehen erfolgen. Die abweichende Zielrichtung des Gesetzes, der unterschiedliche Kontext, die Tatsache, dass es um die Vertretung von leitenden Angestellten und damit von Arbeitnehmern mit Unternehmerfunktion geht, lassen selbst identische Wendungen manchmal in anderem Licht erscheinen. So muss sich die Auslegung also vorsichtig ihren Weg bahnen zwischen Übernahme von Bewährtem und sachgerechter Würdigung des Neuen.

Entscheidungen zum Sprecherausschussgesetz sind bisher noch nicht ergangen. Es wird sicher auch in Zukunft nicht allzu viele geben. Umso wichtiger ist die Auslegungshilfe durch die Wissenschaft. Die Literatur wurde bis Ende 1990 eingearbeitet. Für die Unterstützung bei der Erstellung des Manuskripts danke ich meinem wissenschaftlichen Assistenten, Dietmar Heise, sowie den Referendaren Eler von Bockelmann und Dietmar Striegan. Vor allem aber danke ich meiner geduldigen Sekretärin Christiane Kaiser.

Passau, im Januar 1991 — Wolfgang Hromadka

Inhaltsverzeichnis

Inhaltsverzeichnis

Abkürzungsverzeichnis

aA	andere(r) Ansicht
abgedr.	abgedruckt
Abs.	Absatz
aE	am Ende
aF	alte(r) Fassung
AG	Arbeitgeber, Aktiengesellschaft
AGB	Allgemeine Geschäftsbedingungen
AGG	Allgemeines Gleichbehandlungsgesetz
AktG	Aktiengesetz
allg.	allgemein
allgM	allgemeine Meinung
Alt.	Alternative
AN	Arbeitnehmer/in
angef.	angeführte
AngKSchG	Gesetz über die Fristen für die Kündigung von Angestellten (Angestelltenkündigungsschutzgesetz)
Anm.	Anmerkung
AP	Arbeitsrechtliche Praxis (Nachschlagewerk des Bundesarbeitsgerichts)
AR	Aufsichtsrat
AR-Blattei SD	Arbeitsrecht-Blattei, Systematische Darstellungen
ArbG	Arbeitsgericht
ArbGG	Arbeitsgerichtsgesetz
ArbnErfG	Arbeitnehmererfindungsgesetz
ArbnErfGDV 2	Zweite Verordnung zur Durchführung des Gesetzes über Arbeitnehmererfindungen
ArbR	Arbeitsrecht, Zeitschrift für das gesamte Dienstrecht der Arbeiter, Angestellten und Beamten
ArbuSozPol	Arbeit und Sozialpolitik
ArbZG	Arbeitszeitgesetz
Art.	Artikel
AStVO	Arbeitsstättenverordnung
AT-Angestellter	Außertariflicher Angestellter
AuA	Arbeit und Arbeitsrecht (Zeitschrift)
Aufl.	Auflage
AÜG	Gesetz zur Regelung der Arbeitnehmerüberlassung (Arbeitnehmerüberlassungsgesetz)
AuR	Arbeit und Recht (Zeitschrift)
ausf.	ausführlich
AVAVG	Gesetz über Arbeitsvermittlung und Arbeitslosenversicherung
AVG	Angestelltenversicherungsgesetz
AZO	Arbeitszeitordnung
AZVO	Arbeitszeitverordnung
A+S-Ausschuss	Ausschuss für Arbeit und Sozialordnung
BABl.	Bundesarbeitsblatt
BAG	Bundesarbeitsgericht
BAGE	Entscheidungen des Bundesarbeitsgerichts, Amtliche Sammlung
BayObLG	Bayerisches Oberstes Landesgericht
BB	Betriebs-Berater (Zeitschrift)

Abkürzungsverzeichnis

BBiG	Berufsbildungsgesetz
Bd.	Band
BDA	Bundesvereinigung der Deutschen Arbeitgeberverbände
BDSG	Bundesdatenschutzgesetz
BEEG	Gesetz zum Elterngeld und zur Elternzeit (Bundeselterngeld- und Elternzeitgesetz)
Begr.	Begründung
Beil.	Beilage
BetrAVG	Gesetz zur Verbesserung der betrieblichen Altersversorgung
BetrVG	Betriebsverfassungsgesetz
BFH	Bundesfinanzhof
BGB	Bürgerliches Gesetzbuch
BGBl.	Bundesgesetzblatt
BGH	Bundesgerichtshof
BGHZ	Entscheidungen des Bundesgerichtshofs in Zivilsachen, Amtliche Sammlung
Bl.	Blatt
BPersVG	Bundespersonalvertretungsgesetz
BR	Betriebsrat
BRG	Betriebsrätegesetz
Bsp.	Beispiel(e)
BSprA	Betriebssprecherausschuss
bspw.	beispielsweise
BT	Bundestag
BT-Drs.	Verhandlungen des Deutschen Bundestages, Drucksachen
BT-Prot.	Stenographische Berichte (Protokolle) über die Sitzungen des Deutschen Bundestages
Budaci	Bund angestellter Chemiker und Ingenieure
BUrlG	Bundesurlaubsgesetz
BV	Betriebsvereinbarung(en)
BVerfG	Bundesverfassungsgericht
BVerfGE	Entscheidungen des Bundesverfassungsgerichts, Amtliche Sammlung
BVerwG	Bundesverwaltungsgericht
BVerwGE	Entscheidungen des Bundesverwaltungsgerichts, Amtliche Sammlung
bzgl.	bezüglich
bzw.	beziehungsweise
CDU/CSU	Christlich Demokratische Union/Christlich-Soziale Union
DAG	Deutsche Angestelltengewerkschaft
DB	Der Betrieb (Zeitschrift)
ders.	derselbe
DFK	Verband für Fach- und Führungskräfte
DGB	Deutscher Gewerkschaftsbund
DGFP	Deutsche Gesellschaft für Personalführung eV
dh	das heißt
Diss.	Dissertation
DLA	Der Leitende Angestellte (Zeitschrift)
DrittelbG	Drittelbeteiligungsgesetz
dt.	deutsch
Dt. Nat. Vslg.	Deutsche Nationalversammlung
DtRTag	Deutscher Reichstag
DVO	Durchführungsverordnung
EBR	Europäischer Betriebsrat

EBRG	Europäische Betriebsräte-Gesetz
EDV	Elektronische Datenverarbeitung
EG	Europäische Gemeinschaft
eG	eingetragene Genossenschaft
Einl.	Einleitung
EntgTranspG	Gesetz zur Förderung der Entgelttransparenz zwischen Frauen und Männern
Entsch.	Entscheidung
E	Entwurf
EStG	Einkommensteuergesetz
EU	Europäische Union
EuGH	Europäischer Gerichtshof
eV	eingetragener Verein
evtl.	eventuell
EWiR	Entscheidungen zum Wirtschaftsrecht
EzA	Entscheidungssammlung zum Arbeitsrecht
EzA-Schnelldienst	EzA Schnelldienst, Arbeitsrechtliche Sofortinformation der Entscheidungssammlung zum Arbeitsrecht
f. (ff.)	und folgender (und die folgenden)
FDP	Freie Demokratische Partei
Fn.	Fußnote
FS	Festschrift
GBR	Gesamtbetriebsrat
GbR	Gesellschaft bürgerlichen Rechts
GE	Gesetzentwurf
GEMA	Gesellschaft für musikalische Aufführungs- u. mechanische Vervielfältigungsrechte
GewO	Gewerbeordnung
GG	Grundgesetz
ggf.	gegebenenfalls
GGG	Gesetz, betreffend die Gewerbegerichte
GmbH	Gesellschaft mit beschränkter Haftung
GmbHG	Gesetz betreffend die Gesellschaften mit beschränkter Haftung
GO	Geschäftsordnung
grds.	grundsätzlich
GS	Großer Senat
GSchwbV	Gesamtschwerbehindertenvertretung
GSprA	Gesamtsprecherausschuss
GVG	Gerichtsverfassungsgesetz
HdB	Handbuch
HGB	Handelsgesetzbuch
hins.	hinsichtlich
hL	herrschende Lehre
hM	herrschende Meinung
Hs.	Halbsatz
HV	Handlungsvollmacht
iA	im Auftrag
IAVG	Gesetz, betreffend die Invaliditäts- und Altersversicherung
idF	in der Fassung
idR	in der Regel
iE	im Einzelnen

Abkürzungsverzeichnis

iErg	im Ergebnis
iHv	in Höhe von
InsO	Insolvenzordnung
iSd/v	im Sinne des/von
IT	Informationstechnik
iV	in Vertretung, in Vollmacht
iVm	in Verbindung mit
iwS	im weiteren Sinn
IQ	Intelligenzquotient
JURA	Juristische Ausbildung (Zeitschrift)
KAPOVAZ	kapazitätsorientierte, variable Arbeitszeit
KBR	Konzernbetriebsrat
KfmGG	Gesetz betreffend Kaufmannsgerichte
KG	Kommanditgesellschaft
KGaA	Kommanditgesellschaft auf Aktien
KSchG	Kündigungsschutzgesetz
KSchwV	Konzernschwerbehindertenvertretung
KSprA	Konzernsprecherausschuss
L.A.	leitende(r) Angestellte(r)
LAG	Landesarbeitsgericht
LAGE	Entscheidungen der Landesarbeitsgerichte
LG	Landgericht
Leg.Per.	Legislaturperiode
lit.	Buchstabe
MindRG	Gesetz zur Verstärkung der Minderheitenrechte in den Betrieben und Verwaltungen
MitbestG	Gesetz über die Mitbestimmung der Arbeitnehmer (Mitbestimmungsgesetz)
mN	mit Nachweisen
mR	mit Recht
MuSchG	Gesetz zum Schutze von Müttern bei der Arbeit, bei der Ausbildung und im Studium (Mutterschutzgesetz)
mwBsp	mit weiteren Beispielen
mwN	mit weiteren Nachweisen
Nachw.	Nachweis(e)
nF	neue Fassung
NJW	Neue Juristische Wochenschrift
N. N.	(noch) zu nennender Name
Nr.	Nummer/n
NZA	Neue Zeitschrift für Arbeits(- und Sozial)recht
NZA-RR	NZA-Rechtsprechungsreport Arbeitsrecht
oÄ	oder Ähnliches
og	oben genannte(r/s)
oHG	offene Handelsgesellschaft
OLG	Oberlandesgericht
OWiG	Gesetz über Ordnungswidrigkeiten
PersVG	Personalvertretungsgesetz
RabelsZ	(Rabels) Zeitschrift für Ausländisches und Internationales Privatrecht
rd.	rund
RdA	Recht der Arbeit (Zeitschrift)
Rn.	Randnummer (interner Verweis)

RefE	Referentenentwurf
RegE	Regierungsentwurf
Rn.	Randnummer (externer Verweis)
Rspr.	Rechtsprechung
RVO	Reichsversicherungsordnung
S.	Satz, Seite
s.	siehe
SAE	Sammlung arbeitsrechtlicher Entscheidungen
SchliVO	Schlichtungsverordnung
SchwbG	Schwerbehindertengesetz (jetzt SGB IX)
SchwbV	Schwerbehindertenvertretung
SE	Societas Europaea (Europäische Aktiengesellschaft)
SGB	Sozialgesetzbuch
SGG	Sozialgerichtsgesetz
sog.	sogenannt(e)
SPD	Sozialdemokratische Partei Deutschlands
SprA	Sprecherausschuss
SprALAG	(Entwurf eines) Gesetz(es) über die Errichtung von Sprecherausschüssen für Leitende Angestellte
SprAuG	Sprecherausschussgesetz
SprA-Vereinbarung	Sprecherausschussvereinbarung
std.	ständig(e)
stRspr	ständige Rechtsprechung
Sten. Ber.	Stenographischer Bericht
StGB	Strafgesetzbuch
StPO	Strafprozessordnung
str.	streitig
SVwG	Gesetz über die Selbstverwaltung (Selbstverwaltungsgesetz) auf dem Gebiet der Sozialversicherung
TVG	Tarifvertragsgesetz
TVVO	VO über Tarifverträge, Arbeiter- und Angestelltenausschüsse und Schlichtung von Arbeitsstreitigkeiten
TzBfG	Gesetz über Teilzeitarbeit und befristete Arbeitsverhältnisse (Teilzeit- und Befristungsgesetz)
u.a.	unter anderem
uÄ	und Ähnliches
ULA	Union der leitenden Angestellten
UmwG	Umwandlungsgesetz
Union	Die Union, Monatsschrift der Union der leitenden Angestellten
UrhG	Urheberrechtsgesetz
Urt.	Urteil
USprA	Unternehmenssprecherausschuss
usw	und so weiter
uU	unter Umständen
UVG	Unfallversicherungsgesetz
UWG	Gesetz gegen den unlauteren Wettbewerb
v.	vom, von
VAA	Verband angestellter Akademiker der chemischen Industrie eV; Verband angestellter Akademiker und Leitender Angestellter der chemischen Industrie eV

Abkürzungsverzeichnis

Vela	Vereinigung von Angestellten in Handel und Industrie; Vereinigung der leitenden Angestellten in Handel und Industrie eV; Vereinigung der leitenden Angestellten eV; Vereinigung leitender Angestellter eV
VersG	Gesetz über Versammlungen und Aufzüge (Versammlungsgesetz)
VFE	Verband der Führungskräfte der Eisen- und Stahlerzeugung und -verarbeitung
vgl.	vergleiche
VglO	Vergleichsordnung
VG Wort	Verwertungsgesellschaft Wort
VO	Verordnung
VoB	Verband oberer Bergbeamter eV
VoE	Verband oberer Angestellter der Eisen- und Stahlindustrie eV
Vorb.	Vorbemerkung
WO	Wahlordnung
WOBetrVG	Wahlordnung zum Betriebsverfassungsgesetz
WOMitbestG	Wahlordnung zum Mitbestimmungsgesetz
WOSprAuG	Wahlordnung zum Sprecherausschussgesetz
WPO	Wirtschaftsprüferordnung
WpÜG	Wertpapiererwerbs- und Übernahmegesetz
WRV	Weimarer Reichsverfassung
zB	zum Beispiel
ZBVR	Zeitschrift für Betriebsverfassungsrecht
ZfA	Zeitschrift für Arbeitsrecht
Ziff.	Ziffer
ZIP	Zeitschrift für Wirtschaftsrecht und Insolvenzpraxis
zit.	zitiert
ZPO	Zivilprozessordnung

Literaturverzeichnis

Abeln Organrechtliche und kündigungsrechtliche Stellung des Sprecherausschussmitglieds im Vergleich zum Betriebsratsmitglied, Diss. Freiburg 1993

AnwaltKommentar Hümmerich/Boecken/Düwell 2. Aufl. 2010 (zit.: AnwK/Bearbeiter)

Anzinger/Koberski, ArbZG, 5. Aufl. 2020

Baeck/Deutsch/Winzer, ArbZG, 4. Aufl. 2020

Bauer Sprecherausschussgesetz, 2. Aufl. 1990

Borgwardt/Fischer/Janert Sprecherausschussgesetz für leitende Angestellte, 2. Aufl. 1990 (zit.: BFJ/Bearbeiter)

Däubler/Beck Allgemeines Gleichbehandlungsgesetz, 5. Aufl. 2022 (zit.: AGG/Bearbeiter)

Däubler/Deinert/Walser AGB-Kontrolle im Arbeitsrecht, Kommentierung zu den §§ 305 bis 310 BGB, 5. Aufl. 2021 (zit.: DDW/Bearbeiter)

Däubler/Klebe/Wedde Betriebsverfassungsgesetz, 19. Aufl. 2023 (zit.: DKW/Bearbeiter)

Dietz/Richardi Betriebsverfassungsgesetz mit Wahlordnung, 7. Aufl. 1998

Düwell Betriebsverfassungsgesetz, Handkommentar, 6. Aufl. 2022

Dornbusch/Krumbiegel/Löwisch AR, Kommentar zum gesamten Arbeitsrecht, 10. Aufl. 2021 (zit.: AR/Bearbeiter)

Erfurter Kommentar zum Arbeitsrecht, 25. Aufl. 2025 (zit.: ErfK/Bearbeiter)

Fischer Kommentar zum Strafgesetzbuch, 72. Aufl. 2025

Fischer/Janert/Goldschmidt Kommentar zum Sprecherausschussgesetz, 2001 (zit.: FJG/Bearbeiter)

Fitting/Trebinger/Linsenmaier/Schelz/Schmidt Betriebsverfassungsgesetz, Kommentar, 32. Aufl. 2024 (zit.: Fitting)

Flatow Betriebsrätegesetz, 12. Aufl. 1920

Fuchs/Köstler/Pütz Handbuch zur Aufsichtsratswahl, 7. Aufl. 2021

GK-BetrVG Wiese/Kreutz u.a. Gemeinschaftskommentar zum Betriebsverfassungsgesetz, 12. Aufl. 2022 (zit.: GK-BetrVG/Bearbeiter)

Goldschmidt Der Sprecherausschuss, 3. Aufl. 2021 (Anhänge: 3. Aufl. 2021)

Habersack/Henssler Mitbestimmungsrecht, Kommentar, 4. Aufl. 2018 (zit.: HH/Bearbeiter)

Hess/Worzalla/Glock/Nicolai/Rose/Huke Kommentar zum Betriebsverfassungsgesetz, 10. Aufl. 2018 (zit.: HWGNRH/Bearbeiter)

Henssler/Willemsen/Kalb Arbeitsrecht Kommentar, 11. Aufl. 2024 (zit.: HWK/Bearbeiter)

v. Hoyningen-Huene Betriebsverfassungsrecht, 6. Aufl. 2007

Hromadka Das Recht der leitenden Angestellten, 1979 (zit.: Hromadka Leitende Angestellte)

Hromadka/Maschmann Arbeitsrecht für Vorgesetzte, 6. Aufl. 2020 (zit.: Hromadka Vorgesetzte)

Hromadka/Maschmann Arbeitsrecht I, 8. Aufl. 2022 II, 8. Aufl. 2020

Hromadka/Schmitt-Rolfes Der unbefristete Arbeitsvertrag, 2006

Hueck/Nipperdey Lehrbuch des Arbeitsrechts, 6. Aufl. 1957

Kaiser Sprecherausschüsse für leitende Angestellte, 1995

Klebe/Ratayczak/Heilmann/Spoo Basiskommentar zum Betriebsverfassungsgesetz, 22. Aufl. 2021 (zit.: KRHS)

Köhler/Bornkamm/Feddersen u.a. Gesetz gegen den unlauteren Wettbewerb, 43. Aufl. 2025

KR Bader/Fischermeier/Gallner u.a. Gemeinschaftskommentar zum Kündigungsschutzgesetz und sonstigen kündigungsschutzrechtlichen Vorschriften, 13. Aufl. 2022 (zit.: KR/Bearbeiter)

Kramer Rechtsfragen des Sprecherausschussgesetzes, Diss. Göttingen 1993

Kreutz Grenzen der Betriebsautonomie, 1979

Kronisch/Deich Arbeitsrecht-Blattei Sprecherausschuss I–III, 174. Aktualisierung 2007

Linck/Krause/Bayreuther, Kündigungsschutzgesetz, 16. Aufl. 2019
Löwisch Kommentar zum Sprecherausschussgesetz, 2. Aufl. 1994
Löwisch/Kaiser Kommentar zum Betriebsverfassungsgesetz I, 7. Aufl. 2017 (zit.: LK/Bearbeiter)
Löwisch/Kaiser/Klumpp Kommentar zum Betriebsverfassungsgesetz II, 7. Aufl. 2020 (zit.: LKK/Bearbeiter)
Martens Das Arbeitsrecht der leitenden Angestellten, 1982
Maschmann/Sieg/Göpfert Vertragsgestaltung im Arbeitsrecht, 3. Aufl. 2020 (zit.: MaSiG/Bearbeiter)
Münchener Handbuch zum Arbeitsrecht, 6. Aufl. 2024 (zit.: MHdB ArbR/Bearbeiter)
Münchener Kommentar zum Aktiengesetz, 6. Aufl. 2023 (zit.: MüKoAktG/Bearbeiter)
Nagel/Freis/Kleinsorge Kommentar zum SE-Beteiligungsgesetz, 3. Aufl. 2018 (zit.: NFK/Bearbeiter)
Nikisch Arbeitsrecht, Band 3, Betriebsverfassungsrecht, 2. Aufl. 1966
Ossberger Betriebliche Kontrollen, ihre Voraussetzungen und Grenzen, Diss. Erlangen, Nürnberg 1981
Raiser/Veil/Jacobs Mitbestimmungsgesetz und Drittelbeteiligungsgesetz, Kommentar, 7. Aufl. 2020 (zit.: RVJ/Bearbeiter)
Reich/Reich/Reich Betriebsverfassungsgesetz, Kommentar, 2003
Richardi Betriebsverfassungsgesetz mit Wahlordnung, Kommentar, 17. Aufl. 2022 (zit.: Richardi/Bearbeiter)
Schaub Arbeitsrechts-Handbuch, 20. Aufl. 2023 (zit.: Schaub ArbR-Hdb/Bearbeiter)
Schaub Arbeitsgerichtsverfahren, 7. Aufl. 2000
Schubert/Wißmann/Kleinsorge Mitbestimmungsrecht, Kommentar, 6. Aufl. 2024 (zit.: SWK/Bearbeiter)
Schwerdtfeger Mitbestimmung in privaten Unternehmen, 1973
Sieg/Maschmann Unternehmensumstrukturierung aus arbeitsrechtlicher Sicht, 3. Aufl. 2020
Spindler/Stilz Aktiengesetz, 5. Aufl. 2022 (zit.: Spindler/Stilz/Bearbeiter)
Staudinger Kommentar zum Bürgerlichen Gesetzbuch, 17. Aufl. ab 2017 (zit.: Staudinger/Bearbeiter)
Steffens Institution und Funktion der Sprecherausschüsse der leitenden Angestellten in Betrieb und Unternehmen, Diss. Berlin 1973
Stege/Weinspach/Schiefer Betriebsverfassungsgesetz, Kommentar, 9. Aufl. 2002
Straub Arbeitshandbuch Personal, 7. Aufl. 2010
Sturzenhecker Der leitende Angestellte in Theorie und Praxis, Diss. Münster 1964
Thomas/Putzo Zivilprozessordnung, Kommentar, 45. Aufl. 2024
Totschek Der Begriff des Leitenden Angestellten, Diss. Leipzig 1932
Travlos-Tzanetos Die Regelungsbefugnis der Betriebspartner und ihre Grenzen zum Einzelarbeitsverhältnis, Diss. Berlin 1974
Ulmer Legalisierte Sprecherausschüsse, Diss. Konstanz 1989
Wiedemann Tarifvertragsgesetz, Kommentar, 9. Aufl. 2023
Wlotzke/Preis/Kreft Betriebsverfassungsgesetz, Kommentar, 4. Aufl. 2009 (zit.: WPK/Bearbeiter)
Wolf/Lindacher/Pfeiffer AGB-Recht, Kommentar, 7. Aufl. 2020
Zöllner Daten- und Informationsschutz im Arbeitsverhältnis, 2. Aufl. 1983
Zöllner/Loritz/Hergenröder Arbeitsrecht, 7. Aufl. 2015

Gesetz über Sprecherausschüsse der leitenden Angestellten (Sprecherausschussgesetz – SprAuG)

vom 20. Dezember 1988 (BGBl. I S. 2312),

zuletzt geändert durch Art. 6e G zur Stärkung des Schutzes der Bevölkerung und insbesondere vulnerabler Personengruppen vor COVID-19 vom 16.9.2022 (BGBl. I S. 1454)

Redaktionelle Inhaltsübersicht

Erster Teil Allgemeine Vorschriften

§ 1 Errichtung von Sprecherausschüssen

(1) In Betrieben mit in der Regel mindestens zehn leitenden Angestellten (§ 5 Abs. 3 des Betriebsverfassungsgesetzes) werden Sprecherausschüsse der leitenden Angestellten gewählt.

(2) Leitende Angestellte eines Betriebs mit in der Regel weniger als zehn leitenden Angestellten gelten für die Anwendung dieses Gesetzes als leitende Angestellte des räumlich nächstgelegenen Betriebs desselben Unternehmens, der die Voraussetzungen des Absatzes 1 erfüllt.

(3) Dieses Gesetz findet keine Anwendung auf

1. Verwaltungen und Betriebe des Bundes, der Länder, der Gemeinden und sonstiger Körperschaften, Anstalten und Stiftungen des öffentlichen Rechts sowie
2. Religionsgemeinschaften und ihre karitativen und erzieherischen Einrichtungen unbeschadet deren Rechtsform.

§ 2 Zusammenarbeit

(1) Der Sprecherausschuß arbeitet mit dem Arbeitgeber vertrauensvoll unter Beachtung der geltenden Tarifverträge zum Wohl der leitenden Angestellten und des Betriebs zusammen. Der Arbeitgeber hat vor Abschluß einer Betriebsvereinbarung oder sonstigen Vereinbarung mit dem Betriebsrat, die rechtliche Interessen der leitenden Angestellten berührt, den Sprecherausschuß rechtzeitig anzuhören.

(2) Der Sprecherausschuß kann dem Betriebsrat oder Mitgliedern des Betriebsrats das Recht einräumen, an Sitzungen des Sprecherausschusses teilzunehmen. Der Betriebsrat kann dem Sprecherausschuß oder Mitgliedern des Sprecherausschusses das Recht einräumen, an Sitzungen des Betriebsrats teilzunehmen. Einmal im Kalenderjahr soll eine gemeinsame Sitzung des Sprecherausschusses und des Betriebsrats stattfinden.

(3) Die Mitglieder des Sprecherausschusses dürfen in der Ausübung ihrer Tätigkeit nicht gestört oder behindert werden. Sie dürfen wegen ihrer Tätigkeit nicht benachteiligt oder begünstigt werden; dies gilt auch für ihre berufliche Entwicklung.

(4) Arbeitgeber und Sprecherausschuß haben Betätigungen zu unterlassen, durch die der Arbeitsablauf oder der Frieden des Betriebs beeinträchtigt werden. Sie haben jede parteipolitische Betätigung im Betrieb zu unterlassen; die Behandlung von Angelegenheiten tarifpolitischer, sozialpolitischer und wirtschaftlicher Art, die den Betrieb oder die leitenden Angestellten unmittelbar betreffen, wird hierdurch nicht berührt.

Zweiter Teil Sprecherausschuß, Versammlung der leitenden Angestellten, Gesamt-, Unternehmens- und Konzernsprecherausschuß

Erster Abschnitt Wahl, Zusammensetzung und Amtszeit des Sprecherausschusses

§ 3 Wahlberechtigung und Wählbarkeit

(1) Wahlberechtigt sind alle leitenden Angestellten des Betriebs.

(2) Wählbar sind alle leitenden Angestellten, die sechs Monate dem Betrieb angehören. Auf die sechsmonatige Betriebszugehörigkeit werden Zeiten angerechnet, in denen der leitende Angestellte unmittelbar vorher einem anderen Betrieb desselben Unternehmens oder Konzerns (§ 18 Abs. 1 des Aktiengesetzes) als Beschäftigter angehört hat. Nicht wählbar ist, wer

1. aufgrund allgemeinen Auftrags des Arbeitgebers Verhandlungspartner des Sprecherausschusses ist,
2. nicht Aufsichtsratsmitglied der Arbeitnehmer nach § 6 Abs. 2 Satz 1 des Mitbestimmungsgesetzes in Verbindung mit § 105 Abs. 1 des Aktiengesetzes sein kann oder
3. infolge strafgerichtlicher Verurteilung die Fähigkeit, Rechte aus öffentlichen Wahlen zu erlangen, nicht besitzt.

§ 4 Zahl der Sprecherausschußmitglieder

(1) Der Sprecherausschuß besteht in Betrieben mit in der Regel

10 bis 20 leitenden Angestellten	aus einer Person,
21 bis 100 leitenden Angestellten	aus drei Mitgliedern,
101 bis 300 leitenden Angestellten	aus fünf Mitgliedern,
über 300 leitenden Angestellten	aus sieben Mitgliedern.

(2) Männer und Frauen sollen entsprechend ihrem zahlenmäßigen Verhältnis im Sprecherausschuß vertreten sein.

§ 5 Zeitpunkt der Wahlen und Amtszeit

(1) Die regelmäßigen Wahlen des Sprecherausschusses finden alle vier Jahre in der Zeit vom 1. März bis 31. Mai statt. Sie sind zeitgleich mit den regelmäßigen Betriebsratswahlen nach § 13 Abs. 1 des Betriebsverfassungsgesetzes einzuleiten.

(2) Außerhalb dieses Zeitraums ist der Sprecherausschuß zu wählen, wenn
1. im Betrieb ein Sprecherausschuß nicht besteht,
2. der Sprecherausschuß durch eine gerichtliche Entscheidung aufgelöst ist,
3. die Wahl des Sprecherausschusses mit Erfolg angefochten worden ist oder
4. der Sprecherausschuß mit der Mehrheit seiner Mitglieder seinen Rücktritt beschlossen hat.

(3) Hat außerhalb des in Absatz 1 festgelegten Zeitraums eine Wahl des Sprecherausschusses stattgefunden, ist der Sprecherausschuß in dem auf die Wahl folgenden nächsten Zeitraum der regelmäßigen Wahlen des Sprecherausschusses neu zu wählen. Hat die Amtszeit des Sprecherausschusses zu Beginn des in Absatz 1 festgelegten Zeitraums noch nicht ein Jahr betragen, ist der Sprecherausschuß in dem übernächsten Zeitraum der regelmäßigen Wahlen des Sprecherausschusses neu zu wählen.

(4) Die regelmäßige Amtszeit des Sprecherausschusses beträgt vier Jahre. Die Amtszeit beginnt mit der Bekanntgabe des Wahlergebnisses oder, wenn zu diesem Zeitpunkt noch ein Sprecherausschuß besteht, mit Ablauf von dessen Amtszeit. Die Amtszeit endet spätestens am 31. Mai des Jahres, in dem nach Absatz 1 die regelmäßigen Wahlen des Sprecherausschusses stattfinden. In dem Fall des Absatzes 3 Satz 2 endet die Amtszeit spätestens am 31. Mai des Jahres, in dem der Sprecherausschuß neu zu wählen ist.

(5) In dem Fall des Absatzes 2 Nr. 4 führt der Sprecherausschuß die Geschäfte weiter, bis der neue Sprecherausschuß gewählt und das Wahlergebnis bekanntgegeben ist.

§ 6 Wahlvorschriften

(1) Der Sprecherausschuß wird in geheimer und unmittelbarer Wahl gewählt.

(2) Die Wahl erfolgt nach den Grundsätzen der Verhältniswahl; wird nur ein Wahlvorschlag eingereicht, erfolgt die Wahl nach den Grundsätzen der Mehrheitswahl.

(3) In Betrieben, deren Sprecherausschuß aus einer Person besteht, wird dieser mit einfacher Stimmenmehrheit gewählt. In einem getrennten Wahlgang ist ein Ersatzmitglied zu wählen.

(4) Zur Wahl des Sprecherausschusses können die leitenden Angestellten Wahlvorschläge machen. Jeder Wahlvorschlag muß von mindestens einem Zwanzigstel der leitenden Angestellten, jedoch von mindestens drei leitenden Angestellten unterzeichnet sein; in Betrieben mit in der Regel bis zu zwanzig leitenden Angestellten genügt die Unterzeichnung durch zwei leitende Angestellte. In jedem Fall genügt die Unterzeichnung durch fünfzig leitende Angestellte.

§ 7 Bestellung, Wahl und Aufgaben des Wahlvorstands

(1) Spätestens zehn Wochen vor Ablauf seiner Amtszeit bestellt der Sprecherausschuß einen aus drei oder einer höheren ungeraden Zahl von leitenden Angestellten bestehenden Wahlvorstand und einen von ihnen als Vorsitzenden.

(2) Besteht in einem Betrieb, der die Voraussetzungen des § 1 Abs. 1 erfüllt, kein Sprecherausschuß, wird in einer Versammlung von der Mehrheit der anwesenden leitenden Angestellten des Betriebs ein Wahlvorstand gewählt. Zu dieser Versammlung können drei leitende Angestellte des Betriebs einladen und Vorschläge für die Zusammensetzung des Wahlvorstands machen. Der Wahlvorstand hat unverzüglich eine Abstimmung darüber herbeizuführen, ob ein Sprecherausschuß gewählt werden soll. Ein Sprecherausschuß wird gewählt, wenn dies die Mehrheit der leitenden Angestellten des Betriebs in einer Versammlung oder durch schriftliche Stimmabgabe verlangt.

(3) Zur Teilnahme an der Versammlung und der Abstimmung nach Absatz 2 sind die Angestellten berechtigt, die vom Wahlvorstand aus Anlaß der letzten Betriebsratswahl oder der letzten Wahl von Aufsichtsratsmitgliedern der Arbeitnehmer, falls diese Wahl später als die Betriebsratswahl stattgefunden hat, oder durch gerichtliche Entscheidung den leitenden Angestellten zugeordnet worden sind. Hat zuletzt oder im gleichen Zeitraum wie die nach Satz 1 maßgebende Wahl eine Wahl nach diesem Gesetz stattgefunden, ist die für diese Wahl erfolgte Zuordnung entscheidend.

(4) Der Wahlvorstand hat die Wahl unverzüglich einzuleiten, sie durchzuführen und nach Abschluß der Wahl öffentlich die Auszählung der Stimmen vorzunehmen, deren Ergebnis in einer Niederschrift festzustellen und es im Betrieb bekanntzugeben. Dem Arbeitgeber ist eine Abschrift der Wahlniederschrift zu übersenden.

§ 8 Wahlanfechtung, Wahlschutz und Wahlkosten

(1) Die Wahl kann beim Arbeitsgericht angefochten werden, wenn gegen wesentliche Vorschriften über das Wahlrecht, die Wählbarkeit oder das Wahlverfahren verstoßen worden ist und eine Berichtigung nicht erfolgt ist, es sei denn, daß durch den Verstoß das Wahlergebnis nicht geändert oder beeinflußt werden konnte. Zur Anfechtung berechtigt sind mindestens drei leitende Angestellte oder der Arbeitgeber. Die Wahlanfechtung ist nur innerhalb einer Frist von zwei Wochen, vom Tage der Bekanntgabe des Wahlergebnisses an gerechnet, zulässig.

(2) Niemand darf die Wahl des Sprecherausschusses behindern. Insbesondere darf kein leitender Angestellter in der Ausübung des aktiven und passiven Wahlrechts beschränkt werden. Niemand darf die Wahl des Sprecherausschusses durch Zufügung oder Androhung von Nachteilen oder durch Gewährung oder Versprechen von Vorteilen beeinflussen.

(3) Die Kosten der Wahl trägt der Arbeitgeber. Versäumnis von Arbeitszeit, die zur Ausübung des Wahlrechts, zur Betätigung im Wahlvorstand oder zur Tätigkeit als Vermittler (§ 18a des Betriebsverfassungsgesetzes) erforderlich ist, berechtigt den Arbeitgeber nicht zur Minderung des Arbeitsentgelts.

§ 9 Ausschluß von Mitgliedern, Auflösung des Sprecherausschusses und Erlöschen der Mitgliedschaft

(1) Mindestens ein Viertel der leitenden Angestellten oder der Arbeitgeber können beim Arbeitsgericht den Ausschluß eines Mitglieds aus dem Sprecherausschuß oder die Auflösung des Sprecherausschusses wegen grober Verletzung seiner gesetzlichen Pflichten beantragen. Der Ausschluß eines Mitglieds kann auch vom Sprecherausschuß beantragt werden.

(2) Die Mitgliedschaft im Sprecherausschuß erlischt durch
1. Ablauf der Amtszeit,
2. Niederlegung des Sprecherausschußamtes,
3. Beendigung des Arbeitsverhältnisses,
4. Verlust der Wählbarkeit,
5. Ausschluß aus dem Sprecherausschuß oder Auflösung des Sprecherausschusses aufgrund einer gerichtlichen Entscheidung oder
6. gerichtliche Entscheidung über die Feststellung der Nichtwählbarkeit nach Ablauf der in § 8 Abs. 1 Satz 3 bezeichneten Frist, es sei denn, der Mangel liegt nicht mehr vor.

§ 10 Ersatzmitglieder

(1) Scheidet ein Mitglied des Sprecherausschusses aus, rückt ein Ersatzmitglied nach. Dies gilt entsprechend für die Stellvertretung eines zeitweilig verhinderten Mitglieds des Sprecherausschusses.

(2) Die Ersatzmitglieder werden der Reihe nach aus den nicht gewählten leitenden Angestellten derjenigen Vorschlagslisten entnommen, denen die zu ersetzenden Mitglieder angehören. Ist eine Vorschlagsliste erschöpft, ist das Ersatzmitglied derjenigen Vorschlagsliste zu entnehmen, auf die nach den Grundsätzen der Verhältniswahl der nächste Sitz entfallen würde. Ist das ausgeschiedene oder verhinderte Mitglied nach den Grundsätzen der Mehrheitswahl gewählt, bestimmt sich die Reihenfolge der Ersatzmitglieder nach der Höhe der erreichten Stimmenzahl.

(3) In dem Fall des § 6 Abs. 3 gilt Absatz 1 mit der Maßgabe, daß das gewählte Ersatzmitglied nachrückt oder die Stellvertretung übernimmt.

Zweiter Abschnitt Geschäftsführung des Sprecherausschusses

§ 11 Vorsitzender

(1) Der Sprecherausschuß wählt aus seiner Mitte den Vorsitzenden und dessen Stellvertreter.

(2) Der Vorsitzende vertritt den Sprecherausschuß im Rahmen der von diesem gefaßten Beschlüsse. Zur Entgegennahme von Erklärungen, die dem Sprecherausschuß gegenüber abzugeben sind, ist der Vorsitzende berechtigt. Im Falle der Verhinderung des Vorsitzenden nimmt sein Stellvertreter diese Aufgaben wahr.

(3) Der Sprecherausschuß kann die laufenden Geschäfte auf den Vorsitzenden oder andere Mitglieder des Sprecherausschusses Übertragen.

§ 12 Sitzungen des Sprecherausschusses

(1) Vor Ablauf einer Woche nach dem Wahltag hat der Wahlvorstand die Mitglieder des Sprecherausschusses zu der nach § 11 Abs. 1 vorgeschriebenen Wahl einzuberufen. Der Vorsitzende des Wahlvorstands leitet die Sitzung, bis der Sprecherausschuß aus seiner Mitte einen Wahlleiter zur Wahl des Vorsitzenden und seines Stellvertreters bestellt hat.

(2) Die weiteren Sitzungen beruft der Vorsitzende des Sprecherausschusses ein. Er setzt die Tagesordnung fest und leitet die Verhandlung. Der Vorsitzende hat die Mitglieder des Sprecherausschusses zu den Sitzungen rechtzeitig unter Mitteilung der Tagesordnung zu laden.

(3) Der Vorsitzende hat eine Sitzung einzuberufen und den Gegenstand, dessen Beratung beantragt ist, auf die Tagesordnung zu setzen, wenn dies ein Drittel der Mitglieder des Sprecherausschusses oder der Arbeitgeber beantragen.

(4) Der Arbeitgeber nimmt an den Sitzungen, die auf sein Verlangen anberaumt sind, und an den Sitzungen, zu denen er ausdrücklich eingeladen ist, teil.

(5) Die Sitzungen des Sprecherausschusses finden in der Regel während der Arbeitszeit statt. Der Sprecherausschuß hat bei der Anberaumung von Sitzungen auf die betrieblichen Notwendigkeiten Rücksicht zu nehmen. Der Arbeitgeber ist über den Zeitpunkt der Sitzung vorher zu verständigen. Die Sitzungen des Sprecherausschusses sind nicht öffentlich; § 2 Abs. 2 bleibt unberührt. Die Sitzungen des Sprecherausschusses finden als Präsenzsitzung statt.

(6) Abweichend von Absatz 5 Satz 5 kann die Teilnahme an einer Sitzung des Sprecherausschusses mittels Video- und Telefonkonferenz erfolgen, wenn
1. die Voraussetzungen für eine solche Teilnahme in der Geschäftsordnung unter Sicherung des Vorrangs der Präsenzsitzung festgelegt sind,
2. nicht mindestens ein Viertel der Mitglieder des Sprecherausschusses binnen einer von dem Vorsitzenden zu bestimmenden Frist diesem gegenüber widerspricht und
3. sichergestellt ist, dass Dritte vom Inhalt der Sitzung keine Kenntnis nehmen können.

Eine Aufzeichnung der Sitzung ist unzulässig.

(7) Erfolgt die Sitzung des Sprecherausschusses mit der zusätzlichen Möglichkeit der Teilnahme mittels Video- und Telefonkonferenz, gilt auch eine Teilnahme vor Ort als erforderlich.

§ 13 Beschlüsse und Geschäftsordnung des Sprecherausschusses

(1) Die Beschlüsse des Sprecherausschusses werden, soweit in diesem Gesetz nichts anderes bestimmt ist, mit der Mehrheit der Stimmen der anwesenden Mitglieder gefaßt. Mitglieder, die mittels Video- und Telefonkonferenz an der Beschlussfassung teilnehmen, gelten als anwesend. Bei Stimmengleichheit ist ein Antrag abgelehnt.

(2) Der Sprecherausschuß ist nur beschlußfähig, wenn mindestens die Hälfte seiner Mitglieder an der Beschlußfassung teilnimmt. Stellvertretung durch Ersatzmitglieder ist zulässig.

(3) Über jede Verhandlung des Sprecherausschusses ist eine Niederschrift anzufertigen, die mindestens den Wortlaut der Beschlüsse und die Stimmenmehrheit,

mit der sie gefaßt sind, enthält. Die Niederschrift ist von dem Vorsitzenden und einem weiteren Mitglied zu unterzeichnen. Der Niederschrift ist eine Anwesenheitsliste beizufügen, in die sich jeder Teilnehmer eigenhändig einzutragen hat. Nimmt ein Mitglied des Sprecherausschusses mittels Video- und Telefonkonferenz an der Sitzung teil, so hat es seine Teilnahme gegenüber dem Vorsitzenden in Textform zu bestätigen. Die Bestätigung ist der Niederschrift beizufügen.

(4) Die Mitglieder des Sprecherausschusses haben das Recht, die Unterlagen des Sprecherausschusses jederzeit einzusehen.

(5) Sonstige Bestimmungen über die Geschäftsführung können in einer schriftlichen Geschäftsordnung getroffen werden, die der Sprecherausschuß mit der Mehrheit der Stimmen seiner Mitglieder beschließt.

§ 14 Arbeitsversäumnis und Kosten

(1) Mitglieder des Sprecherausschusses sind von ihrer beruflichen Tätigkeit ohne Minderung des Arbeitsentgelts zu befreien, wenn und soweit es nach Umfang und Art des Betriebs zur ordnungsgemäßen Durchführung ihrer Aufgaben erforderlich ist.

(2) Die durch die Tätigkeit des Sprecherausschusses entstehenden Kosten trägt der Arbeitgeber. Für die Sitzungen und die laufende Geschäftsführung hat der Arbeitgeber in erforderlichem Umfang Räume, sachliche Mittel und Büropersonal zur Verfügung zu stellen.

Dritter Abschnitt Versammlung der leitenden Angestellten

§ 15 Zeitpunkt, Einberufung und Themen der Versammlung

(1) Der Sprecherausschuß soll einmal im Kalenderjahr eine Versammlung der leitenden Angestellten einberufen und in ihr einen Tätigkeitsbericht erstatten. Auf Antrag des Arbeitgebers oder eines Viertels der leitenden Angestellten hat der Sprecherausschuß eine Versammlung der leitenden Angestellten einzuberufen und den beantragten Beratungsgegenstand auf die Tagesordnung zu setzen.

(2) Die Versammlung der leitenden Angestellten soll während der Arbeitszeit stattfinden. Sie wird vom Vorsitzenden des Sprecherausschusses geleitet. Sie ist nicht öffentlich.

(3) Der Arbeitgeber ist zu der Versammlung der leitenden Angestellten unter Mitteilung der Tagesordnung einzuladen. Er ist berechtigt, in der Versammlung zu sprechen. Er hat über Angelegenheiten der leitenden Angestellten und die wirtschaftliche Lage und Entwicklung des Betriebs zu berichten, soweit dadurch nicht Betriebs- oder Geschäftsgeheimnisse gefährdet werden.

(4) Die Versammlung der leitenden Angestellten kann dem Sprecherausschuß Anträge unterbreiten und zu seinen Beschlüssen Stellung nehmen. § 2 Abs. 4 gilt entsprechend.

Vierter Abschnitt Gesamtsprecherausschuß

§ 16 Errichtung, Mitgliederzahl und Stimmengewicht

(1) Bestehen in einem Unternehmen mehrere Sprecherausschüsse, ist ein Gesamtsprecherausschuß zu errichten.

(2) In den Gesamtsprecherausschuß entsendet jeder Sprecherausschuß eines seiner Mitglieder. Satz 1 gilt entsprechend für die Abberufung. Durch Vereinbarung zwischen Gesamtsprecherausschuß und Arbeitgeber kann die Mitgliederzahl des Gesamtsprecherausschusses abweichend von Satz 1 geregelt werden.

(3) Der Sprecherausschuß hat für jedes Mitglied des Gesamtsprecherausschusses mindestens ein Ersatzmitglied zu bestellen und die Reihenfolge des Nachrückens festzulegen; § 10 Abs. 3 gilt entsprechend.

(4) Jedes Mitglied des Gesamtsprecherausschusses hat so viele Stimmen, wie in dem Betrieb, in dem es gewählt wurde, leitende Angestellte in der Wählerliste der leitenden Angestellten eingetragen sind. Ist ein Mitglied des Gesamtsprecherausschusses für mehrere Betriebe entsandt worden, hat es so viele Stimmen, wie in den Betrieben, für die es entsandt ist, leitende Angestellte in den Wählerlisten eingetragen sind. Sind für einen Betrieb mehrere Mitglieder des Sprecherausschusses entsandt worden, stehen diesen die Stimmen nach Satz 1 anteilig zu.

§ 17 Ausschluß von Mitgliedern und Erlöschen der Mitgliedschaft

(1) Mindestens ein Viertel der leitenden Angestellten des Unternehmens, der Gesamtsprecherausschuß oder der Arbeitgeber können beim Arbeitsgericht den Ausschluß eines Mitglieds aus dem Gesamtsprecherausschuß wegen grober Verletzung seiner gesetzlichen Pflichten beantragen.

(2) Die Mitgliedschaft im Gesamtsprecherausschuß endet mit Erlöschen der Mitgliedschaft im Sprecherausschuß, durch Amtsniederlegung, durch Ausschluß aus dem Gesamtsprecherausschuß aufgrund einer gerichtlichen Entscheidung oder Abberufung durch den Sprecherausschuß.

§ 18 Zuständigkeit

(1) Der Gesamtsprecherausschuß ist zuständig für die Behandlung von Angelegenheiten, die das Unternehmen oder mehrere Betriebe des Unternehmens betreffen und nicht durch die einzelnen Sprecherausschüsse innerhalb ihrer Betriebe behandelt werden können. Er ist den Sprecherausschüssen nicht übergeordnet.

(2) Der Sprecherausschuß kann mit der Mehrheit der Stimmen seiner Mitglieder den Gesamtsprecherausschuß schriftlich beauftragen, eine Angelegenheit für ihn zu behandeln. Der Sprecherausschuß kann sich dabei die Entscheidungsbefugnis vorbehalten. Für den Widerruf der Beauftragung gilt Satz 1 entsprechend.

(3) Die Vorschriften über die Rechte und Pflichten des Sprecherausschusses und die Rechtsstellung seiner Mitglieder gelten entsprechend für den Gesamtsprecherausschuß.

§ 19 Geschäftsführung

(1) Für den Gesamtsprecherausschuß gelten § 10 Abs. 1, die §§ 11, 13 Abs. 1, 3 bis 5 und § 14 entsprechend.

(2) Ist ein Gesamtsprecherausschuß zu errichten, hat der Sprecherausschuß der Hauptverwaltung des Unternehmens oder, sofern ein solcher nicht besteht, der Sprecherausschuß des nach der Zahl der leitenden Angestellten größten Betriebs zu der Wahl des Vorsitzenden und des stellvertretenden Vorsitzenden des Gesamtsprecherausschusses einzuladen. Der Vorsitzende des einladenden Sprecherausschusses hat die Sitzung zu leiten, bis der Gesamtsprecherausschuß aus seiner Mitte einen Wahlleiter zur Wahl des Vorsitzenden und seines Stellvertreters bestellt hat. § 12 Absatz 2 bis 7 gilt entsprechend.

(3) Der Gesamtsprecherausschuß ist nur beschlußfähig, wenn mindestens die Hälfte seiner Mitglieder an der Beschlußfassung teilnimmt und die Teilnehmenden mindestens die Hälfte aller Stimmen vertreten. Stellvertretung durch Ersatzmitglieder ist zulässig.

Fünfter Abschnitt Unternehmenssprecherausschuß

§ 20 Errichtung

(1) Sind in einem Unternehmen mit mehreren Betrieben in der Regel insgesamt mindestens zehn leitende Angestellte beschäftigt, kann abweichend von § 1 Abs. 1 und 2 ein Unternehmenssprecherausschuß der leitenden Angestellten gewählt werden, wenn dies die Mehrheit der leitenden Angestellten des Unternehmens verlangt. Die §§ 2 bis 15 gelten entsprechend.

(2) Bestehen in dem Unternehmen Sprecherausschüsse, hat auf Antrag der Mehrheit der leitenden Angestellten des Unternehmens der Sprecherausschuß der Hauptverwaltung oder, sofern ein solcher nicht besteht, der Sprecherausschuß des nach der Zahl der leitenden Angestellten größten Betriebs einen Unternehmenswahlvorstand für die Wahl eines Unternehmenssprecherausschusses zu bestellen. Die Wahl des Unternehmenssprecherausschusses findet im nächsten Zeitraum der regelmäßigen Wahlen im Sinne des § 5 Abs. 1 Satz 1 statt. Die Amtszeit der Sprecherausschüsse endet mit der Bekanntgabe des Wahlergebnisses.

(3) Besteht ein Unternehmenssprecherausschuß, können auf Antrag der Mehrheit der leitenden Angestellten des Unternehmens Sprecherausschüsse gewählt werden. Der Unternehmenssprecherausschuß hat für jeden Betrieb, der die Voraussetzungen des § 1 Abs. 1 erfüllt, einen Wahlvorstand nach § 7 Abs. 1 zu bestellen. Die Wahl von Sprecherausschüssen findet im nächsten Zeitraum der regelmäßigen Wahlen im Sinne des § 5 Abs. 1 Satz 1 statt. Die Amtszeit des Unternehmenssprecherausschusses endet mit der Bekanntgabe des Wahlergebnisses eines Sprecherausschusses.

(4) Die Vorschriften über die Rechte und Pflichten des Sprecherausschusses und die Rechtsstellung seiner Mitglieder gelten entsprechend für den Unternehmenssprecherausschuß.

Sechster Abschnitt Konzernsprecherausschuß

§ 21 Errichtung, Mitgliederzahl und Stimmengewicht

(1) Für einen Konzern (§ 18 Abs. 1 des Aktiengesetzes) kann durch Beschlüsse der einzelnen Gesamtsprecherausschüsse ein Konzernsprecherausschuß errichtet werden. Die Errichtung erfordert die Zustimmung der Gesamtsprecherausschüsse der Konzernunternehmen, in denen insgesamt mindestens 75 vom Hundert der leitenden Angestellten der Konzernunternehmen beschäftigt sind. Besteht in einem Konzernunternehmen nur ein Sprecherausschuß oder ein Unternehmenssprecherausschuß, tritt er an die Stelle des Gesamtsprecherausschusses und nimmt dessen Aufgaben nach den Vorschriften dieses Abschnitts wahr.

(2) In den Konzernsprecherausschuß entsendet jeder Gesamtsprecherausschuß eines seiner Mitglieder. Satz 1 gilt entsprechend für die Abberufung. Durch Vereinbarung zwischen Konzernsprecherausschuß und Arbeitgeber kann die Mitgliederzahl des Konzernsprecherausschusses abweichend von Satz 1 geregelt werden.

(3) Der Gesamtsprecherausschuß hat für jedes Mitglied des Konzernsprecherausschusses mindestens ein Ersatzmitglied zu bestellen und die Reihenfolge des Nachrückens festzulegen; nimmt der Sprecherausschuß oder der Unternehmenssprecherausschuß eines Konzernunternehmens die Aufgaben des Gesamtsprecherausschusses nach Absatz 1 Satz 3 wahr, gilt § 10 Abs. 3 entsprechend.

(4) Jedes Mitglied des Konzernsprecherausschusses hat so viele Stimmen, wie die Mitglieder des Gesamtsprecherausschusses, von dem es entsandt wurde, im Gesamtsprecherausschuß Stimmen haben. Ist ein Mitglied des Konzernsprecherausschusses von einem Sprecherausschuß oder Unternehmenssprecherausschuß entsandt worden, hat es so viele Stimmen, wie in dem Betrieb oder Konzernunternehmen, in dem es gewählt wurde, leitende Angestellte in der Wählerliste der leitenden Angestellten eingetragen sind. § 16 Abs. 4 Satz 2 und 3 gilt entsprechend.

§ 22 Ausschluß von Mitgliedern und Erlöschen der Mitgliedschaft

(1) Mindestens ein Viertel der leitenden Angestellten der Konzernunternehmen, der Konzernsprecherausschuß oder der Arbeitgeber können beim Arbeitsgericht den Ausschluß eines Mitglieds aus dem Konzernsprecherausschuß wegen grober Verletzung seiner gesetzlichen Pflichten beantragen.

(2) Die Mitgliedschaft im Konzernsprecherausschuß endet mit dem Erlöschen der Mitgliedschaft im Gesamtsprecherausschuß, durch Amtsniederlegung, durch Ausschluß aus dem Konzernsprecherausschuß aufgrund einer gerichtlichen Entscheidung oder Abberufung durch den Gesamtsprecherausschuß.

§ 23 Zuständigkeit

(1) Der Konzernsprecherausschuß ist zuständig für die Behandlung von Angelegenheiten, die den Konzern oder mehrere Konzernunternehmen betreffen und nicht durch die einzelnen Gesamtsprecherausschüsse innerhalb ihrer Unterneh-

men geregelt werden können. Er ist den Gesamtsprecherausschüssen nicht übergeordnet.

(2) Der Gesamtsprecherausschuß kann mit der Mehrheit der Stimmen seiner Mitglieder den Konzernsprecherausschuß schriftlich beauftragen, eine Angelegenheit für ihn zu behandeln. Der Gesamtsprecherausschuß kann sich dabei die Entscheidungsbefugnis vorbehalten. Für den Widerruf der Beauftragung gilt Satz 1 entsprechend.

§ 24 Geschäftsführung

(1) Für den Konzernsprecherausschuß gelten § 10 Abs. 1, die §§ 11, 13 Abs. 1, 3 bis 5, die §§ 14, 18 Abs. 3 und § 19 Abs. 3 entsprechend.

(2) Ist ein Konzernsprecherausschuß zu errichten, hat der Gesamtsprecherausschuß des herrschenden Unternehmens oder, sofern ein solcher nicht besteht, der Gesamtsprecherausschuß des nach der Zahl der leitenden Angestellten größten Konzernunternehmens zu der Wahl des Vorsitzenden und des stellvertretenden Vorsitzenden des Konzernsprecherausschusses einzuladen. Der Vorsitzende des einladenden Gesamtsprecherausschusses hat die Sitzung zu leiten, bis der Konzernsprecherausschuß aus seiner Mitte einen Wahlleiter zur Wahl des Vorsitzenden und seines Stellvertreters bestellt hat. § 12 Absatz 2 bis 7 gilt entsprechend.

Dritter Teil Mitwirkung der leitenden Angestellten

Erster Abschnitt Allgemeine Vorschriften

§ 25 Aufgaben des Sprecherausschusses

(1) Der Sprecherausschuß vertritt die Belange der leitenden Angestellten des Betriebs (§ 1 Abs. 1 und 2). Die Wahrnehmung eigener Belange durch den einzelnen leitenden Angestellten bleibt unberührt.

(2) Der Sprecherausschuß ist zur Durchführung seiner Aufgaben nach diesem Gesetz rechtzeitig und umfassend vom Arbeitgeber zu unterrichten. Auf Verlangen sind ihm die erforderlichen Unterlagen jederzeit zur Verfügung zu stellen.

§ 26 Unterstützung einzelner leitender Angestellter

(1) Der leitende Angestellte kann bei der Wahrnehmung seiner Belange gegenüber dem Arbeitgeber ein Mitglied des Sprecherausschusses zur Unterstützung und Vermittlung hinzuziehen.

(2) Der leitende Angestellte hat das Recht, in die über ihn geführten Personalakten Einsicht zu nehmen. Er kann hierzu ein Mitglied des Sprecherausschusses hinzuziehen. Das Mitglied des Sprecherausschusses hat über den Inhalt der Personalakten Stillschweigen zu bewahren, soweit es von dem leitenden Angestellten im Einzelfall nicht von dieser Verpflichtung entbunden wird. Erklärungen des leitenden Angestellten zum Inhalt der Personalakten sind diesen auf sein Verlangen beizufügen.

§ 27 Grundsätze für die Behandlung der leitenden Angestellten

(1) Arbeitgeber und Sprecherausschuss haben darüber zu wachen, dass alle leitenden Angestellten des Betriebs nach den Grundsätzen von Recht und Billigkeit behandelt werden, insbesondere, dass jede Benachteiligung von Personen aus Gründen ihrer Rasse oder wegen ihrer ethnischen Herkunft, ihrer Abstammung oder sonstigen Herkunft, ihrer Nationalität, ihrer Religion oder Weltanschauung, ihrer Behinderung, ihres Alters, ihrer politischen oder gewerkschaftlichen Betätigung oder Einstellung oder wegen ihres Geschlechts oder ihrer sexuellen Identität unterbleibt.

(2) Arbeitgeber und Sprecherausschuß haben die freie Entfaltung der Persönlichkeit der leitenden Angestellten des Betriebs zu schützen und zu fördern.

§ 28 Richtlinien und Vereinbarungen

(1) Arbeitgeber und Sprecherausschuß können Richtlinien über den Inhalt, den Abschluß oder die Beendigung von Arbeitsverhältnissen der leitenden Angestellten schriftlich vereinbaren. Werden Richtlinien in elektronischer Form geschlossen, haben Arbeitgeber und Sprecherausschuss abweichend von § 126a Absatz 2 des Bürgerlichen Gesetzesbuchs dasselbe Dokument elektronisch zu signieren.

(2) Der Inhalt der Richtlinien gilt für die Arbeitsverhältnisse unmittelbar und zwingend, soweit dies zwischen Arbeitgeber und Sprecherausschuß vereinbart ist. Abweichende Regelungen zugunsten leitender Angestellter sind zulässig. Werden leitenden Angestellten Rechte nach Satz 1 eingeräumt, so ist ein Verzicht auf sie nur mit Zustimmung des Sprecherausschusses zulässig. Vereinbarungen nach Satz 1 können, soweit nichts anderes vereinbart ist, mit einer Frist von drei Monaten gekündigt werden.

§ 29 Geheimhaltungspflicht

(1) Die Mitglieder und Ersatzmitglieder des Sprecherausschusses sind verpflichtet, Betriebs- oder Geschäftsgeheimnisse, die ihnen wegen ihrer Zugehörigkeit zum Sprecherausschuß bekanntgeworden und vom Arbeitgeber ausdrücklich als geheimhaltungsbedürftig bezeichnet worden sind, nicht zu offenbaren und nicht zu verwerten. Dies gilt auch nach dem Ausscheiden aus dem Sprecherausschuß. Die Verpflichtung gilt nicht gegenüber Mitgliedern des Sprecherausschusses, des Gesamtsprecherausschusses, des Unternehmenssprecherausschusses, des Konzernsprecherausschusses und den Arbeitnehmervertretern im Aufsichtsrat.

(2) Absatz 1 gilt entsprechend für die Mitglieder und Ersatzmitglieder des Gesamtsprecherausschusses, des Unternehmenssprecherausschusses und des Konzernsprecherausschusses.

Zweiter Abschnitt Mitwirkungsrechte

§ 30 Arbeitsbedingungen und Beurteilungsgrundsätze

Der Arbeitgeber hat den Sprecherausschuß rechtzeitig in folgenden Angelegenheiten der leitenden Angestellten zu unterrichten:

1. Änderungen der Gehaltsgestaltung und sonstiger allgemeiner Arbeitsbedingungen;
2. Einführung oder Änderung allgemeiner Beurteilungsgrundsätze.

Er hat die vorgesehenen Maßnahmen mit dem Sprecherausschuß zu beraten.

§ 31 Personelle Maßnahmen

(1) Eine beabsichtigte Einstellung oder personelle Veränderung eines leitenden Angestellten ist dem Sprecherausschuß rechtzeitig mitzuteilen.

(2) Der Sprecherausschuß ist vor jeder Kündigung eines leitenden Angestellten zu hören. Der Arbeitgeber hat ihm die Gründe für die Kündigung mitzuteilen. Eine ohne Anhörung des Sprecherausschusses ausgesprochene Kündigung ist unwirksam. Bedenken gegen eine ordentliche Kündigung hat der Sprecherausschuß dem Arbeitgeber spätestens innerhalb einer Woche, Bedenken gegen eine außerordentliche Kündigung unverzüglich, spätestens jedoch innerhalb von drei Tagen, unter Angabe der Gründe schriftlich mitzuteilen. Äußert er sich innerhalb der nach Satz 4 maßgebenden Frist nicht, so gilt dies als Einverständnis des Sprecherausschusses mit der Kündigung.

(3) Die Mitglieder des Sprecherausschusses sind verpflichtet, über die ihnen im Rahmen personeller Maßnahmen nach den Absätzen 1 und 2 bekanntgewordenen persönlichen Verhältnisse und Angelegenheiten der leitenden Angestellten, die ihrer Bedeutung oder ihrem Inhalt nach einer vertraulichen Behandlung bedürfen, Stillschweigen zu bewahren; § 29 Abs. 1 Satz 2 und 3 gilt entsprechend.

§ 32 Wirtschaftliche Angelegenheiten

(1) Der Unternehmer hat den Sprecherausschuß mindestens einmal im Kalenderhalbjahr über die wirtschaftlichen Angelegenheiten des Betriebs und des Unternehmens im Sinne des § 106 Abs. 3 des Betriebsverfassungsgesetzes zu unterrichten, soweit dadurch nicht die Betriebs- oder Geschäftsgeheimnisse des Unternehmens gefährdet werden. Satz 1 gilt nicht für Unternehmen und Betriebe im Sinne des § 118 Abs. 1 des Betriebsverfassungsgesetzes.

(2) Der Unternehmer hat den Sprecherausschuß über geplante Betriebsänderungen im Sinne des § 111 des Betriebsverfassungsgesetzes, die auch wesentliche Nachteile für leitende Angestellte zur Folge haben können, rechtzeitig und umfassend zu unterrichten. Entstehen leitenden Angestellten infolge der geplanten Betriebsänderung wirtschaftliche Nachteile, hat der Unternehmer mit dem Sprecherausschuß über Maßnahmen zum Ausgleich oder zur Milderung dieser Nachteile zu beraten.

Vierter Teil Besondere Vorschriften

§ 33 Seeschiffahrt

(1) Auf Seeschiffahrtsunternehmen (§ 114 Abs. 2 des Betriebsverfassungsgesetzes) und ihre Betriebe ist dieses Gesetz anzuwenden, soweit sich aus den Absätzen 2 bis 4 nichts anderes ergibt.

(2) Sprecherausschüsse werden nur in den Landbetrieben von Seeschiffahrtsunternehmen gewählt.

(3) Leitende Angestellte im Sinne des § 1 Abs. 1 dieses Gesetzes sind in einem Seebetrieb (§ 114 Abs. 3 und 4 des Betriebsverfassungsgesetzes) nur die Kapitäne. Sie gelten für die Anwendung dieses Gesetzes als leitende Angestellte des Landbetriebs. Bestehen mehrere Landbetriebe, so gelten sie als leitende Angestellte des nach der Zahl der leitenden Angestellten größten Landbetriebs.

(4) Die Vorschriften über die Wahl des Sprecherausschusses finden auf Sprecherausschüsse in den Landbetrieben von Seeschiffahrtsunternehmen mit folgender Maßgabe Anwendung:
1. Die in § 7 Abs. 1 genannte Frist wird auf sechzehn Wochen verlängert.
2. Die Frist für die Wahlanfechtung nach § 8 Abs. 1 Satz 3 beginnt für die leitenden Angestellten an Bord, wenn das Schiff nach Bekanntgabe des Wahlergebnisses erstmalig einen Hafen im Geltungsbereich dieses Gesetzes oder einen Hafen, in dem ein Seemannsamt seinen Sitz hat, anläuft. Nach Ablauf von drei Monaten seit Bekanntgabe des Wahlergebnisses ist eine Wahlanfechtung unzulässig. Die Wahlanfechtung kann auch zu Protokoll des Seemannsamtes erklärt werden. Die Anfechtungserklärung ist vom Seemannsamt unverzüglich an das für die Anfechtung zuständige Arbeitsgericht weiterzuleiten.

Fünfter Teil Straf- und Bußgeldvorschriften

§ 34 Straftaten gegen Vertretungsorgane der leitenden Angestellten und ihre Mitglieder

(1) Mit Freiheitsstrafe bis zu einem Jahr oder mit Geldstrafe wird bestraft, wer
1. eine Wahl des Sprecherausschusses oder des Unternehmenssprecherausschusses behindert oder durch Zufügung oder Androhung von Nachteilen oder durch Gewährung oder Versprechen von Vorteilen beeinflußt,
2. die Tätigkeit des Sprecherausschusses, des Gesamtsprecherausschusses, des Unternehmenssprecherausschusses oder des Konzernsprecherausschusses behindert oder stört oder
3. ein Mitglied oder ein Ersatzmitglied des Sprecherausschusses, des Gesamtsprecherausschusses, des Unternehmenssprecherausschusses oder des Konzernsprecherausschusses um seiner Tätigkeit willen benachteiligt oder begünstigt.

(2) Die Tat wird nur auf Antrag des Sprecherausschusses, des Gesamtsprecherausschusses, des Unternehmenssprecherausschusses, des Konzernsprecherausschusses, des Wahlvorstands oder des Unternehmers verfolgt.

§ 35 Verletzung von Geheimnissen

(1) Wer unbefugt ein fremdes Betriebs- oder Geschäftsgeheimnis offenbart, das ihm in seiner Eigenschaft als Mitglied oder Ersatzmitglied des Sprecherausschusses, des Gesamtsprecherausschusses, des Unternehmenssprecherausschusses oder des Konzernsprecherausschusses bekanntgeworden und das vom Arbeitgeber ausdrücklich als geheimhaltungsbedürftig bezeichnet worden ist, wird mit Freiheitsstrafe bis zu einem Jahr oder mit Geldstrafe bestraft.

(2) Ebenso wird bestraft, wer unbefugt ein fremdes Geheimnis eines leitenden Angestellten oder eines anderen Arbeitnehmers, namentlich ein zu dessen persönlichen Lebensbereich gehörendes Geheimnis, offenbart, das ihm in seiner Eigenschaft als Mitglied oder Ersatzmitglied des Sprecherausschusses oder einer der in Absatz 1 genannten Vertretungen bekanntgeworden ist und über das nach den Vorschriften dieses Gesetzes Stillschweigen zu bewahren ist.

(3) Handelt der Täter gegen Entgelt oder in der Absicht, sich oder einen anderen zu bereichern oder einen anderen zu schädigen, so ist die Strafe Freiheitsstrafe bis zu zwei Jahren oder Geldstrafe. Ebenso wird bestraft, wer unbefugt ein fremdes Geheimnis, namentlich ein Betriebs- oder Geschäftsgeheimnis, zu dessen Geheimhaltung er nach den Absätzen 1 oder 2 verpflichtet ist, verwertet.

(4) Die Absätze 1 bis 3 sind auch anzuwenden, wenn der Täter das fremde Geheimnis nach dem Tode des Betroffenen unbefugt offenbart oder verwertet.

(5) Die Tat wird nur auf Antrag des Verletzten verfolgt. Stirbt der Verletzte, so geht das Antragsrecht nach § 77 Abs. 2 des Strafgesetzbuches auf die Angehörigen über, wenn das Geheimnis zum persönlichen Lebensbereich des Verletzten gehört; in anderen Fällen geht es auf die Erben über. Offenbart der Täter das Geheimnis nach dem Tode des Betroffenen, so gilt Satz 2 entsprechend.

§ 36 Bußgeldvorschriften

(1) Ordnungswidrig handelt, wer eine der in § 30 Satz 1, § 31 Abs. 1 oder § 32 Abs. 1 Satz 1 oder Abs. 2 Satz 1 genannten Unterrichtungs- oder Mitteilungspflichten nicht, wahrheitswidrig, unvollständig oder verspätet erfüllt.

(2) Die Ordnungswidrigkeit kann mit einer Geldbuße bis zu zehntausend Euro geahndet werden.

Sechster Teil Übergangs- und Schlußvorschriften

§ 37 Erstmalige Wahlen nach diesem Gesetz

(1) Die erstmaligen Wahlen des Sprecherausschusses oder des Unternehmenssprecherausschusses finden im Zeitraum der regelmäßigen Wahlen nach § 5 Abs. 1 im Jahre 1990 statt. § 7 Abs. 2 und 3 findet Anwendung.

(2) Auf Sprecherausschüsse, die aufgrund von Vereinbarungen gebildet worden sind und bei Inkrafttreten dieses Gesetzes bestehen, findet dieses Gesetz keine Anwendung. Sie bleiben bis zur Wahl nach Absatz 1, spätestens bis zum 31. Mai 1990, im Amt.

§ 38 Ermächtigung zum Erlaß von Wahlordnungen

Das Bundesministerium für Arbeit und Soziales kann durch Rechtsverordnung zur Regelung des Wahlverfahrens Vorschriften über die in den §§ 3 bis 8, 20 und 33 bezeichneten Wahlen erlassen, insbesondere über

1. die Vorbereitung der Wahl, insbesondere die Aufstellung der Wählerlisten;
2. die Frist für die Einsichtnahme in die Wählerlisten und die Erhebung von Einsprüchen gegen sie;

3. die Vorschlagslisten und die Frist für ihre Einreichung;
4. das Wahlausschreiben und die Fristen für seine Bekanntmachung;
5. die Stimmabgabe;
6. die Feststellung des Wahlergebnisses und die Fristen für seine Bekanntmachung;
7. die Aufbewahrung der Wahlakten.

§ 39 Sonderregelung aus Anlass der COVID-19-Pandemie

Eine Versammlung nach § 15 kann bis zum Ablauf des 7. April 2023 auch mittels audiovisueller Einrichtungen durchgeführt werden, wenn sichergestellt ist, dass nur teilnahmeberechtigte Personen Kenntnis von dem Inhalt der Versammlung nehmen können. Eine Aufzeichnung ist unzulässig.

Sprecherausschussgesetz

vom 20. Dezember 1988 (BGBl. I S. 2312),
zuletzt geändert durch Art. 6e G zur Stärkung des Schutzes der Bevölkerung und insbesondere vulnerabler Personengruppen vor COVID-19 vom 16.9.2022 (BGBl. I S. 1454)

Einleitung zum SprAuG

Übersicht

I. Das Phänomen der leitenden Angestellten

L.A. gibt es in jeder arbeitsteiligen Organisation, in der der eigentliche Leiter 1
(Unternehmer, Vorstand usw) seine Funktionen ganz oder teilweise auf AN delegiert. Die Existenz L.A. bedeutet weder notwendig, dass sie eine eigene Gruppe sind, noch dass der Gesetzgeber sie mit eigenen Rechten ausstattet. So spricht bspw. das Angestelltenversicherungsgesetz (AVG) von 1911 in § 1 Abs. 1 Nr. 1 ganz unbefangen und unspezifisch von „Angestellten in leitender Stellung", einfach um diese AN zu benennen und ebenso wie etwa die technischen Angestellten, die Büroangestellten und die Handlungsgehilfen in seinen Geltungsbereich einzubeziehen (dazu *Hromadka* Leitende Angestellte S. 103). Zur Gruppenbildung hinzukommen müssen Gemeinsamkeiten und ein gemeinsames Bewusstsein, zur rechtlichen Anerkennung die Überzeugung des Gesetzgebers, dass sie Anknüpfungspunkt für gemeinsame Regelungen sein können und sollen. Es leuchtet von selbst ein, dass die Art der Gemeinsamkeiten über die Abgrenzung ebenso entscheidet wie die gesetzgeberischen Ziele, und dass es Friktionen und Überschneidungen geben kann, wenn sie sich nicht decken.

Zwei Gemeinsamkeiten sind es, die Grund zur Gruppenbildung und Anlass zu 2
gesetzlicher Regelung sein können:

3 Die L.A. haben, obwohl rechtlich AN, funktional teil an der Unternehmensleitung; sie sind „angestellte Unternehmer". Die arbeitsvertragliche Weisungsabhängigkeit ist „ausgedünnt". § 5 Abs. 3 S. 2 Nr. 3 BetrVG umschreibt die Zwischenstellung dahin, dass die L.A. ihre Entscheidungen im Wesentlichen frei von Weisungen treffen. Sie bleiben also AN, aber mit unternehmerähnlicher Selbstständigkeit.

4 Die Unternehmerfunktion, die sich bei der Wahrnehmung unternehmerischer Aufgaben gegenüber der Belegschaft als Arbeitgeberfunktion darstellt, wirkt nicht gruppenbildend. Sie war aber Hauptanlass für gesetzliche Regelungen: L.A. konnten und können den Unternehmer vertreten in Institutionen, die ihm Mitwirkungs- und Selbstverwaltungsrechte einräumen (§ 22 Abs. 2 Nr. 2 ArbGG, § 16 Abs. 4 Nr. 4 SGG, §§ 16 Abs. 3, 17 Abs. 1 SVwG, § 2 Abs. 2 ArbnErfGDV 2), und – was für die spätere Entwicklung noch wichtiger wurde – sie können nicht tätig werden im BR. Das Macht-Gegenmacht-Prinzip, auf dem die deutsche Betriebsverfassung beruht, setzt Gegnerunabhängigkeit und damit auch Gegnerfreiheit voraus. Dass die Vorstellung der Gegnerfreiheit des BR teilweise verdrängt wurde von der der Gegnerfreiheit des Unternehmers – er müsse seine Entscheidungen unbeeinflusst von der Gegenseite treffen können –, steht dem nicht entgegen. Die Änderung zeigt nur die Machtverschiebung an. Beide – Unternehmer und BR – müssen frei bleiben von Gegnerschaft im eigenen Lager.

5 Die L.A. haben aufgrund ihrer Tätigkeit, ihrer Vorbildung, ihrer Verantwortung (= ethisches Korrelat zur Macht), ihres Ansehens und ihres Einkommens die gleiche soziale Stellung und damit auch gleiche Interessen und gleiche Verhaltensweisen, die sie von den übrigen AN unterscheiden. Die sozialen Gemeinsamkeiten sind geeignet, aus den L.A. eine Gruppe zu machen. In der Leistungsgesellschaft richtet sich die gesellschaftliche Schichtung in erster Linie nach der Tätigkeit, ihren Voraussetzungen und ihren Folgen.

6 Die Gruppenbildung verlangt nach Absicherung, wenn die Sonderstellung bedroht wird. Das ist den L.A. im Laufe ihrer (kurzen) Geschichte zweimal widerfahren:

7 1918/19 wollten die Gewerkschaften der übrigen Angestellten für die L.A. Tarifverträge mit Höchstarbeitsbedingungen abschließen, wie sie nach der Tarifvertragsverordnung von 1918 zumindest nicht ausgeschlossen waren. Vor allem zur Abwehr dieser Bestrebungen entstanden die ersten Organisationen der L.A. Die Forderung nach „Tariffreiheit" führte zu der heute – nachdem Tarifbedingungen nur Mindestbedingungen sein dürfen – funktionslos gewordenen außertariflichen Stellung. Die AT-Angestellten, ursprünglich die L.A., sind sozusagen ein Seitentrieb der historischen Entwicklung (*Hromadka* Leitende Angestellte S. 113 f., 125 f., 139 ff.).

8 1972 forderten die Gewerkschaften der übrigen AN im Vorfeld der Auseinandersetzung um die Mitbestimmung in Großunternehmen die Einbeziehung der L.A. in die Betriebsverfassung. Da die Herausnahme aus der Betriebsverfassung nach funktionalen, auf das jeweilige Unternehmen zugeschnittenen Kriterien erfolgte und da diese sich nicht ganz mit den sozialen Merkmalen deckten, war die Auseinandersetzung um Begriff und Abgrenzung vorprogrammiert.

9 Der Gesetzgeber konnte in zweierlei Hinsicht an die soziale Stellung anknüpfen, und er hat es auch getan: an die Besserstellung und an deren drohenden Verlust, wobei Letzteres die Anerkennung der Gruppenbildung voraussetzt. Herausgenommen mangels Schutzbedürfnisses hat er die L.A. seinerzeit u.a. aus den Vorschriften des HGB, der GewO, des KfmGG, des AVG, der AZVO (*Hro-*

madka Leitende Angestellte S. 101 ff., 145 ff.), heute noch – zumindest teilweise – aus KSchG und ArbZG. Die Anerkennung gemeinsamer Interessen liegt den Regelungen des MitbestG und vor allem des SprAuG zugrunde.

II. Begriff und Abgrenzung der leitenden Angestellten

Es liegt auf der Hand, dass die Gründe für die Regelungen für L.A. zu unterschiedlichen Definitionsversuchen führen. Nach den drei Regelungsmotiven lassen sich sozusagen drei Idealtypen unterscheiden: **10**

Rechnen Gesetze die Tätigkeit L.A. dem Unternehmer (AG) zu (Selbstverwaltung, Betriebsverfassung), dann liegt es nahe, auf formelle Vollmachten und Befugnisse abzustellen oder unmittelbar auf die Unternehmerfunktion zurückzugreifen. Ersteres geschieht vor allem in den älteren Gesetzen: Prokura, Generalvollmacht, Einstellungs- und Entlassungsbefugnis iSd Befugnis, Arbeitsverträge abzuschließen und zu beenden; Letzteres in jüngeren Gesetzen: Wahrnehmung bedeutsamer Aufgaben für Bestand und Entwicklung des Betriebs. **11**

Geht es um die Herausnahme L.A. aus Schutzgesetzen, so ist Kriterium die Schutzbedürftigkeit, und die lässt sich am einfachsten an einer Gehaltsgrenze festmachen. Eine solche Grenze findet sich hauptsächlich in älteren Gesetzen. Soweit sie in neueren vorkommt, ist ihre Funktion überwiegend eine andere. **12**

Noch anders wird verfahren, wenn die L.A. als Gruppe abgegrenzt werden sollen. Sind die L.A., wie deren Organisationen immer wieder betonten, die „Oberschicht“ der AN im Betrieb (so vor allem die Vela, vgl. *Hromadka* Leitende Angestellte S. 116, 129), dann gelten für sie die Schichtkriterien der Leistungsgesellschaft. In der Tat fanden und/oder finden sich diese Merkmale in unterschiedlichster Form im BetrVG: bedeutsame Tätigkeit für Bestand und Entwicklung des Betriebs und Unternehmens, besondere Erfahrungen und Kenntnisse (= [Aus-]Bildung), Einkommen oberhalb der Versicherungspflichtgrenze bzw. oberhalb des Dreifachen der Bezugsgröße nach § 18 SGB IV, Eigenverantwortung, Treffen von Entscheidungen im Wesentlichen frei von Weisungen, maßgeblicher Einfluss auf Entscheidungen, Zugehörigkeit zu einer Leitungsebene mit überwiegend L.A. (= Macht). **13**

Die Idealtypen sind im Laufe der Zeit die unterschiedlichsten Verbindungen miteinander eingegangen, und sie haben die unterschiedlichsten Abweichungen erfahren. So stammt zB die Abgrenzung nach Vollmachten und Befugnissen im KSchG aus dem Betriebsrätegesetz (BRG) von 1920, weil der erste deutsche Kündigungsschutz in diesem Gesetz enthalten war. Nachdem sich in der Krise von 1966/67 die Schutzbedürftigkeit auch von L.A. gezeigt hatte, passte diese zunächst dysfunktionale Regelung wieder, weil jetzt Leitgedanke weniger die mangelnde Schutzbedürftigkeit als die Überlegung wurde, dass der AG zumindest mit den wichtigeren Linienvorgesetzten (= den wichtigsten Trägern unternehmerischer Entscheidungen) nicht ohne ein Mindestmaß an Vertrauen zusammenzuarbeiten verpflichtet sein kann. Die Abgrenzung der L.A. im BetrVG 1952 andererseits war mehr oder weniger eine Schichtdefinition, obwohl die L.A. nicht um ihrer selbst willen aus der Betriebsverfassung herausgenommen waren; sie hatten auch keine eigene Vertretung. Der Grund lag darin, dass die Verbände der Leitenden ihre Klientel nicht noch einmal – wie zu Beginn der Weimarer Zeit – zerrissen sehen wollten. Zugleich deckte sich die Abgrenzung nach Schichtmerkmalen im Wesentlichen mit der nach der Funktion. Das Wort von der „Funktionselite“ **14** zeigt die Verbindung vielleicht am deutlichsten. In der Fassung des BetrVG 1972 von 1988 mischen sich funktionale Kriterien und Schichtkriterien. Das ist folgerichtig. Die L.A. haben ihre Sonderstellung wegen ihrer Unternehmerfunktion, dh mit Rücksicht auf den Unternehmer. Ihre Anerkennung ist keine originäre, sondern eine abgeleitete. Zugleich werden ihnen aber eigene Rechte zuerkannt.

III. Geschichte der leitenden Angestellten

15 Die Geschichte der L.A. kann man in sechs Epochen unterteilen:

1. Vor dem 1. Weltkrieg: die Vorgeschichte
2. Vom 1. Weltkrieg bis zum Ende der Weimarer Republik: die Konstituierung der L.A.
3. Im Dritten Reich: Betriebsgemeinschaft statt sozialer Differenzierung
4. Die frühe Nachkriegszeit: behutsame Fortschreibung des Vorkriegsrechts
5. Von der Konsolidierung der Bundesrepublik bis zur „Krise" von 1966/67: die L.A. als „Dritte Kraft"
6. Die jüngere Entwicklung: Schutzbedürftigkeit und (halbherzige) Anerkennung als soziale Gruppe.

1. Vor dem 1. Weltkrieg: die Vorgeschichte

16 L.A. gibt es, seit es Betriebe mit arbeitsteiliger Organisation von einer bestimmten Größe gibt. Die Zahl war vor dem 1. Weltkrieg verhältnismäßig gering (*Hromadka* Leitende Angestellte S. 108). Die Absetzung von den übrigen Angestellten erfolgte jeweils individuell; ein Zusammengehörigkeitsgefühl war kaum entwickelt. Eher fühlten sie sich den Selbstständigen zugehörig, wie ja überhaupt das Ideal des 19. Jahrhunderts die Selbstständigkeit war. Die Reichsstatistik trug dem Rechnung: 1882 und 1895 rechnete sie die „leitenden Beamten" und die „sonstigen Geschäftsleiter" zu den Selbstständigen; erst 1907 führte sie sie – immer noch unter den Selbstständigen – als „leitende Beamte und sonstige Betriebs- und Geschäftsleiter" in einer eigenen Ziffer a 3 auf (*Hromadka* Leitende Angestellte S. 109). Der Arbeitsvertrag, der AN und Mitglieder des gesetzlichen Vertretungsorgans nach dem Kriterium der (Weisungs-) Abhängigkeit (= Unselbstständigkeit) voneinander scheidet, wird erst in den 20er Jahren des 20. Jahrhunderts entdeckt. Selbstständigkeit ist im Bewusstsein der Zeit ein gesellschaftliches Phänomen; sie existiert durchaus abgestuft und ist nicht gleichbedeutend mit Freiheit von Arbeitnehmerstellung (zum Vorstehenden *Hromadka* Leitende Angestellte S. 91 ff.). Die Vorstellung der Zeit kommt sehr schön zum Ausdruck, wenn der Kommissar des Bundesrats den Vorschlag, den Arbeitgebervertretern das aktive Wahlrecht für die Wahl der Beisitzer zum Gewerbegericht zu geben, damit begründet, dass sie „nach ihrer sozialen und wirtschaftlichen Stellung und nach ihren Interessen den AG gleich[stehen]" (Sten. Ber. DtRTag, VII. Leg.Per. Bd. 1, S. 421).

17 Der Gesetzgeber nimmt von den L.A. in doppelter Hinsicht Notiz: Er stellt sie als Unternehmer-(Arbeitgeber-) Vertreter in der sozialen Selbstverwaltung (UVG, IAVG, GGG) den Unternehmern (AG) gleich, und er nimmt sie von Schutzgesetzen aus (HGB, GewO, KfmGG, AVG). Die erste Gruppe umschreibt er mit „bevollmächtigte Leiter ihres Betriebes" bzw. als „mit der Leitung eines Gewerbebetriebes oder eines bestimmten Zweiges desselben betraute Stellvertreter", die zweite grenzt er nach dem Einkommen ab: mehr als 5.000,– Mark jährlich (*Hro-*

madka Leitende Angestellte S. 95 f.). Damit bilden sich bereits vor der Jahrhundertwende die beiden großen Stränge von L.A.-Definitionen heraus (vgl. *Hromadka* Leitende Angestellte S. 176 f.). Auch der Name klingt schon vor dem 1. Weltkrieg an: Im AVG von 1911 spricht der Gesetzgeber von „Angestellten in leitender Stellung" (§ 1 Abs. 1 S. 1 idF v. 20.12.1911).

2. Vom 1. Weltkrieg bis zum Ende der Weimarer Republik: die Konstituierung der leitenden Angestellten

Kaum ist der 1. Weltkrieg beendet, da finden die L.A. zu sich. Am 22.12.1918 **18** gründen 28 L.A. aus Berliner Metall- und Elektrounternehmen und aus den Kaufhäusern die erste eigene Organisation, die Vereinigung der L.A. in Handel und Industrie (Vela). Anlass war der Versuch von Streikposten im Angestelltenstreik der Berliner Metallindustrie, auch L.A. den Zutritt zu ihren Büros zu verwehren; erste Aktion war eine Vereinbarung mit den betroffenen Firmenleitungen über Passierscheine (*Hromadka* Leitende Angestellte S. 114 f.). Der ersten Gründung folgten bald weitere: 1919 die des Verbandes oberer Bergbeamter (VoB), des Bundes angestellter Chemiker und Ingenieure (Budaci) und des Coloristenbundes, 1920 die des Bundes höherer Beamter und wenig später die der Vereinigung von Oberbeamten im Bankgewerbe (*Hromadka* Leitende Angestellte S. 120 f.).

„Die zum Teil den L.A. gegenüber feindselige Haltung verschiedener Angestell- **19** ten-Verbände", die sich u.a. auch in dem Versuch äußerte, Höchstarbeitsbedingungen festzusetzen, war die eine Wurzel für den Zusammenschluss, die Revolutionsgesetzgebung die andere (Vereinigung 1919, 65 (67)). Die Niederlage im 1. Weltkrieg und vor allem die Sorge vor einer proletarischen Revolution hatte nicht nur die Anerkennung der Gewerkschaften durch die AG im Novemberabkommen von 1918 zur Folge, die wiederum zu einem sprunghaften Wachstum der Gewerkschaften und der Tarifbewegung gerade im Angestelltenbereich führte, sondern auch eine Flut von Arbeitsgesetzen. Die Zeit nach dem 1. Weltkrieg ist eine erste Hoch-Zeit arbeitsrechtlicher Gesetzgebung. Im Vordergrund stehen im Zeichen wirtschaftsdemokratischer Überlegungen Gesetze, die den AN Mitsprache in eigenen Angelegenheiten einräumen: durch BR (Gesetz über den vaterländischen Hilfsdienst 1916, TVVO 1918, BRG 1920), in Schlichtungsausschüssen (TVVO 1918, SchliVO 1923), bei Gericht (ArbGG 1926) und in der Arbeitsverwaltung (AVAVG 1927). Gerade in diesen Gesetzen drohte den L.A. ihre Zwitterstellung zum Schicksal zu werden. Aufgeteilt nach den unterschiedlichsten Trennlinien auf Unternehmer (AG) und auf AN, liefen sie als einzige die Gefahr der Fremdbestimmung. Sie verlangten deshalb eigene Rechte, sei es im Rahmen der Arbeitnehmervertretung, sei es durch eigene Vertreter. Das gelang ihnen zwar nicht – vor allem wegen ihrer geringen Zahl (etwa 10 % der Angestellten, die wiederum etwa ein Zehntel der Arbeiter ausmachten, im Jahr 1919 (Vereinigung 1919, 62)) –, immerhin konnten sie weitgehend verhindern, dass andere AN über sie entschieden; darüber hinaus wahrten sie die Chance, sich an der Selbstverwaltung zu beteiligen, und sie erkämpften die Möglichkeit, abweichende, ihren Interessen besser gerecht werdende Regelungen zu treffen (*Hromadka* Leitende Angestellte S. 145 ff.). Der Einbeziehung in Schutzgesetze standen die L.A. indifferent gegenüber; sie legten keinen Wert darauf (zB Kündigungsschutz für Schwerbeschädigte (§ 13 Abs. 4 SchwbG v. 12.1.1923)), sie wehrten sich aber auch nicht dagegen (längere Kündigungsfristen (AngKSchG v. 9.7.1926), unabdingbare Gehaltsfortzahlung bei Krankheit (§ 63 HGB idF v. 1.12.1930)). Anders, wenn sie sich dadurch in ihrer Sonderstellung bedroht sahen, wie durch eine Beschränkung der Arbeitszeit: Die Verpflichtung zum 8-Stunden-Tag hätte der Leistung Zügel anlegen können (*Hromadka* Leitende Angestellte S. 145 ff.).

20 Die Bedrohung der Sonderstellung und der Zusammenschluss in Verbänden förderten das Bewusstsein der Eigenart und damit die Gruppenbildung. Vor allem die Vela als größte Organisation der L.A. (1920: 6.000 Mitglieder, 1932: 31.000 (*Totschek* S. 2 f.)) bemühte sich in ständiger Auseinandersetzung mit dem Budaci, der als berufsständische Organisation der Angestellten, insbesondere der akademisch gebildeten Naturwissenschaftler und Techniker (1920: 3.000 Mitglieder, 1932: 10.000 (*Totschek* S. 2 f.)), einem anderen Gliederungsprinzip folgte, die Gemeinsamkeiten der L.A. herauszuarbeiten: Sie seien die geistig-führende Oberschicht der AN, denen – ähnlich wie den höheren Beamten die mittleren und einfachen Beamten – die geistig-ausführenden (Angestellte) und die körperlich-ausführenden AN (Arbeiter) gegenüberstünden (*Schäfer* ArbR VII, 1920, S. 288; *Schäfer* DLA 1921, 115). Die Besonderheit der selbstständig geistigen Arbeitsleistung, die individuell auf die Persönlichkeit zugeschnittene Tätigkeit und Leistung, die damit gegebene besondere berufliche und soziale Stellung führten zu Besonderheiten der Anschauungen und Bedürfnisse und begründeten die wirtschaftliche und soziale Eigenart der geistig-führenden Oberschicht, riefen gemeinsame Interessen hervor und das Bewusstsein der Zusammengehörigkeit und Verbundenheit und führten damit zu einem Interessengegensatz zu den übrigen AN (*Baum* DLA 1920, 127; Denkschrift der Vela DLA 1922, 120 f.).

21 Für ihre Satzung, für Tarifverhandlungen und für das BRG umschrieb die Vela die L.A. in einem ersten Anlauf als „AN, die eine leitende oder führende Tätigkeit ausüben oder zur selbständigen Lösung von Aufgaben höherer Art herangezogen werden." Dazu sollten insbesondere gehören „Prokuristen, Generalbevollmächtigte, Abteilungsvorsteher, Syndici und Archivare, aber auch andere Angestellte in gehobener, mit besonderer Verantwortlichkeit verbundener Stellung. Auch das Gehalt wird in Zweifelsfällen nicht ohne Bedeutung für die Bewertung der Stellung sein" (Die Denkschrift der Vereinigung zum Entwurf eines Gesetzes über Betriebsräte DLA 1919, 6). 1921 empfahl sie dem Reichsarbeitsminister für das geplante Arbeitsgesetz folgende „Umschreibung": „L.A. oder Oberbeamte sind AN, welche unter persönlicher Verantwortung für die eigene Arbeit oder für die Arbeit unterstellter AN aufgrund besonderer geistiger Befähigung und besonderer beruflicher Ausbildung eine in der Hauptsache von eigenem Entschluss und selbständigem Urteil abhängende, leitende, anweisende, entwerfende oder prüfende Tätigkeit ausüben …" (DLA 1922, 47 f.). Dabei sprach die Vela bewusst von Umschreibung. Eine Schicht könne man nicht definieren; die Erscheinungen des sozialen Lebens flössen ineinander über; eine einwandfreie Begriffsbestimmung der L.A. werde es nie geben. „Möglich ist es aber, für einen bestimmten sozialen Typus eine Bezeichnung zu haben, mit der Sprachgebrauch und herrschende Sozialanschauung einen bestimmten Sinn verbinden. Damit muss sich … die auf der sozialen Gruppierung aufgebaute Rechtsordnung begnügen" (*Schäfer* ArbR VII, 1920, S. 189; *Schäfer* DLA 1921, 108).

22 Der Gesetzgeber definierte von Gesetz zu Gesetz neu. Sachlogik musste immer wieder durch den Feuerofen der Politik, deren wichtigste Akteure neben den Parteien die Gewerkschaften, die Unternehmer-(Arbeitgeber-) Verbände und die in sich uneinigen Organisationen der L.A. waren. Im Wesentlichen lassen sich die Definitionen aber in die beiden erwähnten Linien einordnen: in die eine, die an die Geschäftsführer- und Betriebsleiterstellung – konkretisiert durch Befugnisse und Vollmachten – anknüpft, und in die zweite, die abstellt auf die wirtschaftlich-soziale Stellung – spezifiziert durch eine Gehaltsgrenze, jetzt die Bezugsgröße nach § 18 SGB IV, und ergänzt in einem Sonderfall durch funktionale Merkmale (*Hromadka* Leitende Angestellte S. 176 ff.).

Die erste hat ihren typischen Standort im Recht der sozialen Selbstverwaltung, und sie findet ihre klassische Ausprägung in § 12 Abs. 2 BRG (v. 4.2.1920): **23**

„Nicht als Angestellte im Sinne dieses Gesetzes gelten die Vorstandsmitglieder und gesetzlichen Vertreter von juristischen Personen und von Personengesamtheiten des öffentlichen und privaten Rechts, ferner die Geschäftsführer und Betriebsleiter, soweit sie zur selbständigen Einstellung oder Entlassung der übrigen im Betrieb oder in der Betriebsabteilung beschäftigten AN berechtigt sind oder soweit ihnen Prokura oder Generalvollmacht erteilt ist." **24**

Die Begründung des Gesetzgebers ist zeitlos: „Unter den Angestellten gibt es … eine oberste Schicht, die in eine Interessenvertretung der AN nicht mehr hineingehört, weil sie selbst in erster Linie Obliegenheiten des Unternehmers erfüllt und allen übrigen AN gegenüber den AG darstellt oder vertritt. Ihr gehören vor allem die Vorstandsmitglieder der juristischen Personen (Direktoren der Aktiengesellschaften usw.) an, dann aber auch sonstige selbständige Geschäftsführer oder Betriebsleiter, insbesondere, soweit sie Vorgesetzte aller übrigen Angestellten oder Prokuristen oder Generalbevollmächtigte sind (§ 3 Abs. 4). Der Kreis darf jedoch nicht zu weit gezogen werden, um nicht wirklichen AN eine Vertretung im BR zu nehmen" (Begr. Sten. Ber. Dt. Nat. Vslg., Bd. 338, Nr. 928 der Anlagen, S. 22). **25**

Einstellungs- und Entlassungsbefugnis (= Abschluss und Beendigung von Arbeitsverträgen) stehen pars pro toto für die Arbeitgeber-, die handelsrechtlichen Vollmachten für die Unternehmerfunktion. Arbeitgeber- und Unternehmerfunktion müsse man wegen des doppelten Aufgabenkreises der BR, der „Wahrnehmung der sozialen und wirtschaftlichen Interessen der AN" und der „Einflussnahme auf Betriebsleitung und Betriebsleistung" aus der Betriebsverfassung herausnehmen (Begr. Sten. Ber. Dt. Nat. Vslg., Bd. 338, Nr. 928 der Anlagen, S. 19), um die „Freiheit [des AG] hinsichtlich des Personals" und die „Freiheit [des Unternehmers] nach außen" zu sichern (*Flatow* Anm. 7, S. 74). **26**

Die zweite Linie ist vor allem die der Schutzgesetze. Hier kommt es in der Tat auf die wirtschaftlich-soziale Stellung an. **27**

Die Wissenschaft, die zunächst der Definition des Reichsversicherungsamts folgt („nach der Art ihrer Stellung nicht zu ausführender, sondern zu selbständiger Tätigkeit berufen"), nimmt idR beide Linien auf und versucht sie miteinander zu verknüpfen; ihre Definitionen sind mehr oder weniger Variationen über die Umschreibung der Vela. Eine Formel von der Strahlkraft des „körperlich-geistig" im Verhältnis Arbeiter/Angestellte wie etwa „führend-ausführend" setzt sich nicht durch (Nachw. bei *Hromadka* Leitende Angestellte S. 176 ff.). *Hueck/Nipperdey* können deshalb 1931 feststellen: Es gibt zwei Definitionen; eine, die auf die Arbeitgeberfunktion abstellt, und eine zweite, die besonders hoch qualifizierte mit persönlicher Verantwortung verbundene Arbeitsleistung mit einbezieht (*Hueck/Nipperdey* ArbR I § 12, S. 68). **28**

3. Im Dritten Reich: Betriebsgemeinschaft statt sozialer Differenzierung

Im Dritten Reich ruht die Frage der L.A. An die Stelle des Gedankens des sozialen Gegensatzes zwischen AG und AN tritt die nationalsozialistische Vorstel- **29** lung von der Betriebsgemeinschaft, die entsprechend dem Führergrundsatz unter der Leitung eines Betriebsführers Volk und Staat dient. Die Organisationen der AG und der AN einschließlich derer der L.A. werden aufgelöst („gleichgeschaltet"), die Gesetze, die die Austragung sozialer Gegensätze regulieren (TVVO, BRG, SchliVO), kassiert. Die L.A. werden innerhalb der – rechtlich wenig bedeutungsvollen – Gruppe der Angestellten Teil der Gefolgschaft (zum Vorstehenden *Hromadka* Leitende Angestellte S. 182 ff.). Es mutet fast wie Ironie an, dass das AktG, das die Genehmigungspflicht des Aufsichtsrats zur Kreditgewährung vom Vorstand auf L.A. ausdehnt, zur Umschreibung auf § 12 Abs. 2 des aufgehobenen BRG zurückgreift (§ 80 Abs. 1 AktG v. 30.1.1937).

4. Die frühe Nachkriegszeit: behutsame Fortschreibung des Vorkriegsrechts

30 Die Zeit nach 1945 ist gekennzeichnet durch eine vorsichtige Rückkehr zum Recht der Weimarer Republik und durch dessen behutsame Fortschreibung. Die Betriebsrätegesetze der Länder, ArbGG und SVwG übernehmen die Definition des BRG nach der Arbeitgeberfunktion in vielerlei Nuancen; das SVwG zB spricht von „Geschäftsführern" und „bevollmächtigten Betriebsleitern". Ähnlich verfährt das KSchG, das Geschäftsführern und Betriebsleitern missverständlich (und missverstanden) „ähnliche L.A." hinzufügt. Wichtiger ist, dass das TVG von 1949 nur noch Mindestbedingungen zulässt. Damit entfällt der Druck zum Zusammenschluss mit der Folge, dass alle ULA-Verbände zusammengenommen niemals über die Mitgliederzahl hinauskommen, die Vela und Budaci 1931 allein hatten (zum Vorstehenden *Hromadka* Leitende Angestellte S. 185 ff.).

5. Von der Konsolidierung der Bundesrepublik bis zur „Krise" von 1966/67: die leitenden Angestellten als „Dritte Kraft"

31 Mageren ersten Nachkriegsjahren folgte in der Bundesrepublik ein fast unglaubliches „Wirtschaftswunder". Die L.A. gehörten zu den maßgeblichen Architekten. Das schlug sich natürlich im Selbstbewusstsein nieder und fand seinen sichtbarsten Ausdruck in der Selbsteinschätzung als „Dritte Kraft" zwischen Kapital und Arbeit.

32 Bereits in den Jahren 1947 bis 1949 waren die Verbände der L.A. wiedererstanden (1947 VoB, 1948 VAA als Nachfolgeorganisation des Budaci, 1949 VoE und Vela usw). Im Gegensatz zur Vorkriegszeit schlossen sie sich jetzt in einer Dachorganisation zusammen: 1949 Union der Angestellten in der Montanindustrie, 1950 Union der oberen Angestellten in Bergbau und Industrie, seit 1951 in der Union der Leitenden Angestellten (ULA). Die Mitgliederzahlen stiegen von 0 über 14.000 im Jahr 1955 auf 20.000 im Jahr 1960 (*Hromadka* Leitende Angestellte S. 194 f.). Der Druck zu gemeinsamer Interessenvertretung war in jenen wirtschaftsfreundlichen und sozialpolitisch ruhigen Wiederaufbaujahren, in denen die L.A. umworbene und gut bezahlte Kräfte waren, nicht sehr groß, zumal mit dem TVG von 1949 der wichtigste Grund für einen Zusammenschluss weggefallen war: Ohne die Gefahr der tariflichen Vereinbarung von Höchstarbeitsbedingungen war die außertarifliche Stellung eine reine Prestigefrage (vgl. § 4 Abs. 3 TVG v. 9.4.1949).

33 Zusammenschluss unter einem gemeinsamen Dach und gestiegene Bedeutung wirkten sich auf Abgrenzung und Abgrenzungsversuche aus. Vor allem dem VAA,

der zum wichtigsten Mitgliedsverband mit etwa der Hälfte aller ULA-Mitglieder avancierte, war – aus der Tradition des Budaci heraus – daran gelegen, möglichst alle Akademiker zu organisieren und damit in die Gruppe der L.A. einzubeziehen. Das „geistig-schöpferisch“ wurde zum Faktor intellectus, zu dem sowohl die Tat- als auch die Ratgruppe zählte. Beide Gruppen seien von Funktion und gesellschaftlicher Stellung her gleich: Den einen obliege aus dem unternehmerischen Handlungsdreiklang das Entscheiden, den anderen das Planen und Kontrollieren – für den VAA mit seinem Schwerpunkt in der forschungsintensiven Chemie eine Notwendigkeit. Mit der Vergrößerung und Verwissenschaftlichung der Unternehmen hätten die Unternehmer, nachdem sie bereits die ausführende Tätigkeit an Arbeiter und untere und mittlere Angestellte übertragen hätten, nunmehr auch Teile der unternehmerischen Tätigkeit, eben der Leitung, an Angestellte, vor allem an Akademiker, abgeben müssen. Damit seien, wie vor allem die Kapitalgesellschaft als idealtypische Unternehmensform der Gegenwart zeige, die ursprünglich in einer Person vereinigten drei Funktionen des Unternehmers auf drei Gruppen aufgeteilt worden: Die Aktionäre stellten die Produktionsmittel, die Arbeiter und Angestellten leisteten die ausführende Arbeit, und die L.A. hätten „Produktionsmittel und ausführende Arbeit in das technisch, kaufmännisch und personell günstigste Verhältnis“ zu bringen. Sie seien auf diese Weise zu angestellten Unternehmern geworden. Da die unternehmerische Tätigkeit im Leiten oder Disponieren bestehe, nenne man die neue Gruppe mit gutem Grund Faktor Disposition. Die Zwischenstellung der L.A., die sich niederschlage in Selbstständigkeit im Handeln und Unselbstständigkeit in der rechtlichen Stellung, in sozialem Schutz und sozialer Unsicherheit, in exponierter Stellung und existenzieller Gefährdung, in Weisungsrecht und Weisungsgebundenheit, mache sie zu etwas qualitativ anderem, zu einem eigenen Faktor, dem im volkswirtschaftlichen Gesamtprozess eine zentrale Mittlerstellung zukomme. Darüber hinaus seien sie eine eigene soziale Gruppe. Zwischen ihnen bestünden funktionale und gesellschaftliche Gemeinsamkeiten (Erziehung, Ausbildung, Lebensstil), es verbinde sie die gleiche soziale Lage (Einkommensart, Aufstiegschancen), und alles zusammen führe zu sozialpsychologischen Gemeinsamkeiten, die wiederum ihren sinnfälligsten Ausdruck in gemeinsamen Organisationen fänden (*Hromadka* Leitende Angestellte S. 198 ff.).

Folgerichtig verlangten die L.A. die „Anerkennung [ihrer] Sonderstellung … 34
im Bereich der betrieblichen Ordnung und im gesamten Bereich unseres Arbeits- und Sozialversicherungsrechts“ (*K. H. Kleine* DLA 1960, 157 f.). Wirtschaftliche Forderungen folgten, als die Zahl der Leitenden zunahm, immer mehr Akademiker auf den Arbeitsmarkt drängten, die Möglichkeiten zum Aushandeln von Arbeitsbedingungen geringer wurden und der Gleichheitsgedanke in Betrieb und staatlichem Bereich das Schreckbild der Nivellierung hervorrief (*Hromadka* Leitende Angestellte S. 205 f.). Als „Selbsthilfegemeinschaft gegen Nivellierung“ (*Zellien* Union 1953, 31) und gegen die „Unterbewertung des Geistigen“ (*Sturzenhecker* S. 86 ff.) verlangten die Organisationen der L.A. auf dem Gebiet des Arbeitsrechts vor allem eine wirtschaftliche Sicherung durch angemessene Honorierung, zureichenden Kündigungsschutz und hinreichende Altersversorgung, im Bereich der Sozialversicherung das Recht zu privater Vorsorge und die Gewährung beitragsgerechter Renten auch in der freiwilligen Rentenversicherung, im Steuer- und Wirtschaftsrecht angemessene Tarife und die Beseitigung diskriminierender Einkommensgrenzen (Nachw. bei *Hromadka* Leitende Angestellte S. 204 f.).

35 Der Bundesgesetzgeber musste sich – nach dem Vorgeplänkel beim KSchG – erstmals 1952 bei den Vorarbeiten zum BetrVG mit Rolle und Abgrenzung der L.A. auseinandersetzen. Die ULA forderte zunächst die Schaffung von Wahlgruppen im BR für Arbeiter, Tarifangestellte und L.A (Leitende Angestellte und Mitbestimmungsrecht Union 1951, 2)., später einen eigenen Sprecher und eine Abgrenzung nach der Bedeutung für das Unternehmen, die sie in einer Vielzahl von Fällen als gegeben ansah: bei Prokuristen und Handlungsbevollmächtigten, bei bestimmten Vertragsgestaltungen und Verantwortung in einem bestimmten Pflichtenkreis, bei verantwortlicher Leitung einer Außenstelle oder größerer Betriebsabteilungen (Abänderungsvorschläge der Union zum Entwurf des Betriebsverfassungsgesetzes Union 1952, 22 f.). Der DGB schlug vor, die Definition des § 12c KSchG vom 10.8.1951 zu verwenden (Abänderungsvorschläge des DGB zum Betriebsverfassungsgesetz RdA 1952, 255 ff.). Das Gesetz ging einen Mittelweg:

36 *„Als AN im Sinne dieses Gesetzes gelten nicht:*

c) *die L.A., wenn sie zur selbständigen Einstellung und Entlassung von im Betrieb oder in der Betriebsabteilung beschäftigten AN berechtigt sind, oder wenn ihnen Generalvollmacht oder Prokura erteilt ist, oder wenn sie nicht angestelltenversicherungspflichtig sind und Aufgaben wahrnehmen, die regelmäßig wegen ihrer Bedeutung für den Bestand und die Entwicklung des Betriebs nur aufgrund besonderen persönlichen Vertrauens des AG bestimmten Personen im Hinblick auf deren besondere Erfahrungen und Kenntnisse übertragen werden."* (§ 4 Abs. 2 lit. c BetrVG v. 11.10.1952)

37 Damit war ein wichtiges Etappenziel erreicht: Die Ratgruppe stand der Tatgruppe gleich, die L.A. umfassten Angestellte mit Arbeitgeberfunktion und Angestellte mit besonders qualifizierter Tätigkeit. Grund für die Sonderstellung der einen war nach der Rechtswissenschaft die Gefahr von Interessenkollisionen, Grund für die Herausnahme beider aus Schutzgesetzen die geringere Schutzbedürftigkeit. Eine gemeinsame Umschreibung, die auch die gesetzliche Regelung trug, wollte der Wissenschaft nicht gelingen; immerhin deutete sich allmählich in unterschiedlichsten Varianten die spätere Kennzeichnung als AN mit Unternehmerfunktion an (*Hromadka* Leitende Angestellte S. 213 ff., vor allem S. 217). Dabei galten die L.A. nicht als Gruppe eigenen Rechts: Das Gesetz rechne sie dem Unternehmer (AG) zu, um das soziale Gleichgewicht zu wahren. Die Ausweitung rechtfertige sich aus der Erweiterung der Mitbestimmungsrechte (*Hromadka* Leitende Angestellte S. 218). Zur Abgrenzung im Einzelnen entwickelte sich eine Indizienlehre (*Hromadka* Leitende Angestellte S. 219), deren Bedeutung noch zunehmen musste, als der Gesetzgeber auf Drängen der ULA das einzige handfeste Kriterium strich: die Versicherungspflichtgrenze. Deren Heraufsetzung im Jahr 1957 hatte 625.000 Angestellte aus dem (potenziellen) Kreis der L.A. gerissen, die Heraufsetzung im Jahr 1965 wiederum 400.000 (*Hromadka* Leitende Angestellte S. 222 f., 256 ff.).

38 In Gesetzen der sozialen Selbstverwaltung fand der Gesetzgeber keine klare Linie. Im Schwerbeschädigtengesetz umschrieb er die Arbeitgebervertreter entsprechend dem KSchG (§ 39 Abs. 3; dazu *Hromadka* Leitende Angestellte S. 226 ff.), im ArbGG kehrte er 1955 zur Umschreibung von 1926 zurück (§ 22 Abs. 2 Nr. 2; dazu *Hromadka* Leitende Angestellte S. 228 ff.), im SGG stellte er die ersten beiden Gruppen des § 4 Abs. 2 lit. c BetrVG den AG gleich (§ 16 Abs. 4 S. 2, 4; dazu *Hromadka* Leitende Angestellte S. 231 ff.), und in der Schiedsstelle des Patentamts konnten alle L.A. iSd § 4 Abs. 2 lit. c BetrVG 1952 zu Beisitzern aus den Kreisen der AG bestellt werden (§ 2 Abs. 2 ArbnErfGDV 2; dazu *Hromadka*

Leitende Angestellte S. 233 f.). In Schutzgesetze wurden L.A. ganz oder teilweise einbezogen (*Hromadka* Leitende Angestellte S. 226 f.), das Gros 1966 aus finanzpolitischen Erwägungen auch in die Arbeitslosen- (*Hromadka* Leitende Angestellte S. 235 ff.) und eine Vielzahl von Leitenden aus demselben Grund in die Rentenversicherung (*Hromadka* Leitende Angestellte S. 238 ff.).

6. Die jüngere Entwicklung: Schutzbedürftigkeit und (halbherzige) Anerkennung als soziale Gruppe

Der erste kleine Einbruch in die bis dahin geradlinig aufwärts verlaufende **39** wirtschaftliche Entwicklung der Bundesrepublik kostete 1966/67 erstmals auch einige L.A., vor allem im Bergbau, den Arbeitsplatz. Plötzlich wurde ihnen bewusst, dass sie ein höheres Risiko liefen als die übrigen AN: Mit der Arbeit verloren sie idR auch Wohnung, Dienstwagen und Altersversorgungsansprüche, soziale Stellung und soziale Kontakte, ohne dass sie das durch Eigenvorsorge ausgleichen konnten und ohne dass ein soziales Netz sie auffing. Die Folge war die Forderung nach Einbeziehung in die Schutzgesetzgebung, vor allem nach besserem Kündigungsschutz und besserer Sicherung im Alter (*Hromadka* Leitende Angestellte S. 241 ff.).

Der Gesetzgeber kam den Wünschen umgehend – und nicht immer aus edlen **40** Motiven – nach. 1968 wurde die Pflichtgrenze in der Angestelltenversicherung aufgehoben, 1974 wurden für Leistungen aus der betrieblichen Altersversorgung Unverfallbarkeit, Insolvenzsicherung und Anpassung vorgeschrieben, 1969 der Kündigungsschutz verbessert. Der Wegfall der Versicherungspflichtgrenze bedeutete zugleich die Einbeziehung aller Angestellten in die Arbeitslosenversicherung; ob die Ratgruppe seitdem der AZO unterfiel, war bis zum Erlass des ArbZG streitig. Eine der letzten Lücken beseitigte das BAG, indem es die Hochbesoldetenklausel beim Wettbewerbsverbot für verfassungswidrig erklärte (*Hromadka* Leitende Angestellte S. 246 ff.).

Der Verlust einiger Arbeitsplätze war aber nur das Symptom tiefergreifender **41** Veränderungen. Von unten her rückten die anderen AN immer näher, nach oben setzte sich das Topmanagement ab. Der Abstand der Gehälter zu denen der Vorstände und Geschäftsführer wuchs, ehemals den L.A. vorbehaltene Vergünstigungen wurden Allgemeingut, staatliche Vergünstigungen dagegen blieben auf „sozial Schwächere" beschränkt, Steuern und Sozialversicherung verteilten ein Gutteil der Einkommen um. Die L.A., inzwischen an Zahl erheblich gewachsen, empfanden all das als Nivellierung und reagierten wie zu Beginn des Jahrhunderts die Angestellten: mit stärkerem Zusammenschluss. Allein in den vier Jahren von 1967 bis 1971 wuchsen die ULA-Verbände um mehr als 12.000 Mitglieder (= plus 49 %). Gleichzeitig wuchs das Bedürfnis nach stärkerer Abgrenzung. Dieses mündete in die Forderung nach der Möglichkeit zur kollektiven Interessenwahrnehmung und nach einer genaueren Abgrenzung, als der Gedanke einer Neuordnung der Betriebs- und Unternehmensverfassung in der zweiten Hälfte der 60er Jahre mit Gesetzentwürfen von CDU/CSU, SPD und FDP zur Änderung des BetrVG konkrete Gestalt annahm (*Hromadka* Leitende Angestellte S. 253 ff.).

Ende 1968 legte die ULA einen eigenen „Gesetzentwurf über die Rechtsstel- **42** lung des L.A. in der betrieblichen Ordnung" vor (abgedr. in DLA 1968, 183; dazu *Gumpert* BB 1968, 1487); im selben Jahr entstand der erste SprA auf freiwilliger Grundlage (Begr. zu § 5, Vorschläge des DGB zur Änderung des Betriebsverfassungsgesetzes, 1970). Der Entwurf umschrieb die L.A. nach den alten Abgrenzungslinien „Arbeitgeberbefugnisse“ und „wichtige Aufgaben“ (§ 1 Abs. 1, 2). Außerdem sah er in Betrieben mit mindestens zehn L.A. SprA vor, die das Recht haben sollten, Gesamtvereinbarungen abzuschließen (§§ 4 ff., insbesondere § 4 Abs. 1 u. § 7 Abs. 2, 6). Zahl, Bedeutung und Eigenständigkeit der Gruppe hätten laufend zugenommen; zugleich seien die Beziehungen in den Unternehmen immer unpersönlicher und anonymer geworden mit der Folge, „dass die Möglichkeiten der L.A., ihre Angelegenheiten auf einer individuellen Grundlage zu regeln, immer geringer geworden sind“ (DLA 1968, 183).

43 Mit diesen Forderungen stieß die ULA auf den erbitterten Widerstand von DGB und DAG, die um ihr Monopol für die Vertretung der Arbeitnehmerschaft fürchteten und den BR zur Vertretung der kleinen Leute abqualifiziert sahen (*Hartmann* ArbuSozPol 1972, 99; *Rose* AuR 1972, 310; *Steffens* Institution und Funktion der Sprecherausschüsse der leitenden Angestellten in Betrieb und Unternehmen, Diss. Berlin 1973, S. 49, 53). Beide wehrten sich nicht nur gegen SprA, sie forderten auch eine Beschränkung des Kreises der L.A. auf „Personen mit eindeutigen, objektiv feststellbaren Arbeitgeberfunktionen.“ (Begr. zu § 5, Vorschläge des DGB zur Änderung des Betriebsverfassungsgesetzes, 1970) Damit wollten sie sowohl eigenen Vertretungen als auch Forderungen nach Berücksichtigung der L.A. in der Unternehmensverfassung die Grundlage entziehen. Der ULA dagegen gelang es, die Bundesvereinigung der deutschen Arbeitgeberverbände (BDA (§§ 5 Abs. 3, 110 –112 Vorschlag für ein Betriebsverfassungsgesetz, 1971)) und die CDU/CSU für ihre Vorstellungen zu gewinnen (§§ 18, 98 ff. Entwurf eines Gesetzes zur Mitbestimmung der AN in Betrieb und Unternehmen, 1971). Die FDP, die damals mit der SPD die Regierung stellte, machte sich immerhin die Abgrenzung der ULA zu eigen (DLA 1970, 2).

44 Ergebnis war ein typischer Koalitionskompromiss: Keine SprA, „um der Entwicklung nicht vorzugreifen“, dafür eine leichte Änderung des § 4 Abs. 2 lit. c BetrVG 1952 im Sinne einer „objektiveren und stärker an die Funktion dieses Personenkreises gebundenen Begriffsbestimmung“ (zu BT-Drs. 6/2729, 11 f. A X 1, 2). An die Stelle des besonderen persönlichen Vertrauens, das ohnedies schon nicht mehr auf den einzelnen AN, sondern auf den Arbeitsplatz bezogen worden war („… regelmäßig …“ (statt aller *Dietz* BetrVG 4. A. 1967, § 4 A. 61)), trat die im Wesentlichen eigenverantwortliche Wahrnehmung von Aufgaben nach Dienststellung und Dienstvertrag. Die Einschränkung durch die Versicherungspflichtgrenze war, wie gesagt, bereits 1968 gefallen. § 5 Abs. 3 BetrVG vom 15.1.1972, der den § 4 Abs. 2 lit. c ersetzte, lautete:

45 *(3) „Dieses Gesetz findet, soweit in ihm nicht ausdrücklich etwas anderes bestimmt ist, keine Anwendung auf L.A., wenn sie nach Dienststellung und Dienstvertrag*

1. *zur selbständigen Einstellung und Entlassung von im Betrieb oder in der Betriebsabteilung beschäftigten AN berechtigt sind oder*
2. *Generalvollmacht oder Prokura haben oder*
3. *im Wesentlichen eigenverantwortlich Aufgaben wahrnehmen, die ihnen regelmäßig wegen deren Bedeutung für den Bestand und die Entwicklung des Betriebs im Hinblick auf besondere Erfahrungen und Kenntnisse übertragen werden.“*

46 Damit war es im Wesentlichen beim Status quo geblieben, und man hätte eine ruhige Weiterentwicklung erwarten können. Vor dem Hintergrund der zunehmenden Diskussion um die Neuregelung der Unternehmensmitbestimmung begannen die Auseinandersetzungen aber erst. Der DGB entfachte einen Flächenbrand von Abgrenzungsprozessen, und die ULA sorgte für die Bildung freiwilliger SprA. Mitte 1973 berichtete sie bereits von 100, 1976 von 200, und schließlich waren es über 400 SprA, vor allem in der Metall- und Elektroindustrie, in der chemischen Industrie und in der Versicherungswirtschaft – ein beachtlicher Erfolg, wenn man bedenkt, dass es seinerzeit in der Bundesrepublik nur gut 650 Unternehmen mit mehr als 2.000 Beschäftigten gab und wenn man von einem L.A.-Anteil von 1 bis 2 % an der Gesamtbelegschaft ausgeht. Die SprA wurden auf privatrechtlicher Grundlage organisiert. Die Grundsätze über ihre Rechtsstellung – zumeist in Vereinbarungen mit der Unternehmensleitung niedergelegt – orientierten sich im Allgemeinen an dem Modell, das ULA und BDA 1970 gemeinsam entwickelt hatten, und an dem diesem nachempfundenen Modell des Arbeitsrings Chemie. Die SprA hatten vor allem zwei Funktionen: Sie sollten die Information und Kommunikation zwischen L.A. und Unternehmensleitung fördern, und sie sollten die Interessen der L.A. vertreten (vgl. *Hromadka* Leitende Angestellte S. 267, 288 f. mN).

Rechtlich kam es wiederum sozusagen zu einem Kompromiss, diesmal mit **47** umgekehrten Vorzeichen. Das BAG erkannte SprA als zulässig an und engte dafür den Begriff der L.A. hinter einem Schleier anderslautender Versicherungen ein. Bei Daimler-Benz zB sank der Anteil der L.A. an der Belegschaft von 1,2 % im Jahr 1972 auf 0,4 –0,5 % im Jahr 1977 (*Ulmer* S. 195). Der Grundsatz, dass die organisatorischen Bestimmungen des BetrVG zwingend seien, stehe der Bildung von SprA nicht entgegen; der Gesetzgeber habe die L.A. bewusst aus dem BetrVG herausgenommen. Damit könne diesem Personenkreis nicht verwehrt werden, seine kollektiven Interessen selbst wahrzunehmen. Eine gegenteilige Auffassung sei sogar mit dem Sozialstaatsgebot unvereinbar. Allerdings müssten sich SprA auf die L.A. beschränken; die Zuständigkeit des BR dürfe nicht beeinträchtigt werden. Umgekehrt lasse sich aus dem Sozialstaatsgebot keine Zwangsrepräsentation der L.A. ableiten. SprA könnten sich lediglich auf privatrechtlicher Grundlage organisieren und nur schuldrechtliche Vereinbarungen für diejenigen L.A. treffen, die den Ausschuss mitgewählt oder nachträglich zu erkennen gegeben hätten, dass sie sich zu der Interessenvertretung bekennen (BAG 19.2.1975, DB 1975, 1320).

Den neuen § 5 Abs. 3 BetrVG 1972, der nach dem Willen des Gesetzgebers **48** sachlich überhaupt nicht geändert werden sollte, ging das BAG an, als bringe er grundstürzend Neues. Er enthalte, verkündete es 1974 in der ersten Entscheidung nach der Novellierung, eine verdeckte Regelungslücke (BAG 5.3.1974, DB 1974, 826). Das schuf Raum für eine schöpferische Auslegung, die das BAG zu folgenden Thesen nutzte: § 5 Abs. 3 gehe von einem Oberbegriff aus, der aus § 5 Abs. 3 S. 2 Nr. 3 auszufüllen sei (BAG 9.12.1975, DB 1976, 631). Der L.A. müsse unternehmerische (Teil-) Aufgaben wahrnehmen, die für Bestand und Entwicklung des Unternehmens Bedeutung hätten; er müsse an der Unternehmensleitung teilhaben (BAG 17.12.1974, DB 1975, 984). Für eine unternehmerische Tätigkeit sei ein erheblicher Entscheidungsspielraum („im Wesentlichen eigenverantwortlich", BAG 9.12.1975, DB 1976, 631) erforderlich. Zwischen L.A. und Arbeitnehmerschaft bzw. BR müsse eine sog. Interessenpolarität bestehen, die sich bei L.A. in der Linie in einem unmittelbaren, bei L.A. in den Stäben in einem mittelbaren Gegnerbezug äußere (BAG 10.2.1976, DB 1976, 1238). Außerdem müsse der Angestellte die Voraussetzungen eines der drei Tatbestände nach Nr. 1–3 erfüllen, wobei die Nr. 1 und 2 an Nr. 3 zu messen und Letztere eng auszulegen seien (BAG 9.12.1975, DB 1976, 631). Anschließend sei eine Gesamtwürdigung vorzunehmen, wobei das Zurücktreten einzelner Abgrenzungsmerkmale dadurch ausgeglichen werden könne, dass andere in besonders starkem Maße vorhanden seien. In jedem Fall müsse die spezifisch unternehmerische Teilaufgabe der Tätigkeit des L.A. das Gepräge geben. Schließlich müssten die für den Oberbegriff und für die drei Tatbestandsgruppen notwendigen Voraussetzungen nach Dienststellung und Dienstvertrag erfüllt werden (BAG 9.12.1975, DB 1976, 631). Zur ratio legis meinte das Gericht, mit der Funktion der L.A. sei es unvereinbar, dass sie zum BR wählen oder gewählt werden könnten; aufgrund ihrer Unternehmerfunktion bestehe immer die Möglichkeit, dass sie Entscheidungen träfen oder doch vorbereiteten, die erheblichen Einfluss auf das Schicksal der Arbeitnehmerschaft hätten. Außerdem müssten sie dem Unternehmer uneingeschränkt zur Verfügung stehen, um das Unternehmen (den Betrieb) nach innen gegenüber der Arbeitnehmerschaft und/oder nach außen „ohne Gegnerschaft im eigenen Lager" führen zu können (BAG 9.12.1975, DB 1976, 631).

49 In den Jahren 1975 (BAG 9.12.1975, DB 1976, 631) und 1980 (BAG 29.1.1980, DB 1980, 1545; 29.1.1980, DB 1980, 1947) schwächte das BAG etwas ab. Zunächst widerrief es seine Behauptung von einer Regelungslücke und erkannte auf einen unbestimmten Rechtsbegriff, „allerdings mit einem hohen Maß an Unbestimmtheit", dessen „typologische Unschärfe" dazu zwinge, den Instanzgerichten einen gewissen Beurteilungsspielraum einzuräumen (BAG 29.1.1980, DB 1980, 1545). Sodann verzichtete es auf den Oberbegriff, weil die entsprechenden Tatbestandsmerkmale bereits in § 5 Abs. 3 Nr. 3 BetrVG 1972 enthalten seien, und auf die besondere Feststellung eines Gegnerbezugs, weil sich dieser ohnedies aus der unternehmerischen Tätigkeit ergebe (BAG 29.1.1980, DB 1980, 1946). Diese Rücknahme vorgeschobener Positionen bedeutete aber nicht auch im Ergebnis eine Rückkehr in die Tradition. Das wurde vor allem in zwei Entscheidungen deutlich: in der zweiten Fahrsteiger-Entscheidung des 6. Senats von 1986 (BAG 23.1.1986, DB 1986, 1983), in der dieser die 1974 noch vom 1. Senat als leitend anerkannten Grubenfahrsteiger (BAG 19.11.1974, DB 1975, 406), und in der des 7. Senats aus dem Jahr 1988, in der dieser mitten im Novellierungsverfahren mit den „Art"prokuristen praktisch alle Prokuristen in mittleren und größeren Unternehmen „entleitete" (BAG 27.4.1988, DB 1988, 2003; dazu *Hromadka* DB 1988, 2053). Dass eine derartige Rechtsprechung den Kern zu Unzufriedenheit und zu dem Ruf nach dem Gesetzgeber in sich barg, liegt auf der Hand (vgl. DLA 1972, 21; 1976, 21; ULA 1979, 18).

50 Fast gleichzeitig mit der Diskussion um eine neue Betriebsverfassung begann die um eine neue Unternehmensverfassung. Der DGB forderte in Anlehnung an die Montan-Mitbestimmung die paritätische Besetzung der Aufsichtsräte in Großunternehmen (Mitbestimmung – eine Forderung unserer Zeit, Denkschrift des Bundesvorstandes des Deutschen Gewerkschaftsbundes zum 7. Ordentlichen Bundeskongress des DGB 1966; Entwurf eines Gesetzes über die Mitbestimmung der Arbeitnehmer in Großunternehmen und Großkonzernen, 1960/1968; beide abgedr. bei *Schwerdtfeger,* Mitbestimmung in privaten Unternehmen, 1973, S. 90 ff., 117 ff.). Die L.A. fühlten sich doppelt angesprochen. Ein paritätisch besetzter Aufsichtsrat bot die Chance zu echter Mitwirkung, sei es als Faktor Disposition, sei es in Form eines Minderheitenschutzes. Umgekehrt liefen sie bei Ausschluss von der Mitwirkung Gefahr, zusätzlich zur Abhängigkeit vom AG auch noch in die der anderen AN und/oder ihrer Gewerkschaften zu geraten. Die Forderung lautete deshalb: „Keine Mitbestimmung auf Unternehmensebene ohne selbstgewählte Repräsentanten der L.A." (DLA 1972, 21).

51 Die ULA hatte im Wesentlichen Erfolg. Zwar erhielten die L.A. nicht zwei von 12 Aufsichtsratssitzen, wohl aber eine Vertretung entsprechend ihrem zahlenmäßigen Verhältnis (§ 15 Abs. 2 S. 2 MitbestG idF v. 4.5.1976). Außerdem muss jedem Aufsichtsrat mindestens ein L.A. angehören (§ 15 Abs. 2 S. 3 MitbestG idF v. 4.5.1976). Die L.A. wählen ihre Vertreter zwar gemeinsam mit den Angestellten; ihnen allein steht aber das Vorschlagsrecht zu (§§ 15 Abs. 3 S. 1, 4 Nr. 3 MitbestG idF v. 4.5.1976). Zur Abgrenzung verweist das Gesetz auf § 5 Abs. 3 BetrVG 1972 (§ 3 Abs. 3 Nr. 2 MitbestG idF v. 4.5.1976); die Wählbarkeit von Prokuristen ist ausgeschlossen, wenn sie dem gesetzlichen Vertretungsorgan unmittelbar unterstellt und zur Ausübung der Prokura für den gesamten Geschäftsbereich des Organs ermächtigt sind (§ 6 Abs. 2 S. 1 MitbestG idF v. 4.5.1976). Der Wahlvorstand besteht aus Arbeitern, Angestellten und L.A (§ 5 Abs. 2 1. WOMitbestG, § 4 Abs. 2, § 5 Abs. 2 2. WOMitbestG, § 4 Abs. 2, § 5 Abs. 2, § 6 Abs. 2 3. WOMitbestG, jeweils idF v. 23.6.1977). Die Mitglieder der L.A. werden in einer Versammlung der L.A. gewählt. Teilnahmeberechtigt ist, wer aus Anlass der letzten BR-Wahl vom Wahlvorstand oder durch gerichtliche Entscheidung den L.A. zugeordnet wurde (§ 5 Abs. 5 1. WOMitbestG, § 4 Abs. 5, § 5 Abs. 5 2. WOMitbestG, § 4 Abs. 5, § 5 Abs. 5, § 6 Abs. 5 3. WOMitbestG jeweils idF v. 23.6.1977). Der Wahlvorstand hat sich um zutreffende und einstimmige Zuordnung in die Wählerliste zu bemühen (§ 8 Abs. 2, 3 1. WOMitbestG, § 8 Abs. 2, 3 2. WOMitbestG, § 9 Abs. 2, 3 3. WOMitbestG jeweils idF v. 23.6.1977). Auf Verlangen eines Wählers ist eine Eintragung in eine der drei Gruppen zu ändern, wenn ein Mitglied des Wahlvorstands dem zustimmt (§ 10 1. WOMitbestG; § 10 2. WOMitbestG; § 11 3. WOMitbestG jeweils idF v. 23.6.1977).

Damit konnten die L.A. zufrieden sein, und sie waren es auch. Zwar behandelt **52**
das Gesetz sie nicht als eigenen Faktor Disposition, auch nicht als Gruppe eigenen Rechts; eingebunden in die Gruppe der Angestellten, genießen sie aber einen beträchtlichen Minderheitenschutz; de facto sind sie im Aufsichtsrat das Zünglein an der Waage. Überdies haben die Organisationen der Leitenden die Möglichkeit, Kandidaten für die Gewerkschaftsvertreter im Aufsichtsrat zu benennen. Sie machten davon Gebrauch und errangen bei der ersten Wahl nach dem neuen Mitbestimmungsgesetz immerhin neun Mandate (DLA 1978, 20).

IV. Entstehung des Sprecherausschussgesetzes

(Zur Entstehungsgeschichte vor allem BFJ/*Borgwardt* Teil 7 S. 267 ff.; *Ulmer.* S. 135 ff.)

1979 und 1984 legte die ULA Vorschläge zu einem „Gesetz über SprA und **53**
Abgrenzung der L.A." vor (ULA-Schriftenreihe Nr. 11 und 19). Beide Entwürfe, die sich nur in der Begriffsbestimmung der L.A. unterschieden, beruhten auf dem Entwurf von 1968. Sie bezogen die praktischen Erfahrungen mit den freiwilligen SprA ein, der Entwurf von 1984 zusätzlich die Ergebnisse eines Gutachtens des vormaligen BAG-Präsidenten *Müller* zur Abgrenzung der L.A (BFJ/*Borgwardt* Teil 6 XIII 6, S. 246 ff.; ULA-Schriftenreihe Nr. 19, S. 4).

In allen Betrieben mit mindestens zehn L.A. wurden SprA gefordert (§ 1 **54**
Abs. 1), in Unternehmen mit mehreren SprA „Gemeinsame SprA" (§ 16) und in Konzernen KSprA (§ 22); auf Unternehmensebene sollte auf Wunsch der L.A. an die Stelle von SprA und gemeinsamen SprA ein USprA treten können (§ 21). Die SprA sollten Mitwirkungsrechte in sozialen, personellen und wirtschaftlichen Angelegenheiten haben (§§ 10, 12) und Gesamtvereinbarungen über Angelegenheiten aus diesen drei Bereichen mit unmittelbarer und zwingender Wirkung zugunsten der L.A. abschließen können (§ 10). Unter bestimmten Voraussetzun-

gen sollte der SprA das Recht erhalten, vom AG die Aufhebung einer Vereinbarung zwischen ihm und dem BR zu verlangen (§ 9). Die Begriffsbestimmung der L.A. blieb inhaltlich im Wesentlichen unverändert (§ 24). Hinzugefügt wurde 1984 aber ein Abs. 4, der eine Reihe unwiderleglicher Vermutungen für die Eigenschaft als L.A. enthielt (Prokura, Handlungsvollmacht, Leitung eines Betriebs oder eines Betriebsteils mit mindestens 50 AN, Entgelt über dem Zweieinhalbfachen des durchschnittlichen Bruttoarbeitsentgelts). Ein Abs. 5 schließlich sah vor, dass der AG die Entscheidung treffen sollte, wenn die Zuordnung eines AN zu den L.A. zwischen ihm, BR, SprA und Angestelltem selbst streitig blieb.

55 SprA seien notwendig, weil die Zahl der L.A. mit der Zunahme wirtschaftlicher, technischer, kaufmännischer, organisatorischer, personeller, rechtlicher und wissenschaftlicher Aufgaben in den Unternehmen stark angestiegen sei und sich damit die Notwendigkeit ergebe, gemeinsame Angelegenheiten der L.A. nach einheitlichen Grundsätzen zu regeln (ULA-Schriftenreihe Nr. 19, S. 3). Außerdem schüfen SprA die fehlende Infrastruktur für die Mitbestimmung (ULA-Schriftenreihe Nr. 19, S. 24). Eine generelle Regelung sei notwendig, damit L.A. und SprA nicht ständig „von politisch Andersdenkenden" infrage gestellt werden könnten (ULA-Schriftenreihe Nr. 19, S. 23, 27).

56 Noch im Jahr 1979 brachten 185 Abgeordnete der CDU/CSU unter Führung des Diskussionskreises Mittelstand (BFJ/*Borgwardt* Teil 7 VI S. 274) einen inhaltlich mit dem der ULA im Wesentlichen übereinstimmenden Gesetzentwurf in den Bundestag ein (BT-Drs. 8/3490). Der SprA sollte die Belange der L.A. vertreten, „soweit diese in ihrer Gesamtheit berührt sind", und auf Antrag auch die Interessen einzelner L.A. wahrnehmen (§ 8 Abs. 1). Für die Gestaltung der Dienstverhältnisse der L.A. sollten SprA und AG Richtlinien vereinbaren können, denen unmittelbare Wirkung beigelegt werden konnte (§ 8 Abs. 3). Der Entwurf hatte von vornherein keine Chance. Die FDP konnte und wollte trotz großer Sympathien für die L.A. nicht mit der CDU/CSU gegen ihren Koalitionspartner SPD stimmen, und so „versandete" (BFJ/*Borgwardt* Teil 7 VI S. 274) er im Bundestagsausschuss für Arbeit und Soziales.

57 Die Situation änderte sich, als es 1982 zu einer christlich-liberalen Koalition kam. 1985 brachten die Fraktionen der CDU/CSU und der FDP gemeinsam einen „Entwurf eines Gesetzes zur Verstärkung der Minderheitenrechte in den Betrieben und Verwaltungen (MindRG)" (BT-Drs. 10/3384) ein. Damit sollte umfassend die Stellung von Minderheiten (Arbeiter/Angestellte, kleinere Gruppierungen bei Betriebsratswahlen, L.A.) geregelt werden. Art. 3 enthielt ein „Gesetz über die Errichtung von Sprecherausschüssen für leitende Angestellte (SprALAG)". Dieser Entwurf entsprach im Wesentlichen dem von 1979. Auch er wurde nicht Gesetz, weil es nicht gelang, ihn bis zum Ende der Legislaturperiode zu behandeln.

58 Zu Beginn der dritten gemeinsamen Legislaturperiode von CDU/CSU und FDP kam es zu einer Koalitionsvereinbarung, in der u.a. abgesprochen wurde, „eine gesetzliche Verankerung von SprA für L.A. vorzunehmen (dabei eine Präzisierung der L.A. in § 5 Abs. 3 BetrVG)" (Handelsblatt vom 11.3.1987). Nach Vorarbeiten im Bundesministerium für Arbeit (dazu ausführlich und sehr instruktiv BFJ/*Borgwardt* Teil 6 XV 2 S. 250 ff.), die am 2.6.1988 in einen Referentenentwurf mündeten (BFJ/*Borgwardt* Teil 6 XVII 4 S. 259 f.), brachten die Koalitionsfraktionen am 16.6.1988 den wortgleichen „Entwurf eines Gesetzes zur Änderung des Betriebsverfassungsgesetzes, über SprA der L.A. und zur Sicherung der Montan-Mitbestimmung" in den Bundestag ein (BT-Drs. 11/2503). Der Entwurf, verschnürt in einem Koalitionskompromisspaket, sah eine „Präzisierung" (Begr. des GE, BT-Drs. 11/2503, 24 f.) des Begriffs der L.A. vor und „ein rasch durchführbares, kostengünstiges" (Begr. des GE, BT-Drs. 11/2503, 25) Zuordnungsverfahren für die Betriebsrats- und Sprecherausschusswahlen. Geändert wurde vor allem § 5 Abs. 3 S. 2 Nr. 3, in dem einige der bisherigen Tatbestandsmerkmale gegen von der Rechtsprechung entwickelte ausgetauscht wurden. Angefügt wurde ein Abs. 4 mit Auslegungsregeln und eingefügt ein § 18a, der die Zuordnung durch die Wahlvorstände für Sprecherausschuss- und Betriebsratswahlen gemeinsam und bei einem Patt durch einen neutralen, betriebsangehörigen Vermittler vorsah. § 5 Abs. 4 und § 18a führten Gedanken aus dem ULA-Entwurf von 1984 fort, ohne aber die dortige Regelung – unwiderlegliche Vermutung, Stichentscheid durch den AG – inhaltlich zu übernehmen. Die Sprecherausschussregelung entsprach im Wesentlichen der des Entwurfs von 1979. Der Aufbau lehnte sich stärker an den des BetrVG an, ohne dass die inhaltliche Konzeption – keine Mitbestimmung, sondern nur Mitwirkung – preisgegeben wurde; formal ist sie erheblich verbessert. Zur Begründung hieß es, die rund 400 SprA, die sich in der Praxis aufgrund freiwilliger Vereinbarungen gebildet hätten, zeigten das Bedürfnis der L.A. nach einer eigenen Interessenvertretung. Vor allem in Großunternehmen seien L.A. zur Durchsetzung ihrer spezifischen Interessen nicht immer in der Lage. Eine freiwillige Regelung genüge nicht. Freiwillige SprA könnten die Interessen der L.A. nicht wirksam genug wahrnehmen. Sie seien vom AG nicht unabhängig, weil es bei ihm liege, ob er mit ihnen zusammenarbeite. Und sie könnten nur diejenigen L.A. vertreten, die sich damit einverstanden erklärten (Begr. des GE, BT-Drs. 11/2503, 26).

Im Laufe des Gesetzgebungsverfahrens kam es noch zu drei Änderungen. Zum **59**
einen sah sich der Gesetzgeber veranlasst, in § 5 Abs. 3 S. 2 Nr. 2 den Zusatz aufzunehmen „und die Prokura auch im Verhältnis zum AG nicht unbedeutend ist". Auslöser war eine Entscheidung des 7. Senats des BAG, die die bisherige Regelung praktisch obsolet gemacht hatte (BAG 27.4.1988, DB 1988, 2003; dazu *Hromadka* DB 1988, 2053). Zum anderen ließ der Gesetzgeber das Recht der SprA fallen, Vereinbarungen des AG mit dem BR durch das ArbG für unwirksam erklären zu lassen (Begr. des GE, BT-Drs. 11/2503, 43 zu § 33). Der Ärger mit dem BR stand in keinem Verhältnis zu einem möglichen Nutzen. Stattdessen wurde der AG im Rahmen der vertrauensvollen Zusammenarbeit verpflichtet, den SprA vor Vereinbarungen mit dem BR anzuhören, die rechtliche Interessen der L.A. berühren (§ 2 Abs. 1 S. 2 SprAuG). Die ursprünglich vorgesehene Verpflichtung zur vertrauensvollen Zusammenarbeit mit dem BR (Begr. des GE, BT-Drs. 11/2503, 36 zu § 2 Abs. 1) wurde fallengelassen. Am 1.12.1988 stimmte der Bundestag der endgültigen Fassung zu. Der Bundesrat ließ das Gesetz in der Sitzung vom 16.12.1988 ohne Einspruch passieren. Am 20.12.1988 wurde es verkündet, unter dem 23.12.1988 im Bundesgesetzblatt veröffentlicht (BGBl. 1988 I 2312). Am 1.1.1989 trat es in Kraft (Art. 7, BGBl. 1988 I 2312 (2329)). Die zugehörige WO (Erste VO zur Durchführung des Sprecherausschussgesetzes – WO SprAuG v. 28.9.1989, BGBl. I 1798) erging am 28.9.1989; sie ist seit dem 6.10.1989 in Kraft. In den neuen Bundesländern traten SprAuG und WO am 3.10.1990 in Kraft. Das SprAuG ist bis zum heutigen Tag weitgehend unverändert. Neu ist die Möglichkeit, unter bestimmten Voraussetzungen mittels Video- und Telefonkonferenz an einer Sprecherausschusssitzung teilzunehmen. Neu ist auch die Möglichkeit, Richtlinien in elektronischer Form mit elektronischer Signatur zu schließen (Art. 3 Gesetz zur Förderung der Betriebsratswahlen und der

Betriebsratsarbeit in einer digitalen Arbeitswelt – Betriebsrätemodernisierungsgesetz v. 14.6.2021, BGBl I 1762). Rechtsprechung zu dem Gesetz gibt es nur in geringem Umfang. Einen Systembruch bedeutet die Entscheidung des BAG vom 9.5.2023 (NZA 2023, 1404), wonach der Betriebsrat zur Förderung von Maßnahmen zugunsten schwerbehinderter L.A. zuständig sein soll.

60 Die ersten Wahlen nach dem neuen Gesetz fanden zwischen dem 1.3. und dem 31.5.1990 statt. Gewählt wurden nach Ermittlungen des Instituts der Deutschen Wirtschaft 568 SprA mit 2.854 Mitgliedern. Die Wahlbeteiligung lag bei über 88 % (*Niedenhoff* Gewerkschaftsreport 7/90, S. 20 ff. mw Einzelheiten). Eine hohe Wahlbeteiligung gab es auch in den folgenden Jahren.

61 Die Zahl der SprA stagniert jetzt bei etwa 550. Der Prozentsatz der L.A. an den Belegschaften liegt bei 1,5 bis 2 % bei erheblichen Schwankungen in den einzelnen Branchen. Am niedrigsten ist er nach einer Umfrage der DGFP im Jahr 2007 mit 0,5 % im Handel, am höchsten im Bereich der Kreditinstitute, der Versicherungen und der Informations- und Kommunikationstechnik mit 3,5 % (DGFP Personalwirtschaftliche Kennziffern 2008).

Erster Teil. Allgemeine Vorschriften

Vorbemerkung zu § 1

Übersicht

I. Aufbau und Gliederung des Sprecherausschussgesetzes

Das SprAuG ist ähnlich aufgebaut wie das BetrVG: **1**

In seinem ersten Teil enthält es allgemeine Vorschriften über die Errichtung **2**
von SprA (§ 1) und Grundsätze über die Zusammenarbeit mit dem AG und dem BR (§ 2).

3 Der zweite Teil regelt Wahl, Zusammensetzung und Amtszeit des SprA (§§ 3–10), die Geschäftsführung (§§ 11–14), die Versammlung der L.A. (§ 15), den GSprA (§§ 16–19), den USprA (§ 20) und den KSprA (§§ 21–24).

4 Im dritten Teil finden sich die Vorschriften über die Mitwirkung der L.A., und zwar in den §§ 25–29 die allgemeinen Vorschriften und in den §§ 30–32 die Mitwirkungsrechte.

5 Der vierte Teil enthält besondere Vorschriften für die Seeschifffahrt (§ 33), der fünfte Straf- und Bußgeldvorschriften (§§ 34–36) und der sechste die Übergangs- und Schlussvorschriften (§§ 37–39).

II. Inhalt des Sprecherausschussgesetzes

1. Grundsatz

6 In Betrieben mit mindestens zehn L.A. können SprA gebildet werden, wenn die L.A. das mit Mehrheit verlangen (vgl. § 1). Die SprA nehmen die Belange der L.A. wahr. Sie haben dazu allerdings keine Mitbestimmungs-, sondern nur Mitwirkungsrechte.

2. Leitende Angestellte

7 Das SprAuG definiert die L.A. nicht selbst. Es übernimmt die Begriffsbestimmung des BetrVG (§ 1 Abs. 1 iVm § 5 Abs. 3, 4 BetrVG). Die Zuordnung für die Wahlen erfolgt im Verfahren nach § 18a BetrVG.

8 Die Definition des § 5 Abs. 3 BetrVG gilt damit im gesamten Bereich der Betriebs- und Unternehmensverfassung (BetrVG, SprAuG, MitbestG); in anderen Rechtsgebieten bleibt es bei den unterschiedlichen Definitionen (zB § 14 Abs. 2 KSchG, § 22 Abs. 2 Nr. 2 ArbGG). Trotz der einheitlichen Regelung im Betriebs- und Unternehmensverfassungsrecht kann es zu unterschiedlichen Auslegungen kommen, weil es drei verschiedene Zuordnungsverfahren gibt: für die SprA- und BR-Wahlen das nach § 18a BetrVG mit dem neutralen Vermittler als Pattlöser, für die Aufsichtsratswahlen das Verfahren nach § 10 der 1. WOMitbestG (BGBl. 1977 I 861 (866)) mit der Möglichkeit der Selbsteinschätzung und im Übrigen, dh für die endgültige Zuordnung, das arbeitsgerichtliche Statusverfahren (§ 2a ArbGG).

3. Organisation der Betriebsverfassung für leitende Angestellte

9 Das Gesetz sieht für L.A. Vertretungen auf drei Ebenen vor:
- im Betrieb den SprA (§ 1),
- im Unternehmen den GSprA (§ 16) und
- im Konzern den (fakultativen) KSprA (§ 21).

10 Anstelle von BSprA und GSprA können die L.A. einen USprA wählen, der die Funktionen beider Gremien wahrnimmt (§ 20). Außerdem können L.A. in den Wirtschaftsausschuss berufen werden (§ 107 Abs. 1 S. 2 BetrVG). Einer Einigungsstelle für Streitigkeiten zwischen SprA und AG bedarf es nicht, da der SprA keine Mitbestimmungsrechte hat.

11 Werden aufgrund eines Tarifvertrags nach § 3 Abs. 1 Nr. 2 BetrVG Sparten-BR errichtet, so können AG und GSprA (USprA, KSprA) die Errichtung von Sparten-SprA vereinbaren, wenn das der sachgerechten Wahrnehmung der Inte-

ressen der L.A. dient. Mitbestimmung iSd SprAuG soll dort wahrgenommen werden, wo unternehmerische Leitungsmacht konkret entfaltet und ausgeübt wird (vgl. BAG 9.2.2011, NZA 2011, 866). Dass bei der Einführung von Sparten-BR keine analoge Vorschrift in das SprAuG aufgenommen wurde, bedeutet keine Entscheidung gegen Sparten-SprA.

Die unmittelbare Mitwirkung erfolgt in der Versammlung der L.A. (§ 15). **12**
Eine Sprecherversammlung ähnlich der Betriebsräteversammlung kennt das Gesetz nicht.

Wird ein USprA gebildet, dann ist die Versammlung der L.A. keine Versamm- **13**
lung der L.A. im Betrieb, sondern eine Versammlung aller L.A. im Unternehmen (§ 20 Abs. 1).

Die Betriebsverfassung für die drei Arbeitnehmergruppen – L.A., (sonstige) **14**
AN, Jugendliche/Auszubildende – auf den vier Ebenen – Konzern, Unternehmen, Betrieb, Abteilung – sieht damit folgendermaßen aus:

<table>
<tr><th></th><th colspan="2">Leitende Angestellte</th><th>Arbeitnehmer (ohne leitende Angestellte)</th><th>Jugendliche und Auszubildende</th></tr>
<tr><td>Konzern</td><td colspan="2">Konzernsprecherausschuss</td><td>Konzern-betriebsrat</td><td>Konzern-, Jugend- und Auszubildenden-vertretung</td></tr>
<tr><td>Unter-nehmen</td><td>Gesamtsprecher-ausschuss</td><td rowspan="2">Unternehmens-sprecherausschuss

Versammlung der leitenden Angestellten</td><td>Gesamtbetriebsrat
+
Wirtschafts-ausschuss
Betriebsräte-versammlung</td><td>Gesamt-, Jugend- und Auszubildenden-vertretung</td></tr>
<tr><td>Betrieb</td><td>Betriebssprecher-ausschuss

Versammlung der leitenden Angestellten</td><td>Betriebsrat
Betriebs-versammlung</td><td>Jugend- und Auszubildenden-vertretung
Jugend- und Auszubildenden-versammlung</td></tr>
<tr><td>Abtei-lung</td><td colspan="2">–</td><td>Arbeitsgruppen-sprecher
Abteilungs-versammlung</td><td>Arbeitsgruppen-sprecher
Abteilungs-versammlung</td></tr>
</table>

Bei Bedarf können in Konzern, Unternehmen und Betrieb für Streitigkeiten zwischen AG und Konzernbetriebsrat, Gesamtbetriebsrat und Betriebsrat Einigungsstellen gebildet werden.

Der Gesetzgeber hat die Organisation der Sprecherausschussverfassung abschlie- **15**
ßend geregelt (ErfK/Oetker SprAuG Einl. Rn. 2). Sie kann deshalb weder durch Tarifvertrag noch durch betriebliche Vereinbarung geändert werden.

4. Freiwillige Sprecherausschüsse

Die ca. 400 bei Inkrafttreten des SprAuG bestehenden „freiwilligen SprA“ **16**
haben am 31.5.1990 zu bestehen aufgehört. Vereinigungen von L.A., gleich in

welcher Rechtsform und unter welchem Namen, die aufgrund Selbstbindung des AG oder einer Vereinbarung mit ihm Mitwirkungsrechte wahrnehmen sollen, können in sprecherausschussfähigen Betrieben nicht mehr gebildet werden. Das gilt auch, wenn in einem solchen Betrieb keine Mehrheit für die Bildung eines SprA gemäß § 7 Abs. 2 zustande kommt (hM; ErfK/Oetker SprAuG § 37 Rn. 3f. mwN). Besteht ein gesetzlicher Sprecherausschuss, so ist die Bildung eines freiwilligen SprA nach § 34 Abs. 1 Nr. 2 strafbar (hM; ErfK/Oetker SprAuG § 37 Rn. 2).

17 Zulässig bleiben demnach nur freiwillige SprA in Unternehmen mit weniger als zehn L.A. (→ § 1 Rn. 44). Diese SprA haben keinerlei Rechte nach dem SprAuG. Der Arbeitgeber kann sie aber so behandeln wie einen gesetzlichen SprA, und er kann sich den L.A. gegenüber dazu verpflichten.

18 Arbeitgeber und freiwilliger SprA können keine SprA-Vereinbarungen mit unmittelbarer Wirkung für und gegen die L.A. des Unternehmens abschließen. SprA-Vereinbarungen sind Normenverträge, und für die Vereinbarung von Normen bedürfte es einer gesetzlichen Grundlage. Die L.A. können lediglich die Mitglieder des SprA persönlich bevollmächtigen, Vereinbarungen für und gegen sie abzuschließen. Diese Vereinbarungen wirken nur gegenüber den L.A., die Vollmacht erteilt haben (§ 164 Abs. 1 BGB). Die Vollmacht ist grds. jederzeit widerruflich (§ 168 S. 2 BGB).

19 In sprecherausschussfähigen Betrieben ist (nur) die Errichtung von Vereinigungen zulässig, die andere Zwecke verfolgen als ein SprA (aA Goldschmidt S. 60). Eine freiwillige Unterrichtung oder Anhörung dieser Vereinigungen und eine freiwillige Beratung mit ihren Mitgliedern bleibt dem AG unbenommen.

5. Sprecherausschuss

20 **a) Errichtung.** SprA können in Betrieben mit idR mindestens zehn L.A. gebildet werden (§ 1 Abs. 1). Hat ein Unternehmen Betriebe, die nicht mindestens zehn L.A. beschäftigen, so werden die in diesen Betrieben beschäftigten L.A. dem räumlich nächstgelegenen Betrieb, der mindestens zehn L.A. beschäftigt, zugeschlagen (§ 1 Abs. 2). Hat ein Unternehmen mehrere Betriebe mit insgesamt mindestens zehn L.A., dann können die L.A. zwar keinen SprA, wohl aber einen USprA wählen (§ 20).

21 Ob ein SprA gebildet wird und ggf. in welcher Form, entscheiden die L.A. in gesonderter Abstimmung (§§ 7 Abs. 2, 20 Abs. 3).

22 **b) Größe.** Der SprA besteht aus mindestens einem und bei mehr als 300 L.A. aus höchstens sieben Mitgliedern (§ 4 Abs. 1).

23 **c) Wahl und Amtszeit.** Gewählt wird jeweils zwischen dem 1.3. und dem 31.5. (§ 5 Abs. 1 S. 1). Die erste Wahl fand 1990 statt (§ 37 Abs. 1), die nächsten turnusmäßigen Wahlen finden 2022, 2026, 2030 usw statt. Die regelmäßige Amtszeit beträgt vier Jahre (§ 5 Abs. 4 S. 1). Die Wahl ist frei, geheim, gleich, unmittelbar und allgemein (→ § 6 Rn. 5). Wahlberechtigt sind alle L.A., nicht wählbar sind vor allem die ständigen Gesprächspartner des SprA (§ 3 Abs. 2 Nr. 1) und für das gesamte Unternehmen zuständige Prokuristen auf der ersten Ebene unterhalb des gesetzlichen Vertretungsorgans (§ 3 Abs. 2 Nr. 2 iVm §§ 6 Abs. 2 MitbestG, 105 Abs. 1 AktG).

24 **d) Geschäftsführung.** Der SprA wählt aus seiner Mitte einen Vorsitzenden und einen Stellvertreter (§ 11 Abs. 1). Seine Entscheidungen trifft er durch Beschluss. Der Vorsitzende vertritt den SprA im Rahmen der Beschlüsse (§ 11

Abs. 2 S. 1). Die laufenden Geschäfte können auf einzelne SprA-Mitglieder übertragen werden (§ 11 Abs. 3), nicht aber Mitwirkungsrechte. Die Kosten für die SprA-Tätigkeit trägt der AG (§ 14 Abs. 2).

e) Sprecherausschussamt. Die Mitglieder sind ehrenamtlich tätig. Sie dürfen in ihrer Tätigkeit nicht behindert werden (§ 2 Abs. 3 S. 1). Bevorzugung und Benachteiligung wegen des Amts sind verboten (§ 2 Abs. 3 S. 2); einen besonderen Kündigungsschutz genießen sie nicht (→ § 2 Rn. 32 ff.). Die Tätigkeit erfolgt während der Arbeitszeit (vgl. § 12 Abs. 5). Freistellungen sieht das Gesetz aber ebenso wenig vor wie Bildungs- und Schulungsveranstaltungen in der Arbeitszeit oder Zeitausgleich für Sprechertätigkeit in der Freizeit. **25**

6. Gesamtsprecherausschuss

Besteht ein Unternehmen aus mehreren sprecherausschussfähigen Betrieben und sind dort mindestens zwei SprA gewählt worden, so ist ein GSprA zu errichten (§ 16 Abs. 1). Der GSprA besteht aus je einem Mitglied jedes SprA (§ 16 Abs. 2). Er ist zuständig für die Behandlung von Angelegenheiten, die das Unternehmen oder mehrere Betriebe betreffen und die nicht durch die einzelnen SprA innerhalb ihrer Betriebe behandelt werden können (§ 18 Abs. 1 S. 1). Außerdem kann ihn ein SprA beauftragen, eine Aufgabe für ihn wahrzunehmen (§ 18 Abs. 2 S. 1). Für die Geschäftsführung des GSprA gilt Entsprechendes wie für den SprA (§ 19 Abs. 1). **26**

7. Konzernsprecherausschuss

In Überordnungskonzernen kann ein KSprA gebildet werden, wenn in mindestens zwei Tochtergesellschaften ein GSprA oder ein SprA oder ein USprA besteht (vgl. § 21). Für die Zusammensetzung, für die Zuständigkeit und für die Geschäftsführung gilt Entsprechendes wie für den GSprA (§§ 21 Abs. 2, 23, 24). **27**

8. Unternehmenssprecherausschuss

Sind in einem Unternehmen mit mehreren Betrieben idR mindestens zehn L.A. beschäftigt, so kann auf deren Wunsch ein USprA gebildet werden (§ 20). Er hat zugleich die Funktionen des SprA und des GSprA (→ § 20 Rn. 25 ff.). Hinsichtlich seiner Rechte und Pflichten und der Rechtsstellung seiner Mitglieder gelten die Vorschriften über den SprA entsprechend (§ 20 Abs. 4). **28**

9. Versammlung der leitenden Angestellten

Einmal im Kalenderjahr soll eine Versammlung der L.A. des Betriebs – in Unternehmen mit USprA: der L.A. des Unternehmens – stattfinden (§ 15 Abs. 1 S. 1). Auf Antrag des AG oder eines Viertels der L.A. können weitere Versammlungen abgehalten werden (§ 15 Abs. 1 S. 2). **29**

10. Zusammenarbeit mit dem Arbeitgeber

Im Verhältnis zum AG gilt der Grundsatz der vertrauensvollen Zusammenarbeit (§ 2 Abs. 1 S. 1). Betriebsfriede und Arbeitsablauf dürfen nicht beeinträchtigt werden. Parteipolitische Betätigung im Betrieb ist verboten (§ 2 Abs. 4). **30**

11. Zusammenarbeit mit dem Betriebsrat

31 Ein Gebot zur vertrauensvollen Zusammenarbeit mit dem BR fehlt. SprA und BR können einander zu Sitzungen einladen (§ 2 Abs. 2 S. 1, 2); einmal jährlich soll eine gemeinsame Sitzung stattfinden (§ 2 Abs. 2 S. 3). Vor Vereinbarungen mit dem BR, die die rechtlichen Interessen der L.A. berühren, hat der AG den SprA anzuhören (§ 2 Abs. 1 S. 2).

12. Die Rechte des Einzelnen

32 Die Wahrnehmung eigener Belange durch den einzelnen L.A. bleibt durch die Mitwirkungsrechte des SprA unberührt (§ 25 Abs. 1 S. 2). Der L.A. kann bei der Wahrnehmung seiner Belange gegenüber dem AG ein Mitglied des SprA zur Unterstützung und Vermittlung hinzuziehen (§ 26 Abs. 1). Er hat das Recht, in seine Personalakten Einsicht zu nehmen und hierzu ebenfalls ein SprA-Mitglied seines Vertrauens hinzuzuziehen (§ 26 Abs. 2).

13. Allgemeine Aufgaben des Sprecherausschusses

33 Der SprA vertritt die kollektiven Interessen der L.A. gegenüber dem AG. In Angelegenheiten einzelner L.A. kann er auf deren Wunsch bei der Wahrnehmung ihrer Belange gegenüber dem AG (§ 26 Abs. 1) und bei der Einsichtnahme in die Personalakten tätig werden (§ 26 Abs. 2). Der SprA kann mit dem AG Richtlinien über den Inhalt, den Abschluss oder die Beendigung von Arbeitsverhältnissen vereinbaren (§ 28 Abs. 1). Den Richtlinien kann unmittelbare und zwingende Wirkung beigelegt werden (§ 28 Abs. 2 S. 1). Abweichungen sind dann nur zugunsten der L.A. zulässig (§ 28 Abs. 2 S. 2).

14. Mitwirkungsrechte

34 Die Beteiligung erfolgt in den drei Formen der Mitwirkung: durch Beratung, Anhörung und Unterrichtung. Inhaltlich bezieht sie sich auf soziale, personelle und wirtschaftliche Angelegenheiten (§§ 30–32). Mit dem SprA zu beraten sind die Änderungen der Gehaltsgestaltung und sonstiger Arbeitsbedingungen (§ 30 S. 1 Nr. 1), die Einführung oder Änderung allgemeiner Beurteilungsgrundsätze (§ 30 S. 1 Nr. 2) sowie Ausgleichs- und Milderungsmaßnahmen bei Betriebsänderungen (§ 32 Abs. 2 S. 2); zu unterrichten ist er über Einstellungen und personelle Veränderungen von L.A. (§ 31 Abs. 1) sowie über wirtschaftliche Angelegenheiten (§ 32 Abs. 1 S. 1); bei Kündigungen steht dem SprA ein Anhörungsrecht zu (§ 31 Abs. 2 S. 1).

35 Die Mitwirkungsrechte der SprAu können nicht eingeschränkt werden. Die Mitwirkungsrechte in personellen und sozialen Angelegenheiten können durch Tarifvertrag oder betriebliche Vereinbarung erweitert werden. Eine tarifliche Regelung ist aber nicht erstreikbar. Die Umwandlung von Mitwirkungsrechten in Mitbestimmungsrechte kommt nach der Konzeption des Gesetzes – auch wegen des Fehlens eines Konfliktlösungsmechanismus – nicht in Betracht (MHdB ArbR/Francke § 312 Rn. 5 ff.; Löwisch Vorb. Rn. 2; aA ErfK/Oetker SprAuG Einl. Rn. 2).

15. Durchsetzung von Rechten

36 Maßnahmen, die der AG ohne Mitwirkung des SprA trifft, sind wirksam; der SprA kann sie auch nicht durch einstweilige Verfügung verhindern. Eine Ausnahme gilt nur für die Kündigung; sie ist ohne vorherige Anhörung unwirksam

(§ 31 Abs. 2 S. 3). Der SprA kann den AG aber im Vorfeld zur Einhaltung seiner Pflichten anhalten lassen; idR geschieht das durch einstweilige Verfügung. Bei Verletzung von Mitwirkungsrechten drohen dem AG Bußgelder und Strafen (§ 34 Abs. 1 Nr. 2, § 36).

16. Streitigkeiten

Streitigkeiten über Fragen aus dem SprAuG sind im arbeitsgerichtlichen **37**
Beschlussverfahren zu entscheiden (§ 2a Abs. 1 Nr. 2, Abs. 2; §§ 80 ff. ArbGG).

III. Neubildung von Sprecherausschüssen

Die ersten Wahlen nach dem SprAuG fanden zeitgleich mit den BR-Wahlen **38**
zwischen dem 1.3. und dem 31.5.1990 statt.

L.A. in sprecherausschussfähigen Betrieben und Unternehmen, die sich zu **39**
diesem Zeitpunkt nicht zur Bildung von SprA entschließen konnten, können jederzeit das Verfahren zur Bildung eines SprA oder eines USprA einleiten. Dabei ist es gleichgültig, ob sie zunächst überhaupt keine Vorabstimmung durchgeführt haben oder ob sie in der Vorabstimmung gegen einen SprA votierten. Sie brauchen damit auch nicht bis zum Zeitraum der nächsten regelmäßigen Wahlen zu warten. Nach § 5 Abs. 2 Nr. 1 ist ein SprA zu wählen, „wenn im Betrieb ein SprA nicht besteht". Das Verfahren für die Bildung eines SprA richtet sich nach § 7 Abs. 2; dh, drei L.A. laden zu einer Versammlung ein, in der zunächst ein Wahlvorstand gewählt wird, der dann die Vorabstimmung durchführt.

IV. Geltungsbereich

1. Räumlich

Das SprAuG gilt für alle Betriebe in der Bundesrepublik Deutschland (Territo- **40**
rialitätsprinzip).

Die Staatsangehörigkeit von AG und L.A. ist unerheblich. Ohne Belang ist **41**
auch, ob AG und L.A. für die Arbeitsverhältnisse die Anwendung eines fremden Rechts vereinbart haben (BAG 7.12.1989, DB 1990, 992; 9.11.1977, DB 1978, 451; Fitting § 1 Rn. 15 mwN).

In ausländischen Konzernen kann nach den Regeln über den Konzern im **42**
Konzern ein KSprA gebildet (→ § 21 Rn. 20 f., 9 f.) werden, wenn die Unterkonzernspitze ihren Sitz im Geltungsbereich des Gesetzes hat (BAG 16.5.2007, NZA 2008, 320; 14.2.2007, NZA 2007, 999; ArbG Stuttgart 1.8.2003, NZA-RR 2004, 138; Dzida/Hohenstatt NZA 2007, 945 (947); aA Fitting § 54 Rn. 34 ff. und Löwisch § 21 Rn. 7 mN, der für die inländischen Tochterunternehmen eines ausländischen Unternehmens generell die Bildung eines KSprA zulässt). Wenn nicht, kommt die Bildung eines KSprA nicht in Betracht. Er hätte keinen Gesprächspartner, und das herrschende Unternehmen ist – da in der Organisation frei – nicht verpflichtet, einen solchen zu schaffen (BAG 16.5.2007, NZA 2008, 320; 14.2.2007, NZA 2007, 999 (1003 ff.)).

Auf Betriebe deutscher Unternehmen im Ausland ist das SprAuG nicht **43**
anwendbar, und zwar selbst dann nicht, wenn nach den Arbeitsverträgen die Anwendung inländischen Rechts vereinbart ist (BAG 10.9.1985, DB 1986, 331;

25.4.1978, DB 1978, 1840; Fitting § 1 Rn. 16). Es können also weder SprA gebildet werden (§ 1 Abs. 1), noch können die L.A. an der Wahl zu einem SprA (§ 1 Abs. 2) oder zu einem USprA (§ 20 Abs. 1) teilnehmen (Löwisch Vorb. Rn. 9). Der Geltungsbereich des SprAuG kann durch Vereinbarung nicht geändert werden (Fitting § 1 Rn. 22).

44 Anders ist es, wenn die im Ausland gelegene Betriebsstätte Teil eines inländischen Betriebs ist. In unselbstständigen ausländischen Betriebsteilen, dh in Betriebsstätten ohne feste und dauerhafte betriebliche Organisation, ist das SprAuG anwendbar (BAG 25.4.1978, DB 1978, 1840; GK-BetrVG/Raab § 7 Rn. 48).

2. Persönlich

45 Das SprAuG gilt grds. für alle L.A. in inländischen Betrieben. Die in § 3 Abs. 2 genannten L.A. sind nicht wählbar.

46 Auf in ausländischen Betrieben tätige L.A. ist das SprAuG anwendbar, wenn sich ihre Auslandstätigkeit als Ausstrahlung des Inlandsbetriebs darstellt, wenn sie also weiterhin dem Inlandsbetrieb zuzuordnen sind (BAG 30.1.1990, DB 1990, 1090; 7.12.1989, DB 1990, 992). Ob der Inlandsbezug eines Arbeitsverhältnisses erhalten geblieben ist, hängt von den Umständen des Einzelfalles ab und insbesondere von der Dauer des Auslandseinsatzes, der Eingliederung in einen Auslandsbetrieb, dem Bestehen und den Voraussetzungen eines Rückrufrechts zu einem Inlandseinsatz sowie dem sonstigen Inhalt der Weisungsbefugnisse des AG (zB Einsatzplanung durch den inländischen Betrieb (BAG 7.12.1989, DB 1990, 992; ErfK/Koch BetrVG § 1 Rn. 4)). Eine hinreichende Beziehung zum Inland fehlt bei L.A., die dauernd in einem ausländischen Betrieb des Unternehmens tätig sind, gleichgültig ob sie im Ausland oder im Inland eingestellt wurden, und gleichgültig, ob sie vor dem Dauereinsatz im Ausland in der Bundesrepublik Deutschland ausgebildet wurden oder sonst wie tätig waren (BAG 21.10.1980, DB 1981, 696).

47 Ist das SprAuG auf L.A. im Ausland anwendbar, so behalten die betreffenden L.A. alle Rechte und Pflichten nach dem Gesetz einschließlich des aktiven und passiven Wahlrechts (Fitting § 1 Rn. 28; Löwisch Vorb. Rn. 9). Der zuständige SprA kann allerdings nicht im ausländischen Betrieb tätig werden, also etwa L.A. an ihrem Arbeitsplatz aufsuchen (BAG 27.5.1982, DB 1982, 2519: „Der BR kann zwar Beteiligungsrechte für vorübergehend im Ausland beschäftigte AN ausüben, aber nicht als Organ im Ausland tätig werden"; aA Fitting § 1 Rn. 31). Die Anerkennung eines solchen Rechts scheitert daran, dass die Zuständigkeit des SprA an den Grenzen der Bundesrepublik endet. Im Übrigen wäre eine derartige Kompetenz auch überflüssig. Ist der L.A. Angehöriger eines inländischen Betriebs, dann ist sein Partner für Gespräche, zu denen er ein SprA-Mitglied zur Unterstützung oder Vermittlung hinzuziehen könnte, die inländische Betriebsleitung.

3. Gegenständlich

48 Das SprAuG gilt nicht in Kleinunternehmen (§§ 1 Abs. 1, 20 Abs. 1), in Verwaltungen und Betrieben des Bundes, der Länder, der Gemeinden und sonstiger Körperschaften, Anstalten und Stiftungen des öffentlichen Rechts (§ 1 Abs. 3 Nr. 1) und in Religionsgemeinschaften und ihren karitativen und erzieherischen Einrichtungen (§ 1 Abs. 3 Nr. 2). Besonderheiten gelten für die Seeschifffahrt

(vgl. § 33), Einschränkungen für Tendenzunternehmen (§ 32 Abs. 1 S. 2 (→ § 32 Rn. 32 ff.)).

V. Die leitenden Angestellten in anderen Gesetzen

1. Betriebsverfassungsgesetz

Zwischen BetrVG und SprAuG kann es grds. zu keinen Überschneidungen kommen, da der SprA nur für die L.A., der BR für die übrigen AN zuständig ist. Das Zuordnungsverfahren nach § 18a BetrVG löst den Konflikt an der Nahtstelle, nämlich bei der Abgrenzung des einen Personenkreises von dem anderen bei Wahlen. 49

Das BetrVG enthält außer der Begriffsbestimmung in § 5 Abs. 3, 4 drei Vorschriften über L.A.: 50

- Der BR ist über die beabsichtigte Einstellung oder persönliche Veränderung eines L.A. rechtzeitig zu unterrichten (§ 105 BetrVG).
- Der BR/GBR kann L.A. in den Wirtschaftsausschuss berufen (§ 107 Abs. 1 S. 2, Abs. 3 S. 3 BetrVG).
- Der AG kann L.A. als „sachkundige AN" zu Wirtschaftsausschusssitzungen hinzuziehen (§ 108 Abs. 2 S. 2 BetrVG).

Das SprAuG sieht gemeinsame Sitzungen von SprA und BR sowie die wechselseitige Teilnahme von Mitgliedern der beiden Gremien an Sitzungen des jeweils anderen Organs vor (§ 2 Abs. 2). 51

2. Europäische Betriebsräte-Gesetz (EBRG)

Werden in den Europäischen Betriebsrat eines EU-weit tätigen Unternehmens oder einer gemeinschaftsweit tätigen Unternehmensgruppe mit Sitz der zentralen Leitung im Inland mindestens fünf inländische Vertreter entsandt, dann hat das zuständige SprA-Gremium das Recht, einen L.A. zu bestimmen, der mit Rederecht an dessen Sitzungen zur Unterrichtung und Anhörung teilnimmt (§ 23 Abs. 6 EBRG; s. → EBRG § 23). 52

3. Sozialgesetzbuch (SGB) IX

Die Rechte schwerbehinderter L.A. gegenüber dem AG werden von der Schwerbehindertenvertretung nach §§ 93 ff. SGB IX wahrgenommen, da diese für alle AN des Betriebs/Unternehmens/Konzerns zuständig ist. Die L.A. haben nur das aktive, nicht das passive Wahlrecht (§ 94 Abs. 3 S. 2 SGB IX). 53

4. Mitbestimmungsgesetz

Die Stellung der L.A. in der Unternehmensverfassung wird durch das SprAuG nicht berührt (§§ 10 ff. MitbestG; → MitbestG; Löwisch Vorb. Rn. 1). Faktisch können die SprA zu einer Art „Infrastruktur" für die Aufsichtsratsmitglieder der L.A. werden. In der Praxis sind die KSprA/GSprA/USprA-Vorsitzenden meist auch Vertreter der L.A. im Aufsichtsrat ihres Unternehmens. Mit dieser „Personalunion" kann die Position der SprA gegenüber dem AG „nachhaltig gestärkt werden" (Goldschmidt Rn. 24). 54

5. SE-Beteiligungsgesetz (Gesetz über die Beteiligung der Arbeitnehmer und Arbeitnehmerinnen in einer Europäischen Gesellschaft)

55 Seit 2004 besteht die Möglichkeit, als Unternehmensform eine Europäische Gesellschaft (Societas Europaea – SE) zu wählen. Das SE-Beteiligungsgesetz (→ SEBG) bestimmt zur Vermeidung der Flucht aus der Mitbestimmung durch Umwandlung einer nationalen AG in eine SE, dass das Unternehmen vor der Umwandlung eine Vereinbarung mit den Arbeitnehmervertretern über die Mitbestimmung in der SE trifft. Für den Fall, dass dies nicht innerhalb von idR sechs Monaten gelingt, enthält das Gesetz eine Auffanglösung. Für die L.A. haben die Vereinbarungen zu einer Verschlechterung der Mitbestimmung geführt: Ihr Sitz wurde gestrichen.

6. Weitere Vorschriften über leitende Angestellte

56 Weitere Vorschriften über L.A. finden sich in § 18 Abs. 1 Nr. 1 ArbZG, § 14 Abs. 2 KSchG, § 22 Abs. 2 Nr. 2 ArbGG, § 2 Abs. 2 Nr. 2 ArbnErfGDV 2, § 16 Abs. 4 Nr. 4 SGG. Alle Bestimmungen des Begriffs „L.A." mit Ausnahme der des § 18 ArbZG weichen von der des § 5 Abs. 3, 4 BetrVG ab. Nach § 14 Abs. 2 KSchG bspw. ist der Begriff der L.A., die bei Entlassungen nur einen Abfindungs- und keinen Bestandsschutz genießen, sehr viel enger als der nach dem BetrVG.

§ 1 Errichtung von Sprecherausschüssen

(1) **In Betrieben mit in der Regel mindestens zehn leitenden Angestellten (§ 5 Abs. 3 des Betriebsverfassungsgesetzes) werden Sprecherausschüsse der leitenden Angestellten gewählt.**

(2) **Leitende Angestellte eines Betriebs mit in der Regel weniger als zehn leitenden Angestellten gelten für die Anwendung dieses Gesetzes als leitende Angestellte des räumlich nächstgelegenen Betriebs desselben Unternehmens, der die Voraussetzungen des Absatzes 1 erfüllt.**

(3) **Dieses Gesetz findet keine Anwendung auf**
1. **Verwaltungen und Betriebe des Bundes, der Länder, der Gemeinden und sonstiger Körperschaften, Anstalten und Stiftungen des öffentlichen Rechts sowie**
2. **Religionsgemeinschaften und ihre karitativen und erzieherischen Einrichtungen unbeschadet deren Rechtsform.**

Übersicht

I. Allgemeines

§ 1 nennt drei Schlüsselbegriffe des SprAuG: Betrieb, Unternehmen und L.A. 1
Für die L.A. nimmt er Bezug auf die Legaldefinition des § 5 Abs. 3, 4 BetrVG. Die Begriffe „Betrieb" und „Unternehmen" setzt er voraus. Für sie ist auf die von Rechtsprechung und Lehre entwickelten Definitionen zurückzugreifen; dabei muss auf den Sinngehalt der Regelungen des SprAuG Bedacht genommen werden.

II. Betrieb

1. Bedeutung

Der Begriff des Betriebs ist für das SprAuG von grundlegender Bedeutung. 2
Er entscheidet darüber, ob ein SprA gebildet werden kann, dem Beteiligungsrechte nach dem Gesetz zustehen. Ein „Sprecherausschuss", der in einem nicht sprecherausschussfähigen Betrieb gebildet wird, ist kein SprA iSd Gesetzes, selbst wenn er nach den gesetzlichen Wahlvorschriften gewählt sein sollte. Er hat keinerlei Rechte und Pflichten nach dem SprAuG; vor allem kann er mit dem AG keine Vereinbarungen mit unmittelbarer und zwingender Wirkung für die L.A. treffen.

2. Definition

3 Der Betrieb ist die organisatorische Einheit, innerhalb derer ein AG allein oder mit seinen AN mithilfe von technischen und immateriellen Mitteln bestimmte arbeitstechnische Zwecke fortgesetzt verfolgt, die sich nicht in der Befriedigung von Eigenbedarf erschöpfen (stRspr BAG 31.5.2000, NZA 2000, 1350; 9.2.2000, DB 2000, 384; *Fitting* § 1 Rn. 93 ff. mwN).

4 Dieser auf die Definitionen von *Jacobi* (*Jacobi* Betrieb und Unternehmen S. 9) und *Hueck* (*Hueck/Nipperdey* S. 93) zurückgehende Betriebsbegriff darf nicht schematisch in das SprAuG übernommen werden. Er ist der Funktion entsprechend auszulegen, die er im Rahmen des Gesetzes erfüllt: den Personenkreis zu bestimmen, der den SprA wählt und für die der jeweilige SprA zuständig ist.

5 Das SprAuG gibt den Vertretungsorganen der L.A. Beteiligungsrechte in sozialen, personellen und wirtschaftlichen Angelegenheiten. Eine sinnvolle Bestimmung des Betriebsbegriffs muss darauf achten, dass dem SprA ein Partner gegenübersteht, der in mitwirkungspflichtigen Angelegenheiten Entscheidungen treffen kann und trifft.

3. Abgrenzungsmerkmale

6 Danach bestimmen sich die Kriterien für die Abgrenzung:

7 **a) Leitungsmacht.** Ausschlaggebend ist die einheitliche Leitungsmacht. Ein SprA soll dort gebildet werden, wo die Entscheidungen vor allem in personellen und sozialen Angelegenheiten fallen (BAG 22.10.2003, EzA BetrVG 2001 § 1 Nr. 1; 23.9.1982, DB 1983, 1498). Unschädlich ist es, wenn den Entscheidungen Richtlinien einer Zentrale zugrunde liegen.

8 **b) Organisatorische Einheit.** Hinzukommen muss die organisatorische Einheit: Der Betrieb ist die Einheit, in der unter einer Leitung die gestellten Aufgaben und die arbeitstechnischen Zwecke in sinnvollem und gezieltem Zusammenwirken verfolgt werden.

9 Erfüllen zwei Einheiten ohne dieses geplante Zusammenwirken zwei arbeitstechnische (Teil-) Zwecke (zB Hauptverwaltung im Stammwerk), so sind sie zwei Betriebe (*Fitting* § 1 Rn. 104; Richardi BetrVG/*Richardi/Maschmann* § 1 Rn. 45 f.).

10 **c) Einheitlicher Inhaber.** Die Identität des Inhabers einer Arbeitsstätte ist grds. (konstitutives) Merkmal des Betriebs, da die Leitungsmacht grds. nur einer Person oder Personengruppe zustehen kann. Deshalb ist es grds. erforderlich, dass sich eine Einheit einem individuellen, einheitlichen Inhaber zuordnen lässt (BAG 5.12.1975, DB 1976, 588; *Fitting* § 1 Rn. 98; HWGNRH/*Rose* § 1 Rn. 24 f.). Dieser kann eine natürliche oder juristische Person oder eine Gesamtheit von solchen Personen sein (*Fitting* § 1 Rn. 98; HWGNRH/*Rose* § 1 Rn. 25). Die Vermutung nach § 1 Abs. 2 BetrVG für das Vorliegen eines gemeinsamen Betriebs mehrerer Unternehmen gilt jedoch auch für die Errichtung von SprA (hM ErfK/Oetker mN).

11 **d) Einheitliche Belegschaft.** Nicht ausschlaggebend für den Betriebsbegriff ist eine „einheitliche Belegschaft“. Ein Betrieb kann aus mehreren räumlich getrennten Arbeitsstätten bestehen; umgekehrt ist nicht jede Arbeitsstätte ein Betrieb (ErfK/*Koch* BetrVG § 1 Rn. 11; *Fitting* § 1 Rn. 104).

e) Arbeitstechnischer Zweck. Während das Unternehmen einen wirtschaftlichen oder ideellen Zweck verfolgt, dient der Betrieb arbeitstechnischen Zwecken. Um welchen arbeitstechnischen Zweck es sich handelt, ist gleichgültig (zB Dienstleistungen, Verwaltung, Produktion, Richardi BetrVG/*Richardi/Maschmann* § 1 Rn. 22). 12

Ein Betrieb kann zugleich mehrere arbeitstechnische Zwecke verfolgen. Diese brauchen sich nicht zu berühren (BAG 14.9.1988, NZA 1989, 190; *Fitting* § 1 Rn. 99; GK-BetrVG/*Franzen* § 1 Rn. 38; Richardi BetrVG/*Richardi/Maschmann* § 1 Rn. 24). Voraussetzung ist nur, dass sie innerhalb einer einheitlichen Gesamtorganisation verfolgt werden (BAG 23.9.1982, DB 1983, 1498; 17.1.1978, DB 1978, 1133). 13

Deshalb stellen Hauptverwaltung und Produktionsstätte auch bei räumlicher Einheit zwei Betriebe dar, wenn die Tätigkeit der Hauptverwaltung nicht nur auf die Leitung dieser Stätte beschränkt ist und in ihr vor allem unternehmensbezogene planerische Entscheidungen getroffen werden und wenn die Entscheidungen in personellen und sozialen Angelegenheiten im Wesentlichen der Leitung der einzelnen Produktionsstätte überlassen sind (BAG 23.9.1982, DB 1983, 1498). 14

Die aufgrund eines Tarifvertrags oder einer Betriebsvereinbarung nach § 5 Abs. 1 Nr. 1–3 BetrVG gebildeten betriebsverfassungsrechtlichen Organisationseinheiten sind auch als Betriebe iSd SprAuG anzusehen. Zum einen gilt die ratio des § 3 Abs. 5 BetrVG, Beteiligungsorgane dort zu bilden, wo die beteiligungspflichtigen Entscheidungen getroffen werden, auch für das SprAuG. Zum anderen verlangt die im SprAuG angelegte enge Verzahnung der beiden Interessenvertretungen Gleichlauf auch bei den zugrunde liegenden Organisationseinheiten (*Mückl* BB 2010, 2615 (2617); ErfK/*Oetker* SprAuG § 1 Rn. 2; aA *Fitting* § 3 Rn. 79). Der Gesetzgeber selbst ist davon ausgegangen (BT-Drs. 14/5741, 55). 15

f) Räumliche Einheit, Ausstrahlung, Verlegung des Betriebs. Die räumliche Einheit ist (wichtiges) Indiz für das Vorliegen eines Betriebs, nicht mehr und nicht weniger. Entscheidend ist immer, ob und inwieweit eine einheitliche Leitungsmacht besteht. Sie kann bei Einheiten an einem Ort fehlen (zB bei Filialen einer Handelskette) oder trotz größerer Entfernung gegeben sein. Auch die sog. „Ausstrahlungen" sind daher dem Betrieb zuzurechnen (zB Monteure, Baustelle, *Fitting* § 1 Rn. 75; HWGNRH/*Rose* § 1 Rn. 37; Richardi BetrVG/*Richardi/Maschmann* § 1 Rn. 36 f.). 16

Schließlich lässt die Verlegung eines Betriebs die organisatorische Einheit unberührt. Kommen nicht andere Umstände hinzu, wie etwa die Verschmelzung mit einem anderen Betrieb, dann bleibt der verlegte Betrieb erhalten. 17

g) Nebenbetrieb. Ein Nebenbetrieb ist ein organisatorisch selbstständiger Betrieb, der unter einer eigenen Leitung einen eigenen Betriebzweck verfolgt; gegenüber dem Hauptbetrieb übt er eine Hilfsfunktion aus, indem er den dort erstrebten Hauptzweck unterstützt (BAG 17.1.1978, DB 1978, 1133; 24.2.1976, DB 1976, 1579). Diese Kategorie von Betrieben hat für das SprAuG – im Gegensatz zum BetrVG – keine eigene Bedeutung: Nebenbetriebe sind, wie der Name sagt, eigene Betriebe, nur mit unterstützender Funktion. 18

Da Voraussetzung für das Bestehen eines Nebenbetriebs eine Leitung ist, die Entscheidungen in mitwirkungspflichtigen Angelegenheiten trifft, besteht kein Bedürfnis für eine unterschiedliche Behandlung gegenüber anderen Betrieben. 19

Werden mehr als zehn L.A. beschäftigt, so ist nach § 1 Abs. 1 ein SprA zu bilden; sind es weniger, so sind sie nach § 1 Abs. 2 dem räumlich nächstgelegenen Betrieb zuzuordnen. Die ratio des § 4 BetrVG, den AN durch Zuordnung zum Hauptbetrieb überhaupt eine Mitwirkung zu ermöglichen, trifft auf das SprAuG nicht zu; dieses Gesetz hat in § 1 Abs. 2 eine eigene, abweichende Regelung getroffen (*Löwisch* § 1 Rn. 41).

20 **h) Betriebsteil.** Betriebsteil ist eine abgrenzbare, von ihrer Organisation her aber nicht unabhängig von anderen Betriebsteilen funktionsfähige Einheit, die eine begrenzte, von den Aufgaben anderer Einheiten unterscheidbare Aufgabe wahrnimmt, welche in aller Regel dem arbeitstechnischen Zweck des Hauptbetriebs dient.

21 Wesentliches Unterscheidungskriterium zwischen Betrieb und Betriebsteil ist die organisatorische („relative") Selbstständigkeit (BAG 17.1.2007, DB 2007, 1872; 21.7.2004, ZBVR 2004, 58), nicht die am Betriebszweck orientierte Teilfunktion. Entscheidend ist der Grad der Verselbstständigung. Dieser kommt im Umfang der Leitungsmacht zum Ausdruck (*Fitting* § 4 Rn. 8 mwN). Die Teilfunktion unterscheidet den Betrieb vom Nebenbetrieb, der selbst alle Merkmale eines Betriebs erfüllt (zum Vorstehenden BAG 11.10.1989, ZIP 1990, 944).

22 Betriebsteile sind nicht analog § 4 Abs. 1 BetrVG sprecherausschussfähig (hM, HWK/Annuß Rn. 8; *Löwisch* § 1 Rn. 42; aA ErfK/Oetker SprAuG 3 1 Rn. 2). Die L.A. des Betriebsteils wählen beim Hauptbetrieb mit und werden von dessen SprA vertreten.

4. Beginn

23 Der Betrieb entsteht mit Aufnahme der betrieblichen Tätigkeit. Auch Vorbereitungshandlungen gehören bereits dazu.

5. Ende

24 **a) Stilllegung.** Der Betrieb endet mit der Stilllegung. Stilllegung ist die Aufhebung der Betriebs- und Produktionsgemeinschaft zwischen AG und AN für einen nach seiner Dauer unbestimmten, wirtschaftlich nicht unerheblichen Zeitraum (BAG 21.6.2001, NZA 2002, 212; 28.4.1988, DB 1989, 430; 27.2.1987, DB 1987, 1896; 12.2.1987, DB 1988, 126; *Fitting* § 1 Rn. 156). Die Betriebsstilllegung hat drei Elemente: ein tatsächliches, ein willentliches und ein zeitliches.

1. Die betriebliche Tätigkeit muss planmäßig und endgültig eingestellt, die betriebliche Organisation aufgelöst werden. Anhaltspunkt dafür ist vor allem die Kündigung aller AN, nicht aber eine Veräußerung des Betriebs, denn diese führt nach § 613a BGB lediglich zum Übergang auf den Erwerber.
2. Hinzukommen muss die Absicht, den Betrieb auf Dauer einzustellen. Eine Betriebsunterbrechung lässt den Betrieb fortbestehen. Entscheidend ist die Absicht des Inhabers, nicht die tatsächliche Entwicklung. Der Inhaber braucht den Betrieb nicht freiwillig aufzugeben. Auch wenn er sich den Umständen beugt, gibt er den Betrieb auf.
3. Schließlich muss die Einstellung auf Dauer erfolgen, dh entweder „für immer" oder „für eine der Dauer nach unbestimmte, zeitlich nicht unerhebliche Zeitspanne".

Die Betriebsstilllegung ist daher zu unterscheiden von der Betriebsunterbrechung, dem Betriebsübergang und der saisonalen Einschränkung des Betriebs bei Saisonbetrieben. Eine Stilllegung liegt dagegen vor bei der Einstellung von Kampagnebetrieben. 25

b) Eingliederung und Verschmelzung. Zum Betriebsende führen auch Eingliederung und Verschmelzung von Betrieben. Bei der Eingliederung bleibt der aufnehmende Betrieb mit seiner Organisation bestehen, der eingegliederte geht unter. Bei der Verschmelzung von Betrieben geht die Organisation beider Betriebe unter; es entsteht ein neuer Betrieb. In beiden Fällen ist nur auf den Betrieb, nicht auf das Unternehmen abzustellen. Eingliederungen und Verschmelzungen von Unternehmen sind Fusionen und lassen die Betriebe unberührt. Zum Übergangs- und Restmandat vgl. → § 5 Rn. 33 f. 26

c) Wirkung des Betriebsendes. Mit dem Ende des Betriebs erlischt die SprA-Fähigkeit; zur Abwicklung von Mitwirkungsrechten behält der SprA ein Restmandat (§ 5 Rn. 34). 27

6. Zwingende Regelung

„Betrieb" ist ein Rechtsbegriff, seine Tatbestandsmerkmale liegen fest; sie sind einer Vereinbarung entzogen. 28

Auch eine jahrelange falsche Anwendung des Betriebsbegriffs schafft für die Zukunft keinen Vertrauenstatbestand, der die materielle Rechtslage verändern könnte. 29

Die Verkennung des Betriebsbegriffs führt regelmäßig nicht zur Nichtigkeit, sondern nur zur Anfechtbarkeit einer darauf beruhenden SprA-Wahl (BAG 27.7.2011, NZA 2012, 345). 30

7. Gemeinschaftsbetrieb mehrerer Unternehmen

Mehrere rechtlich selbstständige Unternehmen können gemeinsam einen Betrieb (Gemeinschaftsbetrieb) haben (§ 1 Abs. 1 S. 2 BetrVG). Die beteiligten Unternehmen müssen nicht einen gemeinsamen Träger schaffen, erforderlich und ausreichend ist eine einheitliche Leitung (*Fitting* § 1 Rn. 82 mwN). Die gemeinsame Leitung muss regelmäßig auf eine nicht unerhebliche Zeit angelegt sein; die Errichtung eines Gemeinschaftsbetriebs für ein zeitlich begrenztes Projekt ist jedoch nicht ausgeschlossen (*Fitting* § 1 Rn. 82). Die Vermutung des § 1 Abs. 2 BetrVG für das Vorliegen eines gemeinsamen Betriebs ist auf das SprAuG entsprechend anwendbar (ErfK/*Oetker* SprAuG § 1 Rn. 2; *Goldschmidt* S. 43; HWK/*Annuß* SprAuG § 1 Rn. 8). 31

Ein Gemeinschaftsbetrieb mehrerer Unternehmen kann durch die Spaltung eines Unternehmens entstehen. Eine Unternehmensaufspaltung kann, muss aber nicht zu einer Betriebsaufspaltung führen. Oft bleibt die betriebliche Einheit erhalten; hieran knüpft § 1 Abs. 2 Nr. 2 BetrVG an. Besteht trotz der Unternehmensspaltung noch eine einheitliche betriebliche Leitungsmacht fort, bleibt es betriebsverfassungsrechtlich bei einem einheitlichen Betrieb (*Peter* DB 1990, 428 ff.). 32

Die Größe des für einen gemeinsamen Betrieb zu wählenden SprA richtet sich nach der Gesamtzahl der bei den mehreren Unternehmen idR insgesamt beschäftigten wahlberechtigten L.A., die in dem (gemeinsamen) Betrieb tätig sind (vgl. für den BR *Fitting* § 1 Rn. 138). 33

III. Unternehmen

1. Bedeutung

34 Bedeutung hat der Begriff des Unternehmens vor allem für die Bildung von GSprA (§§ 16–19) und USprA (§ 20) sowie für die Unterrichtungspflicht in wirtschaftlichen Angelegenheiten (§ 32 Abs. 1 S. 1).

2. Definition

35 Unternehmen ist die organisatorische Einheit, innerhalb derer ein einzelner Unternehmer einen über den arbeitstechnischen Zweck des Betriebs hinausgehenden wirtschaftlichen oder ideellen Zweck verfolgt (BAG 23.9.1980 Nr. 4 zu § 47 BetrVG 1972; *Fitting* § 1 Rn. 227 mwN).

3. Abgrenzung

36 Für das Unternehmen ist ein einheitlicher Rechtsträger konstitutiv (BAG 11.12.1987, DB 1988, 759; *Fitting* § 1 Rn. 228; HWGNRH/*Glock* § 47 Rn. 10 ff.; Richardi BetrVG/*Annuß* § 47 Rn. 5 f.). Anders als beim Betriebsbegriff sind betriebsverfassungsrechtliche Gesichtspunkte (Rn. 4 f.) nicht entscheidend.

37 Der Inhaber eines oder mehrerer Betriebe muss rechtlich derselbe sein. Dabei kann es sich um eine natürliche oder eine juristische Person (AG, GmbH, KGaA, e.G., eV) oder um eine Personengesamtheit (oHG, KG, GbR) handeln (GK-BetrVG/*Kreutz/Franzen* § 47 Rn. 13; Richardi BetrVG/*Annuß* § 47 Rn. 7).

38 Handelsgesellschaften können aufgrund der zwingenden organisationsrechtlichen Bestimmungen des Gesellschaftsrechts jeweils nur ein Unternehmen betreiben (BAG 11.12.1987, DB 1988, 759). Das bedeutet:

1. Auch bei noch so deutlicher Gliederung einer Gesellschaft in Produktions- oder sonstige Betätigungsbereiche kann nur ein USprA gebildet werden; für die Zuordnung nach § 1 Abs. 2 ist der nächstgelegene Betrieb der Gesellschaft maßgebend, gleich, ob er zum selben Bereich gehört oder nicht.
2. Für mehrere Betriebe unterschiedlicher Träger kann ein GSprA oder ein USprA auch dann nicht errichtet werden, wenn die Beteiligten wirtschaftlich verflochten sind und/oder unter einheitlicher Leitung stehen (BAG 29.11.1989, DB 1990, 1568; vgl. auch BAG 11.12.1987, DB 1988, 759; GK-BetrVG/*Kreutz/Franzen* § 47 Rn. 17) und/oder der Inhaber derselbe ist (zB: alle Aktien oder Gesellschaftsanteile stehen derselben Person oder Personengruppe zu).
3. Das gilt auch für Gemeinschaftsbetriebe iSv § 1 Abs. 2 BetrVG. Der SprA eines Gemeinschaftsbetriebs kann Mitglieder in den GSprA eines jeden Trägerunternehmens entsenden (*Fitting* § 47 Rn. 80).

39 Nach hL kann auch ein Einzelunternehmer betriebsverfassungsrechtlich nur ein Unternehmen betreiben (*Fitting* § 47 Rn. 13; Richardi BetrVG/*Annuß* § 47 Rn. 9). Auch wenn er seine Betriebe nicht zu einer einheitlichen selbstständigen Organisation zusammenfasst, ist ein GSprA und nicht ein KSprA zu bilden (GK-BetrVG/*Kreutz/Franzen* § 47 Rn. 19).

4. Unternehmen – Betrieb

40 Ein Unternehmen kann einen oder mehrere Betriebe haben. Im ersten Fall hat die Unterscheidung zwischen Betrieb und Unternehmen keine praktische

Bedeutung (*Fitting* § 1 Rn. 229 f.; HWGNRH/*Rose* § 1 Rn. 16). Es kann, wenn die übrigen Voraussetzungen vorliegen, nur ein SprA gebildet werden. Im zweiten Fall können unter den entsprechenden Voraussetzungen in den Betrieben SprA und im Unternehmen ein GSprA errichtet werden oder anstelle von SprA und GSprA ein USprA.

IV. Sprecherausschussfähigkeit

Nach Abs. 1 werden in Betrieben mit idR mindestens zehn L.A. SprA gewählt. **41**
Trotz des Wortlauts besteht kein Errichtungszwang. Im Gegenteil: Die Bildung von SprA hängt von der Zustimmung der Mehrheit der L.A. ab (§ 7 Abs. 2 S. 4).

1. In der Regel mindestens zehn leitende Angestellte

Mitgezählt werden alle L.A. des Betriebs, also auch solche von Betriebsteilen. **42**
Auf die Wählbarkeit nach § 3 Abs. 2 kommt es nicht an. Nicht mitgezählt werden L.A. von Nebenbetrieben; das sind eigene Betriebe.

„In der Regel" bedeutet, dass auf den Normalfall abzustellen ist, der während **43**
des überwiegenden Teils der Zeit besteht, nicht auf einen vorübergehenden Zustand (*Fitting* § 1 Rn. 360). Ein Betrieb mit neun L.A. wird zB nicht dadurch sprecherausschussfähig, dass vorübergehend ein weiterer L.A. zu ihm abgeordnet wird. Nicht ausschlaggebend ist auch die Zahl der L.A. zum Zeitpunkt der Wahl.

Sind Stellen unbesetzt, die wiederbesetzt werden sollen, so zählen sie mit; **44**
umgekehrt zählen „Überhänge" nicht mit. Ist ein Stellenauf- oder -abbau im Bereich der L.A. kurzfristig fest geplant, so ist von der Planzahl auszugehen.

2. In der Regel weniger als zehn leitende Angestellte

Für Betriebe mit idR weniger als zehn L.A. kommen drei Möglichkeiten in **45**
Betracht:

1. Im gesamten Unternehmen gibt es idR weniger als zehn L.A. Hier kann überhaupt keine Vertretung für die L.A. gebildet werden. Zulässig sind SprA auf freiwilliger Grundlage.
2. Im Unternehmen gibt es idR zehn oder mehr L.A., aber kein Betrieb erreicht diese Zahl. In den Betrieben können keine SprA errichtet werden, wohl aber im Unternehmen ein USprA. Freiwillige SprA sind unzulässig.
3. Im Unternehmen gibt es mindestens einen Betrieb mit idR mindestens zehn L.A. und mindestens einen Betrieb mit idR weniger als zehn L.A. Die L.A. in dem Betrieb oder in den Betrieben mit idR weniger als zehn L.A. gelten als L.A. des räumlich nächstgelegenen Betriebs mit idR mindestens zehn L.A. Sie können also keinen eigenen SprA bilden, sondern sie werden den L.A. in dem größeren Betrieb hinzugezählt. Bei der SprA-Wahl in diesem Betrieb sind sie aktiv und passiv wahlberechtigt.

Sinkt ein Betrieb auf Dauer unter die Grenze von zehn L.A., so verliert er die **46**
SprA-Fähigkeit; das Amt eines bestehenden SprA endet. Die L.A. werden ab diesem Zeitpunkt von dem SprA im nächstgelegenen sprecherausschussfähigen Betrieb mitvertreten.

3. Räumlich nächstgelegener Betrieb

47 Der räumlich nächstgelegene Betrieb ist der mit den üblicherweise benutzten Verkehrsmitteln am schnellsten erreichbare Betrieb (*Löwisch* § 1 Rn. 47; *Oetker* ZfA 1990, 43 (47)). Dabei ist nicht allein auf Entfernungskilometer abzustellen sondern es ist eine Gesamtwürdigung aller für die Erreichbarkeit dieses Betriebs in Betracht kommenden Umstände vorzunehmen (BAG 17.5.2017, NZA 2017, 1282). Entscheidend ist eine möglichst wirksame und kostengünstige Vertretung der L.A. durch ihren SprA.

48 Die gesetzliche Regelung wird gerade in Unternehmen mit vielen kleineren, räumlich weit verstreuten Betrieben nicht immer zu angemessenen Ergebnissen führen. Die Zuordnung zum räumlich nächstgelegenen größeren Betrieb garantiert keine betriebsverfassungsrechtlich sinnvolle Lösung, weil nicht sichergestellt ist, dass zwischen den benachbarten Betrieben organisatorische Bindungen bestehen und/oder in dem größeren Betrieb Funktionen wahrgenommen werden, bei denen dem SprA Mitwirkungsrechte zustehen. In Grenzfällen – dh bei räumlich nicht eindeutiger Zuordenbarkeit – kann zwar auf organisatorische Zusammengehörigkeit abgestellt werden. Häufig hilft aber nur die Bildung eines USprA.

V. Geltungsbereich des Sprecherausschussgesetzes

1. Überblick

49 In bestimmten Betrieben ist das SprAuG nicht oder nur eingeschränkt anwendbar:

- Nach § 1 Abs. 3 gilt das SprAuG nicht für Verwaltungen und Betriebe von Körperschaften, Anstalten und Stiftungen des öffentlichen Rechts sowie für Religionsgemeinschaften und ihre karitativen und erzieherischen Einrichtungen.
- In Tendenzunternehmen (vgl. § 118 Abs. 1 BetrVG) besteht nach § 32 Abs. 1 S. 2 keine generelle Unterrichtungspflicht in wirtschaftlichen Angelegenheiten.
- In Seeschifffahrtsunternehmen gibt es Sonderregelungen für die Errichtung von SprA (§ 33).

50 Die Herausnahme des öffentlichen Dienstes trägt der Tatsache Rechnung, dass das Personalvertretungsrecht traditionell eine Mitwirkung der „leitenden" Beamten und Angestellten über den Personalrat vorsieht (vgl. §§ 1, 95; 12 ff. BPersVG).

51 Die Herausnahme der Religionsgemeinschaften ist Ausfluss der kirchlichen Selbstverwaltungsgarantie nach Art. 140 GG, Art. 137 Abs. 3 WRV.

2. Juristische Personen des öffentlichen Rechts

52 Das SprAuG gilt nicht im Bereich des öffentlichen Rechts. Ob eine Verwaltung oder ein Betrieb dem öffentlichen oder dem privaten Recht unterliegt, entscheidet sich allein nach der Rechtsform des Rechtsträgers.

53 Ist der Rechtsträger eine juristische Person des öffentlichen Rechts, so findet das SprAuG keine Anwendung. Für Verwaltungen versteht sich das von selbst. Der Grundsatz gilt aber auch für die sog. Eigenbetriebe, dh für wirtschaftliche Unternehmen einer Gemeinde ohne eigene Rechtspersönlichkeit.

54 Ist der Träger privatrechtlich organisiert, so ist es unschädlich, wenn die Mehrheit oder die Gesamtheit der Anteile einer juristischen Person des öffentlichen

Rechts gehört (zum Vorstehenden BAG 7.11.1975, DB 1976, 248; Richardi BetrVG/*Annuß* § 130 Rn. 3).

Verfasste, dh öffentlich-rechtlich organisierte Kirchen sowie Untergliederungen 55
dieser Kirchen, die selbst den Status einer Körperschaft des öffentlichen Rechts haben (zB Ordensgemeinschaften der katholischen Kirche), sind „sonstige Körperschaften des öffentlichen Rechts" iSv § 1 Abs. 3 Nr. 1. Sie und alle ihre nicht verselbstständigten Einrichtungen – auch mit wirtschaftlicher Zwecksetzung – fallen bereits nach dieser Vorschrift nicht unter den Geltungsbereich des SprAuG (vgl. zu § 118 Abs. 2 BetrVG: BVerfG 17.2.1981, NJW 1981, 1829; BAG 30.7.1987, DB 1987, 2658).

3. Religionsgemeinschaften

Abs. 3 Nr. 2 nimmt die übrigen (privatrechtlich organisierten) Religionsge- 56
meinschaften aus dem Geltungsbereich des SprAuG heraus. Religionsgemeinschaften sind neben den allgemein anerkannten christlichen auch Glaubensgemeinschaften weltanschaulicher Art (*Fitting* § 118 Rn. 54; aA Richardi BetrVG/*Thüsing* § 118 Rn. 194 f.). Nicht dazu zählt die Scientology-Sekte, deren religiöse und weltanschauliche Lehren nur als Vorwand für die Verfolgung wirtschaftlicher Zwecke dienen (BAG 22.3.1995, NZA 1995, 823; BVerwGE 90, 112; *Fitting* § 118 Rn. 54).

4. Karitative und erzieherische Einrichtungen

Ausstrahlung der kirchlichen Tätigkeit und damit begünstigt durch die Selbst- 57
verwaltungsgarantie sind weiter die verselbstständigten, privatrechtlich organisierten Einrichtungen verfasster und nicht verfasster Religionsgemeinschaften mit karitativer und erzieherischer Bestimmung. Das sind Einrichtungen, die der Hilfe für Notleidende oder pädagogischen Zwecken dienen. Notwendig und ausreichend ist, dass sie „nach kirchlichem Selbstverständnis ihrem Zweck oder ihrer Aufgabe entsprechend berufen sind, ein Stück Auftrag der Kirche in dieser Welt wahrzunehmen und zu erfüllen" (BVerfG 11.10.1977, NJW 1978, 581).

Hierzu zählen vor allem Kindergärten, Schulen, Waisenhäuser, Krankenhäuser, Altersheime, das Diakonische Werk eV, die Innere Mission und der Caritasverband eV (*Fitting* § 118 Rn. 58 mwN).

Übernimmt eine Religionsgemeinschaft eine karitative oder erzieherische Ein- 58
richtung in ihre Trägerschaft, so verliert das SprAuG von diesem Zeitpunkt an seine Anwendbarkeit (*Löwisch* § 1 Rn. 53).

5. Freiwillige Sprecherausschüsse

Soweit das SprAuG nach § 1 Abs. 3 nicht anwendbar ist, können freiwillige 59
SprA gebildet werden (vgl. auch HWK/*Annuß* SprAuG § 1 Rn. 7); das gilt allerdings nicht im Bereich des Personalvertretungsrechts.

VI. Streitigkeiten

Ob eine Einheit Betriebsteil oder selbstständiger Betrieb ist, ist im arbeitsge- 60
richtlichen Beschlussverfahren zu klären (BAG 17.1.1978, DB 1978, 1133). In einem Verfahren zwischen BR und AG über die Betriebseigenschaft ist der SprA

Beteiligter, wenn die Entscheidung auch Auswirkungen auf die Betriebsverfassung für L.A. haben kann (§ 83 Abs. 3 ArbGG). Wird er nicht gehört, so erwächst die Entscheidung ihm gegenüber nicht in Rechtskraft. Gegen den Beschluss kann er Beschwerde einlegen (*Schaub* Arbeitsgerichtsverfahren § 114, 4d, S. 844. mwN).

61 Im Beschlussverfahren ist auch über die Zuordnung von L.A. kleinerer Betriebe zu entscheiden, wenn umstritten ist, welcher Betrieb des Unternehmens der „nächstgelegene" ist.

62 Örtlich zuständig ist für die Frage, ob eine Einheit Betrieb oder Betriebsteil ist, das ArbG, in dessen Bezirk die Einheit liegt, die als Hauptbetrieb angesehen wird (*Fitting* § 18 Rn. 58); für die Zuordnung von L.A. das ArbG, in dessen Bezirk der Betrieb liegt, dessen L.A. einem anderen Betrieb zuzuordnen sind (§ 82 Abs. 1 ArbGG).

§ 2 Zusammenarbeit

(1) [1]**Der Sprecherausschuss arbeitet mit dem Arbeitgeber vertrauensvoll unter Beachtung der geltenden Tarifverträge zum Wohl der leitenden Angestellten und des Betriebs zusammen.** [2]**Der Arbeitgeber hat vor Abschluss einer Betriebsvereinbarung oder sonstigen Vereinbarung mit dem Betriebsrat, die rechtliche Interessen der leitenden Angestellten berührt, den Sprecherausschuss rechtzeitig anzuhören.**

(2) [1]**Der Sprecherausschuss kann dem Betriebsrat oder Mitgliedern des Betriebsrats das Recht einräumen, an Sitzungen des Sprecherausschusses teilzunehmen.** [2]**Der Betriebsrat kann dem Sprecherausschuss oder Mitgliedern des Sprecherausschusses das Recht einräumen, an Sitzungen des Betriebsrats teilzunehmen.** [3]**Einmal im Kalenderjahr soll eine gemeinsame Sitzung des Sprecherausschusses und des Betriebsrats stattfinden.**

(3) [1]**Die Mitglieder des Sprecherausschusses dürfen in der Ausübung ihrer Tätigkeit nicht gestört oder behindert werden.** [2]**Sie dürfen wegen ihrer Tätigkeit nicht benachteiligt oder begünstigt werden; dies gilt auch für ihre berufliche Entwicklung.**

(4) [1]**Arbeitgeber und Sprecherausschuss haben Betätigungen zu unterlassen, durch die der Arbeitsablauf oder der Frieden des Betriebs beeinträchtigt werden.** [2]**Sie haben jede parteipolitische Betätigung im Betrieb zu unterlassen; die Behandlung von Angelegenheiten tarifpolitischer, sozialpolitischer und wirtschaftlicher Art, die den Betrieb oder die leitenden Angestellten unmittelbar betreffen, wird hierdurch nicht berührt.**

Übersicht

I. Überblick

Die Vorschrift regelt die Zusammenarbeit zwischen SprA und AG (Abs. 1) und zwischen SprA und BR (Abs. 2), den Schutz der Mitglieder des SprA (Abs. 3) und die Friedenspflicht von AG und SprA (Abs. 4). Im Gegensatz zu § 2 BetrVG sieht § 2 keine Rechte für Gewerkschaften oder Verbände im Rahmen der Betriebsverfassung der L.A. vor; ihre originären Rechte aus Art. 9 Abs. 3 GG bleiben unberührt. 1

2 § 2 des Gesetzentwurfs hatte den SprA ursprünglich zur vertrauensvollen Zusammenarbeit mit AG und BR verpflichtet. § 33 des Entwurfs hatte ihm das Recht gegeben, vor Abschluss von Betriebs- und sonstigen Vereinbarungen, die rechtliche Interessen der L.A. berühren, angehört zu werden und eine Aussetzung des Abschlusses der Vereinbarung für zwei Wochen zu verlangen (BT-Drs. 11/2503, 43). Beide Bestimmungen wurden im Laufe des Gesetzgebungsverfahrens gestrichen (zur Begr. Bericht BT-Drs. 11/3618, 12). Stattdessen sieht Abs. 2 jetzt eine wechselseitige Teilnahme von SprA und BR an den Sitzungen des anderen Gremiums vor, und Abs. 1 S. 2 verpflichtet den AG im Rahmen der vertrauensvollen Zusammenarbeit, den SprA vor Abschluss von Vereinbarungen, die die Interessen der L.A. berühren, anzuhören.

3 Eine Zusammenarbeit zwischen SprA, AG und BR kommt insbesondere in Betracht bei Regelungen, die den ganzen Betrieb betreffen, zB bei Arbeitszeit, Urlaub oder Sozialeinrichtungen (*Fitting* § 2 Rn. 4).

II. Vertrauensvolle Zusammenarbeit (Abs. 1 S. 1)

1. Verpflichtete

4 Abs. 1 gibt ausdrücklich nur dem SprA die vertrauensvolle Zusammenarbeit mit dem AG auf. Das ändert nichts daran, dass auch der AG und die einzelnen Mitglieder des SprA zur vertrauensvollen Zusammenarbeit verpflichtet sind (*Löwisch* § 2 Rn. 1; *Richardi BetrVG/Maschmann* § 2 Rn. 10; ErfK/Oetker BetrVG § 2 Rn. 1). Abs. 1 regelt nicht das Verhältnis zwischen AG und L.A. bzw. das Verhältnis der L.A. untereinander. Das Gebot der vertrauensvollen Zusammenarbeit gilt auch nicht für das Verhältnis der SprA-Mitglieder zueinander.

2. Wohl des Betriebs und der leitenden Angestellten

5 Der SprA soll sich bemühen, bei der Interessenvertretung auch den Erfordernissen des Betriebs gerecht zu werden. AG und SprA sollen einen Ausgleich der beiderseitigen Interessen suchen (*Fitting* § 2 Rn. 56). Da auch die übrige Belegschaft zum Betrieb gehört, haben sie auch deren Interessen zu beachten (*Kronisch/Deich* AR-Blattei SD 1490.3 Rn. 3; *Löwisch* § 2 Rn. 4).

3. Beachtung der geltenden Tarifverträge

6 SprA und AG haben bei ihrer Zusammenarbeit die geltenden Tarifverträge zu beachten. Das gilt sowohl für den normativen (§§ 2 Abs. 1, 3 Abs. 1, 4 Abs. 1 TVG) als auch für den obligatorischen Teil der Tarifverträge (*Löwisch* § 2 Rn. 3). Allerdings sind die L.A. in aller Regel vom persönlichen Geltungsbereich von Tarifverträgen ausgenommen. Nicht gemeint sind mittelbare Auswirkungen von Tarifverträgen für andere AN, vor allem von Solidarnormen (= Vorschriften, die Einrichtungen für die gesamte Belegschaft eines Betriebs betreffen), und von Ordnungsnormen (= Vorschriften über die Ordnung des Betriebs). Abs. 1 S. 1 dient nicht der Erweiterung des persönlichen Geltungsbereichs von Tarifverträgen.

4. Konkrete Verhaltenspflichten des Arbeitgebers und des Sprecherausschusses

a) Gesetzliche Verhaltenspflichten. Das SprAuG konkretisiert die Pflicht zur vertrauensvollen Zusammenarbeit insbesondere in § 2 Abs. 1 S. 2 (Anhörung des SprA vor Abschluss von Vereinbarungen, die rechtliche Interessen der L.A. berühren), § 2 Abs. 4 (Friedenspflicht, Verbot parteipolitischer Betätigung), § 12 Abs. 3–5 (Rechte des AG hinsichtlich SprA-Sitzungen), § 25 Abs. 2 (Unterrichtungspflicht des AG), wohl auch in § 27 (Gleichbehandlungsgebot und Schutz und Förderung der freien Entfaltung der Persönlichkeit), in § 29 (Geheimhaltungspflicht) und in § 32 (Unterrichtung über wirtschaftliche Angelegenheiten). 7

b) Ungeschriebene Verhaltenspflichten. aa) Sprecherausschuss. Der SprA soll sich bei der Wahrnehmung seiner Aufgaben am Wohl des Betriebs orientieren; er hat alles zu vermeiden, was im Betrieb Unfrieden stiften kann. Gespräche sind konstruktiv zu führen. Der SprA darf insbesondere nicht in Weisungen des AG eingreifen, L.A. von der Arbeit abhalten oder gar Straftaten decken. Interessen von L.A. hat der SprA gegenüber dem AG bzw. gegenüber dem vom AG bestimmten Vertreter wahrzunehmen (zu Vorstehendem *Löwisch* § 2 Rn. 5). Beim Aufsuchen von L.A. sind Störungen des Betriebsablaufs zu vermeiden (dazu *Schlochauer* FS Müller, 1981, 471 ff.). Vertrauliche Unterlagen dürfen nicht weitergegeben werden (BAG 22.5.1959, DB 1959, 979). 8

Die einzelnen Mitglieder des SprA haben sich, wenn sie zur Wahrnehmung von Aufgaben ihren Arbeitsplatz verlassen, im Rahmen des Betriebsüblichen abzumelden (BAG 23.6.1983, DB 1983, 2419; s. § 14 Rn. 8); bei der Begehung von Werksteilen ist der AG zu informieren (BAG 8.2.1977, DB 1977, 914). 9

bb) Arbeitgeber. Der AG hat den SprA vor allem unaufgefordert, rechtzeitig und vollständig über alle Angelegenheiten zu unterrichten, die L.A. betreffen (§§ 2 Abs. 1 S. 2, 25 Abs. 2). Darüber hinaus hat er sich mit dem SprA in den vom Gesetz vorgesehenen Fällen mit dem ernsten Willen zur Einigung zu beraten. Dieser Pflicht kommt besondere Bedeutung zu, weil der SprA keine echten Mitbestimmungsrechte hat. Freilich schließt sie nicht die Pflicht zum Kompromiss ein; der AG kann letztlich an seinem Standpunkt festhalten (*Löwisch* § 2 Rn. 6). 10

c) Auslegung. Abs. 1 enthält objektiv geltendes Recht. Er ist deshalb bei der Auslegung aller anderen Verhaltensvorschriften im SprAuG heranzuziehen (*Goldschmidt* S. 68). 11

5. Streitigkeiten

Sowohl der SprA als auch der AG können den Anspruch auf vertrauensvolle Zusammenarbeit im Beschlussverfahren (§ 2a Abs. 1 Nr. 2, Abs. 2; §§ 80 ff. ArbGG) geltend machen (*Löwisch* § 2 Rn. 11; vgl. auch *Fitting* § 2 Rn. 93). Örtlich zuständig ist das ArbG, in dessen Bezirk der Betrieb liegt (§ 82 Abs. 1 S. 1 ArbGG), für GSprA, USprA und KSprA das ArbG, in dessen Bezirk das Unternehmen seinen Sitz hat (§ 82 Abs. 1 S. 3 iVm S. 2 ArbGG). Bei groben Verletzungen der Pflicht zur vertrauensvollen Zusammenarbeit können mindestens ein Viertel der L.A. oder der AG beim ArbG den Ausschluss eines Mitglieds aus dem SprA oder die Auflösung des SprA beantragen (§ 9 Abs. 1 S. 1). 12

Das ArbG kann dem AG nicht die Vornahme oder das Unterlassen einer Handlung aufgeben; eine § 23 Abs. 3 S. 1 BetrVG entsprechende Vorschrift fehlt. Als 13

Sanktion kommt nur eine Bestrafung nach § 34 Abs. 1 Nr. 2 in Betracht, wenn der AG durch Verstoß gegen die Pflicht zur vertrauensvollen Zusammenarbeit die Tätigkeit des SprA behindert oder stört. Das gilt insbesondere, wenn er sich weigert, überhaupt mit dem SprA zusammenzuarbeiten (DKW/*Trümner* § 119 Rn. 14 ff.; *Fitting* § 119 Rn. 7).

III. Betriebs- und sonstige Vereinbarungen, die rechtliche Interessen der leitenden Angestellten berühren (Abs. 1 S. 2)

1. Betriebs- und sonstige Vereinbarungen

14 Gemeint sind alle Vereinbarungen (Betriebsvereinbarungen, Regelungsabreden), die rechtliche Interessen der L.A. berühren, gleichgültig, ob sie mündlich oder schriftlich getroffen werden, auf Dauer oder auf Zeit angelegt sind, für einen Einzelfall oder für eine Vielzahl von Fällen gelten. Keine Vereinbarung ist der Spruch der Einigungsstelle. Abs. 1 S. 2 ist aber entsprechend anzuwenden (ErfK/*Oetker* SprAuG § 2 Rn. 2; *Löwisch* Rn. 7). Der AG hat den SprA zu hören und seinen Standpunkt in die Verhandlungen mit dem BR und in das Verfahren vor der Einigungsstelle einzubringen, ohne dass er ihn sich zu Eigen machen müsste. Abs. 1 S. 2 will sicherstellen, dass die L.A. Gehör finden, bevor im Verhältnis zum BR vollendete Tatsachen geschaffen werden. Unmittelbare Rechte gegenüber der Einigungsstelle hat der SprA, wie die Vorgeschichte der Bestimmung zeigt, nicht (aA *Oetker* ZfA 1990, 43, 64 f.); er kann seine Argumente nur mithilfe des AG vorbringen.

2. Rechtliche Interessen

15 Der Gesetzeswortlaut ist nicht gerade klar (dazu *Hromadka* DB 1986, 857 (862)). In Rechte der L.A. können AG und BR nicht direkt eingreifen, weil dem BR die Zuständigkeit für L.A. fehlt. Ein Eingriff liegt auch nicht vor, wenn sich die Rechtslage für L.A. durch eine Vereinbarung mit dem BR unmittelbar ändert, weil sie durch Bezugnahme zum Inhalt des Arbeitsvertrags gemacht worden ist („im Übrigen gelten die betrieblichen Vorschriften in der jeweiligen Fassung", „gilt die betriebliche Regelung"); die Änderung beruht auf der vertraglichen Vereinbarung (ErfK/*Oetker* SprAuG § 2 Rn. 3; aA *Buchner* NZA-Beil 1989, 1, 2, 14). Es ist eine Frage der Auslegung dieses Vertrags, ob und inwieweit eine Vereinbarung mit dem BR zum Inhalt des Arbeitsvertrags wird (zB eine Arbeitszeitverkürzung).

16 Der Gesetzestext muss also etwas anderes meinen. Gedacht ist an tatsächliche Auswirkungen von Vereinbarungen mit dem BR auf L.A. Gleichgültig ist, ob sie sich automatisch auswirken, weil die Regelung nur betriebseinheitlich getroffen werden kann, wie vor allem im Bereich der Betriebsnormen (zB betriebliche Arbeitszeit, Unfallverhütung, Urlaubsplanung; insoweit auch *Bauer* Anm. IV S. 16; *Löwisch* § 2 Rn. 7; *Buchner* NZA-Beil. 1989, 1, 2, 15 unter Hinweis auf § 1 TVG), oder ob sie nur vorgreiflich sind, etwa weil der AG für alle AT-Angestellten eine einheitliche Personalpolitik betreibt.

17 Die Formulierung „rechtliche Interessen" statt „berechtigte Interessen" oder einfach „Interessen" zeigt, dass nicht jede noch so geringe, vor allem indirekte Auswirkung auf L.A. die Unterrichtungspflicht auslöst. Immer muss die eigene Rechtsstellung, dh das Rechtsverhältnis zwischen L.A. und AG, betroffen sein.

3. Rechtzeitige Anhörung

Der AG muss die Stellungnahme des SprA zur Kenntnis nehmen und dem SprA die Entscheidung in der Sache mitteilen, eine Beratungspflicht besteht nicht. Rechtzeitig ist die Anhörung dann, wenn der SprA noch Gelegenheit hat, sich ernsthaft mit der Angelegenheit zu befassen, bevor eine Entscheidung gefallen ist. 18

4. Rechtsfolgen von Verstößen gegen Abs. 1 S. 2

Ein Verstoß gegen Abs. 1 S. 2 berührt die Wirksamkeit der abgeschlossenen BV oder der Regelungsabrede nicht (*Löwisch* § 2 Rn. 8). Die Nichtanhörung stellt auch keine Ordnungswidrigkeit nach § 36 dar. Weigert sich der AG aber beharrlich, den SprA vor Abschluss von Vereinbarungen mit dem BR anzuhören, so kann darin eine Straftat nach § 34 Abs. 1 Nr. 2 liegen (§ 34 Rn. 8 ff., (*Löwisch* § 2 Rn. 8). 19

IV. Zusammenarbeit zwischen Sprecherausschuss und Betriebsrat (Abs. 2)

1. Allgemeine Verhaltenspflichten

Obwohl die ursprünglich vorgesehene Pflicht zu vertrauensvoller Zusammenarbeit zwischen SprA und BR (§ 2 Abs. 1 Gesetzentwurf) nicht in das Gesetz aufgenommen wurde, können beide Organe doch im Einzelfall, dh vor allem dann, wenn rechtliche Interessen der anderen Belegschaftsgruppe berührt sind, aus ihrer Verpflichtung auf das Wohl des Betriebs (§ 2 Abs. 1 BetrVG, § 2 Abs. 1 SprAuG) zur Zusammenarbeit verpflichtet sein. Eine generelle Verweigerung der Zusammenarbeit verstößt ebenso gegen § 2 wie eine Behinderung der Arbeit des jeweils anderen Organs (*Löwisch* § 2 Rn. 13). 20

2. Teilnahme an Sitzungen

SprA und BR können einander oder einzelne Mitglieder des jeweils anderen Gremiums zu ihren Sitzungen einladen (Abs. 2 S. 1, 2). Der Gesetzgeber wünscht Zusammenarbeit und nicht ein konkurrierendes Nebeneinander oder gar wechselseitige Behinderung (vgl. BT-Drs. 11/2503, 36). 21

Die Einladung steht im Ermessen des jeweiligen Gremiums (*Löwisch* § 2 Rn. 14). Sie ist nicht einklagbar. Das einladende Organ hat auch kein Recht darauf, dass das eingeladene Organ an seiner Sitzung teilnimmt. Werden bestimmte Mitglieder des anderen Organs zu einer Sitzung eingeladen, so entscheidet dieses Organ durch Beschluss, ob die Einladung angenommen werden soll. Abs. 2 S. 1, 2 gibt SprA und BR nicht das Recht, in die Geschäftsführungs"hoheit" des jeweils anderen Gremiums einzugreifen. 22

Einmal im Kalenderjahr soll eine gemeinsame Sitzung von SprA und BR stattfinden (Abs. 2 S. 3). „Soll" bedeutet in der Gesetzesterminologie im Allgemeinen „muss, es sei denn, dass Gründe für eine Ausnahme vorliegen" (HWK/Annuß § 2 SprAuG Rn. 5; schwächer *Löwisch* § 2 Rn. 15: Appell zur Zusammenarbeit). Davon wird man auch hier ausgehen können. Der Gesetzgeber wünscht, wie gesagt, ein Miteinander. Allerdings erzwingt er es nicht. Auf der Verletzung des Abs. 2 S. 3 steht keine Sanktion. Immerhin kann eine grundsätzliche Ablehnung 23 der Zusammenarbeit einen Verstoß gegen die beiden Organe obliegende Pflicht darstellen, auf das Wohl des Betriebs hinzuarbeiten. Eine bestimmte Form für die Sitzung ist nicht vorgesehen. Sie muss also nicht als Präsenzveranstaltung abgehalten werden. In Betracht kommt auch eine Video- und Telefonkonferenz (ErfK/*Oetker* § 39 Rn. 2).

3. Weitere Formen der Zusammenarbeit

24 § 2 Abs. 2 regelt die Zusammenarbeit von SprA und BR nicht abschließend. In Betracht kommen auch gemeinsame Besprechungen von AG, SprA und BR, vor allem in Angelegenheiten, die die gesamte Belegschaft betreffen, und der Abschluss gemeinsamer Vereinbarungen, die sich für die L.A. als Vereinbarung über eine Richtlinie nach § 28, für die übrigen AN als Betriebsvereinbarung oder Regelungsabrede darstellen (ErfK/*Oetker* SprAuG § 2 Rn. 6; *Löwisch* § 2 Rn. 18; zB: BAG 10.2.2009, NZA 2009, 970 = AP SprAuG § 28 Nr. 1 mAnm *Hromadka*).

25 Der SprA kann nicht in toto in den Wirtschaftsausschuss aufgenommen werden; der BR kann aber alle Mitglieder des SprA in den Wirtschaftsausschuss berufen. Sind die übrigen Voraussetzungen des § 32 erfüllt, so wird man die Unterrichtung des Wirtschaftsausschusses als Unterrichtung des SprA werten können. Zulässig sind auch gemeinsame Sitzungen von Wirtschaftsausschuss und SprA (aA mit beachtenswerter Begründung *Goldschmidt* S. 67).

V. Behinderungsverbot (Abs. 3 S. 1)

1. Personenkreis

26 Geschützt sind SprA, USprA, GSprA und KSprA sowie ihre Mitglieder und Ersatzmitglieder (§§ 18 Abs. 3, 20 Abs. 1 S. 2, 24 Abs. 1, 34 Abs. 1 Nr. 3, 34 Abs. 1 Nr. 2).

27 Das Behinderungsverbot richtet sich gegen jedermann, also nicht nur gegen den AG, sondern auch gegen den BR und seine Mitglieder (*Löwisch* § 2 Rn. 22), gegen AN einschließlich der L.A. und gegen Außenstehende (ErfK/*Oetker* SprAuG § 2 Rn. 7; ErfK/*Kania* BetrVG § 78 Rn. 2; *Fitting* § 78 Rn. 7; GK-BetrVG/*Kreutz* § 78 Rn. 23).

2. Schutz von Sprecherausschussmitgliedern vor Behinderungen und Störungen

28 Die Tätigkeit als Mitglied des SprA geht der arbeitsvertraglichen Tätigkeit insoweit vor, als sie nach Umfang und Art des Betriebs zur ordnungsgemäßen Erledigung der Amtsobliegenheiten erforderlich ist (Richardi BetrVG/*Thüsing* § 78 Rn. 19). Die Entsendung eines SprA-Mitglieds aus dringenden betrieblichen Gründen, zB auf eine Außenbaustelle, stellt jedoch keine Störung der SprA-Arbeit dar, wenn die Amtsfunktionen des Entsandten durch ein Ersatzmitglied wahrgenommen werden können (ArbG Oberhausen 10.11.1953, BB 1954, 97; Richardi BetrVG/*Thüsing* § 78 Rn. 19). Unzulässig ist es, auf ein Mitglied eines SprA Druck zum Rücktritt auszuüben, etwa weil es aus der Gewerkschaft oder einem Verband der L.A. ausgetreten ist oder eine andere Meinung vertreten hat (Richardi BetrVG/*Thüsing* § 78 Rn. 13). Keine Behinderung der SprA-Arbeit liegt vor, wenn der AG gegen unzulässige Tätigkeiten einschreitet (zB bei Über-

schreitung der Kompetenzen durch den SprA, LAG Düsseldorf 7.10.1958, BB 1959, 632). Nicht verboten ist auch die Erfassung von Zeitpunkt und Dauer von Ferngesprächen von Mitgliedern des SprA, soweit zur Kostenkontrolle erforderlich (BAG 27.5.1986, DB 1986, 2080; *Fitting* § 78 Rn. 9; *Löwisch* § 2 Rn. 19). Zulässig ist schließlich die Bildung weiterer Organisationen von L.A., sofern sie keine Aufgaben und Kompetenzen des gesetzlichen SprA wahrnehmen.

Mitglieder von SprA genießen im Gegensatz zu den in § 15 KSchG genannten AN keinen besonderen Kündigungsschutz (*C. Abeln* Organrechtliche und kündigungsrechtliche Stellung des SprA-Mitglieds im Vergleich zum BR-Mitglied, 1991). Hat die Kündigung freilich ihre Ursache im Amt oder in einer zulässigen Amtshandlung, so ist sie wegen Verstoßes gegen Abs. 3 S. 1 nach § 134 BGB nichtig (BAG 6.7.1955, DB 1955, 828; *Löwisch* § 2 Rn. 21). Soweit gekündigte SprA-Mitglieder nach Anfechtung der Kündigung und vor Rechtskraft der Entscheidung ausnahmsweise den Betrieb betreten dürfen, wird dieses Recht durch Abs. 3 S. 1 geschützt (LAG Hamm 24.10.1974, BB 1974, 1638; *Löwisch* § 2 Rn. 19 mwN). 29

3. Schutz des Sprecherausschusses vor Behinderungen und Störungen

Der SprA ist auch als Organ durch Abs. 3 S. 1 vor Behinderungen geschützt. Der AG darf die vertrauensvolle Zusammenarbeit nicht grds. ablehnen, die Freistellung von Mitgliedern des SprA nach § 14 Abs. 1 nicht verweigern (s. § 14 Rn. 2 ff.), Versammlungen der L.A. nicht grundlos verbieten oder SprA-Sitzungen be- oder gar verhindern; er muss den erforderlichen Geschäftsbedarf und die nötigen Räume zur Verfügung stellen. Auch das beharrliche Unterlassen von Mitteilungen und Auskünften (§§ 30 Abs. 1, 31 Abs. 1, 32), leichtfertige Anträge nach § 9 Abs. 1 S. 1 und das Abhören von Sitzungen des SprA ohne dessen Willen stellen Verstöße gegen Abs. 3 S. 1 dar (*Fitting* § 78 Rn. 9). 30

4. Streitigkeiten

Ansprüche auf Unterlassung der Störung oder Behinderung können im Beschlussverfahren nach § 2a Abs. 1 Nr. 2, Abs. 2; §§ 80 ff. ArbGG geltend gemacht werden. Nicht selten wird eine einstweilige Verfügung in Betracht kommen (§ 85 Abs. 2 ArbGG). Örtlich zuständig ist das ArbG, in dessen Bezirk der Betrieb liegt (§ 82 Abs. 1 S. 1 ArbGG), für GSprA, USprA und KSprA das ArbG, in dessen Bezirk das Unternehmen seinen Sitz hat (§ 82 Abs. 1 S. 3 iVm S. 2 ArbGG). 31

VI. Benachteiligungs- und Begünstigungsverbot (Abs. 3 S. 2)

Mitglieder des SprA dürfen wegen ihrer Tätigkeit nicht benachteiligt oder begünstigt werden (Abs. 3 S. 2). Eine Benachteiligung oder Begünstigung ist jede Ungleichbehandlung von SprA-Mitgliedern gegenüber anderen L.A. um ihrer SprA-Tätigkeit willen. 32

1. Vergleichsgruppe

33 Wem gegenüber – den L.A. im Betrieb oder den L.A. im Unternehmen – SprA-Mitglieder nicht benachteiligt oder begünstigt werden dürfen, hängt von der Personalpolitik des Unternehmens ab. Wenn und soweit L.A. im Unternehmen nach einheitlichen Grundsätzen behandelt werden, sind die Vergleichsgruppe die L.A. des Unternehmens, sonst die des Betriebs (aA *Löwisch* § 2 Rn. 23: alle L.A. des Unternehmens).

2. Benachteiligung

34 Benachteiligung ist jede Schlechterstellung im Vergleich zu den anderen L.A. des Unternehmens oder des Betriebs. In Betracht kommen insbesondere die Zuweisung einer weniger angesehenen oder geringer bezahlten Tätigkeit, der Ausschluss von besonderen Zuwendungen oder Vergünstigungen (LAG Düsseldorf 28.10.1968, BB 1969, 1086) oder die „Berücksichtigung" der SprA-Tätigkeit bei Regulierungen.

35 L.A. dürfen nicht in ihrer beruflichen Entwicklung benachteiligt werden (Abs. 3 S. 2 Hs. 2). Sie dürfen nicht von Beförderungen ausgeschlossen werden und müssen dieselben beruflichen Entwicklungsmöglichkeiten haben, wie sie bei vergleichbaren L.A. üblich sind (*Löwisch* § 2 Rn. 24).

36 Das SprAuG kennt keinen ausdrücklichen Tätigkeits- und Entgeltschutz über das Ende der Mitgliedschaft im SprA hinaus. Abs. 3 S. 2 schützt den L.A. aber gegen Maßnahmen, die im Hinblick auf seine künftige oder auf eine bereits beendete SprA-Tätigkeit erfolgen (*Fitting* § 78 Rn. 16).

37 SprA-Mitglieder genießen nicht den besonderen Kündigungsschutz des § 15 KSchG. Das würde sich mit ihrer Funktion als L.A. nicht vertragen. Ordentliche und außerordentliche Kündigungen sind also, sofern die Voraussetzungen vorliegen, auch während der Amtszeit jederzeit zulässig. Der SprA ist nach § 31 Abs. 2 zu hören. Dabei ist für den wegen Befangenheit verhinderten betroffenen Sprecher das Ersatzmitglied zu laden. Kündigungen, die wegen der Amtstätigkeit ausgesprochen werden, sind allerdings nach Abs. 3 iVm § 134 BGB nichtig (ErfK/*Oetker* SprAuG § 2 Rn. 9). Ein Anhaltspunkt dafür, dass wegen der SprA-Tätigkeit gekündigt wird, liegt dann vor, wenn derselbe Kündigungsgrund bei mehreren L.A. vorhanden ist, der AG aber nur das SprA-Mitglied entlässt (BAG 22.2.1979, BB 1979, 1347).

3. Begünstigung

38 Auch eine Besserstellung wegen der Tätigkeit im SprA ist unzulässig (§ 2 Abs. 3 S. 2; ausf. zur Rspr. *Fitting* § 7 Rn. 22 f.). L.A. dürfen keine über die ihnen tatsächlich entstandenen Kosten hinausgehende Aufwandsentschädigung erhalten (*Löwisch* § 2 Rn. 26): Bei Reisen im Rahmen der SprA-Tätigkeit müssen sie sich behandeln lassen wie vergleichbare L.A.; für Spesen, Benutzung der 1. oder 2. Klasse von Bahn oder Flugzeug usw gilt die betriebliche Reisekostenregelung (BAG 23.6.1975, BB 1975, 1111; 29.4.1975, BB 1975, 1111). Sie dürfen nicht über das erforderliche Maß hinaus freigestellt werden (*Goldschmidt* S. 173), und ihnen darf mit Rücksicht auf ihre SprA-Mitgliedschaft keine besonders attraktive Tätigkeit angeboten werden, die sie sonst nicht erhalten hätten. Zulässig ist die Übertragung einer gleichwertigen Arbeit, die sich von Art und Umfang her besser

mit der SprA-Tätigkeit verträgt. Entsprechende Abreden sind nichtig (§ 134 BGB, *Goldschmidt* S. 173).

4. Ungleichbehandlung wegen der Tätigkeit im Sprecherausschuss

Für die Ungleichbehandlung muss die Amtsausübung ursächlich sein. An der Ursächlichkeit fehlt es vor allem, wenn das SprA-Mitglied aus in seiner Person liegenden oder sonstigen Sachgründen ungleich behandelt wird. 39

Darlegungs- und beweispflichtig für die Ursächlichkeit ist idR das SprA-Mitglied. Dabei wird es häufig in Beweisnot sein. Sind nur SprA-Mitglieder begünstigt oder benachteiligt, dann spricht der Beweis des ersten Anscheins dafür, dass die Ungleichbehandlung wegen der Zugehörigkeit zum SprA erfolgt ist (BAG 22.2.1979, BB 1979, 1347; *Deich* AR-Blattei SD 1490.2 Rn. 130; ErfK/*Oetker* SprAuG § 2 Rn. 8; *Löwisch* § 2 Rn. 23). 40

Ausreichend ist, dass der Vergleich mit der Personengruppe der L.A. objektiv eine Besser- bzw. Schlechterstellung ergibt. Eine Besser- oder Schlechterstellungsabsicht ist nicht erforderlich (*Löwisch* § 2 Rn. 23); sie ist aber für die Strafbarkeit nach § 34 Abs. 1 Nr. 3 von Bedeutung. 41

5. Streitigkeiten

Verstöße gegen das Verbot der Ungleichbehandlung können zum Schadensersatz nach § 823 Abs. 2 BGB iVm § 2 Abs. 3 S. 2 verpflichten. Der Sprecher ist so zu stellen, wie er ohne die unzulässige Ungleichbehandlung stünde (§ 249 Abs. 1 BGB). Wird er zB wegen seines Amtes bei einer Beförderung übergangen, muss er auf eine andere freiwerdende Stelle befördert werden; in der Zwischenzeit steht ihm das höhere Gehalt zu (BAG 17.8.2005, NZA 2006, 448; 12.2.1975, DB 1975, 1226; hinsichtlich der Zuweisung der Beförderungsposition auch *Löwisch* § 2 Rn. 27). 42

Rechtsgeschäfte, die gegen Abs. 3 S. 2 verstoßen, sind gem. § 134 BGB nichtig (zB Sonderzahlung, Versetzung, Kündigung, *Fitting* § 78 Rn. 23; *Löwisch* § 2 Rn. 28). Hat der AG unter Verstoß gegen Abs. 3 S. 2 einem Sprecher gekündigt, so kann er nicht Auflösung des Arbeitsverhältnisses gegen Abfindung verlangen (*Löwisch* § 2 Rn. 28). Verstößt die Kündigung offensichtlich gegen Abs. 3 S. 2, so steht dem Sprecher im erstinstanzlichen Verfahren ein Weiterbeschäftigungsanspruch zu, in den höheren Instanzen dann, wenn er in erster Instanz ein obsiegendes Urteil erwirkt hat (BAG 27.2.1985, DB 1985, 2197; ErfK/*Oetker* SprAuG § 2 Rn. 9; *Löwisch* § 2 Rn. 28). 43

Auch die Vereinbarung über die Gewährung von Begünstigungen entgegen Abs. 3 S. 2 ist nichtig (§ 134 BGB). Allerdings kann der AG sie nicht zurückverlangen (§ 817 S. 2 BGB). 44

Bei vorsätzlichem Handeln kommt eine Bestrafung des Handelnden nach § 34 Abs. 1 Nr. 2 und 3 in Betracht. 45

VII. Betriebliche Friedenspflicht (Abs. 4 S. 1)

1. Allgemeines

§ 2 Abs. 4 entspricht § 74 Abs. 2 BetrVG. § 2 Abs. 4 verbietet zwar im Gegensatz zu § 74 Abs. 2 S. 1 BetrVG nicht ausdrücklich den Arbeitskampf, das Verbot 46 ist jedoch in der betrieblichen Friedenspflicht enthalten (BT-Drs. 11/2503, 36); im Übrigen dürfen L.A. nach hL ohnedies nicht streiken (ErfK/*Oetker* SprAuG § 2 Rn. 10). § 2 Abs. 4 gilt auch für die Versammlung der L.A. (§ 15 Abs. 4).

2. Adressaten

47 § 2 Abs. 4 verbietet nur dem AG und dem SprA Betätigungen, die den Arbeitsablauf oder den Frieden des Betriebs beeinträchtigen, sowie parteipolitische Betätigung. Im Ergebnis gilt das Verbot aber für alle L.A. Sie sind durch ihren Arbeitsvertrag verpflichtet, auf den Betriebsfrieden Rücksicht zu nehmen (ErfK/*Oetker* SprAuG § 2 Rn. 10; *Fitting* § 74 Rn. 27; Richardi BetrVG/*Maschmann* § 74 Rn. 45). Aufgrund ihrer Vorbildfunktion haben sie sich besondere Zurückhaltung aufzuerlegen und unruhestiftende und arbeitsstörende Äußerungen und Betätigungen zu unterlassen.

48 Politische Meinungsäußerung und Kritik an bestehenden Zuständen innerhalb und außerhalb des Betriebs sind nicht verboten. Gefordert sind aber Sachlichkeit und Augenmaß. Vor allem muss jeder Anschein von Druck auf die Meinungsbildung, und hier wieder besonders in Fragen der Parteipolitik, vermieden werden. L.A. sind idR Vorgesetzte; sie repräsentieren den AG. Das gibt ihren Äußerungen besonderes Gewicht. Das Verbot der parteipolitischen Betätigung soll gerade auch die Freiheit der politischen Meinungsbildung der Mitarbeiter schützen (ErfK/*Oetker* SprAuG § 2 Rn. 10; *Löwisch* § 2 Rn. 34).

3. Betätigungen, durch die der Arbeitsablauf oder der Frieden des Betriebs beeinträchtigt werden

49 Arbeitsablauf meint die Durchführung der im Betrieb zur Verwirklichung des Betriebszwecks anfallenden Arbeiten, Frieden des Betriebs das störungsfreie Zusammenleben des SprA mit dem AG sowie den AN des Betriebs wie auch das der AN untereinander (*Fitting* § 74 Rn. 31).

50 Nicht erforderlich ist eine konkrete Beeinträchtigung, vielmehr soll jede Handlung unterbleiben, die mit hoher Wahrscheinlichkeit zu einer Beeinträchtigung führen würde. Eine rein abstrakte Gefährdung reicht dagegen nicht aus (*Fitting* § 74 Rn. 29; Richardi BetrVG/*Maschmann* § 74 Rn. 46).

51 Der Arbeitsablauf wird zB beeinträchtigt, wenn der SprA Weisungen des AG unzutreffend für unwirksam erklärt oder wenn er L.A. auffordert, Weisungen nicht zu befolgen (*Fitting* § 74 Rn. 30; *Löwisch* § 2 Rn. 29).

52 Der Betriebsfrieden kann bspw. beeinträchtigt werden durch Entfernung von Anschlägen vom Schwarzen Brett (*Fitting* § 74 Rn. 31a, § 78 Rn. 9; *Löwisch* § 2 Rn. 29), durch einseitige Veröffentlichung des Schriftwechsels zwischen SprA und AG während Vertragsverhandlungen (LAG Düsseldorf 25.5.1976, DB 1977, 453; *Fitting* § 74 Rn. 31a), durch Austragen von Meinungsverschiedenheiten über die Presse (*Fitting* § 74 Rn. 34 mwN; *Löwisch* § 2 Rn. 29) oder durch politische Betätigung (BAG 17.3.2010, NZA 2010, 1133).

53 In Arbeitskämpfen von AN, die nicht zu den L.A. gehören, hat sich der SprA neutral zu verhalten. Als Betriebsverfassungsorgan darf er weder die eine noch die andere Seite unterstützen. Unzulässig ist deshalb zB die Einberufung einer Versammlung der L.A., in der über Maßnahmen wie Förderung oder Unterlaufen eines Streiks beraten wird. Etwas anderes folgt auch nicht daraus, dass der SprA die AN vertritt, die Unternehmerfunktion ausüben. Eine Unterstützung des AG

brächte ihn nicht nur in Gegensatz zu den streikenden AN, sondern sie würde auch das Verhältnis zum BR belasten. Das Gesetz wünscht aber Zusammenarbeit. Nicht verboten ist eine Unterstützung des AG durch SprA-Mitglieder in ihrer Funktion als L.A.

4. Verbot parteipolitischer Betätigung

Das Verbot verfolgt zwei Ziele: den Schutz des Betriebsfriedens und die Gewährleistung der Meinungs- und Wahlfreiheit der L.A (BAG 12.6.1986, DB 1987, 1898; ErfK/*Oetker* SprAuG § 2 Rn. 10; *Löwisch* § 2 Rn. 29, 31; Richardi BetrVG/*Maschmann* § 74 Rn. 59 mwN). 54

Parteipolitische Betätigung ist generell verboten. Anders als bei sonstigen Betätigungen kommt es nicht auf eine konkrete Beeinträchtigung des Betriebsfriedens an (BAG 21.2.1978, DB 1978, 1547; ErfK/*Oetker* SprAuG § 2 Rn. 10; *Löwisch* § 2 Rn. 31). Unzulässig sind vor allem das Verbreiten von Druckschriften und Flugblättern mit parteipolitischem Inhalt, Anschläge zu parteipolitischen Fragen, die Kundgabe parteipolitischer Ansichten durch ostentatives Tragen von Plaketten und Abzeichen im Betrieb (dazu *Fitting* § 74 Rn. 42 mN), parteipolitische Artikel und Anzeigen in Werkszeitungen und Informationsblättern des SprA, Umfragen zu und Abstimmungen über parteipolitische Fragen oder offizielle oder offiziöse Stellungnahmen des AG oder des SprA dazu. Allgemeinpolitische Betätigung ohne Bezug zu einer politischen Partei ist nach neuerer Rechtsprechung nur verboten, wenn sie den Arbeitsablauf oder den Betriebsfrieden beeinträchtigt. Ein Aufruf an die Mitarbeiter des Betriebs, sich an einer bevorstehenden politischen Wahl zu beteiligen, verstößt also nicht gegen das Neutralitätsgebot (BAG 17.3.2010, NZA 2010, 1133). 55

Das Verbot parteipolitischer Betätigung im Betrieb erfasst auch Tätigkeiten, durch die die politische Auseinandersetzung in den Betrieb hineingetragen wird, zB das Verteilen von Flugblättern unmittelbar vor dem Werkstor (BAG 21.2.1978, DB 1978, 1574) oder die Einladung von Politikern zu Versammlungen der L.A., wenn anzunehmen ist, dass sie sich dort parteipolitisch betätigen, vor allem in Wahlkampfzeiten (BAG 13.9.1977, DB 1977, 2452). 56

Immer muss es sich um Betätigungen handeln. Bloße Meinungsäußerungen von AG und SprA-Mitgliedern im kollegialen Gespräch sind nicht verboten (BVerfG 28.4.1976, DB 1976, 1485; *Löwisch* § 2 Rn. 32). Nicht verboten ist es auch, wenn AG und SprA generell ihren parteipolitischen Standort offenbaren. Die Grenze wird erst überschritten, wenn sie in ihrer Eigenschaft als Organe der Betriebsverfassung um Gefolgschaft werben. Da Äußerungen in offizieller und privater Eigenschaft schwer voneinander zu trennen sind, ist Zurückhaltung geboten. 57

Zulässig ist die Behandlung von Angelegenheiten tarifpolitischer, sozialpolitischer und wirtschaftlicher Art, die den Betrieb oder die L.A. unmittelbar betreffen. 58

Abs. 4 S. 2 Hs. 2 steht im Gegensatz zu Abs. 4 S. 2 Hs. 1; Behandlung umfasst also die nach Hs. 1 ohnedies nicht verbotenen Handlungsweisen ebenso wie die dort genannte Betätigung. Dabei sind allerdings die Zuständigkeitsgrenzen zu beachten. Dem SprA obliegt es nicht, Tarifpolitik für L.A. zu betreiben oder gesetzgeberische Maßnahmen zu initiieren. Hauptsächlich geht es um die Besprechung der in Hs. 2 genannten Materien in Versammlungen der L.A., in Sitzungen des SprA und in Gesprächen mit dem AG. 59

60 Von Angelegenheiten tarifpolitischer Art sind die L.A. nicht nur betroffen, wenn ein Tarifvertrag für sie gilt – das wird kaum einmal vorkommen –, sondern auch, wenn ein Tarifabschluss Daten für die Gestaltung ihrer Arbeitsbedingungen setzt.

61 Der Begriff der Sozialpolitik umfasst im Wesentlichen die Arbeits- und Wirtschaftsbedingungen iSd Art. 9 Abs. 3 GG, dh alle Fragen, die sich unmittelbar oder mittelbar aus der Arbeit ergeben und auf das Leben des einzelnen als AN oder ehemaliger AN (Pensionär) einwirken. Dazu gehören neben rein arbeitsrechtlichen Fragen vor allem auch Fragen der Sozialversicherung und des Steuerrechts (ähnlich weit *Löwisch* § 2 Rn. 35).

62 Wirtschaftliche Angelegenheiten sind die Rahmenbedingungen des Wirtschaftens für das konkrete Unternehmen, aber auch die sich aus dem Wirtschaften dieses Unternehmens ergebenden Fragen.

63 Gleichgültig ist, ob es um eine Angelegenheit geht, die bereits geregelt ist, oder um Pläne und Vorhaben (Tarifpolitik, Sozialpolitik). Gleichgültig ist auch, ob die Frage bundesweit oder für eine Branche oder nur für das konkrete Unternehmen ansteht. Entscheidend ist, dass der Betrieb selbst oder dass die L.A. des Betriebs unmittelbar betroffen sind.

5. Streitigkeiten

64 Bei einem Verstoß gegen die Friedenspflicht oder gegen das Verbot parteipolitischer Betätigung kann der AG im Beschlussverfahren unter den Voraussetzungen des § 256 Abs. 1 ZPO Feststellung beantragen, ob die Betätigung zulässig ist (§ 2a Abs. 1 Nr. 2, Abs. 2; §§ 80 ff. ArbGG). Die Feststellung der Unzulässigkeit ist von erheblicher Bedeutung bei einer späteren gleichartigen Pflichtverletzung. Bei einem wiederholten Verstoß kommt nämlich ebenso wie bei einem groben Verstoß der Ausschluss einzelner Mitglieder aus dem SprA und die Auflösung des SprA in Betracht (§ 9 Abs. 1 S. 1). Einen Anspruch auf Unterlassung hat der AG nicht (BAG 17.3.2010, NZA 2010, 1133 (zu § 74 Abs. 2 BetrVG); aA die hL, ErfK/*Oetker* SprAuG § 2 Rn. 10 mN).

65 Eine Strafe oder ein Bußgeld steht auf Verstößen gegen die Pflichten aus § 2 Abs. 4 als solchen nicht (vgl. §§ 34, 36).

VIII. Stellung der Koalitionen

66 Das SprAuG räumt Gewerkschaften und sonstigen Koalitionen sowie AG-Verbänden, anders als das BetrVG, keinerlei Rechte und Pflichten im Rahmen der Betriebsverfassung für L.A. ein; es erwähnt sie nicht einmal. Der einzige indirekte Hinweis auf die Existenz von Gewerkschaften ist die Verpflichtung des AG, bei der Zusammenarbeit mit dem SprA die geltenden Tarifverträge zu beachten (§ 2 Abs. 1 S. 1).

1. Die Koalitionen in der Betriebsverfassung für leitende Angestellte

67 Die Koalitionen einschließlich der Gewerkschaften haben keine Funktionen im Rahmen der Betriebsverfassung für L.A. Sie können nicht die Bildung von Wahlvorständen erzwingen, sie können keine Wahlvorschläge machen, nicht die Wahl anfechten oder Strafantrag gegen den AG stellen, wenn dieser seine Pflichten

nicht erfüllt. Der SprA kann sie grds. nicht zu Sitzungen einladen, und sie haben kein Teilnahmerecht an Versammlungen der L.A. Eine Mitwirkung im Rahmen der Zusammenarbeit zwischen AG und SprA ist nicht vorgesehen. Mit den Antrags- und Überwachungsrechten entfällt auch ein Zugangsrecht zum Betrieb zur Wahrnehmung dieser Rechte.

Eine freiwillige Zusammenarbeit zwischen SprA/AG und Koalitionen ist nicht 68
verboten. Allerdings können ihnen keine Rechte eingeräumt werden, die sie nach dem SprAuG nicht haben. Im Rahmen der Betriebsverfassung für L.A. sind sie wie außerbetriebliche Dritte zu behandeln.

2. Rechte der Koalitionen aufgrund der Koalitionsfreiheit

Art. 9 Abs. 3 GG schützt das Recht der Koalitionen auf Bestand und Betäti- 69
gung. Aus dem Recht auf Betätigung folgen gewisse originäre Rechte der Koalitionen im Betrieb.

a) Begriff der Koalition. Koalitionen sind Zusammenschlüsse von AN oder 70
AG zur Wahrung und Förderung der Interessen ihrer Mitglieder bei der Gestaltung von Arbeits- und Wirtschaftsbedingungen. Um ihren Aufgaben gerecht werden zu können, müssen sie bestimmte Voraussetzungen erfüllen (vgl. dazu iE *Hromadka/Maschmann* § 12 Rn. 6 ff.):
- Sie müssen Vereinigungen von AG oder AN sein mit dem Ziel der Wahrung und Förderung der Arbeits- und Wirtschaftsbedingungen ihrer Mitglieder;
- sie müssen korporativ verfasst sein,
- auf eine gewisse Dauer angelegt,
- nach privatem Recht gegründet,
- freiwillig gebildet,
- demokratisch verfasst,
- überbetrieblich organisiert,
- von der Gegenseite unabhängig, vor allem gegnerfrei und
- unabhängig von Staat, Kirchen und Parteien.

Für die Tariffähigkeit, dh für die Fähigkeit, Tarifverträge abzuschließen, und 71
damit für die Gewerkschaftseigenschaft, müssen drei weitere Voraussetzungen hinzukommen. Die Koalitionen müssen:
- das geltende Tarifrecht anerkennen,
- bereit sein, Tarifverträge abzuschließen,
- und so mächtig, dh dem sozialen Gegenspieler gegenüber so durchsetzungskräftig und von der Organisation her so leistungsfähig, dass sie ihre Aufgabe, Tarifverträge auf der Grundlage eines Kräftegleichgewichts mit AG oder AG-Verbänden zu vereinbaren, sinnvoll erfüllen können (BAG 5.10.2010, DB 2011, 481; 28.3.2006, NZA 2006, 1112; 14.12.2004, NZA 2005, 697; vgl. darüber hinaus BAG 14.12.2010, NZA 2011, 289 zur Unteilbarkeit der Tariffähigkeit).

Umstritten ist, ob diese Voraussetzungen auch für die Koalitionseigenschaft gelten (vgl. Schaub ArbR-HdB/*Treber* § 189 Rn. 10 f., § 198 Rn. 5 ff. einerseits, *Zöllner/Loritz/Hergenröder* ArbR § 34 I 2a andererseits).

Danach sind zwar alle Gewerkschaften und AG-Verbände Koalitionen, nicht 72
aber alle AN-Koalitionen Gewerkschaften. Diese Unterscheidung ist gerade für die Mitgliedsverbände von ULA und DFK wichtig, weil die Gewerkschaftseigenschaft nur für den VAA feststeht, der praktisch seit seinem Bestehen Tarifverträge abschließt.

73 Die Betätigungs- und Bestandsgarantie des Art. 9 Abs. 3 GG knüpft jedoch nicht an die Gewerkschaftseigenschaft an, sondern an die Koalitionseigenschaft. Geschützt sind also auch die Verbände der L.A., die nicht Gewerkschaften sind, wohl aber die Voraussetzungen der Koalitionseigenschaft erfüllen (BAG 22.5.2012, DB 2012, 2351).

74 **b) Koalitionsspezifische Betätigung.** Die Koalitionen haben das Recht zur koalitionsspezifischen Betätigung (BVerfG 17.2.1981, DB 1981, 1467; BAG 26.1.1982, DB 1982, 1327). Inhaltlich umfasst dieses Recht vor allem Werbung, Information und Betreuung. Die Grenzen bestimmt die Rechtsprechung, indem sie die Intensität der Grundrechtsbeeinträchtigung und das Gewicht der entgegenstehenden Rechtsgüter gegeneinander abwägt (BAG 22.5.2012, DB 2012, 2351; 22.6.2010, DB 2010, 2674). Das Recht kann im Betrieb wahrgenommen werden, soweit es sinnvoll nur dort wahrgenommen werden kann.

75 Im Einzelnen: Die Koalitionen können im Betrieb außerhalb der Arbeitszeit und während der Pausen Werbe- und Informationsmaterial mit spezifisch koalitionsgemäßem Inhalt verteilen lassen (BAG 14.2.1967, DB 1967, 341). Als „Verteiler" kommen in erster Linie gewerkschaftsangehörige AN des Betriebs infrage, aber auch betriebsfremde Beauftragte sind nicht grds. ausgeschlossen (BAG 22.6.2010, DB 2010, 2674; 28.2.2006, DB 2006, 1381; *Fitting* § 74 Rn. 68). Sie haben das Recht, an den Schwarzen Brettern der Betriebe Werbeplakate aufzuhängen (BAG 14.2.1978, DB 1978, 892). Zulässig ist auch die Zusendung von Informations- und Werbematerial an die betrieblichen E-Mail-Adressen der Mitarbeiter (BAG 20.1.2009, NZA 2009, 615). Sie können aber nicht verlangen, dass der AG ihnen die E-Mail-Adressen der L.A. mitteilt. Die Koalition kann die AN aber vor Ort nach ihrer betrieblichen E-Mail-Adresse fragen. Auch zum Anbringen eines Links auf der Startseite des Intranets, der auf die Webseite der Koalition verweist, ist er nicht verpflichtet (BAG 28.1.2025 1 AZR 33/24; dazu Kinzinger DB 2025, 1145). Dasselbe gilt für die Benutzung eines hausinternen Informationssystems (BAG 23.9.1986 DB 1987, 440). Schließlich haben die Koalitionen auch kein Recht, im Betrieb die Verbandszeitschriften an ihre Mitglieder zu verteilen (BAG 23.2.1979, DB 1979, 1185). Nicht zur koalitionsgemäßen Betätigung gehören schließlich politische Aufrufe, etwa zu allgemeinen politischen Wahlen (BVerfG 28.4.1976, DB 1976, 1485) oder zu aktuellen politischen Streitfragen (LAG Köln 6.11.1986, DB 1987, 54).

Zweiter Teil. Sprecherausschuß, Versammlung der leitenden Angestellten, Gesamt-, Unternehmens- und Konzernsprecherausschuß

Erster Abschnitt. Wahl, Zusammensetzung und Amtszeit des Sprecherausschusses

§ 3 Wahlberechtigung und Wählbarkeit

(1) **Wahlberechtigt sind alle leitenden Angestellten des Betriebs.**

(2) **[1]Wählbar sind alle leitenden Angestellten, die sechs Monate dem Betrieb angehören. [2]Auf die sechsmonatige Betriebszugehörigkeit werden Zeiten angerechnet, in denen der leitende Angestellte unmittelbar vorher einem anderen Betrieb desselben Unternehmens oder Konzerns (§ 18 Abs. 1 des Aktiengesetzes) als Beschäftigter angehört hat. [3]Nicht wählbar ist, wer**
1. **aufgrund allgemeinen Auftrags des Arbeitgebers Verhandlungspartner des Sprecherausschusses ist,**
2. **nicht Aufsichtsratsmitglied der Arbeitnehmer nach § 6 Abs. 2 Satz 1 des Mitbestimmungsgesetzes in Verbindung mit § 105 Abs. 1 des Aktiengesetzes sein kann oder**
3. **infolge strafgerichtlicher Verurteilung die Fähigkeit, Rechte aus öffentlichen Wahlen zu erlangen, nicht besitzt.**

Übersicht

I. Allgemeines

1 § 3 regelt das aktive (Abs. 1) und passive (Abs. 2) Wahlrecht. Er entspricht den §§ 7, 8 BetrVG.

II. Wahlberechtigung

2 Wahlberechtigt sind alle L.A. (zum Begriff des L.A. vgl. → BetrVG § 5 Abs. 3, 4 Rn. 9 ff.), die am (letzten) Wahltag dem Betrieb angehören und in die Wählerliste eingetragen sind (§ 2 Abs. 3 WO).

3 Betriebszugehörigkeit setzt grds. voraus, dass der L.A. zu dem Inhaber des Betriebs in einem Arbeitsverhältnis steht, dass ihm innerhalb der betrieblichen

Organisation eine Aufgabe zugewiesen ist und dass die Arbeitspflicht nach dem Arbeitsvertrag begonnen hat (*Fitting* § 7 Rn. 19, 21; GK-BetrVG/*Raab* § 7 Rn. 17 ff.). Auf die Dauer der Betriebszugehörigkeit kommt es – anders als für die Wählbarkeit – nicht an.

4 Eine tatsächliche Arbeitsleistung im Betrieb und im Zeitpunkt der Wahl ist nicht erforderlich, deshalb sind wahlberechtigt zB auch L.A. während Krankheit, Erholungsurlaub, Mutterschutzzeiten gem. §§ 3, 6 MuSchG, Elternzeit gem. § 15 BEEG, Pflegezeit gem. §§ 3 f. PflegeZG, „Kurzarbeit Null" (vgl. §§ 95 ff. SGB III, DKW/*Homburg* § 7 Rn. 13; *Fitting* § 7 Rn. 29; Richardi BetrVG/*Thüsing* § 7 Rn. 27).

5 Aufgrund der tatsächlichen Eingliederung in den Betrieb, sind L.A. des Verleihers, die im Rahmen der Arbeitnehmerüberlassung nach dem AÜG länger als drei Monate in den Entleiherbetrieb eingegliedert sind, auch in diesem wahlberechtigt (§ 7 S. 2 BetrVG analog, HWK/*Annuß* SprAuG § 8 Rn. 4; *Sieg/Maschmann* FS Blomeyer, 2003, 397 (417 ff.)).

6 Auch befristet und (unabhängig von der vereinbarten Arbeitszeit) teilzeitbeschäftigte L.A. sind wahlberechtigt (GK-BetrVG/*Raab* § 7 Rn. 34 ff.; Richardi BetrVG/*Thüsing* § 7 Rn. 38, 40).

7 Bei Altersteilzeit im Blockmodell verliert der L.A. sein Wahlrecht mit Eintritt in die Freistellungsphase, da er bis zum Eintritt in den Ruhestand nicht mehr in den Betrieb zurückkehren soll (BAG 16.4.2003, NZA 2003, 1345; 25.10.2000, DB 2001, 706; GK-BetrVG/*Raab* § 7 Rn. 35; Richardi BetrVG/*Thüsing* § 7 Rn. 56; *Lindemann/Simon* NZA 2002, 365 (370); *Rieble/Gutzeit* BB 1998, 638, 639; *Schiefer/Korte* NZA 2002, 57, 59). Dasselbe gilt bei unwiderruflicher Freistellung nach Abschluss eines Aufhebungsvertrags. Die Wahlberechtigung bleibt jedoch erhalten, wenn der AG sich die jederzeitige Rückrufmöglichkeit vorbehalten hat.

8 Ist ein L.A. in mehreren Betrieben beschäftigt, so ist er in allen diesen Betrieben wahlberechtigt (BAG 25.2.1997, DB 1997, 1980; 25.10.1989, DB 1990, 1775; *Goldschmidt* S. 217 f.; HWGNRH/*Nicolai* § 7 Rn. 21).

9 Auch an ein anderes Konzernunternehmen verliehene L.A. sind grds. in beiden Unternehmen wahlberechtigt (dazu ausführlich *Goldschmidt* S. 216 f.).

10 Bei einer Abordnung in das Ausland bleibt das aktive Wahlrecht für den inländischen Betrieb bestehen (*Fitting* § 7 Rn. 73; GK-BetrVG/*Raab* § 7 Rn. 48 ff.; *Goldschmidt* S. 217; HWGNRH/*Nicolai* § 7 Rn. 22), es sei denn, dass die Bindung zum inländischen Betrieb verloren geht (→ Vor § 1 Rn. 44 f.).

11 Im Fall einer ordentlichen Kündigung bleibt der L.A. bis zum Ablauf der Kündigungsfrist wahlberechtigt (*Fitting* § 7 Rn. 33; GK-BetrVG/*Raab* § 7 Rn. 42; HWGNRH/*Nicolai* § 7 Rn. 19; Richardi BetrVG/*Thüsing* § 7 Rn. 43); das gilt auch dann, wenn er von der Arbeitspflicht freigestellt ist (*Fitting* § 7 Rn. 33; GK-BetrVG/*Raab* § 7 Rn. 41; Richardi BetrVG/*Thüsing* § 7 Rn. 43, 29).

12 Bei einer außerordentlichen Kündigung erlischt die Wahlberechtigung mit deren Zugang (§ 130 BGB, BAG 14.5.1997, NZA 1997, 1245; ErfK/*Koch* BetrVG § 7 Rn. 1; *Fitting* § 7 Rn. 35), ggf. nach Ablauf einer vom AG gewährten Auslauffrist. Das gilt auch dann, wenn der L.A. die Kündigung gerichtlich angreift (BAG 10.11.2004, NZA 2005, 707; GK-BetrVG/*Raab* § 7 Rn. 42; *Fitting* § 7 Rn. 35). Etwas anderes wird man annehmen müssen, wenn ein L.A. aufgrund einer einstweiligen Verfügung ausnahmsweise während des Kündigungsrechtsstreits weiterzubeschäftigen ist (GK-BetrVG/*Raab* § 7 Rn. 43; *Düwell/Brors* § 7 Rn. 10).

Nichtigkeit und Anfechtbarkeit des Arbeitsverhältnisses ändern an der Wahlberechtigung nichts, solange sie nicht geltend gemacht werden (*Fitting* § 7 Rn. 20; HWGNRH/*Nicolai* § 7 Rn. 17). **13**

Auch die Aberkennung des Rechts, in öffentlichen Angelegenheiten zu wählen oder zu stimmen nach § 45 Abs. 5 StGB, schließt die Wahlberechtigung nicht aus (zur Auswirkung von § 45 StGB. Rn. 25, 30). Die SprA-Wahl ist keine öffentliche Angelegenheit im Sinne dieser Vorschrift (*Fitting* § 7 Rn. 91; GK-BetrVG/*Raab* § 7 Rn. 13; Richardi BetrVG/*Thüsing* § 7 Rn. 59). **14**

Schließlich muss der L.A. als L.A. in die Wählerliste eingetragen sein (dazu → Rn. 2). Zur Zuordnung vgl. BetrVG § 18a Rn. 2 ff. **15**

III. Wählbarkeit

Abs. 2 regelt das passive Wahlrecht, dh die Fähigkeit, Mitglied des SprA zu werden. **16**

Wählbar sind L.A., wenn sie dem Betrieb mindestens sechs Monate angehören, in die Wählerliste eingetragen (§ 2 Abs. 3 WO) und in eine Vorschlagsliste aufgenommen sind (§§ 3 Abs. 2 Nr. 7, 5 WO) und kein Ausschlussgrund nach Abs. 2 S. 3 vorliegt. **17**

Die Betriebszugehörigkeit von sechs Monaten muss spätestens am letzten Tag der Stimmabgabe erreicht sein. Die Wählbarkeit beginnt also mit dem Tag des siebten Monats, der seiner Zahl nach dem Tag der Arbeitsaufnahme entspricht (1.3./1.9.; 5.2./5.8.; vgl. §§ 186 ff. BGB). Im Gegensatz zu Abs. 1 reicht die rein rechtliche Bindung an den Betrieb nicht aus. Der L.A. muss die Arbeit aufgenommen haben, dh tatsächlich tätig geworden sein. Abs. 2 will nämlich sicherstellen, dass der L.A. ausreichende Kenntnisse über die Verhältnisse im Betrieb besitzt (DKW/*Homburg* § 8 Rn. 7; Düwell/*Brors* § 8 Rn. 5; GK-BetrVG/*Raab* § 8 Rn. 26 ff.; *Löwisch* § 3 Rn. 22; Richardi BetrVG/*Thüsing* § 8 Rn. 18 f., 20; WPK/*Wlotzke* § 8 Rn. 7). Kurze – auch rechtliche – Unterbrechungen schaden allerdings nicht. Bei Unterbrechungen von mehr als zwei Monaten ist die Frist gehemmt, dh die Zeit der Unterbrechung zählt nicht mit (Düwell/*Brors* § 8 Rn. 6; *Fitting* § 8 Rn. 45; HWGNRH/*Nicolai* § 8 Rn. 19; Richardi BetrVG/*Thüsing* § 8 Rn. 24; aA GK-BetrVG/*Kreutz* § 8 Rn. 35 ff., der allein auf die Fortdauer der Betriebszugehörigkeit abstellt). Bei längeren rechtlichen Unterbrechungen beginnt die Frist neu zu laufen, es sei denn, eine Wiederbegründung des Arbeitsverhältnisses war von vornherein in Aussicht genommen (DKW/*Homburg* § 8 Rn. 13 ff.; *Fitting* § 8 Rn. 40; Löwisch/Kaiser/*Wiebauer* § 8 Rn. 10 f.; Richardi BetrVG/*Thüsing* § 8 Rn. 24 f.). Unschädlich ist auch, wenn der L.A. in der Wartezeit als AN iSd § 5 Abs. 1 BetrVG oder als Nicht-AN iSd § 5 Abs. 2 BetrVG tätig war (*Löwisch* § 3 Rn. 22). **18**

Ein Betriebsinhaberwechsel unterbricht die Betriebszugehörigkeit nicht. Nach § 613a Abs. 1 S. 1 BGB gehen die im Zeitpunkt des Übergangs bestehenden Arbeitsverhältnisse auf den neuen Betriebsinhaber über (DKW/*Homburg* § 8 Rn. 8; *Fitting* § 8 Rn. 43; GK-BetrVG/*Kreutz* § 8 Rn. 50; Richardi BetrVG/*Thüsing* § 8 Rn. 31). **19**

Das SprAuG enthält keine dem § 8 Abs. 2 BetrVG entsprechende Sonderregelung für Betriebsneugründungen, wahrscheinlich weil es davon ausgeht, dass ein Betrieb in den ersten sechs Monaten seines Bestehens kaum einmal bereits zehn L.A. haben wird. Gegebenenfalls wird man entsprechend dem Rechtsgedanken **20** des § 8 Abs. 2 BetrVG auf das Erfordernis der sechsmonatigen Betriebszugehörigkeit verzichten müssen. Gerade in der Aufbauphase kann ein SprA von besonderer Bedeutung sein.

21 Ein L.A. bleibt auch dann wählbar, wenn der AG ihm gekündigt und wenn der L.A. dagegen Klage erhoben hat (BAG 10.11.2004, NZA 2005, 707 f.; 14.5.1997, NZA 1997, 1245). Andernfalls hätte der AG die Möglichkeit, durch den Ausspruch unberechtigter Kündigungen gegenüber unliebsamen Wahlbewerbern Einfluss auf die Zusammensetzung der Vertretung zu nehmen (BAG 14.5.1997, NZA 1997, 1245; *Fitting* § 8 Rn. 19; Richardi BetrVG/*Thüsing* § 8 Rn. 14 f.). Die unterschiedliche Behandlung gegenüber der Wahlberechtigung ergibt sich aus dem unterschiedlichen Schutzzweck des aktiven und passiven Wahlrechts. Ob der L.A. wählen darf oder nicht, muss zum Zeitpunkt der Wahl feststehen, da die Beteiligung eines nicht Wahlberechtigten nicht korrigiert werden kann. Dagegen kann die Wählbarkeit in der Schwebe bleiben. Der Ungewissheit über den Ausgang des Kündigungsschutzverfahrens wird dadurch Rechnung getragen, dass das SprA-Mitglied bis zum rechtskräftigen Abschluss des Verfahrens an der Ausübung seines Amtes verhindert ist mit der Folge, dass ein Ersatzmitglied an seine Stelle tritt (BAG 10.11.2004, DB 2005, 1067; 14.5.1997, NZA 1997, 1245; *Fitting* § 8 Rn. 22). Stellt sich nach der Wahl die Unwirksamkeit der Kündigung heraus, entfällt der Hinderungsgrund. Das gewählte SprA-Mitglied kann sein Mandat ausüben. Wird die Kündigungsschutzklage, abgewiesen, erlischt die Mitgliedschaft im SprA und das Ersatzmitglied rückt endgültig nach (§ 10 Abs. 1).

22 Ist ein L.A. in mehreren Betrieben beschäftigt, ist er auch in jedem dieser Betriebe wählbar (BAG 11.4.1958, BB 1958, 627; DKW/*Homburg* § 8 Rn. 18; *Fitting* § 8 Rn. 30; GK-BetrVG/*Kreutz* § 8 Rn. 24; Richardi BetrVG/*Thüsing* § 8 Rn. 12). § 3 beschränkt die Mitgliedschaft nicht auf einen SprA.

23 Wählbar sind auch Wahlvorstandsmitglieder. Es fehlt an einer gesetzlichen Regelung über die Unvereinbarkeit der beiden Ämter, und es besteht auch kein Bedürfnis dafür. Der Wahlvorstand hat nur einen geringen Entscheidungsspielraum und ist an ein streng formalisiertes Verfahren gebunden (BAG 12.10.1976, DB 1977, 356; DKW/*Homburg* § 8 Rn. 28; GK-BetrVG/*Kreutz* § 8 Rn. 60, § 16 Rn. 36; HWGNRH/*Nicolai* § 8 Rn. 11; Richardi BetrVG/*Thüsing* § 16 Rn. 58).

24 Auf die sechsmonatige Betriebszugehörigkeit werden Zeiten angerechnet, in denen der L.A. unmittelbar vorher in einem anderen Betrieb desselben Unternehmens oder Konzerns iSd § 18 Abs. 1 AktG (Unterordnungskonzern, dazu § 21 Rn. 4 ff.) als AN beschäftigt war. Zum Begriff „Beschäftigung" Rn. 3 ff.

25 Nicht wählbar ist nach § 3 Abs. 2 S. 3,

1. wer aufgrund allgemeinen Auftrags des AG Verhandlungspartner des SprA ist. Ständiger Verhandlungspartner ist, wer den AG regelmäßig in den Mitwirkungsangelegenheiten nach §§ 25 ff. vertritt, ebenso dessen ständiger Vertreter (*Löwisch* § 3 Rn. 26).

26 Der Auftrag muss sich nicht auf alle Mitwirkungsrechte beziehen. Eine Beschränkung auf bestimmte Sachgebiete ist möglich (*Löwisch* § 3 Rn. 26). Es schadet zB nicht, wenn sich das Vertretungsorgan selbst den Bericht über die wirtschaftlichen Angelegenheiten des Unternehmens vorbehält. Der Auftrag muss aber über einzelne Angelegenheiten, etwa die Verhandlungen mit dem SprA im Rahmen einer konkreten Betriebsänderung, hinausgehen.

27 Verhandlungspartner iSd Nr. 1 ist nur, wer eigenständig Verhandlungen führt, wer also, wenn auch innerhalb gewisser Vorgaben, selbst entscheiden und – jedenfalls im Normalfall – verbindliche Absprachen mit dem SprA treffen kann. Bloße

Informationsübermittlung reicht nicht aus, wenn im Regelfall die Zustimmung des AG eingeholt werden muss. Der Personalleiter, der regelmäßig mit dem SprA über personelle und soziale Angelegenheiten verhandelt, unterfällt im Allgemeinen Nr. 1, auch wenn im Vertretungsorgan ein Mitglied für das Personal- und Sozialwesen (Arbeitsdirektor) zuständig ist (*Borgwardt* DB 1989, 224 (225)).

Der AG ist frei, wen er zum ständigen Verhandlungspartner ernennt. Er kann auch einem Mitglied des SprA den allgemeinen Verhandlungsauftrag erteilen. Obwohl dieses dann gemäß § 9 Abs. 2 Nr. 4 aus dem SprA ausscheidet, liegt darin im Normalfall keine nach § 2 Abs. 3 S. 1 unzulässige Behinderung der SprA-Tätigkeit (*Löwisch* § 3 Rn. 26). 28

2. wer nicht Aufsichtsratsmitglied der AN nach § 6 Abs. 2 S. 1 MitbestG iVm § 105 Abs. 1 AktG sein kann. 29

Das sind die Prokuristen, die dem gesetzlichen Vertretungsorgan (Vorstand in AG, Geschäftsführung in GmbH, haftender Gesellschafter in KGaA) des Unternehmens unmittelbar unterstellt sind und die zur Ausübung der Prokura für den gesamten Geschäftsbereich des Organs ermächtigt sind. An der zweiten Voraussetzung für die Nichtwählbarkeit eines Prokuristen fehlt es, wenn er Niederlassungsprokura hat (§ 50 Abs. 3 HGB) oder wenn die Prokura im Innenverhältnis eingeschränkt ist (RVJ/*Raiser* § 6 Rn. 52 ff.; Habersack/Henssler/*Habersack* § 6 Rn. 52). Die Befugnis zur Ausübung der Prokura im gesamten Geschäftsbereich des Vertretungsorgans ist in größeren Unternehmen selten. Zumeist beschränkt sie sich auf einzelne Sparten (Einkauf, Vertrieb, Forschung, Rechnungswesen usw). In Unternehmen, die § 6 Abs. 2 S. 1 MitbestG nicht nennt – Einzelunternehmen, Personengesellschaften, Erwerbs- und Wirtschaftsgenossenschaften –, ist jeder Prokurist zum SprA wählbar.

3. wer infolge strafgerichtlicher Verurteilung die Fähigkeit, Rechte aus öffentlichen Wahlen zu erlangen, nicht besitzt (iVm §§ 45 Abs. 1, 92a StGB). 30

Nicht wählbar sind damit nur wenige L.A., im Allgemeinen nur der Personalleiter und ggf. sein Vertreter sowie die neu eingetretenen L.A. 31

Leiharbeitnehmer sind für betriebsverfassungsrechtliche Arbeitnehmervertretungen und damit auch für den Sprecherausschuss nicht wählbar (§ 14 Abs. 2 S. 1 AÜG). 32

IV. Streitigkeiten

1. Wahlberechtigung

Über die Wahlberechtigung entscheidet zunächst der Wahlvorstand (§ 2 Abs. 1 und Abs. 3 WO), hilfsweise der Vermittler im Rahmen des Zuordnungsverfahrens nach § 18a BetrVG (Abs. 2 S. 3). Das ArbG überprüft die Wahlberechtigung auf Antrag im Beschlussverfahren (§ 2a Abs. 1 Nr. 2, Abs. 2; §§ 80 ff. ArbGG). Örtlich zuständig ist das ArbG, in dessen Bezirk der Betrieb seinen Sitz hat (§ 82 Abs. 1 S. 1 ArbGG), für den USprA das ArbG, in dessen Bezirk das Unternehmen seinen Sitz hat (§ 82 Abs. 1 S. 3 iVm S. 2 ArbGG). Beteiligte können der betroffene L.A., dessen Rechtsstellung geklärt werden soll, der Wahlvorstand, der AG und der SprA sein. Für die Antragsberechtigung des SprA ist Voraussetzung, dass die Wahl bereits durchgeführt wurde, für die des Wahlvorstands, dass die Wahl noch nicht stattgefunden hat (*Fitting* § 7 Rn. 97; Richardi BetrVG/*Thüsing* § 7 Rn. 64). 33

2. Wählbarkeit

34 Über die Wählbarkeit entscheidet zunächst der Wahlvorstand, indem er die Wählerliste aufstellt, die neben den wahlberechtigten L.A. auch die wählbaren enthält (§ 2 Abs. 3, Abs. 1 S. 1 WO). Entstehen darüber Streitigkeiten, entscheidet das ArbG im Beschlussverfahren (§ 2a Abs. 1 Nr. 2, Abs. 2; §§ 80 ff. ArbGG). Örtlich zuständig ist das ArbG, in dessen Bezirk der Betrieb seinen Sitz hat (§ 82 Abs. 1 S. 1 ArbGG), für den USprA das ArbG, in dessen Bezirk das Unternehmen seinen Sitz hat (§ 82 Abs. 1 S. 3 iVm S. 2 ArbGG). Zur Beilegung von Meinungsverschiedenheiten hinsichtlich der Zuordnung der L.A. nach § 18a BetrVG: vgl. → BetrVG § 18a Rn. 36 ff. Wird gegen die Wahlvorschriften des § 3, insbesondere Abs. 2, verstoßen, kann die Wahl nach § 8 Abs. 1 S. 1 angefochten werden. Außerdem kann die Nichtwählbarkeit gerichtlich festgestellt werden, und zwar auch nach Ablauf der Frist des § 8 Abs. 1 S. 3, wenn der Mangel dann noch vorliegt (§ 9 Abs. 2 Nr. 6 (s. § 9 Rn. 35 f.; *Fitting* § 8 Rn. 65; Richardi BetrVG/*Thüsing* § 8 Rn. 51).

§ 4 Zahl der Sprecherausschussmitglieder

(1) **Der Sprecherausschuss besteht in Betrieben mit in der Regel 10 bis 20 leitenden Angestellten aus einer Person, 21 bis 100 leitenden Angestellten aus drei Mitgliedern, 101 bis 300 leitenden Angestellten aus fünf Mitgliedern, über 300 leitenden Angestellten aus sieben Mitgliedern.**

(2) **Männer und Frauen sollen entsprechend ihrem zahlenmäßigen Verhältnis im Sprecherausschuss vertreten sein.**

Übersicht

I. Allgemeines

1 § 4 Abs. 1 regelt, ähnlich dem § 9 BetrVG für den BR, die Größe des SprA. § 4 Abs. 2 zur anteilsmäßigen Vertretung von Männern und Frauen im SprA entspricht § 15 Abs. 2 BetrVG; die Umwandlung der Sollvorschrift in eine Mussvorschrift im Jahr 2001 beim BR hat der Gesetzgeber beim SprA unterlassen.

II. Größe des Sprecherausschusses

1. Anzahl der leitenden Angestellten

2 **a) Regelbeschäftigungsstand.** Die Zahl der SprA-Mitglieder richtet sich nach der Zahl der idR im Betrieb beschäftigten L.A., und zwar grds. einschließlich

der regelmäßig im Betrieb als Leiharbeitnehmer beschäftigten L.A (vgl. BAG 13.3.2013, NZA 2013, 789). Die Mindestzahl beträgt eine Person, die Höchstzahl sieben Mitglieder. Stets muss es sich um eine ungerade Zahl handeln. Da sich die Zahl der L.A. aus dem Zuordnungsverfahren nach § 18a BetrVG ergibt, ist dieses Verfahren indirekt auch maßgeblich für die Größe des SprA.

„In der Regel" bedeutet: bei normalem Betriebsablauf ständig beschäftigt. Entscheidend ist die Beschäftigungslage, die generell für den jeweiligen Betrieb charakteristisch ist. Der Wahlvorstand, der die Zahl der SprA-Mitglieder festzustellen hat, besitzt insoweit einen Beurteilungsspielraum (BAG 12.10.1976, DB 1977, 356; *Fitting* § 9 Rn. 11; GK-BetrVG/*Jacobs* § 9 Rn. 18;Richardi BetrVG/*Thüsing* § 9 Rn. 11; aA *Nipperdey* DB 1977, 1092 (1095)). 3

Maßgeblicher Zeitpunkt für die Feststellung des Regelbeschäftigungsstands ist die Einleitung der Wahl, dh der Tag des Erlasses des Wahlausschreibens. Das Wahlausschreiben muss die Zahl der zu wählenden SprA-Mitglieder enthalten (§ 3 Abs. 1 S. 1, Abs. 2 Nr. 4 WO (*Fitting* § 9 Rn. 37; Löwisch/Kaiser/*Wiebauer* § 9 Rn. 7 f.; Richardi BetrVG/*Thüsing* § 9 Rn. 16). 4

Der Wahlvorstand hat jedoch auch die künftige Entwicklung des Beschäftigungsstands zu berücksichtigen, soweit aufgrund konkreter Entscheidungen des AG eine Veränderung der Beschäftigtenzahl zu erwarten ist (BAG 12.11.2008, AP BetrVG 1972 § 9 Nr. 13; 7.5.2008, NZA 2008, 1142; LAG Hamburg 26.4.2006, NZA-RR 2006, 413; LAG Hamm 6.10.1978, DB 1979, 1563; *Fitting* § 9 Rn. 12). Ist eine Verringerung fest geplant, so ist bei der SprA-Wahl bereits von der verringerten Beschäftigtenzahl auszugehen (ArbG Kassel 30.7.2002, AuR 2003, 124; ArbG Hamburg 22.12.1983, DB 1984, 250). Gekündigte L.A. sind mitzuzählen, wenn ihr Arbeitsplatz voraussichtlich wiederbesetzt wird (ArbG Emden 3.4.1984, NZA 1985, 228). 5

b) Änderung der Beschäftigtenzahl. Der Regelbeschäftigungsstand am Tag des Erlasses des Wahlausschreibens bleibt auch dann maßgebend, wenn sich die Zahl der L.A. im Betrieb bis zur Wahl ändert. Etwas anderes gilt nur, wenn der Betrieb in der Zwischenzeit seine SprA-Fähigkeit verliert (Richardi BetrVG/*Thüsing* § 9 Rn. 16). 6

Das SprAuG sieht – anders als das BetrVG (§ 13 Abs. 2 Nr. 1) – keine Neuwahl vor, wenn die Zahl der L.A. während der Amtszeit um die Hälfte steigt oder sinkt (*Bauer* Anm. I S. 21; *Fitting* § 9 Rn. 39; *Löwisch* § 4 Rn. 2). 7

2. Unterschreiten der Sollmitgliederzahl

Werden trotz ordnungsgemäßen Wahlausschreibens weniger L.A. vorgeschlagen, als der SprA nach der Betriebsgröße Mitglieder hat, oder werden weniger gewählt oder nehmen weniger die Wahl an, so verringert sich die Zahl der SprA-Mitglieder entsprechend. Das Gesetz geht zwar davon aus, dass der SprA mindestens bei Beginn seiner Tätigkeit eine ungerade Zahl von Mitgliedern haben soll, und das spricht dafür, die SprA-Größe mit der hM zum Betriebsverfassungsgesetz (*Fitting* § 11 Rn. 6; HWGNRH/*Nicolai* § 11 Rn. 4; Richardi BetrVG/*Thüsing* § 11 Rn. 2 f.; GK-BetrVG/*Jacobs* § 11 Rn. 8 ff.; GK-BetrVG/*Jacobs* § 9 Rn. 31; *Bauer* Anm. I S. 21 f.: kein SprA) nach der nächst kleineren Betriebsgröße zu bemessen; andererseits kann es aber auch zu geraden Sprecherzahlen kommen, nämlich dann, wenn die Zahl der Sprecher- und Ersatzsprecherausschussmitglieder nach der Konstituierung des SprA sinkt (§ 5 Rn. 7). Eine Gleichbehandlung mit diesem Tatbestand, der bereits eine logische Sekunde nach Konstituierung eintre- 8 ten kann und dessen Voraussetzungen im Übrigen ohne Weiteres herbeigeführt werden können – Rücktritt statt Ausschlagung –, scheint sinnvoller als die Anwendung des Rechtsgedankens des § 11 BetrVG (vgl. GK-BetrVG/*Jacobs* § 9 Rn. 31 ff.). Eine Ergänzungswahl ist nicht möglich. Der SprA müsste nach Rücktritt aller Mitglieder neu gewählt werden.

9 Scheiden während der Amtszeit des SprA Mitglieder aus, so rücken die Ersatzmitglieder nach (§ 10 Abs. 1 S. 1). Zu einer Neuwahl kommt es nur, wenn überhaupt keine SprA- und Ersatzmitglieder mehr vorhanden sind (§ 5 Abs. 2 Nr. 1).

3. Streitigkeiten

10 Über Streitigkeiten hinsichtlich der Festlegung der Zahl der SprA-Mitglieder entscheidet das ArbG im Beschlussverfahren (§ 2a Abs. 1 Nr. 2, Abs. 2; §§ 80 ff. ArbGG). Zuständig ist das ArbG, in dessen Bezirk der Betrieb liegt (§ 82 Abs. 1 S. 1 ArbGG), für den USprA das ArbG, in dessen Bezirk das Unternehmen seinen Sitz hat (§ 82 Abs. 1 S. 3 iVm S. 2 ArbGG). Da die Vorschrift des § 4 Abs. 1 zwingend ist, kann ein Verstoß die Wahlanfechtung nach § 8 rechtfertigen. Voraussetzung ist, dass das Wahlergebnis durch den Verstoß geändert oder beeinflusst werden kann. Ein Nichtigkeitsgrund liegt dann nicht vor (*Fitting* § 9 Rn. 59).

III. Männer und Frauen im Sprecherausschuss

11 Nach § 4 Abs. 2 sollen Männer und Frauen entsprechend ihrem zahlenmäßigen Verhältnis im SprA vertreten sein. Die Vorschrift richtet sich an diejenigen, die Wahlvorschläge einreichen, und an die Wähler.

12 § 4 Abs. 2 ist nicht zwingend. Eine Nichtbefolgung hat auf die Gültigkeit der Wahl keinen Einfluss (Löwisch/Kaiser/*Wiebauer* § 15 Rn. 1). Auch eine Wahlanfechtung nach § 8 kommt nicht in Betracht. § 4 Abs. 2 wird ergänzt durch § 3 Abs. 3 WO, wonach der Wahlvorstand auf § 4 Abs. 2 hinweisen soll.

§ 5 Zeitpunkt der Wahlen und Amtszeit

(1) [1]**Die regelmäßigen Wahlen des Sprecherausschusses finden alle vier Jahre in der Zeit vom 1. März bis 31. Mai statt.** [2]**Sie sind zeitgleich mit den regelmäßigen Betriebsratswahlen nach § 13 Abs. 1 des Betriebsverfassungsgesetzes einzuleiten.**

(2) **Außerhalb dieses Zeitraums ist der Sprecherausschuss zu wählen, wenn**

1. **im Betrieb ein Sprecherausschuss nicht besteht,**
2. **der Sprecherausschuss durch eine gerichtliche Entscheidung aufgelöst ist,**
3. **die Wahl des Sprecherausschusses mit Erfolg angefochten worden ist oder**
4. **der Sprecherausschuss mit der Mehrheit seiner Mitglieder seinen Rücktritt beschlossen hat.**

(3) [1]**Hat außerhalb des in Absatz 1 festgelegten Zeitraums eine Wahl des Sprecherausschusses stattgefunden, ist der Sprecherausschuss in dem auf die Wahl folgenden nächsten Zeitraum der regelmäßigen Wah-**

len des Sprecherausschusses neu zu wählen. [2]Hat die Amtszeit des Sprecherausschusses zu Beginn des in Absatz 1 festgelegten Zeitraums noch nicht ein Jahr betragen, ist der Sprecherausschuss in dem übernächsten Zeitraum der regelmäßigen Wahlen des Sprecherausschusses neu zu wählen.

(4) **[1]Die regelmäßige Amtszeit des Sprecherausschusses beträgt vier Jahre. [2]Die Amtszeit beginnt mit der Bekanntgabe des Wahlergebnisses oder, wenn zu diesem Zeitpunkt noch ein Sprecherausschuss besteht, mit Ablauf von dessen Amtszeit. [3]Die Amtszeit endet spätestens am 31. Mai des Jahres, in dem nach Absatz 1 die regelmäßigen Wahlen des Sprecherausschusses stattfinden. [4]In dem Fall des Absatzes 3 Satz 2 endet die Amtszeit spätestens am 31. Mai des Jahres, in dem der Sprecherausschuss neu zu wählen ist.**

(5) **In dem Fall des Absatzes 2 Nr. 4 führt der Sprecherausschuss die Geschäfte weiter, bis der neue Sprecherausschuss gewählt und das Wahlergebnis bekannt gegeben ist.**

Übersicht

I. Allgemeines

§ 5 legt fest, wann der SprA turnusmäßig und außerhalb des Turnus zu wählen ist und wie lange seine Amtszeit dauert; bei Rücktritt verpflichtet er ihn zur Fortführung der Geschäfte. Die Parallelregelungen im Betriebsverfassungsgesetz finden sich in den §§ 13, 21 und 22 BetrVG. 1

II. Regelmäßige Sprecherausschusswahlen

Nach § 5 Abs. 1 S. 1 sind die SprA-Wahlen in sämtlichen Betrieben in einem einheitlichen Zeitraum abzuhalten, und zwar alle vier Jahre zwischen dem 1.3. und 31.5. Die erste Wahl fand 1990 statt (vgl. § 37 Abs. 1). Entscheidend ist, dass innerhalb des Zeitraums vom 1.3. bis 31.5. der Wahltag liegt; bei einer mehrtägigen Wahl ist das der letzte Tag der Stimmabgabe (*Fitting* § 13 Rn. 6; HWGNRH/ 2

Nicolai § 13 Rn. 5; aA GK-BetrVG/*Jacobs* § 13 Rn. 12: Der 1.3. kommt nur als erster Wahltag in Betracht). Mit den Wahlvorbereitungen kann bereits vor dem 1.3. begonnen werden (*Fitting* § 13 Rn. 8; GK-BetrVG/*Jacobs* § 13 Rn. 12; HWGNRH/*Nicolai* § 13 Rn. 5; Richardi BetrVG/*Thüsing* § 13 Rn. 6). Den genauen Tag der Stimmabgabe legt der Wahlvorstand fest (§ 3 Abs. 1 S. 1, Abs. 2 Nr. 9 WO).

3 Bei einer Wahl vor dem 1.3. kommt kein wirksamer SprA zustande, es sei denn, dass die Voraussetzungen des Abs. 2 vorliegen (*Fitting* § 13 Rn. 20; HWGNRH/*Nicolai* § 13 Rn. 5 ff.; Richardi BetrVG/*Thüsing* § 13 Rn. 7, 15).

4 Die SprA-Wahl findet zeitgleich mit der regelmäßigen Wahl des BR statt (Abs. 1 S. 2; für die BR-Wahl § 13 Abs. 1 S. 2 BetrVG). Das ist vor allem bedeutsam wegen der Abstimmung der beiden Wahlvorstände über die Zuordnung zu den L.A. oder zu den übrigen AN (§ 18a BetrVG). „Zeitgleiche Wahl" bedeutet, dass die Wahlvorstände die Wahlausschreiben für die BR- und SprA-Wahlen am selben Tag erlassen müssen (§ 3 Abs. 1 WO). Ein Verstoß gegen diese Pflicht zieht allerdings keine rechtlichen Folgen nach sich. Die Wahlvorstände haben keinen wechselseitigen Anspruch auf zeitgleiche Einleitung. Auch eine Anfechtung nach § 8 Abs. 1 (§ 19 Abs. 1 BetrVG) kommt nicht in Betracht; die Wahlvorstände hätten es sonst in der Hand, jede Wahl der Anfechtung auszusetzen (Löwisch/Kaiser/*Wiebauer* § 13 Rn. 6).

III. Sprecherausschusswahlen außerhalb des regelmäßigen Wahlzeitraums

5 Abs. 2 sieht ausnahmsweise SprA-Wahlen außerhalb des regelmäßigen Turnus vor, wenn im Betrieb kein SprA besteht oder wenn seine Amtszeit irregulär endet. Die in Abs. 2 aufgeführten Gründe für eine Neuwahl des SprA sind abschließend (Richardi BetrVG/*Thüsing* § 13 Rn. 13). Andere Gründe, etwa der Anstieg oder das Absinken der Zahl der L.A. um eine bestimmte Anzahl oder einen bestimmten Prozentsatz, berechtigen nicht zur Neuwahl. Eine dennoch durchgeführte Wahl ist nichtig. Der in einer solchen Wahl gewählte „SprA" ist kein SprA iSd Gesetzes (Richardi BetrVG/*Thüsing* § 13 Rn. 15); er hat keinerlei Rechte und Pflichten nach dem SprAuG.

1. Kein Sprecherausschuss im Betrieb (Abs. 2 Nr. 1)

6 Abs. 2 Nr. 1 enthält eine Art Generalklausel, die sicherstellen soll, dass in allen Betrieben ohne SprA jederzeit Wahlen durchgeführt werden können (*Fitting* § 13 Rn. 47; Richardi BetrVG/*Thüsing* § 13 Rn. 50). Warum kein SprA besteht, ist gleichgültig. Umfasst werden die Fälle, dass in dem Betrieb überhaupt noch keine SprA-Wahl stattgefunden hat, dass in der regelmäßigen Wahlzeit eine Neuwahl nicht rechtzeitig erfolgt ist, dass ein SprA zu bestehen aufgehört hat oder dass die Wahl nichtig war. Auch der Fall, dass alle Mitglieder ihr Amt niedergelegt oder aus persönlichen Gründen verloren haben, rechnet hierzu (vgl. § 17). Voraussetzung ist immer, dass der Betrieb sprecherausschussfähig ist (§ 1).

7 Keine Neuwahl findet – anders als beim BR (§ 13 Abs. 2 Nr. 2 BetrVG) – statt, wenn die Zahl der SprA-Mitglieder nach Eintreten sämtlicher Ersatzmitglieder unter die gesetzlich vorgesehene Zahl (§ 4) absinkt.

2. Sprecherausschuss durch Gerichtsentscheidung aufgelöst (Abs. 2 Nr. 2)

Wird der SprA wegen grober Verletzung seiner gesetzlichen Pflichten durch Gerichtsentscheid aufgelöst (§ 9 Abs. 1), so endet sein Amt mit Rechtskraft der Auflösungsentscheidung. Etwas anderes gilt, wenn nur einzelne Mitglieder gerichtlich ausgeschlossen werden (*Fitting* § 13 Rn. 46; HWGNRH/*Nicolai* § 13 Rn. 35; Richardi BetrVG/*Thüsing* § 13 Rn. 47 f.). Hier rücken ggf. die Ersatzmitglieder nach. 8

3. Sprecherausschusswahl mit Erfolg angefochten (Abs. 2 Nr. 3)

Eine erfolgreiche Wahlanfechtung → § 8 Rn. 2 ff., 22 f.), dh ein rechtskräftiger Gerichtsbeschluss über die Ungültigkeit einer SprA-Wahl, führt nur dann zu einer Neuwahl, wenn die Wahl des SprA insgesamt für unwirksam erklärt wurde. Es reicht nicht aus, dass das Wahlergebnis berichtigt wird; damit verliert der SprA nicht sein Amt. Dasselbe gilt, wenn die Wahl eines einzelnen SprA-Mitglieds angefochten wird; hier rückt ggf. das Ersatzmitglied nach (*Fitting* § 13 Rn. 45; GK-BetrVG/*Jacobs* § 13 Rn. 70 f.; Richardi BetrVG/*Thüsing* § 13 Rn. 43). 9

Eine Neuwahl außerhalb des regelmäßigen Wahlzeitraums findet auch statt, wenn die vorhergehende Wahl nichtig war (*Fitting* § 13 Rn. 43; GK-BetrVG/*Jacobs* § 13 Rn. 70; Richardi BetrVG/*Thüsing* § 13 Rn. 45; s. auch → § 8 Rn. 29 ff.). 10

In den Fällen einer Neuwahl muss ein neuer Wahlvorstand bestellt werden. Bis zur Rechtskraft des Anfechtungsbeschlusses kann ihn der vorherige SprA bestellen. Danach ist er in einer SprA-Versammlung zu wählen (*Fitting* § 19 Rn. 45 f.; aA GK-BetrVG/*Kreutz* § 19 Rn. 126 f.; Richardi BetrVG/*Thüsing* § 19 Rn. 76). 11

4. Rücktritt des Sprecherausschusses (Abs. 2 Nr. 4)

Eine Neuwahl findet weiter statt, wenn der SprA mit der Mehrheit seiner Mitglieder den Rücktritt als Gremium beschlossen hat. Zur Selbstauflösung ist also die absolute Stimmenmehrheit erforderlich. Fehlende Mitglieder und Stimmenthaltungen zählen als Nein-Stimmen (GK-BetrVG/*Kreutz* § 13 Rn. 62; Richardi BetrVG/*Thüsing* § 13 Rn. 39 f.). 12

Die Gründe für den Rücktritt sind gleichgültig. Eine gerichtliche Überprüfung kommt deshalb auch nicht in Betracht (BAG 3.4.1979, DB 1979, 2091; *Fitting* § 13 Rn. 39; Richardi BetrVG/*Thüsing* § 13 Rn. 40). 13

Haben alle Mitglieder und Ersatzmitglieder ihr Amt niedergelegt, liegt ein Fall der Nr. 1 vor (s. Rn. 6). Abs. 2 Nr. 4 ist nicht entsprechend anwendbar. Das gilt auch, wenn die Aktion vorher abgestimmt war (GK-BetrVG/*Kreutz* § 13 Rn. 69; HWGNRH/*Nicolai* § 13 Rn. 27 ff.; Richardi BetrVG/*Thüsing* § 13 Rn. 39 ff.). Die Verpflichtung zur Fortführung der Geschäfte bis zur Neuwahl, die sich aus einem Gesamtrücktritt ergibt, soll die SprA-Mitglieder nur treffen, wenn sie sich durch förmlichen Rücktrittsbeschluss dazu bereit erklärt haben. 14

Umstritten ist, ob das Amt des SprA und aller seiner Mitglieder mit dem wirksamen Rücktrittsbeschluss erlischt (GK-BetrVG/*Kreutz* § 13 Rn. 65) oder ob der SprA im Amt bleibt, bis die Neuwahl durchgeführt und das Ergebnis bekanntgegeben ist (*Fitting* § 13 Rn. 42; HWGNRH/*Nicolai* § 13 Rn. 30; Richardi BetrVG/*Thüsing* § 13 Rn. 42). Der Streit hat für den Bereich des Abs. 5 15 nur theoretische Bedeutung, weil der zurückgetretene SprA die Geschäfte bis zur Bekanntgabe des Ergebnisses der Neuwahl fortzuführen hat.

IV. Rückkehr zum normalen Wahlturnus (Abs. 3)

16 Die Wahlen sollen möglichst in allen Betrieben gleichzeitig stattfinden. Nach einer außerturnusmäßigen Wahl ist deshalb eine Anpassung an den Wahlturnus des Abs. 1 S. 1 erforderlich. Hierzu trifft Abs. 3 die erforderlichen Regelungen. Der einheitliche Wahlzeitraum genießt sogar Vorrang vor der Einhaltung der vierjährigen Amtsperiode der nach Abs. 2 gewählten SprA.

17 Grundsätzlich ist der SprA im nächsten Regelwahljahr neu zu wählen. Seine Amtszeit verkürzt sich entsprechend (Abs. 3 S. 1).

18 Etwas anderes gilt nur, wenn der SprA am 1.3. des folgenden Regelwahljahres noch nicht ein Jahr lang im Amt war (*Fitting* § 13 Rn. 51; *Löwisch* § 5 Rn. 11). Dann wird er erst im übernächsten Regelwahljahr neu gewählt (Abs. 3 S. 2). Seine Amtszeit endet spätestens am 31.5. dieses Jahres (Abs. 4 S. 4).

19 Maßgebend für den Beginn der Amtszeit ist die Bekanntgabe des Wahlergebnisses (s. → Rn. 21). Die Jahresfrist endet mit Ablauf des letzten Tages des 12. Monats, welcher durch seine Zahl dem Tag entspricht, an dem das Wahlergebnis bekanntgegeben wurde (§ 188 Abs. 2 BGB). SprA, die nach dem 1.3. des Jahres vor der regelmäßigen SprA-Wahl gewählt wurden, haben also die verlängerte, SprA, die bis einschließlich 1.3. gewählt wurden, die verkürzte Amtszeit.

V. Regelmäßige Amtszeit (Abs. 4)

20 Abs. 4 stimmt die Amtszeiten des SprA und des BR aufeinander ab. Beide Amtszeiten betragen regelmäßig vier Jahre.

21 Die Amtszeit des SprA beginnt mit der Bekanntgabe des Wahlergebnisses durch den Wahlvorstand (Abs. 4 S. 2 iVm § 7 Abs. 4 S. 1). Ist der vorherige SprA noch im Amt, beginnt die Amtszeit des neugewählten SprA erst am Tag nach der Beendigung der Amtszeit des früheren SprA (Abs. 4 S. 2 Hs. 2, *Fitting* § 21 Rn. 10; *Löwisch* § 5 Rn. 9; Richardi BetrVG/*Thüsing* § 21 Rn. 8).

22 Das Amt des SprA beginnt, ohne dass es einer besonderen Handlung oder Erklärung bedürfte. Vor der Konstituierung ist der SprA aber handlungsunfähig (BAG 23.8.1984, DB 1985, 1085; LAG Hamm 20.5.1999, ZInsO 1999, 362; HWGNRH/*Worzalla* § 21 Rn. 10; *Löwisch* § 5 Rn. 9).

23 Von der Amtszeit des SprA ist die Dauer der Mitgliedschaft des einzelnen SprA-Mitglieds zu unterscheiden. Beide decken sich idR. Die Amtszeit eines Mitglieds kann jedoch kürzer sein, etwa bei Amtsniederlegung oder Ausschluss aus dem SprA (HWGNRH/*Worzalla* § 21 Rn. 4).

24 Gemäß Abs. 4 S. 1 endet die Amtszeit im Normalfall durch Fristablauf nach vier Jahren. Bei der Fristberechnung wird der Tag, an dem das Wahlergebnis bekannt gegeben wurde, nicht mitgerechnet (Ereignisfrist, § 187 Abs. 1 BGB). Ist bis dahin kein neuer SprA gewählt, sind die L.A. ohne Vertretung. Eine Verlängerung der Amtszeit – etwa bis zum 31.5. – kommt nicht in Betracht. Für eine Neuwahl gilt § 7 Abs. 2 (ErfK/*Koch* BetrVG § 21 Rn. 3; *Fitting* § 21 Rn. 23; GK-BetrVG/*Kreutz* § 21 Rn. 24; HWGNRH/*Worzalla* § 21 Rn. 13; Löwisch/Kaiser/*Löwisch* § 21 Rn. 7; aA Richardi BetrVG/*Thüsing* § 21 Rn. 13: jedenfalls bis zum 31.5. des Jahres, in dem die regelmäßigen Wahlen stattfinden).

Ist der SprA außerhalb des regelmäßigen Wahlturnus gewählt worden, so endet das Amt spätestens am 31.5. des Jahres, in dem die regelmäßigen SprA-Wahlen stattfinden (*Fitting* § 21 Rn. 23; GK-BetrVG/*Kreutz* § 21 Rn. 30; Richardi BetrVG/*Thüsing* § 21 Rn. 15). 25

Das Amt des SprA endet auch, wenn und sobald die Zahl der L.A. auf Dauer unter zehn sinkt (HWGNRH/*Worzalla* § 21 Rn. 21; Löwisch/Kaiser/*Löwisch* § 21 Rn. 11). 26

Bei gerichtlicher Auflösung wegen Pflichtverletzung (Abs. 2 Nr. 2) und bei erfolgreicher Wahlanfechtung (Abs. 2 Nr. 3) endet die Amtszeit mit dem Tag der formellen Rechtskraft des gerichtlichen Beschlusses, dh mit Ablauf der Frist für die Einlegung der Rechtsbeschwerde nach § 92 Abs. 2 iVm § 74 Abs. 1 ArbGG (LAG Hamm 9.11.1977, DB 1978, 216; *Fitting* § 21 Rn. 30; Löwisch/Kaiser/*Löwisch* § 21 Rn. 10). 27

Eine Betriebsstilllegung führt nicht ohne Weiteres zur Beendigung des Amtes des SprA oder der einzelnen SprA-Mitglieder. Voraussetzung ist in jedem Fall eine Kündigung der Arbeitsverhältnisse; erst mit Ablauf der Kündigungsfrist endet die Mitgliedschaft im SprA (§ 9 Abs. 2 Nr. 3). Fällt allerdings die Zahl der L.A. auf Dauer unter zehn, so entfällt damit auch die SprA-Fähigkeit des Betriebs (s. → Rn. 17). Trotz Beendigung der Amtszeit behält der SprA bei einer Betriebsstilllegung jedoch ein Restmandat zur Ausübung seiner Mitwirkungsrechte nach §§ 31, 32 (s. → § 31 Rn. 24; → § 32 Rn. 6). 28

Betriebsunterbrechungen sind keine Betriebsstilllegungen. Die Mitwirkungsrechte bleiben voll erhalten. Das gilt selbst in einem Arbeitskampf, weil die Mitwirkung des SprA keine Auswirkung auf das Kampfgleichgewicht haben kann. 29

Ein Betriebsübergang gemäß § 613a BGB beendet das Amt des SprA nicht, da die Betriebsidentität erhalten bleibt (HWGNRH/*Worzalla* § 21 Rn. 29; Richardi BetrVG/*Thüsing* § 21 Rn. 28); anders, wenn im Unternehmen des neuen Inhabers ein USprA (§ 20) besteht (HWK/*Annuß* SprAuG § 8 Rn. 16). 30

Wird ein Betrieb in einen anderen eingegliedert, so verliert er seine organisatorische Selbstständigkeit. Das SprA-Amt endet. Bis zur Neuwahl werden die L.A. vom SprA des aufnehmenden Betriebs mitvertreten. Bei einer Verschmelzung zweier Betriebe enden die Mandate beider SprA. 31

Mit Ablauf des Tages, an dem die Amtszeit endet, erlöschen alle Befugnisse des SprA, soweit nicht Abs. 5 etwas anderes vorsieht (→ Rn. 26, 34). Gleichzeitig erlöschen die Rechte und Befugnisse der einzelnen Mitglieder (*Fitting* § 21 Rn. 37 ff.; GK-BetrVG/*Kreutz* § 21 Rn. 45). 32

VI. Übergangs- und Restmandat

Im Fall der Spaltung eines Betriebs ist § 21a BetrVG analog anzuwenden (ErfK/*Oetker* SprAuG § 8 Rn. 8; *Goldschmidt* S. 136 f.; *Sieg* FS Richardi, 2007, 777 (792); aA HWK/*Annuß* SprAuG § 8 Rn. 15). Der SprA führt die Geschäfte für die ihm bislang zugeordneten Betriebsteile weiter, soweit sie die Voraussetzungen für die Errichtung eines SprA erfüllen und nicht in einen Betrieb eingegliedert werden, in dem ein SprA besteht (Übergangsmandat). Es schadet nicht, dass der Gesetzgeber diese Lösung nur für den BR vorgesehen hat. Die Regelung beruht auf der EU-Richtlinie 2001/23/EG vom 12.3.2001 zum Betriebsübergang. Nach deren Art. 6 Ziff. 1 werden die Rechte der bisherigen AN-Vertretungen gewahrt, wenn der Betrieb seine Selbstständigkeit behält und wenn die Bedingungen für die 33

Bildung einer AN-Vertretung erhalten bleiben. L.A. sind AN iSv Art. 2 Ziff. 1 lit. d der Richtlinie, die SprA ihre Vertretungen iSv Art. 2 Ziff. 1 lit. c der Richtlinie. Sachliche Gründe, die eine unterschiedliche Behandlung von BR und SprA rechtfertigen könnten, gibt es nicht. L.A. können von Umstrukturierungen genauso betroffen sein wie sonstige AN.

34 Dieselben Überlegungen gelten für den Fall, dass ein Betrieb durch Stilllegung, Spaltung oder Zusammenlegung untergeht. Der SprA behält analog § 21b BetrVG ein Restmandat, soweit das zur Wahrnehmung der damit im Zusammenhang stehenden Beteiligungsrechte erforderlich ist (*Fitting* § 21b Rn. 13; *Goldschmidt* S. 136 f.; *Sieg* FS Richardi, 2007, 777 (795)). Die Mitgliedschaft im restmandatierten SprA endet nicht durch die Beendigung des Arbeitsverhältnisses. Für das zur Erfüllung der Aufgaben in diesem SprA erbrachte Freizeitopfer besteht kein Anspruch auf Vergütung (BAG 5.5.2010, NZA 2010, 1025).

VII. Weiterführung der Geschäfte (Abs. 5)

35 Bei Selbstauflösung nach Abs. 2 Nr. 4 (s. → Rn. 12 ff.) führt der SprA die Geschäfte so lange weiter, bis der neue SprA gewählt und das Wahlergebnis bekanntgegeben ist (*Fitting* § 13 Rn. 42; aA GK-BetrVG/*Jacobs* § 13 Rn. 69; Richardi BetrVG/*Thüsing* § 13 Rn. 42, § 22 Rn. 2). Wird kein neuer SprA gebildet, so enden Recht und Pflicht zur Fortführung der Geschäfte am 31.5. des folgenden Regelwahljahres. Diese Regelung dient der Stetigkeit der SprA-Arbeit (Löwisch/Kaiser/*Löwisch* § 22 Rn. 1).

36 Die Geschäftsführungsbefugnis umfasst alle Rechte und Pflichten des „normalen“ SprA. Der geschäftsführende SprA hat in jeder Hinsicht die Rechtsstellung eines SprA, dessen Amtszeit noch nicht abgelaufen ist.

VIII. Streitigkeiten

37 Streitigkeiten über die Frage, ob und ggf. wann ein SprA neu zu wählen ist, über Beginn und Ende der Amtszeit, über die Befugnis zur Weiterführung der Geschäfte, über Umfang und Dauer entscheiden die ArbG im Beschlussverfahren nach § 2a Abs. 1 Nr. 2, Abs. 2; §§ 80 ff. ArbGG (*Fitting* § 13 Rn. 53; HWGNRH/Huke § 22 Rn. 15; Richardi BetrVG/*Thüsing* § 13 Rn. 60). In jedem Verfahren, in dem es um die Rechtswirksamkeit einer Handlung des SprA oder um die Notwendigkeit seiner Beteiligung geht, kann als Vorfrage geklärt werden, ob er (noch) im Amt war (*Fitting* § 21 Rn. 40; GK-BetrVG/*Kreutz* § 21 Rn. 47; Richardi BetrVG/*Thüsing* § 21 Rn. 32).

§ 6 Wahlvorschriften

(1) **Der Sprecherausschuss wird in geheimer und unmittelbarer Wahl gewählt.**

(2) **Die Wahl erfolgt nach den Grundsätzen der Verhältniswahl; wird nur ein Wahlvorschlag eingereicht, erfolgt die Wahl nach den Grundsätzen der Mehrheitswahl.**

(3) [1]**In Betrieben, deren Sprecherausschuss aus einer Person besteht, wird dieser mit einfacher Stimmenmehrheit gewählt.** [2]**In einem getrennten Wahlgang ist ein Ersatzmitglied zu wählen.**

(4) **[1]Zur Wahl des Sprecherausschusses können die leitenden Angestellten Wahlvorschläge machen. [2]Jeder Wahlvorschlag muss von mindestens einem Zwanzigstel der leitenden Angestellten, jedoch von mindestens drei leitenden Angestellten unterzeichnet sein; in Betrieben mit in der Regel bis zu zwanzig leitenden Angestellten genügt die Unterzeichnung durch zwei leitende Angestellte. [3]In jedem Fall genügt die Unterzeichnung durch fünfzig leitende Angestellte.**

Übersicht

I. Allgemeines

§ 6 enthält die Grundsätze für die SprA-Wahl. Er wird ergänzt durch die WO. In ihr finden sich die detaillierten Vorschriften über die Wahlvorbereitung und den Wahlvorgang (vgl. §§ 10 ff. WO). Das Wahlverfahren entspricht dem für die BR-Wahl (vgl. §§ 14 ff. BetrVG iVm §§ 1–37 WOBetrVG). 1

Die Möglichkeit einer ergänzenden elektronischen Bekanntmachung des Wahlausschreibens, die der Gesetzgeber 2001 durch § 3 Abs. 4 S. 2 WOBetrVG geschaffen hat, ist für die SprA-Wahl nicht mit geregelt worden. Wegen gleicher Interessenlage ist die ergänzende elektronische Bekanntmachung jedoch auch bei der SprA-Wahl zulässig. 2

Die Vorschriften über das Wahlverfahren in § 6 sind zwingend, von ihnen darf nicht abgewichen werden (*Fitting* § 14 Rn. 7; GK-BetrVG/*Jacobs* § 14 Rn. 7). 3

§ 6 gilt nur für die SprA- und für die USprA-Wahl (§ 20 Abs. 1 S. 2), nicht für die Bildung des GSprA und des KSprA. 4

II. Allgemeine Wahlgrundsätze

Der SprA muss in geheimer und unmittelbarer Wahl gewählt werden. Die Wahl hat zudem allgemein, gleich und frei zu sein (*Fitting* § 14 Rn. 10; GK-BetrVG/*Jacobs* § 14 Rn. 10; *Goldschmidt* S. 250). Dies ist in § 6 Abs. 1 nicht ausdrücklich erwähnt, ergibt sich jedoch aus der Gesetzesbegründung (BT-Drs. 11/2503, 37). Ein Verstoß gegen diese Grundsätze führt zur Nichtigkeit der Wahl. 5

Der Grundsatz geheimer Wahl erfordert eine Ausgestaltung der Stimmabgabe, bei der für andere Personen nicht erkennbar ist, wie der Wahlberechtigte gewählt hat. Der Stimmzettel muss so vorbereitet sein, dass der Wähler seine Entscheidung durch Ankreuzen an der vorgesehenen Stelle kundtun kann (§ 10 Abs. 3 WO). Das Ankreuzen muss unbeobachtet geschehen, der Stimmzettel ist in einem verschlossenen Umschlag im Wahllokal abzugeben (*Goldschmidt* S. 250 f.; HWGNRH/*Nicolai* § 14 Rn. 7 f.; Löwisch/Kaiser/*Wiebauer* § 14 Rn. 5; Richardi BetrVG/*Thüsing* § 14 Rn. 10a). Eine offene Stimmabgabe, etwa durch Handauf- 6 heben oder durch Zuruf in einer SprA-Versammlung, ist unzulässig (*Fitting* § 14 Rn. 11; GK-BetrVG/*Jacobs* § 14 Rn. 14; HWGNRH/*Nicolai* § 14 Rn. 7; Richardi BetrVG/*Thüsing* § 14 Rn. 10). Unzulässig ist auch eine Stimmabgabe ohne Verwendung des Wahlumschlags; bloßes Falten des Stimmzettels genügt nicht (GK-BetrVG/*Jacobs* § 14 Rn. 14; HWGNRH/*Nicolai* § 14 Rn. 8; Richardi BetrVG/*Thüsing* § 14 Rn. 10a).

7 Die vom Wahlvorstand zur Verfügung zu stellenden Stimmzettel müssen die Vorschlagslisten oder bei nur einem Wahlvorschlag die Namen der Wahlbewerber enthalten. Müssen die Wähler die Namen der Wahlbewerber selbst auf den Stimmzettel schreiben, so ist das Wahlgeheimnis nicht gewahrt (LAG Düsseldorf 8.2.1950, BB 1951, 250; *Löwisch* § 6 Rn. 18; Richardi BetrVG/*Thüsing* § 14 Rn. 11).

8 Beim eigentlichen Wahlvorgang darf kein Wahlhelfer anwesend sein, auch nicht bei ausländischen L.A. ohne genügende deutsche Sprachkenntnisse (ArbG Bremen 19.7.1972, DB 1972, 1830 (1831); *Fitting* § 14 Rn. 12; HWGNRH/*Nicolai* § 14 Rn. 8; Richardi BetrVG/*Thüsing* § 14 Rn. 12). Nur bei körperlichen Gebrechen ist Hilfestellung erlaubt (*Fitting* § 14 Rn. 13; HWGNRH/*Nicolai* § 14 Rn. 8; Richardi BetrVG/*Thüsing* § 14 Rn. 12).

9 Die Stimme ist durch Ankreuzen zu vergeben (→ Rn. 6). Die Stimmabgabe kann weder am PC noch an speziellen Wahlgeräten durchgeführt werden; die WO enthält hierfür keine Rechtsgrundlage. Eine rein elektronische Erfassung würde überdies den Grundsatz der Öffentlichkeit der Wahl verletzen (vgl. Bundeswahlordnung: BVerfG 3.3.2009, NJW 2009, 2195).

10 Mit der Stimmenauszählung darf erst nach Beendigung der Wahlhandlung begonnen werden, auch wenn die Stimmabgabe zu verschiedenen Zeiten stattfindet (§ 12 Abs. 1 WO, GK-BetrVG/*Jacobs* § 14 Rn. 23; Richardi BetrVG/*Thüsing* § 14 Rn. 14). Eine elektronische Unterstützung der Auszählung der Stimmzettel zB durch Stimmzettel-Scanner ist zulässig (*Fitting* § 14 WO 2001 (BetrVG) Rn. 2; GK-BetrVG/*Kreutz,* 9. Aufl., WOBetrVG § 14 Rn. 3; Richardi BetrVG/*Forst* WOBetrVG § 14 Rn. 3).

11 Jede Ausforschung der Wahlentscheidung hat zu unterbleiben; selbst vor Gericht hat der Wähler ein Zeugnisverweigerungsrecht (BAG 6.7.1956, AP BetrVG § 27 Nr. 4; LAG Hamm 5.8.2011, ZBVR online 2012 Nr. 4, 10–13; ArbG Düsseldorf 30.10.1984, DB 1985, 1137; *Fitting* § 14 Rn. 15; Richardi BetrVG/*Thüsing* § 14 Rn. 15). Das gilt allerdings nur für den Inhalt der Wahlentscheidung, nicht für die Tatsache, ob jemand gewählt hat (GK-BetrVG/*Jacobs* § 14 Rn. 12).

12 Briefwahl findet statt: auf Verlangen eines L.A., der im Zeitpunkt der Stimmabgabe verhindert ist, seine Stimme persönlich abzugeben; ohne dass es eines Verlangens bedarf, durch L.A., von denen dem Wahlvorstand bekannt ist, dass sie im Zeitpunkt der Wahl nach der Eigenart ihres Beschäftigungsverhältnisses, insbesondere im Außendienst, mit Telearbeit, in Kurzarbeit oder mit mobiler Arbeit (Homeoffice), voraussichtlich nicht im Betrieb anwesend sein werden (§ 23 Abs. 1, 2 WO; BAG 23.10.20224, DB 2025, 1218). Schriftliche Stimmabgabe kann zudem für Betriebe iSv § 1 Abs. 2 beschlossen werden (§ 23 Abs. 2 WO). Eine generelle Briefwahl anstatt der Urnenwahl ist jedoch unzulässig, da § 23 WO die Voraussetzungen hierfür abschließend festlegt (*Fitting* § 14 Rn. 14; *Goldschmidt* S. 248; Richardi BetrVG/*Thüsing* § 19 Rn. 29). Für die Geheimhaltung gelten die Sonderbestimmungen der §§ 24, 25 WO.

13 Zulässig ist die Praxis vieler Wahlvorstände, allen L.A. die Briefwahl alternativ zum Urnengang zu ermöglichen. Aufgrund ihrer Tätigkeit sind L.A. in einem erheblich größeren Umfang als andere AN „unterwegs“; ihr Arbeitsalltag ist weit weniger planbar mit der Folge, dass sie viel häufiger unvorhergesehen an der persönlichen Stimmabgabe verhindert sind (*Goldschmidt* S. 248 f.; einschränkend das BAG für die Übersendung der Unterlagen zur BRWahl: nicht, wenn sich Zweifel an der Abwesenheit aufdrängen BAG 22.1.2025, NZA 2025 858).

Unmittelbar ist die Wahl, wenn sie durch den Wahlberechtigten selbst, dh ohne Zwischenschaltung anderer Personen erfolgt. Delegiertenwahl (*Fitting* § 14 Rn. 16; GK-BetrVG/*Jacobs* § 14 Rn. 24; HWGNRH/*Nicolai* § 14 Rn. 10; Richardi BetrVG/*Thüsing* § 14 Rn. 16) ist ebenso ausgeschlossen wie Wahl durch Stellvertreter (*Fitting* § 14 Rn. 16; GK-BetrVG/*Jacobs* § 14 Rn. 17; HWGNRH/*Nicolai* § 14 Rn. 10; Richardi BetrVG/*Thüsing* § 14 Rn. 17). Der Wahlberechtigte muss auch den Wahlumschlag selbst abgeben (GK-BetrVG/*Jacobs* § 14 Rn. 17; Richardi BetrVG/*Thüsing* § 14 Rn. 17). **14**

Die Grundsätze über die persönliche Ausübung des Stimmrechts gelten auch bei schriftlicher Stimmabgabe (§ 24 Nr. 1 WO, *Fitting* § 14 Rn. 16; GK-BetrVG/*Jacobs* § 14 Rn. 17 ff.; HWGNRH/*Nicolai* § 14 Rn. 10; *Allinger* NZA 1990, 552 (553 f.)). **15**

Die Wahl ist gleich. Jede Stimme hat dasselbe Gewicht, jeder Wahlberechtigte denselben Einfluss auf das Wahlergebnis (*Fitting* § 14 Rn. 18; GK-BetrVG/*Jacobs* § 14 Rn. 28; Richardi BetrVG/*Thüsing* § 14 Rn. 18). **16**

Allgemeinheit bedeutet, dass jeder Wahlberechtigte eine Stimme hat. Zudem ist der SprA für den gesamten Betrieb einheitlich zu wählen. Der Grundsatz der Allgemeinheit verbietet es, den Betrieb in Wahlbezirke zu gliedern und Kandidaten für einzelne Betriebsteile aufzustellen. Das würde zur Wahl besonderer Vertreter für Betriebsteile führen und wäre mit der Einheit des SprA unvereinbar (*Fitting* § 14 Rn. 17; Richardi BetrVG/*Thüsing* § 14 Rn. 19; iE auch GKBetrVG/*Jacobs* § 14 Rn. 29). **17**

Die Wahl ist frei. Jede Behinderung oder Beeinflussung, die über Werbemaßnahmen hinausgeht, ist unzulässig (*Fitting* § 14 Rn. 18; GK-BetrVG/*Jacobs* § 14 Rn. 26; *Goldschmidt* S. 255 f.; HWGNRH/*Nicolai* § 14 Rn. 13). Unzulässig ist es also, wenn auf dem Stimmzettel für eine bestimmte Person oder Liste geworben wird (ArbG Wetzlar 5.3.1975, AuR 1976, 55) oder wenn bestimmte Kreise stärker hervorgehoben sind (BAG 14.1.1969, BB 1969, 490). **18**

Die Teilnahme an der Wahl ist ein Recht, keine Pflicht. Niemand kann wirksam auf die Ausübung des Wahlrechts verzichten (*Fitting* § 14 Rn. 19; HWGNRH/*Nicolai* § 14 Rn. 14; Richardi BetrVG/*Thüsing* § 14 Rn. 20). **19**

III. Mehrköpfiger Sprecherausschuss

Sind mehrere SprA-Sitze zu besetzen und sind zwei oder mehr gültige Vorschlagslisten (vgl. dazu § 7 WO) eingereicht, erfolgt die Wahl nach den Grundsätzen der Verhältniswahl (Abs. 2 S. 1). Damit wird Minderheiten eine angemessene Vertretungsmöglichkeit gesichert. **20**

Es handelt sich dabei um Listenwahl. Der Wahlberechtigte kann die Liste weder ergänzen noch abändern. Er kann seine Stimme nur für den gesamten Wahlvorschlag abgeben (§ 10 Abs. 1 und Abs. 3 WO). **21**

Die Sitzverteilung erfolgt nach dem Höchstzahlverfahren, dem sog. d'Hondt'schen System. Dabei werden die auf die einzelnen Vorschlagslisten entfallenden Stimmen so lange durch 1, 2, 3, 4 usw geteilt, bis sich so viele Höchstzahlen ergeben, wie Sitze zu verteilen sind. Die Höchstzahlen sind nach ihrer Größe zu ordnen. Die Reihenfolge bestimmt die Sitzverteilung. Jede Vorschlagsliste erhält **22** so viele Sitze, wie Höchstzahlen auf sie entfallen. Fällt das niedrigste Teilungsergebnis auf mehrere Vorschlagslisten gleichzeitig, so entscheidet das Los. Innerhalb der jeweiligen Listen werden die Sitze auf die Wahlbewerber in der Reihenfolge ihrer Benennung verteilt (§ 13 WO, *Fitting* § 14 Rn. 24 f.; HWGNRH/*Nicolai* § 14 Rn. 15 ff.; *Löwisch* § 6 Rn. 3; Richardi BetrVG/*Thüsing* § 14 Rn. 26 ff.).

Beispiel

23 Eingereicht sind drei gültige Vorschlagslisten, die Listen A, B und C. Es sind 7 Sitze zu vergeben.

Die Liste A hat 142, die Liste B 30 und die Liste C 210 Stimmen erhalten.

Liste A		Liste B		Liste C	
Stimmen: 142		Stimmen: 30		Stimmen: 210	
Höchstzahl	Sitz	Höchstzahl	Sitz	Höchstzahl	Sitz
142 : 1 = 142	2.	30 : 1 = 30	–	210 : 1 = 210	1.
: 2 = 71	4.			: 2 = 105	3.
: 3 = 47,3	7.			: 3 = 70	5.
: 4 = 35,5	–			: 4 = 52,5	6.
				: 5 = 42	–

Von der Liste C sind vier, von der Liste A drei Bewerber gewählt. Die Liste B hat keinen Sitz gewinnen können.

24 Mehrheitswahl findet statt, wenn nur eine Vorschlagsliste eingereicht wird (Abs. 2 S. 2; dazu §§ 18–20 WO). Der Wähler kann so viele Bewerber ankreuzen, wie Sitze zu besetzen sind. Gewählt sind die Kandidaten, die die meisten Stimmen erhalten.

25 Mehrheitswahl ist Persönlichkeitswahl. Die Platzierung auf der Liste entscheidet nicht über die Reihenfolge, diese ergibt sich erst aus der Wahl. Bei Stimmengleichheit entscheidet das Los (§ 20 S. 2 WO).

IV. Einköpfiger Sprecherausschuss (Abs. 3)

26 Wenn nur ein einziges SprA-Mitglied zu wählen ist, wird nach den Grundsätzen der Mehrheitswahl gewählt (Abs. 3 S. 1). Das Ersatzmitglied ist in diesem Fall – anders als seit 2001 bei der Wahl zum BR (*Fitting* § 14 Rn. 38; GK-BetrVG/*Jacobs* § 14 Rn. 46; Richardi BetrVG/*Thüsing* § 14 Rn. 39) – in einem gesonderten Wahlgang zu wählen (Abs. 3 S. 2). Das Verfahren ist in § 22 WO geregelt, insbesondere in Abs. 4 und 5.

V. Wahlvorschläge (Abs. 4)

27 Wählbar ist nur der L.A., der in einem Wahlvorschlag benannt ist. Eine Wahl, die nicht aufgrund von Wahlvorschlägen durchgeführt wird, ist nichtig (*Borgwardt* DB 1989, 2224 (2227); HWGNRH/*Nicolai* § 14 Rn. 36; Richardi BetrVG/*Thüsing* § 14 Rn. 43). Die WO bezeichnet die Wahlvorschläge als Vorschlagslisten (vgl. §§ 5 ff.).

28 Wahlvorschläge können nur die L.A. machen (Abs. 4 S. 1). Während das BetrVG den Gewerkschaften ein Vorschlagsrecht für die Wahl zum Betriebsrat

zubilligt, gibt das SprAuG den Gewerkschaften für die Wahl zum Sprecher ein solches nicht.

29 Die Vorschlagslisten müssen dem Wahlvorstand schriftlich eingereicht werden (Abs. 4 S. 1 iVm § 5 Abs. 1 WO).

30 Sie sollen doppelt so viele Bewerber aufweisen, wie SprA-Mitglieder zu wählen sind (§ 5 Abs. 2 WO). Die Vorschrift ist eine Ordnungsvorschrift. Der Wahlvorstand darf den Wahlvorschlag nicht wegen eines Verstoßes gegen § 5 Abs. 2 WO zurückweisen; die WO kann die im Gesetz aufgestellten Voraussetzungen für die Einreichung von Wahlvorschlägen nicht vermehren (BAG 29.6.1965, DB 1965, 1253; *Fitting* § 14 Rn. 41; GK-BetrVG/*Jacobs* § 14 Rn. 47; HWGNRH/*Nicolai* § 14 Rn. 36; Richardi BetrVG/*Thüsing* § 14 Rn. 64).

31 Die Wahlvorschläge müssen von mindestens einem Zwanzigstel der L.A., mindestens aber von drei L.A. persönlich unterzeichnet sein (Abs. 4 S. 2 Hs. 1). Eine Stellvertretung scheidet aus (DKW/*Homburg* § 14 Rn. 27; GK-BetrVG/*Jacobs* § 14 Rn. 67; HWGNRH/*Nicolai* § 14 Rn. 24; Richardi BetrVG/*Thüsing* § 14 Rn. 63). In Betrieben mit idR bis zu zwanzig L.A. reichen zwei Unterschriften aus (Abs. 4 S. 2 Hs. 2). In jedem Fall genügt die Unterzeichnung durch fünfzig L.A. (Abs. 4 S. 3).

32 Nicht erforderlich ist, dass die Unterschriften auf ein und derselben Urkunde stehen, dh der Wahlvorschlag kann in mehrfachen, jedoch identischen Ausfertigungen umlaufen. Die Unterschriften müssen sich aber auf den gesamten Wahlvorschlag beziehen, dh auf sämtliche Bewerber. Streichungen sind unzulässig. Der Wahlvorschlag und die Liste mit den Stützunterschriften müssen eine einheitliche Urkunde bilden. Eine feste und gegen Trennung gesicherte Verbindung ist sinnvoll, aber nach der Rechtsprechung nicht erforderlich. Die Einheitlichkeit kann sich auch aus anderen Merkmalen ergeben (BAG 25.5.2005, NZA 2006, 116: Angabe des Kennworts auf den einzelnen Blättern; LAG Hamm 3.3.2006, EzA-Schnelldienst 2006 Nr. 11, 12; *Fitting* § 14 Rn. 53; GK-BetrVG/*Jacobs* § 14 Rn. 69).

33 Jeder Wahlberechtigte darf nur einen Wahlvorschlag unterzeichnen (§ 5 Abs. 5 WO). Hat er mehrere unterschrieben, muss er auf Aufforderung des Wahlvorstands innerhalb einer ihm gesetzten angemessenen Frist erklären, welche Unterschrift gelten soll. Erklärt er sich nicht, so gilt die Unterschrift auf der zuerst eingereichten Vorschlagsliste (GK-BetrVG/*Jacobs* § 14 Rn. 61; HWGNRH/*Nicolai* § 14 Rn. 28; Richardi BetrVG/*Thüsing* § 14 Rn. 52).

34 Dem Wahlvorschlag müssen die schriftlichen Zustimmungserklärungen der Wahlbewerber beigefügt werden (§ 5 Abs. 3 S. 2 WO). Jeder Wahlbewerber darf nur auf einem Wahlvorschlag kandidieren (§ 5 Abs. 7 S. 1 WO). Ist er auf mehreren Wahlvorschlägen aufgeführt, muss er auf Aufforderung des Wahlvorstands vor Ablauf von drei Arbeitstagen erklären, welche Bewerbung er aufrechterhält. Versäumt er dies, ist er auf allen Listen zu streichen (§ 5 Abs. 7 WO, Richardi BetrVG/*Thüsing* § 14).

35 Auch Mitglieder des Wahlvorstands dürfen den Wahlvorschlag unterzeichnen. Die Gefahr einer Interessenkollision ist gering, weil das Wahlverfahren eingehend geregelt und gerichtlich nachprüfbar ist (BAG 4.10.1977, DB 1978, 449; *Fitting* § 14 Rn. 51; GK-BetrVG/*Jacobs* § 14 Rn. 60; HWGNRH/*Nicolai* § 14 Rn. 26; Richardi BetrVG/*Thüsing* § 16 Rn. 58).

36 Aus demselben Grund steht auch einer Kandidatur von Wahlvorstandsmitgliedern nichts im Wege (s. → § 3 Rn. 23). Das Gesetz selbst schließt sie nicht aus; in kleineren Betrieben sprechen schon Praktikabilitätsgründe dafür. Das Argu-

ment, dass damit der Eindruck der Parteilichkeit des Wahlvorstands entstehen kann, muss demgegenüber zurücktreten (BAG 12.10.1976, DB 1977, 356; *Fitting* § 16 Rn. 22; GK-BetrVG/*Jacobs* § 14 Rn. 64).

VI. Streitigkeiten

37 Streitigkeiten über die Vorbereitung und Durchführung der Wahl, über Maßnahmen des Wahlvorstands und über die Gültigkeit von Wahlvorschlägen entscheidet das ArbG im Beschlussverfahren (§ 2a Abs. 1 Nr. 2, Abs. 2; §§ 80 ff. ArbGG, *Fitting* § 14 Rn. 90; HWGNRH/*Nicolai* § 14 Rn. 37; *Löwisch* § 6 Rn. 22; Richardi BetrVG/*Thüsing* § 14 Rn. 92), wegen der Eilbedürftigkeit ggf. durch einstweilige Verfügung nach § 85 Abs. 2 ArbGG. Bei Verstoß gegen wesentliche Wahlvorschriften kommt auch eine Wahlanfechtung nach § 8 Abs. 1 in Betracht.

§ 7 Bestellung, Wahl und Aufgaben des Wahlvorstands

(1) **Spätestens zehn Wochen vor Ablauf seiner Amtszeit bestellt der Sprecherausschuss einen aus drei oder einer höheren ungeraden Zahl von leitenden Angestellten bestehenden Wahlvorstand und einen von ihnen als Vorsitzenden.**

(2) **[1]Besteht in einem Betrieb, der die Voraussetzungen des § 1 Abs. 1 erfüllt, kein Sprecherausschuss, wird in einer Versammlung von der Mehrheit der anwesenden leitenden Angestellten des Betriebs ein Wahlvorstand gewählt. [2]Zu dieser Versammlung können drei leitende Angestellte des Betriebs einladen und Vorschläge für die Zusammensetzung des Wahlvorstands machen. [3]Der Wahlvorstand hat unverzüglich eine Abstimmung darüber herbeizuführen, ob ein Sprecherausschuss gewählt werden soll. [4]Ein Sprecherausschuss wird gewählt, wenn dies die Mehrheit der leitenden Angestellten des Betriebs in einer Versammlung oder durch schriftliche Stimmabgabe verlangt.**

(3) **[1]Zur Teilnahme an der Versammlung und der Abstimmung nach Absatz 2 sind die Angestellten berechtigt, die vom Wahlvorstand aus Anlass der letzten Betriebsratswahl oder der letzten Wahl von Aufsichtsratsmitgliedern der Arbeitnehmer, falls diese Wahl später als die Betriebsratswahl stattgefunden hat, oder durch gerichtliche Entscheidung den leitenden Angestellten zugeordnet worden sind. [2]Hat zuletzt oder im gleichen Zeitraum wie die nach Satz 1 maßgebende Wahl eine Wahl nach diesem Gesetz stattgefunden, ist die für diese Wahl erfolgte Zuordnung entscheidend.**

(4) **[1]Der Wahlvorstand hat die Wahl unverzüglich einzuleiten, sie durchzuführen und nach Abschluss der Wahl öffentlich die Auszählung der Stimmen vorzunehmen, deren Ergebnis in einer Niederschrift festzustellen und es im Betrieb bekanntzugeben. [2]Dem Arbeitgeber ist eine Abschrift der Wahlniederschrift zu übersenden.**

Übersicht

I. Allgemeines

1 § 7 regelt die Bestellung des Wahlvorstands durch den SprA (Abs. 1), die Wahl des Wahlvorstands durch die L.A. in dem Fall, dass kein SprA besteht (Abs. 2, 3) und die Aufgaben des Wahlvorstands (Abs. 4). Entsprechende Vorschriften im BetrVG sind die §§ 16, 17.

II. Bestellung des Wahlvorstands bei Bestehen eines Sprecherausschusses (Abs. 1)

2 Der SprA ist verpflichtet, spätestens zehn Wochen vor Ablauf seiner Amtszeit einen Wahlvorstand zu bestellen. Eine verspätete Bestellung ist jedoch bis zum Ende der Amtszeit des SprA möglich (*Fitting* § 16 Rn. 12; GK-BetrVG/*Kreutz* § 16 Rn. 17; *Löwisch* § 7 Rn. 1; Richardi BetrVG/*Thüsing* § 16 Rn. 21), sofern dann noch der Zeitplan für die Wahlen eingehalten werden kann (*Goldschmidt* S. 197). Eine Wahl ohne Wahlvorstand ist nichtig (*Fitting* § 16 Rn. 87; GK-BetrVG/*Kreutz* § 16 Rn. 5 mwN; Richardi BetrVG/*Thüsing* § 16 Rn. 1).

3 Kommt der SprA seiner Pflicht zur Bestellung des Wahlvorstands nicht nach, so kann das als grobe Pflichtverletzung die Rechtsfolgen des § 9 Abs. 1 nach sich ziehen und zur Bestrafung nach § 34 Abs. 1 Nr. 1 führen (*Fitting* § 16 Rn. 17; HWGNRH/*Nicolai* § 16 Rn. 11; Richardi BetrVG/*Thüsing* § 16 Rn. 8).

4 Das Verfahren nach Abs. 1 gilt in allen Fällen, in denen die Amtszeit des SprA, sei es vorzeitig, sei es regulär, endet (*Fitting* § 16 Rn. 6; GK-BetrVG/*Kreutz* § 16 Rn. 10; HWGNRH/*Nicolai* § 16 Rn. 2; Richardi BetrVG/*Thüsing* § 16 Rn. 4). Mit Erlöschen des Amtes ist der SprA handlungsunfähig; er kann auch keinen Wahlvorstand mehr bestellen (*Fitting* § 16 Rn. 12; GK-BetrVG/*Kreutz* § 16 Rn. 12; *Goldschmidt* S. 197).

5 Tritt der SprA zurück (§ 5 Abs. 2 Nr. 4), so hat er unverzüglich (= ohne schuldhaftes Zögern, § 121 Abs. 1 S. 1 BGB) einen Wahlvorstand einzusetzen. Da er nur noch die Stellung eines geschäftsführenden SprA hat, steht es ihm nicht zu, die Neuwahlen hinauszuzögern (*Fitting* § 16 Rn. 13; *Löwisch* § 7 Rn. 1; Richardi BetrVG/*Thüsing* § 16 Rn. 22). Kommt er seiner Verpflichtung nicht nach, so kann der Wahlvorstand durch die L.A. selbst bestellt werden (Abs. 2). Bleiben aber auch diese untätig, so kann der GSprA bzw. der KSprA den Wahlvorstand bestellen. Das ist zwar im SprAuG nicht vorgesehen, der Grundgedanke des im Jahr 2001 ins BetrVG eingefügten § 16 Abs. 3 – Erleichterung der Wahleinleitung

bei Untätigkeit der primär Zuständigen (GK-BetrVG/*Kreutz* § 16 Rn. 71) – gilt jedoch auch hier.

6 Der Wahlvorstand besteht grds. aus drei L.A. Diese Zahl ist unabhängig von der Größe des Betriebs. Nur wenn zur ordnungsgemäßen Durchführung der Wahl erforderlich – etwa weil mehrere Wahllokale zur Stimmabgabe eingerichtet werden müssen –, kann der SprA ausnahmsweise eine höhere Zahl von Wahlvorstandsmitgliedern bestellen. Der AG kann vom ArbG nachprüfen lassen, ob eine Vergrößerung wirklich notwendig ist (*Fitting* § 16 Rn. 28; GK-BetrVG/*Kreutz* § 16 Rn. 39); ist sie das nicht, braucht der Arbeitgeber die Zusatzkosten nicht zu übernehmen (*Goldschmidt* S. 203). Der Wahlvorstand muss stets aus einer ungeraden Zahl von Mitgliedern bestehen (*Fitting* § 16 Rn. 30; HWGNRH/*Nicolai* § 16 Rn. 17).

7 Der SprA ist in der Auswahl der Wahlvorstandsmitglieder frei. Jeder L.A. des Betriebs kommt in Betracht, auch Wahlbewerber (DKW/*Homburg* § 16 Rn. 11; *Fitting* § 16 Rn. 22; HWGNRH/*Nicolai* § 16 Rn. 14; Richardi BetrVG/*Thüsing* § 16 Rn. 11). Häufig wird es sich empfehlen, im Interesse der Sachkunde wenigstens ein Mitglied des SprA in den Wahlvorstand zu berufen.

8 Der SprA hat zugleich mit der Bestellung des Wahlvorstands eines der Wahlvorstandsmitglieder zum Vorsitzenden zu ernennen (*Fitting* § 16 Rn. 33; *Löwisch* § 7 Rn. 3; Richardi BetrVG/*Thüsing* § 16 Rn. 18).

9 Die Bestellung von Ersatzmitgliedern ist – anders als nach § 16 Abs. 1 S. 4 BetrVG – gesetzlich nicht vorgesehen. Sie ist aber auch nicht verboten. Es gibt keinen Grund, bis zum Verhinderungsfall zu warten (*Goldschmidt* S. 199; *Löwisch* § 7 Rn. 3; aA *Bauer* Anm. II S. 29). Im Interesse einer zügigen Durchführung des Wahlverfahrens empfiehlt sich im Gegenteil die Mitbestellung von Ersatzmitgliedern.

9a Die Bestellung eines Wahlvorstands ist lediglich in Fällen offensichtlicher und besonders grober Verstöße gegen die Wahlvorschriften des § 7 Abs. 3 nichtig. Die Verkennung des Betriebsbegriffs zählt im Regelfall nicht dazu (BAG 15.10.2014, NZA 2015, 1014).

III. Wahl des Wahlvorstands in einem sprecherausschusslosen Betrieb und Grundabstimmung über das „Ob" eines Sprecherausschusses (Abs. 2)

10 § 7 Abs. 2 umfasst zwei ganz unterschiedliche Fälle: zum einen den, dass in einem sprecherausschussfähigen Betrieb iSd § 1 Abs. 1 und Abs. 2 ein SprA noch nie gewählt wurde, und zum anderen den, dass vor Ablauf der Amtszeit eines gewählten SprA keine Neuwahl nach Abs. 1 durchgeführt wurde (*Löwisch* § 7 Rn. 4).

1. Erstmalige Wahl eines Sprecherausschusses

11 Die Wahl läuft in drei Stufen ab:

1. Stufe:

12 Drei L.A. laden zu einer Versammlung ein, in der der Wahlvorstand gewählt wird (Abs. 2 S. 2). Streitig ist, ob auch der AG zu der Versammlung einladen darf. An die Form der Einladung stellt das Gesetz keine besonderen Anforderungen. Sie muss aber so erfolgen, dass alle L.A. von ihr Kenntnis nehmen können, und

so rechtzeitig, dass sie im Normalfall Gelegenheit zur Teilnahme haben (zum Vorstehenden *Goldschmidt* S. 188 ff. mN).

Teilnahmeberechtigt sind die Angestellten des Betriebs, die bei der letzten Wahl zu einem Betriebsverfassungs- oder Mitbestimmungsorgan – BR oder Aufsichtsrat – vom Wahlvorstand den L.A. zugeordnet wurden (*Bauer* Anm. IV S. 31). Dasselbe gilt bei Zuordnung durch Entscheidung in einem Beschlussverfahren (Abs. 3). Nicht teilnahmeberechtigt sind vom Wahlvorstand den L.A. zugeordnete AN, die das ArbG nach der letzten Wahl in einem Beschlussverfahren den nicht L.A. zugeordnet hat (*Fitting* § 5 Rn. 430). **13**

Jeder L.A., der an der Versammlung teilnimmt, kann Vorschläge für die Zusammensetzung des Wahlvorstands machen (*Fitting* § 17 Rn. 21). Vorgeschlagen werden kann jeder L.A., auch wenn er nicht an der Versammlung teilnimmt. Auch die Einladenden können Vorschläge unterbreiten und kandidieren (*Löwisch* § 7 Rn. 4). **14**

2. Stufe:

Die Versammlung wählt den Wahlvorstand, und zwar, wie es im Gesetz ausdrücklich heißt, mit der Mehrheit der anwesenden L.A. Es gibt also kein Quorum. Allerdings müssen wenigstens drei L.A. anwesend sein; wenn das Gesetz schon bei der Einladung darauf abstellt, sollte das erst recht bei dem Wahlakt gelten. Die Wahl kann geheim, sie kann aber auch durch Akklamation erfolgen (*Goldschmidt* S. 193). **15**

Keine Regelung ist für die Versammlungsleitung vorgesehen. Die L.A. sind also völlig frei. Im Allgemeinen wird sich empfehlen, einen – zB den (Dienst) Ältesten – der Einladenden damit zu betrauen (*Fitting* § 17 Rn. 23; Richardi BetrVG/*Thüsing* § 17 Rn. 17). **16**

3. Stufe:

Der Wahlvorstand führt unter allen L.A. eine Abstimmung durch, ob überhaupt ein SprA gewählt werden soll (Abs. 2 S. 3; § 2 Abs. 1 WO). Ein SprA wird gewählt, wenn die Mehrheit aller L.A. des Betriebs dafür stimmt (Abs. 2 S. 4). **17**

Der Wahlvorstand hat die Abstimmung unverzüglich (= ohne schuldhaftes Zögern, vgl. § 121 Abs. 1 S. 1 BGB) durchzuführen, dh so schnell, wie das unter den gegebenen betrieblichen Voraussetzungen vernünftigerweise erwartet werden kann. Lässt er diesen Zeitraum untätig verstreichen, so verliert er die Befugnis zur Durchführung der Abstimmung (*Löwisch* § 7 Rn. 7). **18**

Durchgeführt werden kann die Abstimmung in einer besonderen Versammlung, die vom Wahlvorstand einzuberufen ist, oder durch schriftliche Stimmabgabe (§ 7 Abs. 2 S. 4 SprAuG). Eine sofortige Abstimmung in der Versammlung, die den Wahlvorstand gewählt hat, ist im Hinblick auf § 27 Abs. 1 S. 2 WO ausgeschlossen (MHdB ArbR/*Krois* § 291 Rn. 13 ff.). Für die Teilnahmeberechtigung an der Versammlung gilt dasselbe wie für die Teilnahme an der Versammlung zur Wahl des Wahlvorstands. Die Entscheidung über die Form trifft der Wahlvorstand (§ 26 Abs. 1 S. 2 iVm § 27 Abs. 1 WO). **19**

§ 7 sagt nichts darüber, wann und wie die Versammlung abzuhalten ist. Da der Wahlvorstand ein im SprAuG vorgesehenes Organ ist, gilt § 15 Abs. 2 analog. Danach findet die Versammlung im Normalfall während der Arbeitszeit statt; die Teilnehmer behalten ihren Vergütungsanspruch. Die Versammlung wird vom Wahlvorstand geleitet. Sie ist nicht öffentlich (§ 15 Abs. 1 S. 3 entsprechend). **20**

Geht die Vorabstimmung negativ aus, so endet das Amt des Wahlvorstands mit Aushang des Abstimmungsergebnisses (§ 32 Abs. 3 WO, *Borgwardt* DB 1989, 2224). **21**

2. Wahl eines Sprecherausschusses nach Ablauf der Amtszeit

22 Ist die Amtszeit eines SprA abgelaufen,
- ohne dass rechtzeitig ein neuer gewählt wurde (§ 5 Abs. 2 Nr. 1) oder
- weil der SprA durch gerichtliche Entscheidung aufgelöst wurde (§ 5 Abs. 2 Nr. 2) oder
- weil die Wahl nichtig war oder erfolgreich angefochten wurde (§ 5 Abs. 2 Nr. 3),

23 so sind an sich die Voraussetzungen des § 7 Abs. 2 S. 1 gegeben: In einem sprecherausschussfähigen Betrieb besteht kein SprA, und damit müsste das Verfahren nach Abs. 2 ablaufen (so *Löwisch* § 7 Rn. 4). Die gesetzliche Regelung hat aber einen anderen Fall vor Augen, nämlich den, dass überhaupt noch kein SprA besteht. Hier sollen die L.A. mit Mehrheit entscheiden, ob sie kollektiv vertreten sein wollen oder nicht.

24 Dieser gesetzgeberische Grund fehlt in den oben genannten Fällen. Im ersten Fall hat der „alte" SprA es versäumt, einen Wahlvorstand zu bestellen, oder der Wahlvorstand hat die Wahl nicht (rechtzeitig) durchgeführt; im zweiten und dritten Fall konnte der SprA keinen Wahlvorstand bestellen, weil er nicht mehr im Amt war. Daraus kann man nicht schließen, dass die L.A. künftig nicht mehr durch einen SprA vertreten sein wollen. Sollte es ausnahmsweise einmal anders sein, dann müsste in der Tat das Verfahren nach Abs. 2 wieder durchgeführt werden.

25 Allerdings kann auch eine Wahl in den Fällen des § 5 Abs. 2 nur durch einen Wahlvorstand durchgeführt werden; sie wäre sonst nichtig (*Fitting* § 16 Rn. 87; GK-BetrVG/*Kreutz* § 16 Rn. 5; Richardi BetrVG/*Thüsing* § 16 Rn. 1). Der frühere SprA kann den Wahlvorstand nicht mehr bestellen. Der Wahlvorstand muss deshalb nach Abs. 2 in einer Versammlung der L.A. gewählt werden (aA *Bauer* NZA 1989 Beil. 1, 20, 23); drei L.A. können dazu einladen. Der Wahlvorstand leitet dann unverzüglich (= ohne schuldhaftes Zögern, § 121 Abs. 1 S. 1 BGB) die Wahl ein (Abs. 4). Die Vorabstimmung nach Abs. 2 S. 3 und S. 4 entfällt; für sie gibt es keine Rechtfertigung. Für das Wahlverfahren gelten die allgemeinen Vorschriften (s. Rn. 10 ff.).

IV. Teilnahmeberechtigung für Versammlung und Abstimmung (Abs. 3)

26 Da das Zuordnungsverfahren gemäß § 18a BetrVG erst nach Bestellung des Wahlvorstands stattfindet, knüpft Abs. 3 die Teilnahmeberechtigung an der Versammlung und an der Abstimmung gemäß Abs. 2 an formale Kriterien. Das hat zur Folge, dass daran auch AN teilnehmen können, die zwischenzeitlich „entleitet" wurden, und umgekehrt nicht teilnahmeberechtigt ist, wer in der Zwischenzeit L.A. wurde (*Bauer* Anm. IV S. 31).

V. Aufgaben des Wahlvorstands bei Durchführung der Wahl (Abs. 4)

27 Die Durchführung der Wahl ist parallel zu der nach dem BetrVG geregelt (vgl. Abs. 4, §§ 11 ff. WO, § 18 Abs. 1 und Abs. 3 BetrVG).

Ausschließlich zuständig ist der Wahlvorstand (§ 1 Abs. 1 WO). Er hat die Pflicht, die Wahl unverzüglich einzuleiten, dh er muss ohne schuldhaftes Zögern die Wählerliste aufstellen (§ 2 Abs. 1 S. 1 WO) und ein Wahlausschreiben erlassen (§ 3 Abs. 1 S. 1 WO). Das Wahlausschreiben ist stark formalisiert (vgl. § 3 Abs. 2 WO). Es muss mindestens sechs Wochen vor dem ersten Tag der Stimmabgabe erlassen sein und ab diesem Tag bis zum letzten Tag der Stimmabgabe an einer oder mehreren geeigneten Stellen, die den L.A. zugänglich sind, ausgehängt werden (§ 3 Abs. 4 WO). 28

Der Wahlvorstand ist verpflichtet, Einsprüche gegen die Richtigkeit der Wählerliste zu prüfen und über sie zu entscheiden (§ 4 Abs. 2, 3 WO), die Vorschlagslisten zu prüfen und bekanntzumachen (§§ 6 Abs. 2 S. 2, 9 Abs. 2 WO), die Stimmabgabe vorzubereiten, indem er die Stimmzettel und Wahlumschläge ordnungsgemäß bereitstellt, und für eine ordnungsgemäße Durchführung des Wahlvorgangs zu sorgen (Wahlraum, Sicherung einer geheimen Wahl, Wahlurnen, Wahlhelfer; § 11 WO, *Fitting* § 18 Rn. 19 f.; HWGNRH/*Nicolai* § 18 Rn. 13 ff.; Richardi BetrVG/*Thüsing* § 18 Rn. 6). 29

Der Wahlvorstand hat schließlich festzustellen, wer gewählt ist. Unverzüglich (= ohne schuldhaftes Zögern, § 121 Abs. 1 S. 1 BGB) nach Abschluss der Stimmabgabe nimmt er öffentlich die Auszählung der Stimmen vor (§ 12 Abs. 1 WO), stellt das Wahlergebnis in einer Wahlniederschrift fest (§ 14 Abs. 1 WO), benachrichtigt die Gewählten (§ 15 Abs. 1 S. 1 WO) und gibt das Wahlergebnis bekannt (§ 16 S. 1 WO). 30

„Öffentlich" bedeutet „betriebsöffentlich"; nur Betriebsangehörige dürfen an der Auszählung teilnehmen (so HWGNRH/*Nicolai* § 18 Rn. 20). Das können auch der AG und AN sein, die nicht L.A. sind, nicht aber Gewerkschaften und Verbände der L.A.; sie haben keine Funktion im Rahmen der Sprecherverfassung. 31

Dem AG hat der Wahlvorstand unverzüglich (= ohne schuldhaftes Zögern, § 121 Abs. 1 S. 1 BGB) eine Abschrift der Wahlniederschrift zu übersenden (§ 16 S. 2 WO). 32

Im Gegensatz zu § 18 Abs. 1 S. 2 BetrVG enthält § 7 Abs. 4 keine Regelung für den Fall, dass der Wahlvorstand die Einleitung der Wahl, ihre Durchführung oder die Feststellung des Wahlergebnisses verzögert. Notfalls muss der Wahlvorstand abberufen und neu gebildet werden. Zuständig dafür ist der SprA oder, falls kein SprA (mehr) besteht, die Versammlung der L.A. nach Abs. 2 (*Löwisch* § 7 Rn. 14). 33

VI. Zeitplan für die Wahlen

Bestellung des Wahlvorstands durch SprA	spätestens zehn Wochen vor Ablauf der Amtszeit des SprA	34
– wenn kein SprA besteht: Wahl durch Mehrheit der anwesenden L.A. in einer Versammlung		
– bei erstmaliger SprA-Wahl: Vorabstimmung, ob überhaupt ein SprA gewählt werden soll	unverzüglich (= ohne schuldhaftes Zögern, § 121 Abs. 1 S. 1 BGB) nach Bestellung des Wahlvorstands (spätestens drei Wochen vor dem Tag der Wahleinleitung)	

Aufstellung der Wählerliste und Auslegen mit einem Abdruck der WO an geeigneter Stelle im Betrieb	spätestens sechs Wochen vor dem ersten Tag der Stimmabgabe bis zum Schluss der Stimmabgabe
Erlass des Wahlausschreibens (= Einleitung der Wahl)	spätestens sechs Wochen vor dem ersten Tag der Stimmabgabe, der seinerseits spätestens eine Woche vor dem Ablauf der Amtszeit des SprA liegen soll
Einsprüche gegen die Richtigkeit der Wählerliste	vor Ablauf von zwei Wochen seit Erlass des Wahlausschreibens
Einreichung von Wahlvorschlägen beim Wahlvorstand	
Prüfung der Vorschlagslisten durch den Wahlvorstand	unverzüglich, möglichst binnen zwei Arbeitstagen nach dem Eingang
Bekanntgabe der eingereichten Wahlvorschläge	spätestens eine Woche vor Beginn der Stimmabgabe bis zum Abschluss der Stimmabgabe
Auszählung der Stimmen	unverzüglich nach Stimmabgabe
Feststellung des vorläufigen Wahlergebnisses	unverzüglich nach der Auszählung
Wahlniederschrift	unverzüglich nach Feststellung des vorläufigen Wahlergebnisses
Schriftliche Benachrichtigung der Gewählten	unverzüglich nach der Wahlniederschrift
Bekanntgabe des endgültigen Wahlergebnisses und der Gewählten durch zweiwöchigen Aushang	sobald die Mitglieder des SprA endgültig feststehen
Übersendung einer Abschrift der Wahlniederschrift an den AG	unverzüglich nach Bekanntgabe des endgültigen Wahlergebnisses und der Gewählten
Wahlanfechtung	innerhalb von zwei Wochen nach Bekanntgabe des endgültigen Wahlergebnisses

VII. Streitigkeiten

35 Streitigkeiten über die Wirksamkeit von Maßnahmen des Wahlvorstands entscheidet das ArbG im Beschlussverfahren (§ 2a Abs. 1 Nr. 2, Abs. 2, 80 ff. ArbGG, *Fitting* § 18 Rn. 65; GK-BetrVG/*Kreutz* § 18 Rn. 66). Antragsberechtigt sind der Wahlvorstand, der SprA, der AG (§ 8 Abs. 1 S. 2 analog), mindestens drei L.A. iSd § 7 Abs. 3 und, soweit es um das aktive und passive Wahlrecht eines L.A. geht, auch dieser selbst (*Löwisch* § 7 Rn. 15).

36 In dringenden Fällen können gegen den Wahlvorstand einstweilige Verfügungen nach § 85 Abs. 2 ArbGG erwirkt werden (dazu eingehend *Fitting* § 18 Rn. 65, 36 ff.).

§ 8 Wahlanfechtung, Wahlschutz und Wahlkosten

(1) [1]Die Wahl kann beim Arbeitsgericht angefochten werden, wenn gegen wesentliche Vorschriften über das Wahlrecht, die Wählbarkeit oder das Wahlverfahren verstoßen worden ist und eine Berichtigung nicht erfolgt ist, es sei denn, dass durch den Verstoß das Wahlergebnis nicht geändert oder beeinflusst werden konnte. [2]Zur Anfechtung berechtigt sind mindestens drei leitende Angestellte oder der Arbeitgeber. [3]Die Wahlanfechtung ist nur innerhalb einer Frist von zwei Wochen, vom Tage der Bekanntgabe des Wahlergebnisses an gerechnet, zulässig.

(2) [1]Niemand darf die Wahl des Sprecherausschusses behindern. [2]Insbesondere darf kein leitender Angestellter in der Ausübung des aktiven und passiven Wahlrechts beschränkt werden. [3]Niemand darf die Wahl des Sprecherausschusses durch Zufügung oder Androhung von Nachteilen oder durch Gewährung oder Versprechen von Vorteilen beeinflussen.

(3) [1]Die Kosten der Wahl trägt der Arbeitgeber. [2]Versäumnis von Arbeitszeit, die zur Ausübung des Wahlrechts, zur Betätigung im Wahlvorstand oder zur Tätigkeit als Vermittler (§ 18a des Betriebsverfassungsgesetzes) erforderlich ist, berechtigt den Arbeitgeber nicht zur Minderung des Arbeitsentgelts.

Übersicht

I. Allgemeines

§ 8 entspricht inhaltlich §§ 19 und 20 BetrVG; es fehlt lediglich das Anfechtungsrecht für Gewerkschaften. 1

II. Wahlanfechtung (Abs. 1)

1. Anfechtbarkeit

2 **a) Allgemeines.** Abs. 1 regelt die Anfechtbarkeit der Wahl. Eine erfolgreiche Anfechtung setzt voraus, dass eine Wahl zwar fehlerhaft, aber doch nicht so fehlerhaft ist, dass auch der Anschein einer dem Gesetz entsprechenden Wahl nicht mehr vorliegt. In einem solchen Fall ist die Wahl nichtig. Eine Anfechtung ist dann nicht erforderlich. Jedermann kann sich jederzeit auf die Nichtigkeit berufen. Einer gerichtlichen Feststellung, etwa innerhalb einer bestimmten Frist, bedarf es nicht (Richardi BetrVG/*Thüsing* § 19 Rn. 3).

3 **b) Anfechtungsgrund.** Eine Wahlanfechtung kommt in Betracht bei einem Verstoß gegen wesentliche Vorschriften über das Wahlrecht (§ 3 Abs. 1), die Wählbarkeit oder das Wahlverfahren. Ein Anfechtungsgrund besteht etwa bei der Zulassung nicht Wahlberechtigter (BAG 20.3.1996, NZA 1997, 326), der Nichtzulassung Wahlberechtigter (BAG 13.11.1996, DB 1997, 729; Löwisch/Kaiser/*Wiebauer* § 19 Rn. 6; weitere Bsp. bei *Fitting* § 19 Rn. 12; HWGNRH/*Nicolai* § 19 Rn. 13 ff.) oder auch bei bestimmten Verstößen gegen die WO, zB wenn die Stimmabgabevermerke nicht ordnungsgemäß angefertigt wurden (§ 11 Abs. 3 WO; BAG 12.6.2013, DB 2013, 2392). Sie kann nicht darauf gestützt werden, dass im Zuordnungsverfahren nach § 18a BetrVG ein AN fehlerhaft zugeordnet worden ist (§ 18a Abs. 5 S. 2; vgl. BetrVG § 18a Rn. 36)). Anders ist es, wenn ein AN überhaupt nicht in das Zuordnungsverfahren einbezogen oder wenn ein Zuordnungsverfahren nicht durchgeführt worden ist. Hier bleibt eine Anfechtung möglich (*Löwisch* § 8 Rn. 2).

4 Die Wahlanfechtung ist nicht deshalb ausgeschlossen, weil der Einspruch gegen die Wählerliste (§ 4 WO) versäumt wurde (BAG 14.11.2001, NZA 2002, 1231: wenn neben der fehlerhaften Wählerliste noch andere Verstöße gerügt werden; *Löwisch* § 8 Rn. 2; eingehend Richardi BetrVG/*Thüsing* § 19 Rn. 8, 9).

5 Die Wahl kann weiter angefochten werden bei einem Verstoß gegen wesentliche Vorschriften über die Wählbarkeit (§ 3 Abs. 2), zB wenn ein L.A. kandidiert hat, der noch keine sechs Monate dem Unternehmen angehört oder der aufgrund allgemeinen Auftrags Verhandlungspartner des SprA ist (§ 3 Abs. 2 S. 1, Abs. 2 S. 3 Nr. 1).

6 Bei einem Verstoß gegen § 3 Abs. 2 tritt jedoch Heilung ein, wenn die zur Anfechtung berechtigenden Umstände vor der Entscheidung des ArbG beseitigt werden (BAG 7.7.1954, DB 1954, 700; GK-BetrVG/*Kreutz* § 19 Rn. 25; *Löwisch* § 8 Rn. 3).

7 Ausnahmsweise hat der Mangel der Wählbarkeit auch nach Ablauf der Anfechtungsfrist Bedeutung: wenn der L.A. die Wählbarkeit nach der Wahl einbüßt (§ 9 Abs. 2 Nr. 4) oder wenn das ArbG die Nichtwählbarkeit feststellt (§ 9 Abs. 2 Nr. 6). In beiden Fällen verliert der L.A. sein SprA-Amt (*Löwisch* § 8 Rn. 3, § 9 Rn. 17).

8 Schließlich können Verstöße gegen wesentliche Vorschriften über das Wahlverfahren eine Wahlanfechtung rechtfertigen. Zu den wesentlichen Bestimmungen gehören §§ 4–7, 8 Abs. 2 SprAuG, § 18a BetrVG sowie die WO, sofern es sich nicht nur um Soll- oder bloße Ordnungsvorschriften handelt; als wesentliche Bestimmungen iSd Abs. 1 kommen nur Mussvorschriften in Betracht (*Fitting* § 19 Rn. 10; HWGNRH/*Nicolai* § 19 Rn. 6 ff.; Richardi BetrVG/*Thüsing* § 19 Rn. 5).

Beispiele für Verstöße gegen wesentliche Vorschriften des Wahlverfahrens sind 9
- die Verkennung des Betriebsbegriffs (BAG 19.11.2003, SAE 2004, 204; zum gemeinsamen Betrieb BAG 23.11.2016, NZA 2017, 1003),
- die Wahl eines zu großen oder zu kleinen SprA (§ 4 Abs. 1, BAG 12.10.1976, DB 1977, 356; LAG Nürnberg 2.5.2005, AR-Blattei ES 530.6.1 Nr. 41)),
- das Unterlassen der Vorabstimmung nach § 7 Abs. 2,
- die unzulässige Abänderung einer Vorschlagsliste (LAG Bremen 30.6.1961, DB 1961, 1103),
- die Verwendung suggestiv wirkender Stimmzettel (BAG 14.1.1969, DB 1969, 664; *Löwisch* § 8 Rn. 4) und
- die finanzielle Unterstützung der Wahlwerbung von Kandidaten durch den AG (BAG 4.12.1986, DB 1987, 232.

Weitere Beispiele bei *Fitting* § 19 Rn. 22; HWGNRH/*Nicolai* § 19 Rn. 17; *Löwisch* § 8 Rn. 4; Richardi BetrVG/*Thüsing* § 19 Rn. 21.

Ein Einspruch gegen die Wählerliste nach § 4 Abs. 1 WO ist auch hier keine Voraussetzung für die Wahlanfechtung. 10

Wird der Mangel vor der Entscheidung des ArbG behoben, so entfällt der Anfechtungsgrund. Geheilt werden können jedoch nur solche Fehler, die das Wahlergebnis im Übrigen nicht beeinflussen. Kann sich ein Fehler trotz Berichtigung auf das Ergebnis ausgewirkt haben, etwa wenn der Wahlvorstand im Wahlausschreiben die Zahl der SprA-Mitglieder falsch angegeben hat, so bleibt der Anfechtungsgrund bestehen (BAG 19.9.1985, DB 1986, 864; 12.10.1976, DB 1977, 356; *Löwisch* § 8 Rn. 5). 11

Zur Berichtigung befugt ist der Wahlvorstand, solange er sich im Amt befindet, dh bis zur Einberufung des neu gewählten SprA zur konstituierenden Sitzung (BAG 15.10.2014, NZA2015, 1014; aA GK-BetrVG/*Kreutz* § 16 Rn. 78: bis zur Wahl eines Wahlleiters in der konstituierenden Sitzung). Er kann auch auf Berichtigung verklagt werden (*Fitting* § 18 Rn. 29, 32 ff.). 12

Der Gesetzesverstoß muss das Wahlergebnis beeinflusst haben können. Besteht diese Möglichkeit, so wird die tatsächliche Beeinflussung zunächst unterstellt. Aufgrund des im Beschlussverfahren herrschenden Untersuchungsgrundsatzes trägt der Antragsgegner keine Beweisführungslast für die Nichtbeeinflussung. Wenn sich nicht aufklären lässt (non-liquet), ob der Gesetzesverstoß die Wahl beeinflusst hat, gereicht dies nach den Regeln der objektiven Beweislast zum Nachteil des Antragsgegners. Die Wahlanfechtung ist dann begründet (GK-BetrVG/*Kreutz* § 19 Rn. 42 f.; Richardi BetrVG/*Thüsing* § 19 Rn. 33 mN). 13

Ob an dem Verstoß jemanden ein Verschulden trifft oder nicht, ist ohne Bedeutung (Richardi BetrVG/*Thüsing* § 19 Rn. 32). 14

c) Anfechtungsberechtigte. Anfechtungsberechtigt sind der AG oder mindestens drei L.A. (Abs. 1 S. 2). Drei am Wahltag wahlberechtigte L.A. müssen sich in jedem Stadium an dem Verfahren beteiligen, also bis zur letzten mündlichen Verhandlung (BAG 10.6.1983, DB 1983, 2142; ErfK/*Koch* BetrVG § 19 Rn. 12; *Fitting* § 19 Rn. 29; *Goldschmidt* S. 260; HWGNRH/*Nicolai* § 19 Rn. 24; Richardi BetrVG/*Thüsing* § 19 Rn. 43). 15

Scheidet ein L.A. aus, so kann der AG oder ein anderer L.A. bis zum Ablauf der Anfechtungsfrist nach § 8 Abs. 1 S. 3 an seine Stelle treten (DKW/*Homburg* § 19 Rn. 23 ff.; ErfK/*Koch* BetrVG § 19 Rn. 12; *Fitting* § 19 Rn. 30; GK-BetrVG/*Kreutz* § 19 Rn. 69). 16

Ein nachträglicher Wegfall der Wahlberechtigung von einem oder zwei L.A. hat keinen Einfluss auf die Anfechtungsbefugnis, solange noch ein anfechtungsbe- 17 rechtigter L.A. übrig bleibt (BAG 16.11.2005, NZA 2006, 340; 15.2.1989, NZA 1990, 115; ErfK/*Koch* BetrVG § 19 Rn. 12; *Fitting* § 19 Rn. 29; HWGNRH/*Nicolai* § 19 Rn. 22; *Löwisch* § 8 Rn. 7; Richardi BetrVG/*Thüsing* § 19 Rn. 38).

18 Nicht anfechtungsberechtigt sind der SprA, der Wahlvorstand als solcher und der Wahlbewerber.

19 **d) Anfechtungsfrist.** Eine rechtswidrige SprA-Wahl kann innerhalb einer Frist von zwei Wochen gerichtlich angefochten werden (Abs. 1 S. 3). Verstreicht die Frist ohne Anfechtung, so ist die Wahl ohne Rücksicht auf mögliche Wahlfehler von Anfang an gültig (BAG 26.10.1979, DB 1980, 356; ArbG Berlin 19.11.1999, NZA-RR 2001, 36; *Löwisch* § 8 Rn. 1). Ist innerhalb der Zwei-Wochen-Frist kein erheblicher Anfechtungsgrund vorgetragen, kann ein solcher nicht nachgeschoben werden (*Fitting* § 19 Rn. 36; HWGNRH/*Nicolai* § 19 Rn. 28).

20 Die Frist (Ereignisfrist) beginnt mit dem Tag der Bekanntgabe des Wahlergebnisses. Sie endet mit Ablauf des Tags der zweiten Woche, der durch seine Benennung dem Tag entspricht, in den das Ereignis (= Bekanntgabe des Wahlergebnisses) fällt.

21 Bekanntgabe des Wahlergebnisses am Montag, 5.5., Fristende Montag, 19.5., § 188 Abs. 2 BGB. Der 1. Tag wird also bei der Berechnung der zwei Wochen nicht mitgezählt (§ 187 Abs. 1 BGB). Voraussetzung für den Lauf der Frist ist immer die ordnungsgemäße Bekanntgabe des endgültigen Wahlergebnisses (§ 16 WO; Richardi BetrVG/*Thüsing* § 19 Rn. 45). Die Fristwahrung setzt voraus, dass der Antrag innerhalb der zwei Wochen beim ArbG eingeht. Die Frist ist auch gewahrt, wenn der Antrag rechtzeitig bei einem örtlich unzuständigen Gericht eingegangen ist (BAG 15.7.1960, DB 1960, 1368; *Fitting* § 19 Rn. 35; *Löwisch* § 8 Rn. 8; Richardi BetrVG/*Thüsing* § 19 Rn. 46).

22 **e) Anfechtung.** Die Anfechtung erfolgt durch Antrag beim ArbG (s. → Rn. 35). Die Einleitung eines Anfechtungsverfahrens von Amts wegen ist ausgeschlossen (*Fitting* § 19 Rn. 39; HWGNRH/*Nicolai* § 19 Rn. 29).

23 **f) Folgen.** Die erfolgreiche Wahlanfechtung führt entweder zur Feststellung der Ungültigkeit der Wahl des gesamten SprA oder eines seiner Mitglieder. Eine weitere mögliche Folge ist die Richtigstellung des Wahlergebnisses.

24 Ist die SprA-Wahl insgesamt angefochten worden und hat das Gericht rechtskräftig festgestellt, dass die Anfechtung begründet ist, dann steht mit der Entscheidung die Ungültigkeit der Wahl fest. Der SprA muss neu gewählt werden. Die Wahl ist völlig neu durchzuführen. Selbst der Wahlvorstand ist neu zu bestellen, weil sein Amt mit der Durchführung der Wahl geendet hat (*Fitting* § 19 Rn. 45; Richardi BetrVG/*Thüsing* § 19 Rn. 70).

25 Die Vorabstimmung nach § 7 Abs. 2 S. 3 muss allerdings nur dann wiederholt werden, wenn der Anfechtungsgrund auch sie betrifft (*Löwisch* § 8 Rn. 10).

26 Die Feststellung der Unwirksamkeit wirkt nur für die Zukunft. Alle Handlungen des SprA bleiben auch nach erfolgreicher Anfechtung rechtsgültig (*Fitting* § 19 Rn. 49, 50; Richardi BetrVG/*Thüsing* § 19 Rn. 62).

27 Das Amt des SprA endet mit Rechtskraft der Entscheidung. Eine Weiterführung der Geschäfte bis zur Neuwahl kommt nicht in Betracht (vgl. § 5 Abs. 2 Nr. 4, Abs. 5; s. auch Richardi BetrVG/*Thüsing* § 19 Rn. 63).

28 Ist die Wahl eines einzelnen Mitglieds des SprA erfolgreich angefochten, so scheidet dieses mit der Rechtskraft der Entscheidung aus dem SprA aus. Sein

Ersatzmitglied rückt nach (§ 10 Abs. 2 S. 1; *Fitting* § 19 Rn. 48; *Löwisch* § 8 Rn. 10; Richardi BetrVG/*Thüsing* § 19 Rn. 67).

Ging es bei der Anfechtung nur um das Wahlergebnis, so stellt das Gericht das richtige Ergebnis durch Beschluss fest und nimmt die Korrektur vor (GK-BetrVG/*Kreutz* § 19 Rn. 119 ff.; Richardi BetrVG/*Thüsing* § 19 Rn. 65). 29

2. Nichtigkeit

Die Anfechtbarkeit ist streng von der Nichtigkeit der Wahl zu unterscheiden. Nichtigkeit kann nur in seltenen Ausnahmefällen angenommen werden (s. → Rn. 2). Voraussetzung ist ein derart grober und offensichtlicher Verstoß gegen wesentliche Wahlvorschriften, dass nicht einmal der Schein einer gesetzmäßigen Wahl entsteht (BAG 19.11.2003, NZA 2004, 395; 22.3.2000, BB 2000; 2098; *Fitting* § 19 Rn. 4; GK-BetrVG/*Kreutz* § 19 Rn. 132, 133; *Löwisch* § 8 Rn. 12; Richardi BetrVG/*Thüsing* § 19 Rn. 72). 30

Ein grober Verstoß liegt etwa vor bei einer SprA-Wahl in einem nicht sprecherausschussfähigen Betrieb oder Unternehmen, bei Wahl ohne Wahlvorstand oder per Akklamation, unter Umständen auch bei fehlender Versiegelung der Wahlurnen nach Stimmabgabe (LAG Köln 16.9.1987, LAGE BetrVG § 19 Nr. 5; weitere Bsp. bei *Löwisch* § 8 Rn. 13; entsprechend für BR-Wahl: *Fitting* § 19 Rn. 5; GK-BetrVG/*Kreutz* § 19 Rn. 138). 31

Ob ein Verstoß offensichtlich ist, beurteilt sich aus der Sicht eines Beobachters, dem der Wahlvorgang selbst bekannt geworden und der mit den Betriebsinterna vertraut ist (BAG 24.1.1964, DB 1964, 589; *Fitting* § 19 Rn. 4; Richardi BetrVG/*Thüsing* § 19 Rn. 76). 32

Der Verstoß gegen eine Vielzahl wesentlicher Wahlvorschriften führt auch in der Summe nicht zur Nichtigkeit der Wahl, wenn jeder einzelne Verstoß für sich nur die Anfechtbarkeit begründen würde (BAG 19.11.2003, NZA 2004, 395). 33

Die Nichtigkeit kann jederzeit von jedermann geltend gemacht werden. Ist eine SprA-Wahl voraussichtlich nichtig – etwa, weil der Wahlvorstand in nichtiger Weise bestellt wurde –, dann kann der Arbeitgeber den Abbruch des Wahlverfahrens verlangen. Die bloße Anfechtbarkeit genügt nicht (BAG 27.7.2011, NZA 2012, 345). 34

Nichtigkeit bedeutet, dass die Wahl von Anfang an unwirksam war. Die Feststellung hat rückwirkende Kraft. Die Handlungen des SprA sind samt und sonders rechtsunwirksam (*Fitting* § 19 Rn. 6; GK-BetrVG/*Kreutz* § 19 Rn. 143). 35

3. Streitigkeiten

Zuständig für die Wahlanfechtung und für die Feststellung der Nichtigkeit ist das ArbG, in dessen Bezirk der Betrieb liegt bzw. das Unternehmen seinen Sitz hat, um dessen SprA oder USprA es geht (§ 82 Abs. 1 ArbGG). 36

Das ArbG entscheidet im Beschlussverfahren (§ 2a Abs. 1 Nr. 2, Abs. 2; §§ 80 ff. ArbGG). Es ist nicht an die vom Antragsteller vorgebrachten Gründe gebunden. Vielmehr sind alle Anfechtungs- und Nichtigkeitsgründe zu berücksichtigen, auf die es im Laufe des Verfahrens stößt (*Fitting* § 19 Rn. 52; GK-BetrVG/*Kreutz* § 19 Rn. 107). 37

Nichtigkeit kann als Vorfrage in jedem Verfahren festgestellt werden oder als Hauptfrage im Beschlussverfahren (*Fitting* § 19 Rn. 9; GK-BetrVG/*Kreutz* § 19 Rn. 143). Die Entscheidung hat anders als bei der Anfechtung nur deklaratorische 38

Bedeutung (*Fitting* § 19 Rn. 7, 8; GK-BetrVG/*Kreutz* § 19 Rn. 140 ff.; Richardi BetrVG/*Thüsing* § 19 Rn. 80, 81).

III. Verbot der Wahlbehinderung und der Wahlbeeinflussung (Abs. 2)

1. Wahlbehinderung

39 Abs. 2, der inhaltlich § 20 Abs. 1 und Abs. 2 BetrVG entspricht, will sicherstellen, dass keinerlei unzulässiger Einfluss auf die Bildung und Zusammensetzung von SprA ausgeübt wird.

40 Das Verbot der Wahlbehinderung richtet sich gegen jedermann. Der Adressatenkreis ist derselbe wie bei § 34 (s. → § 34 Rn. 2; vgl. auch *Löwisch* § 8 Rn. 15, § 34 Rn. 1).

41 Verboten ist jede Behinderung der Wahl. Unzulässig sind alle Handlungen, Maßnahmen und Erklärungen, die die Einleitung und/oder die Durchführung von Wahlen erschweren, unmöglich machen oder sonst wie beeinträchtigen (Richardi BetrVG/*Thüsing* § 20 Rn. 6).

42 Der Begriff der Wahl ist weit auszulegen. Darunter fallen alle Handlungen, die mit ihr zusammenhängen, von der Wahlwerbung über die Kandidatenaufstellung und die Wahlvorstandsbestellung bis zur technischen Durchführung der Wahl und den Maßnahmen, die der eigentlichen Wahlhandlung nachfolgen, wenn sie mit ihr in unmittelbarem Zusammenhang stehen, wie die Stimmenauszählung, die Bekanntgabe des Wahlergebnisses und die Wahlanfechtung (BayObLG 29.7.1980, BB 1980, 1638; *Fitting* § 20 Rn. 7 f.; GK-BetrVG/*Kreutz* § 20 Rn. 8 f.; HWGNRH/*Nicolai* § 20 Rn. 4 ff.; Richardi BetrVG/*Thüsing* § 20 Rn. 4, 5).

43 Wahlwerbung selbst sowie Propaganda stellt – auch wenn sie unrichtige Aussagen enthält – keine Wahlbehinderung dar. Verboten sind nur Eingriffe in die Handlungsfreiheit, nicht in die Willensbildung (*Fitting* § 20 Rn. 11; GK-BetrVG/*Kreutz* § 20 Rn. 10 f.; HWGNRH/*Nicolai* § 20 Rn. 7 ff.).

44 Der Hauptfall der Wahlbehinderung ist nach S. 2 die Beschränkung des aktiven und passiven Wahlrechts. Der Begriff Wahlrecht ist auch hier umfassend zu sehen. Er meint alle rechtmäßigen Betätigungen im Zusammenhang mit der Wahl, auch zB im Wahlvorstand oder als Wahlhelfer.

45 Verboten ist jede Handlung, die darauf abzielt, einen Berechtigten an der Ausübung seiner Wahlbefugnisse zu hindern (*Fitting* § 20 Rn. 9; Richardi BetrVG/*Thüsing* § 20 Rn. 10). Dazu zählen Drohungen, die einen L.A. von einer Kandidatur abhalten oder einen Wähler am Betreten des Wahllokals hindern sollen, personelle Maßnahmen mit dem Zweck, eine Kandidatur zu verhindern, der Hinweis darauf, dass bei einer eventuellen Wahl eine Beförderung unterbleiben müsse, aber auch etwa der Versuch, von Wahlberechtigten schriftliche Erklärungen zu bekommen mit dem Inhalt, dass sie eine SprA-Wahl nicht wünschten (ArbG München 26.5.1987, DB 1987, 2662; *Fitting* § 20 Rn. 10–22; *Löwisch* § 8 Rn. 18). Selbst die Bildung eines freiwilligen SprA, die die Errichtung eines gesetzlichen „überflüssig“ machen soll, behindert idR die Wahrnehmung des weitergehenden gesetzlichen Wahlrechts.

46 Bereits gekündigten, aber noch wahlberechtigten L.A. darf der Zugang zum Betrieb nicht verweigert werden, wenn sie ihr Wahlrecht ausüben wollen. Darunter fällt bei Wahlbewerbern auch die Wahlwerbung.

Eine Beschränkung iSv S. 2 liegt auch dann vor, wenn ein L.A. zwar nicht unmittelbar an der Ausübung seiner Befugnisse gehindert wird, wenn ihm aber deshalb anschließend Nachteile entstehen („Maßregelung"; *Fitting* § 20 Rn. 19). 47

Weitere Beispiele für Wahlbehinderung durch den AG sind die Weigerung, die notwendigen sachlichen Mittel, wie Wahlräume, Wahlurne und Stimmzettel, zur Verfügung zu stellen oder die für die Aufstellung der Wählerliste erforderlichen Unterlagen einsehen zu lassen (weitere Bsp. bei *Fitting* § 20 Rn. 10; GK-BetrVG/*Kreutz* § 20 Rn. 11 ff.). 48

2. Wahlbeeinflussung

Das Verbot unzulässiger Wahlbeeinflussung (Abs. 2 S. 3) soll die Freiheit der inneren Willensbildung, dh die unbeeinflusste Stimmabgabe und Wahldurchführung, sichern (HWGNRH/*Nicolai* § 20 Rn. 19). 49

Die Vorschrift verbietet nicht nur die tatsächliche Zufügung von Nachteilen und die tatsächliche Gewährung von Vorteilen, sondern bereits die Androhung und das Versprechen. Verboten sind vor allem Anweisungen, das Wahlrecht in einer bestimmten Weise auszuüben, oder umgekehrt, auf die Ausübung zu verzichten (*Löwisch* § 8 Rn. 18). Nachteil ist jede Schlechterstellung im Betrieb oder außerhalb des Betriebs, zB eine Kündigung, eine Versetzung an einen schlechteren Arbeitsplatz, ein Vollmachtsentzug, die Versagung einer Beförderung (*Fitting* § 20 Rn. 21; *Goldschmidt* S. 255; *Löwisch.* § 8 Rn. 18). Vorteil ist jede Begünstigung. Dazu zählen nicht nur Bestechungsgelder, Geschenke oder sonstige materielle Zuwendungen, sondern auch immaterielle Besserstellungen. Der AG darf auch nicht die Wahlzeitung einer bestimmten Liste finanzieren oder durch seine Repräsentanten Stützunterschriften „abholen" lassen, sofern das nicht für alle Listen geschieht (BAG 4.12.1986, DB 1987, 166; LAG Hessen 23.8.2001, DB 2001, 2559; Richardi BetrVG/*Thüsing* § 20 Rn. 14). Den Arbeitgeber trifft aber auch keine Neutralitätspflicht. Er muss sich nicht jeder kritischen Äußerung über den bestehenden SprA oder einzelne seiner Mitglieder im Hinblick auf eine zukünftige Wahl enthalten. Untersagt ist nicht jede Handlung oder Äußerung, die geeignet sein könnte, die Wahl zu beeinflussen. Die Beeinflussung muss vielmehr durch Zufügung oder Androhung von Nachteilen oder durch Gewährung oder Versprechen von Vorteilen erfolgen (BAG 25.10.2017, NZA 2018, 458). 50

3. Rechtsfolgen eines Verstoßes

Alle rechtsgeschäftlichen Maßnahmen mit dem Ziel der Wahlbehinderung oder -beeinflussung (Weisungen, Versetzungen, Kündigungen usw) sind wegen Verstoßes gegen ein gesetzliches Verbot nichtig (Abs. 2 iVm § 134 BGB). Unter Umständen macht sich der AG überdies schadensersatzpflichtig (Abs. 2 iVm § 823 Abs. 2 BGB). 51

Eine unzulässige Wahlbehinderung oder -beeinflussung begründet regelmäßig eine Wahlanfechtung nach Abs. 1, in besonders schweren und offensichtlichen Fällen auch die Nichtigkeit der Wahl (*Goldschmidt* S. 256; HWGNRH/*Nicolai* § 20 Rn. 27; Richardi BetrVG/*Thüsing* § 20 Rn. 28). 52

Verstöße gegen Abs. 2 sind strafbar nach § 34 Abs. 1 Nr. 1. 53

4. Streitigkeiten

Streitigkeiten im Zusammenhang mit einer Wahlbehinderung oder -beeinflussung sind im arbeitsgerichtlichen Beschlussverfahren zu entscheiden (§ 2a Abs. 1 54

Nr. 2, Abs. 2; §§ 80 ff. ArbGG). Wegen der Eilbedürftigkeit wird nicht selten eine einstweilige Verfügung beantragt werden können (§ 85 Abs. 2 ArbGG). Nach Durchführung der Wahl kommt nur noch eine Wahlanfechtung nach Abs. 1 in Betracht (Richardi BetrVG/*Thüsing* § 20 Rn. 32).

IV. Wahlkosten, Versäumnis von Arbeitszeit (Abs. 3)

1. Wahlkosten

55 Die Regelung in Abs. 3 deckt sich mit der des § 20 Abs. 3 BetrVG. Der AG trägt die sächlichen wie die persönlichen Kosten, soweit sie zur ordnungsgemäßen Durchführung der Wahl notwendig und verhältnismäßig sind (BAG 16.4.2003, NZA 1993, 415).

56 Zu den Sachaufwendungen zählen vor allem die Wahlvorbereitungs- und -durchführungskosten. Dies sind insbesondere die Kosten für die Wählerlisten, für Stimmzettel, Porto, Wahlurnen, Gesetzestexte und sonstige Sachmittel (*Fitting* § 20 Rn. 36; *Goldschmidt* S. 257 f.; HWGNRH/*Nicolai* § 20 Rn. 33 ff.; Löwisch/Kaiser/*Wiebauer* § 20 Rn. 18 ff.; Richardi BetrVG/*Thüsing* § 20 Rn. 34, 36).

57 Der AG ist verpflichtet, dem Wahlvorstand die notwendigen Räumlichkeiten und das nötige Arbeitsmaterial wie zB einen Computer zur Verfügung zu stellen (§ 14 Abs. 2 S. 2 entsprechend; *Löwisch* § 8 Rn. 21)).

58 Zu den Wahlkosten iwS gehören auch die Kosten der Wahlanfechtung (BAG 25.5.2005, NZA 2005, 1250 mwN; 16.4.2003, NZA 2003, 1359; HWGNRH/*Nicolai* § 20 Rn. 42), nicht dagegen die für die Wahlwerbung (HWGNRH/*Nicolai* § 20 Rn. 34).

59 Zu den persönlichen Kosten, insbesondere der Wahlvorstandsmitglieder und des Vermittlers, gehören Kosten für Reisen im Rahmen der Wahlvorbereitung und der Wahl sowie Schulungskosten. Ein Anspruch auf Arbeitsbefreiung zum Besuch von Schulungsveranstaltungen besteht nicht. Das SprAuG geht davon aus, dass sich die Funktionsträger der L.A. die erforderlichen Kenntnisse außerhalb der Arbeitszeit aneignen (*Löwisch* § 8 Rn. 23, § 14 Rn. 17; aA *Goldschmidt* S. 258). Allerdings ist es keine unzulässige Begünstigung, wenn der AG sie mit oder ohne Fortzahlung der Vergütung für notwendige Schulungsveranstaltungen freistellt.

60 Sachschäden, die in unmittelbarem Zusammenhang mit der Vorbereitung und Durchführung der Wahl entstehen, sind zu ersetzen. Erleidet ein Wahlvorstandsmitglied bei der Benutzung des eigenen PKW einen Unfall, so hat der AG den Schaden zu ersetzen, falls die Benutzung des PKW zur Erfüllung seiner Aufgaben notwendig war oder auf seinen ausdrücklichen Wunsch hin erfolgt ist (BAG 3.3.1983, DB 1983, 1366; vgl. auch LAG Hamm 26.10.1979, DB 1980, 214; *Goldschmidt* S. 257 f.; *Löwisch* DB 1983, 1366; Richardi BetrVG/*Thüsing* § 20 Rn. 37).

61 Grundsätzlich ist der AG nur verpflichtet, die für die ordnungsgemäße Durchführung der Wahl notwendigen Kosten zu tragen (*Fitting* § 20 Rn. 41; HWGNRH/*Nicolai* § 20 Rn. 34; Richardi BetrVG/*Thüsing* § 20 Rn. 38).

2. Versäumnis von Arbeitszeit

62 Der Wahlvorstand und der Vermittler werden ehrenamtlich tätig. Sie erhalten für ihre Tätigkeit keine Vergütung. Sie sind jedoch unter Fortzahlung der Bezüge von ihrer beruflichen Tätigkeit zu befreien, wenn und soweit es zur ordnungsge-

mäßen Durchführung ihrer Aufgaben notwendig ist (Abs. 3 S. 2 (BAG 26.4.1995, NZA 1996, 160; *Fitting* § 20 Rn. 43; HWGNRH/*Nicolai* § 20 Rn. 43 f.; Richardi BetrVG/*Thüsing* § 20 Rn. 43). Zur Freistellung für Schulungsveranstaltungen s. → Rn. 58.

Die SprA-Wahl wird grds. während der Arbeitszeit durchgeführt (*Fitting* § 20 Rn. 44; HWGNRH/*Nicolai* § 20 Rn. 44). **63**

3. Streitigkeiten

Bei Streitigkeiten über die Erstattungspflicht des AG und über die Notwendigkeit von Kosten entscheidet das ArbG im Beschlussverfahren nach § 2a Abs. 1 Nr. 2, Abs. 2; §§ 80 ff. ArbGG (HWGNRH/*Nicolai* § 20 Rn. 47; Richardi BetrVG/*Thüsing* § 20 Rn. 48). Streitigkeiten bezüglich einer Arbeitsentgeltminderung sind im Urteilsverfahren (vgl. §§ 2 Abs. 1 Nr. 3 lit. a, Abs. 5, 46 ff. ArbGG) zu klären (vgl. BAG 11.5.1973, DB 1973, 1659). Dabei wird über die Notwendigkeit der Arbeitsversäumnis als Vorfrage entschieden (*Fitting* § 20 Rn. 50; Richardi BetrVG/*Thüsing* § 20 Rn. 49). **64**

§ 9 Ausschluss von Mitgliedern, Auflösung des Sprecherausschusses und Erlöschen der Mitgliedschaft

(1) [1]**Mindestens ein Viertel der leitenden Angestellten oder der Arbeitgeber können beim Arbeitsgericht den Ausschluss eines Mitglieds aus dem Sprecherausschuss oder die Auflösung des Sprecherausschusses wegen grober Verletzung seiner gesetzlichen Pflichten beantragen.** [2]**Der Ausschluss eines Mitglieds kann auch vom Sprecherausschuss beantragt werden.**

(2) **Die Mitgliedschaft im Sprecherausschuss erlischt durch**

1. **Ablauf der Amtszeit,**
2. **Niederlegung des Sprecherausschussamtes,**
3. **Beendigung des Arbeitsverhältnisses,**
4. **Verlust der Wählbarkeit,**
5. **Ausschluss aus dem Sprecherausschuss oder Auflösung des Sprecherausschusses aufgrund einer gerichtlichen Entscheidung oder**
6. **gerichtliche Entscheidung über die Feststellung der Nichtwählbarkeit nach Ablauf der in § 8 Abs. 1 Satz 3 bezeichneten Frist, es sei denn, der Mangel liegt nicht mehr vor.**

Übersicht

I. Allgemeines

1 § 9 regelt den Ausschluss von SprA-Mitgliedern und die Auflösung des SprA wegen grober Pflichtverletzung sowie sonstige Fälle des Erlöschens der Mitgliedschaft im SprA. Abs. 1 entspricht § 23 Abs. 1 BetrVG, Abs. 2 entspricht § 24 Abs. 1 BetrVG (Unterlassungsanspruch gegen den AG). Eine § 23 Abs. 3 BetrVG entsprechende Vorschrift fehlt.

II. Ausschluss von Mitgliedern (Abs. 1 S. 1 Alt. 1)

1. Voraussetzungen

2 Eine Pflichtverletzung iSv § 9 Abs. 1 liegt vor, wenn das SprA-Mitglied oder der SprA insgesamt objektiv erheblich und offensichtlich schwerwiegend gegen eine Amtspflicht verstoßen hat.

3 Die Amtspflichten ergeben sich aus dem SprAuG. Eine bloße Zuwiderhandlung gegen den Arbeitsvertrag ist kein Ausschlussgrund. Eine Amtspflichtverletzung kann jedoch zugleich ein Verstoß gegen den Arbeitsvertrag sein (*Fitting* § 23 Rn. 22; HWGNRH/*Huke* § 23 Rn. 21 ff.; Richardi BetrVG/*Thüsing* § 23 Rn. 21).

4 Als Amtspflichtverletzungen kommen zB eine hartnäckige Verweigerung der vertrauensvollen Zusammenarbeit nach § 2 Abs. 1 S. 1 (LAG Baden-Württemberg 10.11.1977, DB 1978, 798; ArbG Marburg 28.5.1999, DB 2001, 156; *Löwisch* § 9 Rn. 2) oder mehrmalige Verstöße gegen die Schweigepflicht aus §§ 29, 31 Abs. 3 (*Löwisch* § 9 Rn. 2) in Betracht nicht dagegen die Verletzung der Schweigepflicht aus dem Arbeitsvertrag (BAG 25.8.1966, DB 1966, 2033) – oder die Weitergabe vertraulicher, im Rahmen der Sprechertätigkeit erlangter Informationen über den AG (LAG München 15.11.1977, DB 1978, 894; weitere Bsp. bei *Fitting* § 23 Rn. 19; HWGNRH/*Huke* § 23 Rn. 30).

5 Die Verletzung der gesetzlichen Pflichten muss derart schwerwiegend sein, dass sie unter Berücksichtigung aller Umstände die weitere Amtsausübung untragbar erscheinen lässt (BAG 27.7.2016, NZA 2017, 136), etwa weil sie zu einer Beeinträchtigung oder Gefährdung des Betriebsfriedens (BAG 4.5.1955, AP BetrVG § 44 Nr. 1), der Ordnung des Betriebs (BAG 22.6.1993, NZA 1994, 184; HWGNRH/*Huke* § 23 Rn. 16) oder der Funktionsfähigkeit des SprA führen würde (BAG 21.2.1978, DB 1978, 1547; 5.9.1967, BB 1967, 1335; *Fitting* § 23 Rn. 18; HWGNRH/*Huke* § 23 Rn. 18). Dabei sind alle Umstände des Einzelfal-

les abzuwägen. Entscheidend ist, ob in Zukunft noch auf eine pflichtgemäße Amtsausübung vertraut werden kann (BVerwG 14.4.2004, NZA-RR 2004, 448; *Fitting* § 23 Rn. 14; HWGNRH/*Huke* § 23 Rn. 16). Gesichtspunkte der Zumutbarkeit spielen dabei keine Rolle (GK-BetrVG/*Oetker* § 23 Rn. 56; HSWGNRH/Huke § 23 Rn. 18; Richardi BetrVG/*Thüsing* § 23 Rn. 8).

Die grobe Pflichtverletzung kann in einem einmaligen schwerwiegenden Verstoß liegen (DKW/*Dornberger* § 23 Rn. 31; *Düwell/Düwell* § 23 Rn. 14; ErfK/*Koch* BetrVG § 23 Rn. 4; *Fitting* § 23 Rn. 17; Richardi BetrVG/*Thüsing* § 23 Rn. 25). Sie kann sich aber auch aus mehreren weniger schweren Verstößen ergeben, wenn sie gleichartige Pflichten betreffen (HWGNRH/*Huke* § 23 Rn. 16; Richardi BetrVG/*Thüsing* § 23 Rn. 25; aA DKW/*Dornberger* § 23 Rn. 31: Hinweis auf die Pflichtverletzung erforderlich; *Fitting* § 23 Rn. 17: nur in Ausnahmefällen; GK-BetrVG/*Oetker* § 23 Rn. 37: gleichartige Pflichtverletzungen nicht erforderlich). 6

Das SprA-Mitglied muss seine Amtspflichten während der laufenden Amtszeit verletzt haben. Mit der Neuwahl ist das Ausschlussverfahren erledigt. Die Vorschrift soll ein Mindestmaß gesetzmäßigen Verhaltens des SprA und seiner Mitglieder im Rahmen der betriebsverfassungsrechtlichen Ordnung für die Zukunft sicherstellen, nicht aber vergangenes Verhalten bestrafen (BAG 27.7.2016, NZA 207, 136; *Fitting* § 23 Rn. 25; aA für den Fall, dass die Amtspflichtverletzung auf die neue Amtsperiode fortwirkt, HWGNRH/*Huke* § 23 Rn. 19 f.; Richardi BetrVG/*Thüsing* § 23 Rn. 25 f.). 7

Die Amtspflichtverletzung setzt idR ein schuldhaftes Verhalten des SprA-Mitglieds voraus. Ausnahmsweise kann aber eine objektive nicht schuldhafte Pflichtverletzung genügen, nämlich wenn ein krankhaftes, querulatorisches Verhalten vorliegt (BAG 5.9.1967, DB 1967, 1592; ErfK/*Koch* BetrVG § 23 Rn. 4; Richardi BetrVG/*Thüsing* § 23 Rn. 27; teilweise wird eine vorsätzliche oder zumindest grob fahrlässige Verletzung der Amtspflicht verlangt: *Fitting* § 23 Rn. 16; HWGNRH/*Huke* § 23 Rn. 17, teilweise auf Verschulden ganz verzichtet: GK-BetrVG/*Oetker* § 23 Rn. 39 ff.). Es geht nicht um eine Bestrafung des Sprechers, sondern um die Erschütterung des Vertrauens in seine künftige Amtsführung (BAG 29.4.1969, DB 1969, 1560; GK-BetrVG/*Oetker* § 23 Rn. 11; HWGNRH/*Huke* § 23 Rn. 16). 8

2. Ausschlussverfahren

Das Ausschlussverfahren setzt einen ausdrücklichen und begründeten Antrag beim ArbG voraus (§ 81 ArbGG). Eine vorherige Abmahnung ist weder nötig noch auch nur zulässig (*Fitting* § 23 Rn. 17a). 9

Antragsberechtigt sind mindestens ein Viertel der L.A., der AG bezüglich solcher Pflichtverletzungen, die das Verhältnis des SprA oder eines seiner Mitglieder zu ihm betreffen, und der SprA. 10

Das Rechtsschutzbedürfnis entfällt mit Niederlegung des Amtes und mit Beendigung der Amtszeit des SprA. Das Verfahren ist auch einzustellen, wenn das Mitglied wieder in den neuen SprA gewählt wird (BAG 29.4.1969, DB 1969, 1560; LAG Bremen 27.10.1987, DB 1988, 136). 11

Erscheint eine Zusammenarbeit des AG mit dem SprA-Mitglied bis zum Abschluss des Verfahrens unzumutbar, so kann das Gericht dem Mitglied die Amtsausübung durch einstweilige Verfügung untersagen (§ 85 Abs. 2 ArbGG; 12

DKW/*Dornberger* § 23 Rn. 76; *Fitting* § 23 Rn. 32; GK-BetrVG/*Oetker* § 23 Rn. 84; HWGNRH/*Huke* § 23 Rn. 36; Richardi BetrVG/*Thüsing* § 23 Rn. 47).

13 Das ArbG entscheidet im Beschlussverfahren (§ 2a Abs. 1 Nr. 2, Abs. 2; §§ 80 ff. ArbGG). Örtlich zuständig ist das ArbG, in dessen Bezirk der Betrieb liegt (§ 82 Abs. 1 S. 1 ArbGG), für den USprA das ArbG, in dessen Bezirk das Unternehmen seinen Sitz hat (§ 82 Abs. 1 S. 3 iVm S. 2 ArbGG).

3. Rechtsfolgen

14 Mit der Rechtskraft des Beschlusses scheidet das SprA-Mitglied aus dem SprA aus. Das Ersatzmitglied rückt nach (§ 10 (*Löwisch* § 9 Rn. 4)). Das Mitglied verliert seine Wählbarkeit nicht. Es kann jederzeit wiedergewählt werden (DKW/*Dornberger* § 23 Rn. 78; *Fitting* § 23 Rn. 30; *Löwisch* § 9 Rn. 4; Richardi BetrVG/*Thüsing* § 8 Rn. 45; aA HWGNRH/*Huke* § 23 Rn. 34: erst bei der nächsten regelmäßigen Wahl).

15 Mit dem Ausschluss erlöschen alle Rechte, die sich aus der Amtsstellung ergeben, sowie alle internen Ämter und Aufträge (DKW/*Dornberger* § 23 Rn. 79; ErfK/*Koch* BetrVG § 23 Rn. 11; *Fitting* § 23 Rn. 27; GK-BetrVG/*Oetker* § 23 Rn. 87). Das Arbeitsverhältnis bleibt unberührt. Stellt die Amtspflichtverletzung zugleich eine Vertragsverletzung dar, so kann der AG uU kündigen. Der Kündigungsgrund ist aber besonders sorgfältig zu prüfen, weil ein engagierter Sprecher natürlich leichter mit seinen Vertragspflichten in Konflikt geraten kann (*Fitting* § 23 Rn. 23 mwN; GK-BetrVG/*Oetker* § 23 Rn. 22; Richardi BetrVG/*Thüsing* § 23 Rn. 23).

4. Ersatzmitglieder

16 Abs. 1 findet entsprechende Anwendung auf Ersatzmitglieder, die zeitweilig dem SprA angehören (§ 10 Abs. 1 S. 2) und während dieser Zeit ihre Amtspflichten grob verletzt haben (*Fitting* § 23 Rn. 34; HWGNRH/*Huke* § 23 Rn. 29; Richardi BetrVG/*Thüsing* § 23 Rn. 29). Das Ausschlussverfahren wird auch nach Ausscheiden aus dem SprA fortgeführt; damit kann ein erneutes Nachrücken verhindert werden (ErfK/*Koch* BetrVG § 23 Rn. 7; *Fitting* § 23 Rn. 34; GK-BetrVG/*Oetker* § 23 Rn. 59; *Löwisch* § 9 Rn. 5; Richardi BetrVG/*Thüsing* § 23 Rn. 29). Aus demselben Grund kommt auch ein Ausschlussverfahren nach dem Ausscheiden aus dem SprA wegen einer Amtspflichtverletzung zu diesem Zeitpunkt in Betracht (zB Weitergabe von Betriebs- und Geschäftsgeheimnissen; GK-BetrVG/*Oetker* § 23 Rn. 61; *Löwisch* § 9 Rn. 5).

III. Auflösung des Sprecherausschusses durch Beschluss des Arbeitsgerichts (Abs. 1 S. 1 Alt. 2)

1. Voraussetzungen

17 Für die Auflösung des SprA gilt grds. dasselbe wie für den Ausschluss eines SprA-Mitglieds (→ Rn. 2 ff.). Es muss eine grobe Pflichtverletzung des SprA vorliegen (BAG 22.6.1993, NZA 1994, 184; ArbG Wesel 16.10.2008, NZA-RR 2009, 21; *Fitting* § 23 Rn. 35; Richardi BetrVG/*Thüsing* § 23 Rn. 51). Dazu zählen vor allem eine grobe Verletzung von Geschäftsführungspflichten (keine Konstituierung, Nichteinberufung einer Versammlung nach § 15 Abs. 1 S. 2), die Vernachlässigung und das Überschreiten gesetzlicher Befugnisse sowie Verstöße gegen die Grundsätze des § 2 (Verletzung des Gebots zur vertrauensvollen Zusammenarbeit) oder Verstöße gegen §§ 29, 31 (Verletzung der Schweigepflicht, Weitergabe vertraulicher Informationen über den AG; GK-BetrVG/*Oetker* § 23 Rn. 103; *Fitting* § 23 Rn. 37; Richardi BetrVG/*Thüsing* § 23 Rn. 54).

Die Pflichtverletzung muss vom SprA als Gremium begangen worden sein, dh der SprA muss als Organ gehandelt haben. Sonst kommt nur der Ausschluss einzelner Mitglieder in Betracht (*Fitting* § 23 Rn. 39; GK-BetrVG/*Oetker* § 23 Rn. 98; HWGNRH/*Huke* § 23 Rn. 45). Allerdings muss der SprA auch für die pflichtwidrige Amtsausübung seiner Mitglieder einstehen, wenn er sie duldet (*Löwisch* § 9 Rn. 6). 18

Ein Verschulden ist schon deshalb nicht erforderlich, weil nur Einzelne schuldhaft handeln können, nicht aber ein Gremium (*Fitting* § 23 Rn. 40; HWGNRH/*Huke* § 23 Rn. 46; Richardi BetrVG/*Thüsing* § 23 Rn. 52). Es genügt, dass der SprA seine Pflichten objektiv gröblich verletzt hat. 19

2. Auflösungsverfahren

Für das Auflösungsverfahren gilt dasselbe wie für das Ausschlussverfahren (s. → Rn. 9 ff.; Richardi BetrVG/*Thüsing* § 23 Rn. 49 ff.). Der SprA hat allerdings kein Antragsrecht; er kann stattdessen zurücktreten (§ 5 Abs. 2 Nr. 4). Ein Rücktritt beendet das Beschlussverfahren nicht, weil der SprA gemäß § 5 Abs. 5 die Geschäfte fortführt (DKW/*Dornberger* § 23 Rn. 89 ff.; *Fitting* § 23 Rn. 44; GK-BetrVG/*Oetker* § 23 Rn. 106; Richardi BetrVG/*Thüsing* § 23 Rn. 58). Das Rechtsschutzinteresse entfällt erst mit einer Neuwahl. 20

3. Rechtsfolgen

Mit Rechtskraft des Auflösungsbeschlusses erlischt das Amt des SprA und der Ersatzmitglieder. Eine Fortführung der Geschäfte kommt nicht in Betracht (*Fitting* § 23 Rn. 41; GK-BetrVG/*Oetker* § 23 Rn. 137 ff.; HWGNRH/*Huke* § 23 Rn. 56). Der SprA ist vielmehr neu zu wählen (§ 5 Abs. 2 Nr. 2). Die amtsenthobenen Mitglieder können wiedergewählt werden (*Fitting* § 23 Rn. 41; GK-BetrVG/*Oetker* § 23 Rn. 117; HWGNRH/*Huke* § 23 Rn. 59). 21

IV. Erlöschen der Mitgliedschaft (Abs. 2)

1. Fälle des Abs. 2 Nr. 1–6

Abs. 2 führt die sechs wichtigsten Fälle auf, in denen die Mitgliedschaft im SprA erlischt. 22

a) Ablauf der Amtszeit (Nr. 1). Gleichgültig ist, ob die Amtszeit regulär oder vorzeitig endet. Die Mitgliedschaft erlischt nicht, solange der SprA die Geschäfte nach § 5 Abs. 5 fortführt (s. → § 5 Rn. 35; *Löwisch* § 9 Rn. 11). 23

b) Niederlegung des Sprecherausschussamts (Nr. 2). Ein SprA-Mitglied kann sein Amt jederzeit ohne Begründung niederlegen. Eine formlose Erklärung gegenüber dem SprA genügt. Die Erklärung darf nicht von Bedingungen abhängig gemacht werden, da im SprA klare Verhältnisse bezüglich der Mitgliedschaft herrschen müssen (*Fitting* § 24 Rn. 10 f.; Richardi BetrVG/*Thüsing* § 24 Rn. 8 ff.). Sie ist deshalb auch nicht anfechtbar, und sie kann nicht zurückgenommen werden. 24

25 Keine Amtsniederlegung iSd Nr. 2 ist die Niederlegung bestimmter Funktionen im SprA. Davon wird die Mitgliedschaft nicht berührt.

26 **c) Beendigung des Arbeitsverhältnisses (Nr. 3).** Entscheidend ist die rechtliche Beendigung. Der Grund dafür spielt keine Rolle. Eine bloße Unterbrechung der Beschäftigung wegen Krankheit, Urlaub, Mutterschaft usw schadet nicht (*Fitting* § 24 Rn. 13; HWGNRH/*Huke* § 24 Rn. 20; Richardi BetrVG/*Thüsing* § 24 Rn. 14, 19).

27 Kündigt der AG und erhebt das SprA-Mitglied dagegen Klage, so ist es mit Ablauf der Kündigungsfrist – bei außerordentlicher Kündigung ohne soziale Auslauffrist ab Zugang – bis zur rechtskräftigen Entscheidung an der Amtsausübung gehindert (GK-BetrVG/*Oetker* § 24 Rn. 35). An seine Stelle tritt ein Ersatzmitglied (§ 10 Abs. 1 S. 2). Ausnahmsweise, nämlich wenn die Kündigung ganz offensichtlich unbegründet ist, kann das ArbG dem SprA-Mitglied durch einstweilige Verfügung die weitere Amtsausübung gestatten (LAG Düsseldorf 22.2.1977, DB 1977, 1053; 27.2.1975, DB 1975, 700; *Fitting* § 24 Rn. 17; HWGNRH/*Huke* § 24 Rn. 12). Stellt das Gericht fest, dass die Kündigung wirksam war, so steht zugleich fest, dass das SprA-Mitglied mit Ablauf der Kündigungsfrist sein Amt verloren hat. Anderenfalls besteht seine Mitgliedschaft unverändert fort (*Löwisch* § 9 Rn. 12).

28 Wird ein SprA-Mitglied, dessen Arbeitsvertrag beendet war, wiedereingestellt, so lebt die Mitgliedschaft im SprA nicht wieder auf (*Fitting* § 24 Rn. 23; HWGNRH/*Huke* § 24 Rn. 23; Richardi BetrVG/*Thüsing* § 24 Rn. 20). Ein L.A., der nach Beendigung seines Arbeitsverhältnisses als „freier Mitarbeiter" weiterbeschäftigt wird, kann nicht wiedergewählt werden; er ist kein AN mehr.

29 Bei Anfechtung des Arbeitsverhältnisses erlischt das SprA-Amt mit Zugang der Anfechtungserklärung, bei Nichtigkeit in dem Augenblick, in dem der AG sich dem L.A. gegenüber darauf beruft.

30 Das Arbeitsverhältnis, und somit auch das SprA-Amt, endet bei Versetzung in ein anderes Unternehmen des Konzerns.

31 Geht ein Betrieb durch Rechtsgeschäft auf einen anderen Inhaber über, so tritt dieser nach § 613a Abs. 1 S. 1 BGB in die Rechte und Pflichten aus den Arbeitsverhältnissen ein. Der SprA bleibt im Amt, da er seine Legitimation nicht von der jeweiligen Betriebs- oder Unternehmensleitung herleitet, sondern von der Belegschaft (LAG Düsseldorf 20.9.1974, DB 1975, 454; *Fitting* § 24 Rn. 26; HWGNRH/*Huke* § 24 Rn. 24).

32 Geht nur ein Betriebsteil über, dann erlischt die Mitgliedschaft der Sprecher, die mit diesem Betriebsteil von dem neuen Inhaber übernommen werden (*Fitting* § 24 Rn. 26; HWGNRH/*Huke* § 24 Rn. 24).

33 **d) Verlust der Wählbarkeit (Nr. 4).** Die Wählbarkeit geht verloren, wenn eine Voraussetzung nach § 3 entfällt, zB wenn das SprA-Mitglied in einen anderen Betrieb des Unternehmens versetzt wird oder wenn es seine Funktion als L.A. verliert (*Fitting* § 24 Rn. 31–34; HWGNRH/*Huke* § 24 Rn. 26 ff.; Richardi BetrVG/*Thüsing* § 24 Rn. 21 ff.).

34 **e) Ausschluss aus dem Sprecherausschuss oder Auflösung des Sprecherausschusses (Nr. 5).** Die Mitgliedschaft erlischt mit Rechtskraft des gerichtlichen Beschlusses (→ Rn. 14, → Rn. 21).

35 **f) Nachträgliche Feststellung der Nichtwählbarkeit (Nr. 6).** Anders als beim nachträglichen Verlust der Wählbarkeit (Nr. 4) fehlt bei einer nachträglichen

Feststellung der Nichtwählbarkeit die Wählbarkeit im Zeitpunkt der Wahl. Der Mangel der Wählbarkeit kann unter den Voraussetzungen des § 8 Abs. 1 S. 1 durch Anfechtung geltend gemacht werden, nach Nr. 6 aber auch jederzeit unabhängig davon. Antragsberechtigt ist, wer anfechten kann (*Fitting* § 24 Rn. 41 mN), dh mindestens drei L.A. oder der AG. Die Mitgliedschaft endet mit rechtskräftiger Feststellung der Nichtwählbarkeit (BAG 29.9.1983, DB 1984, 302; GK-BetrVG/ *Oetker* § 24 Rn. 72; Richardi BetrVG/*Thüsing* § 24 Rn. 34).

2. Streitigkeiten

Streitigkeiten über die Mitgliedschaft werden im arbeitsgerichtlichen Beschluss- **36**
verfahren (§ 2a Abs. 1 Nr. 2, Abs. 2; §§ 80 ff. ArbGG) entschieden. Örtlich zuständig ist das ArbG, in dessen Bezirk der Betrieb gelegen ist (§ 82 Abs. 1 S. 1 ArbGG), für den USprA das ArbG, in dessen Bezirk das Unternehmen seinen Sitz hat (§ 82 Abs. 1 S. 2 und S. 3 ArbGG). Das Rechtsschutzinteresse für das Verfahren entfällt, wenn das Mitglied während des Verfahrens aus dem SprA ausscheidet (BAG 11.3.1975, BB 1975, 967; *Fitting* § 24 Rn. 48; *Löwisch* § 9 Rn. 21).

§ 10 Ersatzmitglieder

(1) [1]**Scheidet ein Mitglied des Sprecherausschusses aus, rückt ein Ersatzmitglied nach.** [2]**Dies gilt entsprechend für die Stellvertretung eines zeitweilig verhinderten Mitglieds des Sprecherausschusses.**

(2) [1]**Die Ersatzmitglieder werden der Reihe nach aus den nicht gewählten leitenden Angestellten derjenigen Vorschlagslisten entnommen, denen die zu ersetzenden Mitglieder angehören.** [2]**Ist eine Vorschlagsliste erschöpft, ist das Ersatzmitglied derjenigen Vorschlagsliste zu entnehmen, auf die nach den Grundsätzen der Verhältniswahl der nächste Sitz entfallen würde.** [3]**Ist das ausgeschiedene oder verhinderte Mitglied nach den Grundsätzen der Mehrheitswahl gewählt, bestimmt sich die Reihenfolge der Ersatzmitglieder nach der Höhe der erreichten Stimmenzahl.**

(3) **In dem Fall des § 6 Abs. 3 gilt Absatz 1 mit der Maßgabe, dass das gewählte Ersatzmitglied nachrückt oder die Stellvertretung übernimmt.**

Übersicht

I. Allgemeines

Die Regelung über die Ersatzmitglieder entspricht der im BetrVG (§ 25). **1**
Zweck des § 10 ist es, die Handlungs- und Beschlussfähigkeit des SprA zu sichern (*Fitting* § 25 Rn. 1).

II. Eintreten der Ersatzmitglieder (Abs. 1)

1. Ersatzmitglieder

2 Ersatzmitglieder sind die Kandidaten, die die für die Wahl erforderliche Stimmenzahl nicht erreicht haben (Abs. 2).

3 Im einköpfigen SprA wird das Ersatzmitglied gesondert gewählt (Abs. 3).

4 Ersatzmitglieder gehören dem SprA nicht an, bevor sie nicht für ein ausgeschiedenes Mitglied nachrücken oder ein verhindertes Mitglied vertreten. Nachrücken und Vertretung erfolgen automatisch, ohne dass es eines Beschlusses bedarf.

2. Nachrücken

5 Scheidet ein SprA-Mitglied aus, dann rückt das Ersatzmitglied für die restliche Amtszeit nach (Abs. 1 S. 1). Der Grund für das Ausscheiden, dh für das Erlöschen des Amts als SprA-Mitglied, ist gleichgültig. Der SprA als solcher muss allerdings erhalten bleiben (*Fitting* § 25 Rn. 13 f.).

3. Vertretung

6 Ersatzmitglieder vertreten auch zeitweilig verhinderte SprA-Mitglieder (Abs. 1 S. 2). Zeitweilig verhindert ist ein Mitglied, wenn es ihm aus tatsächlichen oder rechtlichen Gründen vorübergehend unmöglich ist, die Amtsobliegenheiten zu erfüllen. Die Dauer der Verhinderung spielt keine Rolle. Nach hM genügt es, wenn ein SprA-Mitglied an einer Sitzung ganz oder zeitweise nicht teilnehmen kann. Es gibt keinen Grund, nach der Dauer der Verhinderung zu differenzieren (*Fitting* § 25 Rn. 17; GK-BetrVG/*Oetker* § 25 Rn. 22; HWGNRH/*Huke* § 25 Rn. 9; Richardi BetrVG/*Thüsing* § 25 Rn. 5 ff.).

7 Eine Vertretung durch ein Ersatzmitglied kommt nicht nur bei Sitzungen in Betracht, sondern auch bei der Wahrnehmung sonstiger Aufgaben und Befugnisse.

8 Eine zeitweilige Verhinderung liegt idR auch vor, wenn ein SprA-Mitglied wegen einer Freistellung nach einer Kündigung sein Amt nicht mehr ausüben kann, selbst wenn es gegen die Kündigung Klage erhoben hat (*Fitting* § 25 Rn. 17; Richardi BetrVG/*Thüsing* § 25 Rn. 12).

9 Das SprA-Mitglied muss tatsächlich verhindert sein. Die Ausübung der SprA-Tätigkeit muss objektiv unmöglich oder unzumutbar sein. Der Grund für die Verhinderung ist gleichgültig. Krankheit und Urlaub kommen ebenso infrage wie eine Dienstreise oder unaufschiebbare dringende Arbeiten (BAG 25.3.1976, DB 1976, 1337; *Fitting* § 25 Rn. 17 f.; *Löwisch* § 10 Rn. 2).

10 Eine gewillkürte Vertretung durch Ersatzmitglieder ist unzulässig (*Fitting* § 25 Rn. 21; GK-BetrVG/*Oetker* § 25 Rn. 24; HWGNRH/*Huke* § 25 Rn. 10). Bei einer Abstimmung, an der ein unzulässigerweise anwesendes Ersatzmitglied teilnimmt, zählt seine Stimme nicht mit. Ein Beschluss des SprA ist unwirksam, wenn die Abstimmung ohne seine Anwesenheit anders ausgefallen wäre. Das Ersatzmitglied hat keinen Anspruch auf Entgeltfortzahlung.

11 Zeitweilig verhindert ist auch ein befangenes SprA-Mitglied. Befangenheit liegt vor, wenn ein Mitglied von einer Beratung oder Beschlussfassung im SprA unmittelbar betroffen ist, etwa wenn der SprA im Rahmen des Anhörungsverfahrens über die Entlassung eines SprA-Mitglieds (§ 31) oder wenn er über den Ausschluss eines seiner Mitglieder (§ 9 Abs. 1) berät (vgl. BAG 3.8.1999, NZA 2000, 440; 26.8.1981, DB 1981, 2627; 25.3.1976, DB 1976, 1337; DKW/*Buschmann* § 25

Rn. 25; *Fitting* § 25 Rn. 18; GK-BetrVG/*Oetker* § 25 Rn. 29 ff.; HWGNRH/Huke § 25 Rn. 11; *Löwisch* § 10 Rn. 3; s. auch → § 13 Rn. 12). Maßgeblicher Zeitpunkt für die Beurteilung, ob eine Interessenkollision vorliegt, ist der Zeitpunkt der Beratung und Beschlussfassung (vgl. BAG 10.11.2009, DB 2010, 455).

Bei der Beratung und Beschlussfassung über innerorganisatorische Angelegenheiten (zB Wahl des Vorsitzenden) kommt eine Verhinderung wegen persönlicher Betroffenheit nicht in Betracht (*Fitting* § 25 Rn. 19; HWGNRH/*Huke* § 25 Rn. 12; Richardi BetrVG/*Thüsing* § 25 Rn. 11; s. auch → § 13 Rn. 13). Ein SprA-Mitglied kann sich also selbst in ein Amt mitwählen. 12

4. Rechtsstellung

Das Ersatzmitglied verfügt ab dem Zeitpunkt seines Eintritts über alle Rechte und Befugnisse, die einem ordentlichen SprA-Mitglied zustehen; bei Nachrücken auf Dauer, sonst für die Zeit der Verhinderung. Nicht übernommen werden die internen Ämter und Aufgaben, die das ausgeschiedene oder verhinderte SprA-Mitglied innehatte, wie zB das Amt des Vorsitzenden oder des Stellvertreters (§ 11 Abs. 1). Diese Ämter und Aufgaben werden einem SprA-Mitglied aufgrund persönlichen Vertrauens ad personam übertragen (*Fitting* § 25 Rn. 14, 16; GK-BetrVG/*Oetker* § 25 Rn. 70). 13

III. Reihenfolge der Ersatzmitglieder (Abs. 2 und 3)

Für die Reihenfolge unterscheidet das Gesetz zwischen mehr- (Abs. 2) und einköpfigem (Abs. 3) SprA und bei mehrköpfigem nochmals nach Listen-(Verhältnis-)Wahl (Abs. 2 S. 1 und 2) und Persönlichkeits-(Mehrheits-)Wahl (Abs. 2 S. 3). Einzelheiten ergeben sich aus dem Gesetzestext. 14

IV. Verhinderung des Ersatzmitglieds, Fehlen von Ersatzmitgliedern

Ist das nachgerückte oder das zeitweilig vertretende Ersatzmitglied selbst zeitweilig verhindert oder scheidet es aus, so tritt an seine Stelle das an nächster Stelle stehende Ersatzmitglied (BAG 6.9.1979, BB 1980, 317; *Fitting* § 25 Rn. 35; HWGNRH/*Huke* § 25 Rn. 15). 15

Sind keine Ersatzmitglieder mehr vorhanden, so bleibt der SprA-Sitz unbesetzt (*Löwisch* § 10 Rn. 1). Eine Nachwahl findet nicht statt. Erst wenn kein einziges SprA-Mitglied mehr im Amt ist, wird der SprA insgesamt neu gewählt. 16

V. Streitigkeiten

Streitigkeiten hinsichtlich des Nachrückens oder der Reihenfolge entscheidet das ArbG im Beschlussverfahren (§ 2a Abs. 1 Nr. 2, Abs. 2; §§ 80 ff. ArbGG). Örtlich zuständig ist das ArbG, in dessen Bezirk der Betrieb liegt (§ 82 Abs. 1 S. 1 ArbGG), für USprA das ArbG, in dessen Bezirk das Unternehmen seinen Sitz hat (§ 82 Abs. 1 S. 2 und S. 3 ArbGG). 17

Zweiter Abschnitt. Geschäftsführung des Sprecherausschusses

§ 11 Vorsitzender

(1) **Der Sprecherausschuss wählt aus seiner Mitte den Vorsitzenden und dessen Stellvertreter.**

(2) [1]**Der Vorsitzende vertritt den Sprecherausschuss im Rahmen der von diesem gefassten Beschlüsse.** [2]**Zur Entgegennahme von Erklärungen, die dem Sprecherausschuss gegenüber abzugeben sind, ist der Vorsitzende berechtigt.** [3]**Im Falle der Verhinderung des Vorsitzenden nimmt sein Stellvertreter diese Aufgaben wahr.**

(3) **Der Sprecherausschuss kann die laufenden Geschäfte auf den Vorsitzenden oder andere Mitglieder des Sprecherausschusses übertragen.**

Übersicht

I. Allgemeines

1 § 11 enthält die Regelungen, die sich für den BR in den §§ 26–28 BetrVG finden. Dabei entspricht § 11 Abs. 1 dem § 26 Abs. 1 BetrVG, § 11 Abs. 2 dem § 26 Abs. 2 BetrVG. Bezüglich der Übertragung der laufenden Geschäfte (§ 11 Abs. 3) wurden für den SprA, der höchstens sieben Mitglieder hat (§ 4 Abs. 1), die Regeln für BR mit weniger als neun Mitgliedern (§ 27 Abs. 3 BetrVG) übernommen.

2 § 11 gilt entsprechend für den USprA, den GSprA und den KSprA (vgl. §§ 19 Abs. 1, 20 Abs. 1 S. 2, 24 Abs. 1).

II. Wahl des Vorsitzenden und seines Stellvertreters (Abs. 1)

1. Allgemeines zur Wahl

3 Jeder SprA, der aus mindestens drei Mitgliedern besteht, hat einen Vorsitzenden und einen stellvertretenden Vorsitzenden zu wählen (Abs. 1). Kommt er dieser Pflicht nicht nach, so können der AG oder mindestens ein Viertel der L.A. seine Auflösung nach § 9 Abs. 1 beantragen (*Fitting* § 26 Rn. 6; GK-BetrVG/*Raab* § 26 Rn. 5; HWGNRH/*Glock* § 26 Rn. 5). Eine Ersatzbestellung des Vorsitzenden durch das ArbG ist wie im BetrVG nicht vorgesehen und damit unzulässig.

4 Solange der SprA keinen Vorsitzenden gewählt hat, kann der AG die Verhandlungen mit dem SprA ablehnen. Sein gesetzlicher Ansprechpartner ist grds. der Vorsitzende oder – bei dessen Verhinderung – sein Stellvertreter (§ 11 Abs. 2 S. 2, 3). Dem AG ist es vor allem im Hinblick auf möglicherweise eingetretene Ersatzmitglieder (§ 10 Abs. 1, 2) nicht zumutbar, dass er sich ein Mitglied des SprA als Erklärungsgegner sucht (*Bauer* Anm. II S. 38; *Löwisch* § 11 Rn. 1; aA GK-BetrVG/*Raab* § 26 Rn. 6: grds. zumutbar).

2. Aktives und passives Wahlrecht

5 Wahlberechtigt sind nur Mitglieder des SprA; der SprA hat den Vorsitzenden und den stellvertretenden Vorsitzenden aus seiner Mitte zu wählen (§ 11 Abs. 1). An der Wahl teilnehmen können auch die für den Vorsitz oder für den stellvertretenden Vorsitz vorgeschlagenen Mitglieder (GK-BetrVG/*Raab* § 26 Rn. 7; s. auch → § 10 Rn. 11, → § 13 Rn. 13 mN), ebenso der Wahlleiter (§ 12 Abs. 1 S. 2).

6 Wählbar sind alle Mitglieder des SprA. Weder durch Tarifvertrag (BAG 16.2.1973, DB 1973, 1254) noch durch Beschluss des SprA können zusätzliche Voraussetzungen für die Wählbarkeit aufgestellt werden (GK-BetrVG/*Raab* § 26 Rn. 7).

7 Ersatzmitglieder sind sowohl bei zeitweiliger als auch bei dauernder Verhinderung des entsprechenden SprA-Mitglieds wahlberechtigt; wählbar sind sie nur, wenn sie wegen dauernder Verhinderung in den SprA nachgerückt sind (GK-BetrVG/*Raab* § 26 Rn. 8).

3. Wahlverfahren

8 **a) Vorbereitung und Durchführung.** Die Wahl hat in der konstituierenden Sitzung stattzufinden (§ 12 Abs. 1 S. 1), also innerhalb einer Woche nach Ablauf des letzten Wahltags. Der Vorsitzende des Wahlvorstands leitet die Sitzung, bis der SprA aus seiner Mitte einen Wahlleiter bestellt hat (§ 12 Abs. 1 S. 2; → Rn. 2 ff.). Ist der Wahlleiter gewählt, so hat der Vorsitzende des Wahlvorstands die Sitzung zu verlassen, sofern er nicht Mitglied des SprA ist. Die eigentliche Wahl des Vorsitzenden wird dann unter der Leitung des Wahlleiters durchgeführt. Der Wahlleiter bleibt im Amt, bis der Gewählte die Wahl angenommen hat (s. auch → Rn. 12). An der Wahl muss mindestens die Hälfte der SprA-Mitglieder teilnehmen (§ 13 Abs. 2 S. 1 entsprechend (*Fitting* § 26 Rn. 13; GK-BetrVG/*Raab* § 26 Rn. 9; HWGNRH/*Glock* § 26 Rn. 7).

9 Für die Durchführung der Wahl bestehen keine Vorschriften. Es ist jeder Wahlmodus zulässig, der eine eindeutige Feststellung des Abstimmungsergebnisses erlaubt (*Fitting* § 26 Rn. 9; GK-BetrVG/*Raab* § 26 Rn. 9 f.; *Goldschmidt* S. 193, 198; Richardi BetrVG/*Thüsing* § 26 Rn. 6). Das Gesetz überlässt es dem SprA, ob er Wahlen offen oder geheim durchführt; Abstimmung durch Zuruf genügt. Es gibt deshalb auch keinen Grund, dem SprA eine (teil)virtuelle Durchführung von Wahlen zu verwehren (*Hagedorn* NZA 2021, 158 160). Allerdings muss bei einer geheimen Wahl sichergestellt sein, dass keine Rückschlüsse auf das individuelle Abstimmverhalten gezogen werden können (*Boemke/Roloff/Haase* NZA 2021, 827 832). Zur Sicherung der Wahlfreiheit ist die Wahl auf Antrag eines SprA-Mitglieds geheim durchzuführen (Richardi BetrVG/*Thüsing* § 26 Rn. 7). Im Übrigen kann der SprA das Verfahren in seiner GO regeln. Nicht erforderlich ist, dass mehrere Kandidaten zur Verfügung stehen (GK-BetrVG/*Raab* § 26 Rn. 10).

10 **b) Feststellung des Ergebnisses.** Zum Vorsitzenden ist gewählt, wer die meisten Stimmen auf sich vereinigt (*Fitting* § 26 Rn. 14; GK-BetrVG/*Raab* § 26 Rn. 11). Stimmenthaltungen sind anders als bei § 13 Abs. 1 S. 1 nicht bei der Ermittlung der Gesamtstimmenzahl zu berücksichtigen.

11 Wie in Pattsituationen verfahren wird – bei einem Kandidaten gleich viele Stimmen für und gegen ihn, bei zwei oder mehr Kandidaten gleiche Stimmenzahl –, bestimmt der SprA durch Beschluss, der möglichst vor der Wahl gefasst werden sollte. Der SprA kann den Wahlgang wiederholen, eine Stichwahl zwischen den Bestplatzierten durchführen oder das Los entscheiden lassen (ähnlich *Fitting* § 26 Rn. 15; anders GK-BetrVG/*Raab* § 26 Rn. 12: Losentscheid nach der ersten Abstimmung nur, wenn vor der Wahl beschlossen; HWGNRH/*Glock* § 26 Rn. 9: nur Losentscheid; *Löwisch* § 11 Rn. 3: Losentscheid, wenn nichts anderes beschlossen wird).

12 **c) Annahme der Wahl.** Die Wahl wird wirksam mit Annahme durch den Gewählten. Eine Verpflichtung zur Annahme besteht nicht (BAG 29.1.1965, DB 1965, 856). Wird die Wahl nicht angenommen, so ist unverzüglich (= ohne schuldhaftes Zögern, § 121 Abs. 1 S. 1 BGB) eine Neuwahl durchzuführen.

13 Die Annahme erfolgt durch formlose Erklärung gegenüber dem Wahlleiter. Die Erklärung kann sofort oder nach einer Bedenkzeit abgegeben werden (Richardi BetrVG/*Thüsing* § 26 Rn. 13).

14 **d) Niederschrift.** Gemäß § 13 Abs. 3, der für jede Sitzung des SprA gilt, ist über die konstituierende Sitzung eine Niederschrift anzufertigen; aus ihr müssen

die Gewählten und die jeweilige Stimmenzahl hervorgehen (s. auch → § 13 Rn. 23 ff.).

e) Wahl des Stellvertreters. Für die Wahl des stellvertretenden Vorsitzenden gelten mangels abweichender Vorschriften die Regeln für die Wahl des Vorsitzenden sinngemäß. 15

Es ist streitig, ob Vorsitzender und stellvertretender Vorsitzender in getrennten Wahlgängen zu ermitteln sind (so *Goldschmidt* S. 151; *Fitting* § 26 Rn. 12; HWGNRH/*Glock* § 26 Rn. 9; *Löwisch* § 11 Rn. 4; Richardi BetrVG/*Thüsing* § 26 Rn. 8; aA *Düwell/Wolmerath* § 26 Rn. 6; GK-BetrVG/*Raab* § 26 Rn. 11, 13: ein Wahlgang, wenn vor der Wahl beschlossen). Wortlaut und Zusammenhang des § 11 Abs. 1 geben keinen Anhaltspunkt für eine solche Einschränkung. Die Begründung im Gesetzentwurf (BT-Drs. 11/2503, 38), nach § 11 Abs. 1 würden Vorsitzender und Stellvertreter mit Stimmenmehrheit gewählt, ist nicht eindeutig und hat überdies im Gesetz keine Ausprägung gefunden; sie kann demzufolge die Gesetzesauslegung nicht binden (BVerfG 11.6.1980, BVerfGE 54, 277, 297 ff.). Sinn des § 11 Abs. 1 ist es allein, den SprA zur Bildung seiner Organe anzuhalten. Im Übrigen ist der SprA bei der Festlegung des Wahlverfahrens frei. Er kann also darüber entscheiden, ob er Vorsitzenden und Stellvertreter in einem oder zwei Wahlgängen wählt. Trifft er keine Festlegung, ist davon auszugehen, dass er zunächst nur den Vorsitzenden wählt. Bei höchstens sieben Mitgliedern hängt die (Mit-) Wahl des Stellvertreters uU zu sehr von Zufälligkeiten ab. Vor allem kann nicht ohne Weiteres unterstellt werden, dass seine Wahl – im Extremfall hat er eine Stimme erhalten – dem Willen der Mehrheit der SprA-Mitglieder entspricht. 16

4. Nichtigkeit, Anfechtbarkeit, Verfahren

Wahlverstöße können zur Nichtigkeit oder zur Anfechtbarkeit der Wahl führen. 17

a) Nichtigkeit. Nichtig ist die Wahl bei besonders groben Verstößen gegen Wahlregeln. Das ist der Fall, wenn nicht einmal der Anschein einer Wahl gewahrt wurde, bei einem Verstoß gegen die guten Sitten oder wenn es an einer freien Entscheidung der SprA-Mitglieder fehlt (*Fitting* § 26 Rn. 60; GK-BetrVG/*Raab* § 26 Rn. 15). Dasselbe gilt, wenn nicht mehr als die Hälfte der SprA-Mitglieder (→ Rn. 8) an der Wahl teilgenommen hat (GK-BetrVG/*Raab* § 26 Rn. 15) und wenn nicht ordnungsgemäß zur konstituierenden Sitzung geladen wurde (aA GK-BetrVG/*Raab* § 26 Rn. 15; HWGNRH/*Glock* § 26 Rn. 17); der letztgenannte Fehler ist geheilt, wenn trotzdem alle Mitglieder erschienen sind (s. → § 12 Rn. 6). Obwohl sich jedermann jederzeit auf die Nichtigkeit berufen kann, kann im Interesse der Rechtssicherheit eine Entscheidung des ArbG beantragt werden. Antragsberechtigt sind die SprA-Mitglieder und der AG, der wissen muss, wer sein Verhandlungspartner ist. Der Antrag ist an keine Frist gebunden. 18

b) Anfechtbarkeit. Andere Verstöße gegen Wahlregeln können die Anfechtbarkeit zur Folge haben. Analog § 8 Abs. 1 S. 1 muss, um unnötige Verfahren wegen unerheblicher Wahlverstöße auszuschließen, gegen wesentliche Regeln über das Wahlrecht, die Wählbarkeit oder das Wahlverfahren verstoßen worden sein, und der Verstoß muss das Wahlergebnis beeinträchtigt haben können. Eine rechtzeitige Berichtigung des Fehlers beseitigt die Anfechtbarkeit. Als Anfechtungsberechtigte kommen nur die einzelnen SprA-Mitglieder in Betracht (*Fitting* § 26 Rn. 56; GK-BetrVG/*Raab* § 26 Rn. 19; *Löwisch* § 11 Rn. 6). 19

20 Die Anfechtung muss, analog § 8 Abs. 1 S. 3, innerhalb von zwei Wochen ab Bekanntgabe, in Ausnahmefällen nach Kenntnis (*Fitting* § 26 Rn. 55) des Wahlergebnisses erfolgen (BAG 13.11.1991, BB 1992, 2429; 12.10.1976, DB 1977, 168; HWGNRH/*Glock* § 26 Rn. 20 f.; aA Richardi BetrVG/*Thüsing* § 26 Rn. 26: zeitliche Grenze nur durch Verwirkung).

21 **c) Entscheidung des Arbeitsgerichts.** Die Entscheidung des ArbG ergeht im Beschlussverfahren (§ 2a Abs. 1 Nr. 2, Abs. 2; §§ 80 ff. ArbGG). Die Nichtigkeit der Wahl (s. → Rn. 18) wird dabei deklaratorisch mit Wirkung ex tunc festgestellt. Bei Anfechtbarkeit endet das Amt des Vorsitzenden (und ggf. das des stellvertretenden Vorsitzenden) mit Rechtskraft des Beschlusses (ex nunc: *Fitting* § 26 Rn. 59; GK-BetrVG/*Raab* § 26 Rn. 21; HWGNRH/*Glock* § 26 Rn. 25).

5. Amtszeit

22 **a) Beginn.** Die Amtszeit des Vorsitzenden und des stellvertretenden Vorsitzenden beginnt mit der Annahme der Wahl. Amtiert zu dieser Zeit noch der bisherige SprA (s. § 5 Abs. 4), so beginnt sie mit dem Ende der Amtszeit dieses SprA.

23 **b) Regelmäßiges Ende.** Vorsitzender und stellvertretender Vorsitzender werden grds. für die gesamte Amtszeit des SprA gewählt. Der SprA kann aber auch eine kürzere Amtszeit für sie beschließen (GK-BetrVG/*Raab* § 26 Rn. 25). Die Amtszeit endet in jedem Fall mit Auflösung des SprA.

24 **c) Vorzeitiges Ende.** Der Vorsitzende und der stellvertretende Vorsitzende können ihre Ämter jederzeit und ohne Begründung niederlegen. Die Amtsniederlegung muss eindeutig erklärt werden (*Fitting* § 26 Rn. 19; GK-BetrVG/*Raab* § 26 Rn. 25; HWGNRH/*Glock* § 26 Rn. 26). Die Erklärung ist bedingungsfeindlich und unwiderruflich (*Fitting* § 26 Rn. 19; GK-BetrVG/*Raab* § 26 Rn. 25). Sie ist dem SprA gegenüber abzugeben. Der stellvertretende Vorsitzende kann die Erklärung an den Vorsitzenden richten, der Vorsitzende an den stellvertretenden Vorsitzenden (§ 11 Abs. 2 S. 2 bzw. S. 3). Auf die Mitgliedschaft im SprA ist die Amtsniederlegung ohne Einfluss.

25 Der SprA kann den Vorsitzenden oder den stellvertretenden Vorsitzenden jederzeit durch Mehrheitsbeschluss abberufen (BAG 1.6.1966, DB 1966, 1357; 26.1.1962, DB 1962, 744; *Bauer* Anm. II S. 39; GK-BetrVG/*Raab* § 26 Rn. 26; *Löwisch* § 11 Rn. 5). Gründe sind dafür nicht erforderlich. Bei der Beschlussfassung sind auch die abzuberufenden Mitglieder stimmberechtigt (→ § 13 Rn. 13). Das ArbG kann die Abberufung nur auf formelle Mängel, auf Verstoß gegen das Willkürverbot oder gegen die guten Sitten überprüfen (BAG 1.6.1966, DB 1966, 1357; GK-BetrVG/*Raab* § 26 Rn. 26).

26 Die Abberufung hat keinen Einfluss auf die Mitgliedschaft im SprA (vgl. § 9 Abs. 2). Der Ausschluss aus dem SprA kann nur nach § 9 Abs. 1 betrieben werden. Hierfür genügt eine grobe Verletzung von Pflichten als Vorsitzender oder als Stellvertreter (GK-BetrVG/*Raab* § 26 Rn. 27). Das Verfahren nach § 9 Abs. 1 kann nicht darauf beschränkt werden, den Vorsitzenden oder den stellvertretenden Vorsitzenden von diesem Amt abzuberufen (*Bauer* Anm. II S. 39; vgl. *Fitting* § 26 Rn. 20; GK-BetrVG/*Raab* § 26 Rn. 27; HWGNRH/*Glock* § 27 ff. Rn. 35).

III. Stellung des Vorsitzenden (Abs. 2 S. 1)

1. Allgemeines

Der Vorsitzende hat über seine Rechte und Pflichten als SprA-Mitglied hinaus vor allem folgende Aufgaben, Befugnisse und Zuständigkeiten: 27
- die aktive und passive Vertretung des SprA (§ 11 Abs. 2),
- die Führung der laufenden Geschäfte, falls der SprA ihm diese Tätigkeit übertragen hat (§ 11 Abs. 3),
- die Einberufung der SprA-Sitzungen, die Festsetzung der Tagesordnung, die Sitzungsleitung und die Ladung der SprA-Mitglieder (§ 12 Abs. 2, 3),
- die Unterzeichnung der Sitzungsniederschrift (§ 13 Abs. 3 S. 2),
- die Leitung der konstituierenden Sitzung des GSprA und des KSprA (§§ 19 Abs. 2 S. 2, 24 Abs. 2 S. 2), sofern er Vorsitzender des nach § 19 Abs. 2 S. 1 oder nach § 24 Abs. 2 S. 1 einladenden SprA ist.

2. Vertretungsmacht

a) Gegenstand. Der Vorsitzende vertritt den SprA im Rahmen der von diesem gefassten Beschlüsse (Abs. 2 S. 1). Das ist eine Vertretung in der Erklärung, nicht im Willen. Die Begründung zum Gesetzentwurf umschreibt seine Stellung als „Sprecher" (BT-Drs. 11/2503, 38). Der Vorsitzende ist folglich weder Bevollmächtigter noch gesetzlicher Vertreter. Er ist nur im Rahmen der ihm ausdrücklich zugewiesenen Angelegenheiten zuständig und damit auch entscheidungsbefugt (*Fitting* § 26 Rn. 22). 28

b) Umfang. Erklärungen des Vorsitzenden wirken nur dann für und gegen den SprA, wenn sie auf einen Beschluss des SprA zurückzuführen sind (BAG 15.12.1961, DB 1962, 306; *Fitting* § 26 Rn. 24; *Goldschmidt* S. 151). Der SprA soll die Entscheidungen grds. als Gremium treffen. Daraus folgen die Eckpunkte der Vertretungsmacht des Vorsitzenden: 29

Er kann in jedem Fall inhaltlich genau festgelegte Entscheidungen des SprA weitergeben, und es können ihm in keinem Fall generell Kompetenzen ganz oder zum Teil übertragen werden (BAG 28.2.1974, DB 1974, 1294; 18.3.1965, DB 1965, 746; GK-BetrVG/*Raab* § 26 Rn. 34; HWGNRH/*Glock* § 26 Rn. 35 f.). Letzteres zeigt Abs. 3, der (nur) die generelle Übertragung der laufenden Geschäfte zulässt. 30

Die Frage ist, welcher Entscheidungsspielraum dem Vorsitzenden belassen werden darf. Vor allem im Interesse einer effizienten Verhandlung mit dem AG wird man es als ausreichend ansehen können, wenn der SprA Richtlinien und Weisungen beschließt, unter deren Beachtung der Vorsitzende handeln kann (*Fitting* § 26 Rn. 24; GK-BetrVG/*Raab* § 26 Rn. 35; HWGNRH/*Glock* § 26 Rn. 35 ff.). Die konkreten Entscheidungen müssen allerdings vom SprA bereits vorgeprägt sein. Unzulässig wäre es etwa, den Vorsitzenden allgemein zur selbstständigen Anhörung bei Kündigungen zu ermächtigen (BAG 28.2.1974, DB 1974, 1294; GK-BetrVG/*Raab* § 26 Rn. 36; HWGNRH/*Glock* § 26 Rn. 36 ff.). 31

Der Vorsitzende kann nur im Rahmen ordnungsgemäßer Beschlüsse handeln. Weder eine stillschweigende Ermächtigung noch eine ständige Übung genügen (*Fitting* § 26 Rn. 24, 28; GK-BetrVG/*Raab* § 26 Rn. 40; HWGNRH/*Glock* § 26 Rn. 46). 32

33 § 11 Abs. 2 S. 1 hindert den SprA nicht, seine Beschlüsse selbst umzusetzen oder andere Mitglieder zur Vornahme einer Handlung zu bevollmächtigen (GK-BetrVG/*Raab* § 26 Rn. 58 f.; *Löwisch* § 11 Rn. 7). Der Vorsitzende darf nur nicht generell von der Vertretung ausgeschlossen werden (Richardi BetrVG/*Thüsing* § 26 Rn. 38 ff.).

34 **c) Handeln ohne Vertretungsmacht.** Erklärungen des Vorsitzenden ohne entsprechenden Beschluss im Rahmen mehrseitiger Rechtsgeschäfte sind grds. schwebend unwirksam (§ 177 Abs. 1 BGB; GK-BetrVG/*Raab* § 26 Rn. 38; HWGNRH/*Glock* § 26 Rn. 52; Richardi BetrVG/*Thüsing* § 26 Rn. 47 ff.); einseitige Erklärungen sind nichtig (§ 180 S. 1 BGB), es sei denn, dass der Erklärungsempfänger – zumeist der AG – ausnahmsweise nicht schutzbedürftig ist (§ 180 S. 2, 3 BGB).

35 Schwebend unwirksame Erklärungen des Vorsitzenden können durch Genehmigung des SprA wirksam werden. Die Genehmigung bedarf eines Beschlusses.

36 Ein Vorsitzender, der ohne Vertretungsmacht handelt, haftet persönlich (§ 179 BGB). Er kann durch den SprA von seinem Amt abberufen und bei grober Pflichtverletzung nach § 9 Abs. 1 aus dem SprA ausgeschlossen werden.

37 **d) Bindung kraft Rechtsscheins.** Die Grundsätze über die Anscheinsvollmacht gelten nicht für eine vom SprA-Vorsitzenden ohne Beschluss des Gremiums abgegebene Erklärung zum Abschluss einer SprA-Vereinbarung (BAG 8.2.2022, NZA 2022, 984).

38 Der AG ist trotzdem nicht schutzlos. Der Mangel, dass der Vorsitzende eine SprA-Vereinbarung ohne Beschluss des SprA unterzeichnet, kann – ohne zeitliche Begrenzung – geheilt werden. Der AG kann den Schwebezustand beenden, indem er seine Willenserklärung entsprechend § 178 S. 1 BGB widerruft oder den SprA entsprechend § 177 Abs. 2 S. 2 BGB erfolglos auffordert, sich zur Genehmigung zu erklären. Der AG kann aber auch verlangen, dass der SprA eine Sitzung anberaumt und eine Beschlussfassung zu der SprA-Vereinbarung auf die Tagesordnung setzt (§ 12 Abs. 3). An dieser Sitzung kann er teilnehmen (§ 12 Abs. 4). Von dem Teil der Niederschrift, der sich mit der SprA-Vereinbarung befasst, ist ihm auf Verlangen zeitnah eine vom Vorsitzenden unterzeichnete Abschrift zu erteilen (zu Vorstehendem BAG 8.2.2022, NZA 2022, 984).

39 **e) Nachweis des Beschlusses.** Es spricht eine Vermutung dafür, dass der Erklärung des Vorsitzenden ein ordnungsgemäßer Beschluss des SprA zugrunde liegt (BAG 17.2.1981, DB 1981, 1414; *Fitting* § 26 Rn. 31; GK-BetrVG/*Raab* § 26 Rn. 42). Der Erklärungsgegner kann bei berechtigtem Interesse verlangen, dass ihm der Beschluss nachgewiesen wird (*Fitting* § 26 Rn. 30; GK-BetrVG/*Raab* § 26 Rn. 43, 52). Beim Abschluss einer SprA-Vereinbarung ist dem Arbeitgeber auf dessen zeitnah geltend gemachtes Verlangen eine Abschrift des Teils der Sitzungsniederschrift auszuhändigen, aus dem sich die Beschlussfassung ergibt (BAG 8.2.2022, NZA 2022, 984).

40 **f) Entgegennahme von Erklärungen (Abs. 2 S. 2).** Willens- und sonstige Erklärungen, Äußerungen und Mitteilungen werden dem SprA gegenüber wirksam, wenn sie dem Vorsitzenden zugehen. Der Vorsitzende ist nicht verpflichtet, Erklärungen vor oder nach der Dienstzeit und außerhalb der Betriebsräume entgegenzunehmen. Die Wirksamkeit des Zugangs wird jedoch nicht beeinträchtigt, wenn er sie trotzdem entgegennimmt (BAG 27.8.1982, DB 1983, 181; GK-BetrVG/*Raab* § 26 Rn. 54). Wird die Erklärung einem anderen SprA-Mitglied

gegenüber abgegeben, so ist dieses Erklärungsbote. Die Erklärung wird erst wirksam, wenn der Vorsitzende oder der SprA als Gremium Kenntnis erlangt (BAG 28.2.1974, DB 1974, 1294; *Fitting* § 26 Rn. 39; GK-BetrVG/*Raab* § 26 Rn. 55; *Goldschmidt* S. 151; HWGNRH/*Glock* § 26 Rn. 53 ff.).

Der SprA kann zusätzlich zum Vorsitzenden (Abs. 2 S. 2) weitere SprA-Mitglieder zur Entgegennahme von Erklärungen ermächtigen (*Fitting* § 26 Rn. 43; GK-BetrVG/*Raab* § 26 Rn. 58; *Goldschmidt* S. 151; Richardi BetrVG/*Thüsing* § 26 Rn. 39 ff.). Sind alle Empfangsberechtigten verhindert, so kann der AG grds. jedem SprA-Mitglied gegenüber Erklärungen abgeben mit Wirkung für und gegen den SprA (BAG 27.6.1985, DB 1986, 332; *Fitting* § 26 Rn. 40; GK-BetrVG/*Raab* § 26 Rn. 67; *Goldschmidt* S. 151). 41

IV. Stellvertreter des Vorsitzenden (Abs. 2 S. 3)

1. Rechtsstellung

Der Stellvertreter des Vorsitzenden (= stellvertretender Vorsitzender) hat keine anderen Rechte als jedes andere SprA-Mitglied, solange der Vorsitzende nicht verhindert ist. Der Vorsitzende und sein Stellvertreter bilden kein Führungsteam. Der Vorsitzende kann ihm auch keine Aufgaben oder Befugnisse übertragen (*Fitting* § 26 Rn. 44; GK-BetrVG/*Raab* § 26 Rn. 62; HWGNRH/*Glock* § 26 Rn. 58). Das kann nur der SprA selbst (s. → Rn. 33). 42

Erst und nur bei Verhinderung (s. → § 10 Rn. 6 ff.) übernimmt der stellvertretende Vorsitzende die Aufgaben, Befugnisse und Zuständigkeiten des Vorsitzenden in seiner Funktion als Vorsitzender. Die Aufgaben des Vorsitzenden als SprA-Mitglied fallen an das nach § 10 Abs. 1, 2 eintretende Ersatzmitglied (s. → § 10 Rn. 6 ff.). Waren die Befugnisse des Vorsitzenden durch Beschluss des SprA erweitert (s. → Rn. 27, → Rn. 31), so ist durch Auslegung zu ermitteln, ob der Beschluss auch für den stellvertretenden Vorsitzenden gilt (GK-BetrVG/*Raab* § 26 Rn. 63). 43

Scheidet der Vorsitzende aus seinem Amt aus, so übernimmt der stellvertretende Vorsitzende vorübergehend seine Funktion. Er hat unverzüglich (= ohne schuldhaftes Zögern, § 121 Abs. 1 S. 1 BGB) eine Sitzung des SprA zur Wahl eines neuen Vorsitzenden einzuberufen (*Fitting* § 26 Rn. 48 f.; GK-BetrVG/*Raab* § 26 Rn. 65; HWGNRH/*Glock* § 26 Rn. 64). Im Regelfall wird man den Stellvertreter als verpflichtet ansehen müssen, vor Ablauf einer Woche nach Ausscheiden des Vorsitzenden aus dem Amt eine Sitzung des SprA zur Neuwahl einzuberufen (§ 12 Abs. 1 S. 1 analog). Die Sitzung selbst hat so bald wie möglich stattzufinden (vgl. Richardi BetrVG/*Thüsing* § 29 Rn. 4 mN). 44

2. Verhinderung auch des stellvertretenden Vorsitzenden

Ist auch der stellvertretende Vorsitzende verhindert, so richtet sich die Vertretung nach der GO (vgl. § 13 Abs. 5). Ist der Fall in der GO nicht geregelt, so hat der SprA eine Vertretungsregelung zu treffen (*Fitting* § 26 Rn. 50; GK-BetrVG/*Raab* § 26 Rn. 67; HWGNRH/*Glock* § 26 Rn. 69; *Löwisch* § 11 Rn. 9). Ohne einen solchen Beschluss muss er seine Beschlüsse als Gremium umsetzen (s. → Rn. 33). Zur Entgegennahme von Erklärungen ist jedes SprA-Mitglied befugt (s. → Rn. 41). 45

46 Sind sowohl Vorsitzender als auch stellvertretender Vorsitzender dauernd verhindert, dann sind Neuwahlen durchzuführen. Zu der Sitzung kann jedes SprA-Mitglied einladen (*Fitting* § 26 Rn. 50; GK-BetrVG/*Raab* § 26 Rn. 67 f.). Wie bei der konstituierenden Sitzung (s. § 12 Abs. 1) ist für die Durchführung der Neuwahlen ein Wahlleiter zu bestellen (*Fitting* § 26 Rn. 50; GK-BetrVG/*Raab* § 26 Rn. 68). Zum Ablauf der Wahl s. → Rn. 8 ff.

V. Übertragung der laufenden Geschäfte (Abs. 3)

1. Übertragung auf Sprecherausschussmitglieder

47 Nach § 11 Abs. 3 kann der SprA die laufenden Geschäfte auf den Vorsitzenden oder ein oder mehrere andere SprA-Mitglieder übertragen. Nicht möglich ist die Bildung von geschäftsführenden Ausschüssen (s. § 27 Abs. 3 BetrVG und § 11 Abs. 3 einerseits, § 27 Abs. 2 BetrVG andererseits) oder von Ausschüssen iSv § 28a BetrVG (AR/*Maschmann* § 11 Rn. 1). Zulässig – und häufig sinnvoll – ist dagegen die Errichtung von Fachausschüssen zur Beratung und Unterstützung des SprA. Ihnen können auch L.A. angehören, die nicht SprA-Mitglieder sind. Da Fachausschüsse gesetzlich nicht vorgesehen sind, kann der SprA ihnen keine Aufgaben zur selbstständigen Erledigung übertragen (*Goldschmidt* S. 152; *Löwisch* § 13 Rn. 12).

48 Die Übertragung erfolgt durch Beschluss (§ 13 Abs. 1 S. 1; GK-BetrVG/*Raab* § 27 Rn. 62 mwN; abweichend Richardi BetrVG/*Thüsing* § 27 Rn. 63: absolute Mehrheit erforderlich). Die Entscheidung darüber liegt im Ermessen des SprA (BT-Drs. 11/2503, 38).

2. Laufende Geschäfte

49 Zu den laufenden Geschäften gehören nur interne Maßnahmen (*Fitting* § 27 Rn. 68); die Vertretung zählt nicht dazu (vgl. § 11 Abs. 2 einerseits und § 11 Abs. 3 andererseits). Da der SprA sich seiner Zuständigkeit für die Entscheidung wesentlicher Fragen nicht begeben kann (s → Rn. 31), dürfen die Geschäfte entweder keine grundsätzliche Bedeutung für die L.A. haben, oder sie müssen inhaltlich vorbestimmt sein (*Fitting* § 27 Rn. 68 f.; GK-BetrVG/*Raab* § 27 Rn. 64; *Löwisch* § 11 Rn. 11). Außerdem müssen sie mit einer gewissen Regelmäßigkeit anfallen (laufende Geschäfte). Im Einzelnen kann es sich etwa handeln um den Entwurf von Richtlinien nach § 28, um die Vorbereitung von SprA-Sitzungen und von Beschlüssen, die Einholung von Auskünften und Unterlagen sowie um Vorbesprechungen mit dem AG (*Fitting* § 27 Rn. 68; HWGNRH/*Glock* § 27 Rn. 47; *Löwisch* § 11 Rn. 11).

50 Nicht zu den laufenden Geschäften gehört die Wahrnehmung von Mitwirkungsrechten (*Goldschmidt* S. 151; *Fitting* § 27 Rn. 67 f.; GK-BetrVG/*Raab* § 27 Rn. 64; HWGNRH/*Glock* § 27 Rn. 48; *Löwisch* § 11 Rn. 12; aA Richardi BetrVG/*Thüsing* § 27 Rn. 54 ff.).

3. Weitere Aufgaben

51 Der SprA kann den Vorsitzenden oder ein Mitglied auch nicht mit der Wahrnehmung von Mitwirkungsrechten oder von sonstigen Aufgaben, die nicht zu den laufenden Geschäften gehören, beauftragen. Das SprAuG sieht – analog der Regelung für kleinere BR mit weniger als neun Mitgliedern, die keinen Betriebs-

ausschuss bilden können –, nicht die Möglichkeit vor, Aufgaben zur selbstständigen Erledigung zu übertragen (vgl. § 27 Abs. 2 S. 2 und Abs. 3 BetrVG; *Löwisch* § 11 Rn. 12). Zur Vertretung s. → Rn. 29 ff.

VI. Streitigkeiten

Zur Anfechtung und Geltendmachung der Nichtigkeit der Wahl des Vorsitzenden und seines Vertreters → Rn. 18 ff. **52**

Bei Streitigkeiten über die Zuständigkeit des Vorsitzenden, des stellvertretenden Vorsitzenden oder anderer SprA-Mitglieder entscheidet das ArbG im Beschlussverfahren (§ 2a Abs. 1 Nr. 2, Abs. 2; §§ 80 ff. ArbGG). Örtlich zuständig ist jeweils das ArbG, in dessen Bezirk der Betrieb liegt (§ 82 Abs. 1 S. 1 ArbGG), bzw. das ArbG, in dessen Bezirk das Unternehmen seinen Sitz hat (§ 82 Abs. 1 S. 2 und S. 3 ArbGG). **53**

§ 12 Sitzungen des Sprecherausschusses

(1) [1]**Vor Ablauf einer Woche nach dem Wahltag hat der Wahlvorstand die Mitglieder des Sprecherausschusses zu der nach § 11 Abs. 1 vorgeschriebenen Wahl einzuberufen.** [2]**Der Vorsitzende des Wahlvorstands leitet die Sitzung, bis der Sprecherausschuss aus seiner Mitte einen Wahlleiter zur Wahl des Vorsitzenden und seines Stellvertreters bestellt hat.**

(2) [1]**Die weiteren Sitzungen beruft der Vorsitzende des Sprecherausschusses ein.** [2]**Er setzt die Tagesordnung fest und leitet die Verhandlung.** [3]**Der Vorsitzende hat die Mitglieder des Sprecherausschusses zu den Sitzungen rechtzeitig unter Mitteilung der Tagesordnung zu laden.**

(3) **Der Vorsitzende hat eine Sitzung einzuberufen und den Gegenstand, dessen Beratung beantragt ist, auf die Tagesordnung zu setzen, wenn dies ein Drittel der Mitglieder des Sprecherausschusses oder der Arbeitgeber beantragen.**

(4) **Der Arbeitgeber nimmt an den Sitzungen, die auf sein Verlangen anberaumt sind, und an den Sitzungen, zu denen er ausdrücklich eingeladen ist, teil.**

(5) [1]**Die Sitzungen des Sprecherausschusses finden in der Regel während der Arbeitszeit statt.** [2]**Der Sprecherausschuss hat bei der Anberaumung von Sitzungen auf die betrieblichen Notwendigkeiten Rücksicht zu nehmen.** [3]**Der Arbeitgeber ist über den Zeitpunkt der Sitzung vorher zu verständigen.** [4]**Die Sitzungen des Sprecherausschusses sind nicht öffentlich; § 2 Abs. 2 bleibt unberührt.** [5]**Die Sitzungen des Sprecherausschusses finden als Präsenzsitzung statt.**

(6) [1]**Abweichend von Absatz 5 Satz 5 kann die Teilnahme an einer Sitzung des Sprecherausschusses mittels Video- und Telefonkonferenz erfolgen, wenn**

1. **die Voraussetzungen für eine solche Teilnahme in der Geschäftsordnung unter Sicherung des Vorrangs der Präsenzsitzung festgelegt sind,**
2. **nicht mindestens ein Viertel des Sprecherausschusses binnen einer von dem Vorsitzenden zu bestimmenden Frist diesem gegenüber widerspricht und**

3. sichergestellt ist, dass Dritte von dem Inhalt der Sitzung keine Kenntnis nehmen können.

[2]Eine Aufzeichnung der Sitzung ist unzulässig.

(7) **Erfolgt die Sitzung des Sprecherausschusses mit der zusätzlichen Möglichkeit der Teilnahme mittels Video- und Telefonkonferenz, gilt auch eine Teilnahme vor Ort als erforderlich.**

Übersicht

I. Allgemeines

1 § 12 regelt die wesentlichen Einzelheiten der konstituierenden Sitzung sowie der weiteren Sitzungen des SprA. Abs. 1 und 2 entsprechen dabei § 29 Abs. 1 und Abs. 2 S. 1–3 BetrVG, Abs. 3 § 29 Abs. 3 BetrVG (aus einem Viertel wurde allerdings ein Drittel), Abs. 4 entspricht § 29 Abs. 4 S. 1 BetrVG und Abs. 5 § 30 Abs. 1 BetrVG. Sitzungen können jetzt auch mittels Video- und Telefonkonferenz durchgeführt werden (§ 30 Abs. 2, 3 BetrVG). Nicht vorgesehen ist die Möglichkeit, Vertreter von Koalitionen hinzuzuziehen (§§ 29 Abs. 4 S. 2, 31 BetrVG).

II. Konstituierende Sitzung (Abs. 1)

1. Einberufung (Abs. 1 S. 1)

2 Der Wahlvorstand hat die neu gewählten SprA-Mitglieder und bei Verhinderung deren Ersatzmitglieder (§ 10 Abs. 1) innerhalb einer Woche nach dem Wahltag zur konstituierenden Sitzung einzuladen. Andere Personen mit Ausnahme des Sitzungsleiters (→ Rn. 7) haben kein Teilnahmerecht, auch nicht die nicht in den SprA gewählten Mitglieder des Wahlvorstands. Den Einladungsbeschluss (§ 1 Abs. 3 S. 1 WO) führt der Vorsitzende des Wahlvorstands – oder bei Verhinderung sein Vertreter – aus (*Fitting* § 29 Rn. 7; GK-BetrVG/*Raab* § 29 Rn. 16).

Die Einberufung hat spätestens eine Woche nach dem Wahltag zu erfolgen. Bei mehrtägigen Wahlen ist der letzte Wahltag, dh der letzte Tag der Stimmabgabe, ausschlaggebend (*Fitting* § 29 Rn. 8; GK-BetrVG/*Raab* § 29 Rn. 7). Die Wochenfrist endet mit Ablauf des Tages, der in der Benennung dem Wahltag entspricht (§§ 187 Abs. 1, 188 Abs. 2 und 193 BGB). Ist der letzte Tag der Frist ein Sonnabend, Sonntag oder ein Feiertag, so läuft die Frist am darauffolgenden Werktag ab (§ 193 BGB). 3

Innerhalb der Wochenfrist ist nicht nur zur Sitzung einzuladen, sondern diese auch durchzuführen (GK-BetrVG/*Raab* § 29 Rn. 8 mwN; aA die wohl hL, *Fitting* § 29 Rn. 11; Richardi BetrVG/*Thüsing* § 29 Rn. 4). Abs. 1 S. 1 will die rasche Konstituierung des neuen SprA sicherstellen. Dies würde verhindert, wenn die Ladung innerhalb der Frist ausreichte. 4

Die konstituierende Sitzung ist auch dann innerhalb der Frist abzuhalten, wenn die Wahl angefochten ist. Gleiches gilt, wenn die Amtszeit des bisherigen SprA noch nicht abgelaufen ist (GK-BetrVG/*Raab* § 29 Rn. 9; Richardi BetrVG/*Thüsing* § 29 Rn. 6). Die Amtszeit des neuen SprA beginnt jedoch erst mit Ablauf der Amtszeit des bisherigen SprA (§ 5 Abs. 4). 5

Ein Verstoß gegen Abs. 1 S. 1 hat keine Auswirkungen auf die Rechtmäßigkeit der späteren Wahl des Vorsitzenden und des stellvertretenden Vorsitzenden (GK-BetrVG/*Raab* § 29 Rn. 12). Beruft der Wahlvorstand die konstituierende Sitzung nicht innerhalb der Wochenfrist ein, so kann der SprA aus eigener Initiative zusammentreten (*Fitting* § 29 Rn. 9; GK-BetrVG/*Raab* § 29 Rn. 13; Richardi BetrVG/*Thüsing* § 29 Rn. 11; aA BAG 23.8.1984, DB 1985, 1085 zum Wahlvorstand für die BR-Wahl: Verfahren nach § 18 Abs. 1 S. 2 BetrVG; *Löwisch* § 12 Rn. 2: Verfahren wie bei Verstoß gegen § 7 Abs. 4 S. 1, s. → § 7 Rn. 31). Der Abwahl des Wahlvorstands und einer Neuwahl in einer Versammlung der L.A. bedarf es nicht. Die Einberufung der konstituierenden Sitzung durch den Wahlvorstand soll die Konstituierung erleichtern, nicht erschweren. 6

2. Leitung (Abs. 1 S. 2)

Der Vorsitzende des Wahlvorstands, bei Verhinderung sein Stellvertreter, leitet die konstituierende Sitzung, bis der SprA einen Wahlleiter zur Wahl des Vorsitzenden und seines Stellvertreters bestellt hat. Mit Bestellung des Wahlleiters geht die Sitzungsleitung auf ihn über. Der Vorsitzende des Wahlvorstands hat die Sitzung zu verlassen (s. Abs. 5 S. 4 Hs. 1; *Fitting* § 29 Rn. 18; GK-BetrVG/*Raab* § 29 Rn. 16). Der Wahlleiter führt den Vorsitz in der SprA-Sitzung so lange, bis der Vorsitzende und der stellvertretende Vorsitzende des SprA gewählt sind (s. → § 11 Rn. 8, 12). 7

3. Tagesordnung

Gegenstand der konstituierenden Sitzung ist die Wahl des SprA-Vorsitzenden und des stellvertretenden Vorsitzenden. Weitere Punkte können nur erörtert werden, wenn die Amtszeit des alten SprA abgelaufen ist (GK-BetrVG/*Raab* § 29 Rn. 9) und wenn sich die neuen SprA-Mitglieder einstimmig für die Erörterung aussprechen (HWGNRH/*Glock* § 29 Rn. 16; aA *Fitting* § 29 Rn. 21: absolute Mehrheit der Mitglieder; GK-BetrVG/*Raab* § 29 Rn. 22: Mehrheitsbeschluss; s. auch → Rn. 12). 8

III. Weitere Sitzungen (Abs. 2, 3)

1. Einberufung und Pflicht zur Einberufung (Abs. 2 S. 1, Abs. 3)

9 Die weiteren Sitzungen hat der Vorsitzende des SprA einzuberufen, bei Verhinderung sein Stellvertreter. Andere SprA-Mitglieder sind dazu grds. nicht befugt (*Fitting* § 29 Rn. 23; GK-BetrVG/*Raab* § 29 Rn. 25; s. aber → § 11 Rn. 45).

10 Auf mündliches oder schriftliches Verlangen eines Drittels der SprA-Mitglieder oder des AG hat der Vorsitzende eine Sitzung einzuberufen (Abs. 3). Er hat den Gegenstand, dessen Beratung beantragt wurde, auf die Tagesordnung zu setzen. Im Übrigen sind Sitzungen zu den Zeiten einzuberufen, zu denen die GO das vorsieht oder der SprA das beschließt. Sieht die GO nichts vor und fehlt es an einem Beschluss des SprA, so setzt der Vorsitzende die Sitzung nach pflichtgemäßem Ermessen bei Bedarf fest.

2. Tagesordnung (Abs. 2 S. 2 und 3, Abs. 3)

11 Die Tagesordnung soll eine ordnungsgemäße Vorbereitung der Sitzung ermöglichen. Sie ist daher vom Vorsitzenden vor der Sitzung festzulegen (Abs. 2 S. 2), falls das nicht bereits durch Beschluss auf der vorausgegangenen Sitzung geschehen ist. Im Fall des Abs. 3 hat der Vorsitzende die beantragten Beratungsgegenstände nachträglich in die Tagesordnung aufzunehmen, falls die zur Verfügung stehende Sitzungszeit ausreicht. Andernfalls ist eine besondere Sitzung anzuberaumen (*Fitting* § 29 Rn. 29; GK-BetrVG/*Raab* § 29 Rn. 30; *Löwisch* § 12 Rn. 3).

12 Während der Sitzung kann die Tagesordnung nur durch einstimmigen Beschluss geändert oder ergänzt werden, und das auch nur, wenn alle Mitglieder (oder deren Ersatzmitglieder) rechtzeitig zur Sitzung geladen worden sind (BAG 22.1.2014, NZA 2014, 2014, 441).

13 Die Tagesordnung ist den SprA-Mitgliedern so zeitig und konkret mitzuteilen, dass sie die Sitzung ordnungsgemäß vorbereiten können. Eine Mitteilung kann nur unterbleiben, wenn und soweit die Tagesordnung auf einer vorausgehenden Sitzung beschlossen wurde und die SprA-Mitglieder oder die Ersatzmitglieder bei dieser Sitzung anwesend waren (*Fitting* § 29 Rn. 34; HWGNRH/*Glock* § 29 Rn. 41 f.; *Löwisch* § 12 Rn. 6).

14 Ein Beschluss in einer nicht auf der Tagesordnung aufgeführten Angelegenheit ist unwirksam, es sei denn, dass die Tagesordnung in der Sitzung wirksam ergänzt oder geändert wurde (s. → Rn. 12). Ein Beschluss ist auch unwirksam, wenn die Tagesordnung den SprA-Mitgliedern nicht ordnungsgemäß mitgeteilt wurde (BAG 22.1.2014, NZA 2014; BAG 9.7.2013, NZA 2013, 1433).

3. Ladung (Abs. 2 S. 3)

15 Der Vorsitzende des SprA hat die SprA-Mitglieder so rechtzeitig zu laden, dass sie sich auf die Tagesordnung vorbereiten können (*Goldschmidt* S. 153). Die Ladung ist entbehrlich, wenn der Sitzungstermin durch die GO oder durch Beschluss in einer früheren Sitzung festgelegt wurde. Allerdings sind auch in diesem Fall Mitglieder und Ersatzmitglieder, die an der Sitzung nicht teilgenommen haben, zu laden (*Fitting* § 29 Rn. 34; GK-BetrVG/*Raab* § 29 Rn. 36; HWGNRH/*Glock* § 29 Rn. 30).

Ersatzmitglieder sind zu laden, sobald der Vorsitzende von der Verhinderung eines SprA-Mitglieds erfährt. Eine § 29 Abs. 2 S. 6 BetrVG entsprechende Bestimmung wurde zwar nicht in das SprAuG aufgenommen. Das dürfte aber ein Redaktionsversehen sein. Um die Ladung zu ermöglichen, sollen die SprA-Mitglieder ihre Verhinderung dem Vorsitzenden unverzüglich (= ohne schuldhaftes Zögern, § 121 Abs. 1 S. 1 BGB) melden. Dabei ist der Grund der Verhinderung anzugeben, um die Überprüfung zu ermöglichen. Denn nur bei tatsächlicher Verhinderung tritt ein Ersatzmitglied ein, gewillkürte Vertretung ist unzulässig (s. → § 10 Rn. 9, zur Verhinderung in persönlichen Angelegenheiten → § 13 Rn. 12; *Fitting* § 29 Rn. 39; *Goldschmidt* S. 153: Ausnahme beharrliche Verweigerung der Mitarbeit). 16

Der AG ist zu laden, wenn die Sitzung auf sein Verlangen anberaumt wird oder wenn der SprA seine Teilnahme an der Sitzung wünscht (Abs. 4). Soweit dem BR oder einzelnen BR-Mitgliedern ein Teilnahmerecht an den Sitzungen eingeräumt wird (§ 2 Abs. 2 S. 1; → Rn. 21), sind auch sie zu laden. 17

Die Ladung ist formlos, also auch mündlich zulässig (*Fitting* § 29 Rn. 44; GK-BetrVG/*Raab* § 29 Rn. 34; HWGNRH/*Glock* § 29 Rn. 29; *Löwisch* § 12 Rn. 4). Unterbleibt eine erforderliche Ladung, so können wirksame Beschlüsse nur gefasst werden, wenn alle SprA-Mitglieder mit Ort und Zeit der Sitzung einverstanden sind (BAG 28.7.2020, NZA 2021, 1417). 18

4. Leitung der Sitzung (Abs. 2 S. 2)

Die SprA-Sitzungen werden vom Vorsitzenden geleitet, im Fall seiner Verhinderung vom stellvertretenden Vorsitzenden. Wenn beide verhindert sind und die weitere Vertretung nicht geregelt ist (s. → § 11 Rn. 45 f.), können die anwesenden Mitglieder durch Mehrheitsbeschluss ein SprA-Mitglied zum Sitzungsleiter bestimmen (*Fitting* § 29 Rn. 49; GK-BetrVG/*Raab* § 29 Rn. 57; HWGNRH/*Glock* § 29 Rn. 61). 19

Die Sitzungsleitung umfasst insbesondere folgende Aufgaben (*Fitting* § 29 Rn. 49; *Löwisch* § 12 Rn. 9): Eröffnung und Schließung der Sitzung, Erteilung und Entziehung des Worts, Ordnungsrufe, Abstimmungsleitung und Feststellung der Ergebnisse, Sorge für die Niederschrift nach § 13 Abs. 3. Der Sitzungsleiter übt ferner das Hausrecht im Sitzungsraum aus, das durch die GO (§ 13 Abs. 5) konkretisiert sein kann. 20

Aufgrund des Hausrechts können SprA-Mitglieder wegen Störung der SprA-Arbeit für einzelne Tagesordnungspunkte oder für die Dauer der Sitzung von der Teilnahme ausgeschlossen werden. Der Ausschluss ist nur als ultima ratio zulässig. Wortentzug, Ordnungsruf und Androhung des Ausschlusses müssen zuvor ohne Wirkung geblieben sein (GK-BetrVG/*Raab* § 29 Rn. 61; HWGNRH/*Glock* § 29 Rn. 60; enger *Löwisch* § 12 Rn. 9: nur, wenn die GO dies zulässt; ganz ablehnend *Fitting* § 29 Rn. 50). 21

5. Teilnahmerecht Dritter (Abs. 4)

Der AG hat ein Teilnahmerecht, wenn die Sitzung auf sein Verlangen einberufen oder wenn er vom SprA ausdrücklich eingeladen wird (Abs. 4). Im ersten Fall beschränkt sich sein Teilnahmerecht auf die Tagesordnungspunkte, deren Erörterung er beantragt hat (*Fitting* § 29 Rn. 53; GK-BetrVG/*Raab* § 29 Rn. 64; *Löwisch* § 12 Rn. 7; Richardi BetrVG/*Thüsing* § 29 Rn. 47; aA HWGNRH/*Glock* § 29 Rn. 45). Auch die Einladung kann der SprA auf einzelne Tagesordnungspunkte beschränken (*Fitting* § 29 Rn. 53; GK-BetrVG/*Raab* § 29 Rn. 64; *Löwisch* § 12 22

Rn. 7; HWGNRH/*Glock* § 29 Rn. 45). Aus dem Grundsatz der vertrauensvollen Zusammenarbeit (§ 2 Abs. 1) ist der AG im Normalfall auch zur Teilnahme verpflichtet (*Fitting* § 29 Rn. 56; GK-BetrVG/*Raab* § 29 Rn. 69; HWGNRH/*Glock* § 29 Rn. 46; aA *Löwisch* § 12 Rn. 7). Er hat kein Stimmrecht (*Fitting* § 29 Rn. 59; GK-BetrVG/*Raab* § 29 Rn. 67; HWGNRH/*Glock* § 29 Rn. 50).

23 Das Teilnahmerecht des BR oder einzelner BR-Mitglieder richtet sich nach § 2 Abs. 2 S. 1 (s. → § 2 Rn. 21 f.).

24 Die Teilnahme von Vertretern der Koalitionen kann nicht verlangt werden (*Bauer* Anm. V S. 40; *Oetker* ZfA 1990 43, 55 will Verbandsbeauftragte zumindest dann zulassen, wenn alle SprA-Mitglieder damit einverstanden sind). Das schließt nicht aus, dass der SprA durch Mehrheitsbeschluss zu bestimmten Tagesordnungspunkten Verbandsvertreter als Sachverständige oder Auskunftspersonen einlädt (s. → Rn. 28).

IV. Zeitpunkt der Sitzungen (Abs. 5 S. 1 und S. 2)

25 Die Sitzungen finden grds. während der Arbeitszeit statt; dabei sind die betrieblichen Notwendigkeiten zu berücksichtigen (Abs. 5 S. 1 und S. 2). Rücksicht zu nehmen ist nicht nur hinsichtlich der Lage der Sitzung, sondern auch hinsichtlich der Dauer und Häufigkeit (BAG 24.7.1979, DB 1980, 263; *Löwisch* § 12 Rn. 10). Die Besprechung ist deshalb möglichst am Ende der Arbeitszeit oder im Zusammenhang mit Pausen abzuhalten (HWGNRH/*Glock* § 30 Rn. 7; *Löwisch* § 12 Rn. 10; aA *Fitting* § 30 Rn. 7; GK-BetrVG/*Raab* § 30 Rn. 8) und zügig durchzuführen. Ausnahmsweise werden SprA-Sitzungen auch außerhalb der Arbeitszeit durchzuführen sein. Dabei ist zu beachten, dass es abweichend von § 37 Abs. 3 BetrVG keinen Anspruch auf Zeitausgleich für die aufgewendete Freizeit gibt. Das erhöht die Anforderungen an die „betrieblichen Notwendigkeiten".

26 Bei Verstoß gegen Abs. 5 S. 2 kann der AG den Erlass einer einstweiligen Verfügung (§ 85 Abs. 2 ArbGG) beantragen. Das ArbG kann den Sitzungstermin aufheben (*Fitting* § 30 Rn. 13; HWGNRH/*Glock* § 30 Rn. 13). Bei groben Verstößen kommt ein Verfahren nach § 9 Abs. 1 in Betracht (*Fitting* § 30 Rn. 13; HWGNRH/*Glock* § 30 Rn. 14).

V. Verständigung des Arbeitgebers (Abs. 5 S. 3)

27 Der AG ist nach Abs. 5 S. 3 im Voraus über den Zeitpunkt der Sitzung zu informieren, und zwar unabhängig davon, ob er selbst eingeladen wird. Seiner Zustimmung bedarf es nicht. Die Tagesordnung braucht der SprA dem AG nur dann und nur insoweit mitzuteilen, als er ihn zur Sitzung einlädt (s. → Rn. 17, → Rn. 22).

VI. Ausschluss der Öffentlichkeit (Abs. 5 S. 4)

28 An den SprA-Sitzungen dürfen nur die SprA-Mitglieder und, soweit vom Gesetz vorgesehen, AG und BR oder BR-Mitglieder teilnehmen (Abs. 5 S. 4 Hs. 1; s. → Rn. 22 ff.). Abweichende Beschlüsse oder Vereinbarungen sind nichtig. Allerdings kann der SprA einzelne Personen zur Beratung einzelner Tagesordnungspunkte zulassen. In Betracht kommen insbesondere Sachverständige und

Auskunftspersonen, die bei der Beratung einzelner Tagesordnungspunkte mithelfen; das können auch Verbandsvertreter sein. Die eingeladenen Personen dürfen sich nicht an der Beratung beteiligen und haben demgemäß auch kein Stimmrecht.

Ersatzmitglieder dürfen nicht als solche an SprA-Sitzungen teilnehmen, um sich – sozusagen als Praktikant – mit der SprA-Arbeit vertraut zu machen, auch nicht auf Einladung des SprA (für BR-Mitglieder ebenso DKW/Wedde § 30 Rn. 11; Fitting § 30 Rn. 16; GK-BetrVG/Raab § 30 Rn. 22; ErfK/Koch BetrVG § 30 Rn. 1; Richardi BetrVG/Thüsing § 30 Rn. 11 f.). Etwas anderes wird man dann annehmen dürfen, wenn eine wichtige Angelegenheit vorberaten wird, zu der in einer der nächsten Sitzungen eine Entscheidung zu treffen ist, an der ein SprA-Mitglied nicht oder mit großer Wahrscheinlichkeit nicht teilnehmen kann. Das Teilnahmerecht beschränkt sich auf diesen Punkt und den potentiellen Nachrücker. **28a**

Mit dem Grundsatz der Nichtöffentlichkeit soll die sachgemäße Behandlung eines Tagesordnungspunktes sichergestellt werden. Das setzt die Möglichkeit einer unbefangenen Aussprache und eine Beschlussfassung frei von Einflüssen Dritter voraus. Die Sitzungsteilnehmer können jedoch selbst darüber entscheiden, ob sie sich bei der Teilnahme Dritter beeinträchtigt fühlen. Ein wesentlicher, zur Unwirksamkeit des Beschlusses führender Verstoß kommt allenfalls dann in Betracht, wenn ein Sitzungsteilnehmer die Teilnahme einer nicht teilnahmeberechtigten Person vor der Behandlung des Tagesordnungspunktes beanstandet hat und die Person trotzdem anwesend bleibt (BAG 30.9.2014, NZA 2015, 370). Unwirksam ist jedoch ein Beschluss, der ohne die Teilnahme eines Dritten anders ausgefallen wäre (*Fitting* § 30 Rn. 22; GK-BetrVG/*Raab* § 33 Rn. 59; *Löwisch* § 12 Rn. 13; Richardi BetrVG/*Thüsing* § 30 Rn. 18; aA HWGNRH/*Glock* § 30 Rn. 30: niemals Unwirksamkeit). Bei einer Video- und Telefonkonferenz steht der Teilnahme eines Dritten gleich, wenn ein Teilnehmer auf Umstände hinweist, die auf die Teilnahme einer nicht berechtigten Person schließen lassen. **29**

Ist ein Beschluss wegen Verletzung des Gebots der Nichtöffentlickeit unwirksam, können zugunsten des AG Vertrauensgrundsätze eingreifen (ErfK/*Koch* BetrVG § 33 Rn. 2; *Fitting* § 33 Rn. 59). **30**

VII. Präsenzsitzung (Abs. 5 S. 5)

Die Sitzungen des SprA sind grundsätzlich als Präsenzsitzungen, dh unter physischer Anwesenheit aller teilnehmenden Personen, durchzuführen. Die Durchführung als Präsenzsitzung ist gegenüber einer mittels Video- und Telefonkonferenz durchgeführten Sprecherausschusssitzung vorzugswürdig, da Körpersprache, Mimik und Gestik nicht in gleicher Weise wahrgenommen werden können. Auch ein vertraulicher Einzelaustausch von einzelnen SprA-Mitgliedern, der für die Meinungsbildung wichtig sein kann, ist nicht möglich (so Begr. RefE zum gleichlautenden § 30 Abs. 1 S. 5 BetrVG zu Nr. 4b). **31**

VIII. Video- und Telefonkonferenz (Abs. 5 S. 6, 7)

Abweichend vom Grundsatz des Abs. 5 S. 5 ermöglicht es S. 6 dem SprA, Sitzungen und Beschlussfassungen auch mittels Video- und Telefonkonferenzen einschließlich onlinegestützter Anwendungen wie WebExMeetings oder Skype durchzuführen. Die Sitzung kann ausschließlich als Video- und/oder Telefonkon- **32** ferenz (*Fitting* § 30 Rn. 30) abgehalten werden; es können aber auch einzelne teilnahmeberechtigte Personen zugeschaltet werden (teilvirtuelle Konferenz). Der SprA entscheidet – unter den Voraussetzungen des S. 7 selbst, ob und inwieweit er von der Möglichkeit einer Video- oder Telefonkonferenz Gebrauch macht. Ein Vorrang der Video- vor der Telefonkonferenz besteht nicht (*Boemke/Roloff/Haase* NZA 2021, 827 (832): Die GO kann anderes bestimmen). Der Arbeitgeber ist nicht berechtigt, die Durchführung einer Sitzung als Video- oder Telefonkonferenz zu verlangen (Begr. RefE zu § 30 Abs. 2 BetrVG zu Nr. 4b).

33 Die Abhaltung von Video- und Telefonkonferenzen und die Teilnahme daran stehen unter drei Prämissen:

33a 1. Der SprA muss die Voraussetzungen für die Teilnahme mittels Video- und Telefonkonferenz in seiner Geschäftsordnung regeln (zur GO *Boemke/Roloff/Haase* NZA 2021, 827 (833 ff.) mit einem Vorschlag für eine GO für den BR, die mutatis mutandis auch als Muster für eine GO des SprA dienen kann). Dabei ist der Vorrang der Präsenzsitzung durch entsprechende Vorschriften zu sichern. Das kann beispielsweise durch eine Begrenzung der Anzahl der Sitzungen geschehen, die ganz oder teilweise virtuell durchgeführt werden, oder durch eine Beschränkung auf Themen und Sachverhalte, bei denen der SprA eine möglichst schnelle Befassung für angezeigt hält, oder durch eine Begrenzung auf Fälle, in denen sie dem Gesundheitsschutz der SprA-Mitglieder dienen.

33b 2. Video- und Telefonkonferenzen sind nur dann zulässig, wenn nicht zuvor ein Viertel der SprA-Mitglieder diesem Verfahren widerspricht. Das ist bei einem 3-köpfigen SprA ein Mitglied, bei 5- oder 7-köpfigen SprA sind es zwei. Der Vorsitzende hat mit der Einladung darauf hinzuweisen, dass und in welcher Weise die Nutzung einer Video- oder Telefonkonferenz beabsichtigt ist, und er hat eine angemessene Frist zum Widerspruch zu setzen. Der Widerspruch ist an den Vorsitzenden zu richten. Er ist nicht formgebunden, dh er kann auch bspw. per E-Mail, SMS oder (fern-)mündlich erfolgen.

33c 3. Es soll sichergestellt sein, dass Dritte vom Inhalt der Sitzung keine Kenntnis nehmen können. Das kann durch technische Maßnahmen wie zB eine Verschlüsselung der Verbindung oder organisatorische Maßnahmen wie die Nutzung eines nichtöffentlichen Raumes während der Dauer der Sitzung geschehen. Die zugeschalteten Sitzungsteilnehmer können auch versichern, dass nur teilnahmeberechtigte Personen in dem genutzten Raum anwesend sind. Sobald nicht teilnahmeberechtigte Personen den Raum betreten, ist hierüber unverzüglich zu informieren. Der Vorsitzende sollte in der Einladung ausdrücklich darauf hinweisen, dass die Sitzung nichtöffentlich ist und dass er sofort zu unterrichten ist, wenn ein Teilnehmer das nicht sicherstellen kann. Ggf. sollte er sich durch E-Mail oder SMS bestätigen lassen, dass die Teilnehmer die Vertraulichkeit wahren können. Können oder wollen sie das nicht, sind sie von der Teilnahme auszuschließen. Der SprA ist auch noch beschlussfähig, wenn mindestens die Hälfte seiner Mitglieder an der Beschlussfassung teilnimmt (§ 13. Abs. 1 S. 1). DS-GVO und BDSG sind zu beachten. Erforderliche technische Sicherungsmaßnahmen sind – ebenso wie das erforderliche Equipment für die Konferenz (Laptop, Software, Handy) – vom Arbeitgeber zur Verfügung zu stellen (§ 14 Abs. 2 S. 2). Zum Vorstehenden Begr. RefE zu § 30 Abs. 2 BetrVG zu Nr. 4b.

34 Eine Sitzung kann ausnahmsweise auch ohne Regelung in der Geschäftsordnung mittels Video- oder Telefonkonferenz durchgeführt werden, wenn eine Präsenzsitzung aus rechtlichen oder tatsächlichen Gründen nicht abgehalten werden kann. Auch dann ist aber Voraussetzung, dass nicht ein Viertel der SprA-Mitglieder widerspricht und dass sichergestellt ist, dass Dritte vom Inhalt der Sitzung keine Kenntnis nehmen können.

Eine Aufzeichnung virtueller Sitzungen ist aus Gründen des Persönlichkeits- 35
schutzes der Teilnehmer und zur Wahrung der Nichtöffentlichkeit unzulässig. Das weicht von der bisher hL ab, die Tonbandaufnahmen für das Protokoll oder zu Beweiszwecken als zulässig angesehen hatte (*Däubler/Klebe* NZA 2020, 545 (549); *Mückl/Wittek* DB 2020, 1289 (1291)).

Findet eine SprA-Sitzung vor Ort statt und wird den SprA-Mitgliedern ergän- 36
zend ermöglicht, mittels Video- oder Telefonkonferenz teilzunehmen, so sollen sie nicht gezwungen werden, aus Kostengründen auf eine Teilnahme vor Ort zu verzichten. Abs. 7 stellt klar, dass in einem solchen Fall eine Teilnahme an der vor Ort stattfindenden Sitzung als erforderliche SprA-Tätigkeit iSd § 14 Abs. 2 S. 1 anzusehen ist. Allerdings müssen die Kosten wie sonst auch verhältnismäßig sein (zum Vorstehenden Begr. RefE zu § 30 Abs. 2 BetrVG zu Nr. 4b).

IX. Streitigkeiten

Streitigkeiten über die Einberufung, die Tagesordnung, den Zeitpunkt und 37
die Ladung zu Sitzungen sowie über Teilnahmerechte entscheidet das ArbG im Beschlussverfahren (§ 2a Abs. 1 Nr. 2, Abs. 2; §§ 80 ff. ArbGG). Örtlich zuständig ist jeweils das ArbG, in dessen Bezirk der Betrieb liegt (§ 82 Abs. 1 S. 1 ArbGG), für den USprA das ArbG, in dessen Bezirk das Unternehmen seinen Sitz hat (§ 82 Abs. 1 S. 2 und S. 3 ArbGG). Wird eine SprA-Sitzung ohne Rücksicht auf betriebliche Notwendigkeiten (Abs. 5 S. 2) angesetzt, so kann der AG eine einstweilige Verfügung beantragen (s. → Rn. 26). Örtlich zuständig ist das für die Hauptsache zuständige Gericht (§ 85 Abs. 2 ArbGG; §§ 935, 937 Abs. 1 ZPO).

§ 13 Beschlüsse und Geschäftsordnung des Sprecherausschusses

(1) [1]**Die Beschlüsse des Sprecherausschusses werden, soweit in diesem Gesetz nichts anderes bestimmt ist, mit der Mehrheit der Stimmen der anwesenden Mitglieder gefasst.** [2]**Mitglieder, die mittels Video- und Telefonkonferenz an der Beschlussfassung teilnehmen, gelten als anwesend.** [3]**Bei Stimmengleichheit ist ein Antrag abgelehnt.**

(2) [1]**Der Sprecherausschuss ist nur beschlussfähig, wenn mindestens die Hälfte seiner Mitglieder an der Beschlussfassung teilnimmt.** [2]**Stellvertretung durch Ersatzmitglieder ist zulässig.**

(3) [1]**Über jede Verhandlung des Sprecherausschusses ist eine Niederschrift anzufertigen, die mindestens den Wortlaut der Beschlüsse und die Stimmenmehrheit, mit der sie gefasst sind, enthält.** [2]**Die Niederschrift ist von dem Vorsitzenden und einem weiteren Mitglied zu unterzeichnen.** [3]**Der Niederschrift ist eine Anwesenheitsliste beizufügen, in die sich jeder Teilnehmer eigenhändig einzutragen hat.** [4]**Nimmt ein Mitglied des Sprecherausschusses mittels Video- und Telefonkonferenz an der Sitzung teil, so hat es seine Teilnahme gegenüber dem Vorsitzenden in Textform zu bestätigen.** [5]**Die Bestätigung ist der Niederschrift beizufügen.**

(4) **Die Mitglieder des Sprecherausschusses haben das Recht, die Unterlagen des Sprecherausschusses jederzeit einzusehen.**

(5) **Sonstige Bestimmungen über die Geschäftsführung können in einer schriftlichen Geschäftsordnung getroffen werden, die der Sprecherausschuss mit der Mehrheit der Stimmen seiner Mitglieder beschließt.**

Übersicht

I. Allgemeines

1 Die amtliche Überschrift deckt den Inhalt des § 13 nicht ganz. Genauer umschreibt ihn die Begründung zum Entwurf: „Regelungen über die Beschlussfassung, die Beschlussfähigkeit und die interne Geschäftsführung des Sprecherausschusses" (BT-Drs. 11/2503, 39, zu § 13). Tatsächlich regelt Abs. 1 die Beschlussfassung, Abs. 2 die Beschlussfähigkeit, Abs. 3 die Sitzungsniederschrift, Abs. 4 das Einsichtsrecht der Mitglieder in die Unterlagen des SprA und Abs. 5 die GO.

2 Abs. 1 und Abs. 2 entsprechen § 33 Abs. 1 und Abs. 2 BetrVG, Abs. 3 und Abs. 4 entsprechen § 34 Abs. 1 und Abs. 3 BetrVG, und Abs. 5 entspricht § 36 BetrVG.

II. Beschlüsse (Abs. 1, 2)

1. Voraussetzungen für die Beschlussfassung (Abs. 2)

3 **a) Beschlüsse.** Der Beschluss ist das rechtstechnische Mittel des SprA als einer Personenmehrheit zur Bildung eines einheitlichen Willens. Beschlüsse können in allen Angelegenheiten gefasst werden, die zur Zuständigkeit des SprA gehören. Sie müssen in Angelegenheiten gefasst werden, in denen sich der SprA gegenüber Dritten (AG) in Ausübung seiner Beteiligungsrechte (zB Kündigung eines L.A.) verbindlich zu äußern hat.

Die Umsetzung eines Beschlusses erfolgt durch Erklärung des Vorsitzenden (§ 11 Abs. 2 S. 1). § 13 ist nicht unmittelbar und uneingeschränkt auf die Wahlen nach § 11 und auf andere Organisationsakte, etwa die Abberufung, anwendbar (*Fitting* § 33 Rn. 10; GK-BetrVG/*Raab* § 33 Rn. 7). Organisationsakte sind keine Beschlüsse, sie dienen nicht der Findung eines einheitlichen Willens, sondern unter Auslotung der Mehrheitsverhältnisse der Besetzung von Ämtern und Positionen. 4

b) Sitzung. Der SprA kann seine Beschlüsse nur in einer ordnungsgemäßen Sitzung fassen (*Fitting* § 33 Rn. 20; GK-BetrVG/*Raab* § 33 Rn. 9; *Goldschmidt* S. 155; HWGNRH/*Glock* § 33 Rn. 4; *Löwisch* § 13 Rn. 1). Das heißt, es müssen grds. alle SprA-Mitglieder und ggf. die Ersatzmitglieder unter Angabe der Tagesordnung geladen werden. Bei formlosen oder zufälligen Treffen können Beschlüsse also nur gefasst werden, wenn alle Mitglieder anwesend und mit der Beschlussfassung einverstanden sind (*Löwisch* § 13 Rn. 1). Eine Beschlussfassung im Umlaufverfahren ist unzulässig (*Goldschmidt* S. 155; aA Vorauflage). 5

Abs. 1 S. 1 spricht von Beschlussfassung durch die anwesenden Mitglieder. Als anwesend gilt auch ein SprA-Mitglied, das virtuell an der Sitzung teilnimmt. Ein Beschluss kann also auch dann wirksam gefasst werden, wenn einzelne oder alle SprA-Mitglieder mittels Video- oder Telekonferenz an der Sitzung teilnehmen (S. 2). 6

c) Beschlussfähigkeit. Mindestens die Hälfte der SprA-Mitglieder muss an der Beschlussfassung teilnehmen (Abs. 2 S. 1). Auch die Stimmenthaltung ist Teilnahme (*Fitting* § 33 Rn. 13; GK-BetrVG/*Raab* § 33 Rn. 15; HWGNRH/*Glock* § 33 Rn. 10). Um feststellen zu können, wie viele an der Beschlussfassung mitgewirkt haben, sind neben den Für- und Gegenstimmen auch die Enthaltungen zu ermitteln und in der Niederschrift (Abs. 3) festzuhalten (GK-BetrVG/*Raab* § 33 Rn. 15; HWGNRH/*Glock* § 33 Rn. 10 f.; *Stege/Weinspach* § 33 Rn. 3; aA Richardi BetrVG/*Thüsing* § 33 Rn. 7, da Verweigerung der Teilnahme als Verstoß gegen den Gedanken des § 162 BGB. unbeachtlich sei). Für die Teilnahme spricht keine Vermutung, wie der Wortlaut des Abs. 2 S. 1 zeigt, der die Beschlussfähigkeit gerade an die Teilnahme knüpft (GK-BetrVG/*Raab* § 33 Rn. 15; *Stege/Weinspach* § 33 Rn. 3; aA *Fitting* § 33 Rn. 13). 7

Die Beschlussfähigkeit muss im Zeitpunkt (je)der Abstimmung vorliegen. Beschlussfähigkeit vor oder nach der Abstimmung ist weder genügend noch erforderlich (*Fitting* § 33 Rn. 15; GK-BetrVG/*Raab* § 33 Rn. 18). 8

Verhinderte Mitglieder zählen bei der Ermittlung der Beschlussfähigkeit nicht mit, wohl aber die Ersatzmitglieder, die an ihrer Stelle teilnehmen. Verhindert sind auch Mitglieder, über deren eigene Angelegenheiten abgestimmt wird (dazu → Rn. 12). 9

Die Beschlussfähigkeit kann in der GO nicht abweichend von Abs. 2 geregelt werden (*Goldschmidt* S. 156; *Löwisch* § 13 Rn. 2). 10

2. Beschlussfassung (Abs. 1)

a) Stimmrecht. Abstimmen dürfen nur die SprA-Mitglieder und bei Verhinderung die Ersatzmitglieder. AG und BR haben auch dann kein Stimmrecht, wenn sie an der Sitzung teilnehmen dürfen (dazu → § 12 Rn. 22 f.). 11

Soll ein Beschluss über die eigenen Angelegenheiten eines SprA-Mitglieds (zB Kündigung, Antrag auf Ausschließung aus dem SprA nach § 9 Abs. 1 (*Fitting* § 33 Rn. 37)) gefasst werden, so ist das betroffene Mitglied nicht stimmberechtigt 12

(*Fitting* § 33 Rn. 37; GK-BetrVG/*Raab* § 33 Rn. 23 mwN; *Goldschmidt* S. 157; HWGNRH/*Glock* § 33 Rn. 30; Richardi BetrVG/*Thüsing* § 33 Rn. 23). Wenn möglich, ist ein Ersatzmitglied zu laden. Die Verhinderung erstreckt sich auch auf die vorausgehende Beratung. Bei Anwesenheit des Betroffenen ist eine unbefangene und sachliche Erörterung nicht gewährleistet. Das Mitglied hat deshalb bei dem gesamten Tagesordnungspunkt den Sitzungsraum zu verlassen (BAG 23.8.1984, DB 1985, 554; 26.8.1981, DB 1981, 2627; GK-BetrVG/*Raab* § 33 Rn. 24; *Goldschmidt* S. 157; HWGNRH/*Glock* § 33 Rn. 31). Allerdings ist ihm vor der Beschlussfassung Gehör zu gewähren (GK-BetrVG/*Raab* § 33 Rn. 25; HWGNRH/*Glock* § 33 Rn. 31).

13 Die Grundsätze über die Verhinderung in eigenen Angelegenheiten gelten nicht bei organisatorischen Akten wie der Wahl und der Abberufung (*Fitting* § 33 Rn. 37a; GK-BetrVG/*Raab* § 33 Rn. 26; HWGNRH/*Glock* § 33 Rn. 33; s. auch → § 10 Rn. 11, → § 11 Rn. 5, 25).

14 **b) Abstimmung.** Vorschriften über die Abstimmung bestehen nicht. Die GO kann Regelungen treffen. Sie kann offene oder geheime, schriftliche oder mündliche (durch Handzeichen), auch namentliche Abstimmung festlegen. Fehlt eine Regelung in der GO, so können die SprA-Mitglieder mehrheitlich einen Abstimmungsmodus bestimmen. In Ermangelung einer Bestimmung wird man von einer offenen mündlichen Abstimmung als Normalform auszugehen haben (*Löwisch* § 13 Rn. 4).

15 Einen stillschweigenden Beschluss gibt es nicht (BAG 19.1.2005, BeckRS 2005, 30349188; 7.10.1980, DB 1981, 803; *Fitting* § 33 Rn. 32; GK-BetrVG/*Raab* § 33 Rn. 38; HWGNRH/*Glock* § 33 Rn. 5); Beschlüsse setzen die Stimmabgabe der Mitglieder voraus. Dennoch kann dem Schweigen uU Bedeutung zukommen (so insbesondere bei § 31 Abs. 2 S. 5).

16 Vom bloßen Schweigen ist schlüssiges Verhalten zu unterscheiden. Stimmen die Mitglieder nicht ausdrücklich ab, geben sie aber sonst wie ihre Meinung kund, so genügt das (*Fitting* § 33 Rn. 32; GK-BetrVG/*Raab* § 33 Rn. 39; HWGNRH/*Glock* § 33 Rn. 6). Denn die Beschlussfassung ist nicht an eine bestimmte Form gebunden (→ Rn. 14). Es reicht also beispielsweise aus, wenn der Sitzungsleiter zu einem Antrag feststellt, dass niemand oder nur eine Minderheit widerspricht (*Fitting* § 33 Rn. 32; GK-BetrVG/*Raab* § 33 Rn. 39; HWGNRH/*Glock* § 33 Rn. 6).

17 **c) Mehrheit.** Abs. 1 S. 1 verlangt die Mehrheit der Stimmen, gemessen an den anwesenden Mitgliedern. Den Ja-Stimmen sind also die Nein-Stimmen, die Stimmenthaltungen und die Stimmen der SprA-Mitglieder, die trotz Anwesenheit nicht an der Beschlussfassung teilnehmen (GK-BetrVG/*Raab* § 33 Rn. 30; *Löwisch* § 13 Rn. 3; aA *Fitting* § 33 Rn. 34; HWGNRH/*Glock* § 33 Rn. 8 ff.), gegenzurechnen.

18 In den Ausnahmefällen des Abs. 5 und der §§ 5 Abs. 2 Nr. 4, 18 Abs. 2 ist die Mehrheit aller SprA-Mitglieder erforderlich.

19 Stimmengleichheit bedeutet Ablehnung des Antrags (Abs. 1 S. 2).

3. Aufhebung, Änderung

20 Da Beschlüsse interne Akte der Willensbildung sind (→ Rn. 3), können sie so lange frei geändert oder aufgehoben werden, bis sie durch eine Erklärung an

Dritte für den SprA bindend geworden sind (*Fitting* § 33 Rn. 45; GK-BetrVG/*Raab* § 33 Rn. 43; HWGNRH/*Glock* § 33 Rn. 45).

4. Unwirksamkeit, Anfechtbarkeit

Beschlüsse des SprA sind nichtig, wenn sie gegen ein Gesetz im materiellen Sinn (dazu gehören auch Verordnungen und der normative Teil von Tarifverträgen) oder eine sonstige Vorschrift (zB Unfallverhütungsvorschrift) verstoßen (*Fitting* § 33 Rn. 53; HWGNRH/*Glock* § 33 Rn. 36), die Zuständigkeit des SprA überschreiten oder nicht ordnungsgemäß zustande gekommen sind (BAG 23.8.1984, DB 1985, 554; *Fitting* § 33 Rn. 52; GK-BetrVG/*Raab* § 33 Rn. 51; HWGNRH/*Glock* § 33 Rn. 36; *Löwisch* § 13 Rn. 5). Zur Nichtigkeit führen auch grobe Verfahrensfehler, wie fehlende Ladung, unterbliebene Mitteilung der Tagesordnung, mangelnde Beschlussfähigkeit (s. → Rn. 7 ff.), Leitung der Sitzung durch eine hierzu nicht befugte Person (s. → § 12 Rn. 19) oder fehlende Feststellung der Mehrheit (*Fitting* § 33 Rn. 54; GK-BetrVG/*Raab* § 33 Rn. 52 ff.; HWGNRH/*Glock* § 33 Rn. 39 ff.). Der Fehler muss Einfluss auf das Ergebnis des Beschlusses gehabt haben können (*Fitting* § 33 Rn. 54; GK-BetrVG/*Raab* § 33 Rn. 57; *Löwisch* § 13 Rn. 5). Daran fehlt es zB, wenn die Aufnahme des Beschlusses in die Niederschrift unterbleibt (Abs. 3; bei Verstoß gegen die Nichtöffentlichkeit der Sitzung → § 12 Rn. 30). 21

Der Beschluss selbst kann nicht angefochten werden (*Fitting* § 33 Rn. 51; *Löwisch* § 13 Rn. 5), wohl aber die einzelne Stimmabgabe (§§ 119, 123 BGB; *Fitting* § 33 Rn. 51; GK-BetrVG/*Raab* § 33 Rn. 50; HWGNRH/*Glock* § 33 Rn. 37 f.). Das kann Auswirkungen auf die Mehrheitsverhältnisse haben. 22

III. Niederschrift (Abs. 3)

Die Niederschrift, die über jede Sitzung (§§ 12, 13) anzufertigen ist (Abs. 3), ist eine Privaturkunde iSd § 416 ZPO und eine Urkunde iSd § 267 StGB. Sie erbringt Beweis dafür, dass die in ihr enthaltenen Erklärungen abgegeben wurden. Über die inhaltliche Richtigkeit besagt sie nichts. Der Gegenbeweis kann mit den zulässigen Beweismitteln geführt werden (*Fitting* § 34 Rn. 5; GK-BetrVG/*Raab* § 34 Rn. 13). 23

Mindestinhalt sind der Wortlaut der Beschlüsse und das Stimmenverhältnis. 24

Die Hinzuziehung einer Schreibkraft zur Anfertigung der Niederschrift ist trotz des Prinzips der Nichtöffentlichkeit von SprA-Sitzungen (§ 12 Abs. 5 S. 4) zulässig (ErfK/*Koch* SprAuG § 34 Rn. 1; *Fitting* § 34 Rn. 11; Richardi BetrVG/*Thüsing* § 34 Rn. 6; aA GK-BetrVG/*Raab* § 34 Rn. 8, § 30 Rn. 22; HWGNRH/*Glock* § 34 Rn. 10). Die Schreibkraft ist aus ihrer Treuepflicht zur Vertraulichkeit verpflichtet und sollte vom Vorsitzenden darauf hingewiesen werden. 25

Die Niederschrift ist vom Vorsitzenden und von einem weiteren Mitglied des SprA zu unterzeichnen. Beizufügen ist eine Anwesenheitsliste. In diese Liste muss sich jedes SprA-Mitglied eigenhändig eintragen. Ein SprA-Mitglied, das virtuell an der Sitzung teilnimmt, hat seine Teilnahme dem Vorsitzenden gegenüber in Textform (§ 126b BGB: E-Mail, SMS, Telefax, Messenger- oder Chatfunktion) zu bestätigen. Bei elektronischer Erstellung und Übermittlung muss sichergestellt sein, dass der Vorsitzende als Empfänger die durch den Abwesenden unveränderbare Erklärung zu seiner dauerhaften Verwendung aufbewahren oder speichern 26 kann (Begr. zu BetrVG zu Nr. 6 RefE). Die Bestätigung ist der Niederschrift beizufügen.

27 Die Niederschrift ist bis zum Ende der Amtszeit des SprA aufzubewahren (*Löwisch* § 13 Rn. 6); darüber hinaus dann, wenn ihr auch später noch rechtliche Bedeutung zukommt (*Fitting* § 34 Rn. 17; GK-BetrVG/*Raab* § 34 Rn. 36).

28 Jeder Teilnehmer an der SprA-Sitzung kann unverzüglich (= ohne schuldhaftes Zögern, § 121 Abs. 1 S. 1 BGB) schriftlich Einwendungen gegen die Niederschrift erheben. Die Einwendungen sind der Niederschrift beizufügen (*Goldschmidt* S. 157; *Löwisch* § 13 Rn. 8; vgl. § 34 Abs. 2 S. 2 Hs. 2 BetrVG).

IV. Einsicht in die Unterlagen (Abs. 4)

29 Die SprA-Mitglieder haben ein unbeschränktes und unbeschränkbares (*Fitting* § 34 Rn. 33; GK-BetrVG/*Raab* § 34 Rn. 29 f.) Recht auf jederzeitige Einsicht in die Unterlagen des SprA (Abs. 4). Ein besonderes Interesse muss nicht geltend gemacht werden. Das Einsichtsrecht umfasst nicht den Anspruch auf Überlassung von Unterlagen, jedoch kann sich das SprA-Mitglied Notizen machen oder Kopien anfertigen (*Fitting* § 34 Rn. 34; GK-BetrVG/*Raab* § 34 Rn. 31; aA bzgl. der Herstellung von Fotokopien BAG 27.5.1982, DB 1982, 2578).

30 Zu den Unterlagen zählen die Sitzungsniederschriften sowie alle Materialien und Aufzeichnungen, die dem SprA zur Verfügung stehen (*Fitting* § 34 Rn. 36; GK-BetrVG/*Raab* § 34 Rn. 33; HWGNRH/*Glock* § 34 Rn. 36), einschließlich der Unterlagen der nach § 11 Abs. 3 geschäftsführenden SprA-Mitglieder (BT-Drs. 11/2503, 39).

31 Das Einsichtsrecht steht auch Ersatzmitgliedern zu, soweit die Einsicht bei Verhinderung eines SprA-Mitglieds zur Erfüllung der Aufgaben erforderlich ist. AG und BR haben Anspruch auf eine Abschrift des entsprechenden Teils der Sitzungsniederschrift, wenn sie an der Sitzung berechtigt teilgenommen haben (*Löwisch* § 13 Rn. 7).

V. Geschäftsordnung (Abs. 5)

1. Erlass, Änderung und Aufhebung

32 Der Erlass einer GO steht im Ermessen des SprA. Während der BR eine GO erlassen soll (§ 36 BetrVG), kann der SprA eine GO beschließen. Will er sich die Möglichkeit schaffen, virtuelle Sitzungen abzuhalten, dann muss er sich eine GO geben (§ 12 Abs. 6 S. 1 Nr. 1). Für den Beschluss ist die absolute Mehrheit der SprA-Mitglieder erforderlich. Die GO muss schriftlich ausgefertigt und vom SprA-Vorsitzenden unterzeichnet werden. Eine Veröffentlichung ist nicht notwendig (*Bauer* Anm. II S. 42; *Fitting* § 36 Rn. 11; GK-BetrVG/*Raab* § 36 Rn. 9).

33 Für die Änderung und für die Aufhebung der GO gelten dieselben Regeln wie für den Erlass. Für die Aufhebung genügt ein Vermerk in der Sitzungsniederschrift.

2. Inhalt

34 Die GO enthält Regeln über die Geschäftsführung, dh interne Verfahrensregeln und Bestimmungen über die Aufgaben und Befugnisse der SprA-Mitglieder (*Fitting* § 36 Rn. 5; GK-BetrVG/*Raab* § 36 Rn. 11 f.; *Löwisch* § 13 Rn. 9. Muster

einer GO für den BR bei *Boemke/Roloff/Haase* NZA 2021, 827 (833 f.)). Will der SprA sich die Möglichkeit von Sitzungen mittels Video- und Telefonkonferenzen vorbehalten, dann sind in der GO die Voraussetzungen dafür unter Sicherung des Vorrangs der Präsenzsitzung festzulegen (§ 12 Abs. 6 Ziff. 1). Für Wahlen enthält das Gesetz keine Formvorschriften. Das SprAuG überlässt es dem SprA, ob er Wahlen offen oder geheim durchführt. Es gibt deshalb keinen Grund, ihm eine virtuelle Durchführung von Wahlen zu verwehren (*Hagedorn* NZA 2021, 158 (160); dazu näher → § 11 Rn. 9). Trotzdem sollte bei Bedarf auch diese Möglichkeit in die GO aufgenommen werden. Wegen der persönlichen Betroffenheit der SprA-Mitglieder kann bestimmt werden, dass die Wahl bereits bei Widerspruch eines Mitglieds in einer Präsenzsitzung stattzufinden hat. Regelungen des SprAuG können zwar nicht geändert, sondern nur ergänzt werden („sonstige Bestimmungen"). § 12 Abs. 6 S. 2 gilt aber nicht für Wahlen.

Als sonstige Bestimmungen können beispielsweise aufgenommen werden: Einzelheiten zu den SprA-Sitzungen wie Anberaumung, Festlegung regelmäßiger Sitzungen, Einladungsfrist, Sitzungsleitung bei Verhinderung des Vorsitzenden und des stellvertretenden Vorsitzenden, Durchführung der Sitzungen und der Abstimmungen, Ordnungsrufe und Hausrecht, Führung des Protokolls, ferner die Ausgestaltung der Geheimhaltungspflicht, Regeln über Abberufung und Neuwahl des Vorsitzenden oder die Übertragung der laufenden Geschäfte nach § 11 Abs. 3 (*Fitting* § 36 Rn. 6; *Löwisch* § 13 Rn. 9). 35

3. Wirkung

Die GO als interne Verfahrensordnung bindet nur den SprA, der sie erlassen hat; mit seiner Amtszeit erlischt sie (*Bauer* Anm. II S. 42; *Fitting* § 36 Rn. 12; GK-BetrVG/*Raab* § 36 Rn. 17; HWGNRH/*Glock* § 36 Rn. 12; *Löwisch* § 13 Rn. 10; aA Richardi BetrVG/*Thüsing* § 36 Rn. 15). Der nachfolgende SprA kann die GO allerdings unter Wahrung der Formvorschriften (s. → Rn. 32) übernehmen. 36

Der SprA kann für den Einzelfall mit der Mehrheit seiner Mitglieder Abweichungen von der GO beschließen. 37

Ein Beschluss, der gegen die GO verstößt, ist wegen ihrer bloß internen Bedeutung nicht nichtig, wenn im Übrigen die gesetzlichen Bestimmungen eingehalten sind (*Fitting* § 36 Rn. 14; HWGNRH/*Glock* § 36 Rn. 14; einschränkend *Löwisch* § 13 Rn. 11). 38

VI. Streitigkeiten

Streitigkeiten über Beschlüsse (Abs. 1 und Abs. 2), über die Erforderlichkeit der Anfertigung und den Inhalt der Niederschrift (Abs. 3), über das Einsichtsrecht (Abs. 4) und über die GO (Abs. 5) entscheidet das ArbG im Beschlussverfahren (§ 2a Abs. 1 Nr. 2, Abs. 2; §§ 80 ff. ArbGG). Örtlich zuständig ist das ArbG, in dessen Bezirk der Betrieb liegt (§ 82 Abs. 1 S. 1 ArbGG), für GSprA, USprA und KSprA das ArbG, in dessen Bezirk das Unternehmen seinen Sitz hat (§ 82 Abs. 1 S. 3 iVm S. 2 ArbGG). 39

Eine Anfechtung von Beschlüssen des SprA ist nicht möglich. Es kann nur die Feststellung der Nichtigkeit beantragt werden (zu Einzelheiten → Rn. 21 f.). Zuständig für die Entscheidung ist das in Rn. 39 genannte Gericht. 40

§ 14 Arbeitsversäumnis und Kosten

(1) **Mitglieder des Sprecherausschusses sind von ihrer beruflichen Tätigkeit ohne Minderung des Arbeitsentgelts zu befreien, wenn und soweit es nach Umfang und Art des Betriebs zur ordnungsgemäßen Durchführung ihrer Aufgaben erforderlich ist.**

(2) [1]**Die durch die Tätigkeit des Sprecherausschusses entstehenden Kosten trägt der Arbeitgeber.** [2]**Für die Sitzungen und die laufende Geschäftsführung hat der Arbeitgeber in erforderlichem Umfang Räume, sachliche Mittel und Büropersonal zur Verfügung zu stellen.**

Übersicht

I. Allgemeines

1 § 14 regelt die Materien, die im BetrVG in den §§ 37–41 normiert sind. Abs. 1 entspricht § 37 Abs. 2 BetrVG, Abs. 2 § 40 Abs. 1 und Abs. 2 BetrVG. Die übrigen Bestimmungen fehlen im SprAuG. Der Gesetzgeber hielt es für selbstverständlich, dass die Tätigkeit des SprA ehrenamtlich und unentgeltlich ist (vgl. aber § 37 Abs. 1 BetrVG, *Bauer* Anm. I S. 43), ebenso hielt er es für selbstverständlich, dass SprA-Mitglieder auch nach Amtsende nicht beim Entgelt oder bei ihrer Arbeit diskriminiert werden (vgl. § 37 Abs. 4 und Abs. 5 BetrVG). Nicht in das SprAuG übernommen wurden weiter die Regelungen über den Ausgleich für Amtstätigkeit außerhalb der Arbeitszeit (§ 37 Abs. 3 BetrVG), über Schulungs- und Bildungsveranstaltungen (§ 37 Abs. 6 und Abs. 7; s. → Rn. 11 f.), die Freistellungsregelung des § 38 BetrVG, die Vorschriften über Sprechstunden (§ 39 BetrVG; s. → Rn. 13) und das Umlageverbot (§ 41 BetrVG; s. → Rn. 27).

II. Arbeitsversäumnis (Abs. 1)

Das SprAuG kennt keine generelle Freistellung von der beruflichen Tätigkeit. Die SprA-Mitglieder haben nur Anspruch auf Arbeitsbefreiung für konkrete Tätigkeiten. In diesem Rahmen kommt auch ein Anspruch auf Freistellung für einen bestimmten Zeitraum in Betracht (ErfK/*Oetker* § 14 Rn. 2). 2

1. Anspruch auf Arbeitsbefreiung

Der Anspruch auf Arbeitsbefreiung besteht unter zwei Voraussetzungen: Die Arbeitsbefreiung muss der Erfüllung von Aufgaben des SprA oder der SprA-Mitglieder dienen, und sie muss zur ordnungsgemäßen Erfüllung der Aufgaben erforderlich sein. 3

a) Aufgaben des Sprecherausschusses und seiner Mitglieder. Die Aufgaben können sich aus dem SprAuG, aus anderen Gesetzen oder aus Vereinbarungen mit dem AG ergeben. Die objektive Rechtslage, nicht die Ansicht des SprA oder eines seiner Mitglieder entscheidet, ob eine derartige Aufgabe vorliegt (GK-BetrVG/*Weber* § 37 Rn. 21; HWGNRH/*Glock* § 37 Rn. 28 ff.; einschränkend *Fitting* § 37 Rn. 33: Entschuldbarer Irrtum schadet nicht). Unerheblich ist, ob die Aufgabe innerhalb oder außerhalb des Betriebs zu erfüllen ist (BAG 21.6.2006, AuA 2007, 120; *Fitting* § 37 Rn. 27; GK-BetrVG/*Weber* § 37 Rn. 24; HWGNRH/*Glock* § 37 Rn. 31). Zu den wichtigsten Aufgaben gehören die Teilnahme an Sitzungen von BSprA (§ 12 Abs. 1 und Abs. 2), USprA, GSprA und KSprA (§§ 19 Abs. 2; 20 Abs. 1; 24 Abs. 2 iVm 12 Abs. 2) sowie an den Versammlungen der L.A. (§ 15), die Unterstützung von L.A. im Rahmen des § 26, Verhandlungen und Besprechungen mit dem AG sowie die Führung der nach § 11 Abs. 3 übertragenen Geschäfte. 4

Eine Teilnahme an Gerichtsverhandlungen ist nur dann eine Aufgabe iSd § 14 Abs. 1, wenn der SprA oder das SprA-Mitglied als solches beteiligt ist (*Fitting* § 37 Rn. 28; GK-BetrVG/*Weber* § 37 Rn. 25; *Löwisch* § 14 Rn. 3; einschränkend *Stege/Weinspach* § 37 Rn. 5: Teilnahme nur eines SprA-Mitglieds. Das ist aber eine Frage der Erforderlichkeit). Nicht unter Abs. 1 fällt die Teilnahme als Prozessvertreter eines L.A., als Zuhörer oder als Zeuge; im letzten Fall gilt das Gesetz über die Entschädigung von Zeugen und Sachverständigen (*Fitting* § 37 Rn. 29; GK-BetrVG/*Weber* § 37 Rn. 26, 27; HWGNRH/*Glock* § 37 Rn. 32). Ausnahmsweise kann etwas anderes gelten, wenn es sich um einen Musterprozess mit erheblichen Auswirkungen auf andere L.A. handelt (vgl. BAG 31.5.1989, DB 1990, 742). 5

Keine Aufgaben iSv Abs. 1 sind auch die Betätigung in Gewerkschaften und Verbänden der L.A., die Beratung von L.A. in Privatangelegenheiten und natürlich jede eigene private Betätigung (*Fitting* § 37 Rn. 31, 32; GK-BetrVG/*Weber* § 37 Rn. 29 ff.; HWGNRH/*Glock* § 37 Rn. 32; *Stege/Weinspach* § 37 Rn. 5). 6

b) Erforderlichkeit der Arbeitsbefreiung. Die Arbeitsbefreiung muss erforderlich sein. Die Erforderlichkeit ist nicht allein nach den persönlichen Vorstellungen des SprA-Mitglieds zu beurteilen, sondern danach, ob das SprA-Mitglied bei vernünftiger, umfassender Würdigung aller Umstände und unter Abwägung der Interessen des Betriebs, des SprA und der Belegschaft die Arbeitsversäumnis für erforderlich halten durfte, um seinen Aufgaben gerecht zu werden (*Fitting* § 37 Rn. 38; HWGNRH/*Glock* § 37 Rn. 34; *Löwisch* § 14 Rn. 4). Soweit sich die 7

Erforderlichkeit nicht bereits aus dem Gesetz ergibt – Teilnahme an SprA-Sitzungen und Versammlungen der L.A. (§§ 12 Abs. 5 S. 1, 15 Abs. 2 S. 1) usw –, entscheiden die konkreten Umstände („soweit", Abs. 1). Dabei ist zu berücksichtigen, dass die Aufgaben so rationell wie möglich erledigt werden müssen (BAG 1.3.1963, DB 1963, 869; HWGNRH/*Glock* § 37 Rn. 36). Bei einer Tätigkeit außerhalb des Betriebs gehören auch die Wege- und Reisezeiten zur Aufgabenerfüllung (*Fitting* § 37 Rn. 42; GK-BetrVG/*Weber* § 37 Rn. 45 mwN; HWGNRH/*Glock* § 37 Rn. 43). Bei der Prüfung der Erforderlichkeit steht den Mitgliedern des SprA ein Beurteilungsspielraum zu (BAG 31.8.1994, DB 1995, 1235; GK-BetrVG/*Weber* § 37 Rn. 34 mwN).

8 **c) Abmeldung.** Trotz des insoweit missverständlichen Wortlauts des Abs. 1 hängt die Arbeitsbefreiung nicht von der Zustimmung des AG ab; das wäre ein zu starker Eingriff in die SprA-Tätigkeit (BAG 6.8.1981, AP BetrVG 1972 § 37 Nr. 39; *Fitting* § 37 Rn. 49; *Löwisch* § 14 Rn. 6; *Stege/Weinspach* § 37 Rn. 11; HWGNRH/*Glock* § 37 Rn. 47). Allerdings hat das SprA-Mitglied das für L.A. übliche (Ab-) Meldeverfahren einzuhalten. Es muss also seinen Vorgesetzten oder einen Mitarbeiter über die Dauer der Abwesenheit unterrichten und hinterlassen, wo und wie es notfalls zu erreichen ist. Die Ab- und Rückmeldepflicht entfällt, wenn organisatorische Maßnahmen aufgrund der Abwesenheit des SprA-Mitglieds nicht infrage kommen. Der Arbeitgeber kann dann aber verlangen, dass ihm die Gesamtdauer der in einem bestimmten Zeitraum ausgeübten SprA-Tätigkeit mitgeteilt wird (BAG 29.6.2011, NZA 2012, 47).

9 **d) Ersatzfreistellung.** Einen Anspruch auf Arbeitsbefreiung zum Ausgleich für SprA-Tätigkeit, die aus betrieblichen Gründen außerhalb der Arbeitszeit durchzuführen ist, sieht das SprAuG im Gegensatz zu § 37 Abs. 3 BetrVG nicht vor. Für L.A. gibt es oft keine regelmäßige Arbeitszeit (vgl. § 18 Abs. 1 Nr. 1 ArbZG), so dass kaum festgestellt werden kann, ob die Tätigkeit für den SprA innerhalb oder außerhalb der Arbeitszeit liegt (*Deich* AR-Blattei SD 1490.2 Rn. 99). Eine ausgleichende Arbeitsbefreiung kommt deshalb nur dann und nur insoweit in Betracht, als dem Sprecher die auf die SprA-Tätigkeit außerhalb der Arbeitszeit folgende Arbeitsleistung unzumutbar ist (Rechtsgedanke des § 275 Abs. 3 BGB; Entgeltfortzahlung aus § 14 Abs. 1 analog; DFL/*Maschmann* SprAuG § 14 Rn. 2; ErfK/*Oetker* SprAuG § 14 Rn. 2; iE auch BAG 7.6.1989, DB 1990, 995).

2. Fortzahlung des Entgelts

10 Für die Zeit der Arbeitsbefreiung hat der AG dem SprA-Mitglied das nach § 611a Abs. 2 BGB geschuldete Entgelt fortzuzahlen (BAG 23.6.2004, BB 2005, 111; 17.9.1974, AP BetrVG 1972 § 37 Nr. 17; *Fitting* § 37 Rn. 58; HWGNRH/*Glock* § 37 Rn. 56; *Löwisch* § 14 Rn. 7). Dazu gehören neben dem laufenden Gehalt alle geldwerten Leistungen (*Fitting* § 37 Rn. 63 ff.; HWGNRH/*Glock* § 37 Rn. 56 ff.; *Löwisch* § 14 Rn. 7), soweit sie nicht dem Aufwendungsersatz dienen (*Fitting* § 37 Rn. 66; HWGNRH/*Glock* § 37 Rn. 61).

III. Schulungs- und Bildungsveranstaltungen

11 SprA-Mitglieder haben keinen Anspruch auf Arbeitsbefreiung zum Besuch von Schulungs- und Bildungsveranstaltungen. § 37 Abs. 6 und Abs. 7 BetrVG wurde

bewusst nicht in das SprAuG übernommen. Von L.A. kann erwartet werden, dass sie sich außerhalb der Arbeitszeit über ihre Rechte und Pflichten informieren (*Bauer* Anm. I S. 43; *Löwisch* § 14 Rn. 17; aA *Goldschmidt* S. 162; *Oetker* ZfA 1990, 43, 53 unter Hinweis auf die Rechtsprechung zu dem wortgleichen § 37 Abs. 3 BetrVG 1952).

Nicht verboten ist die freiwillige Freistellung durch den AG; darin liegt keine Begünstigung iSd § 2 Abs. 3 S. 2 Hs. 1 (s. → § 2 Rn. 38). Die Erstattung von Kosten für Schulungs- und Bildungsveranstaltungen, die ein SprA-Mitglied außerhalb der Arbeitszeit besucht oder für die es der AG freistellt, richtet sich nach Abs. 2 (s. → Rn. 24 ff.). 12

IV. Sprechstunden

Sprechstunden sind nicht vorgesehen, im Allgemeinen auch nicht nötig, weil L.A. ihre Angelegenheiten im Normalfall selbst wahrnehmen werden. Zu beachten ist, dass zu den Aufgaben von SprA nicht die private Betreuung von L.A. gehört, also zB die Beratung in Renten- oder (sonstigen) Versicherungsfragen. Freiwillige Vereinbarungen zwischen SprA und AG über die Abhaltung von Sprechstunden oder über die Einrichtung eines (G/U) SprA-Büros zur Beratung durch eine juristisch geschulte Person sind zulässig. In größeren Betrieben können dadurch arbeitsgerichtliche Auseinandersetzungen vermieden und somit letztlich Kosten gespart werden. 13

V. Kosten (Abs. 2 S. 1)

1. Allgemeines

Der AG hat die durch die Tätigkeit des SprA entstehenden Kosten zu tragen. Dazu gehören sowohl die dem SprA selbst als auch die dem einzelnen SprA-Mitglied entstehenden Kosten (*Fitting* § 40 Rn. 5; HWGNRH/*Glock* § 40 Rn. 8; *Löwisch* § 14 Rn. 8). Der SprA muss nicht die vorherige Zustimmung des AG einholen. Bei ungewöhnlichen Kosten gebietet der Grundsatz der vertrauensvollen Zusammenarbeit aber die Abstimmung mit dem AG (*Goldschmidt* S. 158 f.). 14

Zu ersetzen sind entgegen dem Gesetzeswortlaut nicht alle durch die Tätigkeit entstehenden Kosten, sondern nur die, die der SprA oder das SprA-Mitglied bei pflichtgemäßer, verständiger Beurteilung der Sachlage für erforderlich halten durfte (BAG 18.1.1989, DB 1989, 1829; 5.11.1981, DB 1982, 604; 18.4.1967, DB 1967, 1769; *Bauer* Anm. II S. 36; *Fitting* § 40 Rn. 9; GK-BetrVG/*Weber* § 40 Rn. 11; HWGNRH/*Glock* § 40 Rn. 11; *Löwisch* § 14 Rn. 8). Die Aufgabe darf nicht mit einem weniger belastenden Mittel in zumutbarer Weise erfüllt werden können; bloße Eignung genügt also nicht (*Löwisch* § 14 Rn. 8). Schließlich folgt aus dem Grundsatz der Verhältnismäßigkeit, dass die Kosten nicht in einem unangemessenen Verhältnis zu der Bedeutung der betreffenden Aufgabe stehen dürfen (BAG 27.9.1974, DB 1975, 504; *Fitting* § 40 Rn. 10; GK-BetrVG/*Weber* § 40 Rn. 12; HWGNRH/*Glock* § 40 Rn. 12; *Löwisch* § 14 Rn. 8). 15

Soweit Aufwendungen nicht erforderlich oder unverhältnismäßig sind, haben die SprA-Mitglieder die Kosten selbst zu tragen. Für unverhältnismäßige Aufwendungen des SprA als Gremium haften dessen Mitglieder nach § 427 BGB als Gesamtschuldner (*Löwisch* § 14 Rn. 8). 16

2. Kosten des Sprecherausschusses

17 Hierzu zählen vor allem die Geschäftsführungskosten, dh der Sachaufwand zur Durchführung der Aufgaben. Dazu gehören auch Prozesskosten zur Verfolgung oder Verteidigung von Rechten des SprA oder seiner Mitglieder (*Goldschmidt* S. 159). Etwas anderes gilt, wenn der Prozess offensichtlich aussichtslos (Rechtslage unzweifelhaft) oder gar mutwillig (Arbeitgeberinteresse an Begrenzung der Kosten missachtet) war (BAG 18.7.2012, NZA 2013, 49), ebenso, wenn die streitige Frage auch ohne den Rechtsstreit zu klären gewesen wäre, etwa durch Parallel- oder Musterprozesse (*Fitting* § 40 Rn. 22; HWGNRH/*Glock* § 40 Rn. 28; offengelassen in BAG 18.7.2012, NZA 2013, 49). Soweit erforderlich und verhältnismäßig, hat der AG auch die Kosten für die Vertretung des SprA durch einen Rechtsanwalt zu erstatten. Erforderlich ist die Hinzuziehung eines Rechtsanwalts wegen § 11 Abs. 4 S. 1 ArbGG immer in Rechtsbeschwerdeverfahren. In der ersten und zweiten Instanz kommt es darauf an, ob der SprA die Hinzuziehung im Hinblick auf die Schwierigkeit der Sach- und Rechtslage für erforderlich halten durfte (BAG 18.7.2012, NZA 2013, 49 mN; *Fitting* § 40 Rn. 25 ff.; HWGNRH/*Glock* § 40 Rn. 33; *Löwisch* § 14 Rn. 12). Voraussetzung für einen Kostenfreistellungsanspruch des SprA ist, dass die Beauftragung des Rechtsanwalts auf einem ordnungsgemäßen SprA-Beschluss beruht (BAG 25.9.2024, DB 2025, 1085). Der unwirksame Beschluss kann durch einen ordnungsgemäß gefassten Beschluss bis zu einer Prozessentscheidung, durch die der Antrag als unzulässig abgewiesen wird, geheilt werden (BAG 25.9.2024, NZA 2025, 649). Bei bestimmten Fragen kann auch die Hinzuziehung eines internen oder ggf. auch eines externen Sachverständigen erforderlich sein (*Goldschmidt* S. 159; aA *Deich* AR-Blattei SD 1490.2 Rn. 85; *Löwisch* § 25 Rn. 23; offengelassen bei ErfK/*Oetker* SprAuG § 14 Rn. 4); zu denken ist an Regelungen zur betrieblichen Altersversorgung, Compliance-Themen oder die Einführung neuer Entgelt- und Beurteilungssysteme. Hier kann nicht ohne Weiteres der Sachverstand der SprA-Mitglieder unterstellt werden. Der SprA hat sich aber um die Aneignung der erforderlichen Sachkenntnisse zu bemühen und vom AG gebotene Möglichkeiten der Unterrichtung durch Mitarbeiter des Unternehmens zu nutzen (*Goldschmidt* S. 160 f.). Soweit der SprA einen Kostenerstattungs- und Freistellungsanspruch gegen den AG hat, kann er auch einen Vertrag mit einem Beratungsunternehmen abschließen. Das handelnde SprA-Mitglied haftet allerdings selbst (§ 179 BGB), wenn es diesen Rahmen überschreitet (für den BR: BAG 25.10.2012, NZA 2012, 1382). Nicht selten wird sich die Hinzuziehung von Sachverständigen durch den SprA vermeiden lassen, wenn das Unternehmen den SprA frühzeitig in die Gespräche mit den eigenen oder mit Sachverständigen von außerhalb einbezieht.

18 Für Aufwendungen und Auslagen kann der SprA einen angemessenen Vorschuss verlangen (*Fitting* § 40 Rn. 33; HWGNRH/*Glock* § 40 Rn. 95).

3. Kosten der Sprecherausschussmitglieder

19 SprA-Mitglieder können die Erstattung der Kosten verlangen, die bei Tätigkeiten zur Erfüllung ihrer Aufgaben entstanden sind. Voraussetzung ist wieder, dass sie die Kosten als erforderlich und verhältnismäßig ansehen durften. Da private Aufwendungen nicht erstattungsfähig sind, müssen die SprA-Kosten von den Privatkosten trennbar sein (*Löwisch* § 14 Rn. 13).

20 In Betracht kommen vor allem Reise- und Fahrtkosten zur Wahrnehmung der SprA-Aufgaben außerhalb des Dienstortes oder außerhalb der Dienstzeit (BAG

18.1.1989, NZA 1989, 641; *Fitting* § 40 Rn. 46ff.; *Stege/Weinspach* § 40 Rn. 6). Zu den Reisekosten gehören auch die Aufwendungen für eine angemessene Unterkunft und Verpflegung. Abzurechnen ist nach dem im Unternehmen üblichen Verfahren, im Allgemeinen also nach der Reisekostenordnung oder nach den Lohnsteuersätzen (BAG 23.6.1975, DB 1975, 1707; 17.9.1974, DB 1975, 452; 29.1.1974, DB 1974, 1535; HWGNRH/*Glock* § 40 Rn. 62f.; *Löwisch* § 14 Rn. 14). Bei Fahrten mit dem PKW sind – wenn möglich – Fahrgemeinschaften zu bilden (*Löwisch* § 14 Rn. 14; einschränkend *Fitting* § 40 Rn. 58: nur bei Verwendung von Dienstwagen).

Aufwendungen für Rechtsstreitigkeiten sind zu erstatten, wenn das SprA-Mitglied den Rechtsstreit in amtlicher Eigenschaft geführt hat. In Betracht kommen vor allem Streitigkeiten über die Rechtsstellung als SprA-Mitglied – etwa Rechtsanwaltskosten in einem Ausschlussverfahren, wenn das SprA-Mitglied die anwaltliche Vertretung bei gewissenhafter Überlegung und ruhiger, verständiger und pflichtgemäßer Würdigung aller Umstände für notwendig erachten durfte (BAG 19.4.1989, DB 1990, 740) – und über die Nichtigkeit von SprA-Beschlüssen. **21**

Erstattungsfähig ist auch der Verlust von Vermögenswerten (*Fitting* § 40 Rn. 44; HWGNRH/*Glock* § 40 Rn. 57). Wird das SprA-Mitglied im Rahmen seiner Tätigkeit in einen Unfall verwickelt, dann liegt ein Arbeitsunfall iSd § 8 Abs. 1 iVm § 2 Abs. 1 Nr. 1 SGB VII vor. Für eventuelle Personenschäden haftet die gesetzliche Unfallversicherung, für den Schaden am PKW, wenn der Einsatz erforderlich und verhältnismäßig war, der AG. **22**

Das SprA-Mitglied kann einen Vorschuss für seine Aufwendungen verlangen (s. → Rn. 18). **23**

4. Schulungskosten

Der AG braucht SprA-Mitglieder zwar nicht für Schulungs- und Bildungsveranstaltungen freizustellen (→ Rn. 11). Tut er das aber oder nehmen SprA-Mitglieder außerhalb der Arbeitszeit an solchen Veranstaltungen teil, dann hat er die Kosten zu erstatten, wenn und soweit die Veranstaltungen und die Kosten erforderlich, geeignet und verhältnismäßig waren (BAG 15.5.1986, DB 1986, 2496; *Fitting* § 40 Rn. 72ff.; HWGNRH/*Glock* § 40 Rn. 76; *Löwisch* § 14 Rn. 18). Das SprA-Mitglied muss unter mehreren qualitativ gleichwertigen Veranstaltungen die kostengünstigste wählen (BAG 15.5.1986, DB 1986, 2496; *Fitting* § 40 Rn. 74; GK-BetrVG/*Weber* § 40 Rn. 58; *Löwisch* § 14 Rn. 18). Die Kosten müssen mit der Größe und Leistungsfähigkeit des Betriebs in Einklang stehen. **24**

Zu den erstattungspflichtigen Kosten gehören vor allem die Teilnehmergebühren, die Fahrtkosten für die An- und Abreise sowie die Unterkunfts- und Verpflegungskosten (BAG 27.5.2015, NZA 2015, 1142; zur Bildung von Fahrgemeinschaften BAG 24.10.2018, NZA 2019, 407), nicht dagegen die Kosten für die persönliche Lebensführung, wie insbesondere Getränke und Tabakwaren (*Fitting* § 40 Rn. 76). Ist eine Organisation der L.A. Veranstalter, dann braucht der AG die Vorhaltekosten, das sind die Generalunkosten, die unabhängig von der konkreten Veranstaltung entstehen, im Rahmen der Teilnehmergebühren nicht zu erstatten (enger BAG 3.4.1979, DB 1979, 1799; *Fitting* § 40 Rn. 80; GK-BetrVG/*Weber* § 40 Rn. 54; *Löwisch* § 14 Rn. 19; aA HWGNRH/*Glock* § 40 Rn. 86: Teilnehmergebühren für Veranstaltungen von Gewerkschaften grds. nicht erstattungsfähig); allerdings können allgemeine Unkosten anteilig in Rechnung gestellt werden, wenn sie durch die Schulung bedingt sind (BAG 28.6.1995, NZA 1995, **25**

1216; *Fitting* § 40 Rn. 80). Abs. 2 S. 1 darf jedoch nicht dazu führen, dass der AG seinen Gegenspieler finanziert. Vorhaltekosten sind vor allem die Fremd- und Eigenkapitalverzinsung, Grundstücksabgaben, Mieten, Mietnebenkosten, Heizung, Beleuchtung, Mobiliar und die allgemeinen Lehrmittel (GK-BetrVG/*Weber* § 40 Rn. 54; *Löwisch* § 14 Rn. 19). Erstattungsfähig sind auch die Honorare für die hauptamtlichen Funktionäre von Verbänden der L.A., die auf der Veranstaltung vortragen (BAG 28.6.1995, NZA 1995, 1216; *Fitting* § 40 Rn. 81; *Deich* AR-Blattei SD 1490.2 Rn. 112; aA GK-BetrVG/*Weber* § 40 Rn. 56; *Löwisch* § 14 Rn. 19).

26 Spart das SprA-Mitglied anlässlich der Schulungsveranstaltung eigene Aufwendungen, so sind diese von den erstattungspflichtigen Kosten abzuziehen (BAG 29.1.1974, DB 1974, 1535).

VI. Umlageverbot

27 Aus der Regelung über die Kostentragungspflicht des AG folgt, dass die Erhebung und Leistung von Beiträgen der L.A. für SprA-Zwecke nicht zulässig ist.

VII. Sachmittel, Personal (Abs. 2 S. 2)

28 Räume, sachliche Mittel und Büropersonal hat der AG zur Verfügung zu stellen, soweit sie zur ordnungsgemäßen Durchführung der SprA-Aufgaben erforderlich sind (*Fitting* § 40 Rn. 104 ff.; *Goldschmidt* S. 163 ff.; HWGNRH/*Glock* § 40 Rn. 110 ff.). Dabei sind Art und Beschaffenheit des Betriebs zu berücksichtigen. Der SprA hat Anspruch auf Überlassung der Sachmittel. Er darf sie sich nicht selbst beschaffen. Deshalb hat er auch keinen Anspruch auf Kostenvorschuss (LAG Berlin-Brandenburg 14.4.2021, DB 2021, 1821 mN).

29 Die Räume müssen im Regelfall auf dem Betriebsgelände liegen. Solange der SprA zur Nutzung der Räume berechtigt ist, übt er dort das Hausrecht aus (*Fitting* § 40 Rn. 112; HWGNRH/*Glock* § 40 Rn. 115).

30 Zu den sachlichen Mitteln gehört das gesamte Material, das der SprA zur Wahrnehmung seiner Aufgaben benötigt, also zB das Büromaterial für die laufende Geschäftsführung und für die Sitzungen sowie die erforderlichen Kommunikationsmittel einschließlich eines Personal-Computers nebst Zubehör (*Fitting* § 40 Rn. 131 f.; *Goldschmidt* S. 164 f.) und der erforderlichen Mittel zur Durchführung von Telefon- und Videokonferenzen. Der SprA kann die Nutzung des unternehmenseigenen Intranets und Einrichtung eines nicht personalisierten Internetzugangs verlangen; für die Einhaltung des Datenschutzes hat er eigenverantwortlich zu sorgen (§ 3 Abs. 7 BDSG; BAG 18.7.2012, NZA 2013, 49). Außerdem stehen dem SprA eine Sammlung arbeitsrechtlicher Gesetzestexte, je ein aktueller Kommentar zum SprAuG und zum BetrVG sowie eine arbeitsrechtliche Fachzeitschrift zu, regelmäßig dagegen nicht eine Tageszeitung (BAG 29.11.1989, DB 1990, 1093; 21.4.1983, DB 1984, 248; *Löwisch* § 14 Rn. 10). Zurückhaltend wird man bei Mobiltelefonen und Smartphones sein müssen, denn das Gesetz verlangt keine ständige Erreichbarkeit der SprA-Mitglieder (Richardi BetrVG/*Thüsing* § 40 Rn. 75).

31 Anspruch auf eine Vollzeitbürokraft hat der SprA in aller Regel nicht. Zumeist geht es um Schreibarbeiten, und die werden häufig vom Sekretariat der SprA-Mitglieder mit erledigt werden können. Gegebenenfalls ist dem SprA bei Bedarf oder stundenweise eine Schreibkraft zur Verfügung zu stellen (ausführlich dazu *Goldschmidt* S. 164). Soweit Personal für den SprA tätig ist, hat der AG kein Direktionsrecht (*Fitting* § 40 Rn. 137; GK-BetrVG/*Weber* § 40 Rn. 171; Richardi BetrVG/*Thüsing* § 40 Rn. 81).

VIII. Streitigkeiten

1. Arbeitsbefreiung und Entgeltfortzahlung

Der Streit um die Entgeltfortzahlung nach Abs. 1 ist im Urteilsverfahren zu entscheiden (§§ 2 Abs. 1 Nr. 3a, Abs. 5, 46 ff. ArbGG (BAG 17.9.1974, AP BetrVG 1972 § 37 Nr. 17; *Fitting* § 37 Rn. 253; HWGNRH/*Glock* § 37 Rn. 248). Örtlich zuständig sind wahlweise das ArbG am Wohnsitz des AG bzw. am Unternehmenssitz (§§ 12, 13 bzw. 17 ZPO) oder das ArbG, in dessen Bezirk der Betrieb liegt, in dem das klagende SprA-Mitglied beschäftigt ist (§ 29), vgl. 35 ZPO. Der Streit über die Arbeitsbefreiung ist nach § 2a Abs. 1 Nr. 2, Abs. 2; §§ 80 ff. ArbGG im Beschlussverfahren zu erledigen (*Löwisch* § 14 Rn. 21). Örtlich zuständig ist das ArbG, in dessen Bezirk der Beschäftigungsbetrieb des SprA-Mitglieds liegt (§ 82 Abs. 1 S. 1 ArbGG), für GSprA, USprA und KSprA das ArbG, in dessen Bezirk das Unternehmen seinen Sitz hat (§ 82 Abs. 1 S. 3 iVm S. 2 ArbGG). Der Beschluss wirkt in einer Entgeltstreitigkeit präjudiziell (BAG 6.5.1975, DB 1975, 1706; *Fitting* § 37 Rn. 253; HWGNRH/*Glock* § 37 Rn. 249). 32

2. Kosten, Stellung von Räumen, Sachmitteln und Personal

Streitigkeiten des SprA oder eines seiner Mitglieder über die Kostentragung nach Abs. 2 S. 1 sowie über die Stellung von Räumen, Sachmitteln und Personal sind gemäß § 2a Abs. 1 Nr. 2, Abs. 2; §§ 80 ff. ArbGG im Beschlussverfahren zu entscheiden. Örtlich zuständig ist das ArbG, in dessen Bezirk der Betrieb liegt (§ 82 Abs. 1 S. 1 ArbGG), für GSprA, USprA und KSprA das ArbG, in dessen Bezirk das Unternehmen seinen Sitz hat (§ 82 Abs. 1 S. 3 iVm S. 2 ArbGG). 33

Bei der Insolvenz sind vor Eröffnung des Insolvenzverfahrens begründete Kostenerstattungsansprüche keine Masse-, sondern einfache Insolvenzverbindlichkeiten. Diese müssen innerhalb einer vom Insolvenzgericht bestimmten Frist beim Insolvenzverwalter schriftlich zur Tabelle angemeldet werden (§§ 28, 174 f. InsO). Nach Eröffnung des Insolvenzverfahrens entstandene Erstattungsansprüche sind Masseschulden iSd § 55 InsO und aus der Masse vorab zu befriedigen (hM, s. nur *Fitting* § 40 Rn. 100 ff.). 34

Dritter Abschnitt. Versammlung der leitenden Angestellten

§ 15 Zeitpunkt, Einberufung und Themen der Versammlung

(1) [1]**Der Sprecherausschuss soll einmal im Kalenderjahr eine Versammlung der leitenden Angestellten einberufen und in ihr einen Tätigkeitsbericht erstatten.** [2]**Auf Antrag des Arbeitgebers oder eines Viertels der lei-**

tenden Angestellten hat der Sprecherausschuss eine Versammlung der leitenden Angestellten einzuberufen und den beantragten Beratungsgegenstand auf die Tagesordnung zu setzen.

(2) **[1]Die Versammlung der leitenden Angestellten soll während der Arbeitszeit stattfinden. [2]Sie wird vom Vorsitzenden des Sprecherausschusses geleitet. [3]Sie ist nicht öffentlich.**

(3) **[1]Der Arbeitgeber ist zu der Versammlung der leitenden Angestellten unter Mitteilung der Tagesordnung einzuladen. [2]Er ist berechtigt, in der Versammlung zu sprechen. [3]Er hat über Angelegenheiten der leitenden Angestellten und die wirtschaftliche Lage und Entwicklung des Betriebs zu berichten, soweit dadurch nicht Betriebs- oder Geschäftsgeheimnisse gefährdet werden.**

(4) **[1]Die Versammlung der leitenden Angestellten kann dem Sprecherausschuss Anträge unterbreiten und zu seinen Beschlüssen Stellung nehmen. [2]§ 2 Abs. 4 gilt entsprechend.**

Übersicht

I. Allgemeines

1 § 15 enthält das Recht der Versammlung der L.A. Er entspricht damit dem gesamten 4. Abschnitt des 2. Teils des BetrVG (§§ 42–46) über die Betriebsversammlung. Der Zweck der Versammlung ist hier wie dort derselbe: Meinungsaustausch mit den Vertretenen, um die sachgerechte Aufgabenerfüllung des Vertretungsorgans zu fördern (BT-Drs. 11/2503, 39). Außerdem bietet sie dem Arbeitgeber ein Forum für die Kommunikation mit „seinen" L.A. (Abs. 3).

2 Die Regelungen sind aus der Natur der Sache heraus ähnlich. Die wichtigsten Unterschiede: Die Versammlung der L.A. soll einmal im Kalenderjahr stattfinden (statt „hat in jedem Kalendervierteljahr stattzufinden", § 43 Abs. 1 S. 1 BetrVG). Teil- und Abteilungsversammlungen sind nicht vorgesehen, ebenso nicht die Unterscheidung in weitere und außerordentliche Versammlungen sowie in Versammlungen innerhalb und außerhalb der Arbeitszeit. Regelungen über Verdienstausfall und Kosten fehlen. AG-Verbände und Gewerkschaften haben im Rahmen der Versammlung keinerlei Rechte.

II. Versammlung, Teilversammlung, Abteilungsversammlung

1. Versammlung

3 Das Gesetz sieht nur Versammlungen der L.A. des Betriebs vor. In Unternehmen mit USprA treten an die Stelle dieser Versammlungen Unternehmensversammlungen (zum Teilnahmerecht → Rn. 12 f.). Der SprA kann unter Beachtung des Grundsatzes der Verhältnismäßigkeit der Kosten wählen, in welchem Betrieb er die Versammlung durchführt (Sitz der Hauptverwaltung, Betrieb mit den meisten L.A.).

2. Teilversammlung

4 Teilversammlungen bieten sich vor allem im Fall des § 1 Abs. 2 und des § 20 an. Das Gesetz schweigt zur Zulässigkeit. Viel spricht dafür, dass das Problem nicht gesehen wurde. Zwar kann von den organisatorischen Vorschriften des SprAuG grds. nicht abgewichen werden; das schließt eine Lückenausfüllung aber nicht aus. Die Interessen aller Beteiligten – L.A., SprA und AG – können auf Teilversammlungen gerichtet sein, insbesondere auf regionale Versammlungen bei einem USprA. Gegenläufige Interessen sind nicht ersichtlich. Man wird solche Versammlungen deshalb zumindest bei Einvernehmen von SprA (USprA) und AG als zulässig ansehen können (AR/*Maschmann* SprAuG § 15 Rn. 1; *Deich* AR-Blattei SD 1490.2 Rn. 188 f.; aA ErfK/*Oetker* SprAuG § 15 Rn. 3; *Löwisch* Rn. 2). Verlangt allerdings die Mehrheit der L.A. in einer der Versammlungen oder ein Viertel der L.A. insgesamt (§ 15 Abs. 1 S. 2 entsprechend) eine (Voll-) Versammlung, dann hat der SprA (USprA) sie einzuberufen (*Goldschmidt* S. 166).

3. Abteilungsversammlung

5 Abteilungsversammlungen werden aus tatsächlichen Gründen kaum in Betracht kommen. Der Abteilungsleiter wird im Allgemeinen, wenn überhaupt, der einzige L.A. sein.

III. Zahl und Zeitpunkt der Versammlungen (Abs. 1, 2)

1. Zahl der Versammlungen

6 **a) Regelmäßige Versammlung (Abs. 1 S. 1).** Eine Versammlung der L.A. soll einmal im Kalenderjahr stattfinden (Abs. 1 S. 1). Durch die Sollvorschrift ist dem SprA eine flexiblere Terminierung als dem BR möglich (BT-Drs. 11/2503, 39).

7 Die Einhaltung der Jahresfrist steht allerdings nicht im Belieben des SprA. „Soll" heißt vielmehr, dass im Regelfall pro Kalenderjahr eine Versammlung stattzufinden hat. Abweichungen sind gestattet, wenn besondere, nicht vom SprA selbst zu vertretende, überwiegende Gründe dafür sprechen (*Löwisch* § 15 Rn. 1). Auf eine Versammlung kann also verzichtet werden, wenn weder der SprA noch die übrigen L.A. ein Interesse an einer Versammlung haben. Terminschwierigkeiten können eine Verschiebung in das nächste Kalenderjahr begründen (*Deich* AR-Blattei SD 1490.2 Rn. 186; *Löwisch* § 15 Rn. 1).

8 Umgekehrt kann der SprA mehr als eine Versammlung im Kalenderjahr einberufen, wenn ihm das nach pflichtgemäßer Prüfung notwendig erscheint (*Fitting* § 43 Rn. 34; GK-BetrVG/*Weber* § 43 Rn. 32 ff.; HWGNRH/*Worzalla* § 43 Rn. 33; *Löwisch* § 15 Rn. 3; HWK/*Annuß* SprAuG § 15 Rn. 2: nur, wenn wegen der Bedeutung der zu erörternden Angelegenheit nicht bis zur nächsten regelmäßigen Versammlung zugewartet werden kann), etwa bei einer geplanten Umstrukturierung oder bei einer bedeutsamen Änderung von allgemeinen Arbeitsbedingungen. Aus Kostengründen bedarf dies allerdings einer besonders sorgfältigen Prüfung (*Goldschmidt* S. 166).

9 **b) Weitere Versammlungen (Abs. 1 S. 2).** Weitere Versammlungen sind einzuberufen, wenn der AG oder ein Viertel der L.A. das beantragt (Abs. 1 S. 2). Der Antrag kann formlos gestellt werden (*Fitting* § 43 Rn. 40, 41; GK-BetrVG/*Weber* § 43 Rn. 41; HWGNRH/*Worzalla* § 43 Rn. 35 f.). Jedoch ist der gewünschte Beratungsgegenstand anzugeben. Denn die Pflicht zur Einberufung besteht nur, wenn der Beratungsgegenstand zur Zuständigkeit der Versammlung gehört (*Fitting* § 43 Rn. 42; GK-BetrVG/*Weber* § 43 Rn. 41; HWGNRH/*Worzalla* § 43 Rn. 37).

2. Versammlung während der Arbeitszeit (Abs. 2 S. 1)

10 Die Versammlung soll während der Arbeitszeit stattfinden (Abs. 2 S. 1). Das gilt für alle Versammlungen der L.A., nicht nur für die regelmäßigen (*Löwisch* § 15 Rn. 4; MHdB ArbR/*Joost* § 234 Rn. 114; aA für die Versammlungen nach Abs. 1 S. 2 ErfK/*Oetker* SprAuG § 15 Rn. 4). Außerhalb der Arbeitszeit finden Versammlungen nur statt, wenn besondere, etwa überwiegende betriebliche Gründe gegen eine Versammlung während der Arbeitszeit sprechen (*Löwisch* § 15 Rn. 4; § 44 Abs. 1 S. 1 aE BetrVG).

11 Den Zeitpunkt der Versammlung legt der SprA fest. Einer Zustimmung des AG bedarf es nicht. Er ist lediglich über den Zeitpunkt der Versammlung zu unterrichten; das geschieht durch die Einladung (§ 15 Abs. 3 S. 1). Allerdings ist eine zeitliche Abstimmung mit dem AG schon deshalb sinnvoll, weil dieser an der Versammlung teilnehmen und auf ihr sprechen soll. Betriebliche Notwendigkeiten sind zu berücksichtigen; das folgt aus dem Grundsatz der vertrauensvollen Zusammenarbeit (§ 2 Abs. 1 S. 1; *Fitting* § 44 Rn. 10; GK-BetrVG/*Weber* § 44 Rn. 10; HWGNRH/*Worzalla* § 44 Rn. 5; *Löwisch* § 15 Rn. 4).

IV. Teilnahmeberechtigte, Ausschluss der Öffentlichkeit (Abs. 2 S. 3, Abs. 3 S. 1, 2)

1. Teilnahmeberechtigte (Abs. 3 S. 1, 2)

12 Teilnahmeberechtigt sind alle L.A. des Betriebs, auch die, die bei Wahlen zum SprA nicht wählbar sind (§ 3 Abs. 2 S. 3). Gelten L.A. in Betrieben mit weniger als zehn L.A. als L.A. des räumlich nächstgelegenen Betriebs, so sind auch sie teilnahmeberechtigt. An Versammlungen der L.A. im Unternehmen mit USprA können alle L.A. des Unternehmens teilnehmen.

13 Teilnahmeberechtigt ist auch der AG. Der SprA hat ihn unter Mitteilung der Tagesordnung einzuladen (Abs. 3 S. 1). Der AG kann allen Versammlungen der L.A. beiwohnen und auf ihnen sprechen (Abs. 3 S. 2). Das SprAuG kennt anders als das BetrVG eine Beschränkung auf bestimmte Versammlungen nicht. Der AG kann sich sowohl bei der Teilnahme als auch bei der Erstattung des Berichts nach Abs. 3 S. 3 vertreten lassen. Das steht zwar nicht wie in § 43 Abs. 3 S. 3 BetrVG ausdrücklich im Gesetz, folgt aber aus allgemeinen Rechtsgrundsätzen. Das Gegenteil müsste geregelt sein (vgl. § 7 BPersVG); im Übrigen sieht das SprAuG die uneingeschränkte Vertretungsmöglichkeit an anderer Stelle selbst vor (vgl. § 3 Abs. 2 S. 3 Nr. 1). Die Person des Vertreters bestimmt der AG (*Bauer* Anm. VII S. 47; *Löwisch* § 15 Rn. 9). Das Recht, sich vertreten zu lassen, darf jedoch nicht die Informationspflicht des AG aushöhlen. Die L.A. haben Anspruch darauf, wenigstens einmal im Jahr Informationen aus erster Hand zu bekommen und mit der Unternehmensleitung zu erörtern (*Goldschmidt* S. 168).

2. Ausschluss der Öffentlichkeit (Abs. 2 S. 3)

14 Sonstige Personen haben kein Recht, an den Versammlungen teilzunehmen (Abs. 2 S. 3). Das gilt für AN, die keine L.A. sind, ebenso wie für den BR, Vertreter von AN- und AG-Organisationen und für außenstehende Dritte einschließlich Presse, Funk und Fernsehen. Sie können auch nicht vom SprA oder von der Versammlung der L.A. zugelassen werden (*Fitting* § 42 Rn. 44; HWGNRH/*Worzalla* § 42 Rn. 25; *Löwisch* § 15 Rn. 5; aA DKW/*Berg* § 42 Rn. 27a; GK-BetrVG/*Weber* § 42 Rn. 48 f.: in allseitigem Einvernehmen). Ausnahmsweise kann der SprA durch Beschluss nicht teilnahmeberechtigte Personen einladen, wenn und soweit das für die Zwecke der Versammlung sachdienlich ist (ErfK/*Oetker* SprAuG § 15 Rn. 5; *Fitting* § 42 Rn. 17; GK-BetrVG/*Weber* § 42 Rn. 49 f.; *Löwisch* § 15 Rn. 5; einschränkend HWGNRH/*Worzalla* § 42 Rn. 24: Einverständnis des AG erforderlich; *Goldschmidt* S. 168). In Betracht kommen vor allem Information und/oder Beratung der L.A. durch Mitglieder eines anderen SprA des Unternehmens, des GSprA oder KSprA, durch Verbandsvertreter, BR-

Mitglieder und sonstige Auskunftspersonen oder durch Sachverständige. Auch die Zuziehung eines Protokollführers ist zulässig.

15 Versammlungen der L.A. sind nach hM als Präsenzveranstaltungen durchzuführen. Ist das aus rechtlichen oder tatsächlichen Gründen nicht möglich, wie etwa aufgrund der Einschränkungen in der Covid-19-Pandemie), kommen auch Veranstaltungen mithilfe audiovisueller Einrichtungen in Betracht. Abs. 2 S. 3 bedarf, wenn nur so Versammlungen L.A. innerhalb angemessener Zeiträume möglich sind, insoweit einer teleologischen Reduktion (ErfK/*Oetker* § 15 Rn. 4a, § 39 Rn. 3). Aufzeichnungen sind nur mit Zustimmung des Versammlungsleiters und nur nach vorheriger Ankündigung zulässig; jeder Redner kann Unterlassung verlangen (*Fitting* § 42 Rn. 45). Über die Modalitäten entscheidet der Vorsitzende des SprA nach pflichtgemäßem Ermessen (§ 12 Abs. 2 S. 1). Insbesondere hat er Maßnahmen zum Schutz der Nichtöffentlichkeit zu treffen (s. dazu § 12 Abs. 5 S. 4). Er muss, soweit ihm das möglich und zumutbar ist, Sorge dafür tragen, dass nur teilnahmeberechtigte Personen von dem Inhalt der Versammlung Kenntnis nehmen können.

V. Tagesordnung (Abs. 1, 3 S. 3)

1. Allgemeines

16 Die Tagesordnung legt der SprA fest. In der Ausgestaltung ist er grds. frei. Besprochen werden können alle Themen, die das Unternehmen, den Betrieb oder die L.A. als AN betreffen (vgl. § 2 Abs. 4 S. 2 Hs. 2). Das Recht, auch Fragen des Unternehmens zu besprechen, ergibt sich für Unternehmen mit USprA unmittelbar aus dem Zuständigkeitsbereich der Vertretung, in den übrigen Unternehmen folgt es aus der Funktion der L.A. als Teilhaber an der Unternehmensleitung mit dementsprechend unternehmensweiten Interessen (aA wohl *Löwisch* § 15 Rn. 10 f.). Beschränkungen der Tagesordnung ergeben sich vor allem aus der Friedenspflicht (s. → Rn. 37).

2. Bericht des Sprecherausschusses (Abs. 1 S. 1)

17 In der regelmäßigen Versammlung hat der SprA einen Tätigkeitsbericht zu erstatten. Das „soll" in Abs. 1 S. 1 ist insoweit ein Redaktionsversehen bei der Übernahme des Wortlauts des § 43 Abs. 1 S. 1 BetrVG (s. schon Begr. des GE BT-Drs. 11/2503, 39, die „einberufen … soll" und „Bericht zu erstatten … hat" unterscheidet).

18 Der Tätigkeitsbericht soll an den Bericht in der vorigen Versammlung anschließen. Er soll Auskunft geben über das Wirken des SprA und der nach § 11 Abs. 3 tätig gewordenen SprA-Mitglieder. Dabei können auch die Überlegungen mitgeteilt werden, die zu den einzelnen Maßnahmen und Beschlüssen geführt haben (*Fitting* § 43 Rn. 13 ff.; GK-BetrVG/*Weber* § 43 Rn. 6; *Löwisch* § 15 Rn. 8). Der Bericht soll weiter ggf. die Aktivitäten des GSprA und des KSprA enthalten, soweit sie Bedeutung für den Betrieb haben (*Fitting* § 43 Rn. 13 ff.; GK-BetrVG/*Weber* § 43 Rn. 6; HWGNRH/*Worzalla* § 43 Rn. 14). Schließlich soll der SprA allgemein über die betrieblichen Ereignisse berichten, die die L.A. betreffen. Die Tätigkeit des Aufsichtsratsmitglieds der L.A. ist nicht Gegenstand des Berichts, da es sich hierbei nicht um Tätigkeit des SprA handelt (BAG 1.3.1966, DB 1966, 705; GK-BetrVG/*Weber* § 43 Rn. 6).

Der Bericht ist vom SprA zu erstatten. Das bedeutet, dass der SprA zumindest über die Grundzüge und Hauptaussagen vor der Versammlung Beschluss gefasst haben muss (§ 13 Abs. 1, 2). Vorgetragen wird der Bericht vom Vorsitzenden des SprA (zum Verhinderungsfall → § 11 Rn. 42, zur Ermächtigung anderer SprA-Mitglieder → § 11 Rn. 32). Zur Vorlage eines schriftlichen Berichts ist der SprA nicht verpflichtet, aber befugt (*Fitting* § 43 Rn. 17; *Löwisch* § 15 Rn. 8). 19

Fragen der Versammlungsteilnehmer zu der Tätigkeit des SprA hat der Berichterstatter zu beantworten (*Löwisch* § 15 Rn. 8). Dabei hat er ebenso wie bei der Berichterstattung die Geheimhaltungspflicht insbesondere aus §§ 29 und 31 Abs. 3 zu beachten. 20

3. Bericht des Arbeitgebers (Abs. 3 S. 3)

Der AG oder sein Vertreter (s. → Rn. 13) hat in der regelmäßigen Versammlung (*Goldschmidt* S. 169; *Löwisch* § 15 Rn. 10) über Angelegenheiten der L.A. und über die wirtschaftliche Lage und Entwicklung des Betriebs zu berichten (Abs. 3 S. 3). 21

a) Angelegenheiten der leitenden Angestellten. Der Begriff „Angelegenheiten der leitenden Angestellten" ist weiter als der des „Personal- und Sozialwesens" in § 43 Abs. 2 S. 3 BetrVG und zugleich enger, weil nur über die L.A. zu berichten ist. Gemeint sind die Belange der L.A. als AN (dazu → § 25 Rn. 8 ff.) einschließlich der allgemeinen Arbeitsbedingungen, der Beurteilungsgrundsätze und geplanter personeller Maßnahmen nach §§ 30 f. (*Löwisch* § 15 Rn. 10). 22

Im Gegensatz zu § 43 Abs. 2 S. 3 BetrVG fehlt die Beschränkung auf den Betrieb. Unternehmens- wie konzernweite Regelungen für L.A. berühren immer auch die Belange der L.A. im Betrieb; insofern kommt es auf die Frage nicht an. Der AG hat aber auch über sonstige Regelungen und Maßnahmen im Unternehmen und Konzern zu berichten, soweit die L.A. im Betrieb berührt sein können. In Unternehmen mit USprA versteht sich das von selbst. Aber auch sonst können Regelungen und Maßnahmen bei der gemeinsamen Funktion der L.A. Rückwirkungen auf die L.A. im Betrieb haben, und einheitliche Grundsätze lassen sich bei der geringen Größe der Gruppe oft erst aus einer Gesamtschau erkennen. Die Informationstiefe hängt von der Größe des Unternehmens und/oder des Konzerns ab. 23

b) Wirtschaftliche Lage und Entwicklung. Des Weiteren hat der AG über die wirtschaftliche Lage und Entwicklung des Betriebs, in Unternehmen mit USprA über die Lage in allen Betrieben des Unternehmens, zu berichten. Dazu gehören die aktuelle und die geplante oder voraussehbare Situation bei Produktion und Absatz, die Marktlage, die finanzielle Situation, Investitions- und Rationalisierungsmaßnahmen, geplante Betriebsänderungen (§ 32 Abs. 2 SprAuG iVm § 111 BetrVG) und die Grundlinien der Entwicklung (*Fitting* § 43 Rn. 24; GK-BetrVG/*Weber* § 43 Rn. 15; *Löwisch* § 15 Rn. 10). 24

Obwohl Abs. 3 S. 2 nur von Betrieb spricht, wird man den AG auch als verpflichtet ansehen müssen, über die wirtschaftliche Lage des Unternehmens zu berichten (*Löwisch* § 15 Rn. 10 f.). Der Begriff Betrieb ist – offenbar unreflektiert – aus dem BetrVG übernommen worden. Dort macht er schon deshalb Sinn, weil die Berichtspflicht über den Betrieb durch die Unterrichtungspflicht über das Unternehmen nach § 110 BetrVG ergänzt wird. Eine Parallelvorschrift zu § 110 BetrVG gibt es im SprAuG aber nicht. Dabei haben gerade die L.A. aufgrund ihrer Funktion ein unternehmensweites Informationsbedürfnis. Das SprAuG wollte u.a. dieses Bedürfnis befriedigen (vgl. Begr. des GE SprA LAG 25 vom 22.5.1985, BT-Drs. 10/3384, 12). Man wird deshalb von einer Berichtspflicht über das Unternehmen mit Schwerpunkt auf den Betrieb auszugehen haben (ähnlich *Gaul* Personalführung 1989, 987 (996): Betrieb und Unternehmen) und eine konzernweite Informationspflicht jedenfalls dann annehmen müssen, wenn sonst Zusammenhänge nicht verständlich würden.

26 **c) Anfragen.** Im Anschluss an den Bericht können die L.A. Fragen stellen. Der AG hat sie zu beantworten, soweit dadurch keine Betriebs- oder Geschäftsgeheimnisse preisgegeben werden. In der Praxis hat es sich bewährt, vor der Versammlung durch eine Umfrage unter den L.A. Fragen für den AG zu sammeln.

4. Beantragte Tagesordnungspunkte (Abs. 1 S. 2)

27 In den vom AG oder von einem Viertel der L.A. beantragten weiteren Versammlungen sind die im Antrag genannten Punkte in die Tagesordnung aufzunehmen. Fällt keiner der Gegenstände in die Zuständigkeit der Versammlung (→ Rn. 9), so ist der Antrag auf Anberaumung einer Versammlung abzulehnen.

VI. Einberufung der Versammlung (Abs. 1 S. 1, Abs. 3 S. 1)

28 Einberufen wird die Versammlung durch den SprA. Der Einberufung muss also ein wirksamer Beschluss des SprA (§ 13 Abs. 1, 2) zugrunde liegen. Formvorschriften bestehen nicht. Der SprA hat aber dafür zu sorgen, dass die L.A. rechtzeitig Kenntnis von Versammlungstermin und -ort erhalten. Daneben ist die Tagesordnung bekannt zu geben, damit die L.A. sich auf die Versammlung vorbereiten können (*Fitting* § 42 Rn. 32a; GK-BetrVG/*Weber* § 42 Rn. 26, 28; HWGNRH/*Worzalla* § 42 Rn. 28 f.).

29 Der AG ist zu der Versammlung unter Mitteilung der Tagesordnung einzuladen (Abs. 3 S. 1).

VII. Leitung der Versammlung (Abs. 2 S. 2), Aufzeichnungen

1. Leitung der Versammlung

30 Die Versammlung wird vom Vorsitzenden des SprA – bei dessen Verhinderung von seinem Stellvertreter (ausführlicher dazu → § 11 Rn. 42 ff.) – geleitet (Abs. 2 S. 2). Der Versammlungsleiter hat die Aufgabe, für einen ordnungsgemäßen Ablauf der Versammlung zu sorgen. Er hat nach der Eröffnung die Tagesordnung bekannt zu geben, eine Rednerliste zu führen, das Wort zu erteilen und ggf. zu entziehen, Abstimmungen zu leiten, das Ergebnis bekannt zu geben und die Versammlung zu schließen. Zur Aufrechterhaltung der Ordnung kann er Ordnungsrufe erteilen. Ferner hat er dafür zu sorgen, dass nur die Themen erörtert werden, für die die Versammlung der L.A. zuständig ist (s. → Rn. 15 ff.).

31 Der Versammlungsleiter hat das Hausrecht. Er entscheidet, wer Zutritt zu der Versammlung hat und wer sie verlassen muss (BAG 13.9.1977, DB 1977, 2452; 18.3.1964, DB 1964, 992; *Fitting* § 42 Rn. 36; *Löwisch* § 15 Rn. 7; iE ähnlich GK-BetrVG/*Weber* § 42 Rn. 34 ff., der zwischen dem Ordnungsrecht analog §§ 5–13 VersG. und dem besitzrechtlichen Hausrecht unterscheidet; kritisch zum Begriff auch HWGNRH/*Worzalla* § 42 Rn. 37). Das Hausrecht des AG ist insoweit

eingeschränkt. Das gilt sowohl für den Versammlungsraum als auch für die Zugangswege (BAG 18.3.1964, DB 1964, 992; *Fitting* § 42 Rn. 36 f.; aA GK-BetrVG/*Weber* § 42 Rn. 39 bzgl. Zugangswegen).

2. Aufzeichnungen

Eine Versammlungsniederschrift muss nicht gefertigt werden, wird sich aber häufig empfehlen. Die Entscheidung über „Ob" und „Wie" steht dem Versammlungsleiter zu (*Goldschmidt* S. 170; *Löwisch* § 15 Rn. 14). Der AG kann sich stichwortartige Aufzeichnungen machen. 32

Auch der AG ist berechtigt, ein Protokoll von der Versammlung anzufertigen (LAG Baden-Württemberg 27.10.1978, DB 1979, 316; Schaub ArbR-HdB/*Koch* § 223 Rn. 13; aA LAG Hamm 9.7.1986, NZA 1986, 84: bei Verbot durch den BR). Ein Wortprotokoll der gesamten Versammlung verstößt aber in aller Regel gegen den Grundsatz der vertrauensvollen Zusammenarbeit (§ 2 Abs. 1 S. 1; LAG Hamm 9.7.1986, NZA 1986, 842; *Fitting* § 42 Rn. 47; *Löwisch* § 15 Rn. 14; aA LAG Baden-Württemberg 27.10.1978, DB 1979, 316; *Mußler* NZA 1985, 445 (446); einschränkend GK-BetrVG/*Weber* § 42 Rn. 54, der eine Einverständniserklärung verlangt). 33

Der Versammlungsleiter entscheidet auch darüber, ob die Versammlung auf Tonband oder Bildträger aufgezeichnet werden soll (ErfK/*Koch* BetrVG § 46 Rn. 4; *Fitting* § 42 Rn. 45; GK-BetrVG/*Weber* § 42 Rn. 53; *Löwisch* § 15 Rn. 14; aA HWGNRH/*Worzalla* § 42 Rn. 44; *Gaul* DB 1975, 978 (980 f.): Einverständnis aller berechtigten Versammlungsteilnehmer). Jeder Sprechende kann die Aufzeichnung seines Beitrags untersagen. Um ihm die Wahrnehmung dieses Rechts zu ermöglichen, ist die Versammlung vorher darüber zu informieren, ob eine Aufzeichnung beabsichtigt ist (ErfK/*Koch* BetrVG § 46 Rn. 4; *Fitting* § 42 Rn. 45; HWGNRH/*Worzalla* § 42 Rn. 44; *Löwisch* § 15 Rn. 14). 34

Aufzeichnungen dürfen anderen Personen als den an der Versammlung teilnahmeberechtigten nicht zur Verfügung gestellt oder gezeigt werden. Damit würde der Grundsatz der Nichtöffentlichkeit (Abs. 2 S. 3; → Rn. 14) umgangen. Die unbefugte Aufzeichnung eines Beitrags und die unbefugte Weitergabe einer unbefugt angefertigten Aufzeichnung sind nach § 201 Abs. 1 StGB strafbar. 35

VIII. Rechtsstellung der Versammlung

1. Rechte (Abs. 4 S. 1)

Die Versammlung der L.A. dient dem Meinungsaustausch mit dem SprA (BT-Drs. 11/2503, 39 f.). Sie kann dem SprA Anträge unterbreiten und zu seinen Beschlüssen Stellung nehmen. Weisungen und Richtlinien kann sie ihm nicht erteilen/vorgeben. An Anträge und Stellungnahmen ist der SprA nicht gebunden (*Fitting* § 45 Rn. 32 f.; *Goldschmidt* S. 170. 36

2. Beschlüsse

Vorschriften für die Beschlussfassung bestehen nicht. Sie sind wegen der Unverbindlichkeit von Beschlüssen nicht erforderlich. Beschlussfähigkeit liegt unabhängig von der Zahl der erschienenen L.A. schon dann vor, wenn die Mehrheit der L.A. die Möglichkeit hatte, an der Versammlung teilzunehmen. Beschlossen wird 37 mit einfacher Mehrheit der anwesenden L.A (*Fitting* § 42 Rn. 38 f.). Etwas anderes gilt nur für die Versammlung nach § 7 (vgl. → § 7 Rn. 14).

3. Friedenspflicht (Abs. 4 S. 2)

38 Für die Versammlung der L.A. gilt die Friedenspflicht des § 2 Abs. 4. Daraus folgt vor allem, dass sie sich auf die zulässigen Themen zu beschränken hat. Parteipolitik und die Politik der Verbände der L.A. gehören dazu ebenso wenig wie das Verhalten der L.A. in einem Arbeitskampf oder Fragen, die nur die übrige Belegschaft betreffen (*Goldschmidt* S. 170; *Löwisch* § 15 Rn. 13).

IX. Entgeltfortzahlung, Kosten, Sach- und Personalaufwand

1. Entgelt

39 Das Entgelt ist für die Zeit der Versammlung und für eventuelle Wegezeiten fortzuzahlen (*Goldschmidt* S. 171; *Löwisch* § 15 Rn. 15); Wegezeiten entstehen vor allem bei L.A. in kleineren Betrieben, die einem größeren zugeordnet sind, und in Unternehmen mit USprA, in denen Unternehmensversammlungen der L.A. anstelle von (Betriebs-)Versammlungen stattfinden. Eine § 44 Abs. 1 S. 2 BetrVG entsprechende Vorschrift über die Kostentragung fehlt zwar; die Verpflichtung ergibt sich aber mittelbar daraus, dass die Versammlungen während der Arbeitszeit stattfinden sollen (*Goldschmidt* S. 171; *Löwisch* § 15 Rn. 15; *Oetker* ZfA 1990 43, 60).

40 Umgekehrt ist aus dieser Regelung zu schließen, dass der Zeitaufwand für Versammlungen außerhalb der Arbeitszeit nicht zu vergüten ist (*Goldschmidt* S. 171; *Löwisch* § 15 Rn. 15; einschränkend ErfK/*Oetker* SprAuG § 15 Rn. 4: für Versammlungen auf Initiative des SprA oder nach § 15 Abs. 1 S. 2). Das entspricht der üblichen Entgeltpolitik bei L.A.: Kurzfristige Fehlzeiten führen nicht zu einem Abzug, Überstunden sind in gewissem Umfang mit dem Entgelt abgegolten. Der AG kann weitergehende Verpflichtungen aber in einer Vereinbarung nach § 28 oder im Einzelfall unter Beachtung des Gleichbehandlungsgrundsatzes (§ 27 Abs. 1) übernehmen (*Löwisch* § 15 Rn. 15).

2. Fahrtkosten

41 Fahrtkosten zu regelmäßigen Versammlungen, die außerhalb des Betriebs oder Betriebsteils stattfinden, dem der L.A. angehört (zB Versammlung der L.A. des Unternehmens), hat der AG zu erstatten (§ 670 BGB entspr.), nicht dagegen Fahrtkosten für außerordentliche Versammlungen, die der SprA auf eigene Initiative oder auf Antrag der L.A. nach § 15 Abs. 1 S. 2 durchführt (vgl. § 44 Abs. 1 S. 3 BetrVG; *Deich* AR-Blattei SD 1490.2 Rn. 202; ErfK/*Oetker* SprAuG § 15 Rn. 6; MHdB ArbR/*Joost* § 234 Rn. 128; generell für alle Versammlungen: AnwK-ArbR/*v. Steinau-Steinrück SprAuG § 15 Rn. 1;* AR/*Maschmann* SprAuG § 15 Rn. 2; *Löwisch* § 15 Rn. 15; SchaubArbR.-HdB/*Koch* § 249 Rn. 1).

3. Kosten der Versammlung, Sach- und Personalaufwand

42 Die Durchführung der Versammlung gehört zu den Aufgaben des SprA (Abs. 1 S. 1). Der AG hat die Kosten nach § 14 Abs. 2 S. 1 zu tragen (*Fitting* § 42 Rn. 52; Richardi BetrVG/*Annuß* § 42 Rn. 30). Analog § 14 Abs. 2 S. 2 hat er ferner

Räume (*Fitting* § 42 Rn. 31 f.; GK-BetrVG/*Weber* § 42 Rn. 22; Richardi BetrVG/*Annuß* § 42 Rn. 16; HWGNRH/*Worzalla* § 42 Rn. 32: direkte Anwendung des § 40 Abs. 2 BetrVG), sonstige Sachmittel und ggf. Personal zur Verfügung zu stellen. Der SprA hat die Kosten nach dem Grundsatz der Verhältnismäßigkeit so gering wie möglich zu halten. Versammlungen sind so zu legen, dass möglichst wenig Arbeitszeit ausfällt (idR am Ende der Arbeitszeit oder im Zusammenhang mit Pausen) und möglichst wenig Wegezeiten entstehen; in den Fällen der §§ 1 Abs. 2, 20 sind grds. zentral gelegene Betriebe zu wählen. Absprachen mit dem AG, ggf. auch über die Verbindung mit Dienstreisen, empfehlen sich.

Zu den Kosten gehören auch Dolmetscherkosten für eine Simultanübersetzung, **42a** soweit sie erforderlich und verhältnismäßig sind. Bei der Verhältnismäßigkeit sind insbesondere zu berücksichtigen die Zahl der Teilnehmer, die der Verhandlungssprache nicht oder nicht ausreichend folgen können, die Größe des Betriebs/Unternehmens und die Bedeutung der besprochenen Themen für die L.A. (bspw. Betriebsänderung oder -übergang; Stöhr NZA 2025, 749).

X. Streitigkeiten

Über Streitigkeiten im Zusammenhang mit Versammlungen der L.A. entschei- **43** det das ArbG im Beschlussverfahren (§ 2a Abs. 1 Nr. 2, Abs. 2; §§ 80 ff. ArbGG). Örtlich zuständig ist das Gericht, in dessen Bezirk der Betrieb liegt bzw. das Unternehmen seinen Sitz hat (§ 82 Abs. 1 ArbGG).

Über Streitigkeiten hinsichtlich der Fortzahlung des Entgelts entscheidet das **44** ArbG im Urteilsverfahren (§ 2 Abs. 1 Nr. 3 lit. a, Abs. 5; §§ 46 ff. ArbGG). Örtlich zuständig sind wahlweise das ArbG am Wohnsitz des AG bzw. am Unternehmenssitz (§§ 12, 13 bzw. 17 ZPO) oder das ArbG, in dessen Bezirk der Betrieb liegt, in dem das klagende SprA-Mitglied beschäftigt ist (§ 29), vgl. 35 ZPO.

Vierter Abschnitt. Gesamtsprecherausschuß

§ 16 Errichtung, Mitgliederzahl und Stimmengewicht

(1) **Bestehen in einem Unternehmen mehrere Sprecherausschüsse, ist ein Gesamtsprecherausschuss zu errichten.**

(2) **[1]In den Gesamtsprecherausschuss entsendet jeder Sprecherausschuss eines seiner Mitglieder. [2]Satz 1 gilt entsprechend für die Abberufung. [3]Durch Vereinbarung zwischen Gesamtsprecherausschuss und Arbeitgeber kann die Mitgliederzahl des Gesamtsprecherausschusses abweichend von Satz 1 geregelt werden.**

(3) **Der Sprecherausschuss hat für jedes Mitglied des Gesamtsprecherausschusses mindestens ein Ersatzmitglied zu bestellen und die Reihenfolge des Nachrückens festzulegen; § 10 Abs. 3 gilt entsprechend.**

(4) **[1]Jedes Mitglied des Gesamtsprecherausschusses hat so viele Stimmen, wie in dem Betrieb, in dem es gewählt wurde, leitende Angestellte in der Wählerliste der leitenden Angestellten eingetragen sind. [2]Ist ein Mitglied des Gesamtsprecherausschusses für mehrere Betriebe entsandt worden, hat es so viele Stimmen, wie in den Betrieben, für die es entsandt**

ist, leitende Angestellte in den Wählerlisten eingetragen sind. [3]Sind für einen Betrieb mehrere Mitglieder des Sprecherausschusses entsandt worden, stehen diesen die Stimmen nach Satz 1 anteilig zu.

Übersicht

I. Allgemeines

1 Die Vorschriften über den GSprA sind den §§ 47 ff. BetrVG über den GBR nachgebildet. §§ 16 und 17 regeln die Errichtung, die Mitgliederzahl, die Mitgliedschaft und die Stimmengewichtung im GSprA, §§ 18 und 19 die Zuständigkeit, vor allem das Verhältnis zu den SprA, und die Geschäftsführung.

2 Die Errichtung eines GSprA ist unter den Voraussetzungen des § 16 Abs. 1 zwingend. In Unternehmen mit mehreren Betrieben werden für alle oder mehrere Betriebe bedeutsame Entscheidungen zentral von der Unternehmensleitung getroffen. Aus diesem Grund soll der Unternehmensleitung ein für das gesamte Unternehmen zuständiges Vertretungsorgan der L.A. gegenüberstehen (so die Begr. des GE zu § 1, BT-Drs. 11/2503, 40).

II. Voraussetzungen für die Errichtung des Gesamtsprecherausschusses (Abs. 1)

3 Ein GSprA muss errichtet werden, wenn in einem Unternehmen zwei oder mehr SprA bestehen. Ein GSprA kann nicht gebildet werden, wenn sich die L.A. für die Errichtung eines USprA (§ 20) entschieden haben.

1. Mehrere Sprecherausschüsse

4 Erforderlich sind mindestens zwei SprA in zwei Betrieben des Unternehmens. Es genügt nicht, dass das Unternehmen zwei oder mehr Betriebe hat, wenn nicht in wenigstens zwei Betrieben SprA gebildet wurden. Nicht notwendig ist, dass in allen Betrieben des Unternehmens SprA bestehen (*Fitting* § 47 Rn. 20; Richardi BetrVG/*Annuß* § 47 Rn. 16). Betriebe ohne SprA sind im GSprA nicht vertreten. Über die Kompetenzen des GSprA für diese Betriebe s. → § 18 Rn. 16.

Hat ein inländisches Unternehmen Betriebe im Ausland, so nehmen dortige Vertretungen von L.A. nicht an der Bildung des GSprA teil; für diese Betriebe gilt ausschließlich das ausländische Recht (hM; *Fitting* § 47 Rn. 22; GK-BetrVG/*Kreutz/Franzen* § 47 Rn. 8; aA für BR, die denen nach deutschem Recht entsprechen, *Birk* FS Schnorr von Carolsfeld, 1973, 61 (82f.); ähnlich *Däubler* RabelsZ 1975, 444 (462ff.)). Dagegen ist nicht Voraussetzung, dass das Unternehmen seinen Sitz im Inland hat. Bestehen also in mindestens zwei inländischen Betrieben eines Unternehmens mit Sitz im Ausland SprA, so ist ein GSprA zu bilden (BAG 31.10.1975, DB 1976, 295; 1.10.1974, DB 1975, 453; *Fitting* § 47 Rn. 23 mwN). 5

2. Ein Unternehmen

Weiter müssen diese Betriebe zu einem Unternehmen gehören, also einem einheitlichen Rechtsträger zugeordnet sein. Eine einheitliche Leitungsmacht genügt nicht (BAG 29.11.1989, DB 1990, 1568). Für Betriebe verschiedener Unternehmen kann kein gemeinsamer GSprA errichtet werden; dies gilt auch für Gemeinschaftsbetriebe iSv § 1 Abs. 2 BetrVG. Unternehmensüberschreitend kann nur ein KSprA nach § 21 errichtet werden. Zum Unternehmensbegriff → § 1 Rn. 33ff. 6

III. Pflicht zur Errichtung

Liegen die Voraussetzungen für die Errichtung eines GSprA vor, so müssen alle SprA bei der Errichtung mitwirken. Eine Weigerung ist in aller Regel eine grobe Verletzung gesetzlicher Pflichten iSv § 9 Abs. 1, die zu einem Ausschluss von Mitgliedern oder zur Auflösung des SprA durch das ArbG führen kann (GK-BetrVG/*Kreutz/Franzen* § 47 Rn. 30). Wirken nicht alle SprA bei der Errichtung des GSprA mit, so kann dieser gleichwohl wirksam errichtet werden, wenn sich mindestens zwei SprA beteiligen (*Fitting* § 47 Rn. 38; GK-BetrVG/*Kreutz/Franzen* § 47 Rn. 48; HWGNRH/*Glock* § 47 Rn. 25; Richardi BetrVG/*Annuß* § 47 Rn. 41). Zur Zuständigkeit des GSprA für den Betrieb, dessen SprA nicht mitmacht, s. → § 18 Rn. 16. 7

IV. Amtszeit

Der GSprA hat – anders als der SprA – keine feste Amtszeit; er ist eine Dauereinrichtung mit wechselnder Mitgliedschaft (vgl. BT-Drs. 11/2503, 40 zu § 17; zum GBR allgM, s. nur GK-BetrVG/*Kreutz/Franzen* § 47 Rn. 49). Sein Amt endet nur bei Wegfall der Voraussetzungen für die Errichtung (*Fitting* § 47 Rn. 26; GK-BetrVG/*Kreutz/Franzen* § 47 Rn. 51). 8

V. Größe und Zusammensetzung

1. Entsendung (Abs. 2 S. 1)

Jeder SprA entsendet unabhängig von seiner Größe ein Mitglied in den GSprA. Besteht der SprA nur aus einem Mitglied, so ist dieses ohne weiteres Mitglied des GSprA. Bei mehrköpfigen SprA werden die Delegierten vom beschlussfähigen SprA mit einfacher Mehrheit durch Beschluss (§ 13) bestimmt (*Fitting* § 47 Rn. 33; GK- 9

BetrVG/*Kreutz/Franzen* § 47 Rn. 37 ff.; *Goldschmidt* S. 47; *Löwisch* § 16 Rn. 7). Weitere Voraussetzungen neben der Beschlussfassung sind nicht vorgesehen. Allerdings ist die Zustimmung des SprA-Mitglieds erforderlich, da niemand gegen seinen Willen in den GSprA entsandt und mit den daraus folgenden Pflichten belastet werden kann (GK-BetrVG/*Kreutz/Franzen* § 47 Rn. 42). Lediglich der alleinige Sprecher im einköpfigen SprA ist wegen der zwingenden Wirkung von Abs. 1 (s. → Rn. 1, → Rn. 7) zur Vertretung im GSprA verpflichtet (Richardi BetrVG/*Annuß* § 47 Rn. 30). Eine § 47 Abs. 2 S. 2 BetrVG entsprechende Regelung zur angemessenen Berücksichtigung der Geschlechter enthält § 16 nicht.

10 Nur Mitglieder des SprA können in den GSprA entsandt werden; Ersatzmitglieder erst dann, wenn sie nachgerückt sind (*Fitting* § 47 Rn. 30).

2. Abberufung (Abs. 2 S. 2)

11 Die Mitgliedschaft im GSprA besteht grds. für die Dauer der Amtszeit des entsendenden SprA (vgl. § 17 Abs. 2). Das entsendete Mitglied kann jedoch jederzeit abberufen werden. Für die Abberufung gelten dieselben Regeln wie für die Entsendung. Ein einfacher Mehrheitsbeschluss des SprA genügt. Besondere Gründe sind nicht erforderlich. Vor allem muss keine Pflichtverletzung des Mitglieds vorliegen (*Fitting* § 49 Rn. 16; GK-BetrVG/*Kreutz/Franzen* § 49 Rn. 19; HWGNRH/*Glock* § 47 Rn. 74). Mit der Abberufung endet die Mitgliedschaft im GSprA (§ 17 Abs. 2).

3. Abweichende Mitgliederzahl (Abs. 2 S. 3)

12 Die Größe des GSprA richtet sich nach der Zahl der SprA (Abs. 2 S. 1), die sich an seiner Errichtung beteiligen. Um den Bedürfnissen im Unternehmen Rechnung zu tragen, kann der GSprA verkleinert oder vergrößert werden (Abs. 2 S. 3; Begr. des GE zu § 16, BT-Drs. 11/2503, 40). Das geschieht durch Vereinbarung zwischen GSprA und AG. Eine abweichende Regelung durch Tarifvertrag ist nicht vorgesehen.

13 Das SprAuG enthält auch keine Regelung über die Art und Weise einer Verkleinerung für den Fall, dass der GSprA mehr als vierzig Mitglieder hat (§ 47 Abs. 5 BetrVG). GSprA und AG sind also frei, nach welchen Kriterien sie Betriebe zu einer einheitlichen Vertretung zusammenfassen. Es muss lediglich sichergestellt sein, dass die SprA dieser Betriebe über die Entsendung des gemeinsamen Mitglieds in einer gemeinsamen Sitzung beschließen können (*Löwisch* § 16 Rn. 9). Für eine evtl. Vergrößerung des GSprA ist keine Höchstgrenze vorgesehen.

14 Abs. 2 S. 3 gestattet nur eine abweichende Regelung der Mitgliederzahl, nicht der Voraussetzungen für die Errichtung oder die Zuständigkeit (*Fitting* § 47 Rn. 46). Auch das in Abs. 4 vorgeschriebene Stimmengewicht muss sowohl bei einer Vergrößerung als auch bei einer Verkleinerung erhalten bleiben (dazu → Rn. 17).

4. Ersatzmitglieder (Abs. 3)

15 Abs. 3 schreibt die Bestellung von Ersatzmitgliedern vor, um eine kontinuierliche Vertretung der SprA im GSprA sicherzustellen (Begr. des GE zu § 16, BT-Drs. 11/2503, 40). Ersatzmitglieder können nur Mitglieder des SprA sein. Werden mehrere Ersatzmitglieder bestimmt, muss die Reihenfolge des Nachrückens festgelegt werden (GK-BetrVG/*Kreutz/Franzen* § 47 Rn. 59). Besteht der SprA nur aus einer Person, so ist das in einem getrennten Wahlgang gewählte Ersatzmitglied zugleich auch Ersatzmitglied im GSprA (§ 16 Abs. 3 iVm § 10 Abs. 3).

VI. Stimmengewicht (Abs. 4)

Der GSprA stimmt nicht nach Köpfen, sondern nach Stimmengewicht ab. 16
Damit soll den tatsächlichen Stärkeverhältnissen in den einzelnen Betrieben Rechnung getragen werden. Das Stimmengewicht der Mitglieder richtet sich nach der Zahl der L.A. in dem Betrieb, in dem sie gewählt wurden. Maßgeblich ist die Zahl der L.A., die am Tag der SprA-Wahl in der Wählerliste eingetragen waren (*Bauer* Anm. VI S. 50; *Fitting* § 47 Rn. 75; *Löwisch* § 16 Rn. 10). Das gilt auch bei Berichtigungen der Wählerliste durch das ArbG, selbst wenn die Entscheidung erst nach der Wahl rechtskräftig wird (GK-BetrVG/*Kreutz*/*Franzen* § 47 Rn. 60 ff.). Eine nachträgliche Veränderung der Zahl der L.A. der Betriebe bleibt unberücksichtigt, außer wenn in einem Betrieb außerhalb des regelmäßigen Zeitraums (zB aufgrund einer Betriebsteilveräußerung) Wahlen stattgefunden haben.

Bei einer abweichenden Regelung der Mitgliederzahl des GSprA schreibt 17
Abs. 4 S. 2 und S. 3 folgerichtig eine Anpassung des Stimmengewichts vor. Bei einer Verkleinerung stehen dem gemeinsamen Vertreter alle Stimmen aus den zusammengefassten Betrieben zu (Abs. 4 S. 2). Bei einer Vergrößerung werden die Stimmen auf die erhöhte Mitgliederzahl anteilig aufgeteilt (also bei zwei Mitgliedern je die Hälfte, bei drei je ein Drittel usw, Abs. 4 S. 3). In ihrer Stimmabgabe sind die Mitglieder des GSprA frei und an keine Aufträge oder Weisungen des entsendenden SprA gebunden. Die Stimmen können aber nur einheitlich abgegeben werden; Stimmensplitting ist, auch wenn ein Betrieb durch mehrere Mitglieder vertreten wird, unzulässig.

VII. Streitigkeiten

Streitigkeiten über Errichtung und Zusammensetzung des GSprA entscheidet 18
das ArbG im Beschlussverfahren (§ 2a Abs. 1 Nr. 2, Abs. 2; §§ 80 ff. ArbGG). Örtlich zuständig ist das ArbG, in dessen Bezirk das Unternehmen seinen Sitz hat (§ 82 Abs. 1 S. 2 und 3 ArbGG). Hat das Unternehmen seinen Sitz im Ausland (s. → Rn. 5), so ist das ArbG zuständig, in dessen Bezirk der Betrieb liegt, dem für die Bundesrepublik Deutschland die zentrale Bedeutung zukommt (BAG 31.10.1975, DB 1976, 295).

§ 17 Ausschluss von Mitgliedern und Erlöschen der Mitgliedschaft

(1) **Mindestens ein Viertel der leitenden Angestellten des Unternehmens, der Gesamtsprecherausschuss oder der Arbeitgeber können beim Arbeitsgericht den Ausschluss eines Mitglieds aus dem Gesamtsprecherausschuss wegen grober Verletzung seiner gesetzlichen Pflichten beantragen.**

(2) **Die Mitgliedschaft im Gesamtsprecherausschuss endet mit Erlöschen der Mitgliedschaft im Sprecherausschuss, durch Amtsniederlegung, durch Ausschluss aus dem Gesamtsprecherausschuss aufgrund einer gerichtlichen Entscheidung oder Abberufung durch den Sprecherausschuss.**

Übersicht

I. Allgemeines

1 Die Vorschrift ist den §§ 48, 49 BetrVG nachgebildet. Abs. 1 ermöglicht den Ausschluss von Mitgliedern des GSprA wegen grober Verletzung ihrer gesetz lichen Pflichten durch gerichtliche Entscheidung. Er entspricht insoweit § 9 Abs. 1. Anders als nach § 9 Abs. 1 für den SprA kann aber nicht die Auflösung des GSprA beantragt werden; der GSprA ist eine Dauereinrichtung (s. → § 16 Rn. 8). Denkbar ist jedoch die Einleitung eines Ausschlussverfahrens gegen alle Mitglieder des GSprA (GK-BetrVG/*Kreutz/Franzen* § 48 Rn. 6). Auch wenn alle Mitglieder des GSprA ausgeschlossen werden, ist der GSprA nicht aufgelöst, denn die gewählten Ersatzmitglieder rücken nach (*Fitting* § 48 Rn. 7; Richardi BetrVG/*Annuß* § 48 Rn. 1).

2 Zum Ausschluss bedarf es immer einer gerichtlichen Entscheidung. Eine Abwahl durch die L.A. ist nicht möglich. Vom Ausschluss zu unterscheiden ist die Abberufung durch den entsendenden SprA (§ 16 Abs. 2 S. 2).

3 Abs. 2 regelt das Erlöschen der Mitgliedschaft im GSprA in Anlehnung an § 9 Abs. 2.

II. Ausschluss von Mitgliedern (Abs. 1)

1. Antrag

4 Das gerichtliche Ausschlussverfahren wird durch einen Antrag eingeleitet. Örtlich zuständig ist das ArbG, in dessen Bezirk das Unternehmen seinen Sitz hat (§ 82 Abs. 1 S. 2 und S. 3 ArbGG). Der Antrag ist an keine Frist gebunden. Er ist schriftlich einzureichen oder bei der Geschäftsstelle des ArbG mündlich zu Protokoll anzubringen, und er ist zu begründen (§ 81 Abs. 1 Hs. 2 ArbGG). Ein ordnungsgemäßer Antrag ist keine Prozessvoraussetzung, sondern eine Frage der Sach- oder Aktivlegitimation (GK-BetrVG/*Kreutz/Franzen* § 48 Rn. 9).

5 Antragsberechtigt ist ein Viertel aller L.A. des Unternehmens. L.A. aus Betrieben, in denen kein SprA besteht, sind mitzuzählen (s. → § 18 Rn. 16; *Fitting* § 48 Rn. 11; GK-BetrVG/*Kreutz/Franzen* § 48 Rn. 10). Maßgeblich ist

die Zahl im Zeitpunkt der Antragstellung und nicht die im Zeitpunkt der Bildung des GSprA (*Fitting* § 48 Rn. 11 mwN; GK-BetrVG/*Kreutz/Franzen* § 48 Rn. 11).

Antragsberechtigt ist auch der GSprA. Einem Antrag des GSprA muss ein Beschluss nach § 19 Abs. 1 iVm § 13 Abs. 1 zugrunde liegen. Bei der Beschlussfassung wirkt das betroffene Mitglied nicht mit; ihm ist aber rechtliches Gehör zu gewähren (hM, vgl. *Fitting* § 48 Rn. 15; GK-BetrVG/*Kreutz/Franzen* § 48 Rn. 15; HWGNRH/*Glock* § 48 Rn. 7; Richardi BetrVG/*Annuß* § 48 Rn. 9). An seine Stelle tritt gemäß § 19 Abs. 1 iVm § 10 Abs. 1 S. 2 das Ersatzmitglied (str.; wie hier *Fitting* § 48 Rn. 15; GK-BetrVG/*Kreutz/Franzen* § 48 Rn. 15; HWGNRH/*Glock* § 48 Rn. 7; skeptisch Richardi BetrVG/*Annuß* § 48 Rn. 9). 6

Antragsberechtigt ist schließlich der AG. 7

Nicht antragsberechtigt sind die SprA – sie können das von ihnen entsandte Mitglied gemäß § 16 Abs. 2 S. 2 abberufen – sowie im Unternehmen vertretene Gewerkschaften oder Verbände der L.A (*Bauer* Anm. II S. 52). 8

2. Grobe Verletzung gesetzlicher Pflichten

Der Begriff der groben Verletzung gesetzlicher Pflichten entspricht inhaltlich dem des § 9 Abs. 1. Auf die dortigen Erläuterungen sei daher verwiesen (s. → § 9 Rn. 2 ff.). Allerdings geht es bei § 17 Abs. 1 um die Verletzung einer Pflicht, die sich aus der Stellung als Mitglied des GSprA ergibt. Eine Pflichtverletzung als Mitglied des SprA kann einen Ausschluss aus dem GSprA nicht rechtfertigen; SprA und GSprA sind selbstständige und unabhängige Organe mit unterschiedlicher Zuständigkeit (s. dazu → § 18 Rn. 1) mit der Folge, dass die Mitgliedschaft unterschiedliche Pflichten begründet (*Fitting* § 48 Rn. 9; GK-BetrVG/*Kreutz/Franzen* § 48 Rn. 18 ff.; HWGNRH/*Glock* § 48 Rn. 4). Hat das Mitglied des GSprA eine Pflichtverletzung in seiner Eigenschaft als Mitglied des SprA begangen und wird es deshalb aus diesem Gremium ausgeschlossen, so endet damit automatisch auch die Mitgliedschaft im GSprA (§ 17 Abs. 2 iVm § 9 Abs. 2). Liegt umgekehrt in dem Verstoß gegen eine Pflicht aus der Mitgliedschaft im GSprA zugleich ein Verstoß gegen eine Pflicht aus der Mitgliedschaft im SprA, so kann auch der Ausschluss aus dem SprA beantragt werden (*Fitting* § 48 Rn. 9). 9

3. Rechtsfolgen

Mit Rechtskraft der gerichtlichen Entscheidung erlischt die Mitgliedschaft im GSprA. Eine erneute Entsendung in den GSprA während der Amtszeit des entsendenden SprA kommt nicht in Betracht; damit würde die rechtskräftige Gerichtsentscheidung umgangen (GK-BetrVG/*Kreutz/Franzen* § 48 Rn. 24). Anders ist es nach einer Neuwahl des SprA, da das ausgeschlossene Mitglied dann erneut demokratisch legitimiert ist (vgl. *Fitting* § 48 Rn. 24; GK-BetrVG/*Kreutz/Franzen* § 48 Rn. 24; HWGNRH/*Glock* § 48 Rn. 12). 10

III. Erlöschen der Mitgliedschaft (Abs. 2)

Abs. 2 regelt abschließend die Gründe für das Erlöschen der Mitgliedschaft im GSprA. Eine kollektive Auflösung des GSprA ist nicht vorgesehen, da der GSprA eine Dauereinrichtung ist (s. → § 16 Rn. 8). Erlöschen die Ämter aller Mitglieder gleichzeitig, etwa bei einer „kollektiven" Amtsniederlegung, so führt auch das 11 nicht zum Ende des GSprA, sondern grds. nur zum Nachrücken der Ersatzmitglieder (§ 19 Abs. 1 iVm § 10 Abs. 1 S. 1; *Fitting* § 49 Rn. 7; zur dann erforderlichen Neukonstituierung des GSprA s. → § 19 Rn. 3). Der GSprA endet, wenn die Voraussetzungen für seine Errichtung entfallen (s. → § 16 Rn. 3).

1. Erlöschen der Mitgliedschaft im Sprecherausschuss

12 Die Beendigung der Mitgliedschaft im entsendenden SprA hat kraft Gesetzes das Erlöschen der Mitgliedschaft im GSprA zur Folge. Die Gründe für das Erlöschen der Mitgliedschaft im SprA sind in § 9 Abs. 2 geregelt.

2. Amtsniederlegung

13 Jedes Mitglied des GSprA kann jederzeit ohne Angabe von Gründen sein Amt niederlegen (*Fitting* § 49 Rn. 11; GK-BetrVG/*Kreutz/Franzen* § 49 Rn. 8). Die Amtsniederlegung ist gegenüber dem Vorsitzenden des GSprA zu erklären, der den entsendenden SprA hiervon unverzüglich (= ohne schuldhaftes Zögern, § 121 Abs. 1 S. 1 BGB) zu unterrichten hat (*Fitting* § 49 Rn. 11). Die Niederlegung des Amtes im GSprA berührt nicht die Mitgliedschaft im entsendenden SprA. Dagegen führt die Niederlegung des Amtes im SprA zur Beendigung auch der Mitgliedschaft im GSprA (s. → Rn. 11). Das Mitglied muss deshalb eindeutig erklären, welches Amt es niederlegen will (GK-BetrVG/*Kreutz/Franzen* § 49 Rn. 9). Die Erklärung der Amtsniederlegung kann nicht zurückgenommen, widerrufen oder angefochten werden (ErfK/*Koch* BetrVG § 49 Rn. 1; Richardi BetrVG/*Annuß* § 49 Rn. 6).

14 Keine Amtsniederlegung ist die Ablehnung der Übernahme des Amtes im GSprA. Hier kommt es gar nicht erst zu einer wirksamen Entsendung. Die Folge ist, dass nicht das Ersatzmitglied nachrückt, sondern dass der SprA erneut über die Entsendung beschließen muss (GK-BetrVG/*Kreutz/Franzen* § 49 Rn. 10).

3. Ausschluss

15 Gemeint ist der Ausschluss nach Abs. 1. Näheres dazu → Rn. 4 ff.

4. Abberufung durch den Sprecherausschuss

16 Die Abberufung folgt denselben Regeln wie die Entsendung (§ 16 Abs. 2 S. 2; s. dazu → § 16 Rn. 11). Besondere Gründe sind für die Abberufung nicht erforderlich. Insbesondere muss keine Pflichtverletzung des GSprA-Mitglieds vorliegen (GK-BetrVG/*Kreutz/Franzen* § 49 Rn. 19). Die Abberufung wird mit der Mitteilung an den Entsandten wirksam (ErfK/*Koch* BetrVG § 49 Rn. 1; *Fitting* § 49 Rn. 18; GK-BetrVG/*Kreutz/Franzen* § 49 Rn. 18; aA HWGNRH/*Glock* § 49 Rn. 13: Mitteilung an den Vorsitzenden des GSprA). Dem Vorsitzenden des GSprA ist sie mitzuteilen. Das abberufene Mitglied kann dem Beschluss des SprA nicht widersprechen (HWGNRH/*Glock* § 49 Rn. 14).

IV. Rechtsfolgen

17 Mit Eintritt eines der in Abs. 2 aufgeführten Erlöschensgründe endet die Mitgliedschaft im GSprA für die Zukunft. Gleichzeitig endet eine eventuelle Mitgliedschaft im KSprA (§ 22 Abs. 2). Die Mitgliedschaft im SprA bleibt erhalten

(s. → Rn. 9). An die Stelle des ausscheidenden Mitglieds rückt kraft Gesetzes das Ersatzmitglied (§ 19 Abs. 1 iVm § 10 Abs. 1).

V. Streitigkeiten

Streitigkeiten über das Erlöschen oder den Fortbestand der Mitgliedschaft im GSprA entscheidet das ArbG gemäß § 2a Abs. 1 Nr. 2, Abs. 2; §§ 80 ff. ArbGG im Beschlussverfahren. Örtlich zuständig ist das Gericht, in dessen Bezirk das Unternehmen seinen Sitz hat (§ 82 Abs. 1 S. 2 und S. 3 ArbGG). Zum Antrag auf Ausschließung nach Abs. 1 s. → Rn. 4 ff. 18

§ 18 Zuständigkeit

(1) [1]**Der Gesamtsprecherausschuss ist zuständig für die Behandlung von Angelegenheiten, die das Unternehmen oder mehrere Betriebe des Unternehmens betreffen und nicht durch die einzelnen Sprecherausschüsse innerhalb ihrer Betriebe behandelt werden können.** [2]**Er ist den Sprecherausschüssen nicht übergeordnet.**

(2) [1]**Der Sprecherausschuss kann mit der Mehrheit der Stimmen seiner Mitglieder den Gesamtsprecherausschuss schriftlich beauftragen, eine Angelegenheit für ihn zu behandeln.** [2]**Der Sprecherausschuss kann sich dabei die Entscheidungsbefugnis vorbehalten.** [3]**Für den Widerruf der Beauftragung gilt Satz 1 entsprechend.**

(3) **Die Vorschriften über die Rechte und Pflichten des Sprecherausschusses und die Rechtsstellung seiner Mitglieder gelten entsprechend für den Gesamtsprecherausschuss.**

Übersicht

I. Allgemeines

1 Die Vorschrift ist §§ 50 und 51 Abs. 5 BetrVG nachgebildet. Sie legt die Zuständigkeit des GSprA fest und regelt seine Rechtsstellung gegenüber dem SprA. Im Gegensatz zum BetrVG (§ 50 Abs. 1 S. 1 Hs. 2) regelt das SprAuG nicht die Zuständigkeit des GSprA für sprecherausschusslose Betriebe.

2 Abs. 1 stellt klar, dass der GSprA ein selbstständiges Organ mit eigenem Zuständigkeitsbereich ist, das den SprA der einzelnen Betriebe weder über- (Abs. 1 S. 2) noch untergeordnet ist (BT-Drs. 11/2503, 40 zu § 18). Der GSprA kann keine Angelegenheiten an sich ziehen, für die der SprA zuständig ist, und er kann ihm keine Weisungen erteilen. Die Zuständigkeitsabgrenzung ist zwingend. Entweder ist ein SprA oder der GSprA zuständig (vgl. zur „Rahmenkompetenz" des GBR *Fitting* § 50 Rn. 9, 28; *Keim* BB 1987, 962). Eine Regelung, die unter Verletzung der Zuständigkeit zustande gekommen ist, ist unwirksam (*Fitting* § 50 Rn. 74; GK-BetrVG/*Kreutz/Franzen* § 50 Rn. 82 f.).

3 Neben der originären gesetzlichen Zuständigkeit kommt eine Zuständigkeit kraft Auftrags nach Abs. 2 in Betracht.

4 Der GSprA hat im Rahmen seiner Zuständigkeit grds. dieselben Rechte und Pflichten wie ein SprA, seine Mitglieder haben dieselbe Rechtsstellung wie die des SprA (Abs. 3).

II. Gesetzliche Zuständigkeit (Abs. 1 S. 1)

1. Voraussetzungen der gesetzlichen Zuständigkeit

5 Kraft Gesetzes ist der GSprA zuständig, wenn eine Angelegenheit das Unternehmen oder mehrere Betriebe betrifft und wenn sie nicht durch die einzelnen SprA innerhalb ihrer Betriebe behandelt werden kann.

6 **a) Überbetriebliche Angelegenheiten.** Es genügt, dass eine Angelegenheit mehrere, dh mindestens zwei Betriebe des Unternehmens betrifft (BAG 3.5.2006, NZA 2007, 1245). Angelegenheiten, die nur den Bereich eines einzelnen Betriebs betreffen, können nie die originäre Zuständigkeit des GSprA begründen. Insoweit kommt nur eine Zuständigkeit kraft Auftrags nach Abs. 2 in Betracht. Ob eine Angelegenheit einen oder mehrere Betriebe betrifft, bestimmt sich nach dem Willen desjenigen, von dem die Initiative ausgeht (GK-BetrVG/*Kreutz/Franzen* § 50 Rn. 24). Insbesondere ist der Unternehmer frei in seiner Entscheidung, ob er eine zentrale Regelung schaffen will oder nicht; nur so hat er die Möglichkeit zu einer einheitlichen Unternehmensleitung (BAG 6.12.1988, DB 1989, 984; 5.5.1977, DB 1977, 1610; 29.3.1977, DB 1977, 1415).

7 **b) Notwendigkeit einheitlicher Behandlung.** Die Zuständigkeit des GSprA ist nach der Konzeption des Gesetzes die Ausnahme. Nicht schon wegen der Überbetrieblichkeit soll eine Angelegenheit der Zuständigkeit des SprA entzogen sein, sondern erst dann, wenn eine Behandlung durch den SprA objektiv oder subjektiv unmöglich ist (BAG 11.12.2018, NZA 2019, 1082). Es genügt also weder, dass eine Behandlung durch den GSprA einfacher und zweckmäßiger wäre, noch das Koordinierungsinteresse des Unternehmers (stRspr zu § 50 BetrVG, BAG 23.3.2010, NZA 2011, 642; 9.12.2003, NZA 2005, 234; 6.12.1988).

8 Auf der anderen Seite bedeutet „nicht behandeln können" nicht, dass eine Behandlung durch den GSprA denkgesetzlich ausgeschlossen sein müsste (BAG

23.9.1975, DB 1976, 58; *Fitting* § 50 Rn. 21; Richardi BetrVG/*Annuß* § 50 Rn. 8). Es reicht aus, wenn ein zwingendes Erfordernis für eine unternehmenseinheitliche oder jedenfalls betriebsübergreifende Behandlung besteht, wobei auf die Verhältnisse des einzelnen Unternehmens und der konkreten SprA abzustellen ist (BAG 14.11.2006, NZA 2007, 399; 26.4.2005, NZA 2005, 892; 9.12.2003, NZA 2005, 234; 6.12.1988, DB 1989, 984). Ein zwingendes Erfordernis kann sich insbesondere daraus ergeben, dass der Arbeitgeber Leistungen (freiwillige Leistungen, Gehaltserhöhungen im AT-Bereich, Altersversorgung) nur nach unternehmenseinheitlichen Kriterien gewähren will (subjektive Unmöglichkeit; BAG 11.12.2018, NZA 2019, 1082), aber auch aus technischen oder rechtlichen Gründen (objektive Unmöglichkeit; BAG 18.5.2010, NZA 2011, 171). Ein technisches Erfordernis kann bspw. die produktionstechnische Verzahnung mehrerer Betriebe sein (BAG 9.12.2003, NZA 2005, 234; 23.9.1975, DB 1976, 58). Kein rechtliches Erfordernis begründet der Gleichbehandlungsgrundsatz (BAG 18.5.2010, NZA 2011, 171; 23.3.2010, NZA 2010, 642; anders BAG 17.11.1998, BB 1999, 692).

Der GSprA hat umso mehr Kompetenzen, je zentralistischer ein Unternehmen 9
geführt wird (BAG 23.9.1975, DB 1976, 58). Da die Angelegenheiten der L.A. zumeist dem Leitungsorgan des Unternehmens (Vorstand, Geschäftsführung) unmittelbar vorbehalten sind, u.a. um eine einheitliche Personalpolitik gegenüber diesem Kreis sicherzustellen, wird der GSprA häufiger zuständig sein als der GBR. Genau diese Überlegungen haben den Gesetzgeber veranlasst, den L.A. den USprA als besonders sachgerechtes Vertretungsorgan zur Verfügung zu stellen (BT-Drs. 11/2503, 41 zu § 20).

2. Einzelheiten

Da es jeweils auf die konkreten Verhältnisse im Unternehmen ankommt, kön- 10
nen die folgenden Angaben nur Anhaltspunkte sein (Fallgruppen bei *Lunk* NZA 2013, 233).

**a) Arbeitsbedingungen und Beurteilungsgrundsätze (§ 30). aa) Ge- 11
haltsgestaltung.** Verfährt der AG nach einem unternehmenseinheitlichen System, so ist idR von der Zuständigkeit des GSprA auszugehen (BAG 29.3.1977, DB 1977, 1415; *Goldschmidt* S. 97 f.; *Löwisch* § 18 Rn. 3, 4). Für freiwillige Leistungen und Regelungen ist das allgemein anerkannt. Kann der AG frei entscheiden, ob er eine Leistung erbringt, so kann er sie auch von einer überbetrieblichen Regelung abhängig machen. Das gilt auch für die Einführung oder Änderung eines Entgeltsystems oder von Entgeltbestandteilen (Boni, Altersversorgung usw) für L.A. (BAG 17.10.1968, DB 1968, 799: Gratifikationen; 3.11.1987, DB 1988, 966: Jubiläumsgelder; DB 8.12.1981, DB 1982, 46: betriebliche Altersversorgung; 9.12.1980, DB 1981, 996: zinsgünstiges Darlehen).

bb) Sonstige allgemeine Arbeitsbedingungen. Sonstige allgemeine 12
Arbeitsbedingungen gehören zur Zuständigkeit des GSprA, wenn der AG sie generell in mindestens zwei Betrieben den Arbeitsverträgen zugrunde legt. Ordnungsfragen, wie Zugangskontrollen, Arbeitszeiterfassungssysteme, unterfallen der Zuständigkeit des GSprA, wenn der AG sie unternehmensweit einführt, im Übrigen, wenn sie beispielsweise wegen der arbeitstechnischen Verzahnung zweier Betriebe nur einheitlich geregelt werden können. Auch bei technisch-organisatorischen Änderungen, wie bei der Einführung eines Datenverarbeitungssystems

(*Fitting* § 50 Rn. 41; GK-BetrVG/*Kreutz/Franzen* § 50 Rn. 42), ist darauf abzustellen, ob der Unternehmer eine einheitliche Regelung anstrebt oder nicht.

13 **cc) Allgemeine Beurteilungsgrundsätze.** Für unternehmenseinheitliche Beurteilungsgrundsätze ist der GSprA zuständig (*Bauer* Anm. III S. 55; *Goldschmidt* S. 102; *Löwisch* § 18 Rn. 4, 7).

14 **b) Personelle Angelegenheiten (§ 31).** Einstellungen, personelle Veränderungen (§ 31 Abs. 1) und Kündigungen (§ 31 Abs. 2) von L.A. fallen in die Zuständigkeit der jeweiligen SprA. Das gilt auch für Abordnungen oder Versetzungen in einen anderen Betrieb des Unternehmens oder in ein anderes Unternehmen des Konzerns.

15 **c) Wirtschaftliche Angelegenheiten (§ 32).** Die Unterrichtung über wirtschaftliche Angelegenheiten des Betriebs und des Unternehmens hat gegenüber dem jeweiligen SprA zu erfolgen. Die wirtschaftliche Lage des Betriebs und die des Unternehmens stehen ohnedies in untrennbarem Zusammenhang. Eine Notwendigkeit einheitlicher Behandlung besteht schon deshalb nicht, weil in der bloßen Unterrichtung keine Behandlung mit dem Ziel einer betriebsübergreifenden Regelung liegt (aA *Bauer* Anm. III S. 55 f.). Dasselbe gilt für Betriebsänderungen, denn auch insoweit hat der Unternehmer – anders als gegenüber dem BR (§ 111 S. 1 BetrVG) – nur eine Unterrichtungspflicht. Bei der Beratung über Maßnahmen zum Ausgleich oder zur Milderung von Nachteilen kommt es darauf an, ob die Betriebsänderung, die wirtschaftliche Nachteile zur Folge hat, das ganze Unternehmen oder mehrere Betriebe betrifft und ob die Ausgleichs- und Milderungsmaßnahmen nur einheitlich getroffen werden können. Das wird vor allem der Fall sein bei der Stilllegung sämtlicher Betriebe eines Unternehmens (BAG 17.2.1981, DB 1981, 1414) oder bei der Zusammenlegung von Betrieben (*Fitting* § 50 Rn. 59).

3. Zuständigkeit für sprecherausschusslose Betriebe

16 Die Zuständigkeit des GSprA erstreckt sich – wenn er sachlich zuständig ist – auch auf sprecherausschussfähige Betriebe, in denen kein SprA gewählt worden ist (HWK/*Annuß* SprAuG §§ 16–19 Rn. 3; für den GBR jetzt § 50 Abs. 1 S. 1 Hs. 2 BetrVG; aA die wohl hM, AnwK-ArbR/v. Steinau-Steinrück SprAuG § 19 Rn. 4; AR/Maschmann SprAuG § 19 Rn. 2). Da in sprecherausschusslosen Betrieben keine Wahl stattgefunden hat, fehlt dem GSprA insoweit zwar in gewisser Weise die demokratische Legitimation (*Fitting* § 50 Rn. 29; *Löwisch* § 18 Rn. 2). Dies führt aber nicht zur Verfassungswidrigkeit einer Erstreckung seiner Zuständigkeit. Der Rechtsgedanke, der der Regelung des § 50 Abs. 1 S. 1 Hs. 1 BetrVG zugrunde liegt – Gleichbehandlung der AN in überbetrieblichen Angelegenheiten – trifft auch auf die L.A. zu (Begr. d. RegE BT-Drs. 14/5741, 42 f.; GK-BetrVG/*Kreutz/Franzen* § 50 Rn. 48). Allerdings gilt die Zuständigkeit des GSprA für sprecherausschusslose Betriebe nur im Rahmen seiner originären Zuständigkeit nach Abs. 1. Der GSprA ist nicht berechtigt, in sprecherausschusslosen Betrieben die Rechte des örtlichen SprA zu übernehmen und rein betriebsbezogene Angelegenheiten zu regeln (Richardi BetrVG/*Annuß* § 50 Rn. 51).

17 Der GSprA ist auch zuständig für nicht sprecherausschussfähige Betriebe, wenn in dem Betrieb, dem die L.A. gemäß § 1 Abs. 2 zugeordnet sind, ein SprA besteht. Denn die L.A. dieses Betriebs sind im GSprA vertreten (§ 16 Abs. 2 S. 1).

Der GSprA ist schließlich zuständig für Betriebe, die pflichtwidrig kein Mitglied 18
in den GSprA entsandt haben. Denn sie sind nur aufgrund gesetzwidrigen Verhaltens der gewählten Vertretung nicht im GSprA repräsentiert (ähnlich GK-BetrVG/*Kreutz/Franzen* § 47 Rn. 48).

4. Gesamtsprecherausschussvereinbarungen

Die im Rahmen der gesetzlichen Zuständigkeit abgeschlossenen Vereinbarun- 19
gen nach § 18 (GSprA-Vereinbarungen) gelten für alle Betriebe, die von der Angelegenheit betroffen sind (s. → Rn. 6), auch für sprecherausschussfähige Betriebe ohne SprA (→ Rn. 16). Sie schließen Vereinbarungen des SprA über denselben Regelungsgegenstand aus (*Fitting* § 50 Rn. 73 f.; *Löwisch* § 18 Rn. 12).

III. Zuständigkeit kraft Auftrags (Abs. 2)

Abs. 2 gibt dem SprA die Möglichkeit, in einzelnen Angelegenheiten den 20
GSprA einzuschalten, auch wenn er selbst nach der gesetzlichen Abgrenzung zuständig ist und es ihm lediglich zweckmäßiger erscheint, dass der GSprA tätig wird (Begr. des GE BT-Drs. 11/2503, 40 zu § 18).

1. Beauftragung

Die Beauftragung erfolgt durch Beschluss. Erforderlich ist die Mehrheit der 21
gesetzlichen Mitglieder des SprA. Es genügt nicht die Mehrheit der anwesenden Mitglieder.

Die Beauftragung muss schriftlich erfolgen. Die bloße Wiedergabe im Sitzungs- 22
protokoll nach § 13 Abs. 3 reicht nicht aus; es muss vielmehr eine besondere Ausfertigung erstellt, vom Vorsitzenden des SprA unterschrieben und dem Vorsitzenden des GSprA übermittelt werden (Richardi BetrVG/*Annuß* § 50 Rn. 60). Wird die Schriftform nicht eingehalten, ist die Übertragung unwirksam (GK-BetrVG/*Kreutz/Franzen* § 50 Rn. 60). Es entspricht dem Gebot vertrauensvoller Zusammenarbeit, auch den AG von der Beauftragung zu unterrichten (*Fitting* § 50 Rn. 64).

Der SprA kann dem GSprA eine Angelegenheit in vollem Umfange übertragen, 23
dh einschließlich der Befugnis, diese mit verbindlicher Wirkung für ihn zu regeln. Der GSprA kann dann auch eine Vereinbarung gemäß § 28 abschließen. Die Vereinbarung wirkt für und gegen den beauftragenden SprA und die L.A. des betreffenden Betriebs (vgl. *Löwisch* § 18 Rn. 12).

Die Beauftragung kann sich darauf beschränken, dass der GSprA die Verhand- 24
lungen führt, der SprA aber die Entscheidungsbefugnis behält (Abs. 2 S. 2). Der SprA kann dem GSprA jedoch nicht verbindlich vorschreiben, wie er die Angelegenheit regelt. Der GSprA handelt – auch wenn er kraft Auftrags tätig wird – in eigener Verantwortung (Richardi BetrVG/*Annuß* § 50 Rn. 58).

Der GSprA kann den Auftrag nicht grundlos ablehnen (GK-BetrVG/*Kreutz/* 25
Franzen § 50 Rn. 58; *Fitting* § 50 Rn. 70; Richardi BetrVG/*Annuß* § 50 Rn. 63). Der Auftrag kann dagegen jederzeit widerrufen werden, solange die übertragene Angelegenheit noch nicht erledigt ist. Der Widerruf muss in derselben Weise erfolgen wie die Übertragung (Abs. 2 S. 3), also durch Beschluss der Mehrheit der Mitglieder des SprA und schriftliche Übermittlung an den Vorsitzenden des

GSprA. Es entspricht dem Gebot vertrauensvoller Zusammenarbeit, den AG vom Widerruf der Beauftragung zu unterrichten (*Fitting* § 50 Rn. 64).

2. Gegenstand der Beauftragung

26 Der SprA kann dem GSprA jede in seinen Zuständigkeitsbereich fallende Angelegenheit übertragen. Übertragen werden können aber immer nur bestimmte Angelegenheiten; die generelle Übertragung ganzer Zuständigkeitsbereiche ist unzulässig (*Fitting* § 50 Rn. 65; GK-BetrVG/*Kreutz*/*Franzen* § 50 Rn. 66). Im Interesse einer klaren Abgrenzung sollte der Gegenstand der Beauftragung möglichst konkret umschrieben sein. Der GSprA kann auch beauftragt werden, Rechte des SprA im eigenen Namen, dh im Wege der Prozessstandschaft, gerichtlich geltend zu machen (BAG 29.6.2011, NZA 2012, 408; 6.4.1976, DB 1976, 1290).

IV. Rechte und Pflichten des Gesamtsprecherausschusses und Rechtsstellung seiner Mitglieder (Abs. 3)

27 Der GSprA und seine Mitglieder haben dieselben Rechte und Pflichten wie der SprA und dessen Mitglieder. Das gilt für allgemeine Grundsätze des Gesetzes, wie zB das Gebot zur vertrauensvollen Zusammenarbeit (§ 2 Abs. 1) oder die Pflicht, darüber zu wachen, dass die L.A. nach den Grundsätzen von Recht und Billigkeit behandelt werden (§ 27), ebenso wie für die Mitwirkungsrechte gemäß §§ 30–32.

V. Streitigkeiten

28 Streitigkeiten zwischen SprA und GSprA über ihre Zuständigkeit entscheiden die ArbG nach § 2a Abs. 1 Nr. 2, Abs. 2; §§ 80 ff. ArbGG im Beschlussverfahren. Zuständig ist das ArbG, in dessen Bezirk das Unternehmen seinen Sitz hat (§ 82 Abs. 1 S. 2, 3 ArbGG (BAG 19.6.1986, DB 1987, 339)). Betrifft der Streit jedoch einen Beschluss des SprA nach Abs. 2, so ist das ArbG zuständig, in dessen Bezirk der Betrieb liegt (§ 82 Abs. 1 S. 1 ArbGG, *Fitting* § 50 Rn. 79; GK-BetrVG/*Kreutz*/*Franzen* § 50 Rn. 100; HWGNRH/*Glock* § 50 Rn. 69)). Die zu regelnde Angelegenheit muss im Antrag konkret bezeichnet sein; die Zuständigkeit kann nicht abstrakt festgestellt werden (BAG 3.5.1984, DB 1984, 2413).

§ 19 Geschäftsführung

(1) **Für den Gesamtsprecherausschuss gelten § 10 Abs. 1, die §§ 11, 13 Abs. 1, 3 bis 5 und § 14 entsprechend.**

(2) [1]**Ist ein Gesamtsprecherausschuss zu errichten, hat der Sprecherausschuss der Hauptverwaltung des Unternehmens oder, sofern ein solcher nicht besteht, der Sprecherausschuss des nach der Zahl der leitenden Angestellten größten Betriebs zu der Wahl des Vorsitzenden und des stellvertretenden Vorsitzenden des Gesamtsprecherausschusses einzuladen.** [2]**Der Vorsitzende des einladenden Sprecherausschusses hat die Sitzung zu leiten, bis der Gesamtsprecherausschuss aus seiner Mitte einen Wahlleiter zur Wahl des Vorsitzenden und seines Stellvertreters bestellt hat.** [3]**§ 12 Absatz 2 bis 7 gilt entsprechend.**

(3) [1]**Der Gesamtsprecherausschuss ist nur beschlussfähig, wenn mindestens die Hälfte seiner Mitglieder an der Beschlussfassung teilnimmt und die Teilnehmenden mindestens die Hälfte aller Stimmen vertreten.** [2]**Stellvertretung durch Ersatzmitglieder ist zulässig.**

Übersicht

I. Allgemeines

1 Die Vorschrift regelt die Geschäftsführung des GSprA durch Verweis auf die Bestimmungen für den SprA im zweiten Abschnitt des 2. Teils. Sonderregelungen gelten nur hinsichtlich der konstituierenden Sitzung (Abs. 2) und hinsichtlich der Beschlussfähigkeit (Abs. 3). Die Vorschrift ist § 51 Abs. 1 S. 1, Abs. 2 und Abs. 3 S. 3 BetrVG nachgebildet.

2 Soweit § 19 auf andere Bestimmungen verweist, sei auch auf die entsprechenden Erläuterungen verwiesen.

II. Konstituierung des Gesamtsprecherausschusses (Abs. 2 S. 1 und S. 2)

3 Die Vorschrift betrifft die Konstituierung des GSprA bei erstmaliger Errichtung. Sie ist aber auch auf den Fall entsprechend anwendbar, dass die Mitgliedschaft aller oder nahezu aller Mitglieder des GSprA erlischt und deshalb Neuwahlen stattfinden müssen, ohne dass aus der Mitte des GSprA vorher ein Wahlleiter bestellt wurde (ArbG Stuttgart 13.1.1976, DB 1976, 1160; *Fitting* § 51 Rn. 7; HWGNRH/*Glock* § 51 Rn. 14; für direkte Anwendung GK-BetrVG/*Kreutz*/*Franzen* § 51 Rn. 16).

4 Das ist nicht nur nach einer kollektiven Amtsniederlegung der Fall (s. → § 17 Rn. 11), sondern auch nach der regelmäßigen SprA-Wahl, denn mit dem Ablauf der Amtszeit des SprA endet auch jeweils die Mitgliedschaft im GSprA (§ 17 Abs. 2 iVm § 9 Abs. 2 Nr. 1; ArbG Stuttgart 13.1.1976, DB 1976, 1160). Es ist daher missverständlich, wenn aus dem Umstand, dass der GSprA eine Dauereinrichtung ist, gefolgert wird, dass die Konstituierung grds. nur einmal in Betracht komme (so *Bauer* Anm. III S. 57; *Fitting* § 51 Rn. 7; *Löwisch* § 19 Rn. 3). Nur der GSprA als Institution ist eine Dauereinrichtung; die Mitglieder haben als Mitglieder der SprA de facto begrenzte Amtszeiten (ArbG Stuttgart 13.1.1976, DB 1976, 1160).

5 Die konstituierende Sitzung wird vom SprA der Hauptverwaltung des Unternehmens einberufen. Die Größe dieses SprA spielt dabei keine Rolle; auch wenn der SprA der Hauptverwaltung nur aus einem Sprecher besteht, hat er einzuladen. Besteht dort allerdings kein SprA, ist der SprA des Betriebs mit den meisten L.A. zuständig (Abs. 2 S. 1).

6 Der zuständige SprA ist verpflichtet, zur konstituierenden Sitzung einzuladen, sobald die Voraussetzungen für die Errichtung eines GSprA vorliegen (s. → § 16 Rn. 3). Die Unterlassung stellt in aller Regel eine grobe Pflichtverletzung iSd § 9 Abs. 1 S. 1 dar (GK-BetrVG/*Kreutz/Franzen* § 51 Rn. 15 mwN). Die Einladung ergeht an alle SprA des Unternehmens. Sie enthält die Aufforderung zur Entsendung der Mitglieder des GSprA (HWGNRH/*Glock* § 51 Rn. 19). Unterlässt der zuständige SprA pflichtwidrig die Einladung, können die von den SprA in den GSprA entsandten Mitglieder von sich aus zusammentreten (*Fitting* § 51 Rn. 11; GK-BetrVG/*Kreutz/Franzen* § 51 Rn. 15; Richardi BetrVG/*Annuß* § 51 Rn. 28).

7 Die konstituierende Sitzung ist so lange vom Vorsitzenden des einladenden SprA zu leiten, bis der GSprA einen Wahlleiter für die Wahl des Vorsitzenden und des Stellvertreters bestellt hat. Dabei kann der Vorsitzende des einladenden SprA selbst zum Wahlleiter bestimmt werden, wenn er Mitglied des GSprA ist. Ist er nicht Mitglied des GSprA, so endet seine Teilnahme an der Sitzung mit der Bestellung des Wahlleiters; die Sitzungen sind nicht öffentlich (Abs. 2 S. 3, § 12 Abs. 5 S. 4). Der Wahlleiter übernimmt dann die weitere Leitung der Sitzung. Er hat unverzüglich (= ohne schuldhaftes Zögern, § 121 Abs. 1 S. 1 BGB) die Wahl des Vorsitzenden und seines Stellvertreters durchzuführen. Die Ausführungen zu § 11 Abs. 1 (→ § 11 Rn. 8 ff.) gelten entsprechend.

III. Geschäftsführung (Abs. 1, Abs. 2 S. 3 und Abs. 3)

8 Die Durchführung der weiteren Sitzungen des GSprA richtet sich gemäß Abs. 2 S. 3 nach § 12 Abs. 2–7. Auch die Sitzungen des GSprA können also als Präsenzveranstaltungen wie – unter den Voraussetzungen des § 12 Abs. 6 – als Video- und Telefonkonferenzen abgehalten werden. Auf die Erläuterungen zu § 12 Abs. 2–7 kann verwiesen werden.

9 Die Rechtsstellung des Vorsitzenden und seines Stellvertreters bestimmt sich nach Abs. 1 iVm § 11 Abs. 2 und Abs. 3. Obwohl der GSprA eine Dauereinrichtung ist, werden Vorsitzender und Stellvertreter nur für die Dauer ihrer Amtszeit als SprA-Mitglieder gewählt (§ 17 Abs. 2). Bei einer erneuten Entsendung in den GSprA leben ihre Ämter nicht wieder auf (HSWGNRH/*Glock* § 51 Rn. 37).

10 Beschlüsse des GSprA bedürfen der Mehrheit der Stimmen der anwesenden Mitglieder (Abs. 1 iVm § 13 Abs. 1 S. 1). Als anwesend gelten auch Mitglieder, die mittels Video- und Telefonkonferenz an der Beschlussfassung teilnehmen (Abs. 1 iVm § 13 Abs. 1 S. 2). Bei der Beschlussfassung hat jedes Mitglied so viele Stimmen, wie in dem Betrieb, in dem es gewählt wurde, L.A. in die Wählerliste eingetragen sind (zur Stimmenzahl bei Vergrößerung oder Verkleinerung des GSprA → § 16 Rn. 17). Entsendet ein Betrieb mehrere Mitglieder in den GSprA, so stehen ihnen die Stimmen dieses Betriebs anteilig zu; sie müssen einheitlich abgegeben werden. Bei Stimmengleichheit ist ein Antrag abgelehnt (§ 13 Abs. 1 S. 2). Erforderlich ist darüber hinaus ein Quorum. Der GSprA ist nur beschlussfähig, wenn mindestens die Hälfte seiner Mitglieder an der Beschlussfassung teilnimmt und wenn diese mindestens die Hälfte aller Stimmen vertreten.

11 Das hat zur Folge, dass beispielsweise ein GSprA mit sechs Mitgliedern, die insgesamt vierzig L.A. repräsentieren, beschlussfähig ist, wenn mindestens drei Mitglieder an der Beschlussfassung teilnehmen und wenn diese mindestens zwanzig Stimmen vertreten. Hat eines dieser drei Mitglieder mehr als zehn Stimmen, so kann es die beiden anderen überstimmen.

Der GSprA ist verpflichtet, über jede Verhandlung eine Niederschrift anzufertigen (Abs. 1 iVm § 13 Abs. 3). Die Mitglieder haben ein Einsichtsrecht in seine Unterlagen (Abs. 1 iVm § 13 Abs. 4). Der GSprA kann sich eine Geschäftsordnung geben (Abs. 1 iVm § 13 Abs. 5). Für die Arbeitsversäumnis der Mitglieder und für die Kosten der Tätigkeit des GSprA gilt § 14. 12

Bei Ausscheiden oder zeitweiliger Verhinderung eines Mitglieds des GSprA rückt ein Ersatzmitglied nach (Abs. 1 iVm § 10 Abs. 1). 13

IV. Streitigkeiten

Streitigkeiten aus der Anwendung des § 19 entscheidet das ArbG im Beschlussverfahren (§ 2a Abs. 1 Nr. 2, Abs. 2; §§ 80 ff. ArbGG). Zuständig ist das ArbG, in dessen Bezirk das Unternehmen seinen Sitz hat (§ 82 Abs. 1 S. 2 und S. 3 ArbGG). 14

Fünfter Abschnitt. Unternehmenssprecherausschuß

§ 20 Errichtung

(1) [1]**Sind in einem Unternehmen mit mehreren Betrieben in der Regel insgesamt mindestens zehn leitende Angestellte beschäftigt, kann abweichend von § 1 Abs. 1 und 2 ein Unternehmenssprecherausschuss der leitenden Angestellten gewählt werden, wenn dies die Mehrheit der leitenden Angestellten des Unternehmens verlangt.** [2]**Die §§ 2 bis 15 gelten entsprechend.**

(2) [1]**Bestehen in dem Unternehmen Sprecherausschüsse, hat auf Antrag der Mehrheit der leitenden Angestellten des Unternehmens der Sprecherausschuss der Hauptverwaltung oder, sofern ein solcher nicht besteht, der Sprecherausschuss des nach der Zahl der leitenden Angestellten größten Betriebs einen Unternehmenswahlvorstand für die Wahl eines Unternehmenssprecherausschusses zu bestellen.** [2]**Die Wahl des Unternehmenssprecherausschusses findet im nächsten Zeitraum der regelmäßigen Wahlen im Sinne des § 5 Abs. 1 Satz 1 statt.** [3]**Die Amtszeit der Sprecherausschüsse endet mit der Bekanntgabe des Wahlergebnisses.**

(3) [1]**Besteht ein Unternehmenssprecherausschuss, können auf Antrag der Mehrheit der leitenden Angestellten des Unternehmens Sprecherausschüsse gewählt werden.** [2]**Der Unternehmenssprecherausschuss hat für jeden Betrieb, der die Voraussetzungen des § 1 Abs. 1 erfüllt, einen Wahlvorstand nach § 7 Abs. 1 zu bestellen.** [3]**Die Wahl von Sprecherausschüssen findet im nächsten Zeitraum der regelmäßigen Wahlen im Sinne des § 5 Abs. 1 Satz 1 statt.** [4]**Die Amtszeit des Unternehmenssprecherausschusses endet mit der Bekanntgabe des Wahlergebnisses eines Sprecherausschusses.**

(4) **Die Vorschriften über die Rechte und Pflichten des Sprecherausschusses und die Rechtsstellung seiner Mitglieder gelten entsprechend für den Unternehmenssprecherausschuss.**

Übersicht

I. Allgemeines

1 Während der GSprA (§§ 16 ff.) dem GBR entspricht, handelt es sich beim USprA um ein neuartiges Organ. Der Gesetzgeber verbindet damit einen doppelten Zweck (Begr. des GE zu § 20, BT-Drs. 11/2503, 41):

2 (1) Die Errichtung von SprA soll erleichtert werden. Können in einem Unternehmen keine BSprA gebildet werden, weil in keinem der Betriebe zehn L.A. beschäftigt sind, so sollen die L.A. dennoch eine Vertretung, eben einen USprA haben, wenn im Unternehmen insgesamt idR mindestens zehn L.A. tätig sind.

3 (2) Die Interessenvertretung der L.A. soll so gestaltet werden können, wie es die Verhältnisse im Unternehmen erfordern. Liegen die Entscheidungskompetenzen für L.A. ganz überwiegend auf der Unternehmensebene, so haben SprA keine sinnvolle Funktion. Andererseits bedarf es eines Organs, das beispielsweise die Beteiligungsrechte in personellen Angelegenheiten unmittelbar gegenüber der Unternehmensleitung wahrnimmt.

II. Voraussetzungen für die Errichtung (Abs. 1 S. 1)

4 Nach § 20 können zum einen in Unternehmen, in denen keine BSprA gebildet werden können, weil in den Betrieben jeweils weniger als zehn L.A. beschäftigt werden, USprA errichtet werden, wenn im Unternehmen insgesamt mehr als zehn L.A. beschäftigt werden. Zum anderen kann in Unternehmen, in denen an sich auf Betriebsebene BSprA errichtet werden könnten, auf die Bildung von BSprA verzichtet werden, weil bspw. die Entscheidungskompetenzen in Angelegenheiten der L.A. ganz überwiegend auf Unternehmensebene angesiedelt sind (BT-Drs 11/2503, S. 41; dazu *Goldschmidt* S. 51 f.).

5 Das Unternehmen muss mehrere selbstständige Betriebe umfassen. Mehrere Betriebsteile genügen nicht; das SprAuG enthält keine dem § 4 Abs. 1 BetrVG entsprechende Regelung. Besteht ein Unternehmen aus nur einem Betrieb, der sich aus mehreren Betriebsteilen zusammensetzt, so kann dort ein SprA gewählt werden, sofern in den Betriebsteilen insgesamt mindestens zehn L.A. beschäftigt werden.

USprA und BSprA können nicht nebeneinander gebildet werden (HWK/*Annuß* SprAuG § 20 Rn. 1). 6

In den Betrieben des Unternehmens müssen idR insgesamt zehn L.A. beschäftigt sein. „In der Regel" heißt: Es kommt nicht auf die zufällige Anzahl der L.A. am Tag der Aufstellung der Wählerliste an, sondern auf die normale, für das Unternehmen im Allgemeinen kennzeichnende Zahl der L.A (→ § 1 Rn. 42 f.). 7

Ein USprA wird nur gebildet, wenn die Mehrheit aller L.A. des Unternehmens das wünscht. Die Entscheidung wird in einer Grundabstimmung getroffen (Abs. 1 S. 2 iVm § 7 Abs. 2 S. 3 und S. 4; § 36 WO). Sie ist reversibel. Bei jeder regelmäßigen SprA-Wahl können die L.A. sich neu entscheiden, ob sie von BSprA oder von einem USprA vertreten sein wollen (§ 5 Abs. 1, s. → Rn. 18 ff.). 8

III. Verweisung auf Vorschriften für den Sprecherausschuss (Abs. 1 S. 2)

Die für den BSprA geltenden Vorschriften über Wahl, Zusammensetzung und innere Organisation gelten für den USprA entsprechend (§ 20 Abs. 1 S. 2 iVm §§ 3–15). Die Rechtsstellung des USprA und seiner Mitglieder richtet sich nach §§ 20 Abs. 4, 20 Abs. 1 S. 2 iVm § 2. 9

Die Wahl eines USprA erfolgt in derselben Weise wie die Wahl eines BSprA (Abs. 1 S. 2 iVm §§ 3 ff.). Besonderheiten, die sich daraus ergeben, dass die Wahl alle Betriebe des Unternehmens erfasst, regelt § 34 WO (zu Einzelheiten s. § 34 WOSprAuG). 10

Der USprA besteht aus einem bis sieben Mitgliedern (§ 4 Abs. 1). Diese Zahl wird in Großunternehmen nicht immer ausreichen (*Bauer* NZA-Beil. 1989, 20 (25)). In Analogie zu §§ 16 Abs. 2 S. 2, 21 Abs. 2 S. 3 wird man eine Vergrößerung durch Vereinbarung mit dem AG für zulässig halten dürfen (ebenso AR/*Maschmann* SprAuG § 20 Rn. 1; ErfK/*Oetker* SprAuG § 20 Rn. 5; *Kappes* DB 1989, 1188 (1189); MHdB ArbR/*Francke* § 311 Rn. 151; aA *Kronisch* AR-Blattei SD 1490.1 Rn. 49; *Löwisch* § 20 Rn. 13). Der USprA nimmt nicht nur die Aufgaben des GSprA wahr, sondern auch die der SprA. Dass bei ihm trotzdem eine analoge Vorschrift zu der für GSprA und KSprA fehlt, dürfte darauf zurückgehen, dass der USprA in der jetzigen Form erst verhältnismäßig spät in das Gesetzgebungsverfahren eingeführt worden ist. 11

Der USprA steht zwischen SprA und GSprA. Bezüglich der Wahl und seiner Aufgaben steht er dem SprA näher. Der Schwerpunkt seiner Zuständigkeiten liegt auf der Betriebsebene. Hinsichtlich der Zahl der vertretenen L.A. ist er mehr mit dem GSprA vergleichbar. Die Bildung eines USprA empfiehlt sich insbesondere, wenn ein Unternehmen, nicht aber einer seiner Betriebe mindestens 10 L.A. hat, in Unternehmen, in denen die Entscheidungen für L.A. zentral getroffen werden, und in dezentral organisierten Unternehmen mit Betrieben unterschiedlicher Struktur (vgl. AR/*Maschmann* SprAuG § 20 Rn. 2). Andere im Gesetzgebungsverfahren erörterte Zwischenmodelle („Bereichssprecherausschüsse", § 1 Abs. 2. des 1. u. 2. GE, BT-Drs. 8/3490, 3 u. BT-Drs. 10/3384, 5) hat der Gesetzgeber bewusst nicht übernommen. 12

Die regelmäßige Amtszeit des USprA beträgt vier Jahre. Sie endet außer in den Fällen, in denen die Amtszeit des SprA endet (§ 5), auch, wenn die L.A. den Übergang zu SprA beschließen, sobald das Wahlergebnis für den ersten SprA bekanntgegeben ist (§ 20 Abs. 3 S. 4). 13

14 Die Organisation des USprA entspricht der des SprA (insbesondere §§ 11–13). Auch für die Auflösung des SprA durch gerichtliche Entscheidung (§ 9 Abs. 1), das Erlöschen der Mitgliedschaft im SprA (§ 9 Abs. 2) und das Nachrücken von Ersatzmitgliedern (§ 10) sind die Vorschriften über den SprA entsprechend anzuwenden. Dasselbe gilt für die Regelung über Arbeitsversäumnis und Kosten (§ 14). Einmal jährlich soll der USprA eine Versammlung der L.A. des Unternehmens einberufen und in ihr einen Tätigkeitsbericht erstatten (§ 15); zulässig ist auch die Abhaltung von Teilversammlungen (auch → § 15 Rn. 4). Auf die Erläuterungen zu den jeweiligen Vorschriften wird verwiesen.

IV. Erstmalige Errichtung

15 Besteht in einem Unternehmen noch kein SprA, können drei L.A. des Unternehmens zu einer Versammlung zur Wahl eines Unternehmenswahlvorstandes einladen (Abs. 1 S. 2 iVm § 7 Abs. 2 S. 2). Die Einladung ist, anders als bei der Wahl eines Betriebswahlvorstandes, in jedem Betrieb des Unternehmens spätestens vier Wochen vor dem Tag der Versammlung bekanntzumachen. Die Einladung muss das Datum ihrer Bekanntmachung sowie die Namen der einladenden L.A. und ihre betriebliche Anschrift enthalten (§ 35 Abs. 1 WO). Da nach dem SprAuG unabhängig davon Wahlen von Betriebswahlvorständen eingeleitet werden können (§ 7 Abs. 2 S. 2), aber nur entweder ein USprA oder ein SprA gewählt werden kann, musste eine Lösung für die mögliche Konkurrenzsituation gefunden werden. § 35 Abs. 2 S. 1 WO schließt die Wahl eines Unternehmenswahlvorstandes aus, wenn bereits in der Mehrzahl der Betriebe in Abstimmungen nach § 7 Abs. 2 S. 3 und S. 4, §§ 26 ff. WO die Entscheidung für die Wahl von SprA gefallen ist und wenn dies einem der L.A., die zur Wahl des Unternehmenswahlvorstandes eingeladen haben, spätestens eine Woche vor der geplanten Wahlversammlung von den Betriebswahlvorständen unter Beifügung eines Abdrucks der Abstimmungsniederschrift (§ 32 Abs. 1 WO) mitgeteilt wird. Liegen die Mitteilungen nicht rechtzeitig vor, ist umgekehrt die Wahl von BSprA gesperrt (§ 35 Abs. 3 WO).

16 § 35 Abs. 2 WO ist teleologisch dahin zu ergänzen, dass sich die absolute Mehrheit der L.A. des Unternehmens für die Wahl von SprA ausgesprochen haben muss. Andernfalls würde nicht hinreichend berücksichtigt, dass die Mehrheit der L.A. in der Mehrzahl der Betriebe die Minderheit der L.A. des Unternehmens darstellen kann und als Minderheit eine USprA-Bildung verhindern würde. Zu Einzelheiten s. § 35 WO.

17 Wird der Unternehmenswahlvorstand gewählt, so hat dieser nach Abs. 1 S. 2, § 7 Abs. 2 S. 3 SprAuG, § 36 S. 1 WO unverzüglich (= ohne schuldhaftes Zögern, § 121 Abs. 1 S. 1 BGB) die geheime Grundabstimmung darüber herbeizuführen, ob ein USprA gewählt werden soll (s. dazu § 36 WOSprAuG). Stimmt dabei die Mehrheit der L.A. für die Wahl eines USprA, hat der Wahlvorstand unverzüglich die Wahl des USprA einzuleiten und durchzuführen (Abs. 1 S. 2, § 7 Abs. 4 S. 1; s. dazu → Rn. 10).

V. Wechsel von Sprecherausschüssen zum Unternehmenssprecherausschuss (Abs. 2)

18 Abs. 2 gestattet den L.A. den Übergang von SprA zu einem USprA. Der Wechsel geht folgendermaßen vor sich: Ein Zwanzigstel der L.A., mindestens jedoch

drei L.A. des Unternehmens beantragen bei dem SprA der Hauptverwaltung oder, sofern ein solcher nicht besteht, bei dem SprA des nach der Zahl der L.A. größten Betriebs die Wahl eines USprA (§ 37 S. 1 WO). Der Antrag muss spätestens ein Jahr vor Beginn des für die regelmäßigen Wahlen festgelegten Zeitraums (§ 5 Abs. 1 S. 1) bei dem SprA eingehen (§ 37 S. 2 WO). Der SprA führt unverzüglich (= ohne schuldhaftes Zögern, § 121 Abs. 1 S. 1 BGB) unter allen L.A. des Unternehmens eine geheime Abstimmung darüber herbei, ob ein USprA gewählt werden soll (§ 37 S. 1 WO).

Entscheidet sich die Mehrheit der L.A. des Unternehmens in dieser Grundabstimmung für einen USprA, so hat der einladende SprA spätestens zehn Wochen vor Ablauf seiner Amtszeit einen Unternehmenswahlvorstand für die Wahl eines USprA zu bestellen (Abs. 2 S. 1). Für den Wahlvorstand gilt § 7 Abs. 1 entsprechend (Abs. 1 S. 2). Der Wahlvorstand führt dann im nächsten regelmäßigen Wahlzeitraum die Wahl des USprA durch (Abs. 2 S. 2, Abs. 1 S. 2). Außerhalb dieses Zeitraums kann ein Wechsel von SprA zum USprA nicht erfolgen. 19

Die Amtszeit der SprA endet bei einem Wechsel zum USprA mit der Bekanntgabe des Wahlergebnisses (Abs. 2 S. 3; Ausnahme zu § 5 Abs. 4). Damit soll sichergestellt werden, dass sich der USprA möglichst bald konstituieren kann und dass sich die Organisationsform der Interessenvertretung im gesamten Unternehmen zum selben Zeitpunkt ändert (Begr. des GE zu § 20, BT-Drs. 11/2503, 41). 20

VI. Wechsel vom Unternehmenssprecherausschuss zu Sprecherausschüssen (Abs. 3)

Abs. 3 ermöglicht den Übergang vom USprA zu SprA. Das Verfahren ist an das für den Wechsel von SprA zum USprA angelehnt: Ein Zwanzigstel der L.A., mindestens jedoch drei L.A. des Unternehmens beantragen beim USprA die Wahl von SprA (§ 38 S. 1 WO). Der Antrag muss spätestens ein Jahr vor Beginn des für die regelmäßigen Wahlen festgelegten Zeitraums (§ 5 Abs. 1 S. 1) beim USprA eingehen (§ 38 S. 2 WO). Der USprA führt unverzüglich (= ohne schuldhaftes Zögern, § 121 Abs. 1 S. 1 BGB) eine geheime Abstimmung darüber herbei, ob SprA gewählt werden sollen (§ 38 S. 1 WO). 21

Entscheidet sich die Mehrheit der L.A. des Unternehmens in der Grundabstimmung für SprA, so hat der USprA spätestens zehn Wochen vor Ablauf seiner Amtszeit für jeden sprecherausschussfähigen Betrieb einen Wahlvorstand zu bestellen (Abs. 3 S. 2, § 7 Abs. 1). Die Wahlvorstände führen dann im nächsten regelmäßigen Wahlzeitraum die SprA-Wahlen durch (Abs. 3 S. 3). Außerhalb dieses Zeitraums kann ein Wechsel vom USprA zu SprA nicht erfolgen. 22

Die Amtszeit des USprA endet mit der Bekanntgabe des Wahlergebnisses für den ersten SprA (Abs. 3 S. 4). 23

VII. Wiederholte Wahl eines Unternehmenssprecherausschusses

Wird ein Antrag auf Wechsel zu SprA nicht gestellt, so hat der USprA spätestens zehn Wochen vor Ablauf seiner Amtszeit einen Wahlvorstand für die Neuwahl zu bestellen (Abs. 1 S. 2, § 7 Abs. 1); dieser hat die Wahl zum USprA einzuleiten und durchzuführen (Abs. 1 S. 2, § 7 Abs. 4 S. 1). 24

VIII. Rechte und Pflichten des Unternehmenssprecherausschusses und Rechtsstellung seiner Mitglieder (Abs. 4)

25 Der USprA und seine Mitglieder haben dieselbe Rechtsstellung wie der SprA und dessen Mitglieder (Abs. 1 S. 2 iVm § 2).

26 Dem USprA obliegen alle Aufgaben, die sonst den SprA und dem GSprA zukämen (vgl. §§ 18 Abs. 1, 25–27). Er kann Vereinbarungen nach § 28 abschließen und hat die Mitwirkungsrechte nach den §§ 30–32. Obwohl auf Unternehmensebene angesiedelt, fallen ihm auch die Aufgaben zu, die auf Betriebsebene zu lösen sind. Das gilt vor allem für die Mitwirkung bei personellen Maßnahmen und für die Unterstützung einzelner L.A. bei der Wahrnehmung ihrer Belange gegenüber der Betriebsleitung.

27 Schwierigkeiten können sich wegen der räumlichen Trennung der USprA-Mitglieder bei der Beschlussfassung ergeben. Das ist deshalb von besonderem Gewicht, weil Mitwirkungsrechte nicht auf einzelne Mitglieder oder auf Ausschüsse delegiert werden können. Hier hilft jetzt die Möglichkeit einer Telefon- oder Videokonferenz, dh eine virtuelle Sitzung, an der alle Mitglieder oder einzelne Mitglieder durch Zuschaltung teilnehmen (§ 20 Abs. 1 S. 2 iVm § 13 Abs. 1 S. 2). Eine fernmündliche Beschlussfassung oder eine Beschlussfassung im Umlaufverfahren ist unzulässig (*Fitting* § 33 Rn. 21a).

IX. Streitigkeiten

28 Streitigkeiten betreffend die Errichtung eines USprA, seine Rechte und Pflichten sowie die Rechtsstellung seiner Mitglieder entscheidet das ArbG im Beschlussverfahren (§ 2a Abs. 1 Nr. 2, Abs. 2; §§ 80 ff. ArbGG). Örtlich zuständig ist das ArbG, in dessen Bezirk das Unternehmen seinen Sitz hat (§ 82 Abs. 1 S. 2 und S. 3 ArbGG).

Sechster Abschnitt. Konzernsprecherausschuß

§ 21 Errichtung, Mitgliederzahl und Stimmengewicht

(1) [1]**Für einen Konzern (§ 18 Abs. 1 des Aktiengesetzes) kann durch Beschlüsse der einzelnen Gesamtsprecherausschüsse ein Konzernsprecherausschuss errichtet werden. [2]Die Errichtung erfordert die Zustimmung der Gesamtsprecherausschüsse der Konzernunternehmen, in denen insgesamt mindestens 75 vom Hundert der leitenden Angestellten der Konzernunternehmen beschäftigt sind. [3]Besteht in einem Konzernunternehmen nur ein Sprecherausschuss oder ein Unternehmenssprecherausschuss, tritt er an die Stelle des Gesamtsprecherausschusses und nimmt dessen Aufgaben nach den Vorschriften dieses Abschnitts wahr.**

(2) [1]**In den Konzernsprecherausschuss entsendet jeder Gesamtsprecherausschuss eines seiner Mitglieder. [2]Satz 1 gilt entsprechend für die Abberufung. [3]Durch Vereinbarung zwischen Konzernsprecherausschuss und**

Arbeitgeber kann die Mitgliederzahl des Konzernsprecherausschusses abweichend von Satz 1 geregelt werden.

(3) **Der Gesamtsprecherausschuss hat für jedes Mitglied des Konzernsprecherausschusses mindestens ein Ersatzmitglied zu bestellen und die Reihenfolge des Nachrückens festzulegen; nimmt der Sprecherausschuss oder der Unternehmenssprecherausschuss eines Konzernunternehmens die Aufgaben des Gesamtsprecherausschusses nach Absatz 1 Satz 3 wahr, gilt § 10 Abs. 3 entsprechend.**

(4) **[1]Jedes Mitglied des Konzernsprecherausschusses hat so viele Stimmen, wie die Mitglieder des Gesamtsprecherausschusses, von dem es entsandt wurde, im Gesamtsprecherausschuss Stimmen haben. [2]Ist ein Mitglied des Konzernsprecherausschusses von einem Sprecherausschuss oder Unternehmenssprecherausschuss entsandt worden, hat es so viele Stimmen, wie in dem Betrieb oder Konzernunternehmen, in dem es gewählt wurde, leitende Angestellte in der Wählerliste der leitenden Angestellten eingetragen sind. [3]§ 16 Abs. 4 Satz 2 und 3 gilt entsprechend.**

Übersicht

I. Allgemeines

1 Die Vorschrift regelt die Voraussetzungen für die Errichtung eines KSprA in enger Anlehnung an die Bestimmungen für den KBR (§§ 54, 55 BetrVG). Da im Konzern zum Teil wichtige Entscheidungen für den gesamten Konzern oder

für mehrere Konzernunternehmen von der Konzernspitze getroffen werden, soll den L.A. die Möglichkeit gegeben werden, auch auf Konzernebene eine Interessenvertretung zu bilden (Begr. des GE zu § 21, BT-Drs. 11/2503, 41).

2 Der KSprA ist anders als der GSprA fakultativ. Er kann nur gebildet werden, wenn GSprA von Konzernunternehmen, in denen mindestens 75 % der L.A. des Konzerns beschäftigt sind, das beschließen. Fehlt es an dieser Voraussetzung und wird gleichwohl ein „KSprA" errichtet, so hat er nicht die dem KSprA gesetzlich zugewiesenen Rechte, Befugnisse und Zuständigkeiten (*Fitting* § 54 Rn. 38 mwN).

II. Konzernbegriff

3 Ein KSprA kann nur in einem Konzern iSd §§ 17, 18 Abs. 1 AktG gebildet werden:

§ 17 AktG

(1) Abhängige Unternehmen sind rechtlich selbständige Unternehmen, auf die ein anderes Unternehmen (herrschendes Unternehmen) unmittelbar oder mittelbar einen beherrschenden Einfluss ausüben kann.

(2) Von einem in Mehrheitsbesitz stehenden Unternehmen wird vermutet, dass es von dem an ihm mit Mehrheit beteiligten Unternehmen abhängig ist.

§ 18 AktG

(1) [1]Sind ein herrschendes und ein oder mehrere abhängige Unternehmen unter der einheitlichen Leitung des herrschenden Unternehmens zusammengefasst, so bilden sie einen Konzern; die einzelnen Unternehmen sind Konzernunternehmen. [2]Unternehmen, zwischen denen ein Beherrschungsvertrag (§ 291) besteht oder von denen das eine in das andere eingegliedert ist (§ 319), sind als unter einheitlicher Leitung zusammengefasst anzusehen. [3]Von einem abhängigen Unternehmen wird vermutet, dass es mit dem herrschenden Unternehmen einen Konzern bildet.

(2) Sind rechtlich selbständige Unternehmen, ohne dass das eine Unternehmen von dem anderen abhängig ist, unter einheitlicher Leitung zusammengefasst, so bilden sie auch einen Konzern; die einzelnen Unternehmen sind Konzernunternehmen.

1. Unterordnungskonzern

4 Ein KSprA kann nur in einem Unterordnungs-, nicht in einem Gleichordnungskonzern errichtet werden; Abs. 1 verweist nur auf § 18 Abs. 1 AktG, nicht auf § 18 Abs. 2 AktG. Ein Unterordnungskonzern liegt dann vor, wenn mehrere abhängige, rechtlich selbstständige Unternehmen unter der einheitlichen Leitung eines herrschenden Unternehmens zusammengefasst sind. Ein Gleichordnungskonzern ist dadurch gekennzeichnet, dass keines der beteiligten Unternehmen vom anderen abhängig ist (§ 18 Abs. 2 AktG).

5 **a) Rechtlich selbständige Unternehmen.** Obwohl sich die Definition des Konzerns im AktG findet, setzt § 18 Abs. 1 AktG nicht voraus, dass die Unternehmen in der Rechtsform der Aktiengesellschaft betrieben werden. Ein KSprA kann also auch dann gebildet werden, wenn Konzernmutter oder Konzernunternehmen („Töchter") in Form einer anderen Kapitalgesellschaft (GmbH, KGaA), einer Personengesellschaft (oHG, KG) oder durch eine natürliche Person betrieben werden (allgM; BAG 15.12.2011, NZA 2012, 633; 9.2.2011, NZA 2011, 866;

27.10.2010, NZA 2011, 524; 16.5.2007, AP ArbGG 1979 § 96a Nr. 3; 14.2.2007, NZA 2007, 999 mwN; GK-BetrVG/*Franzen* § 54 Rn. 13 ff. mwN). In jedem Fall müssen die Unternehmen trotz der Zusammenfassung ihre rechtliche Selbstständigkeit behalten. Daran fehlt es zB im Fall der Verschmelzung (dazu MüKo-AktG/*Bayer* § 18 Rn. 26). Zum Unternehmensbegriff → § 1 Rn. 33 ff.

b) Abhängigkeitsverhältnis. Die Einordnung als Unterordnungskonzern setzt ein Abhängigkeitsverhältnis voraus, aufgrund dessen ein Unternehmen (herrschendes Unternehmen) auf andere rechtlich selbstständige Unternehmen beherrschenden Einfluss ausüben kann. Ein Beherrschungsvertrag nach § 291 AktG, der eine Unternehmensleitung den Weisungen eines anderen Unternehmens unterwirft (§ 308 AktG, „Vertragskonzern"), begründet ebenso wie eine Eingliederung gemäß § 319 AktG, durch die ein Unternehmen praktisch seine wirtschaftliche Selbstständigkeit verliert (*Fitting* § 54 Rn. 13 ff.), eine unwiderlegliche Vermutung für einen Unterordnungskonzern (*Fitting* § 54 Rn. 9a f.; MüKoAktG/*Bayer* § 18 Rn. 44). Die weitere Prüfung eines Abhängigkeitsverhältnisses erübrigt sich damit (GK-BetrVG/*Franzen* § 54 Rn. 17 f.). 6

Fehlt es an einem Beherrschungsvertrag oder an einer Eingliederung, so müssen Umstände vorliegen, die es dem herrschenden Unternehmen ermöglichen, auf die Unternehmens- und Geschäftspolitik sowie auf grundsätzliche Fragen der Geschäftsführung des oder der beherrschten Unternehmen Einfluss zu nehmen („faktischer Konzern" (MüKoAktG/*Bayer* § 18 Rn. 9)). Die Beherrschungsmittel werden in erster Linie rechtlicher Natur sein. Rein wirtschaftliche oder persönliche Abhängigkeiten (etwa zu Lieferanten, Abnehmern oder Kreditgebern, zu Verwandten oder Freunden) kommen nur ausnahmsweise in Betracht (s. auch BGH 26.3.1984, DB 1984, 1188; MüKoAktG/*Bayer* § 17 Rn. 29 ff.; GK-BetrVG/*Franzen* § 54 Rn. 20); sie lassen sich oft nicht konkret feststellen oder sind nicht durchschaubar. Wichtigste Beherrschungsmittel sind Stimmrechte, insbesondere aufgrund Mehrheitsbeteiligung (§ 16 AktG), oder aufgrund von Stimmbindungs- oder Treuhandverträgen gebundene Stimmenmacht. Bei einer Mehrheitsbeteiligung wird die Abhängigkeit bis zum Beweis des Gegenteils vermutet (§ 17 Abs. 2 AktG). 7

c) Zusammenfassung unter einheitlicher Leitung. Die einheitliche Leitung muss tatsächlich ausgeübt werden. Die bloße Möglichkeit der Beherrschung, die sich aus dem Abhängigkeitsverhältnis ergibt, genügt nicht. Für den Fall des Beherrschungsvertrags und der Eingliederung enthält § 18 Abs. 1 AktG eine unwiderlegliche Vermutung für die einheitliche Leitung (S. 2), für den Fall sonstiger Abhängigkeit eine widerlegbare Vermutung (S. 3). Von einem in sonstiger Weise abhängigen Unternehmen wird so lange angenommen, dass es mit dem herrschenden einen Konzern bildet, als die Konzernleitung nicht Umstände darlegt und im Streitfall beweist, aus denen sich ergibt, dass herrschendes und abhängiges Unternehmen tatsächlich nicht einheitlich geleitet werden. Daher ist es für die Bildung eines KSprA zunächst ausreichend, wenn ein Abhängigkeitsverhältnis nachgewiesen wird. Wegen der Vermutung des § 17 Abs. 2 AktG genügt hierfür idR das Vorliegen einer Mehrheitsbeteiligung. 8

2. Sonderfälle

a) „Konzern im Konzern". Auch in einem Tochterunternehmen eines mehrstufigen, vertikal gegliederten Konzerns kann ein KSprA gebildet werden. Voraussetzung ist, dass dieser betriebsverfassungsrechtlich bedeutsame Entschei- 9 dungen für sich und von ihm abhängige „Enkelgesellschaften" treffen kann (BAG 16.5.2007, AP ArbGG 1979 § 96a Nr. 3; BAG 14.2.2007, NZA 2007, 999; *Fitting* § 54 Rn. 32 f.; GK-BetrVG/*Franzen* § 54 Rn. 32; aA Richardi BetrVG/*Annuß* § 54 Rn. 15).

10 Dabei kann dahinstehen, ob es im Aktienrecht einen „Konzern im Konzern" gibt (dazu MHdB ArbR/*Francke* § 311 Rn. 146 ff.). Das SprAuG entnimmt dem Aktienrecht – konkret: dem § 18 AktG – nur den Konzernbegriff. Die Auslegung hat von der besonderen Zielrichtung des Betriebsverfassungsrechts auszugehen (BAG 14.2.2007, NZA 2007, 999; *Fitting* § 54 Rn. 32 f.). Die Einrichtung des KSprA soll die Mitwirkung der L.A. dort sichern, wo die Entscheidungen getroffen werden, die sie betreffen. Sind also in einem mehrstufigen Konzern wesentliche Entscheidungsbefugnisse in personellen, sozialen und wirtschaftlichen Angelegenheiten auf eine untere Ebene verlagert, so kann dort ein KSprA gebildet werden. Eine Beteiligung nur bei der Konzernspitze ließe Mitwirkungsrechte der L.A. leerlaufen. Kein Hinderungsgrund ist, dass die Konzernspitze zwar im wesentlichen Umfang, aber doch nur teilweise (etwa als Richtlinienkompetenz) von ihrer Leitungsmacht Gebrauch macht (BAG 16.5.2007, AP ArbGG 1979 § 96a Nr. 3; BAG 14.2.2007, NZA 2007, 999).

11 **b) Gemeinschaftsunternehmen.** Umstritten ist, ob ein Gemeinschaftsunternehmen zu mehreren Unternehmen in einem Konzernverhältnis stehen kann („Mehrmütterkonzern") mit der Folge, dass in jedem dieser Unternehmen ein KSprA zu bilden ist.

12 Auszugehen ist von dem Begriff des Unterordnungskonzerns (s. → Rn. 4 ff.). Dieser besteht nur, wenn das herrschende Unternehmen auf das Tochterunternehmen einen beherrschenden Einfluss ausüben kann (Abhängigkeit, § 17 AktG) und wenn beide unter der einheitlichen Leitung des herrschenden Unternehmens stehen.

13 Damit sind zwei Fallgruppen unproblematisch: Herrscht eines der beteiligten Unternehmen aufgrund eines höheren Stimmanteils oder sonstiger Mittel (s. → Rn. 7) allein, so besteht ein Abhängigkeitsverhältnis nur zu diesem Unternehmen. Nach der Vermutung des § 18 Abs. 1 S. 3 AktG bildet dieses Unternehmen mit der Tochter einen Unterordnungskonzern (BAG 13.10.2004, BB 2005, 1456; *Bauer* Anm. II S. 63; HWGNRH/*Glock* § 54 Rn. 16; Richardi BetrVG/*Annuß* § 54 Rn. 21). Ausnahmsweise kann kein KSprA gebildet werden, wenn nachgewiesen wird, dass es an einer einheitlichen Leitung fehlt. Ist keines der beteiligten Unternehmen in der Lage, Entscheidungen allein zu treffen, und kommen diese nur durch – wechselnde – Mehrheiten zustande, so übt keines der Unternehmen einen beherrschenden Einfluss aus. In diesem Fall besteht überhaupt kein Konzern (RVJ/*Raiser* § 5 Rn. 26; *Säcker* NJW 1980, 801 (802)).

14 Problematisch und umstritten ist dagegen der Fall, dass zwei (oder mehr) Unternehmen durch zusätzliche Vereinbarungen (zB Stimmenpoolung unter Ausschluss von jeweiligen Mehrheitsentscheidungen) eine einheitliche Stimmausübung sichern, die sie in die Lage versetzt, gemeinsam einen beherrschenden Einfluss auf das Tochterunternehmen auszuüben.

15 Nach einem Teil der Literatur kann ein Gemeinschaftsunternehmen keinem Konzern zugeordnet werden, weil sonst ein Weniger an Beherrschungsmacht der einzelnen Mütter zu einem unverhältnismäßigen Mehr an Mitbestimmungseinfluss führe (Richardi BetrVG/*Annuß* § 54 Rn. 19 ff.).

16 Im Betriebsverfassungsrecht muss die Auslegung aber berücksichtigen, dass Abhängigkeit auch zu mehreren herrschenden Unternehmen bestehen kann

(BAG 14.2.2007, NZA 2007, 999; 13.10.2004, NZA 2005, 647; 30.10.1986, DB 1987, 1691; vgl. auch BAG 18.6.1970, DB 1970, 1595; BGH 4.3.1974, BGHZ 62, 193). Unterliegt ein Unternehmen dem gemeinsamen beherrschenden Einfluss anderer Unternehmen, so macht es für die L.A. keinen Unterschied, ob ein Unternehmen allein oder ob mehrere Unternehmen gemeinsam Entscheidungen fällen, die sie betreffen. Man kann ihnen Mitwirkungsrechte nicht wegen der Organisationsform des Konzerns versagen (BAG 30.10.1986, DB 1987, 1691).

Für das Abhängigkeitsverhältnis ist entscheidend, dass die beteiligten Unterneh- 17 men tatsächlich über Mittel verfügen, ihren Einfluss auf das abhängige Unternehmen durchzusetzen. Diese Voraussetzung muss auch bei einer 50:50-Beteiligung vorliegen. Denn allein aus dem Aufeinanderangewiesensein der Unternehmen bei der Willensbildung folgt noch keine Beherrschungsmöglichkeit (BGH 8.5.1979, NJW 1979, 2401). Da keine Mehrheitsbeteiligung besteht, greift die Abhängigkeitsvermutung des § 17 Abs. 2 AktG nicht ein.

Voraussetzung für ein Abhängigkeitsverhältnis zu jedem der beteiligten Unter- 18 nehmen ist, dass für die Ausübung gemeinsamer Herrschaft eine ausreichend sichere Grundlage besteht. Die Einflussmöglichkeiten der verschiedenen Herrschaftsträger müssen koordiniert sein. Diese können sich aus vertraglichen oder organisatorischen Bindungen, aber auch aus rechtlichen oder tatsächlichen Umständen sonstiger Art ergeben. Eine gesicherte Herrschaftsgewalt ist auch ohne organisatorisches oder vertragliches Band möglich, wenn sich die herrschenden Unternehmen zu einer gemeinsamen Willensausübung zusammengefunden haben. Das ist typischerweise dann anzunehmen, wenn gleichgerichtete Interessen eine gemeinsame Unternehmenspolitik gewährleisten (BAG 14.2.2007, NZA 2007, 999; 13.10.2004, NZA 2005, 647).

Nach Ansicht des BAG greift auch bei Abhängigkeit von mehreren Unterneh- 19 men die Vermutung des § 18 Abs. 1 S. 3 AktG ein (BAG 30.10.1986, DB 1987, 1691). Die herrschenden Unternehmen müssen also nachweisen, dass sie eine gemeinsame Geschäftspolitik in dem Gemeinschaftsunternehmen nicht verfolgen.

Liegen die Voraussetzungen des § 18 Abs. 1 AktG vor, so steht das Gemein- 20 schaftsunternehmen zu jedem der herrschenden Unternehmen in einem Konzernverhältnis (BAG 13.10.2004, NZA 2005, 647; BAG 30.10.1986, DB 1987, 1691; HWGNRH/*Glock* § 54 Rn. 12 ff.; aA Richardi BetrVG/*Annuß* § 54 Rn. 20; *Dzida/Hohenstatt* NZA 2007, 945 (949)). Bei jedem Unternehmen kann also ein KSprA errichtet werden. Besteht dort bereits ein solcher, so kann ein Mitglied in ihn entsandt werden (HWGNRH/*Glock* § 54 Rn. 16; aA Richardi BetrVG/*Annuß* § 54 Rn. 20). Mögliche Zuständigkeits- und Konkurrenzprobleme beim Abschluss von KSprA-Vereinbarungen stehen der Bildung von KSprA bei beiden Müttern nicht entgegen (*Fitting* § 54 Rn. 31).

c) Konzerne mit Auslandsberührung. Hat eine inländische Konzernmutter 21 eine Tochtergesellschaft im Ausland, so nehmen deren L.A. nach dem Territorialitätsprinzip (dazu → Vor § 1 Rn. 38 ff.) nicht an der Bildung des KSprA teil (hM; GK-BetrVG/*Franzen* § 54 Rn. 44 ff. mwN).

Befindet sich das herrschende Unternehmen im Ausland, so kann grds. im 22 Geltungsbereich des SprAuG kein KSprA gebildet werden. Hat der ausländische Konzern jedoch im Inland eine Unterkonzernspitze mit betriebsverfassungsrechtlich erheblichem Entscheidungsspielraum, so kann nach der Lehre vom „Konzern im Konzern" (dazu → Rn. 9 f.) hier ein KSprA gebildet werden (BAG 29.1.2008, AP BetrVG 1972 § 87 Nr. 13; 16.5.2007, AP ArbGG 1979 § 96a Nr. 3; 14.2.2007,

NZA 2007, 999; *Fitting* § 54 Rn. 36; GK-BetrVG/*Franzen* § 54 Rn. 44 mwN; HWGNRH/*Glock* § 54 Rn. 19; Richardi BetrVG/*Annuß* § 54 Rn. 35). Voraussetzung ist aber immer eine eigene Leitungsbefugnis für eines der inländischen Unternehmen; fehlt es daran, so kommt ein KSprA auch dann nicht in Betracht, wenn der ausländische Konzern zwei oder mehr Unternehmen im Inland hat (Löwisch/Kaiser/*Löwisch* § 54 Rn. 15).

23 **d) Öffentlich-privatrechtlicher Mischkonzern.** In öffentlich-privatrechtlichen Mischkonzernen kann trotz der öffentlich-rechtlichen Organisation des herrschenden Unternehmens für die privatrechtlich organisierten beherrschten Unternehmen ein KSprA errichtet werden (BAG 27.10.2010, NZA 2011, 524 zum KBR).

III. Errichtung des Konzernsprecherausschusses

1. Beschlüsse der Gesamtsprecherausschüsse (Abs. 1 S. 1)

24 Gemäß Abs. 1 S. 1 müssen GSprA die Errichtung beschließen. In dem Konzern müssen also mindestens zwei GSprA bestehen. Einem GSprA steht nach Abs. 1 S. 3 ein SprA bzw. USprA gleich, wenn in einem Unternehmen des Konzerns kein GSprA, sondern nur ein SprA oder USprA besteht (dazu näher → Rn. 36 ff.).

25 Unter den Voraussetzungen von S. 3 kann ein KSprA daher u.a. auch gebildet werden von
- einem (oder mehreren) GSprA und einem (oder mehreren) SprA,
- einem (oder mehreren) GSprA und einem (oder mehreren) USprA,
- zwei (oder mehreren) USprA,
- zwei (oder mehreren) SprA.

26 Dagegen ist die Errichtung eines KSprA nicht möglich, wenn nur in einem Konzernunternehmen SprA bestehen (*Bauer* Anm. II S. 65; *Löwisch* § 21 Rn. 8; Richardi BetrVG/*Annuß* § 54 Rn. 36 ff.). Haben in einem Konzernunternehmen SprA entgegen der Verpflichtung nach § 16 Abs. 1 keinen GSprA gebildet, so gilt für diese Abs. 1 S. 3 nicht (GK-BetrVG/*Franzen* § 54 Rn. 66).

27 Die Initiative zur Errichtung kann jederzeit von jedem GSprA und im Fall des S. 3 von jedem SprA oder USprA eines Konzernunternehmens ausgehen (HWGNRH/*Glock* § 54 Rn. 27).

28 Der KSprA wird durch selbstständige, getrennte Beschlüsse der einzelnen GSprA (SprA, USprA) errichtet. Für die Beschlussfassung gelten keine besonderen Vorschriften. Es genügt also einfache Stimmenmehrheit (§ 18 Abs. 1 S. 1 iVm § 19 bzw. § 20 Abs. 1 S. 2), wobei die Mitglieder der GSprA so viele Stimmen haben, wie in den Betrieben, die sie vertreten, L.A. in der Wählerliste eingetragen sind (§ 16 Abs. 4; → § 16 Rn. 16).

2. Quorum (Abs. 1 S. 2)

29 Die GSprA (SprA, USprA), die sich für die Errichtung eines KSprA aussprechen, müssen nach Abs. 1 S. 2 zusammen 75 % (im BetrVG jetzt 50 %; § 54 Abs. 1 S. 2 BetrVG) der L.A. des Konzerns repräsentieren. Erforderlich ist also nicht die Zustimmung der Mehrheit der GSprA. Daher kann auch – entgegen dem Wortlaut der Vorschrift („Zustimmung der Gesamtsprecherausschüsse") – ein einziger GSprA (SprA, USprA) eines Konzernunternehmens, dem 75 % der L.A. des Konzerns angehören, gegen den Willen der anderen GSprA die Errichtung eines KSprA herbeiführen (*Bauer* Anm. III S. 65; *Fitting* § 54 Rn. 43; GK-BetrVG/*Franzen* § 54 Rn. 51; ebenso zum KBR Richardi BetrVG/*Annuß* § 54 Rn. 41). Umgekehrt kann ein einziger GSprA, der mehr als 25 % der L.A. des Konzerns vertritt, die Errichtung eines KSprA verhindern. Wird das Quorum nicht erreicht, kann sich – in Abstimmung mit dem AG – die Bildung einer Arbeitsgemeinschaft der SprA der Konzernunternehmen anbieten (*Goldschmidt* S. 56).

Bei der Ermittlung der Zahl der repräsentierten L.A. ist auf die tatsächliche **30** Anzahl zum Zeitpunkt der Beschlussfassung abzustellen. Nicht entscheidend ist die Zahl der regelmäßig beschäftigten L.A. (wie zB in § 1 Abs. 1 und Abs. 2 oder § 20 Abs. 1 S. 1), und nicht entscheidend die Zahl der in der Wählerliste Eingetragenen (vgl. Abs. 1 gegenüber Abs. 4). Teilnahmeberechtigt sind nur diejenigen Angestellten, die bei der letzten BR-Wahl oder – falls diese später stattgefunden hat – bei der letzten Wahl von Aufsichtsratsmitgliedern der AN von den Wahlvorständen den L.A. zugeordnet worden sind (§ 7 Abs. 3 S. 1; *Löwisch* § 7 Rn. 8). Hat zeitgleich mit oder nach einer der genannten Wahlen eine SprA-Wahl stattgefunden, ist die Zuordnung für diese Wahl entscheidend (§ 7 Abs. 3 S. 2). Ist später eine Zuordnung durch Entscheidung des ArbG erfolgt, geht diese früheren Zuordnungen vor (*Löwisch* § 7 Rn. 8).

Für die Ermittlung des Quorums kommt es nicht darauf an, ob in den Konzern- **31** unternehmen GSprA (SprA, USprA) bestehen. Auch die L.A. in sprecherausschusslosen Betrieben zählen mit (BAG 22.11.1995, NZA 1996, 706; BAG 11.8.1993, DB 1994, 480; *Fitting* § 54 Rn. 46; Richardi BetrVG/*Annuß* § 54 Rn. 40).

Der KSprA ist errichtet, sobald Errichtungsbeschlüsse mit dem erforderlichen **32** Quorum gefasst sind (hM; *Fitting* § 54 Rn. 45; GK-BetrVG/*Franzen* § 54 Rn. 49, 53 ff.; Richardi BetrVG/*Annuß* § 54 Rn. 43). Von diesem Zeitpunkt an besteht für alle GSprA (SprA, USprA) die Verpflichtung, Mitglieder in den KSprA zu entsenden. Das gilt auch für diejenigen, die sich gegen die Errichtung ausgesprochen haben (GK-BetrVG/*Franzen* § 54 Rn. 58).

IV. Bestand und Beendigung des Konzernsprecherausschusses

Das Gesetz enthält nur Vorschriften über das Erlöschen der Mitgliedschaft im **33** KSprA (§ 22), nicht aber über die Beendigung des KSprA selbst. Der KSprA hat – wie der GSprA – keine Amtszeit. Er besteht, solange die Voraussetzungen für seine Errichtung vorliegen (s. → § 16 Rn. 8; BAG 23.8.2006, DB 2007, 1091; *Fitting* § 54 Rn. 51; GK-BetrVG/*Franzen* § 54 Rn. 60; Richardi BetrVG/*Annuß* § 54 Rn. 49). Er endet erst, wenn das Konzernverhältnis endet, also etwa, wenn eine Mehrheitsbeteiligung zu einer Minderheitsbeteiligung wird. Durch Ein- oder Austritt eines Unternehmens nach Errichtung des KSprA verändert sich grds. nur die Mitgliederzahl. Der GSprA des neueintretenden Unternehmens entsendet ein Mitglied (Abs. 2), das vom GSprA des ausscheidenden Unternehmens entsandte Mitglied scheidet aus. Nur wenn nach dem Ausscheiden eines Unternehmens kein Konzern mehr besteht, hört der KSprA auf zu bestehen (Richardi BetrVG/*Annuß* § 54 Rn. 51).

Da die Errichtung eines KSprA nicht obligatorisch ist, kann er auch durch **34** Beschlüsse der GSprA (SprA, USprA) aufgelöst werden (*Fitting* § 54 Rn. 52; GK-

BetrVG/*Franzen* § 54 Rn. 63; HWGNRH/*Glock* § 54 Rn. 39). Dafür ist nicht die qualifizierte Mehrheit des Abs. 1 S. 2 erforderlich; nach hL genügt es, wenn die GSprA der Konzernunternehmen, in denen mehr als die Hälfte der L.A. des Konzerns beschäftigt sind, sich für die Auflösung aussprechen (so zur KBR-Auflösung nach § 54 Abs. 1 S. 2 BetrVG aF, der für die Errichtung des KBR ein Quorum von 75 % vorsah: *Fitting* § 54 Rn. 52; GK-BetrVG/*Franzen* § 54 Rn. 63; HWGNRH/*Glock* § 54 Rn. 39; Richardi BetrVG/*Annuß* § 54 Rn. 48).

35 Der KSprA kann sich nicht selbst durch Beschluss auflösen. Er kann nicht seinen kollektiven Rücktritt erklären. Allerdings können die einzelnen Mitglieder ihr Amt niederlegen (§ 22 Abs. 2); das führt aber nur zum Nachrücken der Ersatzmitglieder (§§ 24 Abs. 1, 10 Abs. 1). Der KSprA kann auch nicht durch Beschluss des ArbG aufgelöst werden. Das ArbG kann nur einzelne Mitglieder aus dem KSprA ausschließen (vgl. § 22 Abs. 2).

V. Konzernunternehmen mit nur einem Sprecherausschuss oder mit Unternehmenssprecherausschuss (Abs. 1 S. 3)

36 Das Gesetz geht in den §§ 21–24 vom Regelfall aus, dass der KSprA von GSprA gebildet wird. Das setzt voraus, dass die Konzernunternehmen aus mehreren Betrieben bestehen und dass ein GSprA gebildet ist. Da in einem Konzernunternehmen aber auch nur ein SprA oder ein USprA bestehen kann, wurde die Regelung des Abs. 1 S. 3 nötig, um eine Benachteiligung der einzigen Vertretung der L.A. zu vermeiden (GK-BetrVG/*Franzen* § 54 Rn. 66). Nach Abs. 1 S. 3 wirkt der SprA oder USprA in gleicher Weise wie der GSprA an der Beschlussfassung über die Bildung eines KSprA und an der Entsendung und Abberufung von Mitgliedern in den KSprA mit (*Fitting* § 54 Rn. 60).

37 Die Vorschrift erfasst folgende Fälle:

- Das Unternehmen hat mehrere sprecherausschussfähige Betriebe. Auf Verlangen der Mehrheit der L.A. wird ein USprA gebildet (§ 20 Abs. 1 S. 1). Dieser repräsentiert alle L.A. des Unternehmens.
- Das Unternehmen besteht aus nur einem Betrieb, und dieser ist sprecherausschussfähig (Richardi BetrVG/*Annuß* § 54 Rn. 55). Der SprA dieses Betriebes repräsentiert alle L.A. des Unternehmens.
- Das Unternehmen hat mehrere Betriebe, von denen aber nur einer sprecherausschussfähig ist. Die L.A. der übrigen Betriebe sind diesem gemäß § 1 Abs. 2 zugeordnet. Damit sind auch hier alle L.A. des Unternehmens vom SprA vertreten.
- Das Unternehmen hat mehrere sprecherausschussfähige Betriebe, aber nur in einem wurde ein SprA errichtet. Für diesen Fall wird zum – wortgleichen – § 54 Abs. 2 BetrVG die Auffassung vertreten, es könne kein Mitglied in den KBR entsandt werden, da der BR nicht alle AN des Unternehmens repräsentiere (Richardi BetrVG/*Annuß* § 54 Rn. 55; WPK/*Roloff* § 54 Rn. 13). Dem kann für das SprAuG nicht gefolgt werden. Der Wortlaut gibt zu der Auslegung keinen Anlass. Die L.A. – und das muss den Ausschlag geben –, die eine Interessenvertretung gebildet haben, würden ohne Not von der Vertretung durch den KSprA ausgeschlossen. Soweit es auf das Stimmengewicht ankommt (Bildung des KSprA, Abs. 2 S. 2; Beschlüsse, Abs. 4 S. 2), kann allerdings nur auf die von dem SprA repräsentierte Anzahl von L.A. abgestellt werden (*Fitting* § 54 Rn. 58; GK-BetrVG/*Franzen* § 54 Rn. 66 ff.; HWGNRH/*Glock* § 54

Rn. 41). Zur Zuständigkeit des KSprA für sprecherausschusslose Betriebe vgl. → § 23 Rn. 7.

38 Hat ein Unternehmen dagegen mehrere sprecherausschussfähige Betriebe und wurden zwei oder mehr SprA gewählt, die keinen GSprA gebildet haben, dann genießen sie weder allein noch gemeinsam die Rechte aus § 21 Abs. 1 S. 3.

VI. Zusammensetzung, Ersatzmitglieder und Stimmengewicht (Abs. 2–4)

39 Die Abs. 2–4 der Vorschrift regeln in Anlehnung an die für den GSprA geltenden Vorschriften (§ 16 Abs. 2–4) die Zusammensetzung des KSprA, die Bestellung von Ersatzmitgliedern und das Stimmengewicht. Auf die Erläuterungen zu § 16 Abs. 2–4 kann daher weitgehend verwiesen werden.

1. Entsendung (Abs. 2 S. 1)

40 Jeder GSprA (SprA, USprA) entsendet eines seiner Mitglieder in den KSprA (Abs. 2 S. 1). Der GSprA ist dazu verpflichtet, sobald der KSprA errichtet ist. Die Entsendung erfolgt durch Beschluss. Für den Beschluss ist erforderlich, dass mindestens die Hälfte seiner Mitglieder an der Beschlussfassung teilnimmt und die Teilnehmenden mindestens die Hälfte aller Stimmen vertreten (§ 24 Abs. 1 iVm § 19 Abs. 3). Wegen weiterer Einzelheiten vgl. → § 16 Rn. 9f.

2. Abberufung (Abs. 2 S. 2)

41 Die Mitglieder des KSprA können jederzeit abberufen werden (Abs. 2 S. 2). Die Abberufung erfolgt ebenfalls durch Beschluss des entsendenden GSprA (SprA, USprA). Ein Grund für die Abberufung ist nicht erforderlich. Mit der Abberufung endet die Mitgliedschaft im KSprA (§ 22 Abs. 2; s. → § 16 Rn. 11).

3. Abweichende Regelung der Mitgliederzahl (Abs. 2 S. 3)

42 Die Mitgliederzahl des KSprA ergibt sich mittelbar aus der Anzahl der entsendenden GSprA (SprA, USprA). Da diese starre Regelung nicht jeder Konzernstruktur gerecht werden kann, erlaubt Abs. 2 S. 3 eine abweichende Regelung der Mitgliederzahl durch Vereinbarung zwischen KSprA und AG, dh der Konzernspitze (dazu → § 23 Rn. 3). In Konzernen mit besonders vielen Unternehmen wird eine Verringerung in Betracht kommen, für kleinere Unternehmen unter Umständen die Entsendung eines gemeinsamen Mitglieds, für ein Unternehmen mit überproportional vielen L.A. die Benennung mehrerer Mitglieder.

4. Ersatzmitglieder (Abs. 3)

43 Jeder GSprA muss mindestens ein Ersatzmitglied bestellen. Werden mehrere Ersatzmitglieder bestellt, ist die Reihenfolge des Nachrückens festzulegen. Die Bestellung erfolgt durch Beschluss des GSprA. Tritt im Fall des Abs. 1 S. 3 ein SprA oder USprA an die Stelle des GSprA und hat dieser nur ein Mitglied, so rückt entsprechend § 10 Abs. 3 das gewählte Ersatzmitglied nach (Abs. 3 Hs. 2).

5. Stimmengewicht (Abs. 4)

44 Der KSprA stimmt – wie der GSprA – nicht nach Köpfen, sondern nach Stimmengewicht ab. Das Stimmengewicht der einzelnen KSprA-Mitglieder richtet sich nach der Anzahl der Stimmen, die die Mitglieder des GSprA, von denen es entsandt wurde, insgesamt haben (S. 1). Das Stimmengewicht der einzelnen Mitglieder des GSprA bestimmt sich wiederum nach der Anzahl der in dem Betrieb in der Wählerliste eingetragenen L.A. (§ 16 Abs. 4; → § 16 Rn. 16), von dessen SprA es entsandt wurde. Ein Mitglied des KSprA hat also so viele Stimmen, wie in den Betrieben, die im GSprA repräsentiert sind, L.A. in der Wählerliste eingetragen sind. L.A. sprecherausschussloser Betriebe zählen nicht mit (*Fitting* § 54 Rn. 58).

45 Tritt nach Abs. 1 S. 3 ein BSprA oder USprA an die Stelle des GSprA, so kommt es ebenfalls auf die Anzahl der L.A. an, die in dem Betrieb oder Unternehmen, von dessen Vertretung das Mitglied entsandt wurde, in der Wählerliste eingetragen sind.

46 Wird der KSprA durch eine Vereinbarung nach Abs. 2 S. 3 vergrößert oder verkleinert, so gilt für das Stimmengewicht § 16 Abs. 4 S. 2 und Abs. 3 S. 3 (Näheres dazu → § 16 Rn. 17).

VII. Streitigkeiten

47 Streitigkeiten über die Errichtung und Zusammensetzung von KSprA entscheidet das ArbG nach § 2a Abs. 1 Nr. 2, Abs. 2; §§ 80 ff. ArbGG im Beschlussverfahren. Örtlich zuständig ist nach § 82 Abs. 1 S. 2 und S. 3 ArbGG das ArbG, in dessen Bezirk das herrschende Konzernunternehmen seinen Sitz hat.

§ 22 Ausschluss von Mitgliedern und Erlöschen der Mitgliedschaft

(1) **Mindestens ein Viertel der leitenden Angestellten der Konzernunternehmen, der Konzernsprecherausschuss oder der Arbeitgeber können beim Arbeitsgericht den Ausschluss eines Mitglieds aus dem Konzernsprecherausschuss wegen grober Verletzung seiner gesetzlichen Pflichten beantragen.**

(2) **Die Mitgliedschaft im Konzernsprecherausschuss endet mit dem Erlöschen der Mitgliedschaft im Gesamtsprecherausschuss, durch Amtsniederlegung, durch Ausschluss aus dem Konzernsprecherausschuss aufgrund einer gerichtlichen Entscheidung oder Abberufung durch den Gesamtsprecherausschuss.**

Übersicht

I. Allgemeines

Die Vorschrift ist den §§ 56, 57 BetrVG nachgebildet. Die Regelung entspricht der für den GSprA geltenden Bestimmung des § 17. Es kann daher im Wesentlichen auf die dortigen Erläuterungen verwiesen werden. 1

II. Ausschluss von Mitgliedern (Abs. 1)

Ein Mitglied des KSprA kann nur durch arbeitsgerichtliche Entscheidung aus dem KSprA ausgeschlossen werden. Eine Abwahl durch die L.A. seines Unternehmens (Betriebs) ist nicht möglich. Vom Ausschluss ist die Abberufung durch das entsendende Gremium (§ 21 Abs. 2 S. 2) zu unterscheiden; sie ist jederzeit möglich. 2

Antragsberechtigt ist ein Viertel der L.A. aller Konzernunternehmen (→ § 21 Rn. 3 ff.; *Fitting* § 56 Rn. 6; GK-BetrVG/*Franzen* § 56 Rn. 6). Antragsberechtigt sind weiter der KSprA und der AG. AG iSd Vorschrift ist die Leitung des herrschenden Unternehmens (s. → § 23 Rn. 3). Zu weiteren Einzelheiten → § 17 Rn. 4 ff. 3

Zum Begriff der groben Pflichtverletzung s. → § 17 Rn. 9. Die Verletzung muss sich auf Pflichten beziehen, die den Auszuschließenden in seiner Eigenschaft als Mitglied des KSprA treffen. 4

Örtlich zuständig für die Entscheidung ist das ArbG, in dessen Bezirk das herrschende Unternehmen seinen Sitz hat (§ 82 Abs. 1 S. 2 und S. 3 ArbGG). Der Antrag ist schriftlich einzureichen oder bei der Geschäftsstelle des ArbG mündlich zu Protokoll anzubringen (§ 81 Abs. 1 ArbGG). Zu den Rechtsfolgen s. → § 17 Rn. 10. 5

III. Erlöschen der Mitgliedschaft (Abs. 2)

Die Mitgliedschaft im KSprA erlischt mit der Beendigung der Mitgliedschaft im entsendenden GSprA, USprA, oder SprA (zur Gleichstellung §→ 21 Rn. 36 f.) sowie mit der Mitgliedschaft in dem SprA, auf der die Mitgliedschaft im GSprA beruht (s. § 17 Abs. 2; *Löwisch* § 22 Rn. 7). 6

Zum Erlöschen durch Amtsniederlegung s. → § 17 Rn. 13; durch Ausschluss → Rn. 2 ff.; durch Abberufung → § 21 Rn. 41. 7

Die Mitgliedschaft endet auch – obwohl nicht ausdrücklich erwähnt –, wenn ein Unternehmen aus dem Konzern ausscheidet (dazu → § 21 Rn. 33). 8

Zur Beendigung des KSprA als Gremium → § 21 Rn. 33 ff. 9

IV. Streitigkeiten

Streitigkeiten über das Erlöschen der Mitgliedschaft im KSprA gemäß Abs. 2 entscheiden die ArbG im Beschlussverfahren (§ 2a Abs. 1 Nr. 2, Abs. 2; §§ 80 ff. ArbGG). Örtlich zuständig ist das ArbG, in dessen Bezirk das herrschende Unternehmen seinen Sitz hat (§ 82 Abs. 1 S. 2 und S. 3 ArbGG). 10

§ 23 Zuständigkeit

(1) [1]**Der Konzernsprecherausschuss ist zuständig für die Behandlung von Angelegenheiten, die den Konzern oder mehrere Konzernunternehmen betreffen und nicht durch die einzelnen Gesamtsprecherausschüsse innerhalb ihrer Unternehmen geregelt werden können.** [2]**Er ist den Gesamtsprecherausschüssen nicht übergeordnet.**

(2) [1]**Der Gesamtsprecherausschuss kann mit der Mehrheit der Stimmen seiner Mitglieder den Konzernsprecherausschuss schriftlich beauftragen, eine Angelegenheit für ihn zu behandeln.** [2]**Der Gesamtsprecherausschuss kann sich dabei die Entscheidungsbefugnis vorbehalten.** [3]**Für den Widerruf der Beauftragung gilt Satz 1 entsprechend.**

Übersicht

I. Allgemeines

1 Die Zuständigkeitsregelung für den KSprA ist der für den GSprA (§ 18) nachgebildet (Begr. des GE zu § 23, BT-Drs. 11/2503, 41) und beide zusammen der für KBR und GBR (BAG 11.12.2018, NZA 2019, 1082). Die Kriterien für die Abgrenzung sind die gleichen. Der KSprA ist wie der GSprA ein selbstständiges Organ mit eigenem, gesetzlich festgelegtem Zuständigkeitsbereich (Abs. 1 S. 1). Er ist weder den GSprA noch den SprA über- (Abs. 1 S. 2) oder untergeordnet. Im Rahmen seiner Zuständigkeit hat er dieselben Rechte und Pflichten wie ein GSprA oder SprA (§ 24 Abs. 1 iVm § 18 Abs. 3).

2 Neben der originären Zuständigkeit des Abs. 1 besteht die Möglichkeit, dass ihn GSprA mit der Wahrnehmung von Angelegenheiten beauftragen (Abs. 2).

II. „Ansprechpartner“ des Konzernsprecherausschusses

3 Ansprechpartner des KSprA ist die Leitung des herrschenden Unternehmens; sie ist für den KSprA der AG. Mit ihr kann er Vereinbarungen abschließen, die alle Konzernunternehmen binden. Dem steht nicht entgegen, dass der Konzern keine eigene Rechtspersönlichkeit hat und dass AG iSd Arbeitsvertragsrechts die einzelnen Unternehmen sind (*Fitting* § 58 Rn. 6). Das SprAuG lässt die Vertretungen der L.A. – ebenso wie das BetrVG die der übrigen AN – dort mitwirken, wo die Entscheidungen fallen. Im Konzern ist das (auch) die Konzernspitze. Dabei kommt es nicht darauf an, ob es sich um einen faktischen oder um einen Vertragskonzern handelt (Richardi BetrVG/*Annuß* § 58 Rn. 37, 40; aA *Konzen* RdA 1984, 65, 76, der diese Befugnis nur dem Vertragskonzern zuerkennt). Auch der

faktische Konzern ist durch eine einheitliche Leitung gekennzeichnet (→ § 21 Rn. 7 f.). Zum Gemeinschaftsunternehmen → § 21 Rn. 11 ff.

III. Zuständigkeit

1. Kraft Gesetzes

4 Der KSprA ist kraft Gesetzes zuständig, wenn eine Angelegenheit den Konzern oder mehrere Konzernunternehmen betrifft und nicht durch die einzelnen GSprA innerhalb ihrer Unternehmen geregelt werden kann („objektive Unmöglichkeit"). Dabei ist auf die Verhältnisse des einzelnen Konzerns und der konkreten Betriebe abzustellen (→ § 18 Rn. 5 ff.; BAG 11.12.2018, NZA 2019, 1082).

5 Bei freiwilligen Leistungen ist den einzelnen GSprA eine unternehmensbezogene Regelung unmöglich, wenn der AG den Leistungszweck so bestimmt, dass er nur bei einer unternehmensübergreifenden Regelung erreichbar ist, wenn die Konzernleitung eine Leistung also nur (noch) konzerneinheitlich gewähren will („subjektive Unmöglichkeit" (BAG 11.12.2018, NZA 2019, 1082)). Zu denken ist an Fragen der Gehaltsgestaltung einschließlich Regulierungen, konzerneinheitliche Sozialeinrichtungen (Altersversorgung) und wirtschaftliche Angelegenheiten, die nur im Konzernverhältnis beurteilt werden können (MHdB ArbR/*Francke* § 311 Rn. 154 ff.). Personelle Maßnahmen nach § 31 fallen idR in die Zuständigkeit von SprA und USprA (s. → § 18 Rn. 14; *Fitting* § 58 Rn. 14). Dasselbe gilt für die Mitwirkung in wirtschaftlichen Angelegenheiten nach § 32, die nur das Unternehmen betreffen (→ § 18 Rn. 15; *Fitting* § 58 Rn. 15 ff.).

2. Kraft Auftrags

6 Nach Abs. 2 können GSprA bzw. USprA den KSprA mit der Behandlung einzelner Angelegenheiten beauftragen. Voraussetzung ist, dass sie in der Angelegenheit selbst zuständig sind. Erklärt der SprA sein Einverständnis, dann kann ein GSprA auch eine Angelegenheit an den KSprA weitergeben, die ihm ein SprA gemäß § 18 Abs. 2 übertragen hat. Besteht in einem Unternehmen nur ein SprA, hat dieser das Mandat für die Beauftragung des KSprA. Im Übrigen gelten die Ausführungen zu § 18 Abs. 2 sinngemäß (→ § 18 Rn. 20 ff.). Wird der KSprA kraft Auftrags tätig, muss er mit der Leitung des betroffenen Unternehmens verhandeln (*Rieble* RdA 2005, 26, 28).

3. Sprecherausschusslose Betriebe

7 Der KSprA ist aus denselben Gründen wie der GSprA (→ § 18 Rn. 16 ff.) auch für sprecherausschusslose Betriebe sowie für Betriebe zuständig, in denen zwar SprA bestehen, für die aber entgegen der Verpflichtung aus § 16 kein GSprA errichtet wurde (vgl. § 58 Abs. 1 S. 1 Hs. 2 BetrVG). Hat ein Unternehmen mehrere sprecherausschussfähige Betriebe und wurde nur in einem ein SprA errichtet, so steht dieser SprA an der Stelle des GSprA (→ § 21 Rn. 37). Die Zuständigkeit des KSprA für gesamtsprecherausschusslose Unternehmen oder sprecherausschusslose Betriebe besteht nur im Rahmen seiner originären Zuständigkeit nach Abs. 1. Der KSprA ist nicht berechtigt, Angelegenheiten zu regeln, die in die gesetzliche Zuständigkeit sprecherausschussloser Betriebe oder (pflichtwidrig) nicht errichteter GSprA fallen (*Fitting* § 58 Rn. 30; GK-BetrVG/*Franzen* § 58 Rn. 38).

IV. Streitigkeiten

8 Streitigkeiten über die Zuständigkeit des KSprA entscheidet das ArbG im Beschlussverfahren (§ 2a Abs. 1 Nr. 2, Abs. 2; §§ 80 ff. ArbGG). Örtlich zuständig ist das ArbG, in dem das herrschende Unternehmen seinen Sitz hat (§ 82 Abs. 1 S. 2 und S. 3 ArbGG).

§ 24 Geschäftsführung

(1) **Für den Konzernsprecherausschuss gelten nach § 24 Abs. 1, 2 S. 3 der § 10 Abs. 1, die §§ 11, 13 Abs. 1, 3 bis 7, §§ 14, 18 Abs. 3 und § 19 Abs. 3 entsprechend.**

(2) [1]**Ist ein Konzernsprecherausschuss zu errichten, hat der Gesamtsprecherausschuss des herrschenden Unternehmens oder, sofern ein solcher nicht besteht, der Gesamtsprecherausschuss des nach der Zahl der leitenden Angestellten größten Konzernunternehmens zu der Wahl des Vorsitzenden und des stellvertretenden Vorsitzenden des Konzernsprecherausschusses einzuladen.** [2]**Der Vorsitzende des einladenden Gesamtsprecherausschusses hat die Sitzung zu leiten, bis der Konzernsprecherausschuss aus seiner Mitte einen Wahlleiter zur Wahl des Vorsitzenden und seines Stellvertreters bestellt hat.** [3]**§ 12 Absatz 2 bis 7 gilt entsprechend.**

Übersicht

I. Allgemeines

1 Die Vorschrift ist § 59 BetrVG nachgebildet. Sie regelt die Geschäftsführung und die Organisation des KSprA durch Verweis auf die entsprechenden Vorschriften für den SprA und für den GSprA. Abs. 2 S. 1, 2 übernimmt für die konstituierende Sitzung des KSprA sinngemäß die Regelung des § 19 Abs. 2 für den GSprA.

II. Konstituierung (Abs. 2 S. 1, 2)

2 Haben die GSprA die Errichtung eines KSprA beschlossen (→ § 21 Rn. 24 ff.), so ist vom GSprA des herrschenden Unternehmens oder, sofern ein solcher nicht besteht, vom GSprA des Konzernunternehmens mit den meisten L.A. zur konstituierenden Sitzung einzuladen (S. 1). Besteht beim herrschenden Unternehmen nur ein SprA oder ein USprA, so ist dieser nach § 21 Abs. 1 S. 3 zuständig. Im Übrigen gelten sinngemäß die Erläuterungen zu → § 19 Rn. 3 ff.

III. Geschäftsführung (Abs. 1, 2 S. 3)

3 Abs. 1 verweist auf die Bestimmungen für den SprA und USprA über das Nachrücken und die Stellung der Ersatzmitglieder (§ 10 Abs. 1), die Stellung des Vorsitzenden (§ 11), die Beschlussfassung (§ 13 Abs. 1, 3–5), die Befreiung der Mitglieder von ihrer beruflichen Tätigkeit (§ 14 Abs. 1) und die Kosten der Tätigkeit des KSprA (§ 14 Abs. 2); vgl. die dortigen Erläuterungen.

4 Abs. 2 S. 3 verweist bezüglich der Durchführung der weiteren Sitzungen des KSprA auf die für den SprA und USprA geltenden Vorschriften des § 12 Abs. 2–7. Der KSprA ist nicht verpflichtet, seine Sitzungen am Sitz des herrschenden Unternehmens einzuberufen (BAG 23.8.2006, NZA 2007, 768). Unter den in § 12 Abs. 6 genannten Voraussetzungen kann er seine Sitzungen auch als Video- und Telefonkonferenz abhalten.

5 Der KSprA ist beschlussfähig, wenn mindestens die Hälfte seiner Mitglieder an der Beschlussfassung teilnimmt und die Teilnehmenden mindestens die Hälfte aller Stimmen vertreten (s. → § 19 Rn. 10 f.). Stellvertretung durch Ersatzmitglieder ist zulässig (Abs. 1 iVm § 19 Abs. 3).

IV. Rechte und Pflichten des Konzernsprecherausschusses und Rechtsstellung seiner Mitglieder (Abs. 1)

6 Der KSprA und seine Mitglieder haben im Rahmen ihrer Zuständigkeit dieselben Rechte und Pflichten wie GSprA, USprA, SprA und ihre Mitglieder (Abs. 1 iVm § 18 Abs. 3). Damit hat der KSprA vor allem auch die Mitwirkungsrechte nach §§ 30–32. Im Rahmen seiner Zuständigkeit kann er mit der Konzernspitze KSprA-Vereinbarungen mit Wirkung für und gegen die abhängigen Unternehmen und ihre L.A. abschließen (zur Konzern-BV *Fitting* § 58 Rn. 34 ff. mwN).

V. Streitigkeiten

7 Streitigkeiten aus der Anwendung des § 24 entscheidet das ArbG im Beschlussverfahren (§ 2a Abs. 1 Nr. 2, Abs. 2; §§ 80 ff. ArbGG). Zuständig ist das ArbG, in dessen Bezirk das herrschende Unternehmen seinen Sitz hat (§ 82 Abs. 1 S. 2 und S. 3 ArbGG).

Dritter Teil. Mitwirkung der leitenden Angestellten

Erster Abschnitt. Allgemeine Vorschriften

§ 25 Aufgaben des Sprecherausschusses

(1) [1]**Der Sprecherausschuss vertritt die Belange der leitenden Angestellten des Betriebs (§ 1 Abs. 1 und 2).** [2]**Die Wahrnehmung eigener Belange durch den einzelnen leitenden Angestellten bleibt unberührt.**

(2) [1]**Der Sprecherausschuss ist zur Durchführung seiner Aufgaben nach diesem Gesetz rechtzeitig und umfassend vom Arbeitgeber zu unterrichten.** [2]**Auf Verlangen sind ihm die erforderlichen Unterlagen jederzeit zur Verfügung zu stellen.**

Übersicht

I. Allgemeines

1 Abs. 1 S. 1 der Vorschrift umschreibt generalklauselartig den allgemeinen Aufgabenbereich des SprA. In diesem Bereich darf der SprA tätig sein, auch wenn ein Mitwirkungstatbestand der §§ 30–32 nicht erfüllt ist (Näheres dazu → Rn. 9 ff.).

2 Abs. 1 S. 2 stellt klar, dass die gesetzliche Interessenvertretung nicht zu einer Bevormundung des einzelnen L.A. führen darf (BT-Drs. 11/2503, 42 zu § 25).

3 Abs. 2 ist § 80 Abs. 2 S. 1 Hs. 1 und S. 2 Hs. 1 BetrVG nachgebildet. Die Pflicht, den SprA in allen Angelegenheiten in seinem Zuständigkeitsbereich zu unterrichten und ihm auf Verlangen die erforderlichen Unterlagen zur Verfügung zu stellen, ergänzt die besonderen Pflichten des AG nach den speziellen Bestimmungen der §§ 30 S. 2, 31 Abs. 2 S. 2, 32 Abs. 1 und Abs. 2.

4 Die Vorschrift gilt auch für den USprA (§ 20 Abs. 4) sowie für den GSprA und den KSprA, soweit diese anstelle des SprA zuständig sind (§§ 18 Abs. 3, 24 Abs. 1).

II. Allgemeine Aufgaben (Abs. 1 S. 1)

1. Persönlicher Aufgabenbereich

Der SprA vertritt die L.A. und nur die L.A. Behandelt er Fragen, die nur die Interessen sonstiger AN berühren, so verletzt er den Zuständigkeitsbereich des BR. 5

Der SprA vertritt die L.A. des Betriebs und die L.A. in Betrieben mit weniger als zehn L.A., die dem Betrieb nach § 1 Abs. 2 zugerechnet werden. Der USprA nimmt die Belange der L.A. des gesamten Unternehmens wahr (Abs. 1 S. 1 iVm § 20 Abs. 4). Der GSprA vertritt im Rahmen seiner Zuständigkeit die Interessen der L.A. des Unternehmens (Abs. 1 S. 1 iVm § 18 Abs. 3), der KSprA die der L.A. des Konzerns (Abs. 1 S. 1 iVm §§ 24 Abs. 1, 18 Abs. 3). 6

Die Vertretung erstreckt sich auch auf die L.A., die an den Wahlen zum SprA nicht teilgenommen haben. Für AN, die erst für eine Position als L.A. vorgesehen sind, bleibt der BR zuständig. 7

Nach Ansicht des BAG erstrecken sich die Förder- und Überwachungsaufgaben des BR nach § 80 Abs. 1 Nr. 4 BetrVG iVm § 176 SGB IX auch auf die schwerbehinderten und die diesen gleichgestellten L.A. (BAG 20.5.2023, NZA 2023, 1404). Der BR habe also nach § 80 Abs. 1 BetrVG Anspruch auf die Namen der der Arbeitgeberin bekannten L.A., weil er nur so überwachen könne, ob diese AN im Rahmen ihrer Beschäftigung ihre Fähigkeiten und Kenntnisse voll verwerten und weiterentwickeln könnten, ob ihre Arbeitsplätze mit den erforderlichen Hilfsmitteln ausgestattet seien und ob wegen Art oder Schwere ihrer Behinderung eine kürzere Arbeitszeit für sie notwendig sei. 7a

Die Zuweisung der Kompetenz für L.A. an den BR ist ein Systembruch. Das BAG beruft sich für seine Ansicht darauf, dass sowohl § 80 Abs. 1 BetrVG als auch § 176 S. 1, 2 Hs. 1 und § 164 Abs. 4 Nrn. 1, 4 und 5 SGB IX generell von schwerbehinderten Menschen sprechen. Das ist zwar formal richtig, die genannten Vorschriften befassen sich aber mit den Rechten der schwerbehinderten Menschen, nicht mit ihrer Vertretung. Nach § 5 Abs. 3 S. 1 BetrVG findet das BetrVG auf L.A. keine Anwendung, soweit in ihm nicht, wie in § 105, ausdrücklich etwas anderes bestimmt ist. Im Übrigen zeigt auch die Gewährung des aktiven Wahlrechts zur Schwerbehindertenvertretung an L.A. (§ 177 Abs. 2 SGB IX), dass deren Zuständigkeit für die L.A. auch der Legitimation durch diese bedarf. 7b

2. Sachlicher Aufgabenbereich

a) Begriff der Belange. Der Begriff der „Belange der leitenden Angestellten" ist umfassend. Er meint alle kollektiven Interessen von L.A. gegenüber dem AG in sozialen, technisch-organisatorischen, personellen und wirtschaftlichen Angelegenheiten. 8

Diese Aufgabenzuweisung ist unabhängig von den Mitwirkungsrechten des 2. Abschnitts dieses Teils (*Buchner* NZA 1989 Beil. 1, 2 (16); *Löwisch* § 25 Rn. 6). Die §§ 30–32 haben zwar die Beteiligungsrechte des SprA in den wichtigsten Fragen, die L.A. berühren, konkret ausgestaltet; Abs. 1 S. 1 stellt aber klar, dass der SprA in der Interessenwahrnehmung nicht auf diese Angelegenheiten beschränkt ist. 9

10 Allerdings gibt Abs. 1 S. 1 dem SprA keine zusätzlichen Mitwirkungsrechte (BT-Drs. 11/2503, 42 zu § 25), sondern nur die Befassungskompetenz (*Buchner* NZA 1989 Beil. 1, 2, 11, 16).

11 Diese beschränkt sich auf Angelegenheiten, die die L.A. als Kollektiv betreffen. Ein kollektiver Bezug besteht nicht nur dann, wenn alle L.A. oder eine größere Zahl von L.A. betroffen sind; es genügt, wenn sich die Angelegenheit in ihren Auswirkungen nicht auf das Verhältnis zwischen AG und einzelnen L.A. beschränkt, sondern auch Interessen der übrigen L.A. berührt sind („qualitativer Kollektivtatbestand", s. → § 28 Rn. 15; stRspr des BAG 24.4.2007, NZA 2007, 818; 3.12.1991, DB 1991, 2593; BAG 27.6.1989, NZA 1990, 35).

12 **b) Einzelheiten.** Zu den Fragen, die L.A. unmittelbar berühren, können Angelegenheiten aus dem personellen, sozialen und technisch-organisatorischen Bereich gehören. Für wirtschaftliche Angelegenheiten gilt abschließend die Sonderregelung des § 32. In Betracht kommen bspw. im Bereich der allgemeinen personellen Angelegenheiten die Personalplanung, Auswahlrichtlinien, Grundsätze über interne Stellenausschreibung, Fort- und Funktionsbildung sowie die Festlegung von Zielgrößen für den Frauenanteil an den beiden Ebenen unterhalb von Vorstand bzw. Geschäftsführung, sofern dazu L.A. gehören (ErfK/*Oetker* SprAuG § 25 Rn. 2 mN); im Bereich der sozialen Angelegenheiten Sozialeinrichtungen; im technisch-organisatorischen Bereich bspw. Home-Office, Mobile-Working, Einsatz von KI für L.A.

13 Der SprA kann, soweit er zuständig ist, Initiativen ergreifen. Er kann dem AG Anregungen und Vorschläge unterbreiten; er kann Anregungen von L.A. weitergeben und zu Maßnahmen des AG Stellung nehmen. Der AG ist aufgrund des Gebots der vertrauensvollen Zusammenarbeit (§ 2 Abs. 1 S. 1) verpflichtet, die Vorschläge des SprA entgegenzunehmen und zu beantworten. Er braucht sie jedoch grds. nicht mit dem SprA zu erörtern (AR/*Maschmann* SprAuG § 25 Rn. 1; ErfK/*Oetker* SprAuG § 25 Rn. 3; aA *Löwisch* § 25 Rn. 11). Denn damit würde auf dem Umweg über den allgemeinen Aufgabenbereich ein Beratungsrecht geschaffen, das dem SprA nur in den Fällen der §§ 30 S. 2 und 32 Abs. 2 S. 2 zusteht. Etwas anderes kann nur ausnahmsweise, nämlich dann gelten, wenn es sich um eine Frage von ganz besonderer Bedeutung für die L.A. handelt.

14 Zu den Aufgaben des SprA gehört es auch, die Einhaltung arbeitsrechtlicher Vorschriften und Grundsätze, insbesondere auch der Vereinbarungen nach § 28, zu überwachen (*Löwisch* § 25 Rn. 7). Wenn nötig, kann er L.A. aus konkretem Anlass an ihrem Arbeitsplatz aufsuchen (BAG 13.6.1989, NZA 1989, 934; AR-Blattei „Betriebsverfassung" X Entscheidung 59 mAnm *Löwisch*). § 27 Abs. 1 hebt die Grundsätze von Recht und Billigkeit besonders hervor. Außerdem verbietet er jede Diskriminierung von L.A. u.a. wegen des Geschlechts, wegen der ethnischen Herkunft, wegen des Alters und wegen Behinderungen. Bei Nichteinhaltung hat der SprA auf Abhilfe zu drängen (BAG 5.3.2013, DB 2013, 1423; 18.5.2010, DB 2010, 2175; 28.5.2002, DB 2002, 2385; 10.6.1986, NZA 1987, 28). Dagegen ist es nicht seine Aufgabe, dafür zu sorgen, dass der AG die individuellen Ansprüche der L.A. erfüllt. Dies sind eigene Belange iSd Abs. 1 S. 2.

15 Die Aufgabenwahrnehmung findet ihre Grenzen in dem Gebot der vertrauensvollen Zusammenarbeit (§ 2 Abs. 1 S. 1) und in der Pflicht, Betätigungen zu unterlassen, durch die der Arbeitsablauf oder der Betriebsfrieden beeinträchtigt werden (§ 2 Abs. 4 S. 1, s. dort → § 2 Rn. 4 ff., 46 ff.).

III. Eigene Belange (Abs. 1 S. 2)

16 Abs. 1 S. 2 stellt ausdrücklich noch einmal klar, dass die Zuständigkeit des SprA sich grds. auf kollektive Interessen der L.A. beschränkt und dass er sich der Belange einzelner L.A. nur auf deren Wunsch hin annehmen darf. Darüber hinaus folgt aus Abs. 1 S. 2 und aus dem Umkehrschluss zu § 31 Abs. 2, dass die Mitwirkung des SprA in den beteiligungspflichtigen Angelegenheiten keine Wirksamkeitsvoraussetzung für die Maßnahmen im Verhältnis AG – L.A. ist.

IV. Informationsrechte (Abs. 2)

1. Unterrichtungsanspruch (Abs. 2 S. 1)

17 Der Unterrichtungsanspruch hat dort Bedeutung, wo der SprA Aufgaben nach Abs. 1 wahrnehmen will, die nicht unter die Mitwirkungstatbestände fallen und für die er auf Informationen des AG angewiesen ist, etwa wenn er Vorschläge erarbeiten möchte und hierfür Auskünfte benötigt oder wenn der AG Veränderungen plant, die Belange der L.A. berühren. Auch zur Wahrnehmung seiner Überwachungsaufgabe kann der SprA auf eine Unterrichtung angewiesen sein, etwa über die L.A., die die Voraussetzungen für die Durchführung eines betrieblichen Eingliederungsmanagements nach § 167 Abs. 2 SGB IX erfüllen (BAG 7.2.2012, NZA 2012, 745). Zu Auskünften über die Gehaltshöhe s. → Rn. 29 ff.

18 Das Informationsrecht besteht nur im Aufgabenbereich des SprA. Der AG braucht deshalb zB nicht zu unterrichten über die allgemeine Geschäftsführung, über Maßnahmen, die individuelle Belange eines einzelnen L.A. betreffen, und über Angelegenheiten, für die der BR zuständig ist. Allerdings genügt eine gewisse Wahrscheinlichkeit, dass die gewünschten Informationen für die Wahrnehmung von Aufgaben des SprA erforderlich sind (BAG 23.3.2010, NZA 2011, 811).

19 Anspruchsgegner ist der AG. Der SprA hat nicht das Recht, sich am AG vorbei selbst zu unterrichten. Das schließt Gespräche mit L.A (*Löwisch* § 25 Rn. 15) und Fragebogenaktionen nicht aus (BAG 8.2.1977, DB 1977, 914).

20 Die Unterrichtung muss rechtzeitig und umfassend erfolgen. Rechtzeitig ist sie, wenn sich der SprA mit der Angelegenheit befassen kann, bevor vollendete Tatsachen geschaffen sind. Er muss Gelegenheit haben, etwaige Bedenken oder Änderungsvorschläge in den Prozess der Meinungsbildung und Entscheidungsfindung einzubringen. Zu spät ist es idR, wenn durch Absprachen mit einzelnen Fachabteilungen bereits kaum noch umkehrbare Sachzwänge geschaffen worden sind (s. auch → § 30 Rn. 28).

21 Verlangt der SprA die Unterrichtung von sich aus, weil er eine Regelung anstrebt oder weil er die Einhaltung von Vorschriften überwachen will, so hat sie unverzüglich (= ohne schuldhaftes Zögern, § 121 Abs. 1 S. 1 BGB) zu erfolgen, nachdem er dem AG das Verlangen mitgeteilt hat (*Goldschmidt* S. 121).

22 Zu einer umfassenden Unterrichtung gehört, dass sie glaubhaft, verständlich und vollständig ist. Der SprA darf nicht derart mit Details überschüttet werden, dass die eigentlichen Fragen aus dem Blickfeld geraten (*Goldschmidt* S. 121). Umfangreiche und komplexe Informationen sind schriftlich zu erteilen (BAG 30.9.2008, NZA 2009, 502).

23 Im Bereich des Abs. 2 S. 1 steht einer Unterrichtung über personenbezogene Daten das Bundesdatenschutzgesetz (BDSG) nicht entgegen; die Beteiligungsrechte des SprA bleiben unberührt (§ 26 Abs. 6 BDSG). Aber auch außerhalb der Beteiligungsrechte dürfen ihm personenbezogene Daten der L.A. für Zwecke des Beschäftigungsverhältnisses übermittelt werden, wenn das zur Ausübung oder Erfüllung seiner Rechte und Pflichten erforderlich ist (§ 26 Abs. 1 S. 1 BDSG, BAG 28.3.2019, NZA 2019, 1212). Das Persönlichkeitsrecht der L.A. wird durch die Verschwiegenheitspflicht der SprA-Mitglieder nach §§ 29 31 Abs. 3 geschützt (zu § 79 BetrVG vgl. BAG 20.12.1988, NZA 1989, 393).

2. Vorlage von Unterlagen (Abs. 2 S. 2)

24 **a) Unterlagen.** Unterlagen sind nicht nur Schriftstücke, sondern auch Daten auf einem Datenträger (BAG 7.8.1986, NZA 1987, 134) und sonstiges Anschauungsmaterial, wie Fotos, Tonträger usw. Auf die Form des Informationsmaterials kommt es nicht an. Allerdings richtet sich der Anspruch nur auf vorhandene Unterlagen. Der SprA kann nicht verlangen, dass der AG sie ihm eigens anfertigt (BAG 9.12.2009, NZA 2010, 662; 30.9.2008, NZA 2009, 502; 10.10.2006, NZA 2007, 99; 7.8.1986, NZA 1987, 134).

25 Jederzeit bedeutet, dass ein konkreter Anlass nicht erforderlich ist, etwa ein Streitfall oder der Verdacht, dass etwas nicht in Ordnung sei. Das Recht auf Einsicht soll den SprA auch in die Lage versetzen, festzustellen, ob ein Anlass zum Tätigwerden besteht (BAG 13.2.2007, NZA 2007, 1121; 12.2.1980, DB 1980, 1699). Ein willkürliches Einblicksverlangen wäre allerdings wegen Verstoßes gegen das Gebot der vertrauensvollen Zusammenarbeit (§ 2 Abs. 1 S. 1) rechtsmissbräuchlich (BAG 13.2.2007, NZA 2007, 1121; 12.2.1980, DB 1980, 1699). Der SprA muss daher darlegen, warum – nicht: aus welchem Anlass – die Vorlage zur Erfüllung seiner Aufgaben notwendig ist. Der AG muss prüfen können, ob die Anspruchsvoraussetzungen vorliegen.

26 Die Unterlagen müssen zur Erfüllung der Aufgaben nach Abs. 1 S. 1 erforderlich sein. Daran fehlt es zB, wenn der SprA gar nicht zuständig ist oder wenn die bloße Unterrichtung nach Abs. 2 S. 1 ausreicht. Hat der SprA in der Angelegenheit ein Beratungsrecht, so muss er durch die Vorlage der Unterlagen in die gleiche Ausgangsposition versetzt werden wie der AG (*Löwisch* § 25 Rn. 17).

27 Die Unterlagen sind zur Verfügung zu stellen. Der AG ist verpflichtet, die Unterlagen dem SprA im Original, als Abschrift oder als Fotokopie für angemessene Zeit oder auf Dauer zu überlassen. Der SprA kann sich – soweit erforderlich – selbst Abschriften oder Fotokopien anfertigen (*Löwisch* § 25 Rn. 16).

28 Der SprA hat keinen Anspruch auf Vorlage der gesamten Personalakte (BAG 20.12.1988, NZA 1989, 393; *Fitting* § 80 Rn. 66; Richardi BetrVG/*Thüsing* § 80 Rn. 73). Das folgt aus § 26 Abs. 2 S. 1. Im Einzelfall sind jedoch konkrete Informationen auch aus der Personalakte zu erteilen, wenn diese für die Aufgabenerfüllung erforderlich sind (BAG 20.12.1988, NZA 1989, 393 mwN).

29 **b) Bruttogehaltslisten.** Umstritten ist, ob der SprA einen Anspruch auf Einsicht in die Bruttogehaltslisten der L.A. hat. § 25 Abs. 2, der § 80 Abs. 2 BetrVG sonst fast wörtlich nachgebildet ist, hat das Einsichtsrecht nicht übernommen. Das scheint dafür zu sprechen, dass der SprA diese Befugnis gerade nicht haben sollte (so *Wlotzke* DB 1989, 173 (177)).

30 Dieser Schluss ist aber nicht zwingend. BAG und hL sehen in § 80 Abs. 2 S. 2 Hs. 2 BetrVG einen Unterfall des allgemeinen Informationsrechts mit dem

einzigen Unterschied, dass der allgemeine Unterrichtungsanspruch dem BR, das Einsichtsrecht in Lohn- und Gehaltslisten aber nur dem Betriebs- oder einem sonstigen Ausschuss, in kleineren Betrieben dem Vorsitzenden oder einem beauftragten BR-Mitglied, zusteht (BAG 16.8.1995, NZA 1996, 330; 10.2.1987, DB 1987, 1152; 18.9.1973, DB 1974, 296; 23.2.1973, DB 1973, 1255; *Fitting* § 80 Rn. 71; GK-BetrVG/*Weber* § 80 Rn. 115; Richardi BetrVG/*Thüsing* § 80 Rn. 80 ff.). Manches spricht dafür, dass der Gesetzgeber die Aufgabenzuweisung an die Ausschüsse (nur) deswegen nicht aufgenommen hat, weil es vergleichbare Ausschüsse – schon wegen der geringen personellen Größe der SprA – nicht gibt. Da dem SprA auch kein generelles Einsichtsrecht zuerkannt wurde, wird man davon auszugehen haben, dass er Einsicht nehmen kann, wenn und soweit das zur Erfüllung seiner Aufgaben notwendig ist (AR/*Maschmann* SprAuG § 25 Rn. 2; *Buchner* NZA 1989 Beil. 1, 2, 17; ErfK/*Oetker* SprAuG § 25 Rn. 5; *Goldschmidt* S. 122; *Löwisch* § 25 Rn. 20; aA AnwK-ArbR/*v. Steinau/Steinrück* SprAuG § 25 Rn. 2). Für die Wahrnehmung des Einsichtsrechts gilt dasselbe wie für kleinere BR: Sie geschieht durch den Vorsitzenden oder durch ein beauftragtes Mitglied (ErfK/*Oetker* SprAuG § 25 Rn. 5; HWK/*Annuß* SprAuG § 25 Rn. 3: nur ein dauerhaft beauftragtes Mitglied).

Voraussetzung für das Einsichtsrecht ist immer, dass Gehaltslisten, dh Listen, **31** die nur die Namen der Mitarbeiter und ihre monatlichen Bruttobezüge ausweisen, vorhanden sind (BAG 30.9.2008, NZA 2009, 502; LAG Schleswig-Holstein 15.11.1988, DB 1990, 790). Eine Aushändigung der Listen oder die Fertigung von Kopien kann der SprA nicht verlangen.

Ein Einsichtsrecht kommt vor allem in Betracht zur Prüfung der Frage, ob der **32** Gleichbehandlungs- oder der Gleichheitsgrundsatz verletzt ist. Besteht Anlass zu der Vermutung, dass der AG bei Gehaltserhöhungen oder sonstigen Leistungen nach einer allgemeinen Regel verfahren ist, und tragen L.A. vor, dass sie willkürlich davon ausgenommen seien, dann hat der SprA ein Einsichtsrecht, wenn der AG eine generelle Regelung bestreitet. Räumt der AG ein, dass er nach einer Regel verfahren ist, dann genügt es, wenn er die Kriterien dafür darlegt und die Gründe, die ihn zur Differenzierung bewogen haben.

In Betracht kommt ein Einsichtsrecht auch, wenn der SprA seine Mitwir- **33** kungsrechte bei der Gehaltsgestaltung wahrnehmen will (dazu → § 30 Rn. 12 ff.). Grds. braucht er dazu zwar nicht die Höhe der Gehälter zu kennen. Hat er aber konkreten Anlass zu der Vermutung, dass der AG bereits nach einer Regel verfährt und bestreitet der AG das, dann muss er die Möglichkeit der Nachprüfung haben.

Aus dem Grundsatz der Verhältnismäßigkeit folgt, dass sich das Einsichtsrecht **34** auf die jeweils erforderlichen Unterlagen beschränkt. Geht es beispielsweise um Gratifikationen oder um Jubiläumsgelder, so genügt im Allgemeinen die Einsicht in die entsprechenden Listen. Etwas anderes gilt dann, wenn die betreffenden Leistungen zusammen mit anderen ein systematisches Ganzes bilden. Nach dem Verhältnismäßigkeitsgrundsatz richtet sich auch, ob der SprA sich mit anonymisierten Daten begnügen muss (anders BAG 7.5.2019, NZA 2019, 1218 für den BR).

c) Sachverständige. § 25 enthält – anders als § 80 Abs. 3 BetrVG – keine **35** Bestimmungen über die Hinzuziehung von Sachverständigen durch den SprA. Ein solches Recht kann nicht generell mit der Begründung verneint werden, dass die L.A. in aller Regel den erforderlichen Sachverstand besitzen oder sich verschaffen können (s. → § 14 Rn. 17).

V. Streitigkeiten

36 Streitigkeiten über den Umfang der Aufgaben des SprA nach Abs. 1, des Unterrichtungsanspruchs nach Abs. 2 S. 1 und des Anspruchs auf Aushändigung von Unterlagen nach Abs. 2 S. 2 entscheidet das ArbG im Beschlussverfahren (§ 2a Abs. 1 Nr. 2, Abs. 2, 80 ff. ArbGG). Örtlich zuständig ist das ArbG, in dessen Bezirk der Betrieb liegt bzw. das Unternehmen seinen Sitz hat (§ 82 Abs. 1 ArbGG). Der Anspruch auf Vorlage von Unterlagen kann auch im Wege einer einstweiligen Verfügung durchgesetzt werden (§§ 85 Abs. 2 ArbGG, 935, 940 ZPO).

§ 26 Unterstützung einzelner leitender Angestellter

(1) **Der leitende Angestellte kann bei der Wahrnehmung seiner Belange gegenüber dem Arbeitgeber ein Mitglied des Sprecherausschusses zur Unterstützung und Vermittlung hinzuziehen.**

(2) **[1]Der leitende Angestellte hat das Recht, in die über ihn geführten Personalakten Einsicht zu nehmen. [2]Er kann hierzu ein Mitglied des Sprecherausschusses hinzuziehen. [3]Das Mitglied des Sprecherausschusses hat über den Inhalt der Personalakten Stillschweigen zu bewahren, soweit es von dem leitenden Angestellten im Einzelfall nicht von dieser Verpflichtung entbunden wird. [4]Erklärungen des leitenden Angestellten zum Inhalt der Personalakten sind diesen auf sein Verlangen beizufügen.**

Übersicht

I. Allgemeines

1 § 26 enthält Rechte des einzelnen L.A. dem SprA und dem AG gegenüber. Abs. 1 ist in seiner Allgemeinheit eine Neuerung. Das BetrVG sieht die Hinzuziehung eines BR-Mitglieds nur in bestimmten konkreten Fällen vor (§§ 82 Abs. 2 S. 2, 83 Abs. 1 S. 2, 84 Abs. 1 S. 2 BetrVG). Abs. 2 mit dem Einsichtsrecht in die Personalakten entspricht dagegen § 83 Abs. 1 BetrVG.

Die übrigen im BetrVG geregelten Individualrechte, das Unterrichtungs-, Anhörungs- und Erörterungsrecht der §§ 81 ff. BetrVG und das Beschwerderecht des § 84 BetrVG, hat das SprAuG nicht übernommen. Diese Rechte sind dem Arbeitsvertrags- und nicht dem Betriebsverfassungsrecht zuzuordnen. Sie stehen daher den L.A. – wie allen anderen AN – aus ihrem Arbeitsvertrag ohnedies zu (*Buchner* NZA 1989 Beil. 1, 2 (16); *Fitting* § 81 Rn. 2; HWGNRH/*Rose* vor §§ 81–86 Rn. 5 ff.). 2

II. Wahrnehmung der Individualrechte durch den leitenden Angestellten (Abs. 1)

Das SprAuG geht von einer Aufgabenteilung aus: Der L.A. nimmt seine eigenen Belange selbst wahr, der SprA die kollektiven der L.A. Der L.A. kann sich aber vom SprA helfen lassen. 3

1. Eigene Belange des leitenden Angestellten

Eigene Belange sind Angelegenheiten, die Interessen des L.A. im Zusammenhang mit seinem Arbeitsverhältnis betreffen. „Interessen" ist im weitesten Sinne zu verstehen. Gemeint sind Rechte und Pflichten, gleich auf welcher Rechtsgrundlage, ebenso wie Wünsche nach Beibehaltung oder Änderung der Rechtsstellung oder der tatsächlichen Verhältnisse, zB Gehaltsgestaltung, Leistungsbeurteilung, Zielvereinbarung, Aufhebungsvertrag. Die Belange bleiben auch dann eigene Belange, wenn sie einen kollektiven Bezug haben. In diesem Fall ist der SprA zusätzlich nach § 25 Abs. 1 S. 1 zuständig (vgl. § 25 Abs. 1 S. 2). 4

2. Hinzuziehung eines Mitglieds des Sprecherausschusses

Es liegt bei dem L.A., ob er ein SprA-Mitglied zur Unterstützung und Vermittlung hinzuzieht. Der SprA darf nicht von sich aus tätig werden (*Bauer* Anm. II S. 74; *Buchner* NZA 1989 Beil. 1, 2 (16); *Goldschmidt* S. 131). Zur Tätigkeit berechtigt und verpflichtet ist auch nur das hinzugezogene Mitglied. Der SprA kann es weder durch ein anderes ersetzen noch die Aufgabe an sich ziehen (*Fitting* § 82 Rn. 13; HWGNRH/*Rose* § 82 Rn. 33 ff.; Richardi BetrVG/*Thüsing* § 82 Rn. 15). Die Hinzuziehung eines Mitglieds des GSprA ist dem L.A. nur möglich, wenn der jeweilige BSprA einverstanden ist und den GSprA gem. § 18 Abs. 2 mit der Wahrnehmung der Aufgabe beauftragt (*Kronisch/Deich* AR-Blattei SD 1490.3 Rn. 55). 5

Die Hinzuziehung bedarf keiner bestimmten Form. Unerheblich ist, ob die Initiative zu den Verhandlungen vom AG oder vom L.A. ausging (BAG 20.4.2010, NZA 2010, 1307; 16.11.2004, NZA 2005, 416; *Fitting* § 82 Rn. 12; *Löwisch* § 26 Rn. 2; Richardi BetrVG/*Thüsing* § 82 Rn. 15). 6

Die Hinzuziehung verpflichtet das SprA-Mitglied dem L.A. gegenüber zu Unterstützung und Vermittlung (MHdB ArbR/*Francke* § 312 Rn. 61 f.). Der L.A. kann aber nur verlangen, dass der Sprecher überhaupt unterstützend und vermittelnd tätig wird. Er hat kein Recht auf eine bestimmte Tätigkeit (*Fitting* § 82 Rn. 13), und er kann keine Weisungen erteilen. Unterstützung und Vermittlung beziehen sich auch nur auf Verhandlungen mit dem AG, nicht auf gerichtliche und außergerichtliche Vertretung (*Buchner* NZA 1989 Beil. 1, 2 (17); *Löwisch* § 26 Rn. 4). 7

8 Der AG muss die Teilnahme des SprA-Mitglieds an den Verhandlungen dulden (*Fitting* § 82 Rn. 13). Der L.A. ist nicht auf Unterstützung und Vermittlung durch einen Sprecher beschränkt. Er kann auch andere Personen hinzuziehen oder sich durch andere Personen, etwa einen Rechtsanwalt (*Bauer* Anm. II S. 74 f.), vertreten lassen. Empfehlenswert ist aber im Zweifel der gesetzlich vorgezeichnete Weg.

9 Der SprA ist zum Stillschweigen über die Angelegenheiten des L.A. verpflichtet, die ihm bei der Unterstützung und Vermittlung bekannt werden. Zwar normiert Abs. 1 – anders als § 82 Abs. 2 S. 3 BetrVG – diese Pflicht zum Stillschweigen nicht ausdrücklich, die Schweigepflicht ist aber Ausfluss des § 27 Abs. 2 (Verpflichtung zum Persönlichkeitsschutz; ErfK/*Oetker* SprAuG § 26 Rn. 1; *Löwisch* § 26 Rn. 5). Ein Verstoß ist nicht nach § 35 Abs. 2 strafbar, löst aber Schadensersatzansprüche aus (→ § 27 Rn. 53).

3. Auskunft über Vergleichsentgelt

10 Zur Überprüfung der Einhaltung des Entgeltgleichheitsgebots können sich L.A. an den Arbeitgeber wenden (§ 13 Abs. 4 EntgTranspG) und Auskunft über Kriterien und Verfahren der Entgeltfindung, insbesondere über die Festlegung des eigenen Entgelts sowie des Vergleichsentgelts verlangen (§ 10 Abs. 1, 4, § 11 Abs. 1, 2 EntgTranspG). Ein Auskunftsanspruch gegenüber dem SprA, wie ihn die anderen Arbeitnehmer gegenüber dem BR haben, besteht nicht. Unberührt bleibt das Recht der L.A., zu ihrer Unterstützung ein Mitglied des SprA hinzuzuziehen (§ 26 Abs. 1). Plant der AG ein betriebliches Prüfverfahren, so hat er den SprA darüber unter Vorlage der erforderlichen Unterlagen zu unterrichten (§ 20 Abs. 1 EntgTranspG analog, ErfK/Oetker SprAuG § 25 Rn. 7 unter Hinweis auf § 17 Abs. 2 EntgTranspG). Wegen der Einzelheiten muss auf die Literatur zum EntgTranspG verwiesen werden.

III. Einsicht in die Personalakten (Abs. 2)

1. Personalakten

11 Der Begriff der Personalakten wird im Gesetz nicht definiert. Für die Begriffsbestimmung ist deshalb der Normzweck maßgebend. Der AN soll sich Kenntnis über alle personenbezogenen Daten verschaffen können, die der AG über ihn sammelt (Richardi BetrVG/*Thüsing* § 83 Rn. 4). Personalakten sind deshalb alle vom AG geführten Unterlagen über die persönlichen und dienstlichen Verhältnisse eines AN, die in einem inneren Zusammenhang mit dem Arbeitsverhältnis stehen (BAG 19.7.2012, NZA 2013, 91; 16.11.1989, NZA 1990, 477; *Bauer* Anm. III S. 75; *Löwisch* § 26 Rn. 6). Sie sollen ein umfassendes, möglichst lückenloses Bild über Ausbildung, beruflichen Werdegang sowie dienstlich relevante Daten über Befähigungen, Leistungen, Anerkennungen, Beurteilungen, Abmahnungen und Urlaub geben (BAG 16.11.1989, NZA 1990, 477; *v. Hoyningen-Huene* BetrVG S. 313). Unerheblich ist die Art der Sammlung, dh ob die Daten in einer Akte, in einer Datei, auf Listen oder mithilfe der EDV gespeichert sind. Unerheblich ist auch, wer die Akten führt (Betriebsleitung, Personalabteilung in Betrieb, Unternehmen oder Konzern), unwesentlich ist schließlich, ob die Daten in einer Akte enthalten oder auf mehrere verteilt sind (Haupt- und Nebenakten, etwa beim Werkschutz oder in der Abteilung für Personalentwicklung: s. auch *Fitting* § 83 Rn. 5; *Löwisch* § 26 Rn. 6). Nicht zur Personalakte gehören lediglich die

Befunde und Aufzeichnungen des Werksarztes (*Fitting* § 83 Rn. 6; HWGNRH/*Rose* § 83 Rn. 10; *Löwisch* § 26 Rn. 6; Richardi BetrVG/*Thüsing* § 83 Rn. 8) und die Handakten von Vorgesetzten, soweit sie sich auf provisorische Aufzeichnungen, Notizen zur Gedächtnisstütze und Schriftwechsel mit anderen Stellen im Unternehmen beschränken. Darauf, wie die Unterlagen bezeichnet werden, kommt es nicht an; es gilt der materielle Aktenbegriff, dh entscheidend ist allein der Inhalt (*Bauer* Anm. III S. 75; *Fitting* § 83 Rn. 5; Richardi BetrVG/*Thüsing* § 83 Rn. 6). Über die Art der Aktenführung entscheidet allein der AG. Der AN kann also bspw. nicht verlangen, dass die Akten mit Seitenzahlen versehen werden (BAG 16.10.2007, NZA 2008, 367).

2. Einsichtsrecht (Abs. 2 S. 1)

Der AG muss dem L.A. Kenntnis vom Inhalt der Personalakte geben; er muss ihm die Lektüre ermöglichen. Sind Daten verschlüsselt, so hat er sie zu entschlüsseln (HWGNRH/*Rose* § 83 Rn. 38 ff.; *Löwisch* § 26 Rn. 7). In EDV-Anlagen gespeicherte Daten sind auszudrucken, wenn die Kenntnisnahme am Bildschirm nicht ausreicht (*Fitting* § 83 Rn. 11). Der L.A. kann sich auf seine Kosten Abschriften oder Kopien fertigen oder von EDV-Daten Ausdrucke erstellen lassen, soweit das im Rahmen der betrieblichen Möglichkeiten liegt (*Bauer* Anm. III S. 76; *Fitting* § 83 Rn. 11; HWGNRH/*Rose* § 83 Rn. 40; *Löwisch* § 26 Rn. 7). Der SprA hat kein originäres Einsichtsrecht in die Personalakten (ErfK/*Oetker* SprAuG § 26 Rn. 2). 12

Der L.A. kann die Personalakten während der Arbeitszeit in angemessenen Abständen einsehen, ohne dass er dafür einen besonderen Grund braucht. Darüber hinaus kann er das Einsichtsrecht bei besonderem Anlass ausüben (*Bauer* Anm. III S. 76; HWGNRH/*Rose* § 83 Rn. 43; Richardi BetrVG/*Thüsing* § 83 Rn. 16 ff.). Ein Anspruch auf Herausgabe der Akten besteht nicht (BAG 16.11.2010, NZA 2011, 453). 13

Das regelmäßige Einsichtsrecht endet zwar mit dem Arbeitsverhältnis. Der L.A. hat jedoch aus der nachfolgenden Schutz- und Rücksichtnahmepflicht des AG aus § 241 Abs. 2 BGB iVm Art. 2 Abs. 1, 1 Abs. 1 GG auch nach Beendigung des Arbeitsverhältnisses ein Einsichtsrecht in seine Personalakte. Die Geltendmachung dieses Rechts unterliegt keinen besonderen Erfordernissen; eines konkreten berechtigten Interesses bedarf es nicht. Der L.A. muss kontrollieren können, ob der AG unrichtige Daten über ihn aufbewahrt. Nur so kann er sein Recht auf Korrektur oder Beseitigung unrichtiger Daten geltend machen. Der Anspruch auf Einsicht unterliegt keiner Ausschlussfrist (BAG 16.11.2010, NZA 2011, 453). 14

3. Erklärungen zum Inhalt der Personalakten (Abs. 2 S. 4)

Der L.A. kann schriftliche Erklärungen zum Inhalt der Personalakte abgeben (Abs. 2 S. 4). Er kann also bspw. zu Beurteilungen oder Abmahnungen Stellung nehmen. Die Stellungnahme ist der Akte ebenso beizufügen wie sonstige Unterlagen (Zeugnisse, Qualifikationen), sofern sie für das Arbeitsverhältnis von Bedeutung sind (*Fitting* § 83 Rn. 14; HWGNRH/*Rose* § 83 Rn. 53; *Löwisch* § 26 Rn. 10; Richardi BetrVG/*Thüsing* § 83 Rn. 37 f.). Das Recht besteht auch dann, wenn der AG der Auffassung ist, die Erklärungen seien fehlerhaft oder nicht zur Personalakte gehörend (ErfK/*Kania* BetrVG § 83 Rn. 6). 15

16 Der AG ist verpflichtet, die Erklärungen in räumlichem Zusammenhang mit dem Teil der Personalakte aufzunehmen, auf den sie sich beziehen (*Bauer* Anm. III S. 77; *Fitting* § 83 Rn. 14).

4. Berichtigungsanspruch

17 Weitergehende Rechte gewährt Abs. 2 nicht. Aus der Fürsorgepflicht des AG hat der L.A. aber das Recht, die Berichtigung unrichtiger oder unwahrer Unterlagen zu verlangen (§§ 242, 1004 BGB, stRspr BAG 18.11.2008, NZA 2009, 206)). Ist eine Berichtigung nicht möglich oder nicht ausreichend, so kann er die Entfernung aus der Personalakte fordern (stRspr BAG 15.4.1999, NZA 1999, 1037; 5.8.1992, NZA 1993, 838; *Fitting* § 83 Rn. 15; *Löwisch* § 26 Rn. 11; Richardi BetrVG/*Thüsing* § 83 Rn. 40). Dasselbe gilt, wenn Unterlagen zwar inhaltlich richtig sind, wenn sie aber ihren Zweck erfüllt, dh ihre ursprüngliche Bedeutung verloren haben und die beruflichen Entwicklungsmöglichkeiten fortwirkend beeinflussen (BAG 30.5.1996, NZA 1997, 145; 13.4.1988, NZA 1988, 654 mwN aus der Rspr.; *Löwisch* § 26 Rn. 11).

18 Zu den zu entfernenden Teilen der Personalakte gehören auch Abmahnungen, die unbegründet oder unverhältnismäßig waren (HWGNRH/*Rose* § 83 Rn. 60 ff.; *Löwisch* § 26 Rn. 11) oder die durch Zeitablauf wirkungslos geworden sind (BAG 18.11.1986, NZA 1987, 418; *Bauer* Anm. III S. 77; *Fitting* § 83 Rn. 15). Eine Regelfrist für die Entfernung von Abmahnungen (bspw. 2 oder 3 Jahre) gibt es nicht; sie kann aber durch SprA-Vereinbarung festgelegt werden.

5. Hinzuziehung eines Mitglieds des Sprecherausschusses (Abs. 2 S. 2, 3)

19 Der L.A. kann ein Mitglied des SprA seiner Wahl bei der Einsichtnahme hinzuziehen (Abs. 2 S. 2). Der Sprecher hat über den Inhalt der Akten Stillschweigen zu bewahren, sofern der L.A. ihn nicht im konkreten Fall davon entbindet. Eine Verletzung der Schweigepflicht ist strafbar (§ 35 Abs. 2). Weder der SprA noch einzelne Mitglieder haben das Recht, von sich aus die Personalakten von L.A. einzusehen (*Löwisch* § 26 Rn. 8; auch → § 25 Rn. 28).

20 Das Einsichtsrecht ist kein höchstpersönliches Recht. Der L.A. kann die Personalakte also auch durch einen Bevollmächtigten, etwa ein SprA-Mitglied oder einen Rechtsanwalt, einsehen lassen (*Bauer* Anm. III S. 76; *Fitting* § 83 Rn. 12; einschränkend Richardi BetrVG/*Thüsing* § 83 Rn. 26, 27 mN: nur wenn der L.A. für längere Zeit verhindert ist, und nicht durch eine Person, gegen die der AG berechtigte Einwände erheben kann).

6. Verhältnis zum Bundesdatenschutzgesetz (BDSG)

21 Für Personalakten, gleich in welcher Form sie geführt werden, gelten jetzt die EU-DSGVO vom 27.4.2016 und das BDSG vom 3.6.2017. Art. 88 EU-DSGVO gestattet den Mitgliedstaaten, durch Rechtsvorschriften oder Kollektivvereinbarungen spezifischere Vorschriften zum Beschäftigtendatenschutz zu erlassen. Der Bundesgesetzgeber hat von dieser Ermächtigung in § 26 BDSG Gebrauch gemacht. Durch SprA-Vereinbarung kann die Verarbeitung personenbezogener Daten für Zwecke des Beschäftigungsverhältnisses geregelt werden (§ 26 Abs. 4). Die Beteiligungsrechte des SprA bleiben unberührt (§ 26 Abs. 6). Im Einzelnen

muss auf die Fachliteratur verwiesen werden (DKW/*Buschmann* § 83 Rn. 29 ff.; *Fitting* § 83 Rn. 16 ff.).

IV. Streitigkeiten

Streitigkeiten über die Hinzuziehung eines SprA-Mitglieds sind im Beschluss- 22
verfahren (§ 2a Abs. 1 Nr. 2, Abs. 2; §§ 80 ff. ArbGG) zu entscheiden (*Bauer* Anm. IV S. 78; GK-BetrVG/*Franzen* § 83 Rn. 78; HWGNRH/*Rose* § 83 Rn. 73; im Urteilsverfahren: *Fitting* § 83 Rn. 30; Richardi BetrVG/*Thüsing* § 83 Rn. 43). Örtlich zuständig ist das Gericht, in dessen Bezirk der Betrieb liegt bzw. das Unternehmen seinen Sitz hat (§ 82 Abs. 1 ArbGG).

Streitigkeiten über das Einsichtsrecht in die Personalakten, über den Anspruch 23
auf Abgabe von Erklärungen zu den Personalakten und über die Berichtigung oder Entfernung von Unterlagen aus der Personalakte sind im Urteilsverfahren zu entscheiden (§§ 2 Abs. 1 Nr. 3 lit. a, Abs. 5, 46 ff. ArbGG, *Bauer* Anm. IV S. 78; *Fitting* § 83 Rn. 30; GK-BetrVG/*Franzen* § 83 Rn. 77; HWGNRH/*Rose* § 83 Rn. 71 f.). Örtlich zuständig sind wahlweise das ArbG am Wohnsitz des AG bzw. am Unternehmenssitz (§§ 12, 13 bzw. § 17 ZPO) oder das ArbG, in dessen Bezirk der Betrieb liegt, in dem das klagende SprA-Mitglied beschäftigt ist (§ 29), vgl. 35 ZPO.

§ 27 Grundsätze für die Behandlung der leitenden Angestellten

(1) **Arbeitgeber und Sprecherausschuss haben darüber zu wachen, dass alle leitenden Angestellten des Betriebs nach den Grundsätzen von Recht und Billigkeit behandelt werden, insbesondere, dass jede Benachteiligung von Personen aus Gründen ihrer Rasse oder wegen ihrer ethnischen Herkunft, ihrer Abstammung oder sonstigen Herkunft, ihrer Nationalität, ihrer Religion oder Weltanschauung, ihrer Behinderung, ihres Alters, ihrer politischen oder gewerkschaftlichen Betätigung oder Einstellung oder wegen ihres Geschlechts oder ihrer sexuellen Identität unterbleibt.**

(2) **Arbeitgeber und Sprecherausschuss haben die freie Entfaltung der Persönlichkeit der leitenden Angestellten des Betriebs zu schützen und zu fördern.**

Übersicht

I. Allgemeines

1 § 27 stellt das Handeln von AG und SprA – ebenso wie § 75 BetrVG das des BR – unter zwei Maximen:

2 Bei der Behandlung von L.A. haben AG und SprA die Grundsätze von Recht und Billigkeit zu wahren, insbesondere ist jede Diskriminierung zu unterlassen und der Gleichbehandlungsgrundsatz zu beachten (Abs. 1). Darüber hinaus haben AG und SprA die freie Entfaltung der Persönlichkeit der L.A. zu schützen und zu fördern.

3 Abs. 1 und Abs. 2 übertragen damit Gedanken aus dem GG, nämlich aus Art. 2, 3 und 9 Abs. 3 GG in das Arbeitsrecht. Die übrigen Grundrechte und grundlegenden Wertentscheidungen des GG werden zwar nicht ausdrücklich genannt; sie fließen aber über die Pflicht zur Behandlung nach Recht und Billigkeit mit ein (GK-BetrVG/*Kreutz/Jacobs* § 75 Rn. 28 ff.).

4 Bei der großen Abstraktionshöhe fällt eine Konkretisierung im Einzelfall schwer. In jedem Fall haben die Pflichten Leitbildfunktion. Sie sind bei der Auslegung zu berücksichtigen. Dabei kann sich der Spielraum von AG und/oder SprA im Einzelfall auf Null reduzieren mit der Folge, dass ein Handeln unzulässig oder umgekehrt geboten sein kann.

5 Gleichgültig ist, ob es sich um eine tatsächliche oder rechtliche Maßnahme handelt. In Betracht kommen vor allem Weisungen und sonstige Maßnahmen, die der Gestaltungsmacht des Arbeitgebers unterliegen (Gewährung freiwilliger Leistungen, Aufnahme in ein Förderprogramm), sowie Vereinbarungen iSd § 28 (DFL/*Maschmann* SprAuG § 27 Rn. 1). Nicht darunter fällt die Änderung von Arbeitsverträgen.

6 § 27 dient dem Schutz der L.A. „des Betriebs"; dazu zählen auch die Pensionäre, soweit AG und SprA für sie Regelungen treffen können. Dagegen gelten die Benachteiligungsverbote und die Förderungspflicht nicht für Bewerber, für die es bei den Schutzvorschriften insbesondere des AGG bleibt (GK-BetrVG/*Kreutz/Jacobs* § 75 Rn. 17).

II. Der Auftrag: wachen, schützen, fördern

AG und SprA haben über die Behandlung nach Recht und Billigkeit zu wachen, und sie haben die Entfaltung der Persönlichkeit zu schützen und zu fördern. Das bedeutet: AG und SprA haben die Grundsätze des § 27 ihren eigenen Maßnahmen zugrunde zu legen, und sie haben dafür zu sorgen, dass diese Grundsätze auch nicht von anderen – von Vorgesetzten, der Verwaltung von Sozialeinrichtungen oder dem BR – verletzt werden. Dabei haben sie sich aller ihnen zur Verfügung stehenden Mittel zu bedienen: von dem Versuch der gütlichen Einigung über das Weisungsrecht bis hin zum Antrag auf Ausschluss aus dem BR oder auf Auflösung. 7

Während Abs. 1 nur von darüber „wachen" spricht und damit von einer unbedingten Verpflichtung auf Recht und Billigkeit ausgeht, redet Abs. 2 von „schützen" und „fördern". Der Gesetzgeber hält AG und SprA also dazu an, den Handlungsfreiraum der L.A. möglichst zu vergrößern. Das kann vor allem durch eine sachgerechte Gestaltung von Organisation, Arbeit, Arbeitszeit und Arbeitsplatz geschehen, aber auch durch Delegation von Verantwortung (GK-BetrVG/*Kreutz*/*Jacobs* § 75 Rn. 129 ff.). 8

§ 6 Abs. 1 EntgTranspG fordert Arbeitgeber, Tarifvertragsparteien und betriebliche Interessenvertretungen noch einmal eigens dazu auf, im Rahmen ihrer Aufgaben und Handlungsmöglichkeiten an der Verwirklichung von Entgeltgleichheit von Frauen und Männern mitzuwirken, § 17 Abs. 1 AGG, an der Verwirklichung des in § 1 AGG genannten Ziels, Benachteiligungen wegen der dort genannten Merkmale – Rasse, ethnische Herkunft, Geschlecht, Religion, Weltanschauung, Behinderung, Alter, sexuelle Identität – zu verhindern oder zu beseitigen. Zu den betrieblichen Interessensvertretungen zählen auch die Sprecherausschüsse. Pflichten, die über die aus § 27 Abs. 1 hinausgehen, begründet die „Aufforderung" nicht. 9

III. Recht und Billigkeit (Abs. 1)

1. Grundsatz

Eine Behandlung nach Recht und Billigkeit meint eine gerechte und angemessene, auch dem Einzelfall gerecht werdende Behandlung. Rechtsvorschriften aller Art einschließlich des Gewohnheitsrechts und etwaiger Kollektivvereinbarungen sind einzuhalten, auf die Belange des L.A. ist vor allem bei der Ausübung von Leistungsbestimmungsrechten Rücksicht zu nehmen. AG und SprA (und BR) haben gemeinsam Sorge dafür zu tragen, dass es im Betrieb anständig zugeht (Compliance). 10

2. Gleichbehandlung

§ 27 Abs. 1 nennt eine Reihe von Merkmalen, die AG und SprA nicht zu einer unterschiedlichen Behandlung von L.A. verwenden dürfen. Dabei knüpft er an § 1 AGG an und ergänzt die dort genannten Merkmale um Abstammung und sonstige Herkunft, Nationalität und politische sowie gewerkschaftliche Betätigung und Einstellung. Nicht erwähnt, aber mitgemeint („insbesondere") ist der – für die betriebliche Praxis besonders bedeutsame – allgemeine arbeitsrechtliche Gleichbehandlungsgrundsatz. 11

3. Der allgemeine arbeitsrechtliche Gleichbehandlungsgrundsatz

12 **a) Grundsätzliches.** Der Gleichbehandlungsgrundsatz gebietet es dem AG, seine AN oder Gruppen von AN gleich zu behandeln, soweit sie sich in gleicher oder vergleichbarer Lage befinden. Sowohl die sachfremde Schlechterstellung einzelner AN innerhalb einer Gruppe als auch die sachfremde Gruppenbildung ist verboten. Sachfremd ist die Gruppenbildung, wenn es für die unterschiedliche Behandlung keine billigenswerten Gründe gibt (BAG 17.12.2009, NZA 2010, 273; 13.8.2008, NZA 2009, 27). Eine willkürliche Besserstellung einzelner AN ist grds. nicht untersagt (BAG 29.9.2004, AP BGB § 242 Gleichbehandlung Nr. 192; 13.2.2002, NZA 2003, 215; Schaub ArbR-HdB/*Linck* § 112 Rn. 6).

13 **b) Gruppenbildung; Betriebs- und Unternehmensbezug.** Der Gleichbehandlungsgrundsatz hat kollektiven Charakter (*Zöllner* ArbR § 17 III 2 S. 179). Die Regelung muss also für alle AN oder doch für eine Gruppe von AN gelten (Schaub ArbR-HdB/*Linck* § 112 Rn. 3 f.). Der Gleichbehandlungsgrundsatz ist nicht anwendbar, wenn Leistungen oder Vergünstigungen individuell vereinbart werden. Die Vertragsfreiheit genießt Vorrang (BAG 16.2.2012, NZA 2012, 1307; 17.12.2009, NZA 2010, 273; 13.8.2008, NZA 2009, 27).

14 Auf die Größe der Gruppe kommt es nicht an, auch nicht auf die Art der Zusammenfassung; sie kann nach einheitlichen Merkmalen (Gruppenbildung in der Reihe) erfolgen oder nach Stichtagen (Gruppenbildung in der Zeit; Schaub ArbR-HdB/*Linck* § 112 Rn. 3 f.).

15 Nicht entscheidend ist auch, wie die Ordnung aufgestellt wird. Die Gruppen können durch gleichartige vertragliche Vereinbarungen oder Weisungen ebenso gebildet werden wie durch Richtlinien oder durch tatsächliches Verhalten von Sachbearbeitern.

16 Die Ordnung muss aber vom AG herrühren. Der AG ist nicht verpflichtet, Unterscheidungen, die der Gesetzgeber ihm vorgibt, zu korrigieren. So sieht beispielsweise das BetrVG ein erzwingbares Recht des BR auf einen Sozialplan vor, das SprAuG nicht; nach § 32 Abs. 2 S. 2 muss der AG mit dem SprA nur über Ausgleichs- und Milderungsmaßnahmen beraten. Der Gleichbehandlungsgrundsatz verpflichtet den AG nicht, die unterschiedliche Gesetzeslage dadurch auszugleichen, dass er den Sozialplan auf die L.A. ausdehnt (BAG 16.7.1985, DB 1985, 2207).

17 Streitig ist, ob der Gleichbehandlungsgrundsatz nur für den Betrieb oder für das gesamte Unternehmen gilt; auf den Konzern kann er unbestritten nicht ausgedehnt werden (BAG 25.6.2002, AP BetrAVG § 16 Nr. 51; 20.8.1986, DB 1987, 693; auch BGH 14.5.1990, DB 1990, 1810). Nach inzwischen gefestigter Rechtsprechung des BAG ist die Gleichbehandlung jedenfalls dann, wenn eine gewährende Entscheidung des AG nicht auf einen einzelnen Betrieb beschränkt ist, sondern sich auf alle oder mehrere Betriebe des Unternehmens bezieht, betriebsübergreifend zu gewährleisten. Eine Unterscheidung zwischen den einzelnen Betrieben ist nur zulässig, wenn es hierfür sachliche Gründe gibt. Bei freiwilligen Lohnerhöhungen darf der AG zwischen den Betrieben nach deren wirtschaftlicher Leistung und dem bereits bestehenden Lohnniveau differenzieren. Es ist grds. legitim, durch Leistungsanreize Konkurrenz unter den Betrieben zu fördern. Dabei dürfen als sachgerechte Kriterien etwa die Anforderungen an die AN, die Ertragssituation des Betriebs, die Lohnentwicklung und die Lohnhöhe berück-

sichtigt werden. Der AG darf diese und andere vernünftige Gesichtspunkte bis zur Grenze der Willkür selbst einschätzen. Ein besonders weiter Spielraum kommt ihm zu, wenn die Betriebe unterschiedlichen Branchen angehören oder in unterschiedlichen Tarifgebieten liegen (BAG 3.12.2008, NZA 2009, 367). Der Unternehmensbezug der L.A. ist für sich allein kein Grund, die L.A. in allen Betrieben gleich zu behandeln. Der Unternehmensbezug ist ein betriebsverfassungsrechtliches Kriterium, das für sich nicht notwendig zu einer einheitlichen Personalpolitik führt. Betreibt das Unternehmen allerdings für L.A. oder für eine abgegrenzte Führungsgruppe („leitende Mitarbeiter") eine unternehmenseinheitliche Personalpolitik, dann können L.A. in einem Betrieb nicht ohne sachlichen Grund von der Regelung ausgenommen werden.

c) Einzelne leitende Angestellte. Hat der AG eine Ordnung aufgestellt, dann 18 darf er einzelne L.A. nicht ohne sachlichen Grund herausnehmen und schlechter behandeln. Ein sachlicher Grund liegt vor, wenn ein L.A. ein Tatbestandsmerkmal nicht oder nicht vollständig erfüllt.

d) Sachlicher Grund. Der AG muss bei der Gewährung freiwilliger Leistun- 19 gen an eine Gruppe von AN in einer allgemeinen Ordnung die Regeln festlegen, nach der die Leistungen vergeben werden. Er darf nicht nach Gutdünken verfahren oder nach nicht bestimmbaren oder nicht sachgerechten Kriterien. Bei der Auswahl der Bedingungen hat er allerdings einen weiten Ermessensspielraum (BAG 3.12.2008, NZA 2009, 367).

Steht eine Differenzierung nach Gruppen von AN fest, hat der AG die Gründe 20 für die Differenzierung offenzulegen und so substanziiert darzutun, dass die Beurteilung möglich ist, ob die Unterscheidung sachlichen Kriterien entspricht. Sind die Unterscheidungsmerkmale nicht ohne Weiteres erkennbar und legt der AG seine Differenzierungsgesichtspunkte nicht dar oder ist die unterschiedliche Behandlung nach dem Zweck der Leistung nicht gerechtfertigt, kann die benachteiligte AN-Gruppe verlangen, nach Maßgabe der begünstigten AN-Gruppe behandelt zu werden. Das gilt auch, wenn der AG einzelne Betriebe von allgemeinen Leistungen ausnimmt.

4. Benachteiligungsverbot

Als Abgrenzungskriterien bei der Behandlung L.A. nicht verwendbar sind die 21 in § 27 Abs. 1 genannten Merkmale. Verboten ist nicht nur die unmittelbare, sondern auch die mittelbare Diskriminierung. Eine mittelbare Diskriminierung liegt vor, wenn dem Anschein nach neutrale Vorschriften, Kriterien oder Verfahren Personen wegen eines der in Abs. 1 genannten Gründe gegenüber anderen Personen in besonderer Weise benachteiligen können, sofern die Vorschriften, Kriterien oder Verfahren nicht durch ein rechtmäßiges Ziel sachlich gerechtfertigt und die Mittel zur Erreichung dieses Ziels angemessen und erforderlich sind (§ 3 Abs. 2 AGG; zu Altersgrenzen in der Altersversorgung s. BAG 22.1.2019, NZA 2019, 991). Keine mittelbare Diskriminierung liegt vor, wenn der AG mit neu eingestellten AN ab einem bestimmten Stichtag andere Arbeitsbedingungen vereinbart (EuGH 14.2.2019, NZA 2019, 444).

Ausnahmsweise ist eine unterschiedliche Behandlung wegen eines der in Abs. 1 22 genannten Merkmale zulässig, wenn dieses Merkmal wegen der Art der auszuübenden Tätigkeit oder der Bedingungen ihrer Ausübung eine wesentliche und entscheidende berufliche Anforderung darstellt, sofern der Zweck rechtmäßig und die Anforderung angemessen ist (zB Tenor/Sopranistin; § 8 Abs. 1 AGG).

23 **a) Die einzelnen Benachteiligungsverbote.** In diesem Sinne ist eine Benachteiligung grds. unzulässig wegen

- der Rasse oder der ethnischen Herkunft: Die Antirassismusrichtlinie der EU (Richtlinie 2000/43/EG vom 19.7.2000, Erwägungsgrund 6) und mit ihr der Gesetzgeber gehen davon aus, dass es menschliche Rassen nicht gibt. Gemeint ist die durch Vorurteile geprägte Vorstellung über Rassen und deren spezifische Eigenschaften (Hautfarbe, Augen). Unter Ethnien sind Gruppen mit gemeinsamer Geschichte, gemeinsamen Sitten und Gebräuchen zu verstehen.

24 – der Abstammung oder sonstigen Herkunft: Gemeint sind die Abkömmlinge der og Gruppen sowie beispielsweise Auslandsdeutsche.

25 – der Nationalität: Nationalität ist zu verstehen als Staatsangehörigkeit (Richardi BetrVG/*Maschmann* § 75 Rn. 24).

26 – der Religion, Weltanschauung: Unter Religion versteht man ein System transzendentaler, unter Weltanschauung ein System innerweltlicher Sinndeutung (*Fitting* § 75 Rn. 68 ff.; GK-BetrVG/*Kreutz/Jacobs* § 75 Rn. 63 f.). Scientology ist keine Religion (s. → § 1 Rn. 55). Politische Anschauungen sind keine Weltanschauung.

27 – der Behinderung: Eine Behinderung liegt vor, wenn die körperliche Funktion, geistige Fähigkeit oder seelische Gesundheit eines Menschen mit hoher Wahrscheinlichkeit länger als sechs Monate von dem für das Lebensalter typischen Zustand abweichen und daher ihre Teilhabe am Leben in der Gesellschaft beeinträchtigt ist (§ 2 Abs. 1 S. 1 SGB IX, BT-Drs. 16/1780, 31). Es genügt jede Behinderung, eine Schwerbehinderung ist nicht erforderlich.

28 – des Alters: Unzulässig ist vor allem die Festlegung von Altersgrenzen für Beförderungen oder für den Ausschluss von Beförderungen; dasselbe gilt für Entwicklungsmaßnahmen wie Fort- und Funktionsbildung. Auch stillschweigende Richtlinien wie „keine Beförderung auf eine bestimmte Ebene nach dem 45. oder 50. Lebensjahr" sind unzulässig. Abzustellen ist vielmehr immer auf die Verhältnisse im Einzelfall. So ist es etwa zulässig, die Übernahme von Aufgaben, die mit Menschenführung verbunden sind, nicht nur von Kenntnissen, sondern auch von einer gewissen Reife und/oder Erfahrung abhängig zu machen. Unwirksam ist die Kündigung wegen Erreichens eines bestimmten Alters (§ 41 S. 1 SGB VI), zulässig die Vereinbarung einer Altersgrenze, die auf den Zeitpunkt abstellt, in dem der AN die Regelaltersgrenze in der gesetzlichen Rentenversicherung erreicht, ebenso die Berücksichtigung der Tatsache, dass ein AN bereits Regelaltersrente beziehen kann, bei der Sozialauswahl (§ 1 Abs. 3 S. 1 KSchG; BAG 27.4.2017, NZA 2017, 902). Eine „Altersgrenze 60", wie sie in manchen Verträgen mit Führungskräften üblich war, ist unwirksam, selbst wenn dem AN eine Ausgleichszahlung oder eine betriebliche Altersversorgung zugesagt ist; der AN hat in diesem Fall einen unbefristeten Vertrag (BAG 18.1.2017, NZA 2017, 849; zur Berücksichtigung des Alters bei der betrieblichen Altersversorgung BAG 26.4.2018, NZA 2018, 1006; *Matthießen* NZA 2018, 1509 (1517)).

29 – der politischen oder gewerkschaftlichen Betätigung und Einstellung (*Fitting* § 75 Rn. 97 ff.).

30 – des Geschlechts: Verpönt ist auch die Anknüpfung an geschlechtsspezifische Eigenschaften wie Schwangerschaft oder Mutterschaft (Däubler/Bertzbach/*Däubler* § 1 Rn. 50).

– der sexuellen Identität: Gemeint ist die sexuelle Orientierung eines Menschen (Homosexualität, Bisexualität usw (Richardi BetrVG/*Maschmann* § 75 Rn. 31)). 31

b) Weitere Einzelfälle. Der AG ist nicht berechtigt, L.A. nur aufgrund dieser ihrer Eigenschaft generell und in jeder Hinsicht gegenüber anderen AN ungleich zu behandeln (*Bauer* Anm. II S. 79; *Löwisch* § 27 Rn. 5 ff.). Der Begriff des L.A. ist ein betriebsverfassungsrechtlicher Begriff, der nicht auf den Wert der Tätigkeit, sondern auf Teilhabe an der Unternehmensleitung abhebt. Der Gesetzgeber geht selbst davon aus, dass sich auf derselben Ebene und im selben Gehaltsbereich leitende und nicht leitende Angestellte befinden können (§ 5 Abs. 4 Nr. 2 und Nr. 3 BetrVG). Zumindest für das laufende Entgelt ist also auf die Tätigkeit abzustellen. Bevorzugt der AG die L.A. wegen ihrer Teilhabe an der Unternehmensleitung, so haben die übrigen AN keinen Anspruch auf Gleichbehandlung. Umgekehrt kann der AG den L.A. gerade wegen dieser Funktion und der damit verbundenen Verantwortung in wirtschaftlich schlechter Lage ein Sonderopfer auferlegen, wobei er es ihnen allerdings nicht ganz allein zumuten darf (BAG 17.5.1978, BB 1978, 1521). Im Übrigen ist der AG frei, Sonderleistungen an alle AT-Angestellten, an leitende Mitarbeiter oder L.A. oder eine noch enger definierte Gruppe zu gewähren. 32

Nach Ansicht des BAG haben L.A. in Zeiten einer Geldentwertung bei einer allgemeinen Gehaltserhöhung Anspruch auf den Betrag, den der AG bei anderen L.A., sei es auch über einen längeren Zeitraum hinweg und nach Beurteilung im Einzelfall, zum Ausgleich des Kaufkraftverlustes gewährt (BAG 11.9.1985, DB 1986, 2602; 17.5.1978, BB 1978, 1521; 9.11.1972, DB 1973, 432). Diese Rechtsprechung ist abzulehnen; sie führt zu einer durch nichts gerechtfertigten Gehaltsindexierung (*Hromadka* DB 1987, 2519). 33

Gewährt der AG allen L.A. rückwirkend eine Gehaltserhöhung, so kann er einen L.A. nicht deshalb ausnehmen, weil dieser sich in gekündigtem Zustand befindet. 34

5. Nachgiebiges Recht

Der L.A. kann auf die Einhaltung des Gleichbehandlungsgrundsatzes verzichten (BAG 16.2.2012, NZA 2012, 1307). Zulässig ist also zB die Zustimmung zum „Einfrieren" von Leistungen, wenn der AG das Arbeitsverhältnis an sich hätte kündigen können. Unwirksam ist der Verzicht, wenn ihm eines der in Abs. 1 genannten Merkmale zugrunde liegt (§ 7 Abs. 2 AGG). 35

IV. Schutz und Förderung der freien Entfaltung der Persönlichkeit der leitenden Angestellten (Abs. 2)

1. Grundsatz

Schutz und Förderung der freien Entfaltung der Persönlichkeit der L.A. bedeuten für AG und SprA Auftrag zu Unterlassen und Handeln zugleich: 36

Abs. 2 schützt die L.A. vor Verletzungen ihres allgemeinen Persönlichkeitsrechts und seiner Ausprägungen. Dazu gehören vor allem das Recht am eigenen Bild, das Recht auf Vertraulichkeit des Wortes, die persönliche Ehre, das Recht auf Achtung des Privatlebens und das Recht auf informationelle Selbstbestimmung (DFL/*Maschmann* SprAuG § 27 Rn. 1; *Löwisch* Rn. 15). Eingriffe in die Privat- 37 sphäre sind nur insoweit zulässig, als der Zweck des Arbeitsverhältnisses es erfordert (*Goldschmidt* S. 75).

38 AG und SprA haben darauf zu achten, dass der L.A. sich durch seine Arbeit verwirklichen kann, dh dass er die Möglichkeit erhält, in der Arbeit das zu entfalten, „was in ihm angelegt ist“ (*Stein* § 20 II b). Dabei ist abzuwägen zwischen den Interessen des L.A. an einer Arbeit, die sein Bedürfnis nach erfülltem Tätigwerden, nach sozialem Kontakt und Anerkennung befriedigt, und den Interessen des Unternehmers an einer Organisation der Arbeit, die ihm die Wahrnehmung seiner Gesamtverantwortung für das Ergebnis des Wirtschaftens erlaubt.

2. Schutz der Persönlichkeit

39 **a) Tests, Gutachten.** Für die Zulässigkeit ist abzuwägen zwischen dem Recht des L.A. am Charakterbild, das ihn vor unangemessener Erkundung und Erfassung seiner Persönlichkeitsstruktur schützt, und dem Interesse des AG, die Eignung für die Tätigkeit festzustellen (zu Personalinterviews umfassend *Schmid* DB 1980, 2442 (2517 ff.)). Tests sind nur dann zulässig, wenn

- der L.A. einwilligt (GK-BetrVG/*Kreutz/Jacobs* § 75 Rn. 114; LKK/*Klumpp* § 75 Rn. 36);
- der L.A. über die Merkmale, die getestet werden sollen, und über das Verfahren, das dazu angewandt wird, aufgeklärt wird;
- der Test wissenschaftlich anerkannt ist;
- der Test geeignet ist, die Eignung und nur die Eignung für die jetzige oder eine künftige Aufgabe festzustellen, oder zu ermitteln, welche Aufgabe in Betracht kommt;
- der Test unter fachlicher Leitung durchgeführt wird.

40 Da L.A. nicht nur Fach-, sondern auch Führungsaufgaben wahrnehmen und Führung den Einsatz der gesamten Persönlichkeit erfordert, sind außer Intelligenzstruktur- und Leistungstests grds. auch Persönlichkeitstests zulässig; dasselbe gilt für Tests, die soziales Verhalten ermitteln, wie Assessments.

41 Unzulässig sind Tests, die – wie Tests aus der klinischen Psychopathologie – Strukturen ausleuchten, deren Kenntnis weit über die Bedürfnisse im Rahmen des Arbeitsverhältnisses hinausgeht, und Tests, die keine Prognose über die Eignung für bestimmte Tätigkeiten zulassen, wie quantitative Intelligenztests (IQ).

42 Graphologische Gutachten können eingeholt werden, wenn der L.A. zustimmt (BAG 16.9.1982, DB 1983, 2780; GK-BetrVG/*Kreutz/Jacobs* § 75 Rn. 114).

43 **b) Ärztliche Untersuchungen.** Einer ärztlichen Untersuchung muss sich ein L.A. nur unterziehen, wenn das ein Gesetz vorsieht oder höherwertige Rechtsgüter auf dem Spiel stehen, etwa die Ansteckung anderer AN zu befürchten ist (Schaub ArbR-HdB/*Linck* § 53 Rn. 12 f.). Ansonsten sind ärztliche Untersuchungen nur zulässig, wenn der L.A. einwilligt. In jedem Fall ist der Arzt zum Schweigen verpflichtet. Der L.A. kann ihn ganz oder teilweise von der Schweigepflicht entbinden. Ohne Entbindung von der Schweigepflicht darf der Arzt dem AG auch bei freiwilligen (Vorsorge-) Untersuchungen das Ergebnis nicht bekannt geben. Eine Ausnahme wird man machen dürfen, wenn ohne Unterrichtung des AG bei unveränderter Weiterbeschäftigung akute Lebensgefahr für den L.A. selbst, eine schwerwiegende Gesundheitsgefahr für andere oder Gefahr für erhebliche Sachwerte bestünde. Auch dann darf der Arzt nur insoweit informieren, als das zur Behebung der Gefahr erforderlich ist.

c) Außerdienstliches Verhalten. In ihrem außerdienstlichen Verhalten sind L.A. grds. frei. Sie dürfen ihrem Unternehmen allerdings keinen Schaden zufügen, etwa durch herabsetzende Äußerungen in der Öffentlichkeit oder durch Weitergabe schützenswerter Daten (Betriebs- und Geschäftsgeheimnisse; Informationen über persönliche Verhältnisse des AG oder von AN, die ihnen dienstlich bekannt geworden sind; Angaben, hinsichtlich deren sie sich im Arbeitsvertrag zum Stillschweigen verpflichtet haben (zur Zulässigkeit von Nebentätigkeiten vgl. Schaub ArbR-HdB/*Linck* § 53 Rn. 30)). 44

d) Eingriffe in die Privatsphäre. Nebentätigkeit: Der AN ist grundsätzlich frei, in seiner Freizeit Nebentätigkeiten auszuüben, sei es als Selbständiger, sei es in einem Arbeitsverhältnis (Art. 12 GG). Diese Freiheit ist dreifach beschränkt: 44a

- durch berechtigte Interessen des AG: Die Nebentätigkeit darf nicht die Arbeitspflicht verletzen, dem AG darf kein Wettbewerb gemacht werden, und sein Ansehen darf nicht beeinträchtigt werden.
- durch Vertrag, sei es, durch den Arbeitsvertrag, sei es, durch eine SprAVereinbarung. Ein vertragliches Nebentätigkeitsverbot ist allerdings nur wirksam, wenn es dem Schutz eines berechtigten Interesses des AG dient.
- durch Gesetz: Die Grenzen des ArbZG und des BUrlG müssen eingehalten werden. Haupt- und Nebentätigkeit zusammen dürfen 8 Stunden werktäglich, dh 48 Stunden wöchentlich, nicht überschreiten (§ 3 Abs. 1 S. 1 ArbZG), und während des Urlaubs darf keine dem Urlaubszweck widersprechende Erwerbsarbeit geleistet werden (§ 8 BUrlG).

Der AN muss dem AG die Aufnahme einer Nebentätigkeit anzeigen, wenn die Gefahr besteht, dass dessen Interessen beeinträchtigt werden. Im Arbeitsvertrag kann vereinbart werden, dass der AN dem AG die Aufnahme einer Nebentätigkeit generell anzeigen und/oder dass er die Zustimmung des AG einholen muss. Der AN kann aber vom AG Zustimmung verlangen, wenn keine Beeinträchtigung berechtigter Interessen zu erwarten ist (zum Ganzen ErfK/*Preis* BGB § 611a Rn. 724 ff.; HWK/*Thüsing* § 611a BGB Rn. 522 ff., beide mN).

Kleidung: L.A. haben sich so zu kleiden, dass sie das Unternehmen Mitarbeitern, Lieferanten, Kunden und sonstigen Dritten gegenüber angemessen repräsentieren können. Wie sie das tun, ist ihre Sache. Auf betriebliche Usancen oder Usancen der Branche ist Rücksicht zu nehmen, soweit keine überzogenen Anforderungen gestellt werden. Eine bestimmte Kleidung kann nur dann vorgeschrieben werden, wenn die Verhältnisse des Betriebs das erfordern (zB Arztkittel; *Fitting* § 75 Rn. 160 ff.). 45

Rauchen: Rauchen im Betrieb und bei der Arbeit ist gestattet, sofern dadurch nicht offensichtlich Leib oder Leben oder bedeutende Sachgüter gefährdet werden oder sofern das Rauchen nicht ausdrücklich verboten ist. Der AG ist verpflichtet, die erforderlichen Maßnahmen zu treffen, damit die nicht rauchenden Beschäftigten wirksam vor den Gesundheitsgefahren des Passivrauchens geschützt sind. In Arbeitsstätten mit Publikumsverkehr gilt das insoweit, als die Natur des Betriebs und die Art der Beschäftigung es zulassen (§ 5 Abs. 2 AStVO; § 618 BGB). Ein absolutes Rauchverbot auf dem gesamten Betriebsgelände ist nur zulässig, wenn das aus Sicherheitsgründen erforderlich ist. Ansonsten müssen Raucher die Möglichkeit haben, in den Pausen zumindest im Freien ihrem Rauchgenuss nachzugehen. 46

Kontrollen: Kontrollen sind zulässig, soweit sie im Interesse des Betriebs notwendig sind und nicht die Intimsphäre verletzen. Unproblematisch sind Zugangs- 47 kontrollen zum Betrieb, Anwesenheitskontrollen durch Stechuhren, stichprobenweise Kontrollen von Behältnissen bei Verlassen des Betriebs, wenn die konkrete Gefahr von Diebstählen besteht, Kontrolle der Arbeitsleistung, sei es durch Nachprüfen von Unterlagen, sei es im Rahmen von Beurteilungsverfahren (*Ossberger,* Betriebliche Kontrollen, ihre Voraussetzungen und Grenzen, S. 81 f.). Eine Videoüberwachung setzt, ebenso wie der Einsatz eines Keyloggers, konkrete Anhaltspunkte für eine schwerwiegende Vertragsverletzung oder eine Straftat gegen den Arbeitgeber voraus (BAG 27.7.2017, NZA 2017, 1327; 17.10.1987, AP BGB § 611 Persönlichkeitsrecht Nr. 15); es genügt nicht, dass der AG überprüfen möchte, ob der AN seiner Leistungspflicht nachkommt (BAG 27.3.2003, AP BetrVG 1972 § 87 Überwachung Nr. 36). Eine heimliche Videoüberwachung kommt nur unter besonderen Voraussetzungen und nur als ultima ratio in Betracht (BAG 21.6.2012, NZA 2012, 1025). Dienstpost – dazu gehören auch Sendungen an N. N. c/o X-GmbH – darf der AG öffnen. Privatpost („Persönlich/Vertraulich") unterliegt dem Briefgeheimnis. Entsprechendes gilt für Telefaxe (*Dölling/Maschmann,* Handbuch der Korruptionsprävention, 2007, Kap. 3 Rn. 9).

48 Telefongespräche, Internet- und E-Mail-Nutzung: Ob und inwieweit private Telefongespräche während der Dienstzeit und von Dienstapparaten aus zulässig und ob und inwieweit sie zu bezahlen sind, richtet sich nach der Vereinbarung mit dem AG, hilfsweise nach dem Betriebsüblichen, soweit man davon ausgehen kann, dass der AG die Praxis kennt und duldet. Dasselbe gilt für die private Internet- und E-Mail-Nutzung. Eine akustische Überwachung des AN durch Abhörgeräte oder Tonbandaufnahmen ist stets als unzulässig anzusehen (vgl. § 201 StGB). In private Telefongespräche darf der AG sich nicht einschalten; er darf sie aber unterbrechen, wenn er das angemessene Zeit vorher durch einen Summton ankündigt. Der AG darf sich auf Gespräche aufschalten, um festzustellen, ob es sich um private oder dienstliche Gespräche handelt. Bei dienstlichen Gesprächen darf er Datum und Uhrzeit des Gesprächs, Dauer und Zielnummer erfassen, bei privaten Gesprächen Datum, Uhrzeit und Dauer (BAG 27.5.1986, DB 1986, 2080; *Löwisch* § 27 Rn. 16; Schaub ArbR-HdB/*Linck* § 53 Rn. 42 ff.). Hat der AG die private Nutzung seiner IT-Anlagen verboten, dann darf er stichprobenartig die Verbindungsdaten einer Internetnutzung und einer E-Mail-Kommunikation kontrollieren. E-Mails darf der AG unter denselben Voraussetzungen lesen wie Schriftstücke. Bei Abwesenheit des Mitarbeiters darf dessen E-Mail-Briefkasten eingesehen werden.

49 Verarbeitung von Daten: Personenbezogene Daten dürfen für Zwecke des Beschäftigungsverhältnisses verarbeitet werden, wenn das für die Entscheidung über die Begründung eines Beschäftigungsverhältnisses oder für dessen Durchführung oder Beendigung erforderlich ist. Verarbeitung ist „jeder mit oder ohne Hilfe automatisierter Verfahren ausgeführte Vorgang oder jede solche Vorgangsreihe im Zusammenhang mit personenbezogenen Daten wie das Erheben, das Erfassen, die Organisation, das Ordnen, die Speicherung, die Anpassung oder Veränderung, das Auslesen, das Abfragen, die Verwendung, die Offenlegung durch Übermittlung (...), den Abgleich oder die Verknüpfung, die Einschränkung, das Löschen oder die Vernichtung" (Art. 4 Nr. 2 EU-DSGVO). Zur Aufdeckung von Straftaten dürfen personenbezogene Daten nur dann verarbeitet werden, wenn zu dokumentierende tatsächliche Anhaltspunkte den Verdacht begründen, dass die betroffene Person im Beschäftigungsverhältnis eine Straftat begangen hat, die Verarbeitung zur Aufdeckung erforderlich ist und das schutzwürdige Interesse des oder der Beschäftigten an dem Ausschluss der Verarbeitung nicht überwiegt, insbesondere Art und Ausmaß im Hinblick auf den Anlass nicht unverhältnismäßig sind (§ 26 Abs. 1 BDSG). Wegen der Einzelheiten muss auf die Fachliteratur verwiesen werden (zB ErfK/*Franzen* BDSG § 26 Rn. 1 ff.).

3. Entfaltung der Persönlichkeit

Der L.A. hat Anspruch auf eine bestimmte Arbeit oder einen bestimmten Verantwortungsbereich oder auf Beförderung oder auf Teilnahme an Fördermaßnahmen nur, wenn das vereinbart ist oder wenn jedes andere Verhalten willkürlich wäre. § 27 Abs. 2 verpflichtet AG und SprA aber, darauf hinzuwirken, dass der L.A. eine seiner Eignung und Neigung entsprechende sinnerfüllte Aufgabe wahrnehmen kann; dazu gehört auch, dass ihm – etwa durch Teilnahme an Bildungsmaßnahmen – Entwicklungsmöglichkeiten gegeben werden. Auf Vorgesetzte ist entsprechend einzuwirken. Eine systematische Personalplanung einschließlich einer Entwicklungsplanung können dabei ebenso helfen wie Führungsgrundsätze, vor allem wenn sie von dem gesetzlichen Vertretungsorgan vorgelebt werden. 50

V. Verstöße und Streitigkeiten

1. Rechtsfolgen von Verstößen

a) Verstöße des Arbeitgebers. Der Verstoß gegen die Pflichten aus § 27 stellt keine Ordnungswidrigkeit dar (s. § 36). Es fehlt auch eine dem § 23 Abs. 3 BetrVG entsprechende Sanktionsnorm. Damit können sich Verstöße des AG nur mittelbar auswirken, ohne dass die Vorschrift damit nicht justiziabel wäre. Von besonderer Bedeutung ist die Nichtigkeit von Vereinbarungen nach § 28, die § 27 widersprechen (s. → § 28 Rn. 17 f.). Darüber hinaus hat der SprA einen Anspruch auf Unterlassung und Beseitigung verbotswidriger Maßnahmen und Zustände (vgl. *Fitting* § 75 Rn. 178; GK-BetrVG/*Kreutz/Jacobs* § 75 Rn. 149). 51

b) Verstöße des Sprecherausschusses und seiner Mitglieder. Schwerwiegende Verletzungen der Gebote des § 27 können eine grobe Verletzung der gesetzlichen Pflichten des SprA darstellen und nach Maßgabe der §§ 9 Abs. 1, 17 Abs. 1, 20 Abs. 4, 22 Abs. 1 zur Auflösung des SprA oder zum Ausschluss einzelner Mitglieder führen. 52

c) Rechte des betroffenen leitenden Angestellten. § 27 gibt dem L.A. weder Leistungs- noch Unterlassungsansprüche noch Leistungsverweigerungsrechte (GK-BetrVG/*Kreutz/Jacobs* § 75 Rn. 150; aA bezüglich des Leistungsverweigerungsrechts *Fitting* § 75 Rn. 177). Der L.A. kann aber auf anderen Rechtsgrundlagen – § 1004 analog, §§ 280 Abs. 1, 241 Abs. 2 BGB, Gleichbehandlungsgrundsatz usw – Rechte gegen den AG haben. Das AGG gibt dem L.A. unter den dort genannten Voraussetzungen Anspruch auf Unterlassung und Beseitigung von Diskriminierungen, das Recht, sich zu beschweren, ein Leistungsverweigerungsrecht und Ansprüche auf Entschädigung und Schadensersatz (§ 7 Abs. 1, §§ 13–15 Abs. 1 und Abs. 2 AGG). 53

§ 27 ist kein Schutzgesetz iSd § 823 Abs. 2 BGB. Sonst würden auf dem Umweg über das Deliktsrecht Individualrechte geschaffen, die § 27 gerade nicht vorsieht (ErfK/*Oetker* SprAuG § 27 Rn. 3; GK-BetrVG/*Kreutz/Jacobs* § 75 Rn. 151; Richardi BetrVG/*Maschmann* § 75 Rn. 89; aA BAG 5.4.1984, DB 1985, 602; *Bauer* Anm. V S. 82; *Fitting* § 75 Rn. 177). 54

2. Streitigkeiten

55 Über Unterlassungs- und Beseitigungsansprüche und über Streitigkeiten wegen Verstoßes von Maßnahmen und Vereinbarungen gegen § 27 entscheidet das ArbG im Beschlussverfahren (§ 2a Abs. 1 Nr. 2, Abs. 2; §§ 80 ff. ArbGG). Örtlich zuständig ist das ArbG des Bezirks, in dem der Betrieb liegt bzw. das Unternehmen seinen Sitz hat (§ 82 Abs. 1 ArbGG).

56 Über Schadensersatzansprüche von L.A. wird im Urteilsverfahren nach § 2 Abs. 1 Nr. 3 lit. a, Abs. 5, 46 ff. ArbGG entschieden. Örtlich zuständig sind wahlweise das ArbG am Wohnsitz des AG bzw. am Unternehmenssitz (§§ 12, 13 bzw. 17 ZPO) oder das ArbG, in dessen Bezirk der Betrieb liegt, in dem das klagende SprA-Mitglied beschäftigt ist (§ 29), vgl. 35 ZPO.

§ 28 Richtlinien und Vereinbarungen

(1) [1]**Arbeitgeber und Sprecherausschuss können Richtlinien über den Inhalt, den Abschluss oder die Beendigung von Arbeitsverhältnissen der leitenden Angestellten schriftlich vereinbaren.** [2]**Werden Richtlinien in elektronischer Form geschlossen, haben Arbeitgeber und Sprecherausschuss abweichend von § 126a Absatz 2 des Bürgerlichen Gesetzbuchs dasselbe Dokument elektronisch zu signieren.**

(2) [1]**Der Inhalt der Richtlinien gilt für die Arbeitsverhältnisse unmittelbar und zwingend, soweit dies zwischen Arbeitgeber und Sprecherausschuss vereinbart ist.** [2]**Abweichende Regelungen zugunsten leitender Angestellter sind zulässig.** [3]**Werden leitenden Angestellten Rechte nach Satz 1 eingeräumt, so ist ein Verzicht auf sie nur mit Zustimmung des Sprecherausschusses zulässig.** [4]**Vereinbarungen nach Satz 1 können, soweit nichts anderes vereinbart ist, mit einer Frist von drei Monaten gekündigt werden.**

Übersicht

I. Allgemeines

1 § 28 sieht zwei Instrumente vor, mit deren Hilfe SprA und AG Regelungen über die Arbeitsverhältnisse der L.A. treffen können: die Vereinbarung über Richtlinien (Abs. 1) und die SprA-Vereinbarung (Abs. 2). Beide haben denselben Regelungsbereich, der dem des § 1 Abs. 1 TVG entspricht (unter II.), sie unterscheiden sich aber in der Wirkung: Richtlinien wirken mittelbar (unter III.), SprA-Vereinbarungen gelten – wie Betriebsvereinbarungen (§ 77 Abs. 4 BetrVG; BT-Drs. 11/2503, 42 zu § 28) – unmittelbar und zwingend (unter IV.).

2 Der Gesetzgeber geht davon aus, dass Einheitsregelungen der Sonderstellung der L.A. oft nicht gerecht werden; andererseits will er es AG und SprA aber ermöglichen, die Arbeitsverhältnisse von L.A. nach einem geschlossenen Konzept bindend zu gestalten (BT-Drs. 11/2503, 42 zu § 28). Deshalb stellt er es ihnen anheim, ob und inwieweit sie Regelungen mit unmittelbarer und zwingender Wirkung ausstatten. Werden nur Teile einer Regelung verbindlich gemacht (vgl. den Wortlaut des Abs. 2 S. 1; BT-Drs. 11/2503 zu § 28), so ist die Regelung teils eine Vereinbarung über eine Richtlinie iSd Abs. 1, teils eine SprA-Vereinbarung iSd Abs. 2 (*Bauer* Anm. III S. 83 f.; *Buchner* NZA 1989 Beil. 1, 2 (17)). Darüber hinaus können AG und SprA für Materien, die zwar in den Zuständigkeitsbereich des SprA fallen, aber nicht in § 28 erfasst sind, Regelungsabreden treffen (HWK/*Annuß* SprAuG § 28 Rn. 14; *Kronisch/Deich* AR-Blattei SD 1490.3 Rn. 86). Um was es sich im Einzelfall handelt, ist nach den allgemeinen Auslegungsregeln (§§ 133, 157 BGB) zu ermitteln. Dabei ist der wirkliche Wille der Vertragsparteien zu erforschen (BAG 12.4.2017, NZA 2017, 1125).

3 Der AG kann nicht gezwungen werden, Vereinbarungen mit dem SprA abzuschließen, dh es besteht weder eine Kontrahierungs- noch eine Kompromisspflicht. Der Abschluss von Vereinbarungen ist freiwillig, der SprA kann aber initiativ werden. Vorschläge des SprA zu Inhalt und Abschluss von Vereinbarungen muss der AG aber gemäß § 2 Abs. 1 („vertrauensvolle Zusammenarbeit") nicht nur zur Kenntnis nehmen, sondern er muss sich mit ihnen auch ernsthaft auseinandersetzen (HWK/*Annuß* SprAuG § 28 Rn. 1).

4 Der Gesetzgeber überschreibt § 28 mit Richtlinien und Vereinbarungen. Das ist insofern irreführend, als er nicht Bestimmungen über Richtlinien und Bestimmungen über Vereinbarungen geschaffen hat, sondern Bestimmungen über die

Vereinbarung von Richtlinien ohne (Abs. 1) und mit (Abs. 2) unmittelbarer und zwingender Wirkung. Vereinbarungen nach Abs. 1 regeln nur die Rechtsbeziehungen zwischen dem SprA und dem AG, während Vereinbarungen nach Abs. 2 (zumindest auch) das Verhältnis des AG zu den L.A. betreffen.

5, 6 Zur Terminologie: „Vereinbarung" ist jede rechtsverbindliche Absprache zwischen AG und SprA, „SprA-Vereinbarung" eine Vereinbarung zwischen AG und SprA über Richtlinien über den Inhalt, den Abschluss oder die Beendigung von Arbeitsverhältnissen mit unmittelbarer und zwingender Wirkung, „Vereinbarung über eine Richtlinie" eine Regelungsabrede über den Inhalt, den Abschluss oder die Beendigung von Arbeitsverhältnissen ohne unmittelbare und zwingende Wirkung, „Regelungsabrede" jede sonstige Vereinbarung zwischen AG und SprA.

7 Welche Wirkung im konkreten Fall eine Vereinbarung über Richtlinien hat, bestimmt sich nach dem Willen der Betriebspartner. Die Spannweite reicht von einer bloß unverbindlichen Handlungsmaxime für den AG über Richtlinien, zu deren Einhaltung dieser sich dem SprA gegenüber verpflichtet und die, wenn sie praktiziert werden, über den Gleichbehandlungsgrundsatz sogar unmittelbare Wirkung gegenüber den L.A. entfalten können, bis hin zur SprA-Vereinbarung mit unmittelbarer und zwingender Wirkung für und gegen die L.A.

8 SprA und BR können mit dem AG gemeinsam („trilaterale") Vereinbarungen für die jeweils von ihnen vertretenen AN abschließen; für die vom BR vertretenen AN ist das dann eine Betriebsvereinbarung, für die vom SprA vertretenen L.A. eine SprA-Vereinbarung. Allerdings muss sich aus der Vereinbarung deutlich ergeben, für wen sie gelten soll (BAG 10.2.2009, AP SprAuG § 28 Nr. 1 mAnm *Hromadka*). Wird eine Vereinbarung mit „Betriebsvereinbarung" überschrieben, dann ist zweifelhaft, ob bloße Mitunterschrift des SprA zur Wirkung für und gegen die L.A. genügt; anders dürfte zu entscheiden sein, wenn eine mit der neutralen Bezeichnung „Sozialplan" überschriebene Vereinbarung von BR und SprA gemeinsam unterschrieben ist. Für die Praxis empfiehlt es sich, entweder im Text deutlich zu sagen: „Diese Vereinbarung gilt auch für die L.A." oder die Vereinbarung mit „Betriebs- und SprA-Vereinbarung" zu überschreiben. Beide Vereinbarungen unterfallen dann den jeweils für sie geltenden Bestimmungen. Die Betriebsvereinbarung wirkt in mitbestimmungspflichtigen Angelegenheiten nach (§ 77 Abs. 6 BetrVG), die SprA-Vereinbarung nicht, sofern nichts anderes vereinbart ist.

II. Inhalt der Vereinbarungen

1. Regelungen über Inhalt, Abschluss und Beendigung von Arbeitsverträgen

9 SprA und AG können in Vereinbarungen nach § 28 Abs. 1 und Abs. 2 alles regeln, was einzelvertraglich zum Inhalt des Arbeitsvertrags gemacht werden kann (ähnlich BAG 7.11.1989, DB 1990, 1724; ErfK/*Oetker* SprAuG § 28 Rn. 3; *Wlotzke* DB 1989, 173 (177)); außerdem können sie Regelungen für den Abschluss und die Beendigung von Arbeitsverhältnissen treffen. Der Kompetenzbereich deckt sich nicht mit dem Mitwirkungsbereich (§§ 30, 32 Abs. 2).

10 Inhalt von Vereinbarungen können materielle wie formelle Arbeitsbedingungen sein, also vor allem Rechte (Erfolgsbeteiligung, Leistungen bei Krankheit und im Alter, Urlaub, Leistungen zum Ausgleich und zur Milderung von Nachteilen aus Betriebsänderungen) und (Neben-) Pflichten der L.A., aber auch Fragen der Ordnung des Betriebs, Reisekostenregelungen, Regelungen über Dienstfahrzeuge oder Beurteilungsgrundsätze, Aufstiegs- und Förderrichtlinien (für den insoweit gleichlautenden § 1 Abs. 1 TVG; *Wiedemann/Thüsing* TVG § 1 Rn. 399ff.; zu den Bsp. *Goldschmidt* S. 87; *Löwisch* § 28 Rn. 6). Vereinbarungen über den Abschluss von Arbeitsverhältnissen können vor allem Stellenausschreibung und Bewerberauswahl (intern/extern, Tests) betreffen (*Löwisch* § 28 Rn. 7). Zur Beendigung des Arbeitsverhältnisses kommen besonders Vereinbarungen über Kündigungsfristen, einen besonderen Kündigungsschutz, Altersgrenzen (BAG 5.3.2013, NZA 2013, 916) oder über Abfindungen (Sozialplan) in Betracht (*Löwisch* § 28 Rn. 8).

Auf der Grundlage von SprA-Vereinbarungen kann auch die Verarbeitung per- 11
sonenbezogener Daten, einschl. besonderer Kategorien besonderer personenbezogener Daten von Beschäftigten für die Zwecke des Beschäftigungsverhältnisses (ErfK/*Franzen* BDSG § 26 Rn. 6) geregelt werden (§ 26 Abs. 4 BDSG). Die Verhandlungspartner haben dabei besondere und angemessene Maßnahmen zur Wahrung der persönlichen Interessen und Grundrechte der betroffenen Personen zu treffen (§ 26 Abs. 4 S. 2 BDSG iVm Art. 88 Abs. 2 DS-GVO). Als Regelungsgegenstände kommen bspw. in Betracht die Aufführung der konkreten Verarbeitungszwecke, Regeln zur Kontrolle von Leistung und Verhalten der AN oder Zugriffsberechtigungs- und Löschkonzepte (ErfK/*Franzen* BDSG § 26 Rn. 48).

Keine Vereinbarungen können getroffen werden über betriebsverfassungsrecht- 12
liche Fragen und über wirtschaftliche Angelegenheiten; sie gehören nicht zu den in § 28 genannten Angelegenheiten (ErfK/*Oetker* SprAuG § 28 Rn. 4). Der AG kann dem SprA also keine weitergehenden Beteiligungsrechte einräumen, und er kann sich nicht zu Informationen in wirtschaftlichen Angelegenheiten an L.A. verpflichten. Betriebsnormen können AG und SprA nur schaffen, wenn sie zugleich den Inhalt der Arbeitsverhältnisse gestalten und wenn ihnen damit die Wirkung von Inhaltsnormen zukommt.

Ein Muster einer SprA-Vereinbarung findet sich in Anhang 3 IV. 13

2. Schranken der Vereinbarungsbefugnis

Regelungen nach § 28 müssen sich innerhalb folgender Grenzen halten: 14

- generelle Regelung (= kollektiver Bezug),
- immanente Schranken von Kollektivvereinbarungen,
- gesetzliche Schranken (Bindung an Recht und Gesetz).

a) Generelle Regelung. Vereinbarungen nach § 28 dürfen keine Einzelfälle 15
regeln, erforderlich ist eine generelle Regelung, dh eine Regelung für eine Mehrzahl von Fällen. Es muss einem betrieblichen Regelungsbedürfnis Rechnung getragen werden, nicht individuellen Besonderheiten. Auf die Zahl der Betroffenen kommt es nicht entscheidend an. Im Extremfall kann eine Norm nur auf einen L.A. anwendbar sein (zB eine Sozialplanregelung), und umgekehrt können Einzelfallregelungen vorliegen, auch wenn alle L.A. betroffen sind (Gehaltserhöhungen; BAG 10.6.1986, NZA 1986, 840; 22.2.1983, DB 1983, 1926; 21.12.1982, DB 1983, 611; *Hromadka* DB 1984, 1912 (1934); Hromadka DB 1988, 2636 (2641f.)). Insofern gilt dasselbe wie für Betriebsvereinbarungen iRd § 87 Abs. 1 BetrVG.

16 **b) Immanente Schranken von Kollektivvereinbarungen.** Kollektivvereinbarungen sind aus der Natur der Sache heraus Schranken gesetzt (hierzu allg. *Kreutz,* Grenzen der Betriebsautonomie, 1979, S. 78 ff.; Richardi BetrVG/*Richardi* § 77 Rn. 100 ff.; *Zöllner* ArbR § 46 II 5, S. 434 f.). Sie sollen dem Einzelnen helfen, nicht ihn bevormunden oder ihm gar schaden. Daraus folgt:

– SprA-Vereinbarungen dürfen nicht in die Individualsphäre des Einzelnen eingreifen. Sie dürfen ihm keine Vorschriften machen für die Gestaltung seines Privatlebens, etwa für die Verwendung der arbeitsfreien Zeit (*Fitting* § 77 Rn. 56 mwN; Richardi BetrVG/*Richardi* § 77 Rn. 114; aA HWGNRH/*Worzalla* § 77 Rn. 69 für das Verbot einer Nebentätigkeit), des Urlaubs oder des Entgelts.
– Kollektivvereinbarungen dürfen dem Einzelnen keine Rechte nehmen, die er individuell unentziehbar erworben hat. Sie dürfen also nicht eingreifen in fällige Ansprüche (GK-BetrVG/*Kreutz* § 77 Rn. 321; vgl. Richardi BetrVG/*Richardi* § 77 Rn. 115 ff.), in den erdienten Teilwert der Versorgungsanwartschaften (GK-BetrVG/*Kreutz* § 77 Rn. 329; zur Änderung von Versorgungsregelungen Richardi BetrVG/*Richardi* § 77 Rn. 123 ff.), und sie können eine einmal erworbene Unkündbarkeit nicht wieder beseitigen (BAG 16.2.1962, DB 1962, 542). Zulässig ist die Regelung von Abwicklungsmodalitäten, also etwa die Vereinbarung von Abtretungsverboten oder von Ausschluss- oder Verjährungsfristen.
– Kollektivvereinbarungen dürfen nach hL und Rspr. nicht nur belastende Regelungen enthalten (für die Betriebsverfassung ganz hM; s. nur Richardi BetrVG/*Richardi* § 77 Rn. 123 mwN). Der AG, der einen Parkplatz zur Verfügung stellt, soll in einer Betriebsvereinbarung nicht lediglich einen Haftungsausschluss vereinbaren können (BAG 5.3.1959, DB 1959, 833). Diese Ansicht ist abzulehnen; sie greift zu kurz. Dem AN ist ein Parkplatz mit Haftungsausschluss im Zweifel immer noch lieber als kein Parkplatz. Wie gerade der vom BAG entschiedene Fall zeigt, sind Regelungen im Ganzen zu sehen. Die Betriebspartner können nicht gezwungen werden, Sozialpakete zu schnüren.
– Kollektivvereinbarungen müssen sich schließlich im Rahmen des. räumlichen und persönlichen Zuständigkeitsbereichs des SprA halten; eine Ausnahme gilt für SprA-Vereinbarungen über Sozialplanleistungen bereits ausgeschiedener L.A. und über Versorgungsansprüche von Ruheständlern (BAG 10.2.2009, NZA 2009, 796).

17 **c) Gesetzliche Schranken.** SprA-Vereinbarungen sind an zwingendes Gesetzesrecht gebunden. Das gilt für die Grundrechte (vor allem über § 27; zum Meinungsstand über die mittelbare Drittwirkung von Grundrechten oder über die unmittelbare Bindung von BV *Waltermann* RdA 1990, 138 (141 f.) mN) ebenso wie für einfaches Gesetzesrecht (BUrlG, MuSchG, SGB IX, TzBfG, AGG usw) oder den Grundsatz des Vertrauensschutzes; so sind in einer SprA-Vereinbarung, die die Arbeitsverhältnisse auf das Erreichen der Regelaltersgrenze abstellt, Übergangsregelungen für die bei Inkrafttreten bereits rentennahen L.A vorzusehen (BAG 21.2.2017, NZA 2017, 738). Tarifdispositive Regelungen (§ 622 Abs. 4 BGB, § 13 BUrlG) sind durch SprA-Vereinbarungen nicht abdingbar, erst recht nicht durch Vereinbarung mit den L.A. aufgrund von Richtlinien. Dasselbe gilt für gesetzesvertretendes tarifdispositives Richterrecht (im BetrVG ganz hM; s. nur Richardi BetrVG/*Richardi* § 77 Rn. 100 ff.). Geändert werden können dagegen einfach dispositive Normen und Richterrecht (zB Vergütung bei Arbeitsverhinderung aus persönlichen Gründen, Haftungsverteilung bei gefahrgeneigter Arbeit; ErfK/*Oetker* SprAuG § 28 Rn. 6; Richardi BetrVG/*Richardi* § 77 Rn. 139; enger

Säcker AR-Blattei »Betriebsvereinbarung« III A 2). Das folgt daraus, dass alles, was Gegenstand einer einzelvertraglichen Vereinbarung sein kann, auch Gegenstand einer SprA-Vereinbarung sein kann.

SprA-Vereinbarungen unterliegen keiner Kontrolle nach AGB-Recht (§ 310 Abs. 4 S. 1 BGB analog, DDW/*Däubler* BGB § 310 Rn. 36; *Löwisch* FS Wiedemann, 2002, 311, 320; Wolf/Lindacher/Pfeiffer/*Stoffels* BGB Anh. zu § 310 Rn. 10). Zwar werden die SprA-Vereinbarungen in § 310 Abs. 4 S. 1 BGB nicht neben den Betriebsvereinbarungen genannt. Die Sachlage ist aber nicht anders als bei freiwilligen Betriebsvereinbarungen (*Löwisch* FS Wiedemann, 2002, 311 (320)), die unstreitig nicht nach §§ 305 ff. BGB zu überprüfen sind (DDW/*Däubler* BGB § 310 Rn. 32). Dass SprA-Vereinbarungen die Richtigkeitsgewähr fehle, weil die Unabhängigkeit des SprA vom AG nicht gesichert sei (DDW/*Däubler* BGB § 310 Rn. 36), ist schon angesichts der §§ 2 Abs. 3, 34 Abs. 1 Nr. 3 nicht nachvollziehbar. Zu einer nicht gewollten SprA-Vereinbarung braucht der SprA ebenso wie der BR zu einer nicht gewollten freiwilligen Betriebsvereinbarung nur „nein" zu sagen. Damit unterliegt die SprA-Vereinbarung keiner Angemessenheitskontrolle, sondern wie die Betriebsvereinbarung (BAG 1.2.2006, NZA 2006, 563.) nur einer Rechtskontrolle nach § 27 (ErfK/*Oetker* SprAuG § 28 Rn. 6 mN). 18

Für SprA-Vereinbarungen gilt – anders als für BVen (§ 77 Abs. 3 BetrVG) nicht der Vorrang des Tarifvertrags. Sie sind also auch dann nicht gesperrt, wenn Arbeitsentgelt oder sonstige Arbeitsbedingungen – ausnahmsweise – durch Tarifvertrag geregelt sind oder üblicherweise geregelt werden (*Löwisch* § 25 Rn. 3, § 28 Rn. 3; *Oetker* ZfA 1990, 43 (84 f.); Schaub ArbR-HdB/*Koch* § 251 Rn. 1; MHdB ArbR/*Francke* § 312 Rn. 10). Dazu hätte es einer gesetzlichen Anordnung bedurft. Der Hinweis auf den verfassungsrechtlichen Schutz der Tarifautonomie (so MHdB ArbR/*Francke* § 312 Rn. 10) reicht nicht aus. Bei dem geringen Organisationsgrad der L.A. in tarifschließenden Gewerkschaften und bei der noch geringeren Regelungsdichte nähme man der übergroßen Mehrzahl den kollektivrechtlichen Schutz. Durch SprA-Vereinbarungen können tarifliche Regelungen also sowohl übernommen und auf die nicht Tarifgebundenen ausgedehnt als auch für alle L.A. verbessert werden; lediglich eine Verschlechterung für die Tarifgebundenen kommt nicht in Betracht (§ 4 Abs. 1, 3 TVG). 19

III. Richtlinien (Abs. 1)

Richtlinien nach Abs. 1 treffen eine Regelung für den Normalfall. Der AG kann in Ausnahmefällen „horizontal" abweichen, dh einzelne L.A. ganz oder teilweise von der Regelung ausnehmen, weil der Sachverhalt anders gelagert ist, oder „vertikal" abweichen, dh geringere oder höhere Leistungen erbringen, weil die Anforderungen mehr oder weniger gut erfüllt werden. Die Richtlinie ist seitlich, nach oben und nach unten offen (ErfK/*Oetker* SprAuG § 28 Rn. 8; *Löwisch* § 28 Rn. 12 meint, der AG müsse den L.A. den Inhalt der Richtlinien als Mindestbedingungen anbieten). Richtlinien müssen sich nicht auf die Regelung von Grundsatzfragen beschränken. AG und SprA können in ihnen zwar keinen Einzelfall regeln, wohl aber eine Einzelfrage, wie zB am 24.12. ab 12 Uhr frei (AR/*Maschmann* SprAuG § 29 Rn. 2; *Löwisch* § 28 Rn. 9; MHdB ArbR/*Francke* § 312 Rn. 26). 20

Richtlinien haben keine Normwirkung; sie begründen nicht unmittelbar Rechte und Pflichten. Dazu bedarf es erst der Umsetzung in den Arbeitsvertrag. 21

Das kann einseitig durch den AG geschehen, wenn er sich im Arbeitsvertrag das Recht zur Konkretisierung oder zur Änderung vorbehalten hat, oder durch Vereinbarung mit den L.A. (Änderungsvertrag, § 311 Abs. 1 BGB) oder durch Änderungskündigung (§ 2 KSchG). Ansprüche aufgrund von Richtlinien nach Abs. 1 sind also „normale" arbeitsvertragliche Ansprüche. Bei Umsetzung der Richtlinien entstehen in aller Regel allgemeine Arbeitsbedingungen mit der Folge, dass dann das AGB-Recht (§§ 305 ff. BGB) zu beachten ist (ErfK/*Oetker* SprAuG § 28 Rn. 6).

22 Von der Wirkungsweise der Richtlinien ist ihre Verbindlichkeit zu unterscheiden: Sie können unverbindliche Handlungsmaxime für den AG sein; der AG kann sich aber auch dem SprA gegenüber verpflichten, nach den Richtlinien zu verfahren. Was gemeint ist, hängt von der Vereinbarung ab. Im zweiten Fall muss der AG die Richtlinie in die Einzelverträge umsetzen; der SprA kann die Umsetzung aus eigenem Recht einklagen (§ 2a Abs. 1 Nr. 2 ArbGG; ErfK/*Oetker* SprAuG § 28 Rn. 8; *Kronisch/Deich* AR-Blattei SD 1490.3 Rn. 75).

23 Richtlinien geben dem L.A. keinen Anspruch; er kann ihre Einhaltung nicht einklagen. Sie wirken weder unmittelbar kraft Gesetzes, noch sind sie ein Vertrag zugunsten der L.A. (§ 328 BGB). Ein Anspruch kann aber entstehen, sobald der AG die Richtlinie umsetzt. Eine praktizierte Richtlinie ist eine betriebliche Ordnung, von der einzelne L.A. nicht willkürlich zu ihren Ungunsten ausgenommen werden können; nur in begründeten Einzelfällen kann der AG von der Richtlinie abweichen. Jede Ordnung, die der AG aufstellt, unterliegt dem Gleichbehandlungsgrundsatz. Bei längerer vorbehaltloser Praktizierung kommt auch ein Anspruch aus betrieblicher Übung in Betracht (*Kronisch/Deich* AR-Blattei SD 1490.3 Rn. 77).

IV. Sprecherausschussvereinbarungen (Abs. 2)

1. Geltungsbereich

24 SprA-Vereinbarungen gelten nur in dem Betrieb, für den sie abgeschlossen wurden. Der Geltungsbereich kann nicht durch Vereinbarung der Betriebspartner auf Betriebe ausgedehnt werden, in denen kein SprA besteht. Dagegen gelten Vereinbarungen, die unter Mitwirkung des GSprA oder KSprA im Rahmen ihrer originären Zuständigkeit zustande gekommen sind, für alle Betriebe des Unternehmens oder Konzerns, für die sie vereinbart sind, und für die Betriebe ohne SprA (§ 50 Abs. 1 S. 1 Hs. 2 BetrVG analog; zum zeitlichen Geltungsbereich → Rn. 57 ff.).

2. Unmittelbare Wirkung

25 SprA-Vereinbarungen nach § 28 Abs. 2 sind – wie Betriebsvereinbarungen nach § 77 Abs. 4 BetrVG – „Normenverträge" (vgl. *Fitting* § 77 Rn. 13 f.): Sie kommen durch Einigung der Vertragspartner – AG und SprA – zustande, und sie gelten für Arbeitsverträge unmittelbar und zwingend, dh wie (gesetzliche oder tarifliche) Normen, ohne dass das gesondert vereinbart werden müsste.

26 Der SprA hat das Recht, die Ausführung der SprA-Vereinbarung zu überwachen und bei Verstößen gegen den AG vorzugehen (*Fitting* § 77 Rn. 7 f., 227).

27 Von der unmittelbaren Wirkung gibt es Ausnahmen bei den Solidarnormen, bei den Abschlussnormen und bei den Regelungen, die Ruheständler betreffen:

Solidarnormen, dh Regelungen über kollektive Einrichtungen (Kasino, Sportstätten, Fortbildungseinrichtungen für L.A.), geben dem einzelnen L.A. keinen Erfüllungsanspruch, sondern nur ein Zurückbehaltungsrecht im Rahmen von Treu und Glauben (*Fitting* § 77 Rn. 129; *Kronisch/Deich* AR-Blattei SD 1490.3 Rn. 88; *Löwisch* § 28 Rn. 13; aA Richardi BetrVG/*Richardi* § 77 Rn. 147 ff.). 28

Bei Regelungen über den Abschluss von Arbeitsverträgen fehlt es an einem Rechtsverhältnis, auf das sich die unmittelbare Wirkung erstrecken könnte; Verstöße haben für Bewerber keine unmittelbare Rechtsfolge. Bei SprA-vereinbarungswidriger Nichtberücksichtigung von betriebsinternen Bewerbern kann allerdings ein Schadensersatzanspruch entstehen (*Löwisch* § 28 Rn. 15). 29

Bei Ruheständlern ist das eigentliche Arbeitsverhältnis beendet. Durch SprA-Vereinbarung können ihre Ansprüche unter den von der Rechtsprechung entwickelten Voraussetzungen geändert werden (zu den inhaltlichen Grenzen → Rn. 16), wenn sie sich der jeweiligen Ruhegeldregelung unterworfen haben (*Fitting* § 77 Rn. 38 f., stRspr und hM, vgl. Richardi BetrVG/*Richardi* § 77 Rn. 147 ff. mwN; aA auch ohne Unterwerfung grds. *Löwisch* § 28 Rn. 16 mwN; teilweise zustimmend *Fitting* § 77 Rn. 38 f.) und soweit es um Leistungen geht, die ihren Geltungsgrund in dem früheren Arbeitsverhältnis haben, wie eine Werkmietwohnung (*Fitting* § 77 Rn. 38 f.; GK-BetrVG/*Kreutz* § 77 Rn. 180 ff.; *Löwisch* § 28 Rn. 16 mwN; aA die stRspr und ein Teil des Schrifttums, vgl. Richardi BetrVG/*Richardi* § 77 Rn. 147 ff. mwN). 30

3. Zwingende Wirkung

SprA-Vereinbarungen gelten zwingend, dh sie verdrängen abweichende Bestimmungen in den Arbeitsverträgen und ergänzen dort fehlende Regelungen. Der AG kann von ihnen nicht zuungunsten der L.A. abweichen, selbst wenn ein L.A. damit einverstanden wäre. Die zwingende Wirkung (für die Zukunft) wird für die Vergangenheit ergänzt durch die Unwirksamkeit eines Verzichts ohne Zustimmung des SprA (s. → Rn. 36). 31

4. Günstigkeitsprinzip (Abs. 2 S. 2)

Im Verhältnis von SprA-Vereinbarungen zu Arbeitsvertragsbedingungen gilt das Günstigkeitsprinzip. Die in SprA-Vereinbarungen enthaltenen Leistungen sind Mindestbedingungen, von denen durch Einzelvereinbarung nur nach oben abgewichen werden kann. Im Normalfall wird sich ohne Weiteres feststellen lassen, ob eine Regelung günstiger ist (mehr Geld, längerer Urlaub, Verzicht auf Nebentätigkeitsverbot). Enthält eine Regelung günstige und ungünstige Elemente, so ist ein Sachgruppenvergleich anzustellen (ErfK/*Oetker* SprAuG § 28 Rn. 11; *Goldschmidt* S. 89; *Löwisch* § 28 Rn. 17), dh es sind alle sachlich verwandten Regelungen einzubeziehen (Arbeitszeit/Entgelt). Bei ambivalenten Regelungen (kürzere Arbeitszeit/weniger Entgelt) verdrängt nach Ansicht des BAG die kollektivrechtliche die individualrechtliche Regelung für die Dauer ihrer Geltung (BAG 19.7.2016, NZA 2016, 1475; 22.8.2018, NZA 2019, 51; aA Vorauflage; Zöllner DB 1989, 2121, 2126: Die Wertung des LA genießt Vorrang). 32

Enthalten SprA-Vereinbarungen bessere Arbeitsbedingungen, so haben L.A. Anspruch auf diese (BAG 7.11.1989, NZA 1990, 816; 21.9.1989, NZA 1990, 351). Die (ungünstigere) vertragliche Regelung wird nicht abgelöst, sondern nur überlagert („verdrängt"). Fällt die SprA-Vereinbarung weg, so tritt der alte Zustand wieder ein (BAG 21.9.1989, NZA 1990, 351). Der L.A. hat wieder 33

Anspruch auf seine früheren Bedingungen, also beispielsweise auf eine (gegenüber der SprA-Vereinbarung) niedrigere Gratifikation. Bei formellen Arbeitsbedingungen wird, wenn sich der frühere Zustand sinnvoll nicht wiederherstellen lässt, im Allgemeinen das Weisungsrecht wiederaufleben.

34 SprA-Vereinbarungen mit ungünstigeren Bedingungen sind grds. unwirksam. Von dieser Regel gibt es zwei Ausnahmen:

- Einheitsarbeitsbedingungen können durch SprA-Vereinbarungen verschlechtert werden, wenn der AG entweder das Recht zur einseitigen vertraglichen Änderung hat, etwa aufgrund des Weisungsrechts oder aufgrund eines Änderungsvorbehalts, oder wenn er sich das Recht zur Änderung durch SprA-Vereinbarung ausdrücklich oder schlüssig vorbehalten hat, wenn die vertragliche Einheitsregelung also „SprA-vereinbarungsoffen" ist (BAG 7.11.1989, NZA 1990, 816). Eine schlüssige (=konkludente) Vereinbarung von SprA-Vereinbarungsoffenheit nimmt das BAG regelmäßig bereits dann an, wenn die Einheitsregelung – wie stets bei einer Gesamtzusage – einen kollektiven Bezug hat und wenn sie in Allgemeinen Geschäftsbedingungen iSd § 305 Abs. 1 S. 1 BGB enthalten ist, die der AG seinen L.A. gestellt hat (BAG 30.1.2019, NZA 2019, 1065; 30.1.2019, NZA 2019, 1076; 11.12.2018, NZA 2019, 1082; 23.6.2020, NZA 2020, 1025; aA BAG 11.4.2018, NZA 2018, 1273). Der 3. Senat hält Gesamtzusagen und vertragliche Einheitsregelungen grds. für SprA-vereinbarungsoffen (BAG 23.6.2020, NZA 2020, 1025). Die Betriebsparteien dürfen jedoch durch eine ablösende SprA-Vereinbarung nicht unverhältnismäßig in grundrechtlich geschützte Freiheitsrechte der zuvor begünstigten AN eingreifen und auch den Grundsatz des Vertrauensschutzes nicht verletzen (vgl. § 75 Abs. 1 BetrVG; BAG 30.1.2019, NZA 2019, 1065; 30.1.2019, NZA 2019, 1076). Für den Bereich der Altersversorgung bindet der 3. Senat die Vertragspartner an die Grundsätze des Vertrauensschutzes und der Verhältnismäßigkeit, deren Einhaltung er in einem dreistufigen Verfahren prüft (BAG 19.3.2019, NZA 2019, 1031).
- Darüber hinaus können Sozialleistungen, die in einem kollektiven Bezug zueinander stehen, umstrukturiert werden, wenn die kollektive Ausgestaltung dem L.A. erkennbar war. Eine Umstrukturierung liegt vor, wenn der Gesamtumfang der Leistungen (die „Dotierung") gleich bleibt und nur Ansprüche von einem L.A. auf einen anderen umgeschichtet werden. Maßgeblich ist ein kollektiver Günstigkeitsvergleich (BAG 7.11.1989, NZA 1990, 816; 3.11.1987, NZA 1988, 509; 16.9.1986, DB 1987, 383; für das SprAuG str. HWK/*Annuß* § 28 SprAG Rn. 12 mN). Damit lassen sich überholte Sozialleistungen gegen zeitgemäßere austauschen, und es lassen sich Änderungen in der Binnenstruktur herbeiführen (zB Änderung des Empfängerkreises; *Hromadka* NZA 1987, Beil. 3, 6). Die Umschichtung findet ihre Grenze, wenn L.A. unentziehbare Ansprüche oder Anwartschaften erworben haben (BAG 22.5.1990, NZA 1990, 813).

5. Auslegung

35 SprA-Vereinbarungen sind nach denselben Grundsätzen auszulegen wie Betriebsvereinbarungen, die ihrerseits wegen ihrer normativen Wirkung wie Gesetze und Tarifverträge auszulegen sind. Auszugehen ist vom Wortlaut und dem dadurch vermittelten Wortsinn. Insbesondere bei unbestimmtem Wortsinn sind der wirkliche Wille der Betriebsparteien und der von ihnen beabsichtigte Zweck zu berücksichtigen, soweit sie sich in dem Regelungswerk niedergeschla-

gen haben. Schließlich kommt es auf den Gesamtzusammenhang und die Systematik der Bestimmung an. Im Zweifel ist die Auslegung vorzuziehen, die zu einem sachgerechten, zweckorientierten, praktisch brauchbaren und gesetzeskonformen Verständnis der Regelung führt (BAG 17.1.2012, BeckRS 2012, 68107; 18.2.2014, NZA 2014, 1036; 30.1.2019, NZA 2019, 1082). Übernimmt der AG eine Klausel aus einer SprA-Vereinbarung im Wesentlichen wortgleich in einen von ihm vorformulierten Vertrag, soll die Klausel typischerweise denselben Inhalt haben (BAG 18.2.2014, NZA 2014, 1036).

6. Verzicht (Abs. 2 S. 3), Ausschlussfristen, Verjährung, Verwirkung

Nach Abs. 2 S. 3 ist ein Verzicht auf Ansprüche aus SprA-Vereinbarungen – 36
parallel zu § 77 Abs. 4 S. 2 BetrVG, § 4 Abs. 4 S. 1 TVG – nur mit Zustimmung des SprA zulässig. Alle Formen des rechtsgeschäftlichen Verzichts wie der Erlassvertrag oder die Ausgleichsquittung sind ohne diese Zustimmung unwirksam. Dasselbe gilt für Anerkenntnis, Verzicht und Vergleich im Prozess (HWK/*Annuß* SprAuG § 28 Rn. 12). Zulässig sind – anders als in Betriebsvereinbarungen (§ 77 Abs. 4 S. 3 und S. 4 BetrVG) – die Vereinbarung von Ausschlussfristen (Verfallklauseln) und die Abkürzung von Verjährungsfristen. Daneben kommt die Verwirkung von Rechten in Betracht.

V. Regelungsabreden

Richtlinien decken den wichtigsten, aber nicht den gesamten Bereich ab, in 37
dem ein Bedarf an verbindlichen Abmachungen zwischen AG und SprA besteht. Nicht durch § 28 gedeckt sind Absprachen im Bereich der Materien des § 28 ohne kollektiven Bezug, etwa eine Zusage des AG an den SprA, dem Begehren eines L.A. stattzugeben (vgl. § 26 Abs. 1), und Materien, die nicht in § 28 geregelt sind, die aber zum Aufgabenbereich des SprA gehören, wie die Zusage, für den SprA eine zusätzliche Zeitschrift zu abonnieren, einen Sprecher für Bildungs- und Schulungsveranstaltungen freizustellen oder dem SprA eine Halbtagsschreibkraft zur Verfügung zu stellen. Da der AG derartige Leistungen erbringen kann, muss er sich auch durch Regelungsabreden dazu verpflichten können (ErfK/*Oetker* SprAuG § 28 Rn. 2; HWK/*Annuß/Girlich* SprAuG § 28 Rn. 14). Regelungsabreden können auch als Vertrag zugunsten Dritter (§ 328 BGB) ausgestaltet sein und begründen dann vertragliche Ansprüche für die betroffenen L.A (BAG 12.4.2017, NZA 2017, 1125).

Gegen die Zulässigkeit von Regelungsabreden könnte man einwenden, dass 38
der SprA nicht rechtsfähig – genauer: nur teilrechtsfähig – ist (ErfK/*Oetker* SprAuG § 28 Rn. 2; zur Teilrechtsfähigkeit des BR GK-BetrVG/*Weber* § 40 Rn. 18 f. mN) und dass er folglich nur die Rechte und Pflichten haben kann, die das Gesetz ihm zuerkennt, dass Regelungsabreden aber anders als im BetrVG nicht generell vorgesehen sind. Damit würde man dem Gesetzgeber jedoch unterstellen, dass er einer Institution Aufgaben, Rechte und Pflichten zuwiese und ihr dann die notwendigen Regelungsinstrumente vorenthielte. Ohne die Möglichkeit der Regelungsabrede bleiben – vom Regelungsgegenstand her zweifellos zulässige – Absprachen zwischen SprA und AG etwa über die Kostentragung oder über ein Verhalten des AG gegenüber einem einzelnen L.A. im Bereich des Außerrechtli-

chen mit der Folge, dass der SprA auf den guten Willen des AG angewiesen wäre und dieser jederzeit sanktionslos seine Meinung ändern könnte. Das Gesetz wollte dem SprA aber gerade eine gesicherte Rechtsstellung verschaffen; dazu gehört auch, dass er verbindliche Abmachungen treffen kann. § 28 will nur den besonders wichtigen Vereinbarungen über allgemeine Arbeitsbedingungen normative Kraft zukommen lassen; ein Gegenschluss lässt sich daraus nicht ziehen. Im Übrigen wird auch dem BR ohne entsprechende Normen zB die Fähigkeit zuerkannt, Vereinbarungen etwa mit Rechtsanwälten zur Vertretung in Rechtsstreitigkeiten zu treffen (s. etwa GK-BetrVG/*Weber* § 40 Rn. 93 ff., insbesondere Rn. 95). Gleiches muss für den SprA gelten.

39 Die Regelungsabrede kommt zustande durch Einigung zwischen SprA und AG. Es gelten insoweit dieselben Grundsätze wie für die Vereinbarungen über Richtlinien (s. → Rn. 40 ff.). Einer Form bedürfen Regelungsabreden allerdings nicht.

VI. Zustandekommen, Fehler, Fehlerfolgen, Aufrechterhaltung, Beendigung

1. Zustandekommen der Vereinbarungen

40 Vereinbarungen kommen durch Einigung zwischen dem AG und dem SprA, vertreten durch den SprA-Vorsitzenden (§ 11 Abs. 2 S. 1), zustande. Der Wille, die unmittelbare und zwingende Wirkung einer Richtlinie herbeizuführen, muss sich im Interesse der Rechtssicherheit aus der Vereinbarung deutlich und zweifelsfrei ergeben. Da SprA-Vereinbarungen unabhängig vom Willen der L.A. auf deren Arbeitsverhältnisse einwirken, müssen diese die normative Wirkung zuverlässig erkennen können (BAG 11.12.2018, NZA 2019, 1082). Bleiben Zweifel, geht das BAG von einer unverbindlichen Richtlinie aus (BAG 10.2.2009, NZA 2009, 970). Nicht erforderlich ist, dass SprA-Vereinbarungen gesondert getroffen oder in einer von der Vereinbarung über Richtlinien getrennten Urkunde niedergelegt werden (BAG 10.2.2009, AP SprAuG § 28 Nr. 1 mAnm *Hromadka*).

41 Zuständig für den Abschluss von Vereinbarungen über Richtlinien ist der BSprA oder der USprA, in den Fällen der §§ 18, 23 der GSprA oder KSprA. Unterzeichnen KSprA, GSprA und BSprA oder GSprA und BSprA gemeinsam eine SprA-Vereinbarung, so muss sich aus deren Inhalt ergeben, wer Urheber der einzelnen Bestimmungen ist (Gebot der Rechtsquellenklarheit; BAG 26.9.2017, NZA 2018, 803).

42 Der AG kann Vertreter mit dem Abschluss von Vereinbarungen betrauen. Prokuristen sind zum Abschluss von SprA-Vereinbarungen immer berechtigt (§ 48 HGB), Generalhandlungsbevollmächtigte jedenfalls grds.; Handlungsbevollmächtigte mit Art- oder Spezialhandlungsvollmacht sind es dann, wenn sich die Vollmacht auch auf den Abschluss von SprA-Vereinbarungen erstreckt (§ 54 Abs. 1 HGB). Der in § 3 Abs. 2 S. 3 Nr. 1 genannte „allgemeine Verhandlungsauftrag" berechtigt als solcher nicht zum Abschluss von Vereinbarungen (ErfK/*Oetker* SprAuG § 28 Rn. 14; *Kronisch/Deich* AR-Blattei SD 1490.3 Rn. 84; *Löwisch* § 28 Rn. 20). In dem Auftrag wird aber idR Handlungsvollmacht für Vereinbarungen mit dem SprA liegen. Die Erklärung ist dem Vorsitzenden des SprA gegenüber abzugeben, bei dessen Verhinderung seinem Vertreter (§ 11 Abs. 2 S. 2, 3). Der SprA wird durch seinen Vorsitzenden vertreten, bei Verhinderung ebenfalls durch seinen Vertreter (§ 11 Abs. 2 S. 1, 3). Der Abschluss von Vereinbarungen ist keine „laufende Angelegenheit" iSv § 11 Abs. 3. Daher ist immer ein Beschluss des SprA erforderlich. Zur Rechtsfolge bei fehlender Vertretungsmacht → Rn. 46 ff.

43 Vereinbarungen nach § 28 (Vereinbarungen über Richtlinien und SprA-Vereinbarungen) bedürfen der Schriftform (§ 126 Abs. 1, 2 BGB). Sie müssen von beiden Parteien auf derselben Urkunde unterschrieben werden, obwohl das Gesetz anders als § 77 Abs. 2 S. 2 BetrVG das nicht ausdrücklich bestimmt (§ 126 Abs. 2 S. 1 BGB). Wie das Schriftstück bezeichnet wird (Protokollnotiz, Vereinbarung usw), ist gleichgültig. Es müssen auch nicht alle Regelungen in einem Papier zusammengefasst sein; es können Anlagen beigefügt sein, und auf sie kann verwiesen werden. Im Moment der Unterzeichnung müssen die Schriftstücke aber als einheitliche Urkunde äußerlich erkennbar werden. Dazu bedarf es keiner körperlichen Verbindung. Es genügt, wenn sich die Einheit durch fortlaufende Paginierung, fortlaufende Nummerierung der einzelnen Bestimmungen, einheitliche grafische Gestaltung, inhaltlichen Zusammenhang des Textes oder ähnliche Merkmale zweifelsfrei ergibt. Die Urkunde muss auch nicht auf jedem einzelnen Blatt unterzeichnet werden. Bei Anlagen genügt es, wenn die Haupturkunde unterzeichnet ist, in ihr auf die Anlage ausdrücklich Bezug genommen wird und beide auch äußerlich eine Einheit bilden, etwa indem sie zusammengeheftet sind (BAG 11.12.2018, NZA 2019, 1082). Keiner bestimmten Form bedürfen Regelungsabreden.

44 SprA-Vereinbarungen und Vereinbarungen über Richtlinien können auch in elektronischer Form abgeschlossen werden. Die Vertragspartner haben ihren Erklärungen dann ihren Namen hinzuzufügen und das Dokument mit einer elektronischen Signatur zu versehen (§ 126a Abs. 1 BGB). AG und SprA müssen jedoch – anders als in § 126a Abs. 2 BGB vorgesehen – dasselbe Dokument elektronisch signieren. Die Unterzeichnung der für den anderen Vertragsteil vorgesehenen Ausfertigung genügt nicht (§ 26 Abs. 2 S. 1). In der Gesetzesbegründung heißt es, die LA hätten ein besonderes Interesse daran, nachvollziehen zu können, dass AG und SprA einen gleichlautenden Text unterzeichnet haben, da die Richtlinie ihre Arbeitsverhältnisse unmittelbar regle (zu Art. 3 zu Nr. 5 GE der BReg). Gemessen an dieser Begründung ist die gesetzliche Regelung zu weit geraten; nur die SprA-Vereinbarung wirkt unmittelbar (§ 28 Abs. 2 S. 1).

2. Fehlerhafte Vereinbarungen

45 **a) Fehlerquellen.** Die Vereinbarungen können insbesondere aus folgenden Gründen fehlerhaft sein:

- Fehler bei der Vertretung oder bei der Beschlussfassung (fehlende Legitimation),
- Willensmängel beim Abschluss der Vereinbarung,
- Verstoß gegen die Schriftform,
- unzulässige Bedingung,
- inhaltlich unzulässige Regelung

46 **b) Fehlende Legitimation.** Handeln Vertreter der einen oder anderen Seite ohne Vertretungsmacht, so ist eine gleichwohl getroffene Vereinbarung nach §§ 164 ff. BGB schwebend unwirksam; sie kann vom Vertretenen genehmigt werden (§ 177 Abs. 1 BGB).

47 Hat der SprA keinen Beschluss gefasst oder hat der Beschluss Mängel, so fehlt der Erklärung des SprA-Vorsitzenden, der wegen § 11 Abs. 2 S. 1 nicht nur in seinem rechtlichen Dürfen, sondern auch in seinem Können beschränkt ist, die Grundlage; eine solche Vereinbarung ist nach § 177 Abs. 1 BGB schwebend

unwirksam. Sie wird entsprechend § 184 Abs. 1 BGB rückwirkend zu dem Zeitpunkt der Unterzeichnung der Vereinbarung wirksam, wenn der SprA einen neuen, wirksamen Beschluss fasst. Die Genehmigung kann zeitlich unbegrenzt erteilt werden. Der AG kann den Schwebezustand beenden, indem er entweder seine Willenserklärung entsprechend § 178 S. 1 BGB widerruft oder den SprA entsprechend § 177 Abs. 2 BGB erfolglos auffordert, sich zur Genehmigung zu erklären. Außerdem kann er eine Abschrift des Teils der Sitzungsniederschrift verlangen, aus dem sich die Beschlussfassung über die für die Wirksamkeit der vom SprA-Vorsitzenden abgegebenen Erklärung ergibt (BAG 8.2.2022, NZA 2022, 984).

48 Nach nichtiger Wahl hat der Schein-SprA kein Mandat, Regelungen für die L.A. zu treffen; eine Vereinbarung ist ohne Weiteres nichtig. Bei Anfechtung der Wahl besteht bis zur Rechtskraft der Entscheidung des ArbG ein ordnungsgemäßer SprA; bis dahin getroffene Vereinbarungen sind und bleiben wirksam.

49 **c) Willensmängel.** Unter den Voraussetzungen der §§ 119, 123 BGB kann eine Vereinbarung angefochten werden; dabei kommt es nach § 166 Abs. 1 BGB für Willensmängel auf die Person des Vertreters an. Die Anfechtung beseitigt SprA-Vereinbarungen, soweit sie bereits vollzogen sind, wegen der Normwirkung nach Abs. 2 nur für die Zukunft (ex nunc).

50 Vereinbarungen über Richtlinien ohne Normcharakter können mit Wirkung ex tunc angefochten werden. Hat der AG eine Richtlinie bereits in einzelvertragliche Regelungen umgesetzt, so wird die Vertragsänderung im Allgemeinen wegen Störung der Geschäftsgrundlage (§ 313 BGB) für die Zukunft entfallen; sonst hätte die Richtlinienvereinbarung stärkere Wirkung als die SprA-Vereinbarung.

51 „Willensmängel" bei der Beschlussfassung des SprA führen weder zur Anfechtbarkeit des Beschlusses (s. → § 13 Rn. 23) noch zu der der Vereinbarung (§ 166 Abs. 1 BGB). Werden entsprechend viele Stimmabgaben angefochten, so führt dies – rückwirkend – zum Verlust der Vertretungsmacht und damit zur Unwirksamkeit der SprA-Vereinbarung; die Unwirksamkeit kann aber ebenfalls nicht für die Vergangenheit geltend gemacht werden.

52 **d) Verstoß gegen die Form des § 28 Abs. 1.** Die Form des § 28 Abs. 1 (Schriftform oder elektronische Form mit elektronischer Signierung desselben Dokuments, s. → Rn. 44) ist für Vereinbarungen über Richtlinien konstitutiv; ein Verstoß führt zur Formnichtigkeit nach § 125 Abs. 1 S. 1 BGB. Unter Umständen kann eine formunwirksame SprA-Vereinbarung in eine vertragliche Einheitsregelung umgedeutet werden (§ 140 BGB). Das wird aber nur ganz ausnahmsweise der Fall sein, weil sich der Arbeitgeber von einer SprA-Vereinbarung jederzeit lösen kann, von einer Gesamtzusage aber nicht. Am ehesten kommt eine Umdeutung im Bereich der betrieblichen Altersversorgung infrage, weil die Voraussetzungen, sich von einer SprA-Vereinbarung oder einer Gesamtzusage zu lösen, sich nicht wesentlich voneinander unterscheiden. In beiden Fällen sind die Grundsätze der Verhältnismäßigkeit und des Vertrauensschutzes zu beachten. Eine SprA-Vereinbarung ist nicht deshalb unwirksam, weil sie nicht bekanntgemacht wurde. Es gibt keine Pflicht zur Auslegung im Betrieb (BAG 11.12.2018, NZA 2019, 1082).

53 **e) Unzulässige Bedingung.** Eine SprA-Vereinbarung, die ihre normative Geltung an ein Quorum der betroffenen L.A. bindet, ist nach Ansicht des BAG unwirksam. Sie verstoße gegen § 28 Abs. 2 S. 1 und gegen das dem SprAuG zugrunde liegende Strukturprinzip der Repräsentation der L.A. durch den SprA

(BAG 28.7.2020, NZA 2020, 1548). Die Bedenken des BAG greifen nicht, wenn der Entwurf einer SprA-Vereinbarung zur Abstimmung gestellt wird.

f) Inhaltliche Mängel. Eine Regelung, die die Grenzen der Regelungsbefugnis überschreitet oder die gegen höherrangiges Recht einschließlich gesetzesvertretenden Richterrechts verstößt, ist nach § 134 BGB nichtig. Bei diskriminierenden Regelungen kommt – jedenfalls für die Vergangenheit – eine „Angleichung nach oben" in Betracht (LAG Hessen 22.4.2009, NZA 2009, 799: Diskriminierung wegen des Alters; LAG Berlin-Brandenburg 11.9.2008, NZA-RR 2009, 378; vgl. auch BAG 24.9.2003, NZA 2004, 611: Benachteiligung wegen Teilzeitarbeit). 54

Für SprA-Vereinbarungen gilt der Grundsatz der „Restgültigkeit von Normen"; im Zweifel werden abtrennbare Teile nicht durch die Nichtigkeit von Einzelregelungen berührt. Gesamtnichtigkeit tritt nur ein, wenn die betroffene Regelung und der Rest in einem unlösbaren Zusammenhang stehen, der Rest also einen ganz anderen Sinn bekommen oder seinen Sinn oder seine Rechtfertigung verlieren würde. Vereinbarungen über Richtlinien nach Abs. 1 sind als einfache schuldrechtliche Verträge ohne Normwirkung nach § 139 BGB nichtig, wenn nicht anzunehmen ist, dass sie auch ohne den nichtigen Teil abgeschlossen worden wären. Die Unterscheidung ist im Fall von Streitigkeiten für die Beweis- und die Beweisführungslast von Bedeutung. 55

g) Aufrechterhaltung ungültiger Regelungen und Vereinbarungen. 56
Auch unwirksame Vereinbarungen müssen nicht ohne jede Rechtswirkung sein:

- Die Anfechtung einer SprA-Vereinbarung oder von Vertragsänderungen aufgrund unwirksamer Richtlinien wirkt nur ex nunc.
- Leistungen aufgrund unwirksamer Vereinbarungen brauchen gutgläubige L.A. nur dann zurückzuerstatten, wenn sie nicht entreichert sind (§§ 818 Abs. 3, 819 Abs. 1 BGB.; zur Entreicherung bei überzahltem Entgelt *Hromadka* FS Söllner, 2000, 105).
- Weiß der AG, dass eine SprA-Vereinbarung nichtig ist, und wendet er sie trotzdem an, so können Ansprüche „aus" betrieblicher Übung entstehen (BAG 23.8.1989, NZA 1990, 69).
- Die Umdeutung (§ 140 BGB) einer unwirksamen SprA-Vereinbarung in eine vertragliche Einheitsregelung (Gesamtzusage oder gebündelte Vertragsangebote) wird wegen deren stärkerer Bindungswirkung nur ganz ausnahmsweise in Betracht kommen (BAG 23.8.1989, NZA 1990, 69; 26.1.2017, NZA 2017, 522). Voraussetzung sind hinreichende Anhaltspunkte für einen entsprechenden hypothetischen Verpflichtungswillen des Arbeitgebers (BAG 11.12.2018, NZA 2019, 1082; 23.1.2018, NZA 2018, 871).
- Über den Gleichbehandlungsgrundsatz kommen L.A., die diskriminierend von einer Regelung ausgenommen werden, in den Genuss der vorenthaltenen Leistungen, es sei denn, der AG hat eine Regelung versehentlich falsch oder eine nichtige Regelung ohne Wissen um die Nichtigkeit angewandt. Es gibt kein Recht auf gleichmäßige Falschbehandlung (BAG 12.12.2002, AP BAT §§ 22, 23 Nr. 96; vgl. 13.8.1980, DB 1981, 274; BFH 23.5.1985, NJW 1985, 2494).
- Die Umdeutung in einen Vertrag zugunsten der L.A. scheitert daran, dass der SprA, wenn nicht ausdrücklich etwas anderes erklärt ist, als betriebsverfassungsrechtliches Gremium handelt und dass ihm für derartige privatrechtliche Verträge die Rechtsfähigkeit fehlt (aA HWK/*Annuß* § 28 Rn. 7).

– Eine wegen Formverstoßes nichtige SprA-Vereinbarung kann nicht in eine Vereinbarung über eine Richtlinie umgedeutet werden, weil auch diese Vereinbarung formbedürftig ist. Die Umdeutung in eine sonstige Regelungsabrede wäre eine Umgehung des Abs. 1.

Eine vom SprA-Vorsitzenden ohne Beschluss des Gremiums abgegebene Erklärung zum Abschluss einer SprA-Vereinbarung kann dem SprA nicht nach den Grundsätzen einer Anscheinsvollmacht zugerechnet werden. Die bloße Veranlassung eines Rechtsscheins durch den SprA oder eines seiner Mitglieder kann keine Geltung von Rechtsnormen begründen. Die Befugnis des SprA zur Schaffung von objektivem betrieblichem Recht erfordert eine demokratischen Grundsätzen gerecht werdende Willensbildung (BAG 8.2.2022, NZA 2022, 984).

3. Beendigung von Vereinbarungen

57 SprA-Vereinbarungen können jederzeit mit einer Frist von drei Monaten gekündigt werden (Abs. 2 S. 4). Entsprechend § 626 BGB sind sie fristlos außerordentlich kündbar, wenn ein wichtiger Grund vorliegt. Die Kündigung ist nicht formbedürftig; sie muss aber deutlich den Willen zum Ausdruck bringen, dass die Vereinbarung künftig nicht mehr gelten soll (BAG 9.12.1997, AP BetrVG 1972 § 77 Tarifvorbehalt Nr. 11; *Fitting* § 77 Rn. 157; *Löwisch* § 28 Rn. 27). Eine Kündigung durch den SprA bedarf zu ihrer Wirksamkeit eines Beschlusses. Eine Kündigung durch den AG wird wirksam mit Zugang beim SprA-Vorsitzenden oder, bei Verhinderung, bei dessen Vertreter (§ 11 Abs. 2 S. 2 und S. 3).

58 Eine Nachwirkung wie nach § 77 Abs. 6 BetrVG sieht das Gesetz nicht vor; sie kann aber vereinbart werden (*Goldschmidt* S. 94; *Löwisch* BB 1990, 1631 mN). Die Frage stellt sich vor allem bei trilateralen Vereinbarungen (s. → Rn. 8), wenn ein Gleichlauf mit der Vereinbarung mit dem BR erzielt werden soll.

59 In der Vereinbarung kann eine kürzere oder längere Kündigungsfrist vorgesehen, die fristlose Kündigung aus wichtigem Grund allerdings nicht ausgeschlossen werden. Die SprA-Vereinbarung kann befristet abgeschlossen oder durch Aufhebungs- oder Änderungsvertrag beendet oder abgeändert werden.

60 Gleiches gilt für Vereinbarungen über Richtlinien (Abs. 1) und für Regelungsabreden mit der Maßgabe, dass die Kündigung, sofern nicht ausdrücklich oder schlüssig etwas anderes vereinbart ist, jederzeit – Grenze: Unzeit – ohne Einhaltung einer Frist ausgesprochen werden kann (*Löwisch* § 28 Rn. 29). Vereinbarungen über einmalige, konkrete Fälle (wie etwa Sozialpläne) werden nach dem Willen der Parteien grds. nicht ordentlich kündbar sein.

61 Spätere SprA-Vereinbarungen lösen frühere ab, auch wenn sie für den L.A. ungünstiger sind (Zeitkollisionsregel, Ablösungsprinzip, BAG 19.3.2019, NZA 2020, 1031; BAG 20.3.2023, NZA 2024, 143), bei späteren allgemeinen Regelungen ist zu prüfen, ob sie auch eine frühere speziellere ablösen sollen (Grundsatz der Spezialität). Dagegen kann eine SprA-Vereinbarung als höherrangiges Recht nicht durch eine Regelungsabrede abgelöst werden (BAG 23.10.2018, NZA 2019, 483). Bei Altersversorgungsregelungen muss die Neuregelung den Grundsätzen des Vertrauensschutzes und der Verhältnismäßigkeit gerecht werden (stRspr BAG 20.3.2024, NZA, 2024, 143).

62 Bei einem Betriebsübergang gilt § 613a BGB entsprechend. Das folgt aus der ratio des § 613a BGB, der auf der Betriebsübergangsrichtlinie beruht und daher richtlinienkonform ausgelegt werden muss. Er will verhindern, dass AN durch einen Betriebsübergang Nachteile erleiden. Im Einzelnen bedeutet das:

Geht der Betrieb als Ganzer über und bleibt der SprA im Amt, so gilt die SprA-Vereinbarung unverändert weiter (vgl. BAG 18.9.2002, NZA 2003, 670 zur Betriebsvereinbarung). Dasselbe gilt bei einer Betriebsveräußerung für den Betriebsteil, der mit dem bisherigen Betrieb identisch ist. In dem anderen Betriebsteil wird der Inhalt der SprA-Vereinbarung Inhalt der Arbeitsverträge. Eine Änderung ist vor Ablauf eines Jahres nicht möglich, es sei denn, in dem aufnehmenden Betrieb besteht eine SprA-Vereinbarung über dieselbe Materie oder es wird eine SprA-Vereinbarung darüber abgeschlossen; dann gilt diese Vereinbarung (§ 613a Abs. 1 S. 2–4 BGB entsprechend; ErfK/*Oetker* SprAuG § 28 Rn. 19; *Kronisch/Deich* AR-Blattei SD 1490.3 Rn. 94). 63

Eine Vereinbarung über Richtlinien nach § 28 Abs. 1 geht nicht auf den Erwerber über (ErfK/*Oetker* SprAuG § 28 Rn. 19). Richtlinien enthalten keine Rechte und Pflichten aus den Arbeitsverhältnissen, und die Vereinbarung über eine Richtlinie nach § 28 Abs. 1 ist keine – den Betriebsvereinbarungen entsprechende – SprA-Vereinbarung. Die Frage ist für die Praxis von geringer Bedeutung, weil der AG vorbehaltlich anderweitiger Abrede die Vereinbarung über Richtlinien jederzeit kündigen kann (s. → Rn. 60). 64

In der Insolvenz gilt § 120 InsO entsprechend (ErfK/*Oetker* SprAuG § 28 Rn. 17; *Kronisch/Deich* AR-Blattei SD 1490.3 Rn. 94). Die Regelung dient vor allem bei einer übertragenden Sanierung dem Erhalt von Arbeitsplätzen. Sind in SprA-Vereinbarungen Leistungen vorgesehen, die die Masse belasten, so sollen Insolvenzverwalter und SprA über eine einvernehmliche Herabsetzung der Leistungen beraten. Die Vereinbarungen können auch dann mit einer Frist von drei Monaten gekündigt werden, wenn eine längere Frist vereinbart ist. 65

Mit der Betriebsstilllegung endet die Wirkung der Vereinbarungen, sofern sich aus ihnen nicht etwas anderes ergibt (zB Sozialplan, Vereinbarung über betriebliche Altersversorgung; *Kronisch/Deich* AR-Blattei SD 1490.3 Rn. 101). Dagegen endet ihre Wirkung nicht bei einer vorübergehenden oder endgültigen Auflösung des SprA (*Goldschmidt* S. 95). 66

VII. Streitigkeiten

Streitigkeiten über die Wirksamkeit, die Durchführung oder die Auslegung von Vereinbarungen werden im arbeitsgerichtlichen Beschlussverfahren geklärt, § 2a Abs. 1 Nr. 2, Abs. 2; §§ 80 ff. ArbGG (BAG 10.7.2013, NZA 2013, 1221; 30.10.2012, NZA 2013, 522; 10.11.1987, DB 1988, 611). Örtlich zuständig ist das ArbG des Bezirks, in dem der Betrieb liegt, oder am Sitz des (herrschenden) Unternehmens, § 82 Abs. 1 ArbGG, je nachdem, ob der SprA oder der USprA, der GSprA oder der KSprA Vertragspartner ist. Hat ein USprA, ein GSprA oder ein KSprA eine Vereinbarung kraft Delegation abgeschlossen, dann steht der Durchführungsanspruch dem delegierenden Gremium zu; bei Missachtung einer entsprechenden Vereinbarung ist das für das delegierende Gremium zuständige Gericht zuständig (BAG 18.5.2010, NZA 2010, 1433). 67

Über Streitigkeiten zwischen L.A. und AG um Rechte und Pflichten aus SprA-Vereinbarungen entscheidet das ArbG im Urteilsverfahren nach § 2 Abs. 1 Nr. 3 lit. a, Abs. 5, 46 ff. ArbGG. Örtlich zuständig sind wahlweise das ArbG am Wohnsitz des AG bzw. am Unternehmenssitz (§§ 12, 13 bzw. 17 ZPO) oder das ArbG, in dessen Bezirk der Betrieb liegt, in dem das klagende SprA-Mitglied beschäftigt ist (§ 29), vgl. 35 ZPO. 68

§ 29 Geheimhaltungspflicht

(1) [1]**Die Mitglieder und Ersatzmitglieder des Sprecherausschusses sind verpflichtet, Betriebs- oder Geschäftsgeheimnisse, die ihnen wegen ihrer Zugehörigkeit zum Sprecherausschuss bekannt geworden und vom Arbeitgeber ausdrücklich als geheimhaltungsbedürftig bezeichnet worden sind, nicht zu offenbaren und nicht zu verwerten.** [2]**Dies gilt auch nach dem Ausscheiden aus dem Sprecherausschuss.** [3]**Die Verpflichtung gilt nicht gegenüber Mitgliedern des Sprecherausschusses, des Gesamtsprecherausschusses, des Unternehmenssprecherausschusses, des Konzernsprecherausschusses und den Arbeitnehmervertretern im Aufsichtsrat.**

(2) **Absatz 1 gilt entsprechend für die Mitglieder und Ersatzmitglieder des Gesamtsprecherausschusses, des Unternehmenssprecherausschusses und des Konzernsprecherausschusses.**

Übersicht

I. Allgemeines

1 Im Rahmen der Unterrichtung des SprA durch den AG, insbesondere über wirtschaftliche Angelegenheiten, können die Mitglieder und Ersatzmitglieder des SprA Tatsachen erfahren, an deren Geheimhaltung der AG ein erhebliches schutzwürdiges Interesse hat (BT-Drs. 11/2503, 42, zu § 29). Dem Schutz dieses Interesses dient § 29.

2 Die Vorschrift, die § 79 BetrVG entspricht, ergänzt für den Aufgabenbereich der SprA den Geheimnisschutz aus der allgemeinen Verschwiegenheitspflicht und aus § 17 UWG.

II. Verpflichtete

§ 29 nennt als zur Geheimhaltung Verpflichtete die Mitglieder und Ersatzmitglieder des SprA (Abs. 1), des GSprA, des USprA und des KSprA (Abs. 2), denen ein Betriebs- oder Geschäftsgeheimnis wegen ihrer Mitgliedschaft in einem dieser Gremien bekannt geworden ist. Die Schweigepflicht aus § 29 gilt nicht, wenn sie ein Geheimnis in ihrer Funktion als L.A. erfahren haben (aber → Rn. 18 f.). 3

Nicht erwähnt werden die Gremien selbst. § 29 enthält insoweit dieselbe – wie die Materialien zum BetrVG (BT-Drs. 1/3585, 10) zeigen: planwidrige – Lücke wie § 79 BetrVG. Es muss deshalb auch für die Auslegung dasselbe gelten: Das Interesse des AG daran, dass Tatsachen und Vorgänge nicht über den SprA hinaus bekannt werden, lässt sich nur wirksam sichern, wenn auch der SprA als Gremium zur Geheimhaltung verpflichtet ist (BAG 26.2.1987, NZA 1988, 63; *Fitting* § 79 Rn. 10). Nur dann kann der AG gegen ihn auf Unterlassung klagen, und nur bei einer groben Verletzung seiner gesetzlichen Pflichten kann er die Auflösung beantragen. 4

Der Vermittler im Zuordnungsverfahren wird in § 29 nicht ausdrücklich verpflichtet, unterliegt aber wie die SprA-Mitglieder der Geheimhaltungspflicht (zur Begründung vgl. → BetrVG § 18a Rn. 30). Wegen des strafrechtlichen Analogieverbotes (Art. 103 Abs. 2 GG, § 1 StGB) sind die Strafvorschriften des § 35 Abs. 1 und 2 allerdings nicht auf ihn anwendbar. 5

III. Geheimnis

§ 29 schützt – wie § 17 UWG – nur Betriebs- und Geschäftsgeheimnisse. Der Begriff des Betriebs- und Geschäftsgeheimnisses wird durch zwei Komponenten bestimmt: durch inhaltliche Anforderungen (materielles Geheimnis) und durch die Erklärung zum Geheimnis (formelles Geheimnis). 6

1. Materielles Geheimnis

Ob ein Datum ein Geheimnis ist, richtet sich unabhängig vom Willen des AG nach objektiven Kriterien: 7

1. Es muss sich um eine Tatsache handeln. Werturteile und Vermutungen kommen nicht in Betracht.
2. Die Tatsache muss im Zusammenhang mit dem Betrieb stehen, sei es mit dem technischen Betrieb oder mit der wirtschaftlichen Betätigung.
3. Sie darf nicht offenkundig sein, dh sie darf nur einem eng begrenzten Personenkreis bekannt sein. Offenkundigkeit liegt auch dann vor, wenn sich jeder Interessierte ohne besondere Mühe von der Tatsache Kenntnis verschaffen kann (*Köhler/Bornkamm* UWG § 17 Rn. 7).
4. Die Tatsache muss geheimhaltungsbedürftig sein. Der AG muss an der Geheimhaltung insbesondere aufgrund seiner Rolle als Wettbewerber ein berechtigtes wirtschaftliches Interesse haben (*Fitting* § 79 Rn. 3).

Betriebsgeheimnisse sind beispielsweise Geheimverfahren, die Anwendung bekannter Verfahren mit bisher unbekannten Kunstgriffen, geheime Rezepturen (zB Coca Cola); Geschäftsgeheimnisse sind zB Kundenlisten, Kalkulationen, geheim getätigte oder geplante Vertragsabschlüsse, nicht veröffentlichte Jahresabschlüsse, die Absatzplanung, Mängel hergestellter Waren. 8

9 Entgeltdaten sind nach Auffassung des BAG nur dann ein Geschäftsgeheimnis, wenn sie als Teil der betriebswirtschaftlichen Kalkulation Rückschlüsse auf die Wettbewerbsfähigkeit zulassen und Kenntnisse hierüber für die Konkurrenz ergiebig sind (BAG 26.2.1987, NZA 1988, 63). Unlautere oder gesetzwidrige Vorgänge (zB Bestechung, Steuerhinterziehung) genießen keinen Geheimnisschutz (ErfK/*Kania* BetrVG § 79 Rn. 6).

2. Formelles Geheimnis

10 Der AG muss die Tatsache ausdrücklich als geheimhaltungsbedürftig bezeichnet haben.

11 Der Hinweis muss klar und eindeutig sein; es genügt nicht, wenn sich der Geheimhaltungswille aus den Umständen ergibt (DKW/*Buschmann* BetrVG § 79 Rn. 14). Eine bestimmte Form oder eine bestimmte Wortwahl („geheimhaltungsbedürftig", „Betriebsgeheimnis") ist nicht erforderlich, im Interesse der Klarheit aber empfehlenswert (*Fitting* BetrVG § 79 Rn. 5). Die Kennzeichnung als „vertraulich" reicht aus (ErfK/*Kania* BetrVG § 79 Rn. 7).

12 Unter Umständen kann die Anfertigung eines Vermerks oder die Aufnahme in das Sitzungsprotokoll sinnvoll sein, vor allem um abwesende Mitglieder des SprA über den Geheimhaltungswillen des AG zu informieren. Mitglieder des SprA, die ihre abwesenden Kollegen über die Angelegenheit unterrichten, sind aus dem Grundsatz der vertrauensvollen Zusammenarbeit verpflichtet, den Wunsch nach Geheimhaltung weiterzugeben (*Fitting* BetrVG § 79 Rn. 6).

13 Geheimnis im formellen und im materiellen Sinne müssen zusammentreffen: Ist eine Tatsache offenkundig oder fehlt das Geheimhaltungsbedürfnis, so kann der AG diese nicht durch seine Erklärung willkürlich zum Betriebs- oder Geschäftsgeheimnis iSd § 29 machen.

IV. Inhalt der Geheimhaltungspflicht

14 Betriebs- oder Geschäftsgeheimnisse, die der AG ausdrücklich als geheimhaltungsbedürftig bezeichnet hat, dürfen weder offenbart noch verwertet werden. Sie dürfen nicht an Dritte weitergegeben werden, gleichgültig ob mündlich oder schriftlich, offen oder „unter dem Siegel der Verschwiegenheit" („privat", „vertraulich"), und sie dürfen nicht zu eigenen wirtschaftlichen Zwecken ausgenutzt werden.

15 Eine Ausnahme von dem Offenbarungsverbot gilt lediglich im Fall der Pflichtenkollision, dh bei einer Kollision mit höherrangigen Pflichten. So ist jeder zur Anzeige verpflichtet, wenn er zu einer Zeit, zu der die Ausführung oder der Erfolg noch abgewendet werden kann, von dem Vorhaben oder der Ausführung bestimmter schwerer Straftaten erfährt (§ 138 StGB). Vorrangig ist auch die Zeugenpflicht bei Gerichtsverfahren; das SprA-Amt gibt dem Sprecher kein Zeugnisverweigerungsrecht (vgl. BVerfG 19.1.1979, NJW 1979, 1286; Richardi BetrVG/*Thüsing* § 79 Rn. 16). Dem Geheimhaltungsinteresse des AG kann nur durch den Ausschluss der Öffentlichkeit nach §§ 171b, 172 GVG Rechnung getragen werden.

V. Gegenüber wem?

16 Die Geheimhaltungspflicht besteht gegenüber Dritten. Dritte sind sowohl Betriebsangehörige als auch Betriebsfremde, L.A. wie sonstige AN, auch die Ver-

tretungsorgane der nichtleitenden AN (*Deich* AR-Blattei SD 1490.2 Rn. 117; MHdB ArbR/*Francke* § 311 Rn. 77; *Löwisch* § 29 Rn. 8; aA *Oetker* ZfA 1990, 43 (53 f.)) und die Gewerkschaften. Nicht dazu zählen die Mitglieder der Gremien des SprAuG (vgl. § 35 Abs. 2) und die AN-Vertreter im Aufsichtsrat (Abs. 1 S. 3), da anders eine sinnvolle Zusammenarbeit nicht möglich wäre. Im Übrigen unterliegen diese Personen selbst der Geheimhaltungspflicht, oder es gilt für sie die Verschwiegenheitspflicht eines Aufsichtsratsmitglieds (vgl. für die Aktiengesellschaft und die KGaA §§ 116, 93 Abs. 1 AktG, für die GmbH § 52 GmbHG iVm § 116 AktG).

VI. Dauer der Geheimhaltungspflicht

Die Geheimhaltungspflicht besteht über das Ende der Mitgliedschaft im SprA hinaus fort. Sie endet auch nicht mit dem Arbeitsverhältnis und währt somit unbegrenzt (statt aller *Fitting* § 79 Rn. 17), dh bis zum Ende der Geheimhaltungsbedürftigkeit. **17**

VII. Konkurrierende Geheimhaltungs- und Verschwiegenheitspflichten

1. Arbeitsvertragliche Verschwiegenheitspflicht

Unabhängig von § 29 sind alle AN aufgrund ihrer Treuepflicht zur Wahrung aller Betriebs- und Geschäftsgeheimnisse verpflichtet (Schaub ArbR-HdB/*Linck* § 53 Rn. 46 f.; *Zöllner* ArbR § 13 I 1, S. 142). Diese Pflicht gilt gegenüber jedermann und geht über den Inhalt des § 29 hinaus. Nach Beendigung des Arbeitsverhältnisses beschränkt sie sich jedoch auf Fälle besonders treuwidriger Verhaltensweisen (BAG 15.6.1993, AP BGB § 611 Konkurrenzklausel Nr. 40), sofern nichts anderes vereinbart ist. Die Verletzung vertraglicher Verschwiegenheitspflichten ist nicht strafbewehrt, kann aber zu arbeitsrechtlichen Sanktionen führen. **18**

2. Gesetz zum Schutz von Geschäftsgeheimnissen (GeschGehG)

Die unerlaubte Erlangung, Nutzung und Offenlegung von Betriebs- und Geschäftsgeheimnissen sind des Weiteren durch das GeschGehG geschützt, das Betriebs- und Geschäftsgeheimnisse jetzt unter dem Begriff Geschäftsgeheimnisse zusammenfasst. Der Begriff ist insofern enger, als der Gegenstand des Geheimnisses einen wirtschaftlichen Wert haben, der Inhaber den Gegenstand durch den Umständen nach angemessene Geheimhaltungsmaßnahmen geschützt und ein berechtigtes Interesse an der Geheimhaltung haben muss (§ 2 Nr. 1). Ein Geschäftsgeheimnis darf erlangt, genutzt oder offengelegt werden, wenn dies durch Gesetz, aufgrund eines Gesetzes oder durch Rechtsgeschäft gestattet ist (§ 3 Abs. 2). Die Erlangung, Nutzung oder Offenlegung eines Geschäftsgeheimnisses ist nicht verboten, wenn die Offenlegung gegenüber dem SprA erfolgt, damit dieser seine Aufgaben erfüllen kann (§ 5 Nr. 3). Die Rechte des SprA und der einzelnen Sprecher aus dem SprAuG werden durch das GeschGehG nicht berührt (§ 1 Abs. 3 Nr. 4). **19**

Hinweisgeberschutzgesetz (HinSchG): Das Gesetz schützt Personen, die im Rahmen ihrer Tätigkeit Informationen über Verstöße erlangt haben und diese einer internen oder externen Meldestelle melden oder sie offenlegen („hinweisgebende **19a**

Personen“, sog. Whistleblower, § 1 Abs. 1, § 3 Abs. 4, 5). Verstöße sind vor allem straf- oder bußgeldbewehrte rechtswidrige Handlungen oder Unterlassungen im Rahmen einer unternehmerischen Tätigkeit (§ 3 Abs. 2, § 2 Abs. 1, 2). Bußgeldbewehrt im Arbeitsrecht sind etwa Verstöße gegen das ArbZG, das MuSchG, das JArbSchG, das AÜG, das MiLoG und das SprAuG (§ 36). Beinhaltet eine Meldung oder eine Offenlegung ein Geschäftsgeheimnis iSd GeschGehG, so ist die Weitergabe des Geschäftsgeheimnisses an eine zuständige Meldestelle oder die Offenlegung erlaubt, wenn der Hinweisgeber hinreichenden Grund zu der Annahme hatte, dass die Weitergabe oder die Offenlegung notwendig ist, um einen Verstoß aufzudecken und wenn er des Weiteren hinreichenden Grund zu der Annahme hatte, dass die Informationen der Wahrheit entsprechen und in den Anwendungsbereich des GeschGehG fallen. Zu den Einzelheiten HWK/*Willemsen* HinSchG.

3. §§ 31 Abs. 3, 26 Abs. 2 S. 3, 27 Abs. 2 SprAuG

20 Nicht erfasst vom Begriff des Betriebs- und Geschäftsgeheimnisses werden regelmäßig die persönlichen Verhältnisse und Angelegenheiten der L.A. Für sie begründen §§ 31 Abs. 3, 26 Abs. 2 S. 3 eine Verschwiegenheitspflicht, wenn sie dem SprA-Mitglied im Rahmen der Einsichtnahme in die Personalakte bzw. bei einer personellen Einzelmaßnahme bekannt geworden sind. Eine Vorschrift für den Fall, dass sie dem SprA-Mitglied bei anderer Gelegenheit bekannt werden, fehlt. Soweit das im Rahmen der Amtstätigkeit geschieht, etwa wenn ein L.A. ein SprA-Mitglied zur Unterstützung heranzieht, wird man § 31 Abs. 3 analog anwenden können (*Löwisch* § 29 Rn. 6: § 27 Abs. 2). Der Gesetzgeber hat an das Bekanntwerden persönlicher Verhältnisse offenbar nur im Zusammenhang mit personellen Einzelmaßnahmen gedacht; in der Tat sind das die wichtigsten und häufigsten Fälle. Dass und wie sehr ihm am Persönlichkeitsschutz gelegen ist, zeigt § 27 Abs. 2. Eine Verletzung der Verschwiegenheitspflicht außerhalb des § 31 Abs. 3 ist allerdings wegen des strafrechtlichen Analogieverbots (Art. 103 Abs. 2 GG, § 1 StGB) nicht strafbewehrt. Unter Umständen kommt ein Ausschluss aus dem SprA wegen grober Verletzung gesetzlicher Pflichten in Betracht.

VIII. Verstöße

1. Verstoß des einzelnen Verpflichteten

21
1. Die Verletzung der Geheimhaltungspflicht ist strafbar nach § 35 Abs. 1; gemäß § 35 Abs. 5 handelt es sich um ein Antragsdelikt.
2. Sie kann außerdem einen groben Verstoß gegen die gesetzlichen Pflichten des SprA-Mitglieds darstellen und auf Antrag eines Viertels der L.A. des Betriebs/Unternehmens/Konzerns, des jeweiligen SprA oder des AG zum Ausschluss aus dem SprA führen (SprA: § 9 Abs. 1; GSprA: § 17 Abs. 1; USprA: § 20 Abs. 1 iVm § 9 Abs. 1; KSprA: § 22 Abs. 1; ErfK/*Oetker* SprAuG § 29 Rn. 4). Zum Begriff des groben Verstoßes → § 9 Rn. 2 ff., → § 17 Rn. 9, → § 22 Rn. 4.
3. Weiter kann sich eine Schadensersatzpflicht des indiskreten SprA-Mitglieds gegenüber dem AG aus § 823 Abs. 2 BGB iVm § 29 ergeben; § 29 ist Schutzgesetz iSd § 823 Abs. 2 BGB (ErfK/*Oetker* SprAuG § 29 Rn. 4; zu § 79 BetrVG ganz hM, s. nur ErfK/*Kania* BetrVG § 79 Rn. 21; HWGNRH/*Nicolai* § 79 Rn. 26; Richardi BetrVG/*Thüsing* § 79 Rn. 40). Daneben kommen Schadensersatzansprüche wegen Pflichtverletzung (§ 280 BGB) in Betracht.

4. Zu eventuellen Schadensersatzpflichten gegenüber Arbeitskollegen → § 31 Rn. 49.
5. Schließlich kann die Verletzung der Geheimhaltungspflicht einen Kündigungsgrund darstellen. Zwar handelt es sich hierbei um die Verletzung einer Amtspflicht, doch wird damit regelmäßig zugleich die arbeitsvertragliche Verschwiegenheitspflicht verletzt (Richardi BetrVG/*Thüsing* § 79 Rn. 39) und das Vertrauensverhältnis zu dem AG beeinträchtigt.

2. Verstoß des Sprecherausschusses als Gremium

Ein Schadensersatzanspruch gegen den SprA kommt nicht infrage, auch wenn er als Gremium gegen die Geheimhaltungspflicht verstößt; der SprA ist nicht rechtsfähig. In Betracht kommt nur ein Anspruch gegen die SprA-Mitglieder, wobei der erforderliche Kausalitätsnachweis nur schwer zu führen sein dürfte. Zu denken ist deshalb an eine Beweislastumkehr nach Gefahrenbereichen für den Bereich der ausschussinternen Vorgänge. Unter Umständen liegt in dem Verstoß eine grobe Verletzung gesetzlicher Pflichten, der zur Auflösung des SprA oder des USprA nach § 9 Abs. 1 S. 1 Alt. 2 iVm § 20 Abs. 1 S. 2 führen kann (s. → § 9 Rn. 17 ff.). 22

IX. Streitigkeiten

Die Geheimhaltungspflicht nach § 29 kann allein oder als Vorfrage in einem arbeitsgerichtlichen Verfahren geprüft werden. 23

1. Beschlussverfahren

Bei Streitigkeiten über das Bestehen oder Nichtbestehen einer Geheimhaltungspflicht und ihren Umfang entscheidet das ArbG im Beschlussverfahren, § 2a Abs. 1 Nr. 2, Abs. 2; §§ 80 ff. ArbGG. Örtlich zuständig ist das ArbG des Bezirks, in dem der Betrieb liegt bzw. das Unternehmen seinen Sitz hat, § 82 Abs. 1 ArbGG. 24

Der AG kann aus § 29 Unterlassung einer drohenden oder fortdauernden Verletzung der Geheimhaltungspflicht verlangen, auch wenn die Vorschrift ausdrücklich nur eine Verhaltenspflicht normiert; Ansprüche können auch durch die Normierung entsprechender Verpflichtungen begründet werden (BAG 26.2.1987, NZA 1988, 63). Der Unterlassungsanspruch ist ebenfalls im Wege des Beschlussverfahrens durchzusetzen. 25

2. Urteilsverfahren

Für die Klage auf Schadensersatz ist das ArbG zuständig, da die nach § 29 Verpflichteten immer auch (zumindest ehemalige) AN sind. Maßgeblich ist der Charakter des geltend gemachten Anspruches. Auch wenn der Schadensersatzanspruch auf einer Amtspflichtverletzung beruht, handelt es sich nicht um eine „Angelegenheit aus dem Sprecherausschussgesetz" iSv § 2a Abs. 1 Nr. 2 ArbGG. Die Geheimhaltungspflicht ist nur Vorfrage. Damit ergibt sich die Zuständigkeit aus § 2 Abs. 1 Nr. 3 lit. d ArbGG. Ebenfalls Vorfrage ist die Geheimhaltungspflicht in einem Verfahren gegen eine Kündigung wegen Verletzung der Geheimhaltungspflicht, § 2 Abs. 1 Nr. 3 lit. b ArbGG. 26

Das ArbG entscheidet in allen diesen Fällen im Urteilsverfahren, § 2 Abs. 5 ArbGG. Örtlich zuständig sind wahlweise das ArbG am Wohnsitz des AG bzw. 27

am Unternehmenssitz (§§ 12, 13 bzw. 17 ZPO) oder das ArbG, in dessen Bezirk der Betrieb liegt, in dem das klagende SprA-Mitglied beschäftigt ist (§ 29), vgl. 35 ZPO.

Zweiter Abschnitt. Mitwirkungsrechte

§ 30 Arbeitsbedingungen und Beurteilungsgrundsätze

[1]Der Arbeitgeber hat den Sprecherausschuss rechtzeitig in folgenden Angelegenheiten der leitenden Angestellten zu unterrichten:
1. Änderungen der Gehaltsgestaltung und sonstiger allgemeiner Arbeitsbedingungen;
2. Einführung oder Änderung allgemeiner Beurteilungsgrundsätze.
[2]Er hat die vorgesehenen Maßnahmen mit dem Sprecherausschuss zu beraten.

Übersicht

I. Allgemeines

1 Die Vorschrift enthält den Kernbereich der Mitwirkung des SprA. S. 1 Nr. 1 gibt dem SprA ein Unterrichtungs- und Beratungsrecht über Änderungen der Gehaltsgestaltung und sonstiger allgemeiner Arbeitsbedingungen der L.A. Nach S. 1 Nr. 2 ist er bei der Einführung und Änderung von Beurteilungsgrundsätzen zu beteiligen. Damit soll das Verfahren bei Personalentscheidungen versachlicht werden. Die Mitwirkung nach § 30 bezieht sich nur auf Maßnahmen generellen Charakters (zu Vorstehendem BT-Drs. 11/2503, 43, zu § 30).

2 § 30 ergänzt das Initiativrecht des SprA zur Wahrnehmung der Interessen der L.A. (§ 25 Abs. 1; zu dem Zusammenspiel der Vorschriften der §§ 25, 28 und 30 s. insbesondere *Löwisch* § 30 Rn. 1).

3 § 30 S. 1 Nr. 1 enthält – in der Terminologie des BetrVG – soziale Angelegenheiten iSd § 87. Vom Gegenstand her ist die Beteiligung des SprA sehr viel weiter

als die des BR nach § 87 BetrVG; der SprA hat aber keine Mitbestimmungs-, sondern nur Mitwirkungsrechte.

§ 30 S. 1 Nr. 2 enthält einen Fall der allgemeinen personellen Angelegenheiten; hinsichtlich der Intensität der Beteiligung gilt dasselbe wie für die allgemeinen Arbeitsbedingungen. 4

Personelle Angelegenheiten, nämlich personelle Einzelmaßnahmen, sind auch in § 31 geregelt. Der Gesetzgeber hat für den Gesetzesaufbau nicht auf den Inhalt abgestellt, sondern darauf, ob es sich um generelle (§ 30) oder individuelle Maßnahmen (§ 31) handelt. 5

Will der AG allgemeine Arbeitsbedingungen, die der Mitbestimmung des BR nach § 87 BetrVG unterliegen, oder Beurteilungsgrundsätze einheitlich für alle AN des Betriebs oder des Unternehmens regeln, dann hat er den BR und den SprA zu beteiligen. Dasselbe gilt, wenn er eine einheitliche Regelung für AT-Angestellte anstrebt; die nicht leitenden AT-Angestellten werden vom BR vertreten. Da der BR ein volles Mitbestimmungsrecht hat, entscheidet bei Nichteinigung letztlich die Einigungsstelle. Ihre Entscheidung gilt zwar nicht für die L.A. – theoretisch kann es also zu unterschiedlichen Regelungen kommen –, beharrt der AG aber auf Einheitlichkeit, dann legt sie de facto auch die Arbeitsbedingungen für die L.A. fest. Der SprA kann das nicht verhindern. § 2 Abs. 1 S. 2 räumt ihm lediglich das Recht auf rechtzeitige vorherige Anhörung ein, wenn die rechtlichen Interessen der L.A. berührt werden. Aus dem Grundsatz der vertrauensvollen Zusammenarbeit ist der AG jedoch verpflichtet, die Auffassung des SprA in die Verhandlungen mit dem BR und in das Einigungsstellenverfahren einzubringen. 6

II. Änderung der Gehaltsgestaltung und sonstiger allgemeiner Arbeitsbedingungen (S. 1 Nr. 1)

1. Übersicht

Die Formulierung „Gehaltsgestaltung und sonstige allgemeine Arbeitsbedingungen“ zeigt, dass nur allgemeine Maßnahmen beteiligungspflichtig sind. Der SprA ist einzuschalten, wenn der AG eine über den Einzelfall hinausgehende generelle Regelung treffen will. Entscheidend ist, dass für eine Mehrzahl von Fällen nach demselben Muster verfahren werden soll; es kommt nicht darauf an, wie viele L.A. tatsächlich betroffen werden. Eine allgemeine Regelung liegt deshalb auch vor, wenn beispielsweise ein Passus über Wettbewerbsbeschränkungen oder über die Übertragung von Nutzungsrechten bei EDV-Software in die Arbeitsverträge aufgenommen wird, selbst wenn der AG überhaupt nicht oder allenfalls in einem Einzelfall davon Gebrauch macht. Umgekehrt sind Maßnahmen, die nur mit Rücksicht auf den konkreten Einzelfall getroffen werden, nicht mitwirkungspflichtig, auch wenn im Ergebnis mehrere oder im Extremfall sogar alle L.A. davon betroffen sind, wie zB bei der Regulierung der AT-Angestellten. Etwas anderes gilt, wenn dabei nach allgemeinen Grundsätzen verfahren wird, zB bei der Vergabe nach bestimmten Kriterien (s. auch → Rn. 15). 7

Der SprA ist die Vertretung der L.A., dh er vertritt die Interessen der L.A. als Gruppe oder zumindest einer Teilgruppe von ihnen. Er ist aus eigenem Recht nicht der Anwalt einzelner L.A. Das Gesetz drückt das dadurch aus, dass es ihm eine Mitwirkung nur bei allgemeinen Arbeitsbedingungen gibt. 8

Der SprA hat insbesondere keine Mitwirkungsrechte bzgl. des Gehalts einzelner L.A (BT-Drs. 11/2503; statt aller *Löwisch* § 30 Rn. 4). Er ist nicht einmal darüber 9 zu unterrichten; allenfalls auf dem Umweg über die Einsicht in die Bruttogehaltslisten kann er sich darüber Informationen verschaffen (zum Einsichtsrecht → § 25 Rn. 29 ff.).

10 Dasselbe gilt für sonstige Arbeitsbedingungen, etwa eine abweichende Arbeitszeit oder eine individuelle Versorgungszusage. Dem einzelnen L.A. bleibt es allerdings unbenommen, ein Mitglied des SprA in einer persönlichen Angelegenheit zu seiner Unterstützung hinzuzuziehen (§ 26 Abs. 1). Der AG ist, soweit er dadurch nicht eine etwa vereinbarte Vertraulichkeit verletzt, nicht gehindert, den SprA von sich aus über Einzelmaßnahmen zu informieren.

11 Diese Grundsätze dürfen nicht dadurch umgangen werden, dass man „allgemein" mit „kollektiv" übersetzt und „kollektiv" iSd Lehre vom qualitativen Kollektiv auslegt. Nach dieser Lehre liegt eine kollektive Regelung vor, wenn sie nicht durch die konkreten Umstände des einzelnen Arbeitsverhältnisses bedingt ist und sich folgerichtig nicht auf dieses Arbeitsverhältnis beschränkt (BAG 3.12.1991, AP BetrVG 1972 § 87 Lohngestaltung Nr. 52). Der Gesetzgeber redet gerade nicht von kollektiven, sondern von allgemeinen, und das heißt, von generellen Arbeitsbedingungen. Er stellt damit ausdrücklich nicht auf ein qualitatives, sondern auf ein quantitatives Kollektiv ab.

2. Gehaltsgestaltung und sonstige allgemeine Arbeitsbedingungen

12 Umstritten ist, ob sich das Unterrichtungs- und Beratungsrecht nur auf die Grundsätze der Gehaltsfindung oder auch auf die Gehaltshöhe bezieht, ob der SprA also bspw. in den Entscheidungsprozess bei der jährlichen Gehaltsanpassung einbezogen werden muss (so *Goldschmidt* S. 98 f.; *Löwisch* SprAuG § 30 Rn. 3). Das ist mit der hL zu verneinen (ErfK/*Oetker* SprAuG § 30 Rn. 2; HWK/*Annuß* SprAuG § 28 Rn. 2).

13 Der Begriff „Gehaltsgestaltung" ist dem Begriff Lohngestaltung in § 87 Abs. 1 Nr. 10 BetrVG nachgebildet. Dort meint er die Grundsätze der Entgeltfindung, insbesondere die Aufstellung von Entlohnungsgrundsätzen und die Einführung und Anwendung von neuen Entlohnungsmethoden sowie deren Änderung. Hätte der Gesetzgeber eine Mitwirkung auch bei der Gehaltshöhe gewollt, dann hätte angesichts der Parallelregelung eine andere Wortwahl nahegelegen. Das Gesetz hätte beispielsweise von Gehalt oder Gehaltsfragen und sonstigen Arbeitsbedingungen sprechen können; das geschieht aber gerade nicht.

14 Gehalt ist nicht nur als laufendes Entgelt zu verstehen; gemeint sind vielmehr alle geldwerten Leistungen. Zum Gehalt gehören auch Sonderzuwendungen (Gratifikationen), Urlaubs- und Jubiläumsgeld, verbilligter Bezug von Waren oder Dienstleistungen des Unternehmens, zinsgünstige Darlehen, die Altersversorgung usw, nicht dagegen die Erstattung von Spesen; sie sind keine Vergütung für Arbeit, sondern Aufwendungsersatz.

15 Beteiligungspflichtig ist das Gehaltssystem; das sind die Regeln, nach denen der AG im Rahmen des Arbeitsverhältnisses geldwerte Leistungen erbringt:
- die Frage, ob das laufende Gehalt nach einem bestimmten System oder nach Entscheidungen im Einzelfall gezahlt wird;
- die Aufteilung des Entgelts auf laufende Zahlungen (Gehalt) und sonstige Leistungen (13. Monatsgehalt, Erfolgsbeteiligung, Altersversorgung);
- die Ausgestaltung eines Gehaltssystems (Bemessungsgrundlagen, Gehaltsbandbreiten, Regelung über ein Bonussystem bei Zielvereinbarungen) und die Kri-

terien für die Vergabe sonstiger Leistungen (Erfolgsbeteiligungsordnung, Jubiläumsgeldregelung, Altersversorgungsordnung).

Nicht beteiligungspflichtig ist die Dotierung (AR/*Maschmann* SprAuG § 30 Rn. 2; ErfK/*Oetker* SprAuG § 30 Rn. 3; MünchArbR/*Francke* § 312 Rn. 66; aA *Löwisch* § 30 Rn. 1). Der AG muss mit dem SprA weder über den durchschnittlichen Erhöhungssatz für die jährliche Regulierung noch über ein Budget, das er den Vorgesetzten zur Verfügung stellt, noch über die Ausstattung von Gehaltsgruppen oder über die Höhe von Gratifikationen beraten. Der AG ist aber nicht gehindert, von sich aus mit dem SprA über Entgeltfragen zu reden oder ggf. Vereinbarungen, etwa eine Altersversorgungsregelung, abzuschließen (vgl. § 28). Da es für L.A. keine Gehaltstarifverträge gibt, sind Gehaltsfragen gerade für diese Gruppe von besonderer Bedeutung. Die Einbeziehung des SprA hat sich in guten wie in schlechten Zeiten bewährt. **16**

3. Sonstige allgemeine Arbeitsbedingungen

Gegenstand der sonstigen allgemeinen Arbeitsbedingungen kann alles sein, was Inhalt des Arbeitsvertrags sein kann und nicht das Gehalt betrifft, dh alle formellen und materiellen Arbeitsbedingungen. Es kommt nicht darauf an, ob es sich um Hauptleistungspflichten handelt oder um Nebenabreden. Die Dauer der Arbeitszeit ist also genauso beteiligungspflichtig wie deren Lage, Versetzungsklauseln, Wettbewerbsabreden, Altersgrenzen oder Fragen der Ordnung des Betriebs, etwa Führungsgrundsätze oder Ethikrichtlinien, wenn und soweit sie den L.A. ein bestimmtes Ordnungsverhalten vorschreiben. Nicht mitwirkungspflichtig sind Einzelmaßnahmen. **17**

4. Änderung

Eine Änderung liegt nicht nur vor, wenn eine vorhandene Regelung geändert wird, sondern auch dann, wenn sie neu eingeführt wird (ErfK/*Oetker* SprAuG § 30 Rn. 6; *Löwisch* § 30 Rn. 7; MHdB ArbR/*Francke* § 312 Rn. 68). Auch da ändert sich die bestehende Rechtslage. **18**

5. Prüfverfahren nach dem EntgTranspG

Wird ein betriebliches Verfahren zur Überprüfung und Herstellung von Entgeltgleichheit von Frauen und Männern nach §§ 17 ff. EntgTranspG durchgeführt, so ist der SprA zu beteiligen (§ 17 Abs. 2 EntgTranspG). Der AG hat ihn rechtzeitig unter Vorlage der erforderlichen Unterlagen über die Planung zu unterrichten (§ 25 Abs. 2 SprAuG, für den BR § 20 Abs. 1 EntgTranspG). **19**

III. Einführung oder Änderung allgemeiner Beurteilungsgrundsätze (S. 1 Nr. 2)

Allgemeine Beurteilungsgrundsätze sind Regeln, nach denen Leistung und Führung von L.A. und Bewerbern bewertet werden sollen (*Wlotzke* DB 1989, 173 (177)). Das BAG umschreibt sie als „Regelungen, die die Bewertung des Verhaltens oder der Leistung der AN verobjektivieren und nach einheitlichen, für die Beurteilung jeweils erheblichen Kriterien ausrichten sollen. Mit ihnen soll ein einheitliches Vorgehen bei der Beurteilung nach einheitlichen Maßstäben **20** ermöglicht und erreicht werden, dass die Beurteilungsergebnisse miteinander vergleichbar sind" (BAG 23.10.1984, NZA 1985, 224).

21 Allgemeine Beurteilungsgrundsätze enthalten vor allem die Merkmale, an denen Leistung und (Führungs-) Verhalten gemessen werden, die Beurteilungsstufen und das Verfahren zur Durchführung (Beurteilungsgespräch, Test, Abzeichnen durch Mitarbeiter, eventuell auch durch übergeordneten Vorgesetzten usw). Allgemeine Beurteilungsgrundsätze liegen auch dann vor, wenn Beurteilungen mittelbar gewonnen werden, etwa durch formalisierte Mitarbeiter- oder Zielsetzungsgespräche. Im Einzelnen kann auf die Literatur zu § 94 BetrVG zurückgegriffen werden.

22 Keine Beurteilungsgrundsätze sind Anforderungsprofile und Tätigkeitsbeschreibungen.

23 Keine Beteiligungspflicht besteht auch bei Richtlinien, die bestimmen, wie L.A. bei der Beurteilung nicht leitender AN zu verfahren haben. Sie sind lediglich Vorgaben für die Personalführung und -verwaltung (*Löwisch* § 30 Rn. 10).

24 Dasselbe gilt für Führungsgrundsätze für L.A. Soweit sie verbindlich sind, gilt allerdings die Beteiligungspflicht nach S. 1 Nr. 1.

25 Das Mitwirkungsrecht besteht bei der Einführung und bei jeder Änderung, nicht bei der einzelnen Beurteilung. Hier besteht ein Erörterungsrecht des L.A. nach § 26, uU unter Beteiligung eines SprA-Mitglieds.

IV. Unterrichtung

26 Der AG hat den SprA vor der Einführung und vor jeder Änderung zu unterrichten.

27 Die Unterrichtungspflicht wird ausgelöst, sobald sich die Absichten des AG konkretisiert haben; bloße Vorüberlegungen, das Sammeln von Material, die Einholung von Informationen genügen nicht.

28 Die Unterrichtung muss so rechtzeitig erfolgen, dass sich der SprA der Bedeutung der Sache gemäß mit der Angelegenheit befassen kann und dass Vorschläge und Bedenken noch berücksichtigt werden können. Dabei dürfen auch nicht Sachzwänge geschaffen werden, beispielsweise durch kaum noch umstößliche Abstimmung zwischen den betroffenen Fachabteilungen, die den SprA nur noch vor die Alternative des „so oder gar nichts" stellen.

29 Der AG braucht nicht von sich aus anhand von Unterlagen zu unterrichten. Auf Verlangen hat er dem SprA jedoch jederzeit die zur Beratung erforderlichen Unterlagen zur Verfügung zu stellen (§ 25 Abs. 2 S. 2; s. auch *Goldschmidt* S. 99).

V. Beratung

30 Das Vorhaben ist mit dem SprA zu beraten. Der AG muss die Stellungnahme des SprA entgegennehmen und diese und die eigenen Absichten mit ihm im Einzelnen erörtern (*Löwisch* § 30 Rn. 15). Die Diskussion muss von beiden Seiten mit dem Ziel einer konstruktiven Lösung geführt werden (AR/*Maschmann* SprAuG § 30 Rn. 1).

31 Der AG ist nicht an die Zustimmung des SprA gebunden. Er kann die Regelung auch gegen dessen Einwendungen treffen. Die Einigung ist nicht erzwingbar.

32 Die Beratung mit dem SprA ersetzt nicht eine ggf. erforderliche Einigung mit dem oder den L.A. Ob allgemeine Arbeitsbedingungen änderbar sind, richtet sich

nach den allgemeinen Regeln. Hat sich der AG eine Änderung vorbehalten, so kann er die Änderung einseitig durchführen. Dabei muss er sich in den Grenzen des Vorbehalts halten; in jedem Fall hat er billiges Ermessen zu wahren (§ 315 Abs. 1 BGB). Bei „SprA-Vereinbarungsoffenheit“ kann er den Vertrag auch durch Vereinbarung mit dem SprA ändern. Die Rechtsprechung nimmt Offenheit generell bei allgemeinen Arbeitsbedingungen mit kollektivem Bezug an (→ § 28 Rn. 34). Fehlt Vereinbarungsoffenheit, dann kommen nur die einvernehmliche Änderung (§ 311 Abs. 1 BGB) und/oder die (Massen-) Änderungskündigung (§§ 1, 2 KSchG) in Betracht. Eine einvernehmliche Änderung liegt auch dann vor, wenn der AG einseitig eine Änderung vornimmt, die sich im Arbeitsverhältnis unmittelbar auswirkt, und wenn die L.A. nicht widersprechen, also wenn sie sich beispielsweise mit einer Änderung der Gratifikationsordnung zufriedengeben. Anders ist es, wenn die Regelung sich nicht unmittelbar im Arbeitsverhältnis auswirkt, sondern erst später bei Eintritt der Voraussetzungen wie etwa bei einer Änderung der Jubiläumsgeldregelung oder der Altersversorgungsordnung (*Hromadka* NZA-Beil. 1987, 3, 12). Zu der Änderung kommt es nach hL selbst dann, wenn im Arbeitsvertrag Schriftform vereinbart ist (ausf. dazu *Hromadka/Maschmann* § 5 Rn. 177 f.).

VI. Streitigkeiten

33 Streitigkeiten über Bestehen, Umfang und Inhalt der Unterrichtungs- und Beratungspflicht werden im arbeitsgerichtlichen Beschlussverfahren nach § 2a Abs. 1 Nr. 2, Abs. 2; §§ 80 ff. ArbGG ausgetragen. Zur Durchsetzung des Unterrichtungs- und Beratungsanspruchs kann unter den Voraussetzungen der § 85 Abs. 2 ArbGG, §§ 935, 940 ZPO, die wegen des Charakters der einstweiligen Verfügung als Leistungsverfügung streng sind (vgl. *Thomas/Putzo* § 940 Anm. 4), eine einstweilige Verfügung erlangt werden.

34 Der Verstoß gegen die Unterrichtungspflicht stellt eine Ordnungswidrigkeit nach § 36 Abs. 1 dar, die vorsätzliche Verletzung der Unterrichtungs- oder der Beratungspflicht eine Straftat nach § 34 Abs. 1 Nr. 2 (*Löwisch* § 30 Rn. 16).

35 Weitere Folgen hat eine Verletzung der Beteiligungspflichten nicht. Insbesondere kann der SprA nicht Unterlassen des Vorhabens verlangen, und er kann den AG auch nicht durch einstweilige Verfügung zur Unterlassung zwingen (*Bauer* Anm. VI S. 90; *Buchner* NZA-Beil. 1989 1, 2 (18); aA *Löwisch* § 30 Rn. 16). Das ergibt sich einmal daraus, dass der SprA nicht in die Unternehmensführung eingreifen darf. Zum anderen würde die Sanktion dem SprA mehr Rechte geben, als er bei ordnungsgemäßer Beteiligung hätte. Der Gesetzgeber sieht für die Verletzung der Pflichten des AG deshalb andere Sanktionen vor (§§ 36 Abs. 1, 34 Abs. 1 Nr. 2). Die Rechtsprechung zum Unterlassungsanspruch des BR bei Verletzung seiner Mitbestimmungsrechte nach § 87 Abs. 1 BetrVG (stRspr., grundlegend BAG 3.5.1994, NZA 1995, 40) ist nicht auf den SprA übertragbar (*Kronisch/Deich* AR-Blattei SD 1490.3 Rn. 211). Der SprA kann jedoch nachträgliche Unterrichtung und Beratung verlangen (ErfK/*Oetker* SprAuG § 30 Rn. 8).

§ 31 Personelle Maßnahmen

(1) **Eine beabsichtigte Einstellung oder personelle Veränderung eines leitenden Angestellten ist dem Sprecherausschuss rechtzeitig mitzuteilen.**

(2) [1]Der Sprecherausschuss ist vor jeder Kündigung eines leitenden Angestellten zu hören. [2]Der Arbeitgeber hat ihm die Gründe für die Kündigung mitzuteilen. [3]Eine ohne Anhörung des Sprecherausschusses ausgesprochene Kündigung ist unwirksam. [4]Bedenken gegen eine ordentliche Kündigung hat der Sprecherausschuss dem Arbeitgeber spätestens innerhalb einer Woche, Bedenken gegen eine außerordentliche Kündigung unverzüglich, spätestens jedoch innerhalb von drei Tagen, unter Angabe der Gründe schriftlich mitzuteilen. [5]Äußert er sich innerhalb der nach Satz 4 maßgebenden Frist nicht, so gilt dies als Einverständnis des Sprecherausschusses mit der Kündigung.

(3) Die Mitglieder des Sprecherausschusses sind verpflichtet, über die ihnen im Rahmen personeller Maßnahmen nach den Absätzen 1 und 2 bekannt gewordenen persönlichen Verhältnisse und Angelegenheiten der leitenden Angestellten, die ihrer Bedeutung oder ihrem Inhalt nach einer vertraulichen Behandlung bedürfen, Stillschweigen zu bewahren; § 29 Abs. 1 Satz 2 und 3 gilt entsprechend.

Übersicht

I. Allgemeines

1 § 31 regelt die Beteiligung des SprA bei personellen Einzelmaßnahmen von der Einstellung über personelle Veränderungen bis hin zur Kündigung. Abs. 1 sieht eine Mitteilungspflicht bei Einstellungen und personellen Veränderungen vor. Nach Auffassung des Gesetzgebers ist die frühzeitige Unterrichtung des SprA

Voraussetzung für eine wirksame Vertretung der Belange der L.A. in personellen Angelegenheiten. Abs. 2 knüpft die Wirksamkeit der Kündigung eines L.A. an die vorherige Anhörung des SprA. Der SprA kann innerhalb einer Ausschlussfrist Bedenken gegen die in Aussicht genommene ordentliche oder außerordentliche Kündigung vorbringen. Die Schweigepflicht des Abs. 3 soll den Schutz der Privatsphäre der L.A. auch bei der Beteiligung an personellen Einzelmaßnahmen gewährleisten (zu Vorstehendem BT-Drs. 11/2503, 43 zu § 31).

II. Mitwirkung bei Einstellungen und personellen Veränderungen (Abs. 1)

Abs. 1 übernimmt den Wortlaut des § 105 BetrVG. Das legt eine Auslegung im Sinne dieser Vorschrift nahe. Die Zielrichtung der beiden Bestimmungen deckt sich jedoch nicht. § 105 will sicherstellen, dass der BR und damit die AN über die Änderung der Funktionen von L.A., die vielfach Vorgesetztenstellung einnehmen und ihnen gegenüber insofern „den AG" repräsentieren, unterrichtet werden. § 31 dient demgegenüber wie § 99 BetrVG der Interessenwahrung der einzelnen L.A. und darüber hinaus der der übrigen L.A (*Löwisch* § 31 Rn. 1). Der Grundgedanke des § 99 ist deshalb in die Auslegung mit einzubeziehen. § 31 räumt dem SprA allerdings kein originäres Beratungsrecht unabhängig vom Willen des oder der betroffenen L.A. ein, sondern lediglich ein Recht auf Informationen, die ihm für den Fall zur Verfügung stehen, dass ein L.A. ihn um Unterstützung bittet. 2

1. Einstellung

Unter Einstellung versteht das BAG analog zu der Definition der Versetzung in § 95 Abs. 3 BetrVG die Eingliederung einer Person in den Betrieb, um zusammen mit den dort beschäftigten AN bzw. L.A. den arbeitstechnischen Zweck des Betriebs durch weisungsgebundene Tätigkeit zu verwirklichen. „Einstellung" ist demgemäß nicht als Abschluss des Arbeitsvertrags zu verstehen, sondern als tatsächliche Arbeitsaufnahme, als „erste" Zuweisung eines Arbeitsbereichs in einem Betrieb. Erst durch die tatsächliche Beschäftigung betriebsfremder Personen in einem Betrieb werde das Interesse der Mitarbeiter, deren Schutz das Beteiligungsrecht diene, berührt. Eine Einstellung liegt deshalb (im aufnehmenden Betrieb) auch vor, wenn ein L.A. auf Dauer oder auf Zeit in einen anderen Betrieb desselben Unternehmens oder in ein anderes Unternehmen des Konzerns versetzt wird. 3

Gleichzustellen ist der Fall, dass ein betriebsangehöriger AN mit einer Aufgabe betraut wird, kraft derer er L.A. ist (*Löwisch* § 31 Rn. 3; *Oetker.* ZfA 1990, 43, 73). Das gilt auch für die Übertragung der ständigen Vertretung eines L.A., wenn sie ihn selbst zum L.A. macht. Einstellung ist schließlich die Verlängerung eines befristeten Vertrags, etwa die Weiterbeschäftigung über die vorgesehene Altersgrenze hinaus (AR/*Maschmann* SprAuG § 31 Rn. 2; ErfK/*Oetker* SprAuG § 31 Rn. 3). 4

2. Personelle Veränderung

Der Begriff der personellen Veränderung ist teils enger, teils weiter als der des § 105 BetrVG. Er umfasst jede Änderung der Arbeitsaufgabe oder der Stellung des L.A. im Unternehmen, die die Belange des L.A. und/oder der übrigen L.A. nicht nur unerheblich berührt (vgl. *Bauer* Anm. II S. 92; *Goldschmidt* S. 127; *Löwisch* § 31 Rn. 4). 5

6 **a) Versetzung.** Versetzung ist die Zuweisung einer anderen Tätigkeit, einer Tätigkeit in einer anderen organisatorischen Einheit und/oder an einem anderen Ort. Unerhebliche und kurzfristige Veränderungen (bis zu einem Monat, vgl. § 95 Abs. 3 BetrVG) sind nicht mitteilungspflichtig (vgl. BAG 28.9.1988, DB 1989, 386; aA *Goldschmidt* S. 127). Mitteilungspflichtig sind auch Änderungen in der Vorgesetztenfunktion, nämlich die Unterstellung und der Entzug von Mitarbeitern oder ein Wechsel aus der Funktion als Disziplinarvorgesetzter in die eines Fachvorgesetzten oder umgekehrt. Die Mitteilungspflicht besteht allerdings nur, wenn zu den unterstellten Mitarbeitern mindestens ein L.A. gehört. Im Übrigen wird bei Änderungen in der Vorgesetztenfunktion häufig zugleich eine Versetzung vorliegen (von Stabs- in Linientätigkeit oder umgekehrt).

7 **b) Beförderung/Degradierung.** Ist eine Beförderung/Degradierung mit einer Änderung der Arbeitsaufgabe verbunden, so wird idR bereits eine Versetzung vorliegen. Mitwirkungspflichtig sind aber auch eine bloße Ernennung beispielsweise eines Abteilungsleiters zum Abteilungsdirektor oder der Entzug eines solchen Titels.

8 **c) Vollmachten.** Eine personelle Veränderung stellt weiter die Erteilung oder der Entzug handelsrechtlicher Vollmachten (Handlungsvollmacht, und zwar sowohl in Gestalt von iA als auch von iV, Prokura, Generalvollmacht) dar (statt aller *Bauer* Anm. II S. 92; *Dänzer-Vanotti* DB 1990, 44; *Engels/Natter* BB-Beil. 1989 8, 32); die Verleihung interner Befugnisse (Materialentnahme, Genehmigung von Dienstreisen usw) nur, wenn sie mit einer Änderung der dienstlichen Stellung verbunden ist oder Auswirkungen auf andere L.A. haben kann.

9 **d) „Ernennung" zum leitenden Angestellten, Verlust der Eigenschaft.** Eine „Ernennung" zum L.A. ist ebenso wenig möglich wie eine „Entleitung". Ein AN ist nach seiner Funktion L.A., oder er ist es nicht, auch wenn die manchmal schwierige Zuordnung ein anderes nahelegt. Wird ein AN durch Übertragen einer anderen Aufgabe L.A., so ist der SprA schon deshalb einzuschalten (s. → Rn. 6). Er ist aber auch zu unterrichten, wenn ein AN durch betriebliche Zuordnungsgremien (Wahlvorstände, Vermittler) oder durch Gericht als L.A. anerkannt oder wenn ihm diese Rechtsstellung abgesprochen wird.

10 Wird einem AN die Eigenschaft als L.A. zuerkannt, so ist gemäß § 105 BetrVG auch der BR zu unterrichten. Dasselbe gilt, wenn er sie ohne Änderung der Tätigkeit verliert; ändert sich überdies die Tätigkeit, so ist der BR nach § 99 BetrVG zu beteiligen.

11 **e) Ausscheiden aus dem Betrieb.** Der SprA ist auch zu unterrichten, wenn der L.A. aus dem Betrieb ausscheidet, und zwar gleichgültig, aus welchem Grund: Versetzung in einen anderen Betrieb, Anfechtung, Ablauf eines befristeten Vertrags, Aufhebungsvertrag, Eigenkündigung – bei Kündigung durch das Unternehmen erfolgt die Unterrichtung iRd Anhörungsverfahrens nach Abs. 2 –, (Früh-)Pensionierung (*Bauer* Anm. II S. 92; Schaub ArbR-HdB/*Koch* § 253 Rn. 4).

3. Zeitpunkt und Umfang der Mitteilung

12 Zeitpunkt und Umfang der erforderlichen Unterrichtung folgen aus einer Zusammenschau von § 31 Abs. 1 und §§ 25, 26 Abs. 1. Der SprA soll die (kollektiven) Interessen der L.A. in den Entscheidungsprozess einbringen können (§ 25 Abs. 1 S. 1), und er soll vorbereitet sein für den Fall, dass der betroffene L.A. ihn

mit der Wahrnehmung seiner (individuellen) Interessen betraut (§ 25 Abs. 1 S. 2). Er ist aber nicht befugt, von sich aus die Interessen eines L.A. wahrzunehmen (vgl. auch → § 25 Rn. 16).

Der SprA ist rechtzeitig zu unterrichten. Die Unterrichtung muss so frühzeitig geschehen, dass ihm ausreichend Zeit zur Meinungsbildung bleibt und dass er auf die Entscheidung noch Einfluss nehmen kann. In Anlehnung an § 99 Abs. 3 S. 1 BetrVG wird man ihm dafür im Normalfall eine Frist von einer Woche zuzugestehen haben; in Eilfällen muss er „Vorschläge und Bedenken" (s. § 90 Abs. 2 S. 1 BetrVG) unverzüglich (= ohne schuldhaftes Zögern, § 121 Abs. 1 S. 1 BGB) vorbringen (vgl. § 102 Abs. 2 S. 3 BetrVG). Nicht mehr rechtzeitig ist die Unterrichtung, wenn sie erst erfolgt, nachdem der AG Sachzwänge geschaffen hat, aufgrund derer er die geplante Maßnahme praktisch nicht mehr unterlassen kann, etwa wenn der AG dem L.A. in Gegenwart Dritter ein „letztes", von ihm unterschriebenes Angebot für den Abschluss eines Aufhebungsvertrags vorlegt. 13

Die Unterrichtungspflicht besteht noch nicht, wenn der AG erst Vorüberlegungen anstellt, also Informationen einholt, sich ein Gutachten erstellen lässt oÄ. Die Planung muss konkrete Formen angenommen haben. Allerdings wird es sich personalpolitisch häufig empfehlen, den SprA bereits dann einzuschalten, wenn Gefahr besteht, dass die Vorüberlegungen im Unternehmen bekannt werden, etwa weil Abteilungen des „Hauses" mit der Beschaffung von Informationen betraut werden und Vertraulichkeit nicht sichergestellt werden kann. Beabsichtigt der AG, die Beendigung eines Arbeitsverhältnisses mit Hilfe eines Aufhebungsvertrags herbeizuführen, so hat er den SprA vor Aufnahme von Verhandlungen zu unterrichten (hM, *Goldschmidt* S. 127 f.; ErfK/*Oetker* SprAuG § 31 Rn. 4). 14

Zu unterrichten hat der AG den SprA bzw. den USprA. Bei Eingliederung eines L.A. in einen weiteren Betrieb des Unternehmens ist auch dessen SprA zu unterrichten. Die Zuständigkeit geht nicht auf den GSprA oder den KSprA über, es sei denn, dass sie ihm übertragen wird (BAG 22.10.2019, NZA 2020, 61). 15

Art und Umfang der Informationspflicht ergeben sich aus dem Zweck des § 31 Abs. 1: den SprA mit Informationen zu versorgen für den Fall, dass er von dem betroffenen L.A. oder von anderen möglicherweise betroffenen L.A. mit der Wahrnehmung ihrer Interessen beauftragt wird. Der AG hat dem SprA deshalb Folgendes mitzuteilen: 16

- die Person des Bewerbers oder der Bewerber, unter denen er die Auswahl treffen will, bzw. die Person des L.A. oder der L.A., die durch eine personelle Veränderung betroffen wird/werden,
- die vorgesehene Änderung einschließlich eventueller Auswirkungen auf den oder die L.A.,
- Tatsachen, die der SprA benötigt, um sich über „Ob" und „Wie" einer eventuellen Unterstützung eine Meinung bilden zu können.

Die Unterrichtungspflicht erstreckt sich nur auf Informationen, die mit der personellen Veränderung des L.A. im Zusammenhang stehen (neues Aufgabengebiet, neue Funktion, Vollmachten), nicht auf Gehaltsfragen und sonstige Vertragsbedingungen (BAG 3.10.1989, DB 1990, 995; BAG 18.10.1988, NZA 1989, 355), bei einem Aufhebungsvertrag nicht auf eine etwaige Abfindung. 17

Der AG ist nicht verpflichtet, anhand von Unterlagen zu unterrichten. Etwas anderes gilt nur, wenn der SprA das verlangt. Dann sind ihm jederzeit die zur Durchführung seiner Aufgaben erforderlichen Unterlagen zur Verfügung zu stellen (§ 25 Abs. 2; dazu auch → § 25 Rn. 24, 27). Bei einer geplanten Einstellung sind das die Unterlagen, die die Bewerber von sich aus oder auf Anforderung des 18

AG einreichen (Anschreiben, Lebenslauf, Zeugnisse), sowie Unterlagen, die im Zusammenhang mit der Bewerbung erstellt werden (Personalfragebogen, Tests). Entsprechendes gilt bei Beförderungen. Nicht vorzulegen sind der Arbeitsvertrag, ein Änderungs- oder Aufhebungsvertrag, ärztliche Zeugnisse und die Personalakte (vgl. § 83 BetrVG). Schaltet der AG einen Personalberater ein, dann muss er (nur) die Unterlagen des oder der von diesem vorgeschlagenen Kandidaten dem SprA zugänglich machen (BAG 18.12.1990, DB 1991, 969 mwN).

19 Nach § 31 ist der SprA über geplante Maßnahmen nur – mündlich oder schriftlich – zu unterrichten. Diskussionen über Einstellungen und personelle Veränderungen von L.A. will der Gesetzgeber gerade nicht, sofern der L.A. den SprA nicht mit der Wahrnehmung seiner Interessen betraut (§ 26 Abs. 1). Der SprA kann aber Bedenken wegen der geplanten Einstellung oder personellen Veränderung und deren Auswirkungen auf andere L.A. vorbringen und Vorschläge für andere Lösungen unterbreiten (MHdB ArbR/*Francke* § 312 Rn. 73 ff.).

4. Verletzung der Mitteilungspflicht

20 Ein Verstoß gegen die Verpflichtung nach § 31 Abs. 1 macht die personelle Maßnahme nicht unwirksam. Der SprA hat auch keinen Unterlassungsanspruch. Der AG handelt bei Vorsatz (§ 10 OWiG) jedoch ordnungswidrig (§ 36 Abs. 1).

III. Mitwirkung bei Kündigungen (Abs. 2)

1. Vor jeder Kündigung

21 Nach § 31 Abs. 2 ist der AG verpflichtet, vor jeder Kündigung, dh vor Überreichen oder Absenden des Kündigungsschreibens (BAG 13.11.1975, DB 1976, 969), den SprA zu hören.

22 Das gilt sowohl für ordentliche als auch für außerordentliche Beendigungs- und Änderungskündigungen (BAG 27.9.2001, NZA 2002, 1277), und zwar ohne Rücksicht darauf, ob die Kündigung vor oder nach der Arbeitsaufnahme ausgesprochen wird, ob der L.A. sich noch in der Probezeit oder in der Wartezeit (BAG 12.9.2013, NZA 2013, 1412) befindet oder nicht und ob er Kündigungsschutz genießt oder nicht (BAG 28.9.1978, DB 1979, 1135; 13.7.1978, DB 1979, 313; *Fitting* § 102 Rn. 5 mwN). Der Kündigung durch den AG steht die durch den Insolvenzverwalter nach § 113 InsO gleich (*Fitting* § 102 Rn. 16; HWGNRH/*Huke* § 102 Rn. 17). Keine Kündigung ist die vorbehaltene Kündigung einer Nebenbestimmung. Hierbei handelt es sich nur um einen Widerruf mit Ankündigungsfrist.

23 Die Anhörung muss auch in Eilfällen durchgeführt werden. Dem AG bleibt die Möglichkeit, den L.A. von den Dienstpflichten zu entbinden, wenn ihm eine Weiterbeschäftigung unzumutbar ist; in Ausnahmefällen, etwa bei dringendem Verdacht des Geheimnisverrats, kann er ihm das Betreten des Betriebsgeländes untersagen.

24 Voraussetzung ist immer, dass zur Zeit der Kündigung ein SprA besteht. Dies bedeutet:

– Besteht kein SprA, so kann der AG ohne Anhörung kündigen, selbst wenn vor Ablauf der Kündigungsfrist ein SprA errichtet wird. Der AG ist auch nicht gehalten, mit der Kündigung bis zur Konstituierung des SprA zu warten (BAG 23.8.1984, DB 1985, 1085).

- Ist der SprA funktionsunfähig, weil kein Mitglied erreichbar ist, etwa in Betriebsferien, so entfällt die Anhörungspflicht (hM, vgl. HWGNRH/*Huke* § 102 Rn. 19; Richardi BetrVG/*Thüsing* § 102 Rn. 31 f.; aA *Fitting* § 102 Rn. 7). Ist auch nur ein SprA-Mitglied erreichbar, so ist dieses anzuhören (BAG 18.8.1982, DB 1983, 288: §§ 22, 13 Abs. 2 Nr. 2 BetrVG analog).
- Bei der Stilllegung des Betriebs behält der SprA ein Restmandat, bis alle Arbeitsverhältnisse von L.A. gelöst sind (BAG 29.3.1977, DB 1977, 1320; s. auch → § 5 Rn. 34).

Der L.A. kann nicht auf die Einhaltung des § 31 Abs. 2 verzichten; die Beteiligung ist anders als bei § 26 vom Willen des Betroffenen unabhängig. Ob der L.A. außerdem Einspruch beim BR (§ 3 KSchG) oder beim SprA einlegen kann, ist streitig (ErfK/*Oetker* SprAuG § 31 Rn. 9; *Löwisch* § 31 Rn. 19: Einspruch beim BR mit Ausnahme der L.A. iSd § 14 Abs. 2 KSchG; MHdB ArbR/*Francke* § 312 Rn. 86 f.: weder Einspruch beim BR noch beim SprA). Die Frage ist seit der individualrechtlichen Ausgestaltung des Kündigungsschutzes und seit Einführung der vorherigen Anhörungspflicht von BR (§ 102 BetrVG) und SprA (§ 31 Abs. 2) bedeutungslos. Braucht ein L.A. Unterstützung, so kann er jederzeit ein Mitglied des SprA zur Vermittlung hinzuziehen. 25

Da die Zuordnung nach § 18a BetrVG für die Kündigung keine Wirkung entfaltet (*Engels/Natter* BB-Beil. 1989 8, 13 mwN; s. → BetrVG § 18a Rn. 36 ff.), ist bei L.A. im Grenzbereich zu den nicht L.A. die Anhörung beider Interessenvertretungen, des SprA nach § 31 Abs. 2 und des BR nach § 102 BetrVG, empfehlenswert. Die Mitteilung über eine beabsichtigte Einstellung nach § 105 BetrVG ersetzt nicht die Einholung der Zustimmung des BR nach § 99 Abs. 1 S. 1 BetrVG. Nicht ausreichend ist auch eine nachträgliche Anhörung des BR zur Einstellung eines versehentlich als L.A. eingestuften AN, der der BR seine Zustimmung verweigert. Der AG muss in einem solchen Fall die Einstellung rückgängig machen und ein neues Stellenbesetzungsverfahren durchführen. Nach § 99 Abs. 1 S. 1 BetrVG ist die Zustimmung des BR „vor" der Einstellung einzuholen (BAG 21.11.2018, NZA 2019, 722). 26

Keine Anhörung, sondern ggf. lediglich die Unterrichtung nach § 31 Abs. 1, ist erforderlich bei 27

- Kündigung durch den L.A (HWGNRH/*Huke* § 102 Rn. 19),
- Änderungsvertrag oder Aufhebungsvertrag,
- Vertragsbeendigung durch Zeitablauf (Befristung).

Eine (nochmalige) Anhörung ist auch entbehrlich, wenn der AG eine Kündigung wiederholt, die am fehlenden Zugang gescheitert ist und der der ordnungsgemäß angehörte SprA ausdrücklich und vorbehaltlos zugestimmt hat, sofern die Wiederholung in engem zeitlichen Zusammenhang mit der ersten Kündigung erfolgt und der zugrunde gelegte Sachverhalt derselbe ist (BAG 11.10.1989, NZA 1990, 748). Wegen Anfechtung, Geltendmachung von Nichtigkeit, Betriebsübergang, Widerruf usw vgl. die Literatur zu § 102 BetrVG (etwa *Fitting* § 102 Rn. 15; HWGNRH/*Huke* § 102 Rn. 18; KR/*Etzel* BetrVG § 102 Rn. 42). 28

2. Umfang und Durchführung der Unterrichtung

Die Anhörung kann mündlich oder schriftlich erfolgen (*Goldschmidt* S. 113). Aus Beweisgründen wird sich im Allgemeinen Schriftform empfehlen. Die Mitteilung ist an den Vorsitzenden oder bei Verhinderung an dessen Stellvertreter zu richten (§ 11 Abs. 2 S. 2), im Fall einer entsprechenden Ermächtigung an das 29 danach zuständige SprA-Mitglied (BAG 27.6.1985, NZA 1986, 426 mwN; *Goldschmidt* S. 114; *Löwisch* § 31 Rn. 30). Sind die zuständigen Mitglieder verhindert, so ist jedes SprA-Mitglied zur Entgegennahme berechtigt und verpflichtet (BAG 27.6.1985, NZA 1986, 426 mwN). Außerhalb der Arbeitszeit oder der Betriebsräume ist der Vorsitzende oder sonstige Empfangsberechtigte nicht zur Entgegennahme der Mitteilung verpflichtet; wird sie gleichwohl entgegengenommen, so setzt dies den Lauf der Fristen des Abs. 2 S. 4 in Gang (BAG 27.8.1982, DB 1983, 181). Ist während der gesamten Anhörungsfrist kein Mitglied und kein Ersatzmitglied erreichbar, so entfällt die Anhörungspflicht (*Löwisch* § 31 Rn. 30).

30 Der Umfang der Unterrichtung richtet sich nach dem Zweck des Anhörungsverfahrens: Der SprA soll sich ein Bild von dem Für und Wider machen, und er soll eventuelle Bedenken vortragen können. In geeigneten Fällen soll die Anhörung dazu beitragen, eine Kündigung zu vermeiden (BAG 27.9.2001, NZA 2002, 1277). Dem SprA sind daher die Person des L.A., die Art der Kündigung, der Kündigungstermin und die Gründe für die Kündigung (§ 31 Abs. 2 S. 2) mitzuteilen. Zu den Angaben zur Person gehören Alter, Familienstand, Zahl der Unterhaltsberechtigten, Dienstjahre, Arbeitsbereich und Sonderkündigungsschutz, soweit bekannt. Art der Kündigung meint ordentliche oder außerordentliche, Änderungs- oder Beendigungskündigung (*Hromadka/Maschmann* § 16 Rn. 577). Eine falsche Berechnung der Kündigungsfrist ist unschädlich (BAG 29.1.1986, AP BetrVG 1972 § 102 Nr. 42).

31 Der Arbeitgeber ist verpflichtet (§ 2), dem SprA die aus seiner Sicht tragenden Umstände mitzuteilen bzw. nicht vorzuenthalten. Dabei ist der maßgebende Kündigungssachverhalt so konkret zu beschreiben, dass der SprA ohne zusätzliche eigene Nachforschungen in die Lage versetzt wird, die Stichhaltigkeit der Kündigungsgründe zu prüfen, sich über eine Stellungnahme schlüssig zu werden und substanziiert Bedenken zu erheben. Eine pauschale, schlag- oder stichwortartige Bezeichnung genügt idR nicht (zu Vorstehendem BAG 27.9.2001, NZA 2002, 1277 mN). Bei einer bewusst unrichtigen oder unvollständigen Schilderung des Kündigungssachverhalts, die sich zum Nachteil des L.A. auswirken kann, ist die Anhörung unzureichend und die Kündigung unwirksam (BAG 26.7.2015, NZA 2016, 99; BAG 22.9.2016, NZA 2017, 304). Bei einer verhaltensbedingten Kündigung muss der AG dem SprA sowohl die belastenden als auch die entlastenden Umstände nennen (BAG 22.9.1994, DB 1995, 477; 2.11.1983, AP BetrVG 1972 § 102 Nr. 29). Er sollte den L.A. vor der Kündigung anhören und ihm Gelegenheit zur Beratung mit einer Person seines Vertrauens und zur Stellungnahme geben. Bei einer Verdachtskündigung ist das Voraussetzung für deren Wirksamkeit (BAG 25.4.2018, NZA 2018, 1405). Bei einer Kündigung wegen häufiger Kurzerkrankungen hat der AG die Fehlzeiten und – soweit bekannt – die Art der Erkrankung, die Umstände, aus denen sich die negative Prognose ergibt, sowie die wirtschaftlichen Belastungen und die betrieblichen Beeinträchtigungen mitzuteilen, die infolge der Fehlzeiten entstanden sind und mit denen noch gerechnet werden muss (BAG 24.11.1983, AP BetrVG 1972 § 102 Nr. 30). Ist der L.A. auf Dauer arbeitsunfähig krank, so genügt die Information darüber (BAG 30.1.1986, NZA 1987, 555). Bei einer betriebsbedingten Kündigung gehören zu den mitteilungspflichtigen Gründen nicht nur die dringenden betrieblichen Erfordernisse, sondern auch die Umstände, die nach Ansicht des AG für die Sozialauswahl maßgeblich sind (BAG 26.9.2002, AP BGB § 626 Verdacht strafbarer Handlung). Soll wegen einer strafbaren Handlung gekündigt werden, muss der AG deutlich machen, ob er wegen der Tat kündigt oder wegen dringenden Tatverdachts (BAG 10.6.2010, NZA 2010, 1227; 3.4.1986,

AP BGB § 626 Verdacht strafbarer Handlung Nr. 18). Bei einer Änderungskündigung muss er auch das Änderungsangebot mitteilen und darauf hinweisen, dass die Änderungskündigung in eine Beendigungskündigung übergehen kann (BAG 30.11.1989, AP BetrVG 1972 § 102 Nr. 53). Ausnahmsweise reicht ein pauschales Werturteil, vor allem in der Probezeit („nicht hinreichende Arbeitsleistung"), dann aus, wenn der AG seine Motivation nicht durch konkrete Tatsachen belegen kann (BAG 8.9.1988, AP BetrVG 1972 § 102 Nr. 49).

Hat der AG mehrere Kündigungsgründe, dann muss er nur die mitteilen, auf die er die Kündigung stützen will. Allerdings kann er Gründe, die er dem SprA nicht genannt hat, grds. nicht im Prozess nachschieben. Dasselbe gilt für Gründe, die er nicht mitgeteilt hat, weil er sie für unerheblich oder entbehrlich gehalten hat (zu Vorstehendem BAG 27.9.2001, NZA 2002, 1277). Will er die Gründe später doch verwerten, muss er erneut anhören und neu kündigen (BAG 11.7.1991, AP BetrVG 1972 § 102 Nr. 57). Eine Ausnahme gilt nur, wenn die Gründe bei der Anhörung zwar schon vorlagen, ihm aber noch nicht bekannt waren; hier genügt eine neue Anhörung (BAG 11.4.1985, AP BetrVG 1972 § 102 Nr. 39). 32

Die bloße Mitteilung der Kündigungsabsicht reicht aus, wenn dem SprA die Kündigungsgründe bereits bekannt sind (BAG 24.11.1983, AP BetrVG 1972 § 102 Nr. 30). Ausreichend ist deshalb auch – anders als bei der Mitteilung der Kündigungsabsicht –, wenn der AG irgendein Mitglied des SprA über die Gründe informiert, sofern dieses die Information an den SprA weitergibt und der SprA sich daraufhin mit der Kündigung befasst (LAG München 11.5.1988, NZA 1989, 280). 33

3. Durchführung der Anhörung

Bedenken gegen die Kündigung muss der SprA innerhalb der Frist des Abs. 2 S. 4 unter Angabe der Gründe schriftlich geltend machen. Äußert er sich innerhalb dieser Frist nicht, so gilt das als Einverständnis mit der Kündigung, Abs. 2 S. 5. 34

a) Der Beschluss. Der SprA hat über die Stellungnahme gemäß § 13 Abs. 1 und Abs. 2 im Rahmen einer Sitzung zu beschließen (→ § 13 Rn. 5 f., 11 ff.); eine Übertragung der Zuständigkeit auf den Vorsitzenden oder auf ein anderes SprA-Mitglied ist unzulässig (→ § 11 Rn. 29 f., 32). Ein Beschluss im Umlaufverfahren ist unzulässig (hM zu § 102 BetrVG, *Fitting* § 102 Rn. 50); in Betracht kommt allenfalls in Eilfällen bei einfach gelagertem Sachverhalt und bei kleinerem BSprA/USprA, dessen Mitglieder räumlich weit voneinander entfernt tätig sind, eine Telekonferenz. Die Wirksamkeit der Beschlussfassung ist für die Wirksamkeit der Anhörung ohne Bedeutung (HWGNRH/*Huke* § 102 Rn. 82 ff. mwN), es sei denn, der AG hat die Unwirksamkeit selbst verursacht (zB indem er den Vorsitzenden im Rahmen einer Besprechung „anhört"; *Löwisch* § 31 Rn. 36). Grundsätzlich ist der AG auch nicht verpflichtet, sich über die Wirksamkeit der Beschlussfassung zu vergewissern (*Bauer* Anm. III S. 95 mwN). 35

b) Fristen (Abs. 2 S. 4). Bedenken gegen eine ordentliche Kündigung hat der SprA spätestens innerhalb einer Woche, gegen eine außerordentliche Kündigung unverzüglich (= ohne schuldhaftes Zögern, § 121 Abs. 1 S. 1 BGB), spätestens innerhalb von drei Tagen mitzuteilen. Die Frist beginnt mit der ordnungsgemäßen Unterrichtung des SprA. Der Tag, an dem der SprA informiert wird, zählt nicht mit (§ 187 BGB). Die Frist endet mit dem letzten Tag der Frist (§ 188 Abs. 1 BGB); der AG braucht die Mitteilung nach Ende der Betriebszeit des letzten Tages der Frist aber nicht mehr entgegenzunehmen (*Löwisch* § 31 Rn. 33 mN). 36

Ist der letzte Tag ein Samstag, ein Sonntag oder ein am Erklärungsort staatlich anerkannter Feiertag, so endet die Frist am folgenden Werktag (§ 193 BGB). Die Anhörung ist auch ohne Fristablauf ordnungsgemäß durchgeführt, wenn der SprA endgültig und abschließend Stellung nimmt.

37 In Eilfällen ist der SprA aus dem Gebot der vertrauensvollen Zusammenarbeit (§ 2 Abs. 1) heraus verpflichtet, unverzüglich (= ohne schuldhaftes Zögern, § 121 Abs. 1 S. 1 BGB) zusammenzutreten und eine Stellungnahme abzugeben. § 31 Abs. 2 gibt dem SprA nur eine Höchstfrist, die er nicht in jedem Fall ausschöpfen muss und darf (*Bauer* Anm. III S. 95; *Löwisch* § 31 Rn. 34). Das gilt sowohl für die ordentliche als auch für die außerordentliche Kündigung. Voraussetzung für eine Fristverkürzung ist jedoch, dass die Kündigung objektiv, dh nicht nur nach Auffassung des AG, eilbedürftig ist, und dass der AG den SprA auf die Eilbedürftigkeit und damit auf die verkürzte Frist hingewiesen hat (*Bauer* Anm. III S. 95; HWGNRH/*Huke* § 102 Rn. 25 ff.). Entsprechend dem Rechtsgedanken des § 162 BGB gilt bei nicht unverzüglicher Stellungnahme das Einverständnis als erteilt (HWGNRH/*Huke* § 102 Rn. 26; Richardi BetrVG/*Thüsing* § 102 Rn. 114). Will der SprA keine Stellungnahme abgeben, so hat er das dem AG unverzüglich mitzuteilen (*Goldschmidt* S. 113).

38 Die Fristen für die Anhörung werden nicht berührt durch eine etwa notwendige vorherige Zustimmung des Integrationsamts nach § 168 SGB IX (dazu ausf. *Fitting* § 102 Rn. 61 ff.) oder der obersten Landesbehörde nach § 12 Abs. 2 MuSchG, da die Anhörung vor, während oder nach Durchführung dieses Verfahrens erfolgen kann (BAG 11.5.2000, AP BetrVG 1972 § 103). Die 3-Tage-Frist bei einer außerordentlichen Kündigung verlängert auch die Kündigungserklärungsfrist nach § 626 Abs. 2 S. 1 BGB nicht; die außerordentliche Kündigung muss in jedem Fall innerhalb von zwei Wochen nach Kenntnis des Kündigungsgrundes erklärt werden.

39 **c) Rechtsfolgen der Anhörung.** Weder die positive noch die negative Stellungnahme des SprA hat unmittelbare Rechtsfolgen. Der AG ist lediglich verpflichtet, die Stellungnahme des SprA zur Kenntnis zu nehmen und dem SprA seine Entscheidung mitzuteilen. Eine Beratungspflicht besteht nicht. Personalpolitisch sollte ein Meinungsaustausch im Normalfall allerdings eine Selbstverständlichkeit sein. Der AG kann auch dann kündigen, wenn der SprA Bedenken anmeldet. Der SprA muss den L.A. vor seiner Stellungnahme zu der geplanten Kündigung nicht anhören. Im Normalfall sollte er es aber tun (*Goldschmidt* S. 118).

40 Anders als bei § 102 BetrVG hat der SprA kein Widerspruchsrecht. § 31 Abs. 2 enthält dementsprechend keinen besonderen (betriebsverfassungsrechtlichen) Weiterbeschäftigungsanspruch. Es bleibt deshalb bei den allgemeinen Grundsätzen des BAG (grundlegend BAG 27.2.1985, NZA 1985, 702; vgl. im Übrigen *Schaub/Linck* ArbR-HdB § 125 Rn. 16) mit der Besonderheit, dass in der ersten Instanz bei L.A. in aller Regel das Interesse des AG daran überwiegt, dass die Weiterbeschäftigung unterbleibt (*Bauer* Anm. IV S. 96; AR/*Maschmann* SprAuG § 31 Rn. 3; HWK/*Annuß* SprAuG § 31 Rn. 5; *Löwisch* § 31 Rn. 37).

4. Rechtsfolgen fehlender Anhörung

41 Wird der SprA nicht oder nicht ordnungsgemäß angehört, so ist die Kündigung schon deshalb unwirksam. Es handelt sich um eine „Unwirksamkeit aus anderen Gründen" iSd § 13 Abs. 3 und § 4 S. 1 KSchG. Nicht ordnungsgemäß ist die Anhörung, wenn der Arbeitgeber seiner Unterrichtungspflicht nicht richtig, ins-

besondere nicht ausführlich genug oder bewusst irreführend nachgekommen ist; insofern gilt dasselbe wie für die Anhörung des BR nach § 102 Abs. 1 S. 2 BetrVG (BAG 27.9.2001, NZA 2002, 1277). Der L.A. muss die Unwirksamkeit der Kündigung innerhalb der 3-Wochen-Frist des § 4 S. 1 KSchG durch Klage beim ArbG geltend machen; unterlässt er das, so gilt die Kündigung als von Anfang an wirksam (§ 7 KSchG). Die Frist zählt ab Zugang der schriftlichen Kündigung; der Tag des Zugangs wird nicht mitgerechnet (§ 187 Abs. 1 BGB). Anders als bei einer sozial ungerechtfertigten Kündigung kann das Gericht das Arbeitsverhältnis nicht gegen Zahlung einer Abfindung nach §§ 9, 10 KSchG auflösen.

Da die ordnungsgemäße Durchführung des Anhörungsverfahrens Wirksamkeitsvoraussetzung der Kündigung ist, trägt der AG im Streitfalle die Beweislast (BAG 19.8.1975, DB 1975, 2138). 42

An einer wirksamen Anhörung fehlt es auch, wenn der SprA zu einer außerordentlichen Kündigung angehört wurde und die Kündigung in eine ordentliche Kündigung umgedeutet werden soll; etwas anderes gilt nur, wenn bei der Anhörung deutlich wurde, dass der SprA auch gegen eine ordentliche Kündigung keine Bedenken hätte (BAG 16.3.1978, DB 1978, 1454). Es empfiehlt sich deshalb im Allgemeinen, neben einer außerordentlichen Kündigung hilfsweise eine ordentliche Kündigung auszusprechen und den SprA zu beiden anzuhören. 43

Ein Mangel bei der Anhörung kann nicht durch Nachholung (nachträgliche Anhörung) geheilt werden (*Fitting* § 102 Rn. 59 mwN; *Löwisch* § 31 Rn. 41); der AG muss vielmehr neu kündigen. Bei Neuvornahme einer außerordentlichen Kündigung darf die zweiwöchige Kündigungserklärungsfrist des § 626 Abs. 2 BGB nicht abgelaufen sein. 44

5. Massenentlassung

Beabsichtigt der AG Massenentlassungen von L.A., so hat er dem SprA rechtzeitig die zweckdienlichen Auskünfte zu erteilen, ihm schriftlich die in § 17 Abs. 2 S. 1 KSchG genannten Mitteilungen zu machen und mit ihm insbesondere die Möglichkeiten zu beraten, Entlassungen zu vermeiden oder einzuschränken und ihre Folgen zu mildern. Als AN iSd § 17 KSchG gelten nicht die L.A. nach § 14 Abs. 2 KSchG (§ 17 Abs. 5 Ziff. 3 KSchG). Der AG kann ein gemeinsames Konsultationsverfahren mit SprA und BR oder getrennte Verfahren durchführen, die Verfahren können zeitgleich oder zeitlich versetzt ablaufen, und sie können zu unterschiedlichen Ergebnissen führen. Allerdings hat der AG auch der anderen Vertretung neu erlangte Informationen mitzuteilen, soweit diese zu deren ordnungsgemäßer Unterrichtung erforderlich sind. So muss er sie über den Stand der Beratungen mit dem anderen Gremium unterrichten, wenn dazu Veranlassung besteht, insbesondere wenn er eines der Konsultationsverfahren abschließt oder wenn er aufgrund der Erörterungen in einem der Verfahren seine Planungen überarbeitet (BAG 13.2.2020, NZA 2020, 1006). 45

IV. Verschwiegenheitspflicht (Abs. 3)

Der SprA und seine Mitglieder/Ersatzmitglieder sind verpflichtet, über die persönlichen Verhältnisse und Angelegenheiten von L.A., die ihnen im Rahmen ihrer Mitwirkung bei personellen Angelegenheiten bekannt geworden sind und die ihrer Bedeutung oder ihrem Inhalt nach einer vertraulichen Behandlung bedürfen, Stillschweigen zu bewahren. Dazu gehören etwa der 46

Gesundheitszustand, eine Schwangerschaft, Familienverhältnisse, Vorstrafen, der bisherige Werdegang und das Gehalt (*Löwisch* § 31 Rn. 42). Die Verschwiegenheitspflicht gilt auch nach dem Ausscheiden aus dem SprA (§ 31 Abs. 3 iVm § 29 Abs. 1 S. 2).

47 Die Verschwiegenheitspflicht der Mitglieder/Ersatzmitglieder gilt nicht gegenüber dem USprA, dem GSprA, dem KSprA und den AN-Vertretern im Aufsichtsrat (§ 31 Abs. 3 iVm § 29 Abs. 1 S. 3). Die Mitglieder von USprA, GSprA und KSprA werden zwar nicht ausdrücklich nach § 31 Abs. 3 zum Stillschweigen verpflichtet; sie haben aber gleichfalls Stillschweigen zu wahren (vgl. § 35 Abs. 2). Für die AN-Vertreter im Aufsichtsrat gilt die Verschwiegenheitspflicht nach §§ 116, 93 Abs. 1 AktG, § 52 GmbHG iVm § 93 Abs. 1 AktG. dazu → § 29 Rn. 16.

48 Bei besonders sensiblen Daten (zB Verdacht auf strafbare Handlungen, bestimmte gesundheitliche Einschränkungen) gebietet der Persönlichkeitsschutz darüber hinaus unter Umständen sogar eine Einschränkung der Offenbarungsbefugnis gegenüber den anderen Mitgliedern des Gremiums (zB HIV-Infektion, s. *Löwisch* in: Schünemann/Pfeiffer, Die Rechtsprobleme von AIDS, 1988). Gegebenenfalls müssen allgemeine Aussagen gewählt werden, die dem SprA die Wahrnehmung seiner Mitwirkungsrechte erlauben, den L.A. vor zu starkem Eindringen in die Intimsphäre aber schützen (zB „aus gesundheitlichen Gründen" oder „aus Gründen in der Persönlichkeitsstruktur für eine bestimmte Aufgabe nicht geeignet").

49 Die Verletzung der Verschwiegenheitspflicht stellt eine Straftat nach § 35 Abs. 2 dar. Die Verschwiegenheitspflicht ist auch Schutzgesetz zugunsten des einzelnen L.A., sodass Verletzungen zu Schadensersatzansprüchen nach § 823 Abs. 2 BGB führen können. Zu weiteren Sanktionen vgl. → § 29 Rn. 21.

V. Streitigkeiten

50 Ein Verstoß gegen die Mitteilungspflicht nach Abs. 1 stellt eine Ordnungswidrigkeit nach § 36 dar. Streitigkeiten über den Umfang der Pflicht sind im Beschlussverfahren nach § 2a Abs. 1 Nr. 2, Abs. 2; §§ 80 ff. ArbGG auszutragen; örtlich zuständig ist das ArbG, in dessen Bezirk der Betrieb liegt oder das Unternehmen seinen Sitz hat, § 82 Abs. 1 ArbGG.

51 Die Frage, ob der SprA ordnungsgemäß angehört wurde, wird im Rahmen von Kündigungsschutzklagen im Urteilsverfahren nach §§ 2 Abs. 1 Nr. 3 lit. b, Abs. 5, 46 ff. ArbGG mitgeprüft. Örtlich zuständig sind wahlweise das ArbG am Wohnsitz des AG bzw. am Unternehmenssitz (§§ 12, 13 bzw. 17 ZPO) oder das ArbG, in dessen Bezirk der Betrieb liegt, in dem das klagende SprA-Mitglied beschäftigt ist (§ 29), vgl. 35 ZPO.

52 Zu Streitigkeiten über die Verletzung der Verschwiegenheitspflicht vgl. → § 29 Rn. 23 ff.

§ 32 Wirtschaftliche Angelegenheiten

(1) [1]**Der Unternehmer hat den Sprecherausschuss mindestens einmal im Kalenderhalbjahr über die wirtschaftlichen Angelegenheiten des Betriebs und des Unternehmens im Sinne des § 106 Abs. 3 des Betriebsverfassungsgesetzes zu unterrichten, soweit dadurch nicht die Betriebs-**

oder Geschäftsgeheimnisse des Unternehmens gefährdet werden. [2]Satz 1 gilt nicht für Unternehmen und Betriebe im Sinne des § 118 Abs. 1 des Betriebsverfassungsgesetzes.

(2) **[1]Der Unternehmer hat den Sprecherausschuss über geplante Betriebsänderungen im Sinne des § 111 des Betriebsverfassungsgesetzes, die auch wesentliche Nachteile für leitende Angestellte zur Folge haben können, rechtzeitig und umfassend zu unterrichten. [2]Entstehen leitenden Angestellten infolge der geplanten Betriebsänderung wirtschaftliche Nachteile, hat der Unternehmer mit dem Sprecherausschuss über Maßnahmen zum Ausgleich oder zur Milderung dieser Nachteile zu beraten.**

§ 106 Abs. 3 BetrVG Wirtschaftsausschuss

(3) Zu den wirtschaftlichen Angelegenheiten im Sinne dieser Vorschrift gehören insbesondere

1. die wirtschaftliche und finanzielle Lage des Unternehmens;
2. die Produktions- und Absatzlage;
3. das Produktions- und Investitionsprogramm;
4. Rationalisierungsvorhaben;
5. Fabrikations- und Arbeitsmethoden, insbesondere die Einführung neuer Arbeitsmethoden;

5a. Fragen des betrieblichen Umweltschutzes;

5b. Fragen der unternehmerischen Sorgfaltspflichten in Lieferketten gemäß dem Lieferkettensorgfaltspflichtengesetz;

6. die Einschränkung oder Stilllegung von Betrieben oder von Betriebsteilen;
7. die Verlegung von Betrieben oder Betriebsteilen;
8. der Zusammenschluss oder die Spaltung von Unternehmen oder Betrieben;
9. die Änderung der Betriebsorganisation oder des Betriebszwecks;

9a. die Übernahme des Unternehmens, wenn hiermit der Erwerb der Kontrolle verbunden ist, sowie

10. sonstige Vorgänge und Vorhaben, welche die Interessen der Arbeitnehmer des Unternehmens wesentlich berühren können.

§ 111 BetrVG Betriebsänderungen

[1]In Unternehmen mit in der Regel mehr als zwanzig wahlberechtigten Arbeitnehmern hat der Unternehmer den Betriebsrat über geplante Betriebsänderungen, die wesentliche Nachteile für die Belegschaft oder erhebliche Teile der Belegschaft zur Folge haben können, rechtzeitig und umfassend zu unterrichten und die geplanten Betriebsänderungen mit dem Betriebsrat zu beraten. [2]Der Betriebsrat kann in Unternehmen mit mehr als 300 Arbeitnehmern zu seiner Unterstützung einen Berater hinzuziehen; § 80 Abs. 4 gilt entsprechend; im Übrigen bleibt § 80 Abs. 3 unberührt. [3]Als Betriebsänderungen im Sinne des Satzes 1 gelten

1. Einschränkung und Stilllegung des ganzen Betriebs oder von wesentlichen Betriebsteilen,
2. Verlegung des ganzen Betriebs oder von wesentlichen Betriebsteilen,
3. Zusammenschluss mit anderen Betrieben oder die Spaltung von Betrieben,
4. grundlegende Änderungen der Betriebsorganisation, des Betriebszwecks oder der Betriebsanlagen,
5. Einführung grundlegend neuer Arbeitsmethoden und Fertigungsverfahren.

§ 118 Abs. 1 S. 1 BetrVG Geltung für Tendenzbetriebe und Religionsgemeinschaften

(1) Auf Unternehmen und Betriebe, die unmittelbar und überwiegend
1. politischen, koalitionspolitischen, konfessionellen, karitativen, erzieherischen, wissenschaftlichen oder künstlerischen Bestimmungen oder
2. Zwecken der Berichterstattung oder Meinungsäußerung, auf die Artikel 5 Abs. 1 Satz 2 des Grundgesetzes Anwendung findet,

dienen, finden die Vorschriften dieses Gesetzes keine Anwendung, soweit die Eigenart des Unternehmens oder des Betriebs dem entgegensteht.

Übersicht

I. Allgemeines

1 § 32 regelt das Unterrichtungsrecht des SprA in wirtschaftlichen Angelegenheiten und bei Betriebsänderungen sowie das Beratungsrecht über Maßnahmen zum Ausgleich und zur Milderung von Nachteilen für L.A. aus Betriebsänderungen. Für den Umfang der Unterrichtungspflicht und für den Begriff der Betriebsänderung verweist das Gesetz auf das BetrVG (§ 106 Abs. 3; § 111 BetrVG).

2 Die Unterrichtungspflicht nach Abs. 1 setzt nicht voraus, dass L.A. durch die geplanten Betriebsänderungen unmittelbar betroffen sind. Der SprA soll insoweit allgemein Einblick in wirtschaftliche Angelegenheiten des Unternehmens und der Betriebe erhalten. Zwar werden L.A. idR über wichtige Vorgänge im Unternehmen unterrichtet sein, der Schwerpunkt wird aber doch häufig im eigenen Bereich liegen. Hier geht es um eine Gesamtschau und um die Information im Stadium der Planung.

3 Das SprAuG sieht im Gegensatz zum BetrVG weder einen Interessenausgleich noch einen Anspruch auf einen Sozialplan noch einen obligatorischen Nachteilsausgleich vor. Zur Wahrnehmung der Interessen der L.A. gewährt es dem SprA lediglich Unterrichtungs- und, soweit der Ausgleich und die Milderung von Nachteilen für L.A. aus Betriebsänderungen infrage stehen, Beratungsrechte.

II. Zuständigkeit auf Sprecherausschuss- und Arbeitgeberseite

1. Zuständiger Sprecherausschuss

4 Zuständig für Unterrichtung und Beratung ist im Regelfall der BSprA (ErfK/*Oetker* SprAuG § 32 Rn. 2; *Löwisch* § 32 Rn. 18, 55; aA *Ulmer* S. 296, 310: im Regelfall der GSprA), im Fall des § 20 der USprA. Bei betriebsübergreifenden Betriebsänderungen kann aber auch die Zuständigkeit des GSprA oder des KSprA in Betracht kommen. Auch sonst wird es sich für BSprA vielfach empfehlen, den GSprA oder den KSprA mit der Wahrnehmung der Mitwirkungsrechte zu beauftragen.

5 Mitwirkungsrechte bestehen nur, wenn ein SprA errichtet ist. Die Mitwirkungsrechte in einem sprecherausschussfähigen Betrieb, in dem kein SprA gewählt wurde, stehen auch nicht einem eventuell vorhandenen GSprA zu. Wird ein SprA erst nach der Entscheidung über eine Betriebsänderung gebildet, so hat er bei der Durchführung keine Beteiligungsrechte mehr (BAG 20.4.1982, DB 1982, 1727).

6 Wird den Mitgliedern des SprA im Rahmen einer Betriebsänderung gekündigt, so behalten sie für die Dauer der Durchführung zugunsten der L.A. ein Restmandat analog § 21b BetrVG (→ § 5 Rn. 34).

2. Adressat der Beteiligungsrechte

7 Angesprochen ist der Unternehmer als solcher, dh als derjenige, der die wirtschaftlichen Ziele festsetzt und verfolgt, nicht in seiner Eigenschaft als AG. Bei Insolvenz hat deshalb der Insolvenzverwalter den SprA zu unterrichten und mit ihm zu beraten (BAG 22.7.2003, DB 2003, 2708; 13.12.1978, DB 1979, 261; *Fitting* § 113 Rn. 5, § 1 Rn. 327; *Löwisch* § 32 Rn. 57; Richardi BetrVG/*Annuß* § 111 Rn. 33 ff.). Im Fall der Sequestration sind Sequester und Unternehmer gemeinsam für Unterrichtung und Beratung zuständig (§§ 21 ff. InsO, § 938

Abs. 2 ZPO; *Löwisch* § 32 Rn. 57); der Unternehmer allein kann keine Verpflichtungen zulasten der Masse eingehen (§ 81 Abs. 1 InsO analog).

III. Unterrichtung über wirtschaftliche Angelegenheiten des Betriebs und des Unternehmens (Abs. 1)

8 Abs. 1 spricht im Gegensatz zu § 106 Abs. 2 BetrVG, der nur auf die wirtschaftlichen Angelegenheiten des Unternehmens abhebt, von den wirtschaftlichen Angelegenheiten des Betriebs und des Unternehmens. Das ist sachgerecht, weil nicht der für das Unternehmen zuständige Wirtschaftsausschuss, sondern der BSprA zu unterrichten ist. Allerdings erfasst § 106 Abs. 3 BetrVG auch Angelegenheiten, die lediglich einzelne Betriebe betreffen (*Löwisch* § 32 Rn. 1).

1. Wirtschaftliche Angelegenheiten (§ 106 Abs. 3 BetrVG)

9 Wirtschaftliche Angelegenheiten sind alle Vorgänge und Vorhaben, die die Interessen der AN des Unternehmens oder des Betriebs wesentlich berühren können (§ 106 Abs. 3 Nr. 10 BetrVG). Liegen die Voraussetzungen der Nr. 1–9a vor, so kommt es nicht darauf an, ob die Interessen wesentlich berührt sind (*Fitting* § 106 Rn. 48; GK-BetrVG/*Oetker* § 106 Rn. 56 f.; aA HWGNRH/*Hess* § 106 Rn. 45; wohl auch Richardi BetrVG/*Annuß* § 106 Rn. 38); alle dort genannten Maßnahmen zählen zu den wirtschaftlichen Angelegenheiten. Nicht dazu gehört die laufende Geschäftsführung (*Fitting* § 106 Rn. 49; *Löwisch* § 32 Rn. 17; Richardi BetrVG/*Annuß* § 106 Rn. 38). Im Einzelnen handelt es sich um:

10 – die wirtschaftliche und finanzielle Lage des Unternehmens (Nr. 1)
Es geht um die allgemeine wirtschaftliche und finanzielle Lage des Unternehmens, nicht um die privaten Verhältnisse des Unternehmers (*Fitting* § 106 Rn. 52; HWGNRH/*Hess* § 106 Rn. 49). Dazu gehören unternehmensinterne Umstände wie die Mitteilung und Erläuterung der Gewinn- und Verlustrechnung und der Jahresbilanz (*Löwisch* § 32 Rn. 4; HWK/*Annuß* § 32 Rn. 3), die Versorgung mit Rohstoffen, steuerliche Belastungen, soziale Aufwendungen, ein beabsichtigter oder zu erwartender Insolvenzantrag (*Fitting* § 106 Rn. 54; Richardi BetrVG/*Annuß* § 106 Rn. 41), aber auch allgemeine Rahmenbedingungen wie die Konjunktur, die wirtschaftliche Entwicklung der Branche oder die Exportaussichten (Übersicht bei Richardi BetrVG/*Annuß* § 106 Rn. 40 ff.; *Fitting* § 106 Rn. 53). Die Unterrichtungspflicht betrifft auch die Lage des konkreten Betriebs. Nr. 1 ist insoweit durch § 32 Abs. 1 S. 1 geändert (aA *Löwisch* § 32 Rn. 5, da hieraus Rückschlüsse auf die Geschäftsführung gezogen werden könnten). Umstritten ist, ob die Kalkulationsgrundlage und die Preisgestaltung im Einzelnen zu den wirtschaftlichen Angelegenheiten zählen (so *Fitting* § 106 Rn. 53; Richardi BetrVG/*Annuß* § 106 Rn. 40; anders HWGNRH/*Hess* § 106 Rn. 46). In jedem Fall ist die Mitteilungspflicht insoweit eingeschränkt, als durch eine Offenbarung Geschäftsgeheimnisse gefährdet werden (§ 32 Abs. 1 S. 1 Hs. 2).

11 – die Produktions- und Absatzlage (Nr. 2)
Gemeint sind Art und Menge der produzierten Güter, ihr Verhältnis zur Produktionskapazität, die Marktlage und die Möglichkeiten, sie zu nutzen (Werbung; HWGNRH/*Hess* § 106 Rn. 50; Richardi BetrVG/*Annuß* § 106 Rn. 42).

12 – das Produktions- und Investitionsprogramm (Nr. 3)
Das Produktionsprogramm legt fest, welche Waren oder Dienstleistungen mittel- oder langfristig erzeugt werden sollen, und umschreibt damit die Anforderungen

an die Leistungen der Betriebe (*Fitting* § 106 Rn. 57). Das Investitionsprogramm betrifft geplante Kapitalanlagen und Investitionen einschließlich der Umstände der Durchführung, der erwarteten Rentabilität und der personellen Auswirkungen.

– Rationalisierungsvorhaben (Nr. 4) **13**

Rationalisierung ist die zweckmäßigere und wirksamere Gestaltung von Arbeitsvorgängen in Produktion und Verwaltung. Zu unterrichten ist über Rationalisierungsinvestitionen und Änderungen der Betriebsorganisation, über die technischen und wirtschaftlichen Vorteile der Maßnahmen und über ihre sozialen Auswirkungen (HWGNRH/*Hess* § 106 Rn. 53).

– Fabrikations- und Arbeitsmethoden, insbesondere die Einführung neuer Arbeitsmethoden (Nr. 5) **14**

Fabrikationsmethoden sind die Grundentscheidungen über die Produktionsverfahren, Arbeitsmethoden die Gestaltungsformen der menschlichen Arbeit (*Löwisch* § 32 Rn. 10; Richardi BetrVG/*Annuß* § 106 Rn. 46 ff.). Unterrichtungspflichtig sind also beispielsweise die Entscheidung über eines von mehreren unterschiedlichen Produktionsverfahren (etwa Serien- oder Einzelfertigung), der Einsatz moderner EDV-Techniken (CAD/CAM, CNC-Maschinen) oder von KI, die Zerstückelung von Arbeit zum Zwecke von Crowdworking (*Fitting* § 106 Rn. 62 f.).

– Fragen des betrieblichen Umweltschutzes (Nr. 5a) **15**

– Fragen der unternehmerischen Sorgfaltspflichten in Lieferketten gemäß dem Lieferkettensorgfaltspflichtgesetz (Nr. 5b) **15a**

Hintergrund der Beteiligung des Wirtschaftsausschusses ist das mit einer Verletzung der Pflichten zur Vorbeugung menschenrechtlicher und umweltbezogener Risiken in Lieferketten verbundene Reputations- und Performancerisiko mit unmittelbaren Auswirkungen auf die wirtschaftliche Lage des Unternehmens (BT-Drs. 19/30505, 43). Unternehmen mit mehr als 1.000 AN trifft deshalb eine Reihe von Sorgfaltspflichten, insbesondere die Einführung eines Risikomanagements, ggf. Präventions- und Abhilfemaßnahmen, die Einrichtung eines Beschwerdeverfahrens und ein jährlicher Bericht über die Erfüllung der Sorgfaltspflichten (iE dazu *Fitting* § 106 Rn. 66a ff.).

– die Einschränkung oder Stilllegung von Betrieben oder von Betriebsteilen (Nr. 6) **16**

Betriebsstilllegung ist die Aufgabe des Betriebszwecks unter Auflösung der Betriebs- und Produktionsgemeinschaft (BAG 21.6.2001, NZA 2002, 212; *Fitting* § 111 Rn. 65 f.). Die Produktionseinstellung ist erst dann eine Stilllegung, wenn die Arbeitsverhältnisse aufgelöst werden (BAG 30.5.2006, NZA 2006, 1122; HWGNRH/*Hess* § 111 Rn. 135). Sie muss vom Unternehmer gewollt sein; keine Rolle spielt, ob er zu der Maßnahme aus wirtschaftlichen Gründen gezwungen ist (Richardi BetrVG/*Annuß* § 111 Rn. 59). Die Stilllegung muss auf eine gewisse Dauer gerichtet sein (BAG 22.11.2005, NZA 2006, 736; 4.6.2003, NZA 2003, 1087; 27.9.1984, NZA 1985, 493: der Dauer nach unbestimmter, wirtschaftlich nicht unerheblicher Zeitraum; ausführlich Richardi BetrVG/*Annuß* § 111 Rn. 56); die bloße Unterbrechung, etwa durch Arbeitskampf oder Naturkatastrophe, genügt nicht (*Löwisch* § 32 Rn. 11). Der Unternehmer muss die Stilllegungsabsicht unmissverständlich kundtun und entsprechende Maßnahmen, zB Kündigung aller AN, einleiten (BAG 26.2.1987, DB 1987, 991). Wird der Betrieb alsbald nach einer Ruhepause wiedereröffnet, spricht das gegen eine ernsthafte Stilllegungsabsicht (BAG 27.9.1984, NZA 1985, 493 mwN).

17 Keine Betriebsstilllegung sind der Betriebsübergang (§ 613a BGB (dazu → Rn. 26) und die Betriebsaufspaltung, es sei denn, sie sind mit einer Betriebsaufgabe durch den Übernehmer verbunden.

18 Betriebseinschränkung bedeutet die (dauernde, idR auch die zeitlich begrenzte (vgl. GK-BetrVG/*Oetker* § 111 Rn. 82; HWGNRH/*Hess* § 111 Rn. 118)) Herabsetzung der Leistung der Betriebsanlagen unter Beibehaltung des Betriebszwecks (*Fitting* § 111 Rn. 72). Keine Betriebseinschränkung liegt in einer geringeren zeitlichen Ausnutzung der Betriebsanlagen (*Fitting* § 111 Rn. 72; Richardi BetrVG/*Annuß* § 111 Rn. 69).

19 Die Begriffe gelten sinngemäß für Betriebsteile (vgl. → § 1 Rn. 19). Anders als bei Abs. 2 iVm § 111 BetrVG kommt es nicht darauf an, dass wesentliche Betriebsteile betroffen sind (HWGNRH/*Hess* § 106 Rn. 67; Richardi BetrVG/*Annuß* § 106 Rn. 50).

20 – die Verlegung von Betrieben oder Betriebsteilen (Nr. 7)

Verlegung ist jede wesentliche Veränderung der örtlichen Lage des Betriebs oder Betriebsteils.

21 – den Zusammenschluss oder die Spaltung von Unternehmen oder Betrieben (Nr. 8)

Der Zusammenschluss kann sowohl durch Aufnahme eines Betriebs in einen anderen unter Aufgabe des Betriebszwecks als auch durch Bildung eines neuen Betriebs aus mehreren bestehenden erfolgen. Der Zusammenschluss von Unternehmen und der Übergang eines Betriebs auf ein anderes Unternehmen fällt unter Nr. 10 (s. → Rn. 25 f.).

22 Die Spaltung eines Betriebs kann innerhalb eines Unternehmens erfolgen und zu zwei neuen selbstständigen Betrieben führen oder durch Abspaltung eines Betriebsteils und dessen Übertragung auf einen neuen Betriebsinhaber (*Fitting* § 111 Rn. 86). Die Spaltung eines Betriebs kann auch mit der Spaltung des Unternehmens nach dem UmwG verbunden sein.

23 – die Änderung der Betriebsorganisation oder des Betriebszwecks (Nr. 9)

Die Betriebsorganisation umfasst das „Ordnungsgefüge von Betriebszweck, im Betrieb arbeitenden Menschen und Betriebsanlagen mit dem Ziel der optimalen Erfüllung der Betriebsaufgabe" (BAG 22.5.1979, DB 1979, 1896). Betriebszweck ist der dem Betrieb vom Unternehmer zur Erreichung der Unternehmensziele zugewiesene arbeitstechnische Zweck. Die Unterrichtungspflicht besteht im Gegensatz zu § 32 Abs. 2 iVm § 111 BetrVG auch bei nicht grundlegenden Änderungen.

24 – die Übernahme des Unternehmens, wenn hiermit der Erwerb der Kontrolle verbunden ist (Nr. 9a)

Die Kontrolle wird insbesondere dann erworben, wenn mindestens 30 % der Stimmrechte an dem Unternehmen gehalten werden (vgl. § 29 Abs. 2 WpÜG; BT-Drs. 16/7438, 15 zu Buchst. b). Das gilt jedoch nur für börsennotierte Unternehmen. Bei einer GmbH ist für den Kontrollerwerb die Einräumung von satzungsmäßigen Sonderrechten erforderlich (*Löw* DB 2008, 758).

25 – sonstige Vorgänge und Vorhaben, welche die Interessen der AN des Unternehmens wesentlich berühren können (Nr. 10).

Nr. 10 enthält eine beschränkte Generalklausel; sie erfasst alle nicht bereits durch Nr. 1–9a aufgeführten Fragen, die das Wirtschaftsleben des Unternehmens betreffen (*Fitting* § 106 Rn. 130). Hierzu zählen vor allem Maßnahmen, die Auswirkungen auf die Personalplanung haben können, aber auch bspw. Rechtsstreitigkeiten von grundlegender Bedeutung für das Unternehmen (*Fitting* § 106 Rn. 131;

Richardi BetrVG/*Annuß* § 106 Rn. 56), geplante Fusionen (HWGNRH/*Hess* § 106 Rn. 77), die allgemeine Lage der Branche oder zu erwartende Maßnahmen des Gesetzgebers mit ihren Auswirkungen auf das Unternehmen.

Zu den wirtschaftlichen Angelegenheiten iSd Nr. 10 wird man – anders als bei Abs. 2 iVm § 111 BetrVG – auch den Betriebsübergang zu zählen haben. Zwar tritt der neue Inhaber nach § 613a Abs. 1 S. 1 BGB in alle Rechte und Pflichten aus dem Arbeitsverhältnis ein, die kollektiven Arbeitsbedingungen bleiben erhalten, der SprA bleibt im Amt. Die Interessen der L.A. werden aber dennoch berührt. Im Hinblick auf die künftige Unternehmens- und vor allem Personalpolitik kann es ihnen nicht gleichgültig sein, wer Inhaber des Unternehmens ist. Dies gilt für jede Form des Betriebsübergangs, gleich ob durch Veräußerung oder Verpachtung oder durch Unternehmensaufspaltung in eine Betriebs- und eine Produktionsgesellschaft (Richardi BetrVG/*Annuß* § 106 Rn. 57). 26

2. Gefährdung von Betriebs- und Geschäftsgeheimnissen

Keine Unterrichtungspflicht besteht für wirtschaftliche Angelegenheiten, deren Offenlegung Betriebs- und Geschäftsgeheimnisse gefährden würde. Der Gesetzgeber verpflichtet also – anders als sonst (§§ 29, 31 Abs. 3) – den SprA nicht zur Geheimhaltung; der Unternehmer braucht gar nicht erst zu unterrichten. 27

Der Begriff des Betriebs- und Geschäftsgeheimnisses ist weiter als der des GeschGehG (s. → § 29 Rn. 6 ff.). Erfasst werden auch das Vorstadium, dh Vorüberlegungen, Planungen und Gegenstände, für die es (noch) keine Schutzvorkehrungen gibt, sowie Tatsachen, die zwar selbst keine Betriebs- und Geschäftsgeheimnisse sind, aber Rückschlüsse auf solche zulassen (HWGNRH/*Hess* § 106 Rn. 37; Richardi BetrVG/*Annuß* § 106 Rn. 33 f.), darüber hinaus Betriebs- und Geschäftsgeheimnisse von Geschäftspartnern (*Fitting* § 106 Rn. 43). 28

Die Unterrichtungspflicht über Betriebs- und Geschäftsgeheimnisse ist nicht schlechthin ausgeschlossen (Richardi BetrVG/*Annuß* § 106 Rn. 32 ff.), sondern nur, wenn eine Gefährdung zu besorgen ist. Der Unternehmer hat das nach pflichtgemäßem Ermessen (*Fitting* § 106 Rn. 44; HWGNRH/*Hess* § 106 Rn. 28 ff.) zu prüfen. Er entscheidet also – vorbehaltlich arbeitsgerichtlicher Nachprüfung – darüber, ob unterrichtet wird oder nicht (HWGNRH/*Hess* § 106 Rn. 28). 29

Die Gefährdung kann auf objektiven Umständen beruhen; bestimmte Angelegenheiten bedürfen wegen ihrer Bedeutung für Bestand oder Entwicklung des Unternehmens völliger Geheimhaltung (OLG Karlsruhe 7.6.1985, DB 1986, 387). Ein Geheimhaltungsbedürfnis kann aber auch dann bestehen, wenn SprA-Mitglieder unzuverlässig sind und trotz § 29 keine Geheimhaltung gewährleistet ist. Liegt die Gefährdung in der (vermuteten) Unzuverlässigkeit eines GSprA- oder KSprA-Mitglieds, verlangt *Bauer* (Anm. II S. 100) vom AG zunächst, dass er das entsendende Gremium zur Abberufung auffordert. Das ist unzumutbar. Es muss genügen, dass der AG dem SprA ohne Namensnennung mitteilt, warum er über bestimmte Angelegenheiten nicht unterrichtet, und dann die Initiative dem SprA überlässt. 30

Unterrichtet der AG freiwillig über Betriebs- und Geschäftsgeheimnisse, so muss er auf die Geheimhaltungsbedürftigkeit hinweisen, um die Wirkungen des § 29 auszulösen (→ § 29 Rn. 10 ff.). Da die Unterrichtung insoweit freiwillig erfolgt, entscheidet er darüber, ob die Information in das Sitzungsprotokoll aufge- 31 nommen wird (hierzu *Löwisch* § 32 Rn. 23; *Wiese* FS Molitor, 1988, 365 f., insbesondere 388 f.).

3. Einschränkung für Tendenzunternehmen und Tendenzbetriebe

32 Abs. 1 S. 2 schließt die Unterrichtungspflicht in wirtschaftlichen Angelegenheiten für den Bereich der Tendenzunternehmen und Tendenzbetriebe aus. Die Rechtslage deckt sich mit der nach dem BetrVG.

33 **a) Unternehmen und Betriebe; verbundene Unternehmen.** Eine Tendenz kann nur ein Unternehmen haben; der Betrieb dient lediglich arbeitstechnischen Zwecken. Einen Tendenzbetrieb gibt es also nicht in einem tendenzfreien Unternehmen (HWGNRH/*Hess* § 118 Rn. 7; Richardi BetrVG/*Forst* § 118 Rn. 38 ff.). Die Erwähnung des Betriebs stellt klar, dass die Tendenz des Unternehmens nicht unbedingt auf alle Betriebe ausstrahlen muss; bei „Mischunternehmen" ist für jeden Betrieb gesondert zu prüfen, ob sich auch bei ihm die Tendenz verwirklicht („unmittelbar"; → Rn. 4). Allerdings beschränkt sich bei tendenzfreien Betrieben eines Tendenzunternehmens die Unterrichtungspflicht auf wirtschaftliche Angelegenheiten des Betriebs (*Löwisch* § 32 Rn. 35). Bei Unternehmen mit nur einem Betrieb wirkt sich die Tendenz des Unternehmens unmittelbar im Betrieb aus (*Löwisch* § 32 Rn. 35).

34 Bei Betrieben, in denen sich die Tendenz nur auf Teilbereiche auswirkt („Mischbetriebe"), zB Druckerei als Teilbetrieb eines Zeitungsverlags, ist nicht auf das Gepräge abzustellen, sondern auf quantitative Merkmale (BAG 30.6.1981, DB 1981, 2624 zur Frage der Bildung eines Wirtschaftsausschusses im Druckunternehmen eines „Tendenzkonzerns"; 31.10.1975, DB 1976, 151; *Fitting* § 118 Rn. 5 ff.; ausführlich *Löwisch* § 32 Rn. 38 mwN; Richardi BetrVG/*Forst* § 118 Rn. 36 ff.), wie Umsatz und Anzahl („überwiegend", → Rn. 49). Bei verbundenen Unternehmen ist die Tendenz für jedes einzelne Unternehmen und für jeden einzelnen Betrieb gesondert festzustellen.

35 Gewinnerzielungsabsicht schließt den Tendenzschutz nicht aus. Etwas anderes gilt aus der Natur der Sache nur für karitative Einrichtungen (BAG 15.2.1989, NZA 1990, 240; → Rn. 40).

36 **b) Unternehmen mit geistig-ideeller Zielrichtung (§ 118 Abs. 1 S. 1 Nr. 1 BetrVG).** Die Aufzählung in Nr. 1 ist abschließend (BAG 23.3.1999, NZA 1999, 1347; DKW/*Wedde* § 118 Rn. 24; *Fitting* § 118 Rn. 3; HWGNRH/*Hess* § 118 Rn. 15; für Zulässigkeit von Analogie *Mayer-Maly* DB 1971, 2259 f.); sie will die unsachgemäße Ausweitung des Tendenzschutzes verhindern (Richardi BetrVG/*Forst* § 118 Rn. 63 ff.).

37 Politische Zweckbestimmung haben nicht allein die Verwaltungseinrichtungen der politischen Parteien, sondern auch die ihre wirtschafts- und sozialpolitischen Vereinigungen (vgl. *Fitting* § 118 Rn. 15; Richardi BetrVG/*Forst* § 118 Rn. 65 f.).

38 Koalitionspolitische Zwecke verfolgen Gewerkschaften und AG-Verbände. Tendenzschutz genießen nicht nur die eigentliche Verwaltung, sondern auch sonstige Einrichtungen wie Institute und Schulungszentren, nicht dagegen von den Verbänden abhängige Wirtschaftsunternehmen (Versicherungs- und Wohnungsbaugesellschaften, Banken) und Einrichtungen der Tarifvertragsparteien (Zusatzversorgungs-, Urlaubskassen uÄ), da sie die Zwecke der Verbände nicht unmittelbar verfolgen (*Fitting* § 118 Rn. 16; Richardi BetrVG/*Forst* § 118 Rn. 67).

Unternehmen und Betriebe mit konfessioneller Bestimmung gibt es nur wenige, da auf Religionsgemeinschaften nach § 1 Abs. 3 Nr. 2 das SprAuG überhaupt keine Anwendung findet. Es verbleiben selbstständige, kirchlich unabhängige Einrichtungen mit konfessioneller Zielsetzung, wie Bildungsvereinigungen, Gruppen wie die Pfadfinder, Missionsvereine (*Fitting* § 118 Rn. 17; Richardi BetrVG/*Forst* § 118 Rn. 68 ff.; zur analogen Anwendung auf Freidenkerverbände und anthroposophische Vereinigungen → Rn. 57). 39

Karitativ ist eine Tätigkeit, wenn sie sich den sozialen Dienst am körperlich oder seelisch leidenden Menschen zum Ziel setzt, gleichgültig, ob die Hilfe zur Linderung und Beseitigung der Nöte oder zur vorbeugenden Abwehr geleistet wird (BAG 7.4.1981, DB 1981, 2623 mwN). Ein Gewinnstreben schließt den karitativen Zweck aus, so dass ausschließlich unter kommerziellen Gesichtspunkten geführte private Krankenhäuser, Kinder- und Altersheime keinen Tendenzschutz genießen (Richardi BetrVG/*Forst* § 118 Rn. 72). Einrichtungen iSd Vorschrift sind u.a. Betriebe des Roten Kreuzes oder der Arbeiterwohlfahrt (*Fitting* § 118 Rn. 18 mN. d. Rspr.; weitere Bsp. bei Richardi BetrVG/*Forst* § 118 Rn. 74). Auf karitative Einrichtungen der Kirchen ist das SprAuG überhaupt nicht anwendbar (§ 1 Abs. 3 Nr. 2). 40

Einer erzieherischen Bestimmung dienen Bildungseinrichtungen allgemein- und berufsbildender Art, die durch planmäßige und methodische Unterweisung in einer Mehrzahl von Fächern die Persönlichkeit eines Menschen formen. Erziehung erfordert immer eine gewisse Nachhaltigkeit; kurze Eindrücke, die mehr oder weniger auf Stunden beschränkt sind, reichen dafür nicht aus (BAG 21.6.1989, DB 1990, 794; 14.4.1988, AP BetrVG 1972 § 118 Nr. 36; 13.1.1987, AP BetrVG 1972 § 118 Nr. 33). Der Tendenzschutz sichert das Grundrecht des Art. 7 Abs. 4 GG. Unter die Vorschrift fallen Privatschulen aller Art (vgl. BAG 13.6.1989, NZA 1990, 235; 13.1.1987, AP BetrVG 1972 § 118 Nr. 33), Berufsbildungswerke und Internate (weitere Bsp. bei *Fitting* § 118 Rn. 20), nicht aber Fahrschulen. Für kirchliche Bildungseinrichtungen (zu ihren Voraussetzungen ausführlich BAG 14.4.1988, AP BetrVG 1972 § 118 Nr. 3: Kolping-Hilfswerk) gilt § 1 Abs. 3 Nr. 2. 41

Bei der Auslegung des Begriffs der wissenschaftlichen Bestimmung ist auf Art. 5 Abs. 3 GG abzustellen (*Fitting* § 118 Rn. 21; Richardi BetrVG/*Forst* § 118 Rn. 81). Wissenschaft ist alles, was nach Inhalt und Form als ernsthafter, planmäßiger Versuch zur Ermittlung von Wahrheit anzusehen ist. Dazu zählt die Grundlagenforschung ebenso wie die anwendungsorientierte; die Grenze liegt da, wo es sich nur noch um die bloße Anwendung erreichter wissenschaftlicher Erkenntnisse ohne eigenes Streben nach neuen Erkenntnissen handelt (BVerfG 29.5.1973, AP GG Art. 5 Abs. 3 Wissenschaftsfreiheit Nr. 1; BAG 21.6.1989, NZA 1990, 402). Geschützt sind u.a. Bibliotheken, wissenschaftliche Buchgesellschaften, Forschungsinstitute, Museen. Forschungseinrichtungen der Industrie dienen unmittelbar und überwiegend wirtschaftlichen, nicht wissenschaftlichen Zwecken; sie genießen keinen Tendenzschutz (*Fitting* § 118 Rn. 21; Richardi BetrVG/*Forst* § 118 Rn. 82). 42

Unternehmen künstlerischer Bestimmung genießen wegen der durch Art. 5 Abs. 3 GG geschützten Kunstfreiheit Tendenzschutz. Geschützt sind der Werk- und der Wirkbereich des künstlerischen Schaffens, dh die künstlerische Betätigung und die Darbietung und Verbreitung von Kunstwerken. Zur Kunst gehören Werke der Sprache, der Musik, der darstellenden und bildenden Künste sowie Lichtbild- und Filmwerke (vgl. § 2 UrhG). Damit fallen unter diese Vorschrift Theater, 43

Filmateliers, Orchester, Buch- und Musikverlage uÄ (vgl. Richardi BetrVG/*Forst* § 118 Rn. 88 f.; zu belletristischen Verlagen und Buchclubs, die belletristische Werke herstellen und vertreiben, BAG 15.2.1989, DB 1989, 2625; weitere Bsp. bei *Fitting* § 118 Rn. 22). Einrichtungen, die nur lose mit dem Kunstbetrieb zusammenhängen, die also weder zum Werkbereich (keine eigene schöpferische Leistung) noch zum Wirkbereich der Kunst (Vermittlung zwischen Künstler und Publikum) gehören, werden von § 118 Abs. 1 S. 1 Nr. 1 BetrVG nicht erfasst. Keinen Tendenzschutz genießen deshalb der Buch- und Musikalienhandel, die Schallplattenherstellung, Videoverleiher, Kinos, urheberrechtliche Verwertungsgesellschaften wie die GEMA (BAG 8.3.1983, DB 1983, 1875) oder die VG Wort.

44 **c) Unternehmen mit Zwecken der Berichterstattung und Meinungsäußerung (§ 118 Abs. 1 S. 1 Nr. 2 BetrVG).** Hierunter fallen wegen der Bezugnahme auf Art. 5 Abs. 1 S. 2 GG alle Unternehmen der Presse iSd „formellen Pressebegriffs" des GG (HWGNRH/*Hess* § 118 Rn. 61 ff.; Richardi BetrVG/*Forst* § 118 Rn. 92; aA *Fitting* § 118 Rn. 23), dh alle Unternehmen, die mit der Herstellung von zur Verbreitung geeigneten und bestimmten Druck-Erzeugnissen befasst sind, ohne Rücksicht auf das technische Herstellungsverfahren oder den Inhalt, nicht nur die Massenmedien. Tendenzunternehmen iSd Nr. 2 sind daher alle Presseunternehmen, die Zeitungen oder Zeitschriften mit oder ohne politischen Inhalt erzeugen, sowie die Buchverlage, gleich, ob sie politische, Fach- oder reine Belletristikverlage sind.

45 § 118 Abs. 1 S. 1 Nr. 2 BetrVG gilt nicht für Unternehmen, die nicht zum Zweck der Meinungsäußerung oder Berichterstattung tätig sind, sondern ausschließlich „tendenzfreie Drucksachen" (HWGNRH/*Hess* § 118 Rn. 69) herstellen, wie reine Anzeigenblätter, amtliche Mitteilungen, Telefonbücher oder Formulare (Richardi BetrVG/*Forst* § 118 Rn. 93; *Fitting* § 118 Rn. 23).

46 Besonders problematisch ist die Tendenzeigenschaft bei Druckereien. Hier kommt es sehr darauf an, ob sie als Teil eines einheitlichen Betriebs (je nach quantitativer Bedeutung der Druckerei erstreckt sich die Tendenz auch auf diese; → Rn. 34), als selbstständiger Betriebsteil oder Nebenbetrieb (im Regelfall keine Tendenz; *Fitting* § 118 Rn. 27), eigenständiger Betrieb (keine Tendenz, da diese zwar vom Unternehmenszweck bestimmt wird, aber für jeden Betrieb die Verwirklichung der Tendenz gesondert zu bestimmen ist; vgl. → Rn. 33), Unternehmen im Verlagskonzern (keine Ausstrahlung der Konzerntendenz; BAG 30.6.1981, DB 1981, 2624) oder eigenständige Lohndruckerei (keine Tendenz; BAG 31.10.1975, DB 1976, 151; Richardi BetrVG/*Forst* § 118 Rn. 91) geführt werden.

47 **d) Unmittelbar und überwiegend dienen.** Das Unternehmen oder der Betrieb muss den genannten Zwecken unmittelbar und überwiegend dienen.

48 Unmittelbar bedeutet, dass eine direkte Beziehung zwischen Zweck und Tendenz besteht (GK-BetrVG/*Weber* § 118 Rn. 61 ff.); das Unternehmen selbst muss dazu bestimmt sein, eines oder mehrere der geistig-ideellen Ziele zu verwirklichen. Eine nur mittelbare Unterstützung, etwa durch wirtschaftliche Betätigung, genügt nicht (BAG 21.6.1989, NZA 1990, 402). Unmittelbarkeit fehlt beispielsweise bei Wirtschaftsunternehmen einer koalitionspolitischen Vereinigung oder bei der GEMA. Auch die Lohndruckerei dient nur mittelbar den Zwecken der Meinungsäußerung und Berichterstattung, obwohl sie deren Verbreitung erst ermöglicht (Richardi BetrVG/*Forst* § 118 Rn. 100 mwN).

49 Das Kriterium „überwiegend“ ist insbesondere bei Mischbetrieben und -unternehmen von Bedeutung. Nach der Gesetzesbegründung soll ein Unternehmen dann überwiegend einer Tendenz dienen, wenn das unternehmerische Gepräge von einer geistig-ideellen Aufgabe bestimmt wird (zu BT-Drs. VI/2729, 17). Der 7. Senat will danach unterscheiden, in welchem Umfang und mit welcher Intensität das Unternehmen seine Tätigkeit diesen Zielen im Vergleich zu seinen anderen, nicht tendenzgeschützten Zielen widmet. Dabei komme es darauf an, in welcher Größenordnung es seine personellen und sonstigen Mittel zur Verwirklichung seiner tendenzgeschützten Ziele regelmäßig einsetze. Bei personalintensiven Unternehmen sei in erster Linie auf den Personaleinsatz abzustellen. Entscheidend sei, welchen Anteil der Arbeitszeitmenge Tendenzträger und sonstige Mitarbeiter, die mit ihrer Arbeit der Verwirklichung der tendenzgeschützten Bestimmungen des Unternehmens dienen – etwa indem sie die technischen Voraussetzungen für die Tendenzverwirklichung schaffen –, regelmäßig zur Erreichung der verschiedenen Unternehmensziele verwendeten (BAG 21.6.1989, DB 1990, 402). Ob sich, wie das BAG meint, mit dieser Präzisierung Zufallsergebnisse vermeiden lassen, ist zu bezweifeln. Die Gesamtbetrachtung, die derselbe Senat noch wenige Monate vorher angestellt hatte (BAG 15.2.1989, NZA 1990, 240), scheint der Sach- und Rechtslage angemessener.

50 Die Tendenzeigenschaft ist von der subjektiven Zielrichtung des Unternehmens unabhängig (*Fitting* § 118 Rn. 8, 12): Die Art des Unternehmens begründet die Tendenzeigenschaft (BAG 15.2.1989, NZA 1990, 240). Das Unternehmen muss jedoch dem Tendenzzweck dienen, dh es muss ihn gewollt und ernsthaft verfolgen (vgl. *Fitting* § 118 Rn. 12 ff.). Dem stehen Erwerbszwecke und Gewinnstreben nicht entgegen (BAG 15.2.1989, NZA 1990, 240; vgl. weiter *Fitting* § 118 Rn. 10; Richardi BetrVG/*Forst* § 118 Rn. 59 ff.), solange die kommerziellen Gesichtspunkte nicht überwiegen. Im Bereich der karitativen Zweckbestimmung schließt der Erwerbszweck die Tendenzeigenschaft allerdings aus (*Fitting* § 118 Rn. 10; Richardi BetrVG/*Forst* § 118 Rn. 61).

4. Durchführung der Unterrichtung

51 **a) Zeitpunkt.** Der Unternehmer (oder sein Vertreter) hat den zuständigen SprA (→ Rn. 4) mindestens einmal im Kalenderhalbjahr über die wirtschaftlichen Angelegenheiten des Betriebs und des Unternehmens zu unterrichten (Abs. 1 S. 1), bei Bedarf aus dem Gesichtspunkt der vertrauensvollen Zusammenarbeit auch außer der Reihe und in geringeren Zeitabständen. Der genaue Zeitpunkt steht im Ermessen des Unternehmers (*Löwisch* § 32 Rn. 19). Da der SprA in wirtschaftlichen Angelegenheiten kein Beratungsrecht hat, fehlt eine Verpflichtung zu „rechtzeitiger“ Unterrichtung (§ 106 Abs. 2 BetrVG gegenüber § 32 Abs. 1). Es verstieße allerdings gegen den Grundsatz der vertrauensvollen Zusammenarbeit, wenn der SprA jeweils erst vor vollendete Tatsachen gestellt würde. Sinnvoll ist eine Unterrichtung in engem zeitlichem Zusammenhang mit der des Wirtschaftsausschusses. Zulässig und arbeitssparend ist auch eine gemeinsame Unterrichtung beider Gremien. Der Wirtschaftsausschuss ist ein Ausschuss des (Gesamt-)BR (BAG 25.6.1987, NZA 1988, 167; 4.6.1987, NZA 1987, 861), für den das Gesetz gemeinsame Sitzungen mit dem SprA ausdrücklich vorsieht.

52 **b) Umfang.** Das SprAuG enthält im Gegensatz zum BetrVG (§ 106 Abs. 2) keine Vorschrift, die den Unternehmer verpflichtet, den SprA „unter Vorlage der erforderlichen Unterlagen“ zu unterrichten. Vielfach sind Unterlagen aber zum

Verständnis von Informationen nötig oder zumindest nützlich. Es gibt keinen Grund, den SprA insoweit schlechter zu behandeln als den Wirtschaftsausschuss. Das spricht für eine analoge Anwendung von § 106 Abs. 2 BetrVG (dazu ausf. MHdB ArbR/*Francke* § 312 Rn. 92 ff.; Schaub ArbR-HdB/*Koch* § 254 Rn. 2).

53 **c) Keine weitere Beteiligung; keine Weitergabe an die leitenden Angestellten.** Über die Unterrichtung hinaus besteht kein Beteiligungsanspruch des SprA, insbesondere nicht auf Beratung der wirtschaftlichen Angelegenheiten. Unbenommen bleibt ihm, eine Stellungnahme abzugeben. Will der SprA angesichts der Mitteilungen initiativ werden, so kann er das nach § 25 Abs. 1 und § 28 tun.

54 Der SprA darf die Informationen nicht ohne Zustimmung des AG an die L.A. weitergeben (MHdB ArbR/*Francke* § 312 Rn. 98 ff.); diese sind vom AG selbst in der Versammlung der L.A. über die wirtschaftliche Lage und Entwicklung des Betriebs zu unterrichten (§ 15 Abs. 3 S. 3).

IV. Beteiligung bei Betriebsänderungen (Abs. 2)

55 Der Unternehmer hat den SprA über geplante Betriebsänderungen, die auch Nachteile für L.A. zur Folge haben können, zu unterrichten, und er hat mit ihm ggf. über Ausgleichs- und Milderungsmaßnahmen zu beraten.

1. Betriebsänderungen

56 Streitig ist, ob als Betriebsänderung nur die in § 111 S. 3 BetrVG genannten Fälle gelten oder ob § 111 S. 1 BetrVG als Generalklausel aufzufassen ist und S. 3 nur als beispielhafte Aufzählung. Da über die in S. 3 genannten Fälle hinaus nur wenige Fälle in Frage kommen, ist der Streit von geringer Bedeutung (zum Vorstehenden HWK/*Hohenstatt/Willemsen* BetrVG § 111 Rn. 20).

57 Nach § 32 Abs. 2 S. 1 muss die Änderung wesentliche Nachteile auch für – mindestens einen (HWK/*Annuß* SprAuG § 32 Rn. 6 aE) – L.A. haben können. Das Gesetz spricht zwar von L.A. im Plural. Das hat aber eher sprachliche Gründe. Es gibt auch keinen sachlichen Grund, warum der SprA erst mitwirken sollte, wenn zwei L.A. betroffen sind.

58 Eine geplante Betriebsänderung iSd § 32 Abs. 2 liegt vor, wenn die konkrete einzelne Maßnahme sich als Betriebsänderung darstellt; es genügt nicht, dass mehrere Maßnahmen zusammen die Schwelle einer Betriebsänderung iSd § 111 BetrVG erreichen (so *Löwisch* § 32 Rn. 42; zu Kündigungswellen → Rn. 60, 63). „Geplant" bedeutet nicht „gewollt"; der SprA ist auch zu beteiligen, wenn eine Maßnahme sich zwangsläufig aus einer wirtschaftlichen, gesetzlichen oder naturbedingten Entwicklung ergibt (BAG 13.12.1978, DB 1979, 261; 14.9.1976, DB 1977, 309).

59 – Einschränkung und Stilllegung des ganzen Betriebs oder von wesentlichen Betriebsteilen (Nr. 1)

Stilllegung bedeutet die Aufgabe des Betriebszwecks und die Auflösung der Betriebsorganisation auf Dauer oder zumindest für eine unbestimmte, wirtschaftlich nicht unerhebliche Zeit (BAG 22.11.2005, NZA 2006, 736; vgl. auch → Rn. 16). Einschränkung bedeutet Verringerung der Betriebsmittel zur Herabsetzung der Leistung der Betriebsanlagen (statt aller *Fitting* § 111 Rn. 72), nicht allein die nur zeitlich geringere Ausnutzung (*Fitting* § 111 Rn. 72; Richardi BetrVG/*Annuß* § 111 Rn. 69).

– Betriebsänderung durch Personalabbau 60

Auch der Personalabbau kann eine Betriebseinschränkung sein, wenn erhebliche Teile der Belegschaft betroffen sind. Nach gefestigter Rechtsprechung werden hierfür die Zahlen- und Prozentangaben des § 17 Abs. 1 KSchG als Richtschnur zugrunde gelegt. Bei Großbetrieben müssen allerdings mindestens 5 % der Belegschaft des Betriebs betroffen sein. Der Personalabbau muss nicht innerhalb von dreißig Kalendertagen erfolgen (vgl. § 17 Abs. 1 KSchG); auch ein stufenweiser Abbau kann zu einer Betriebsänderung führen (*Düwell/Steffan* § 111 Rn. 25; *Fitting* § 111 Rn. 73, 76 unter Hinweis auf § 112a BetrVG; HWGNRH/*Hess* § 111 Rn. 122 ff.; Richardi BetrVG/*Annuß* § 111 Rn. 75).

In Kleinbetrieben mit nicht mehr als zwanzig AN kann nicht auf die Referenzwerte des § 17 KSchG zurückgegriffen werden. Von der hM wird hier die in § 112a Abs. 1 S. 1 Nr. 1 BetrVG geforderte Mindestzahl von sechs AN herangezogen (BAG 9.11.2010, NZA 2011, 466; *Fitting* § 111 Rn. 75a); teilweise wird vertreten, dass drei AN ausreichen (GK-BetrVG/*Oetker* § 111 Rn. 102); teilweise wird verlangt, dass mindestens 30 % der AN von der Maßnahme betroffen sind (Richardi BetrVG/*Annuß* § 111 Rn. 74). 61

Zu berücksichtigen sind nur AN, denen der AG aus betriebsbedingten Gründen kündigt, sowie AN, die ihr Arbeitsverhältnis auf Veranlassung des AG im Rahmen der Abbaumaßnahmen durch Eigenkündigung oder Aufhebungsvertrag beenden. 62

Geht ein Personalabbau in mehreren Wellen auf einen einheitlichen Entschluss zurück, so ist auf die Zahl der insgesamt betroffenen AN abzustellen. Bei Kündigungswellen im Abstand von wenigen Wochen oder Monaten spricht eine tatsächliche Vermutung für einen einheitlichen Entschluss (*Fitting* § 111 Rn. 76). 63

Auch für die Frage, wann ein wesentlicher Betriebsteil von der Betriebsänderung betroffen ist, kann auf die Beschäftigtenzahlen des § 17 Abs. 1 KSchG zurückgegriffen werden (BAG 7.8.1990, NZA 1991, 113; 21.10.1980, DB 1981, 698). 64

– Verlegung des ganzen Betriebs oder von wesentlichen Betriebsteilen (Nr. 2) 65

Verlegung ist jede wesentliche Veränderung der örtlichen Lage des Betriebs oder Betriebsteils (→ Rn. 64); werden AN überdies nicht weiterbeschäftigt, so kann es sich zugleich um eine Betriebsänderung nach Nr. 1 handeln.

– Zusammenschluss mit anderen Betrieben oder die Spaltung von Betrieben (Nr. 3) 66

Der Zusammenschluss von Betrieben kann sowohl durch Aufnahme eines Betriebs in einen anderen unter Aufgabe des Betriebszwecks als auch durch Bildung eines neuen Betriebs aus mehreren bestehenden Betrieben geschehen (s. nur *Fitting* § 111 Rn. 84; Richardi BetrVG/*Annuß* § 111 Rn. 97). Gehören Betriebe verschiedenen Unternehmen an, so erfordert der Zusammenschluss eine einheitliche unternehmerische Leitung; es entsteht ein Gemeinschaftsbetrieb iSv § 1 Abs. 1 S. 2, Abs. 2 BetrVG.

Die Spaltung von Betrieben kann in vier Fallgestaltungen erfolgen (Richardi BetrVG/*Annuß* § 111 Rn. 101): 67

1. Der bislang einheitliche Betrieb wird unter Verlust seiner bisherigen Identität in zwei oder mehr selbstständige Betriebe aufgeteilt.
2. Die abgespaltenen Betriebsteile werden in neue Betriebe eingegliedert.
3. Von dem fortbestehenden bisherigen Betrieb wird ein Teil oder werden mehrere kleinere Teile abgespalten und verselbstständigt.

4. Von dem fortbestehenden bisherigen Betrieb wird ein Teil oder werden mehrere Teile abgespalten und in neue Betriebe eingegliedert.

68 Grundlegende Änderungen der Betriebsorganisation, des Betriebszwecks oder der Betriebsanlagen (Nr. 4).

69 Die Betriebsorganisation umfasst das „Ordnungsgefüge von Betriebszweck, im Betrieb arbeitenden Menschen und Betriebsanlagen mit dem Ziel der optimalen Erfüllung der Betriebsaufgabe" (BAG 22.5.1979, DB 1979, 1896). Eine grundlegende Änderung liegt vor bei einer vollständigen Änderung des Betriebsaufbaus (*Fitting* § 111 Rn. 92, 95; Richardi BetrVG/*Annuß* § 111 Rn. 108) und bei einer grundlegenden Umorganisation von Zuständigkeiten und Verantwortung (HWGNRH/*Hess* § 111 Rn. 213 ff.). Auch eine Betriebsaufspaltung, verbunden mit einem Betriebsinhaberwechsel, kann mit Änderungen der Betriebsorganisation (oder des Zwecks) einhergehen und damit eine Betriebsänderung nach Nr. 4 darstellen (BAG 16.6.1987, NZA 1987, 671).

70 Betriebszweck ist der dem Betrieb vom Unternehmer zur Erreichung der Unternehmensziele zugewiesene arbeitstechnische Zweck.

71 Eine wesentliche Änderung liegt vor, wenn völlig andere Produkte gefertigt werden, wenn also zB Werkzeuge statt Maschinen gefertigt werden (Richardi BetrVG/*Annuß* § 111 Rn. 111), nicht aber bei bloßem Modellwechsel.

72 Betriebsanlagen sind die nicht zur Veräußerung bestimmten, zur Produktion und Arbeitsleistung erforderlichen Gegenstände (Richardi BetrVG/*Annuß* § 111 Rn. 114).

73 Eine Betriebsänderung liegt in der baulichen oder technischen Veränderung dieser Anlagen (zahlreiche Bsp. bei *Fitting* § 111 Rn. 94), wenn sie mit einer erheblichen Änderung der Arbeitsumstände verbunden ist, wie etwa bei der Einführung oder grundlegenden Umstellung der EDV, nicht dagegen im Regelfall beim bloßen Ersatz veralteter Maschinen.

74 Grundlegend ist die Änderung, wenn erhebliche Teile der Belegschaft betroffen sind; das bestimmt sich wiederum in Anlehnung an § 17 Abs. 1 KSchG (Richardi BetrVG/*Annuß* § 111 Rn. 118).

75 – Einführung grundlegend neuer Arbeitsmethoden und Fertigungsverfahren (Nr. 5)

Die Nr. 5 ergänzt Nr. 4 für den Bereich der Gestaltung des eigentlichen Arbeitsablaufs. Zum Begriff der Arbeitsmethode s. → Rn. 14. Fertigungsverfahren sind die technischen Methoden in der Produktion; der Begriff entspricht im Wesentlichen dem der Fabrikationsmethoden (Richardi BetrVG/*Annuß* § 111 Rn. 121 mwN).

76 Unter Nr. 5 fallen beispielsweise Rationalisierungsmaßnahmen mit Einfluss auf den Arbeitsablauf und die Einführung neuer Techniken (CAD/CAM, CNC-Maschinen, Umstellung auf Gruppenarbeit, Einrichtung von Teilzeitarbeitsplätzen, DKW/*Däubler* § 111 Rn. 112 ff.; HWGNRH/*Hess* § 111 Rn. 236 ff.). Die Methode muss für den Betrieb grundlegend neu sein (*Fitting* § 111 Rn. 100; *Löwisch* § 32 Rn. 53), nicht für die Branche. Die üblichen laufenden Verbesserungen gehören nicht dazu (*Fitting* § 111 Rn. 100; *Löwisch* § 32 Rn. 53).

2. Nachteile für leitende Angestellte

77 Anders als bei § 111 BetrVG muss konkret ein Nachteil für mindestens einen L.A. zu erwarten sein (ErfK/*Oetker* SprAuG § 32 Rn. 9). Nachteile iSd Abs. 2 sind nur wirtschaftliche Nachteile (Gehaltseinbußen, höhere Fahrtkosten, Entlassungen; HWK/*Annuß* § 32 Rn. 6; aA *Goldschmidt* S. 130: jede denkbare Beeinträchtigung). Eine Betriebsänderung, die Nachteile für andere AN hat, muss nicht Nachteile für L.A. mit sich bringen. Ein Personalabbau wird häufig die Stellung von L.A. unberührt lassen, bei einer Änderung der Betriebsorganisation wird es vielfach anders aussehen. Eine Betriebsänderung, die mit dem BR beratungspflichtig ist, muss deshalb also noch nicht zur Beteiligung des SprA führen. Es kommt immer auf die konkrete Situation an.

3. Unterrichtung (Abs. 2 S. 1)

Der Unternehmer hat den SprA rechtzeitig und umfassend über die geplante Betriebsänderung zu unterrichten. **78**

a) Zeitpunkt. Die Unterrichtungspflicht besteht nur und bereits bzgl. geplanter Betriebsänderungen. Bloße Vorüberlegungen lösen noch keine Unterrichtungspflicht aus; sie müssen sich zu einem konkreten Vorhaben verdichtet haben. **79**

Der SprA ist rechtzeitig zu unterrichten, dh so früh, dass er sich mit der Angelegenheit auseinandersetzen kann und dass etwaige Einwendungen und Vorschläge noch berücksichtigt werden können (BAG 14.9.1976, DB 1977, 309; *Goldschmidt* S. 130). **80**

b) Umfang. Der Umfang der Unterrichtungspflicht ergibt sich aus dem Zweck der Beteiligung. Der SprA soll im Fall zu erwartender wirtschaftlicher Nachteile mit dem AG über deren Ausgleich oder Milderung beraten; er muss sich also über die Auswirkungen informieren und Alternativen vorschlagen können. Daher muss der AG den SprA ggf. anhand von Unterlagen (§ 25 Abs. 2) so umfassend über den Umfang der Änderungen, über ihre Auswirkungen und über ihre Zweckmäßigkeit unterrichten, dass dieser feststellen kann, ob L.A. wirtschaftliche Nachteile erleiden, und dass er bejahendenfalls Vorstellungen über Ausgleichs- und Milderungsmaßnahmen entwickeln kann (*Löwisch* § 32 Rn. 59). **81**

4. Beratung über Ausgleichs- und Milderungsmaßnahmen (Abs. 2 S. 2)

a) Allgemeines. Der SprA kann nicht verlangen, dass der Unternehmer mit ihm über „Ob“ und „Wie“ der Betriebsänderung berät. Es gibt keinen Anspruch auf Verhandlungen über einen Interessenausgleich (HWK/*Annuß* § 32 Rn. 8) mit der Folge des Nachteilsausgleichs für den Fall, dass der Unternehmer einen Interessenausgleich nicht versucht hat oder dass er ohne zwingenden Grund von ihm abgewichen ist. Gespräche über die geplante Betriebsänderung sind nach der gesetzgeberischen Konzeption lediglich Reflexe der Beratung über Ausgleichs- und Milderungsmaßnahmen. Insoweit hat der Unternehmer allerdings konstruktiv mit dem SprA zu beraten, wie Nachteile für die L.A. zu vermeiden oder möglichst gering zu halten sind. Vorrang hat dabei eine sinnvolle Erhaltung des status quo, dh die Erhaltung eines gleichwertigen Aufgabengebiets im Bereich des gewohnten Lebensumfelds, ggf. wenigstens auf Zeit. Wenn das nicht möglich ist, kommen Versetzungen mit Besitzstandsregelungen, die Übernahme von Umzugskosten und notfalls – wenn sich eine geeignete andere Tätigkeit nicht finden lässt – Abfindungen in Betracht. **82**

Eine Verpflichtung zur Änderung der Planung oder zu irgendwelchen Leistungen besteht nicht. Weder der SprA noch die L.A. haben Anspruch auf einen **83**

Sozialplan, die L.A. auch nicht aufgrund des Gleichbehandlungsgrundsatzes auf Gewährung von Leistungen aus einem Sozialplan zwischen AG und BR. Dieser Sozialplan gilt nicht für L.A., weil der BR sie nicht vertritt; zur Gleichbehandlung ist der AG nicht verpflichtet, weil die unterschiedliche Behandlung auf gesetzlichen Vorgaben beruht (BAG 16.7.1985, NZA 1985, 713; Näheres → Rn. 92 f.).

84 **b) Sozialplan.** AG und SprA bleibt es jedoch unbenommen, freiwillig einen Sozialplan im Sinne einer Sprecherausschussvereinbarung nach § 28 Abs. 2 (→ § 28 Rn. 24 ff.) abzuschließen. Der Sozialplan dient dem Ausgleich der durch die Betriebsänderung bewirkten oder zu erwartenden wirtschaftlichen Nachteile. Er kann daher alles enthalten, was geeignet ist, diese Nachteile auszugleichen (*Kronisch/Deich* AR-Blattei SD 1490.3 Rn. 176); zB Vereinbarungen über die Höhe und die Berechnungsgrundlage von Abfindungen (s. Muster im Anhang IV). Ein Sozialplan nach § 28 Abs. 2 S. 1 entspricht bei Vereinbarung einer unmittelbaren und zwingenden Wirkung materiell dem Sozialplan nach § 112 Abs. 1 S. 2 BetrVG. Deshalb sind auf ihn die §§ 123 f. InsO entsprechend anwendbar (ErfK/*Oetker* § 32 Rn. 10 mN).

85 Ein vorsorglicher Sozialplan, den der AG mit GSprA oder KSprA für mögliche künftige Betriebsänderungen abschließt, bindet die örtlichen SprA nicht. Wegen seiner Auffangfunktion begründet er typischerweise Ansprüche für L.A., deren SprA keinen eigenen Sozialplan vereinbart (BAG 17.4.2012, NZA 2012, 1240).

86 Der Sozialplan darf nicht gegen höherrangiges Recht verstoßen. Die Sozialpartner haben die Grundsätze von Recht und Billigkeit zu beachten, und hier insbesondere den Gleichbehandlungsgrundsatz und die Diskriminierungsverbote des § 27 Abs. 1. Nach dem Normzweck des § 32 Abs. 2 S. 2 dient der Sozialplan dem Ausgleich und der Überbrückung der – künftigen – Nachteile, die durch eine Betriebsänderung entstehen (BAG 11.11.2008, NZA 2009, 210 zu dem inhaltsgleichen § 112 Abs. 1 S. 2 BetrVG).

87 SprA und AG können Sozialplanleistungen für alle L.A. vereinbaren, die aufgrund einer Betriebsänderung wirtschaftliche Nachteile erleiden, gleichgültig, ob sie weiter im Unternehmen tätig, ob sie ausgeschieden oder in den Ruhestand getreten sind. Keine Nachteile aufgrund einer Betriebsänderung erleiden L.A., die aus anderen Gründen, etwa aufgrund personen- oder verhaltensbedingter Kündigung oder aufgrund gerichtlicher Auflösung nach § 9 KSchG, aus dem Betrieb ausscheiden (dazu *Löwisch* § 32 Rn. 65).

88 Der Sozialplan ersetzt nicht die Kündigung. Er gibt weder eine soziale Rechtfertigung iSd § 1 KSchG, noch kann er die soziale Auswahl im Rahmen der betriebsbedingten Kündigung für das ArbG bindend festlegen. Leistungen können nicht davon abhängig gemacht werden, dass der L.A. keine Kündigungsschutzklage erhebt. Zulässig ist aber eine Verschiebung der Fälligkeit von Sozialplanansprüchen bis zur Entscheidung des Kündigungsrechtsstreits (BAG 20.6.1985, NZA 1986, 258).

89 Abfindungen aus einem Sozialplan sind keine Abfindungen nach §§ 9, 10 KSchG. Die Abfindungen können daher auch nicht miteinander verrechnet werden.

90 Ist die Kündigungsschutzklage erfolgreich, wird das Arbeitsverhältnis aber nach § 9 KSchG aufgelöst, so erhält der L.A. nur eine Abfindung nach § 10 KSchG; Ansprüche aus dem Sozialplan entstehen nicht, da der L.A. nicht wegen der Betriebsänderung ausscheidet, sondern weil ihm die Fortsetzung des Arbeitsverhältnisses nicht zuzumuten ist.

Dasselbe gilt, wenn die Parteien einen gerichtlichen Abfindungs- und Auflösungsvergleich schließen; auch dann ist allein dieser und nicht der Sozialplan Grundlage etwaiger Ansprüche (aA *Weber* Anm. zu AP BetrVG 1972 § 112 Nr. 33, der bei einem Abfindungsvergleich ein Zusammentreffen von Ansprüchen für möglich hält). **91**

Bei erfolgloser Kündigungsschutzklage steht dagegen fest, dass das Arbeitsverhältnis durch Kündigung aufgelöst worden ist, und es kommt nur eine Abfindung aus dem Sozialplan in Betracht. **92**

SprA und AG sind bei der Vereinbarung des Sozialplans an den Gleichbehandlungsgrundsatz gebunden. Sie können die Leistungen pauschalieren und an abstrakte Tatbestände ohne den Nachweis konkreter Nachteile knüpfen. In den Grenzen von Recht und Billigkeit steht es ihnen auch frei zu entscheiden, inwieweit für bestimmte Nachteile überhaupt ausgleichende Leistungen gewährt werden (BAG 29.11.1978, DB 1979, 795). Eine Abfindung kann – überhaupt oder der Höhe nach – davon abhängig gemacht werden, ob der L.A. ein Versetzungsangebot auf einen zumutbaren anderen Arbeitsplatz annimmt (BAG 27.10.1987, NZA 1988, 203). SprA und AG können auch die typisierende Beurteilung vornehmen, dass AN, die ihr Arbeitsverhältnis früher als durch die Betriebsänderung geboten selbst kündigen, ohne hierzu vom AG veranlasst zu sein, durch die Betriebsänderung keine oder sehr viel geringere wirtschaftliche Nachteile erleiden als diejenigen, die eine Kündigung durch den AG abwarten (BAG 10.2.2009, BeckRS 2009, 60027). Dem Gleichbehandlungsgrundsatz widerspricht es schließlich nicht, wenn SprA und AG bei einer geringen Zahl von Betroffenen die Leistungen nach den ihnen bekannten Verhältnissen der L.A. individuell festlegen (BAG 12.2.1985, NZA 1985, 717). Umgekehrt ist es mangels einer § 112 Abs. 5 S. 2 Nr. 1 BetrVG entsprechenden Bestimmung nicht erforderlich, dass die Betriebspartner die Berücksichtigung der Umstände des Einzelfalles vorsehen. Die Abfindung kann – überhaupt oder der Höhe nach – davon abhängig gemacht werden, ob der L.A. ein Versetzungsangebot auf einen zumutbaren anderen Arbeitsplatz annimmt (BAG 27.10.1987, NZA 1988, 203). **93**

Bei der Anwendung des Gleichbehandlungsgrundsatzes ist nur auf die Gruppe der L.A. abzustellen, nicht auf eine Gruppe, für die der AG sonst eine einheitliche Sozialpolitik betreibt, etwa die AT-Angestellten, oder gar auf alle AN. Verboten ist nur eine Ungleichbehandlung innerhalb einer vom AG selbst geschaffenen Ordnung. Die Ungleichbehandlung von L.A. und sonstigen AN beruht auf den Regelungen des SprAuG einerseits und des BetrVG andererseits. Ein von dem BR abgeschlossener Sozialplan ist also für die L.A. ohne Bedeutung. Weder gilt er für sie unmittelbar, noch kann der BR als solcher einen Vertrag zu ihren Gunsten abschließen, noch enthält der Sozialplan Mindest- oder Höchststandards, noch ist er einfach auf L.A. fortzuschreiben. **94**

Steuer- und sozialversicherungsrechtlich gilt:

Abfindungen aus einem Sozialplan sind wie sonstiges Arbeitseinkommen zu versteuern. Sie können unter Umständen als Entschädigung iSd § 24 Nr. 1 EStG unter die Progressionsminderung in Gestalt der Fünftelungsregelung fallen (§ 34 Abs. 1 EStG). **95**

Abfindungen sind kein Arbeitsentgelt iSd § 14 Abs. 1 SGB IV und damit nicht sozialabgabenpflichtig (BAG 9.11.1988, DB 1989, 327). **96**

Abfindungen können zum zeitweisen Ruhen des Anspruchs auf Arbeitslosengeld führen (§ 158 SGB III). Zudem droht dem L.A. bei einer einvernehmlichen Auflösung des Arbeitsverhältnisses eine zwölfwöchige Sperrzeit vor dem ersten **97**

Bezug von Arbeitslosengeld (§ 159 Abs. 1 S. 1, 2 Nr. 1, Abs. 3 SGB III; HWK/*Peters-Lange* SGB III § 158 Rn. 1, SGB III § 159 Rn. 5, 10).

98 Ansprüche aus Sozialplänen können im Urteilsverfahren nach §§ 2 Abs. 1 Nr. 3 lit. a, Abs. 5, 46 ff. ArbGG eingeklagt werden.

99 Da Sozialpläne in Gestalt von SprA-Vereinbarungen den Sozialplänen nach § 112 Abs. 1 S. 2 BetrVG entsprechen, sind die §§ 123 f. InsO entsprechend anwendbar (ErfK/*Oetker* § 32 Rn. 10 mN).

V. Streitigkeiten

1. Bestehen und Umfang der Beteiligungsrechte

100 Streitigkeiten über das Bestehen, den Umfang und die Durchführung der Unterrichtungs- und Beratungspflichten werden nach § 2a Abs. 1 Nr. 2, Abs. 2; §§ 80 ff. ArbGG im arbeitsgerichtlichen Beschlussverfahren ausgetragen. Örtlich zuständig ist das ArbG des Bezirks, in dem der Betrieb liegt, bzw. wenn der USprA oder der GSprA zu beteiligen ist, in dem das Unternehmen seinen Sitz hat, § 82 Abs. 1 ArbGG (→ Rn. 4). Zur Durchsetzung der Pflichten kommt auch der Erlass einer einstweiligen Verfügung nach § 85 Abs. 2 ArbGG, §§ 935, 940 ZPO in Betracht (*Löwisch* § 32 Rn. 61).

2. Unterlassungsanspruch

101 Einen Anspruch auf Unterlassung der geplanten Maßnahme bei Verletzung der Unterrichtungs- oder Beratungspflicht nach § 30 hat der SprA nicht (AR/*Maschmann* § 32 Rn. 1; ErfK/*Oetker* SprAuG § 32 Rn. 12; HWK/*Annuß* SprAuG § 32 Rn. 9).

3. Schadensersatzansprüche

102 § 32 Abs. 2 S. 2 ist kein Schutzgesetz iSd § 823 Abs. 2 BGB, obwohl er nicht nur der allgemeinen Interessenvertretung der L.A., sondern gerade auch dem Schutz des Einzelnen gegen Nachteile aus Betriebsänderungen dient. Der Gesetzgeber hat die Regelung in § 113 BetrVG über den Nachteilsausgleich bewusst nicht in das SprAuG übernommen. Diese Entscheidung darf nicht auf dem Umweg über eine Schadensersatzpflicht unterlaufen werden.

VI. Ordnungswidrigkeiten und Straftaten

103 Die Verletzung der Unterrichtungspflichten nach Abs. 1 und Abs. 2 stellt eine Ordnungswidrigkeit nach § 36 dar. Bei entsprechender subjektiver Zielrichtung kann die nachhaltige Verletzung der Unterrichtungs- und Beratungspflichten darüber hinaus eine Behinderung der SprA-Tätigkeit und damit eine auf Antrag des SprA zu verfolgende Straftat nach § 34 Abs. 1 Nr. 2 bedeuten.

Vierter Teil. Besondere Vorschriften

§ 33 Seeschifffahrt

(1) **Auf Seeschifffahrtsunternehmen (§ 114 Abs. 2 des Betriebsverfassungsgesetzes) und ihre Betriebe ist dieses Gesetz anzuwenden, soweit sich aus den Absätzen 2 bis 4 nichts anderes ergibt.**

(2) **Sprecherausschüsse werden nur in den Landbetrieben von Seeschifffahrtsunternehmen gewählt.**

(3) **[1]Leitende Angestellte im Sinne des § 1 Abs. 1 dieses Gesetzes sind in einem Seebetrieb (§ 114 Abs. 3 und 4 des Betriebsverfassungsgesetzes) nur die Kapitäne. [2]Sie gelten für die Anwendung dieses Gesetzes als leitende Angestellte des Landbetriebs. [3]Bestehen mehrere Landbetriebe, so gelten sie als leitende Angestellte des nach der Zahl der leitenden Angestellten größten Landbetriebs.**

(4) **Die Vorschriften über die Wahl des Sprecherausschusses finden auf Sprecherausschüsse in den Landbetrieben von Seeschifffahrtsunternehmen mit folgender Maßgabe Anwendung:**
1. **Die in § 7 Abs. 1 genannte Frist wird auf sechzehn Wochen verlängert.**
2. **Die Frist für die Wahlanfechtung nach § 8 Abs. 1 Satz 3 beginnt für die leitenden Angestellten an Bord, wenn das Schiff nach Bekanntgabe des Wahlergebnisses erstmalig einen Hafen im Geltungsbereich dieses Gesetzes oder einen Hafen, in dem ein Seemannsamt seinen Sitz hat, anläuft. Nach Ablauf von drei Monaten seit Bekanntgabe des Wahlergebnisses ist eine Wahlanfechtung unzulässig. Die Wahlanfechtung kann auch zu Protokoll des Seemannsamtes erklärt werden. Die Anfechtungserklärung ist vom Seemannsamt unverzüglich an das für die Anfechtung zuständige Arbeitsgericht weiterzuleiten.**

Übersicht

I. Allgemeines

Das SprAuG enthält in § 33 ebenso wie das BetrVG (§§ 114 ff.) besondere Regeln für Seeschifffahrtsunternehmen und ihre Betriebe. § 33 wird ergänzt durch § 39 WO. **1**

II. Geltung für Seeschifffahrtsunternehmen und deren Betriebe (Abs. 1–3)

2 Die Vorschriften des SprAuG gelten auch für Seeschifffahrtsunternehmen iSv § 114 Abs. 2 BetrVG (*Düwell/Kloppenburg* § 114 Rn. 6; GK-BetrVG/*Franzen* § 114 Rn. 2; HWGNRH/*Hess* § 114 Rn. 2; Richardi BetrVG/*Forst* § 114 Rn. 1 ff., insbes. Rn. 17 ff.) und deren Betriebe, soweit Abs. 2–4 keine abweichenden Regelungen vorsehen.

1. Begriff des Seeschifffahrtsunternehmens

3 Ein Seeschifffahrtsunternehmen iSd BetrVG ist ein Unternehmen, das Handelsschifffahrt betreibt und seinen Sitz im Geltungsbereich dieses Gesetzes hat (§ 114 Abs. 2 S. 1 BetrVG). Ein Seeschifffahrtsunternehmen betreibt auch, wer als Korrespondenzreeder, Vertragsreeder, Ausrüster oder aufgrund eines ähnlichen Rechtsverhältnisses Schiffe zum Erwerb durch die Seeschifffahrt verwendet, wenn er AG des Kapitäns und der Besatzungsmitglieder ist oder überwiegend die Befugnisse des AG ausübt (§ 114 Abs. 2 S. 2 BetrVG; HWGNRH/*Hess* § 114 Rn. 5).

2. Sprecherausschüsse nur in den Landbetrieben (Abs. 2)

4 SprA werden nur in den Landbetrieben der Seeschifffahrtsunternehmen gewählt (Abs. 2), nicht in den Seebetrieben. Die Errichtung von SeeSprA würde auf erhebliche praktische Schwierigkeiten stoßen (BT-Drs. 11/2503, 44 zu § 33). Zum Landbetrieb gehören u.a. Verwaltungen, Werften, Speditionen, Stauereien, Lagerhäuser, Kaibetriebe und Reparaturwerkstätten, fest vertäute Gaststättenschiffe (keine Schiffe im Rechtssinne), Schwimmdocks, Schiffsbauwerke und Schiffe, die idR innerhalb von 24 Stunden nach dem Auslaufen an den Sitz des Landbetriebs zurückkehren (§ 114 Abs. 4 S. 2 BetrVG; GK-BetrVG/*Franzen* § 114 Rn. 15; HWGNRH/*Hess* § 114 Rn. 17 f.; Richardi BetrVG/*Forst* § 114 Rn. 46 ff.). Als Seebetrieb gilt die Gesamtheit der Schiffe des Unternehmens; im Einzelnen vgl. § 114 Abs. 3 und Abs. 4 BetrVG.

3. Kapitäne als leitende Angestellte des Landbetriebs (Abs. 3)

5 Für die SprA in den Landbetrieben gilt dasselbe wie für die SprA in sonstigen Betrieben; lediglich die Fristen für Wahl und Wahlanfechtung sind etwas länger (Abs. 4). Auch die Zuordnung zu den L.A. richtet sich nach denselben Grundsätzen wie in den übrigen Betrieben. In den Seebetrieben sind nur die Kapitäne L.A. (Abs. 3 S. 1; § 114 Abs. 6 S. 2 BetrVG). Sie gelten für das SprAuG als L.A. des Landbetriebs (Abs. 3 S. 2). Besteht das Unternehmen aus mehreren Betrieben, so gelten sie als L.A. des nach der Zahl der L.A. größten Landbetriebs (Abs. 3 S. 3).

6 § 33 Abs. 3 verlangt im Gegensatz zu § 1 Abs. 2 nicht, dass der Landbetrieb mindestens zehn L.A. hat. Ein Landbetrieb ist also bereits dann sprecherausschussfähig, wenn er gemeinsam mit dem Seebetrieb mindestens zehn L.A. zählt.

III. Längere Fristen für Wahl und Wahlanfechtung (Abs. 4)

1. Bestellung des Wahlvorstands (Nr. 1)

Der SprA bestellt den Wahlvorstand und dessen Vorsitzenden spätestens 16 Wochen vor Ablauf seiner Amtszeit (in den übrigen Betrieben: zehn Wochen vorher, Abs. 4 Nr. 1 iVm § 7 Abs. 1). 7

2. Wahlanfechtung (Nr. 2)

Die Frist für die Wahlanfechtung beginnt für L.A. an Bord erst, wenn das Schiff zum ersten Mal einen Hafen in der Bundesrepublik Deutschland oder einen Hafen mit einem Seemannsamt anläuft. Sie endet in jedem Fall drei Monate nach Bekanntgabe des Wahlergebnisses. Zu den Einzelheiten vgl. Abs. 4 Nr. 2. 8

IV. Luftfahrtunternehmen

Im Gegensatz zum Betriebsverfassungsgesetz (§ 117 BetrVG) enthält das SprAuG keine Besonderheiten für die Luftfahrtunternehmen. Es gilt deshalb die allgemeine Regelung. Flugkapitäne sind nicht generell L.A. Ob ein Flugkapitän L.A. ist, richtet sich nach seiner konkreten Funktion. Zu bejahen ist dies beispielsweise, wenn er für die Verkehrsüberwachung und/oder für Personal zuständig ist. 9

Fünfter Teil. Straf- und Bußgeldvorschriften

§ 34 Straftaten gegen Vertretungsorgane der leitenden Angestellten und ihre Mitglieder

(1) **Mit Freiheitsstrafe bis zu einem Jahr oder mit Geldstrafe wird bestraft, wer**

1. eine Wahl des Sprecherausschusses oder des Unternehmenssprecherausschusses behindert oder durch Zufügung oder Androhung von Nachteilen oder durch Gewährung oder Versprechen von Vorteilen beeinflusst,

2. die Tätigkeit des Sprecherausschusses, des Gesamtsprecherausschusses, des Unternehmenssprecherausschusses oder des Konzernsprecherausschusses behindert oder stört oder

3. ein Mitglied oder ein Ersatzmitglied des Sprecherausschusses, des Gesamtsprecherausschusses, des Unternehmenssprecherausschusses oder des Konzernsprecherausschusses um seiner Tätigkeit willen benachteiligt oder begünstigt.

(2) **Die Tat wird nur auf Antrag des Sprecherausschusses, des Gesamtsprecherausschusses, des Unternehmenssprecherausschusses, des Konzernsprecherausschusses, des Wahlvorstands oder des Unternehmers verfolgt.**

Übersicht

I. Allgemeines

1 § 34 entspricht § 119 BetrVG. Er schützt die Wahlen zu den Vertretungen der L.A. sowie die Vertretungen und deren Mitglieder und Ersatzmitglieder durch Strafandrohung gegen unzulässige Beeinflussung.

2 § 34 bedroht jedermann mit Strafe, der sich eine der in Abs. 1 Nr. 1–3 genannten Handlungen zuschulden kommen lässt, gleichgültig ob er dem Betrieb angehört (AG, AN, BR) oder nicht, wie zB Gewerkschafts- und Verbandsvertreter (*Fitting* § 119 Rn. 1 f.; *Löwisch* § 34 Rn. 1; Richardi BetrVG/*Annuß* § 119 Rn. 4); selbst Mitglieder der genannten Organe sind nicht ausgenommen, wenn sie andere SprA behindern (*Löwisch* § 34 Rn. 1; Richardi BetrVG/*Annuß* § 119 Rn. 20; WPK/*Preis* § 119 Rn. 23; aA GK-BetrVG/*Oetker* § 119 Rn. 15).

Täter iSd § 34 können sein der Alleintäter, der mittelbare Täter (§ 25 Abs. 1 StGB), der Mittäter (§ 25 Abs. 2 StGB), der Anstifter (§ 26 StGB) und der Gehilfe (§ 27 StGB; *Löwisch* § 34 Rn. 1; Richardi BetrVG/*Annuß* § 119 Rn. 8). 3

Strafbar ist nur vorsätzliches Handeln (§ 15 StGB); selbst grobe Fahrlässigkeit genügt nicht (*Fitting* § 119 Rn. 10). Erforderlich ist Kenntnis aller Tatumstände und zumindest billigendes Inkaufnehmen des tatbestandsmäßigen Erfolgs (*Fischer* StGB § 15 Rn. 9a). 4

Der Versuch ist nicht strafbar, da § 34 nur ein Vergehen darstellt (vgl. §§ 23 Abs. 1, 12 Abs. 2 StGB). 5

II. Die einzelnen Straftatbestände (Abs. 1)

1. Behinderung oder Beeinflussung von Wahlen (Nr. 1)

Abs. 1 Nr. 1 ist die Strafnorm zu § 8 Abs. 2. 6

Eine BSprA- oder USprA-Wahl behindert oder beeinflusst, wer durch Tun oder pflichtwidriges Unterlassen einen ungewöhnlichen Verlauf des Wahlvorgangs verursacht. Eine Behinderung der Wahl liegt vor, wenn die Einleitung oder Durchführung der Wahl durch rechtswidriges Verhalten erschwert oder unmöglich gemacht wird (ErfK/*Koch* BetrVG § 20 Rn. 2; Richardi BetrVG/*Thüsing* § 20 Rn. 7), eine Wahlbeeinflussung, wenn auf Wahlbeteiligte (Wähler, Wahlvorstand, Vermittler) durch Begünstigung oder Benachteiligung dahin eingewirkt wird, dass sie ihre (Wahl-) Befugnisse in einem von dritter Seite gewünschten Sinne ausüben (*Fitting* § 20 Rn. 20). Den Schutz von Abs. 1 Nr. 1 genießen auch vorbereitende Maßnahmen (Richardi BetrVG/*Annuß* § 119 Rn. 12). Nicht anwendbar auf betriebliche Wahlen sind die §§ 107 ff. StGB. Sie gelten nur für Wahlen zu den Volksvertretungen und für sonstige Wahlen und Abstimmungen des Volkes in Bund, Ländern, Gemeinden und Gemeindeverbänden (*Fitting* § 119 Rn. 6; Richardi BetrVG/*Annuß* § 119 Rn. 18 mwN). 7

2. Behinderung oder Störung der Vertretungen der leitenden Angestellten (Nr. 2)

Abs. 1 Nr. 2 ist die Strafnorm zu § 2 Abs. 3 S. 1. Eine Behinderung umfasst auch jede Störung (*Fitting* § 78 Rn. 9; GK-BetrVG/*Kreutz* § 78 Rn. 30; WPK/*Preis* § 78 Rn. 7). 8

Infrage kommt insbesondere das wiederholte und beharrliche Nichtbeachten ihrer Rechte nach §§ 2 Abs. 1 S. 2, 30 ff (*Löwisch* § 34 Rn. 3; *Oetker* ZfA 1990, 43 (68)). Ein Verstoß gegen Abs. 1 Nr. 2 liegt auch vor, wenn der AG sich nicht an einen Beschluss des ArbG hält, den SprA anzuhören (*Fitting* § 119 Rn. 7; HWGNRH/*Hess* § 119 Rn. 24 mwBsp), oder wenn er sich weigert, mit dem SprA zusammenzuarbeiten. Der Schutz besteht allerdings nur dann, wenn das Organ im Rahmen seiner Zuständigkeit bleibt (LAG Düsseldorf 7.10.1958, DB 1959, 632). 9

Auch die Störung oder Behinderung eines SprA-Mitglieds bedeutet eine Störung oder Behinderung der Tätigkeit des Organs insgesamt (GK-BetrVG/*Oetker* § 119 Rn. 32). 10

3. Benachteiligung oder Begünstigung von Mitgliedern oder Ersatzmitgliedern (Nr. 3)

11 Abs. 1 Nr. 3 ist die Strafnorm zu § 2 Abs. 3 S. 2. Geschützt werden die Mitglieder und Ersatzmitglieder aller Vertretungsorgane der L.A.; Ersatzmitglieder auch, wenn sie nicht im Amt sind.

12 Nicht strafbar ist ein Mitglied oder Ersatzmitglied, das sich begünstigen lässt. Es begeht jedoch eine idR grobe Amtspflichtverletzung (vgl. § 9 Abs. 1; *Fitting* § 119 Rn. 9; Richardi BetrVG/*Annuß* § 119 Rn. 27). Fordert das Mitglied oder Ersatzmitglied eine Begünstigung, kommt eine Strafbarkeit wegen Beihilfe (§ 27 StGB) in Betracht (*Fitting* § 119 Rn. 9).

III. Strafantrag (Abs. 2)

13 Die Vergehen des § 34 sind Antragsdelikte. Die Staatsanwaltschaft schreitet nicht von Amts wegen ein. Für die Stellung des Antrags gilt § 158 StPO.

14 Antragsberechtigt sind SprA, GSprA, USprA und KSprA, Wahlvorstand und Unternehmer.

15 Der Antrag kann innerhalb von drei Monaten gestellt werden (§ 77b StGB). Die 3-Monatsfrist beginnt ab Kenntnis von der strafbaren Handlung oder Unterlassung und Kenntnis vom Täter durch einen der Antragsberechtigten (*Fitting* § 119 Rn. 15 f.; Richardi BetrVG/*Annuß* § 119 Rn. 32). Ein bloßer Verdacht genügt nicht. Für den Fristlauf gelten §§ 187 Abs. 1, 188 Abs. 2 BGB.

16 Der Antrag kann bis zur Rechtskraft eines eventuell folgenden Urteils zurückgenommen werden (§ 77d Abs. 1 S. 1 StGB; *Fitting* § 119 Rn. 18; Richardi BetrVG/*Annuß* § 119 Rn. 34). Ein zurückgenommener Strafantrag kann nicht nochmals gestellt werden (§ 77d Abs. 1 S. 3 StGB).

17 Die Strafverfolgung verjährt nach drei Jahren (§ 78 Abs. 3 Nr. 5 StGB). Danach kann ein Antrag nicht mehr gestellt werden (*Fitting* § 119 Rn. 19; Richardi BetrVG/*Annuß* § 119 Rn. 37).

§ 35 Verletzung von Geheimnissen

(1) **Wer unbefugt ein fremdes Betriebs- oder Geschäftsgeheimnis offenbart, das ihm in seiner Eigenschaft als Mitglied oder Ersatzmitglied des Sprecherausschusses, des Gesamtsprecherausschusses, des Unternehmenssprecherausschusses oder des Konzernsprecherausschusses bekannt geworden und das vom Arbeitgeber ausdrücklich als geheimhaltungsbedürftig bezeichnet worden ist, wird mit Freiheitsstrafe bis zu einem Jahr oder mit Geldstrafe bestraft.**

(2) **Ebenso wird bestraft, wer unbefugt ein fremdes Geheimnis eines leitenden Angestellten oder eines anderen Arbeitnehmers, namentlich ein zu dessen persönlichem Lebensbereich gehörendes Geheimnis, offenbart, das ihm in seiner Eigenschaft als Mitglied oder Ersatzmitglied des Sprecherausschusses oder einer der in Absatz 1 genannten Vertretungen bekannt geworden ist und über das nach den Vorschriften dieses Gesetzes Stillschweigen zu bewahren ist.**

(3) [1]**Handelt der Täter gegen Entgelt oder in der Absicht, sich oder einen anderen zu bereichern oder einen anderen zu schädigen, so ist die**

Strafe Freiheitsstrafe bis zu zwei Jahren oder Geldstrafe. [2]Ebenso wird bestraft, wer unbefugt ein fremdes Geheimnis, namentlich ein Betriebs- oder Geschäftsgeheimnis, zu dessen Geheimhaltung er nach den Absätzen 1 oder 2 verpflichtet ist, verwertet.

(4) **Die Absätze 1 bis 3 sind auch anzuwenden, wenn der Täter das fremde Geheimnis nach dem Tode des Betroffenen unbefugt offenbart oder verwertet.**

(5) **[1]Die Tat wird nur auf Antrag des Verletzten verfolgt. [2]Stirbt der Verletzte, so geht das Antragsrecht nach § 77 Abs. 2 des Strafgesetzbuches auf die Angehörigen über, wenn das Geheimnis zum persönlichen Lebensbereich des Verletzten gehört; in anderen Fällen geht es auf die Erben über. [3]Offenbart der Täter das Geheimnis nach dem Tode des Betroffenen, so gilt Satz 2 entsprechend.**

Übersicht

I. Allgemeines

1 § 35 entspricht § 120 BetrVG. Er schützt den AG gegen unbefugte Offenbarung von Betriebs- und Geschäftsgeheimnissen und AN, vor allem L.A., gegen unbefugte Weitergabe von Geheimnissen aus ihrer persönlichen Sphäre (*Fitting* § 120 Rn. 1). Zu Verschulden, Beteiligungsformen und Versuch s. → § 34 Rn. 3 ff.

II. Verletzung von Betriebs- und Geschäftsgeheimnissen (Abs. 1, 4)

2 Abs. 1 ist die Strafvorschrift zu § 29. Der Begriff des Betriebs- und Geschäftsgeheimnisses ist bei → § 29 Rn. 6 ff. erläutert, zu Inhalt und Dauer der Geheimhaltungspflicht vgl. → § 29 Rn. 14 f., 17.

3 Die unter Strafe gestellte Offenbarung muss unbefugt sein. Diese Voraussetzung liegt vor, wenn der jeweilige Geheimnisträger, idR der AG, nicht zustimmt. Ein entsprechender Fall ist in § 203 StGB geregelt. Nimmt der AG die Erklärung der Geheimhaltungsbedürftigkeit zurück, ist die Offenbarung nicht mehr unbefugt (*Fitting* § 120 Rn. 3; vgl. Richardi BetrVG/*Annuß* § 120 Rn. 13).

4 Die Tat bleibt auch strafbar, wenn das Betriebs- oder Geschäftsgeheimnis erst nach dem Tod des AG offenbart wird (Abs. 4), und zwar solange seine Angehörigen ein Interesse an der Geheimhaltung haben (entsprechend dem postmortalen Persönlichkeitsschutz). Für die Dauer des Geheimhaltungsinteresses spielt auch die Intensität der Beeinträchtigung eine Rolle (Staudinger/*Schäfer* § 823 Rn. 259 ff.; *Schwerdtner* JURA 1985, 105).

5 Idealkonkurrenz liegt vor im Verhältnis zu § 17 UWG (DKW/*Trümner* § 120 Rn. 9; GK-BetrVG/*Oetker* § 120 Rn. 75 mwN; Richardi BetrVG/*Annuß* § 120 Rn. 29).

III. Verletzung von Geheimnissen der leitenden Angestellten – Persönlichkeitssphäre (Abs. 2, 4)

6 Abs. 2 ist die Strafvorschrift zu §§ 26 Abs. 2 S. 3, 31 Abs. 3. Darüber hinaus stellt er generell die Offenbarung persönlicher Geheimnisse von L.A. und von sonstigen AN unter Strafe. Geheimnis ist eine Tatsache, die nur einem beschränkten Personenkreis bekannt ist und bei der es im Interesse des Betroffenen liegt, dass dieser Personenkreis sich nicht erweitert (*Düwell/Zwiehoff* § 120 Rn. 3; *Fitting* § 120 Rn. 5; GK-BetrVG/*Oetker* § 120 Rn. 41). Zum geschützten persönlichen Lebensbereich gehören insbesondere die Familienverhältnisse, Krankheiten und Vorstrafen. Geschützt wird aber auch die betriebliche Sphäre, etwa Beurteilungen oder das Verhältnis zu Arbeitskollegen und Vorgesetzten (*Fitting* § 120 Rn. 5).

7 Einer ausdrücklichen Geheimhaltungserklärung des L.A. oder des AN bedarf es im Gegensatz zu Abs. 1 nicht. Der mutmaßliche Geheimhaltungswille genügt (GK-BetrVG/*Oetker* § 120 Rn. 41; aA HWGNRH/*Hess* § 120 Rn. 23 ff.).

8 Das Mitglied oder Ersatzmitglied muss das Geheimnis gerade in seiner Amtseigenschaft in Erfahrung gebracht haben, und es muss eine Pflicht zum Stillschweigen nach dem SprAuG bestehen. Eine solche Pflicht enthalten die §§ 26 Abs. 2 S. 3 und 31 Abs. 3.

9 Die Tat ist auch strafbar, wenn das Geheimnis erst nach dem Tod des Betroffenen offenbart wird (Abs. 4).

IV. Erschwerungsgründe (Abs. 3)

10 Abs. 3 stellt eine Qualifikation der Abs. 1 und Abs. 2 dar. Der Strafrahmen verdoppelt sich auf Freiheitsstrafe bis zu zwei Jahren, wenn der Täter gegen Entgelt oder in Bereicherungs- oder Schädigungsabsicht (S. 1) handelt oder wenn er das Geheimnis verwertet (S. 2).

11 Entgelt ist jede in einem Vermögensvorteil bestehende Gegenleistung (§ 11 Abs. 1 Nr. 9 StGB; Richardi BetrVG/*Annuß* § 120 Rn. 23).

12 Bereicherungsabsicht liegt vor, wenn es dem Täter darauf ankommt, seine Vermögenslage oder die eines anderen zu verbessern. Der erstrebte Vermögensvorteil muss nicht rechtswidrig sein. Nicht erforderlich ist auch, dass tatsächlich eine Bereicherung eintritt (GK-BetrVG/*Oetker* § 120 Rn. 64; Richardi BetrVG/*Annuß* § 120 Rn. 23).

13 Die Schädigungsabsicht kann sich auf eine materielle oder eine ideelle Schadenszufügung beziehen. Ob es tatsächlich zu einem Schaden kommt, spielt keine Rolle (GK-BetrVG/*Oetker* § 120 Rn. 67 f.; HWGNRH/*Hess* § 120 Rn. 29; Richardi BetrVG/*Annuß* § 120 Rn. 23).

14 Verwerten bedeutet wirtschaftliches Ausnutzen mit Gewinnerzielungsabsicht (ErfK/*Kania* BetrVG § 120 Rn. 5; Richardi BetrVG/*Annuß* § 120 Rn. 12).

15 Nur vorsätzliches Handeln ist mit Strafe bedroht (§ 15 StGB). Der Vorsatz entfällt u.a., wenn der Täter glaubt, dass der Adressat das Geheimnis bereits kennt.

V. Strafantrag (Abs. 5)

§ 35 ist ein Antragsdelikt (s. → § 34 Rn. 13). Antragsberechtigt hinsichtlich der Verletzung von Betriebs- und Geschäftsgeheimnissen ist der AG, hinsichtlich der Verletzung persönlicher Geheimnisse der betroffene L.A. oder sonstige AN. Das Antragsrecht des AG geht nach seinem Tod auf seine Erben über, das Antragsrecht des L.A. und der übrigen AN auf ihre Angehörigen (S. 2). Erben und Angehörigen steht das Antragsrecht auch zu, wenn das Geheimnis erst nach dem Tod des Verletzten offenbart wird (S. 3). 16

Für die Antragsfrist gilt dasselbe wie bei § 34 (→ § 34 Rn. 15). Ist das Antragsrecht durch den Tod des Verletzten auf Angehörige übergegangen, so endet die Frist frühestens drei und spätestens sechs Monate nach dem Tod des Verletzten (§ 77b Abs. 4 StGB). 17

§ 36 Bußgeldvorschriften

(1) **Ordnungswidrig handelt, wer eine der in § 30 Satz 1, § 31 Abs. 1 oder § 32 Abs. 1 Satz 1 oder Abs. 2 Satz 1 genannten Unterrichtungs- oder Mitteilungspflichten nicht, wahrheitswidrig, unvollständig oder verspätet erfüllt.**

(2) **Die Ordnungswidrigkeit kann mit einer Geldbuße bis zu zehntausend Euro geahndet werden.**

Übersicht

I. Allgemeines

§ 36 dient der Durchsetzung von Unterrichtungs- und Mitteilungsrechten. Die Möglichkeit, den AG auf Auskunft zu verklagen (§ 2a Abs. 1 Nr. 2, Abs. 2; §§ 80 ff. ArbGG), bleibt unberührt. Beide Regelungen ergänzen einander. Die Parallelvorschrift für das BetrVG findet sich in § 121. 1

II. Verletzung der Unterrichtungs- oder Mitteilungspflichten (Abs. 1)

Die Aufzählung der Unterrichtungs- und Mitteilungspflichten, deren Verletzung durch Buße geahndet werden kann, ist abschließend (*Fitting* § 121 Rn. 3; Richardi BetrVG/*Annuß* § 121 Rn. 3). 2

Die Vorschrift richtet sich gegen den, der die genannten Pflichten zu erfüllen hat (HWGNRH/*Hess* § 121 Rn. 13; Richardi BetrVG/*Annuß* § 121 Rn. 5; aA ErfK/*Kania* BetrVG § 121 Rn. 3). Das sind der AG – bei juristischen Personen 3 oder Personengesellschaften diese selbst (vgl. § 30 Abs. 1 OWiG) und/oder das zuständige Mitglied des gesetzlichen Vertretungsorgans (§ 9 Abs. 1 Nr. 1, 2 OWiG) – und/oder vom AG beauftragte Personen (§ 9 Abs. 2 OWiG), vor allem der ständige Gesprächspartner des SprA iSd § 3 Abs. 2 S. 3 Nr. 1 (→ § 3 Rn. 25 ff.).

4 Eine Ordnungswidrigkeit iSv § 36 Abs. 1 liegt vor, wenn der AG bzw. sein Vertreter seiner Unterrichtungspflicht gar nicht, unvollständig, wahrheitswidrig oder verspätet nachkommt. Unvollständig ist die Auskunft, wenn dem SprA nicht alles mitgeteilt wird, was gesetzlich gefordert ist; wahrheitswidrig, wenn sie objektiv falsch ist; verspätet, wenn die Unterrichtung für den SprA keine Bedeutung mehr hat, weil sie die ihr vom Gesetz zugedachte Funktion nicht mehr erfüllen kann.

5 Geahndet wird nur vorsätzliches Handeln (§ 10 OWiG). Eventualvorsatz, dh billigendes Inkaufnehmen („na, wenn schon"), reicht aus (OLG Hamm 7.12.1977, DB 1978, 748; *Fitting* § 121 Rn. 6; Richardi BetrVG/*Annuß* § 121 Rn. 9 f.). Glaubt der AG oder sein Vertreter, in einer konkreten Frage zur Unterrichtung oder Mitteilung nicht oder nicht in dieser Form verpflichtet zu sein, so schließt das Vorsatz aus (§ 11 Abs. 1 S. 1 OWiG). Fahrlässiges Verhalten kann jedoch gem. § 130 OWiG mit Bußgeld geahndet werden, wenn der AG oder ein Mitglied eines vertretungsberechtigten Organs die erforderlichen Aufsichtsmaßnahmen unterlässt, um die Begehung einer Ordnungswidrigkeit nach § 36 Abs. 1 zu verhindern (ErfK/*Kania* BetrVG § 121 Rn. 5; GK-BetrVG/*Oetker* § 121 Rn. 25; Richardi BetrVG/*Annuß* § 121 Rn. 9). Fehlt dem Täter das Unrechtsbewusstsein, insbesondere weil er die Vorschrift des § 36 nicht kennt, entfällt die Vorwerfbarkeit nur, wenn der Irrtum unvermeidbar war (§ 11 Abs. 2 OWiG). Ein derartiger Fall ist jedoch kaum denkbar, da davon auszugehen ist, dass der AG seine betriebsverfassungsrechtlichen Pflichten kennt (*Fitting* § 121 Rn. 6; GK-BetrVG/*Oetker* § 121 Rn. 27), und er sich ggf. über seine Pflichten erkundigen muss (DKW/*Trümner* § 121 Rn. 22; GK-BetrVG/*Oetker* § 121 Rn. 27 ff.).

III. Verhängung der Geldbuße (Abs. 2)

1. Höhe der Geldbuße

6 Die Geldbuße beträgt mindestens 5 EUR (§ 17 Abs. 1 OWiG) und höchstens 10.000 EUR (§ 36 Abs. 2 SprAuG). Bei der Festsetzung sind nach § 17 Abs. 3 OWiG die Bedeutung der Ordnungswidrigkeit, die Schwere des Vorwurfs und die finanziellen Verhältnisse des Täters zu bedenken. Stellt die Pflichtverletzung zugleich eine Straftat, zB iSv § 34 Abs. 1 Nr. 2 SprAuG, dar, kann sie als Ordnungswidrigkeit nur geahndet werden, wenn eine Bestrafung nicht erfolgt (§ 21 OWiG).

2. Verfahren

7 Darüber, ob die Ordnungswidrigkeit verfolgt wird, entscheidet die zuständige Behörde nach pflichtgemäßem Ermessen (§ 47 Abs. 1 OWiG).

8 Sachlich zuständig sind grds. Arbeitsminister und -senatoren der Länder (§ 36 Abs. 1 Nr. 2. a OWiG). Die Landesregierungen können die Zuständigkeit jedoch durch Rechtsverordnung auf eine andere Behörde oder Stelle übertragen (§ 36 Abs. 2 OWiG). Das ist in Baden-Württemberg (Übertragung auf die Landratsäm-

ter und die Großen Kreisstädte), Bayern (Kreisverwaltungsbehörden), Hessen (Regierungspräsidien), Nordrhein-Westfalen (Regierungspräsidenten), Rheinland-Pfalz (Bezirksregierungen) sowie Niedersachsen, Sachsen und Sachsen-Anhalt (Landkreise, kreisfreie Städte) geschehen.

Örtlich zuständig ist die Behörde, in deren Bezirk die Pflichtverletzung began- 9
gen oder entdeckt worden ist oder in der der zur Unterrichtung Verpflichtete seinen Wohnsitz hatte (§ 37 OWiG).

Gegen den Bußgeldbescheid (§§ 65 ff. OWiG) kann innerhalb von zwei 10
Wochen nach Zustellung schriftlich oder zur Niederschrift der Ausgangsbehörde Einspruch eingelegt werden (§ 67 Abs. 1 OWiG). Über den Einspruch entscheidet das Amtsgericht (§ 68 Abs. 1 OWiG).

Die Ordnungswidrigkeit verjährt in zwei Jahren (§ 31 Abs. 2 Nr. 2 OWiG). 11

Sechster Teil. Übergangs- und Schlußvorschriften

§ 37 Erstmalige Wahlen nach diesem Gesetz

(1) [1]**Die erstmaligen Wahlen des Sprecherausschusses oder des Unternehmenssprecherausschusses finden im Zeitraum der regelmäßigen Wahlen nach § 5 Abs. 1 im Jahre 1990 statt.** [2]**§ 7 Abs. 2 und 3 findet Anwendung.**

(2) [1]**Auf Sprecherausschüsse, die aufgrund von Vereinbarungen gebildet worden sind und bei Inkrafttreten dieses Gesetzes bestehen, findet dieses Gesetz keine Anwendung.** [2]**Sie bleiben bis zur Wahl nach Absatz 1, spätestens bis zum 31. Mai 1990, im Amt.**

Übersicht

I. Erstmalige Wahl des Sprecherausschusses (Abs. 1)

1 Die ersten Wahlen nach dem SprAuG fanden zeitgleich mit den Betriebsratswahlen desselben Jahres zwischen dem 1.3.1990 und dem 31.5.1990 statt.

2 Soweit in der Vergangenheit keine Wahlen durchgeführt wurden, können L.A. in sprecherausschussfähigen Betrieben und Unternehmen jederzeit (erneut) das Verfahren zur Bildung eines SprA einleiten. Dabei ist es gleichgültig, ob sie zunächst überhaupt keine Vorabstimmung durchgeführt oder ob sie in der Vorabstimmung gegen SprA votiert haben. Sie brauchen damit auch nicht bis zum Zeitraum der nächsten regelmäßigen Wahlen zu warten. Nach § 5 Abs. 2 Nr. 1 ist der SprA zu wählen, „wenn im Betrieb ein SprA nicht besteht“. Das Verfahren richtet sich nach § 7 Abs. 2, dh drei L.A. laden zu einer Versammlung ein, in der zunächst ein Wahlvorstand gewählt wird, der dann die Vorabstimmung durchführt.

II. Freiwillige Sprecherausschüsse (Abs. 2)

3 Abs. 2 ist infolge Zeitablaufs obsolet.

§ 38 Ermächtigung zum Erlass von Wahlordnungen

Das Bundesministerium für Arbeit und Soziales kann durch Rechtsverordnung zur Regelung des Wahlverfahrens Vorschriften über die in den §§ 3 bis 8, 20 und 33 bezeichneten Wahlen erlassen, insbesondere über

1. **die Vorbereitung der Wahl, insbesondere die Aufstellung der Wählerlisten;**
2. **die Frist für die Einsichtnahme in die Wählerlisten und die Erhebung von Einsprüchen gegen sie;**
3. **die Vorschlagslisten und die Frist für ihre Einreichung;**

4. das Wahlausschreiben und die Fristen für seine Bekanntmachung;
5. die Stimmabgabe;
6. die Feststellung des Wahlergebnisses und die Fristen für seine Bekanntmachung;
7. die Aufbewahrung der Wahlakten.

1 Die Wahlordnung (WOSprAuG) ist am 28.9.1989 erlassen worden (BGBl. 1989 I 1798) und zuletzt durch VO vom 20.1.2022 geändert worden. Sie ist weitgehend der WO BetrVG nachgebildet (dazu *Fitting* WO). Der Text der WO SprAuG findet sich im Anschluss an diese Kommentierung (Kommentierungen zur WO bei *Bauer* S. 142 ff.; *Goldschmidt* S. 179 ff.; *Kronisch* AR-Blattei SD 1490.1).

§ 39 Sonderregelung aus Anlass der COVID-19-Pandemie

[1]Eine Versammlung nach § 15 kann bis zum Ablauf des 7. April 2023 auch mittels audiovisueller Einrichtungen durchgeführt werden, wenn sichergestellt ist, dass nur teilnahmeberechtigte Personen Kenntnis von dem Inhalt der Versammlung nehmen können. [2]Eine Aufzeichnung ist unzulässig.

(Durch Zeitablauf erledigt.)

Anhang 1. Gesetze zu den leitenden Angestellten

Betriebsverfassungsgesetz

in der Fassung der Bekanntmachung vom 25. September 2001
(BGBl. I S. 2518),
zuletzt geändert durch Art. 1 Zweites ÄndG vom 19.7.2024 (BGBl. 2024 I Nr. 248)

§ 5 Abs. 3, 4 Leitende Angestellte

(3) [1]**Dieses Gesetz findet, soweit in ihm nicht ausdrücklich etwas anderes bestimmt ist, keine Anwendung auf leitende Angestellte. [2]Leitender Angestellter ist, wer nach Arbeitsvertrag und Stellung im Unternehmen oder im Betrieb**
1. **zur selbständigen Einstellung und Entlassung von im Betrieb oder in der Betriebsabteilung beschäftigten Arbeitnehmern berechtigt ist oder**
2. **Generalvollmacht oder Prokura hat und die Prokura auch im Verhältnis zum Arbeitgeber nicht unbedeutend ist oder**
3. **regelmäßig sonstige Aufgaben wahrnimmt, die für den Bestand und die Entwicklung des Unternehmens oder eines Betriebs von Bedeutung sind und deren Erfüllung besondere Erfahrungen und Kenntnisse voraussetzt, wenn er dabei entweder die Entscheidungen im Wesentlichen frei von Weisungen trifft oder sie maßgeblich beeinflusst; dies kann auch bei Vorgaben insbesondere aufgrund von Rechtsvorschriften, Plänen oder Richtlinien sowie bei Zusammenarbeit mit anderen leitenden Angestellten gegeben sein.**

[3]**Für die in Absatz 1 Satz 3 genannten Beamten und Soldaten gelten die Sätze 1 und 2 entsprechend.**

(4) **Leitender Angestellter nach Absatz 3 Nr. 3 ist im Zweifel, wer**
1. **aus Anlass der letzten Wahl des Betriebsrats, des Sprecherausschusses oder von Aufsichtsratsmitgliedern der Arbeitnehmer oder durch rechtskräftige gerichtliche Entscheidung den leitenden Angestellten zugeordnet worden ist oder**
2. **einer Leitungsebene angehört, auf der in dem Unternehmen überwiegend leitende Angestellte vertreten sind, oder**
3. **ein regelmäßiges Jahresarbeitsentgelt erhält, das für leitende Angestellte in dem Unternehmen üblich ist, oder,**
4. **falls auch bei der Anwendung der Nummer 3 noch Zweifel bleiben, ein regelmäßiges Jahresarbeitsentgelt erhält, das das Dreifache der Bezugsgröße nach § 18 des Vierten Buches Sozialgesetzbuch überschreitet.**

Übersicht

I. § 5 Abs. 3: der Typus des leitenden Angestellten

1 § 5 Abs. 3 umreißt den Typus des L.A.; § 5 Abs. 4 gibt, da ein Typus nicht definierbar ist, Hilfskriterien zur Abgrenzung. Ob ein AN L.A. ist, ist eine Rechtsfrage (BAG 8.2.1977, DB 1977, 1146), die sich ausschließlich nach § 5 Abs. 3, ggf. unter Zuhilfenahme des Abs. 4, bestimmt. Weder Wahlvorstände noch AG, BR, SprA und betroffener AN allein oder gemeinsam können AN verbindlich einer Gruppe zuordnen; § 5 Abs. 3, 4 ist zwingendes Recht, abweichende Vereinbarungen sind unwirksam (stRspr, BAG 6.12.2001, NZA 2002, 816; 19.8.1975, DB 1975, 2138). Das schließt nicht aus, dass „gemeinsame Positionen", wie die des BAVC, der IG BCE und des VAA („Grundsätze für die Abgrenzung der Leitenden Angestellten in der chemischen Industrie", www.vaa.de) der Praxis wertvolle Hilfe bieten. Auch die Verleihung eines Titels (Generalbevollmächtigter, Direktor) für sich allein macht den Träger nicht zum L.A.; sie kann allenfalls ein Indiz dafür sein, wenn die Funktion eines L.A. in dem Unternehmen üblicherweise mit diesem Titel verbunden ist. L.A. ist man auch nicht notwendigerweise während der gesamten Dauer der Betriebszugehörigkeit. Wird zB eine Zwischenebene eingezogen, dann kann es sein, dass die L.A. in der jetzt darunter liegenden Ebene ihren Status verlieren. Umgekehrt können die Angestellten auf dieser Ebene zu L.A. werden, wenn eine Hierarchiestufe wegfällt. Entscheidend ist immer, ob die Kriterien des § 5 Abs. 3 BetrVG erfüllt sind. Die Zuordnung nach § 18a hat Wirkung nur für die jeweilige Wahl und allenfalls nach § 5 Abs. 4 Nr. 1 für die Folgewahl.

Die Begriffe „L.A.“ und „AT-Angestellter“ decken sich nicht. L.A. ist ein betriebsverfassungsrechtlicher, AT ein tarifrechtlicher Begriff. Da die TVParteien aber L.A. grundsätzlich aus ihren TVen ausnehmen, sind L.A. praktisch immer zugleich AT-Angestellte. Umgekehrt gilt das nicht. Der Kreis der AT-Angestellten ist wesentlich größer als der der L.A. – mit zunehmender Tendenz (zum Begriff der AT-Angestellten BAG 18.11.2020 – 5 AZR 21/20; BAG 23.10.2024 – 5 AZR 82/24; Hromadka/Maschmann § 3 Rn. 29 f.); zum Recht der AT-Angestellten Göpfert NZA 2025 Beil. Dezember). 1a

1. Ratio legis

Ratio legis für die Herausnahme der L.A. aus der Betriebsverfassung ist die Wahrung des Macht-Gegenmacht-Prinzips, das Gegnerunabhängigkeit und damit Gegnerfreiheit voraussetzt (dazu *Hromadka* SAE 1981, 28 f.). Wer Unternehmerfunktion ausübt, darf keinen Einfluss auf den BR haben; umgekehrt muss dem BR jeder Einfluss auf diese Personengruppe verwehrt sein. Unternehmer und BR müssen ihre Entscheidungen frei von Gegnerschaft im eigenen Lager vorbereiten und treffen können (vgl. *Wlotzke* DB 1989, 111 (118)). Darum müssen „diejenigen Angestellten außerhalb der Betriebsverfassung bleiben, die wegen der Bedeutung ihrer Aufgaben der Unternehmensleitung funktional nahestehen und daher nicht gleichzeitig für den Unternehmer handeln und zum BR wählen oder gewählt werden können“ (BAG 29.1.1980, DB 1980, 1545). Dem AN müssen Aufgaben übertragen sein, die ihn zum Repräsentanten des AG machen; es genügt nicht, dass er Gesprächspartner des BR ist (BAG 4.5.2022, NZA 2022, 1280). 2

Ratio legis für die Errichtung von SprA ist das Bedürfnis der L.A. nach kollektiver Interessenwahrnehmung (vgl. § 25 Abs. 1 SprAuG). Unternehmer und L.A. können deren Arbeitsbedingungen vor allem wegen der gestiegenen Zahl der L.A. und wegen der Notwendigkeit zur Gleichbehandlung jedenfalls in größeren Unternehmen nicht mehr individuell vereinbaren. Damit bedarf es einer kollektiven Interessenvertretung als Gesprächspartner für den AG (Begr. zum E eines Gesetzes zur Änderung des BetrVG, über Sprecherausschüsse der L.A. und zur Sicherung der Montan-Mitbestimmung, BT-Drs. 11/2503, 26). 3

2. Aufbau des § 5 Abs. 3 S. 2

Das Gesetz enthält keinen Oberbegriff des L.A. (mehr), von dem die Nr. 1–3 dann Teilmengen als L.A. iSd Betriebsverfassung anerkennen (BAG 29.1.1980, DB 1980, 1545). Wer eine der Voraussetzungen des § 5 Abs. 3 S. 2 erfüllt, ist L.A. iSd BetrVG. Ob er auch L.A. im Sinne anderer Gesetze ist, richtet sich nach jenen Gesetzen (ArbZG, MitbestG: ja, KSchG, ArbGG: nein). 4

Nr. 1 umschreibt durch die Merkmale Einstellungs- und Entlassungsbefugnis (= Arbeitsverträge abschließen und beenden) die Arbeitgebervertreter im formalen Sinne, 5

Nr. 2 durch Vollmachten die Unternehmervertreter im formalen Sinne und 6

Nr. 3 durch eine Mischung aus Schichtmerkmalen (Tätigkeit, Bildung, Macht) und Kriterien, die die Zwischenstellung der L.A. zwischen Unternehmer und sonstigen AN andeuten (im Wesentlichen frei von Weisungen), die Unternehmervertreter im funktionalen Sinne. 7

Alle drei Nummern sind gleichwertig (§ 5 Abs. 3 S. 2 Nr. 3: „sonstige Aufgaben“; BAG 10.10.2007, DB 2008, 590; 16.4.2002, NZA 2003, 56). Nr. 3 enthält jedoch den nach der ratio legis eigentlich gemeinten Personenkreis, die Nr. 1 und 2 lediglich 8 typische und typisierte Ausprägungen. Die Rechtsprechung misst die Nr. 1 und 2 deshalb zu Recht an Nr. 3 (so schon zum früheren Recht BAG 29.1.1980, DB 1980, 1545). Zu weit geht das BAG allerdings, wenn es die Bedeutung der Nr. 1 teleologisch darauf reduziert, dass der zeitliche Anteil, den die tatsächliche Ausübung der Einstellungs- und Entlassungsbefugnis an der Arbeitszeit des Angestellten ausmacht, für die Beurteilung der Voraussetzungen dieses Tatbestands ohne Bedeutung ist (BAG 10.10.2007, DB 2008, 590), und die Bedeutung der Nr. 2 auf eine bloße Erleichterung der Beweislast reduziert, während die Frage, ob „die Prokura auch im Verhältnis zum AG nicht unbedeutend ist," anhand von Nr. 3 beurteilt wird (BAG 25.3.2009, DB 2009, 1825; 11.1.1995, NZA 1995, 747). Damit wird den Nr. 1 und 2 ein Gutteil ihrer eigenständigen Bedeutung genommen. Im Ergebnis nähert sich das BAG wieder der – 1980 aufgegebenen (BAG 29.1.1980, DB 1980, 1545) – Rechtsprechung, die von einem Oberbegriff des L.A. ausging.

3. Arbeitsvertrag und Stellung im Unternehmen oder im Betrieb

9 Die Befugnisse und Funktionen nach den Nr. 1–3 müssen nach Arbeitsvertrag und Stellung im Unternehmen oder im Betrieb wahrgenommen werden. Die Berechtigung muss im Innen- wie im Außenverhältnis bestehen (BAG 16.4.2002, NZA 2003, 56).

10 a) Der AN muss nach seinem Arbeitsvertrag berechtigt sein, Befugnisse und Funktionen nach den Nr. 1–3 wahrzunehmen. Die Ersetzung des Wortes „Dienstvertrag" durch „Arbeitsvertrag" soll – was ohnehin niemand bezweifelte – „klarstellen, dass der L.A. seine Tätigkeit als AN aufgrund eines Arbeitsvertrages erbringt" (Begr. BT-Drs. 11/2503, 30). Eine befristete Einstellung zur Probe genügt (BAG NZA 2003, 56), ebenso eine ständige Vertretung für längere Zeit (HWK/Gaul, 11. Aufl. 2024, BetrVG § 5 Rn. 59). Der Arbeitsvertrag kann mündlich oder schriftlich abgeschlossen, ein schriftlicher Arbeitsvertrag selbst bei Schriftformklausel auch mündlich abgeändert werden. Es reicht aus, dass AG und AN sich über die Änderung einig sind; nicht nötig ist, dass sie die Schriftformklausel ändern oder dass sie bei einer Änderung der Arbeitsbedingungen auch nur an deren Änderung oder Aufhebung für den konkreten Fall denken (BAG 16.8.1983, AP BetrAVG § 1 Nr. 2). Übt ein AN mit Billigung des AG leitende Funktionen aus, dann ist selbst bei anderslautendem schriftlichem Vertrag davon auszugehen, dass das „nach Arbeitsvertrag" geschieht (BAG 16.4.2002, NZA 2003, 56).

11 b) Der AN muss leitende Funktionen nach der Stellung im Unternehmen oder im Betrieb wahrnehmen. Er muss tatsächlich an der Unternehmens- oder Betriebsleitung beteiligt sein (Begr. BT-Drs. 11/2503, 30). Das bloße Dürfen nach dem Arbeitsvertrag genügt nicht. Auch hier gilt: Dürfen und Tun werden sich in aller Regel decken. Werden dem AN bestimmte Tätigkeiten untersagt oder entzogen, die ihm nach dem Arbeitsvertrag übertragen sind, so wird, wenn der AN sich darauf einlässt, idR auch der Arbeitsvertrag als entsprechend abgeändert anzusehen sein. Eine Freistellung im Zusammenhang mit der Beendigung des Arbeitsverhältnisses ändert jedoch am betriebsverfassungsrechtlichen Status nichts (BAG 23.3.1976, EzA BetrVG 1972 § 5 Nr. 25). AT-Angestellte sind nicht per se L.A.; entscheidend ist, ob sie nach ihrer Tätigkeit und Funktion der Unternehmensleitung nahestehen (vgl. HWK/Gaul, 11. Aufl. 2024, BetrVG § 5 BetrVG Rn. 49, 58).

c) Es ist gleichgültig, ob der AN seine Aufgaben nach der Stellung im Unternehmen oder im Betrieb wahrnimmt. Die Erwähnung von Unternehmen und Betrieb dient der Symmetrie mit dem Wortlaut in Nr. 3. Der Gesetzgeber will sicherstellen, dass Betrieb tatsächlich als Betrieb und nicht als Unternehmen gelesen wird.(vgl. BT-Drs. 11/2503, 30). Im Eingangssatz des § 5 Abs. 3 S. 2 ist einfach die tatsächliche Wahrnehmung unternehmerischer (Teil-)Aufgaben gemeint. **12**

d) Nicht erforderlich ist, dass sich Arbeitsvertrag und Stellung decken. Der Arbeitsvertrag kann enger oder weiter sein. Entscheidend ist, dass der AN in dem Bereich, in dem Dürfen und Tun übereinstimmen, unternehmerische Tätigkeit iSd Nr. 1–3 ausübt (ähnlich *Bauer* Anm. III S. 118; *Wlotzke* DB 1989, 111 (119)). **13**

e) Die Frage, ob ein AN, der in mehreren Betrieben desselben Unternehmens tätig ist, L.A. ist oder nicht, kann nur einheitlich entschieden werden (BAG 25.2.1997, DB 1997, 1980; 25.10.1989, DB 1990, 1775). Zwar könnte ein AN theoretisch in einem Betrieb vom SprA und im anderen vom BR vertreten werden. Schon wenn ein USprA gebildet wird, kommt es aber zu unlösbaren Kollisionen, und erst recht gilt das, wenn eine Angelegenheit, die ihn betrifft, auf Unternehmensebene behandelt wird; hier wäre in jedem Fall sowohl der GSprA als auch der GBR zuständig. Wer also Einstellungs- und Entlassungsbefugnis iSd Nr. 1 auch nur in einem Betrieb hat oder Generalvollmacht oder Prokura, sei es auch in Gestalt der Niederlassungsprokura iSd Nr. 2, ist L.A. im gesamten Unternehmen. Für Nr. 3 ist entscheidend, ob regelmäßig unternehmerische (Teil-) Aufgaben (s. → Rn. 42) wahrgenommen werden. Das kann auch dann der Fall sein, wenn solche Aufgaben nur in einem Betrieb anfallen. **14**

4. Einstellungs- und Entlassungsbefugnis

15 L.A. ist, wer zur selbstständigen Einstellung und Entlassung von im Betrieb oder in der Betriebsabteilung beschäftigten AN berechtigt ist. Die Vorschrift ist nicht analog anwendbar auf Angestellte, die zum selbständigen Abschluss von Verträgen mit freien Mitarbeitern und zur Auflösung solcher Verträge berechtigt sind; eine derartige Befugnis ist im Rahmen des Abs. 3 S. 2 Nr. 3 BetrVG zu berücksichtigen (BAG 27.10.1978, DB 1979, 700).

16 Die Vorschrift ist das deformierte Produkt einer wechselvollen Geschichte, an deren Anfang § 12 Abs. 2 BRG 1920 stand: „Nicht als Angestellte im Sinne dieses Gesetzes gelten … die Geschäftsführer und Betriebsleiter, soweit sie zur selbständigen Einstellung oder Entlassung der übrigen im Betrieb oder in der Betriebsabteilung beschäftigten AN berechtigt sind." Geschäftsführer meinte die Leiter von Verwaltungen und Verwaltungsabteilungen, Betriebsleiter die Leiter von Betrieben und Produktionsabteilungen, in der heutigen betriebsverfassungsrechtlichen Terminologie also die Leiter von Betrieben und Abteilungen. Die Fassung „der übrigen im Betrieb oder in der Betriebsabteilung beschäftigten Arbeitnehmer" geht darauf zurück, dass ursprünglich neben dem BR auch Abteilungs-BR vorgesehen waren. Von der Betriebsverfassung ausgenommen sein sollten die AN, die als Arbeitgebervertreter Einfluss auf die Arbeitsverträge hatten, dh die Gegenspieler der BR. Verlangt wurde überdies eine gewisse Selbstständigkeit. Die Leiter kleinerer Betriebsteile sollten im Vertretungsbereich des BR bleiben (vgl. dazu *Hromadka* Leitende Angestellte S. 155).

17 Nach § 5 Abs. 2, 3 S. 2 Nr. 1 muss der zur Einstellung und Entlassung berechtigte AN nicht Betriebs- oder Abteilungsleiter sein („wer zur … Einstellung und Entlassung … berechtigt ist" (aA ohne Begr. *Bauer* Anm. IV S. 119)), auch wenn er das in aller Regel sein wird. Dafür muss er zur Einstellung **und** Entlassung berechtigt sein.

18 Nach dem Wortlaut reicht es für die Einordnung als L.A. aus, dass der Angestellte AN einstellen und entlassen kann. Seine Befugnis muss sich nicht auf alle AN des Betriebs oder der Abteilung beziehen; es genügt, dass sie einen Teil der Belegschaft umfasst. Einzelne AN oder AN-Gruppen – zB die AT-Angestellten – können also durchaus ausgenommen sein. Umgekehrt reicht es – entgegen dem Wortlaut – nicht aus, wenn er nur einzelne AN einstellen und entlassen kann. Das folgt zum einen aus der Entstehungsgeschichte der Vorschrift, zum anderen aus der Gleichgewichtigkeit der Tatbestände der Nr. 1–3. Die Einstellungs- und Entlassungsbefugnis darf nicht nur von untergeordneter Bedeutung für den Betrieb und damit auch für das Unternehmen sein. Die zur selbständigen Wahrnehmung zugewiesene Personalbefugnis muss von hinreichender unternehmerischer Gewichtigkeit sein. Die nachgeordneten Mitarbeiter müssen ein für das Unternehmen bedeutsames Aufgabengebiet betreuen. Die unternehmerische Bedeutung der Personalverantwortung kann daraus folgen, dass die Befugnis sich auf einen quantitativ oder qualitativ bedeutsamen Personenkreis erstreckt. Einen quantitativ bedeutsamen Personenkreis umschreibt das BAG als „bedeutsame Zahl von Arbeitnehmern". Hat der Angestellte Personalverantwortung nur für einen „eng begrenzten Personenkreis", so muss es sich um einen qualitativ bedeutsamen Personenkreis handeln, dh die Mitarbeiter müssen hochqualifizierte Tätigkeiten mit entsprechenden Entscheidungsspielräumen ausüben oder einen für das Unternehmen herausgehobenen Geschäftsbereich betreuen (BAG 25.3.2009, DB 2009, 1825 (1827); 10.10.2007, DB 2008, 590). Davon kann man insbesondere ausgehen, wenn diese Mitarbeiter ihrerseits die ihnen nachgeordneten Mitarbeiter einstellen und entlassen können (BAG 27.9.2001, NZA 2002, 1277: fünf unmittelbar nachgeordnete Mitarbeiter, davon vier L.A.).

19 Die Doppelangabe „im Betrieb oder in der Betriebsabteilung beschäftigt" hat, wie gesagt, nur historische Bedeutung; wer im Betrieb beschäftigt ist, ist auch in der Abteilung beschäftigt, und umgekehrt. Sie lässt aber erkennen, dass sich die Einstellungs- und Entlassungsbefugnis auf eine – wie die Entstehungsgeschichte zeigt: größere (BAG 29.1.1980, DB 1980, 1545) – Abteilung beschränken kann (BAG 4.5.2022, NZA 2022, 1280: Unternehmen, Betrieb oder Betriebsteil).

19a Das BAG hat offengelassen, ob L.A. ist, wer sämtliche AN in einem Betrieb einstellen und entlassen kann. Nicht ohne weiteres ausreichen soll es, wenn sich eine derartige Personalkompetenz lediglich auf eine nach § 4 Abs. 1 S. 1 Nr. 2 BetrVG als selbständiger Betrieb geltende organisatorische Einheit bezieht. Die für einen selbständigen Betriebsteil nach § 4 Abs. 1 S. 1 Nr. 2 BetrVG ausreichende relative Eigenständigkeit setze keinen umfassenden eigenen Leitungsapparat voraus, der sich auf alle wesentlichen Funktionen des AG in personellen und sozialen Angelegenheiten erstreckt. Erforderlich sei aber – teleologisch – eine hinreichende unternehmerische Gewichtigkeit dieser Befugnis. Der bloße Interessengegensatz, wie er dem Verhältnis von Vorgesetzten und Mitarbeitern immanent ist, genüge nicht. Dem müsse bei der Ausübung der Mitbestimmung Rechnung getragen werden. Nicht ausreichend sei es auch, dass ein Angestellter ständiger Gesprächspartner des BR ist; die Gegnerschaft zum BR müsse sich aus der Unternehmerfunktion ergeben (BAG 4.5.2022, NZA 2022, 1280: fünf AN in einer von 58 Filialen).

Berechtigt ist, wer Einstellungs- und Entlassungsschreiben unterzeichnen kann. **20**
Die Vollmacht dazu kann ausdrücklich oder stillschweigend und nach § 167 Abs. 2 BGB auch formlos erteilt werden (BAG 4.5.2022, NZA 2022, 1280). Die Beschränkung durch eine Zweitunterschrift, die lediglich Kontrollzwecken dient, schadet nicht (BAG 10.10.2007, DB 2008, 590). Selbständig handelt, wer auch intern die Entscheidung über Einstellung und Entlassung treffen darf (BAG 25.3.2009, DB 2009, 1825 (1827); 10.10.2007, DB 2008, 590). Auch hier schadet es nicht, wenn Budgets oder Richtlinien im Interesse einer unternehmenseinheitlichen Personalpolitik vorgegeben sind (BAG 10.10.2007, DB 2008, 590; zB Auswahlrichtlinien) oder Auswahlverfahren (zB Tests, Assessments) durchgeführt werden müssen, auch nicht, wenn die fachlich zuständige Abteilung (idR die Personalabteilung) die Einhaltung der Richtlinien und Verfahren überwacht oder etwa bei der Kündigung die Rechtslage prüft und wenn die Entscheidung deshalb an ihre Zustimmung gebunden ist. Entscheidend ist allein, dass der Vorgesetzte bei Einstellungen letztlich das Auswahlrecht hat und bei Entlassungen, sofern ein Kündigungsgrund vorliegt, die Entscheidung darüber treffen kann, ob er sich von dem Mitarbeiter trennt oder nicht. Die Einstellungs- und Entlassungsbefugnis fehlt ihm, wenn ein Vorgesetzter oder eine andere Stelle im Unternehmen bei der nach Prüfung der Rahmenbedingungen verbleibenden eigentlichen Regelungsfrage mitentscheidet (BAG 25.3.2009, DB 2009, 1825; 16.4.2002, NZA 2003, 56; 27.9.2001, NZA 2002, 1277). Unerheblich ist, dass die Mitbestimmungsrechte des BR einzuhalten sind.

Allgemein wird angenommen, dass es nur noch wenige L.A. nach § 5 Abs. 3 **21**
S. 2 Nr. 1 gebe (*Bauer* Anm. IV S. 119; *Buchner* NZA 1989 Beil. 1, 2, 6 f.; *Fitting* § 5 Rn. 379; *Wlotzke* DB 1989, 111 (119)). Ob die Annahme zutrifft, hängt von der Verteilung der Kompetenzen im Unternehmen ab. Bei Zusammenwirken mehrerer Stellen kommt es darauf an, ob die Mitwirkung Mitentscheidung ist oder ob sie sich auf Feststellung von Voraussetzungen und Beratung beschränkt, wie vielfach bei der Mitwirkung der Personalabteilung. Dass die Mitwirkung der Personalabteilung oder einer anderen Stelle formal als Zustimmungserfordernis ausgestaltet ist, schadet nicht. Am ehesten kommen als L.A. nach Nr. 1 der Betriebsleiter und der Personalleiter in Betracht.

Da es für die Zuordnung zu dem Personenkreis des § 5 Abs. 3 S. 2 Nr. 3 nur **22**
auf die dort genannte Personalkompetenz ankommt, ist der zeitliche Anteil, den die tatsächliche Ausübung der Einstellungs- und Entlassungsbefugnis an der Arbeitszeit des Angestellten ausmacht, ohne Bedeutung (BAG 10.10.2007, DB 2008, 590). Die Einstellungs- und Entlassungsbefugnis darf jedoch nicht nur von untergeordneter Bedeutung sein, sie muss die Tätigkeit prägen (BAG 4.5.2022, NZA 2022, 1280). Sie muss einen wesentlichen Teil der Tätigkeit ausmachen; sie darf nicht nur „auf dem Papier stehen“ (BAG 14.4.2011, DB 2011, 2496). Nicht entscheidend ist, wenn in einem bestimmten Zeitraum keine Arbeitnehmer eingestellt werden, etwa weil kein Personalbedarf besteht oder weil es an Bewerbern mangelt.

5. Generalvollmacht oder Prokura

L.A. ist, wer Generalvollmacht oder Prokura hat und die Prokura auch im **23**
Verhältnis zum AG nicht unbedeutend ist. Handlungsvollmacht reicht nicht aus;

ein Handlungsbevollmächtigter kann jedoch L.A. nach § 5 Abs. 3 S. 2 Nr. 3 sein (allgM, vgl. *Fitting* § 5 Rn. 390 mN).

24 Die Generalvollmacht ist die umfassendste Vollmacht im Rechtsverkehr. Sie ist eine bürgerlich-rechtliche Vollmacht und kann formlos erteilt werden. Der Generalbevollmächtigte hat im Zweifel dieselben Befugnisse wie der Vollmachtgeber; in der betrieblichen Hierarchie steht er zwischen Unternehmer oder gesetzlichem Vertreter und Prokuristen. In der Regel haben Generalbevollmächtigte zugleich Prokura; dann kann und muss nur die Prokura in das Handelsregister eingetragen werden. Sofern keine Prokura erteilt ist, muss eine Generalvollmacht iSd Nr. 2 mindestens denselben Umfang haben wie die Prokura (so mR Löwisch/Kaiser/*Kaiser* § 5 Rn. 34).

25 Die Prokura ermächtigt zu allen Arten von gerichtlichen und außergerichtlichen Geschäften und Rechtshandlungen, die der Betrieb (irgend)eines Handelsgewerbes mit sich bringt, mit Ausnahme der Unterzeichnung der Bilanz, der Erteilung und Übertragung von Prokura und der Veräußerung und Belastung von Grundstücken (§§ 48 Abs. 1, 49 Abs. 2, 52 Abs. 2, 245 HGB). Sie kann ebenfalls formlos erteilt werden, ist aber vom Geschäftsinhaber zur Eintragung in das Handelsregister anzumelden (§ 53 Abs. 1 S. 1 HGB).

26 Gesamt- und Niederlassungsprokura genügen (BAG 27.4.1988, NZA 1988, 809). Erforderlich ist allerdings, dass die Prokura „auch im Verhältnis zum AG nicht unbedeutend ist". Der Gesetzestext ist missglückt; gemeint ist: dass das der Prokura zugrunde liegende Aufgabengebiet nicht unbedeutend ist (BAG 25.3.2009, DB 2009, 1825; 11.1.1995, NZA 1995, 747). Die Änderung ist während des Gesetzgebungsverfahrens eingefügt worden, um die Entscheidung des 7. Senats zu korrigieren, die nur die Prokuristen unter Nr. 2 rechnete, bei denen sich rechtliches Können (Prokura) und Dürfen (Befugnis im Innenverhältnis) deckten, dh die Generalprokuristen im Gegensatz zu den „Art"-Prokuristen (BAG 27.4.1988, NZA 1988, 809; dazu *Hromadka* DB 1988, 2053). Andererseits sollte klargestellt werden, dass nur Prokura mit einiger Bedeutung für Bestand und Entwicklung des Unternehmens oder eines Betriebs zum L.A. macht; rechtliches Können und Dürfen sollen nicht so weit auseinanderfallen, dass von der Wahrnehmung unternehmerischer (Teil-) Aufgaben keine Rede mehr sein kann. Letzteres ist nach der Rechtsprechung bei zwei Gruppen der Fall: bei Prokuristen auf Stabsstellen und bei den sog. Titularprokuristen. Als L.A. müsse ein Prokurist unternehmerische Führungsaufgaben wahrnehmen. Ob das der Fall sei, bestimme sich nach den für die Zuordnung nach § 5 Abs. 3 S. 2 Nr. 3 entwickelten Grundsätzen. Die Wahrnehmung von Stabsfunktionen genüge dafür nicht. Da der unternehmerische Einfluss von Stabsangestellten auf das Innenverhältnis zum AG beschränkt sei, übten sie keine Aufgaben aus, die regelmäßig einem Prokuristen kraft gesetzlicher Vertretungsmacht vorbehalten seien. Für ihre Aufgaben habe die Prokura keine sachliche Bedeutung. Prokuristen in Stabsstellen können aber L.A. nach § 5 Abs. 3 S. 2 Nr. 3 BetrVG sein (BAG 29.6.2010, NZA-RR 2011, 647; 25.3.2009, DB 2009, 1825; 11.1.1995, NZA 1995, 747). Kein bedeutsames Aufgabengebiet liegt einer Prokura in den (seltenen) Fällen zugrunde, in denen diese Vollmacht nur ehrenhalber (Titular-, Ehren- oder Honorarprokura) verliehen ist (Bericht des Ausschusses für Arbeit und Sozialordnung BT-Drs. 11/3618, 7; BAG 25.3.2009, DB 2009, 1825). Die interne Beschränkung der Prokura auf ein Aufgabengebiet – Einkauf, Verkauf, Produktion, Werbeabteilung –, wie sie in der Praxis üblich ist, schadet dagegen nicht (BT-Drs. 11/3618, 17).

Nach der Rechtsprechung des BAG hat § 5 Abs. 3 S. 2 Nr. 2 damit nur Bedeutung für die Darlegungslast (*Martens* RdA 1989, 73 (81)). Für die Behauptung einer positiven Statusfeststellung genügt zunächst der Nachweis der Prokura, während bei einer negativen Statusfeststellung darzulegen ist, dass der Prokurist ungeachtet seiner weitreichenden Vertretungsmacht lediglich unbedeutende Führungsaufgaben zu erfüllen hat (BAG 11.1.1995, NZA 1995, 747). 27

6. Aufgaben von Bedeutung für Bestand und Entwicklung des Unternehmens oder eines Betriebs

L.A. ist schließlich, wer 28
- regelmäßig sonstige Aufgaben wahrnimmt, die für den Bestand und die Entwicklung des Unternehmens oder eines Betriebs von Bedeutung sind und
- deren Erfüllung besondere Erfahrungen und Kenntnisse voraussetzt,
- wenn er dabei die Entscheidungen
- im Wesentlichen frei von Weisungen trifft oder
- sie maßgeblich beeinflusst;

dies kann auch bei Vorgaben insbesondere aufgrund von Rechtsvorschriften, Plänen oder Richtlinien sowie bei Zusammenarbeit mit anderen L.A. gegeben sein (die Rechtsprechung des BAG zu Abs. 3 zusammenfassend BVerwG 22.3.2006, NZA-RR 2006, 552).

Nr. 3 enthält die funktionale Umschreibung einer leitenden Tätigkeit und ist damit eigentliche sedes materiae für den Begriff des L.A (*Hromadka* SAE 1981, 27 (31)). Wer kumulativ die drei Voraussetzungen erfüllt, die hier genannt sind, der hat teil an der Unternehmens- oder Betriebsleitung und ist damit L.A. Er übt unternehmerische (Teil-) Funktionen mit erheblichem eigenem Entscheidungsspielraum aus (BAG 29.1.1980, DB 1980, 1545; 8.2.1977, DB 1977, 1146; 5.3.1974, DB 1974, 826). 29

a) Bedeutsame Aufgaben. Die Aufgaben müssen für Bestand und Entwicklung des Unternehmens oder eines Betriebs von Bedeutung sein. Es muss sich um eine gehobene Angestelltentätigkeit handeln; das BAG spricht von maßgeblichem Einfluss auf die wirtschaftliche, technische, kaufmännische, organisatorische, personelle oder wissenschaftliche Führung des Unternehmens/Betriebs (BAG 23.1.1986, DB 1986, 1131; 8.2.1977, DB 1977, 1146; 5.3.1974, DB 1974, 826). Ein „deutliches Abheben von den Aufgaben, die eine normale Angestelltentätigkeit ausmachen," (so *Wlotzke* DB 1989, 111 (120) im Anschluss an BAG 5.3.1974, DB 1974, 826) kann nicht verlangt werden. Zwischen „normalen" Angestellten und L.A. gibt es keinen qualitativen Sprung. Das macht gerade die Problematik des Begriffs des L.A. aus. Es geht um ein Mehr oder Weniger. Auch an den „maßgeblichen Einfluss" dürfen nicht zu hohe Anforderungen gestellt werden. Die Tätigkeit muss für die Erreichung der Unternehmensziele wichtig sein (vgl. „für den Bestand und die Entwicklung … von Bedeutung …" einerseits und „besondere Erfahrungen und Kenntnisse" andererseits). Wann das der Fall ist, richtet sich nach der Unternehmensstruktur. In einem High-Tech-Unternehmen haben Forschung und Herstellung eine ganz andere Bedeutung als in einem Unternehmen, das Massenartikel produziert, in einem Unternehmen mit Einzelfertigung die Konstruktion eine andere als bei Serienfertigung; in einem Unternehmen, dessen Erzeugnisse sich von denen anderer Unternehmen mehr durch die Aufmachung unterscheiden als durch die Qualität, hat die Werbung eine andere Bedeutung, in einem zentralistisch organisierten die zentralen Stabsstellen 30

(Vorstands- oder Geschäftsführungsbüro, zentrale Direktionsabteilung usw) eine andere als in einem dezentralen. Der Vertrieb hat auf einem hart umkämpften Markt einen höheren Stellenwert als bei wenigen schwachen Mitbewerbern. Was für das Unternehmen insgesamt gilt, gilt in größeren Unternehmen mit mehreren Produktlinien mutatis mutandis für die Abteilungen (Ressorts, Bereiche usw), die für die einzelnen Produkte zuständig sind. Anders als seinerzeit beim Unterschied Arbeiter/Angestellte kommt es nicht auf die Tätigkeit an sich an, sondern auf ihre Bedeutung für das Unternehmen oder einen Betrieb. Ein und dieselbe Tätigkeit (Justitiar, Forscher, Leiter einer Werbeabteilung) kann je nach Bedeutung für das Unternehmen oder einen Betrieb die Tätigkeit eines L.A. sein oder nicht. Es gibt deshalb weder eine Abgrenzung, die für alle Unternehmen gilt, noch eine, die ohne Rücksicht auf die Unternehmensentwicklung ein für alle Mal festläge (*Hromadka* SAE 1981, 27 (30)). Leitende Tätigkeit lässt sich nicht definieren, sondern nur typisieren (vgl. BAG 29.1.1980, DB 1980, 1545; *Hromadka* SAE 1981, 27 (30)). Das Gesetz gibt dafür folgende Anhaltspunkte:

31 – Die Aufgabe muss für Bestand und Entwicklung bedeutsam sein. Eine Tätigkeit, die nur für den Bestand (zB Bewachung) oder nur für die Entwicklung (zB Forschung) bedeutsam ist, reicht nicht aus. Nicht entscheidend ist, ob es sich um eine Aufgabe in der Linie oder im Stab handelt.

32 – Die Aufgabe muss von Bedeutung sein. Das Gesetz spricht nicht von „besonderer" Bedeutung. Gemeint sind Tätigkeiten, die für die Erfüllung der Funktionen des konkreten Unternehmens wichtig sind. Auf welcher Ebene sie liegen, hängt von Aufbau und Struktur des Unternehmens ab. Entscheidend ist die Funktion, nicht, auf welcher Delegationsebene sie wahrgenommen wird (vgl. BAG 5.5.2010, NZA 2010, 955; 6.12.2001, NZA 2002, 816; 23.1.1986, NZA 1986, 484). Allerdings ist die Wahrscheinlichkeit, dass wesentliche unternehmerische Entscheidungsbefugnisse bereits auf einer höheren Stufe verbraucht sind, umso größer, je tiefer eine Stelle in der Hierarchie angesiedelt ist (HWK/Gaul, 11. Aufl. 2024, BetrVG § 5Rn. 61).

33 – Die Aufgabe muss für das Unternehmen oder für einen Betrieb bedeutsam sein. Mit der Einfügung des Wortes „Unternehmen" soll sichergestellt werden, dass nicht nur unternehmensübergreifende Aufgaben (zB Leitung des Rechnungswesens, Öffentlichkeitsarbeit, anwendungstechnische Abteilung, Forschung, zentrale Direktionsabteilung) als leitend angesehen werden, sondern auch für einen Betrieb wichtige Aufgaben (zB Leitung der Produktion oder einer Produktionsabteilung in einem Zweigwerk, Leitung des Vertriebs in einer Verkaufsniederlassung, Begr. BT-Drs. 11/2503, 30). Das BAG präzisiert: Bestimmungspunkt für die unternehmerische Teilaufgabe ist zwar das Unternehmen, eine unternehmerische Teilaufgabe kann aber auch zB in der Leitung eines Filialbetriebs liegen, sofern die Funktion des Betriebsleiters mit unternehmerischen Teilentscheidungen in einer gewissen Breite und dem dazugehörigen Entscheidungsspielraum ausgestattet ist (BAG 23.1.1986, NZA 1986, 484).

34 – Nicht ausreichendist – selbst bei einer größeren Zahl unterstellter Mitarbeiter – eine „schlichte" Vorgesetztenstellung, dh die Mitwirkung bei der rein arbeitstechnischen, vorprogrammierten Durchführung unternehmerischer Entscheidungen, etwa im Rahmen von Aufsichts- und Überwachungsfunktionen (BAG 5.6.2014, NZA 2015, 40; 5.5.2010, NZA 2010, 955; 6.12.2001, NZA 2002, 816). Der Vorgesetzte muss vielmehr über die Einsatzlenkung der AN zur Erfüllung oder Gewährleistung arbeitstechnischer Abläufe hinaus eigenverantwortlich, dh mit erheblichem Entscheidungsspielraum, verbindliche Entscheidungen auf personellem und sozialem Gebiet treffen, die eine Beteiligung des BR erfordern. Verlangt wird also bei der Personalverantwortung ebenso ein Entscheidungsspielraum wie bei der Sachverantwortung (BAG 23.1.1986, NZA 1986, 484). Nur schwer vorstellbar ist allerdings, dass die Tätigkeit eines Betriebsführers mit mehr als 1.250 Mitarbeitern für Bestand und Entwicklung eines Betriebs ohne Bedeutung sein soll (so aber BAG 23.1.1986, NZA 1986, 484; zum Umschlag von „Quantität" in „Qualität" *Engels/Natter* BB-Beil. Heft 8/1989, 1 (9)).

b) Besondere Erfahrungen und Kenntnisse. Die Erfüllung der Aufgaben muss besondere Erfahrungen und Kenntnisse voraussetzen. Entscheidend ist das Anforderungsprofil, nicht die Qualifikation des Angestellten. Wird die Stelle allerdings ständig mit einem Angestellten besetzt, der die in einem schriftlich niedergelegten Anforderungsprofil verlangten Erfahrungen und Kenntnisse nicht besitzt, so ist das ein Anzeichen dafür, dass sich tatsächliche und gewünschte Anforderungen nicht decken. Besondere Kenntnisse sind idR die, die durch ein Hochschul- oder ein vergleichbares Studium erworben werden; (ob und) wie sie der Stelleninhaber erworben hat (Hochschule, Selbststudium, on the job), ist gleichgültig (BAG 9.12.1975, DB 1976, 631). Besondere Erfahrungen setzen idR eine mehrjährige Praxis voraus; (ob und) wie sie der Stelleninhaber erworben hat (Berufserfahrung, Zusatzausbildung, besondere Studiengänge), ist wiederum gleichgültig (vgl. BAG 17.12.1974, DB 1975, 1032). 35

Das Merkmal ist für die Auslegung unproblematisch. Derjenige, dem die Tätigkeit übertragen wird, die als leitende in Betracht kommt, hat nach aller Erfahrung die notwendigen Erfahrungen und Kenntnisse (so mR *Fitting* § 5 Rn. 369; *Stege/Weinspach* § 5 Rn. 21). 36

c) Entscheidungsfreiheit oder maßgeblicher Einfluss auf Entscheidungen. Entscheidungen müssen im Wesentlichen frei von Weisungen getroffen oder maßgeblich beeinflusst werden. Gemeint sind die Entscheidungen im Rahmen der unternehmens- und/oder betriebswichtigen Aufgaben. Die Weisungsbefugnis unterscheidet den AN vom Selbstständigen, sie macht den Dienstvertrag zum Arbeitsvertrag. Aufgehoben ist die Weisungsgebundenheit auch bei L.A. nicht; notfalls kann der Unternehmer jede Entscheidung an sich ziehen. Er behält das Letztentscheidungsrecht. Die Weisungsgebundenheit ist aber ausgedünnt. 37

Der L.A. trifft seine Entscheidungen im Wesentlichen frei von Weisungen, wenn ihm ein eigener, erheblicher Entscheidungsspielraum zur Verfügung steht, sodass er bei weitgehender Weisungsfreiheit und Selbstbestimmung seinen Tätigkeitsbereich wahrnimmt und kraft seiner leitenden Funktion Einfluss auf die Unternehmensführung ausübt (BAG 25.3.2009, DB 2009, 1825; 6.12.2001, NZA 2002, 816; 23.1.1986, NZA 1986, 484). Im Normalfall muss er also ohne verbindliche Einzelfallweisung und ohne, dass er eine Genehmigung einzuholen braucht, über Ziele und Wege in seinem Zuständigkeitsbereich selbst entscheiden können. Die Tätigkeit eines L.A. ist, wie die Vela zu sagen pflegte, geistig-schöpferisch in dem Sinne, dass er bei seinen Entscheidungen ständig selbst das Für und Wider abzuwägen hat, im Gegensatz zur geistig-ausführenden Tätigkeit der übrigen Angestellten (*Schäfer* ArbR VII (1920), 288; *Schäfer* DLA 1921, 115; dazu *Hromadka* Leitende Angestellte S. 116). 38

Der L.A. muss (und kann aufgrund seines Arbeitnehmerstatus) nicht völlig frei sein von Weisungen. Es schadet nicht, wenn der Vorgesetzte sich besonders wichtige Entscheidungen vorbehält oder die Entscheidung in Ausnahmefällen an sich 39 zieht. Das Bild der Tätigkeit muss von Weisungsfreiheit geprägt sein. Nicht ausreichend ist, dass der Angestellte seine Entscheidung tatsächlich im Wesentlichen frei von Weisungen trifft, dass er sich also nicht an Vorgaben hält; er muss dazu nach dem Arbeitsvertrag berechtigt sein.

40 Maßgeblich beeinflusst sind Entscheidungen, wenn sie von einem Angestellten so vorbereitet werden, dass der Entscheidungsträger das Ergebnis der Überlegungen „nicht unbeachtet" lassen kann (Begr. BT-Drs. 11/2503, 30; *Martens* RdA 1989, 73 (78 f.)), wenn der Angestellte kraft seiner Schlüsselposition Voraussetzungen schafft, an denen die Unternehmensleitung schlechterdings nicht vorbeigehen kann (BAG 5.6.2014, NZA 2015, 40; 25.3.2009, DB 2009, 1825; 1.6.1976, DB 1976, 1819). Nicht erforderlich ist, dass die Entscheidung durch die Vorarbeiten praktisch vorprogrammiert wird (so zum früheren Recht vgl. BAG 17.12.1974, DB 1975, 887), wenn das auch bei richtiger Vorbereitung häufig der Fall sein wird. Sieht der Arbeitsvertrag eine Abstimmung bei unternehmerischen Entscheidungen vor, dann kommt es maßgeblich auf die tatsächliche Vertragsübung an. Eine Verpflichtung zur Abstimmung verlangt zwar eine Auseinandersetzung mit erheblichen Einwänden mit dem Willen zur Verständigung, die Entscheidungsbefugnis bleibt aber beim AG (BAG 5.5.2010, NZA 2010, 955). Der Tatbestand der Nr. 3 ist vor allem auf Stabsangestellte zugeschnitten; er ist aber durchaus auch offen für Linienvorgesetzte, denen formal die Entscheidungsbefugnis fehlt, deren „Anregungen" aber regelmäßig die Grundlage für die Entscheidungen der zuständigen Stelle bilden (*Buchner* NZA-Beil. Heft 1/1989, 2 (8)).

41 Weisungsfreiheit bei und maßgeblicher Einfluss auf Entscheidungen werden nicht ipso iure durch Vorgaben aufgrund von Rechtsvorschriften, Plänen oder Richtlinien oder durch Zusammenarbeit mit anderen L.A. ausgeschlossen (so schon BAG 10.2.1976, DB 1976, 1238; 19.11.1974, DB 1975, 405). Es kommt darauf an, ob trotz der Vorgaben wichtige (unternehmerische) Entscheidungen verbleiben. Die Entscheidungsfreiheit kann das „Ob" oder das „Wie" betreffen. Im Bereich der Arbeitssicherheit ist das „Ob" zumeist durch Rechtsvorschriften (Gesetze, Verordnungen, Unfallverhütungsvorschriften, Verwaltungsakte) vorgegeben; die Sicherheitskräfte sind aber vielfach frei beim „Wie". Im technischen (Pläne) und kaufmännischen Bereich (Richtlinien) ist es eher umgekehrt. Zusammenarbeit ist dann unschädlich, wenn der Angestellte Einfluss auf das Ergebnis nehmen kann (LAG Hamm 16.12.1977, DB 1978, 400: „zur selbstverantwortlichen Mitentscheidung berufen").

42 **d) Regelmäßig.** Die Aufgaben müssen regelmäßig anfallen. Regelmäßig heißt „immer wieder", „nicht nur gelegentlich" (Begr. BT-Drs. 11/2503, 30; dazu *H.-P. Müller* DB 1988, 1697). Es genügt also nicht, dass unternehmerische Aufgaben „mal" für eine begrenzte Zeit wahrgenommen werden, etwa aufgrund einer Urlaubs- oder Krankheitsvertretung oder im Rahmen eines Projekts oder kraft Übertragung im Einzelfall. Es genügt auch nicht, dass sie zwar immer wieder, aber nur in unverhältnismäßig großen Zeiträumen anfallen. Sie müssen vielmehr zum ständigen Tätigkeitsbereich gehören; die Tätigkeit des L.A. muss von ihnen geprägt („schwerpunktmäßig bestimmt") sein (BAG 5.6.2014, NZA 2015, 40); der L.A. muss in den Leitungsprozess eingeschaltet sein. Das bedeutet weder, dass er ununterbrochen unternehmerische Entscheidungen vorbereitet oder trifft oder für ihre Durchführung sorgt, noch schließt das aus, dass Routine- oder geringerwertige Tätigkeit den größeren Teil des Tages ausfüllt (Begr. BT-Drs. 11/2503, 30). Eine Menge an Routinearbeit – hauptsächlich Information und Kommunikation – ist der Nährboden, auf dem unternehmerische Entscheidungen wachsen; sie gehört damit untrennbar zu jeder Leitungsaufgabe. Es genügt, dass ein „beachtlicher Teil der Arbeitszeit" von unternehmerischen Tätigkeiten beansprucht wird (BAG 5.5.2010, NZA 2010, 955; 23.1.1986, NZA 1986, 487); regelmäßig ist nicht gleichzusetzen mit überwiegend. Deshalb kann auch ein ständiger Vertreter eines leitenden Angestellten L.A. sein (Begr. BT-Drs. 11/2503, 30; *Bauer* Anm. VI S. 122; *Buchner* NZA-Beil. Heft 1/1989, 2 (8); *Wlotzke* DB 1989, 111 (120)). Ebenso kann jemand bereits in der Probezeit L.A. sein, wenn er die Aufgaben wahrnimmt, die ihn danach zum L.A. machen. Die nur probeweise Übertragung derartiger Aufgaben genügt nicht (ErfK/*Koch* § 5 Rn. 21).

e) „Sonstige" bedeutsame Aufgaben. Schließlich müssen es sonstige 43
bedeutsame Aufgaben sein. Damit – so die Begründung – solle ausgedrückt werden, dass es sich auch bei den Aufgaben nach Nr. 3 um Führungsaufgaben handeln muss (BT-Drs. 11/2503, 30). Die Gesetzesbegründung ist doppelt unrichtig: Einstellungs- und Entlassungsberechtigung und handelsrechtliche Vollmachten sind keine Aufgaben, sondern Befugnisse und Rechte, und Leitung ist nicht gleichzusetzen mit Führung. Geführt werden Menschen, Unternehmen werden geleitet. Was die Begründung meint, ist die Gleichwertigkeit der Tatbestände Nr. 1–3. Dieser nur unvollkommen zum Ausdruck gekommene Gedanke darf nicht dahin missverstanden werden, dass unter Nr. 3 nur die Angestellten fallen, die innerbetrieblich Angestellten mit Einstellungs- und Entlassungsbefugnis oder mit Prokura gleichstehen (*H.-P. Müller* DB 1988, 1697 (1698)). Nr. 3 enthält, wie gesagt, die allgemeine Umschreibung der L.A. und strahlt deshalb auf die Nr. 1 und 2 zurück (*Bauer* Anm. VI S. 123; *Hromadka* DB 1988, 2053 (2055); *Hromadka* SAE 1981, 27 (30); *Wlotzke* DB 1989, 111 (120)), nicht umgekehrt. Im Normalfall werden die weitaus meisten L.A. in den Unternehmen L.A. nach Nr. 3 sein (so mR Begr. BT-Drs. 11/2503, 24 (30)).

**f) Insbesondere: Chefärzte, angestellte Wirtschaftsprüfer, Rechtsan- 44
wälte und Steuerberater.** Chefärzte sind nicht schon aufgrund ihrer Stellung L.A. Das zeigt bereits ihre Erwähnung neben den L.A. in § 18 Abs. 1 Nr. 1 ArbZG. Sie können aber L.A. nach § 5 Abs. 3 S. 2 Nr. 3 BetrVG sein, wenn sie der Leitungs- und Führungsebene der Klinik zuzuordnen sind und dort unternehmens- oder betriebsleitende Entscheidungen treffen, wie bspw. der ärztliche Direktor, der neben dem kaufmännischen Direktor der obersten Leitungsebene unterhalb der Geschäftsführung angehört und der für einen geordneten ärztlichen Dienstbetrieb im gesamten Krankenhaus verantwortlich ist (BAG 5.6.2014, NZA 2015, 40). Es genügt auch, dass sie entsprechende Entscheidungen maßgeblich vorbereiten, etwa indem sie ein nicht ganz unerhebliches Budget selbstständig verwalten oder zwingend bei Investitionsentscheidungen mitwirken. Nicht ausreichend ist, dass sie Personalverantwortung für das medizinische Personal ihrer Abteilung tragen („schlichte Vorgesetztenstellung") und/oder dass sie über die Einführung spezieller Untersuchungs-, Behandlungs- und Therapiemethoden entscheiden können. Die ärztliche Entscheidung über bestimmte Behandlungsmethoden zielt auf den Heilerfolg; sie hat nicht in erster Linie eine unternehmerische Dimension (BAG 5.5.2010, NZA 2010, 955). Damit sind die meisten Chefärzte keine L.A.

Angestellte Wirtschaftsprüfer gelten als L.A. (§ 45 S. 2 WPO), sofern sie – wie 45
für den Normalfall vom Gesetz vorgesehen („sollen", § 45 S. 1 WPO) – Prokura haben (BAG 29.6.2011, NZA 2012, 408). Die Vorschrift kann nicht analog auf

angestellte Rechtsanwälte und Steuerberater angewendet werden; es fehlt an einer Lücke. Angestellte Rechtsanwälte und Steuerberater können aber L.A. sein, wenn sie die Voraussetzungen des § 5 Abs. 3 BetrVG erfüllen, etwa wenn sie selbständig ein nicht unerhebliches Budget verwalten oder zwingende Mitsprache bei strategischen Entscheidungen haben (BAG 29.6.2011, NZA-RR 2011, 647).

II. § 5 Abs. 4: „im Zweifel"

1. „Auslegungshilfe"

46 § 5 Abs. 4 enthält nach der Begründung des Gesetzentwurfs „Auslegungsregeln, die an formale, schnell feststellbare Merkmale anknüpfen, um die Anwendung des Abs. 3 S. 2 Nr. 3 zu erleichtern." Sie sollen „in Fällen, in denen die Zuordnung eines Angestellten nach dem funktionalen Grundtatbestand zweifelhaft bleibt, eine Entscheidungshilfe geben" (Begr. BT-Drs. 11/2503, 30).

47 So berechtigt das Anliegen des Gesetzgebers ist, rechtstechnisch ist der Weg, den er geht, nach heute wohl allgemeiner Ansicht missglückt (so Richardi BetrVG/*Richardi* § 5 Rn. 228; iE auch *Fitting* § 5 Rn. 414 ff.; GK-BetrVG/*Raab* § 5 Rn. 155 ff.). Abs. 4 enthält weder Auslegungsregeln noch Regelbeispiele noch eine widerlegliche oder unwiderlegliche Vermutung.

48 Er enthält keine Auslegungsregeln: Die Kriterien in Abs. 4 dienen nicht der Erläuterung der Tatbestandsmerkmale des Abs. 3.

49 Abs. 4 enthält auch keine Regelbeispiele: Es wird nicht gesagt, wer idR L.A. ist oder wer es insbesondere ist, sondern wer es im Zweifel ist.

50 Die Vorschrift enthält schließlich keine Vermutung: Es wird nicht aus einer Tatsache auf eine andere geschlossen; vor einem Rückgriff auf Abs. 4 müssen die Tatsachen, die unter Abs. 3 S. 2 Nr. 3 zu subsumieren sind, vielmehr feststehen (zum Vorstehenden *Fitting* § 5 Rn. 414 ff.; Richardi BetrVG/*Richardi* § 5 Rn. 229 ff.).

51 Am ehesten kann man Abs. 4 als Orientierungshilfe in Grenzfällen bezeichnen (so schon *Wlotzke* DB 1989, 111 (123); jetzt BAG 6.12.2001, NZA 2002, 816 und die hM; *Fitting* § 5 Rn. 423 mN).

52 So bleibt § 5 Abs. 4 nur ein schmaler Anwendungsbereich. Zum einen bezieht er sich nur auf Abs. 3 S. 2 Nr. 3. Auf die Nr. 1 und 2 wirkt er nur mittelbar, nachdem die Rechtsprechung diese Tatbestände an Nr. 3 misst. Zum anderen müssen der Anwendung des § 5 Abs. 4 eine genaue Sachverhaltsermittlung und die Subsumtion dieses Sachverhalts unter Abs. 3 vorausgehen (DKW/*Trümner* § 5 Rn. 239; *Fitting* § 5 Rn. 422). Bei der Subsumtion müssen dann nicht behebbare Unsicherheiten bleiben. Abs. 4 hilft nicht bei der Behebung von Tatsachenzweifeln, sondern nur – und das ist das Neue und Ungewöhnliche an der Vorschrift – bei der Behebung von Rechtszweifeln (DKW/*Trümner* § 5 Rn. 241; *Fitting* § 5 Rn. 420 f., 424; GK-BetrVG/*Raab* § 5 Rn. 161; aA Richardi BetrVG/*Richardi* § 5 Rn. 257 ff.). Es ist also zunächst tatsächlich zu klären, ob ein Angestellter für den Bestand und die Entwicklung des Unternehmens oder eines Betriebs bedeutsame Aufgaben wahrnimmt. Sodann ist anhand der von der Rechtsprechung entwickelten Kriterien – unternehmerische Tätigkeit usw – zu prüfen, ob die Aufgaben eine derartige Bedeutung haben, dass sie den Tatbestand des Abs. 3 erfüllen. Diese Prüfung bereitet deshalb besondere Schwierigkeiten, weil identische Aufgaben je nach der Struktur des Unternehmens unterschiedliche Bedeutung haben können. Erst wenn bei dieser Prüfung Zweifel bleiben, greift Abs. 4 ein.

§ 5 Abs. 4 gilt für die betriebsverfassungsrechtlichen Institutionen ebenso wie für die Gerichte (*Bauer* Anm. VII S. 128; *Wlotzke* DB 1989, 111 (123)). Die Gerichte haben ggf., dh bei übereinstimmender Zuordnung durch die Betriebsverfassungsorgane oder bei gemeinsamen Zweifeln, die Tatsachenvermutung zu beachten. Bei der fast unlösbaren Verbindung von Rechts- und Tatsachenfragen läuft das in der Tat, wie *Wlotzke* formuliert (*Buchner* NZA-Beil. Heft 1/1989, 2 (9); *Wlotzke* DB 1989, 111 (123)), auf einen gewissen Wertungsspielraum für die betrieblichen Zuordnungsstellen hinaus. **53**

Ein Gesetzesverstoß wäre es, wenn Betriebsverfassungsorgane oder Gerichte vorgäben, bei ihnen kämen niemals Zweifel auf oder sie könnten Zweifelsfragen immer auch ohne Abs. 4 lösen. Damit liefe Abs. 4 leer (*Engels/Natter* BB-Beil. Heft 8/1989, 1 (11); ähnlich *Martens* RdA 1989, 73 (82) Fn. 57). Diese Gefahr ist deshalb nicht ausgeschlossen, weil das BVerfG § 5 Abs. 3 ausdrücklich für justitiabel erklärt hat (BVerfG 24.11.1981, DB 1982, 703). **54**

2. Zuordnung anlässlich einer Wahl oder durch gerichtliche Entscheidung

L.A. nach Abs. 4 ist im Zweifel, wer den L.A. zugerechnet worden ist **55**

1. aus Anlass der letzten Wahl des BR. Ob es sich um eine regelmäßige oder um eine außerplanmäßige Wahl gehandelt hat, ob die Zuordnung durch den Wahlvorstand oder durch ein Gericht erfolgt ist, ob mit oder ohne Vermittler, ist gleichgültig (GK-BetrVG/*Raab* § 5 Rn. 168; *Richardi* NZA-Beil. 1990, 2 (6); aA bei Zuordnung durch Vermittler AR/*Maschmann* BetrVG § 5 Rn. 18; *Fitting* § 5 Rn. 391). Die Zweifelsregel greift allerdings nicht ein, wenn die Zuordnung in einem Beschlussverfahren angegriffen wird (§ 18a Abs. 5 S. 1; *Fitting* § 5 Rn. 415). **56**
2. aus Anlass der letzten Wahl des SprA. Hier gilt dasselbe wie für die BR-Wahl. In Betracht kommt nur eine Wahl zum gesetzlichen SprA. **57**
3. aus Anlass der letzten Wahl von Aufsichtsratsmitgliedern der AN (aA entgegen dem Gesetzeswortlaut *Fitting* § 5 Rn. 429). Erfolgt die Zuordnung nach dem Selbsteinschätzungsverfahren (§ 10 1. u. 2. WOMitbestG, § 11 3. WOMitbestG), dann hat diese Zuordnung, der nur ein Mitglied des Wahlvorstands zustimmen muss, geringere Indizwirkung als eine Zuordnung nach § 18a (Richardi BetrVG/*Richardi* § 5 Rn. 236). **58**
4. durch rechtskräftige gerichtliche Entscheidung. Dabei kann es sich nur um eine Entscheidung im Beschlussverfahren handeln; nur im Beschlussverfahren ist wegen des Amtsermittlungsgrundsatzes (§ 83 Abs. 1 ArbGG) die ausreichende Aufklärung des Sachverhalts sichergestellt (*Fitting* § 5 Rn. 430; Richardi BetrVG/*Richardi* § 5 Rn. 237). In Betracht kommt aber jedes Beschlussverfahren, nicht nur ein Statusverfahren, wenn die Zuordnung zu den L.A. nach § 5 Abs. 3 S. 2 in den tragenden Gründen festgestellt wurde (zB Zustimmung des BR oder des SprA zu einer Versetzung; Richardi BetrVG/*Richardi* § 5 Rn. 237). Entscheidend ist nicht, für und gegen wen die Rechtskraft wirkt, entscheidend ist, dass mit der rechtskräftigen Zuordnung die Indizwirkung der Zuordnung bei der letzten Wahl entfällt. Eine Entscheidung in einem Urteilsverfahren, etwa in einem Kündigungsrechtsstreit, reicht nicht aus, **59**

weil es hier den Parteien freisteht, was sie vortragen (*Fitting* § 5 Rn. 430; Richardi BetrVG/*Richardi* § 5 Rn. 237).

60 Die Regel der Nr. 1 gilt nicht, wenn sich die Tätigkeit eines AN nach der letzten Wahl oder nach der gerichtlichen Zuordnung derart geändert hat, dass die Voraussetzungen für die Zurechnung zu den L.A. entfallen sind, dh wenn die Tatbestandsvoraussetzungen des § 5 Abs. 3 S. 2 zweifelsfrei nicht mehr vorliegen (allgM, s. nur *Fitting* § 5 Rn. 432; Richardi BetrVG/*Richardi* § 5 Rn. 238).

3. Leitungsebene mit überwiegend leitenden Angestellten

61 L.A. ist im Zweifel, wer einer Leitungsebene angehört, auf der in dem Unternehmen überwiegend L.A. vertreten sind. Derselben Leitungsebene gehört an, wer auf einer Stufe gleicher Wertigkeit tätig ist. Es kommt also nicht auf die Delegationsebene, dh auf die hierarchische Stufe an (1., 2., 3. Ebene usw), sondern darauf, ob die Tätigkeiten vom Wert her gleich sind (*Dänzer-Vanotti* NZA-Beil. 1989, 30 (36); *Fitting* § 5 Rn. 395; *Wlotzke* DB 1989, 111 (123); aA *Bauer* Anm. VII S. 129; ErfK/*Koch* BetrVG § 5 Rn. 25). Die 1. Ebene in einer kleinen Werbeabteilung oder in der Revision kann durchaus der 2. oder 3. in einem großen Vertrieb oder in einer großen Forschung entsprechen. Nicht entscheidend ist, ob es sich um Linien- oder Stabsstellen handelt (*Wlotzke* DB 1989, 111 (123); aA *Clausen/Löhr/Schneider/Trümner* AuR 1988, 293 (300)). Abzustellen ist nicht auf den Betrieb, sondern auf das gesamte Unternehmen. Überwiegend bedeutet mehr als 50 % (*Bauer* Anm. VII S. 129; *Dänzer-Vanotti* NZA-Beil. 1989, 30 (36); *Wlotzke* DB 1989, 111 (123)). Dabei können nur die Angestellten berücksichtigt werden, deren Status als L.A. feststeht (*Fitting* § 5 Rn. 434; Richardi BetrVG/*Richardi* § 5 Rn. 240).

4. Für leitende Angestellte übliches Jahresarbeitsentgelt

62 L.A. ist im Zweifel, wer ein regelmäßiges Jahresarbeitsentgelt erhält, das für L.A. in dem Unternehmen üblich ist. Regelmäßig ist der Jahresarbeitsverdienst, von dem bei Beginn des Arbeitsverhältnisses und der folgenden Arbeitsperioden anzunehmen ist, dass er bei normalem Ablauf der Dinge voraussichtlich ein Jahr anhalten wird. Zum regelmäßigen Entgelt zählen sowohl monatlich als auch in anderen Abständen – halbjährlich oder jährlich – anfallende Entgeltteile, gleichgültig ob sie in ihrer Höhe gleich bleiben oder schwanken, wie etwa Erfolgsbeteiligungen oder Tantiemen, nicht dagegen Einmalzahlungen (vgl. § 14 Abs. 1 SGB IV) und freiwillige Leistungen, auf die kein Rechtsanspruch besteht (AR/*Maschmann* BetrVG § 5 Rn. 20). Üblich ist ein Entgelt dann, wenn die L.A. des Unternehmens es im Normalfall erhalten, dh wenn sie es nach voller Einarbeitung bei Ganztagsarbeit beziehen. Das geringere Entgelt von L.A., die an ihr volles Gehalt erst „herangeführt" werden, und von L.A., deren Gehalt „eingefroren" ist, zählt nicht mit. Nicht nötig ist, dass ein L.A. zur Zeit der Status-Prüfung gerade ein derartiges Gehalt bezieht. Das Kriterium des „überwiegend" der Nr. 2 fehlt hier. Es kommt also nicht darauf an, ob in dem betreffenden Gehaltsbereich mehr als 50 % L.A. sind (*Buchner* NZA-Beil. 1989, 2 (10)). Üblich ist die gesamte Bandbreite vom höchsten bis zum niedrigsten Gehalt, da es einem L.A. im Normalfall in dieser seiner Funktion gezahlt wird (vgl. *Buchner* NZA-Beil. 1989, 2 (10); *Wlotzke* DB 1989, 111 (123); anders ohne Begr. *Dänzer-Vanotti* NZA-Beil. 1989, 30 (36)).

63 Der AG muss dem Gericht, den Wahlvorständen und ggf. dem Vermittler Auskunft darüber geben, ab welchem Gehalt er L.A. im Unternehmen beschäftigt. Namen muss der AG nur nennen, wenn streitig ist, ob das Gehalt des/r Angestellten

am unteren Ende des Bandes für L.A. in dem Unternehmen üblich ist (zum Vorstehenden *Fitting* § 5 Rn. 438). Das obere Ende der Bandbreite ist für die Zuordnung ohne Bedeutung, weil Angestellte mit diesen Bezügen in jedem Fall L.A. sind.

5. Jahresarbeitsentgelt über dem Dreifachen der Bezugsgröße des § 18 SGB IV

Bleiben auch bei Anwendung der Nr. 3 noch Zweifel, dann ist L.A., wer ein regelmäßiges Jahresarbeitsentgelt erhält, das das Dreifache der Bezugsgröße nach § 18 des Vierten Buches des Sozialgesetzbuches (§ 18 SGB IV) überschreitet. Die Bezugsgröße wird jeweils durch Verordnung für das Folgejahr neu festgesetzt; die Verordnung ist u.a. abgedruckt im Bundesgesetzblatt, im Bundesarbeitsblatt (idR Februarheft) und auf www.bmas.de. 2024 sind das in den alten Bundesländern 3 x 12 x 3.395 EUR = 122.220 EUR und in den neuen Bundesländern 3 x 12 x 3.290 EUR = 118.440 EUR. **64**

Bei den Zweifeln iSd § 5 Abs. 4 Nr. 4 geht es um Zweifel zweiten Grades. Die Zweifel beziehen sich auf § 5 Abs. 4 Nr. 3, wobei zweifelhaft nur sein kann, wann ein bestimmtes Jahresarbeitsentgelt in dem Unternehmen für L.A. „üblich" ist (*Fitting* § 5 Rn. 440). § 5 Abs. 4 Nr. 4 entscheidet nur den Streit über die Grenzfälle: Meinungsverschiedenheiten über die Beendigung der Einarbeitung, Ausreißer nach unten, „eingefrorene" Gehälter usw, nicht über die Bandbreite der Gehälter für L.A. an sich. Üblichkeit kann man deshalb nicht mit der Begründung verneinen, dass die Gehälter der L.A. weit über die Funktionsgruppen streuen (aA *Bauer* Anm. VII S. 131; *Wlotzke* DB 1989, 111 (123)). Da die betriebliche Sozialpolitik gerade auch unter dem Eindruck der Rechtsprechung zu § 5 Abs. 3 zumeist an andere Kriterien anknüpft als an den Status des L.A. (außertarifliche Stellung), blieben sonst bei Abs. 4 Nr. 3 nicht selten Zweifel, die zur Anwendung des Abs. 4 Nr. 4 führen würden. **65**

§ 5 Abs. 4 Nr. 4 hat einen sehr engen Anwendungsbereich. Er ist nur anwendbar, wenn nach § 5 Abs. 3 S. 2 Nr. 3 nicht festgestellt werden kann, ob ein Angestellter L.A. ist, und wenn die Zweifel auch nicht nach § 5 Abs. 4 Nr. 1–3 behoben werden können. Mit dieser Einschränkung verstößt die Vorschrift nicht gegen Art. 3 Abs. 1 GG (str., s. *Fitting* § 5 Rn. 443 mN; Richardi BetrVG/*Richardi* § 5 Rn. 247). **66**

III. Streitigkeiten

Streitigkeiten über die Einordnung als L.A. entscheidet das ArbG im Beschlussverfahren (§ 2a Abs. 1 Nr. 1, Abs. 2 ArbGG). Antragsberechtigt sind der SprA, der BR, der AG und der betroffene AN. Zur Antragsberechtigung im Zusammenhang mit Wahlen → § 18a Rn. 41. **67**

Das Feststellungsinteresse ist unabhängig von einem konkreten Anlass immer gegeben. SprA und BR müssen ebenso wie AG und AN Klarheit darüber haben, welches Organ in Mitbestimmungsfragen zuständig ist. Festgestellt wird der Status eines bestimmten AN, nicht der einer Stelle; das Feststellungsinteresse entfällt deshalb, wenn der L.A. aus dem Unternehmen ausgeschieden ist (BAG 23.1.1986, NZA 1986, 484). Für seinen Nachfolger müssen die Voraussetzungen ggf. neu geprüft werden. **68**

IV. Zusammenfassende Würdigung

69 Der Gesetzgeber wollte mit der Novelle von 1988 den Begriff des „leitenden Angestellten" präzisieren, dh weder erweitern noch einengen. Man hat mit Recht darauf hingewiesen, dass diese Aussage einen anderen Inhalt hat, je nachdem ob man den Status quo zur Zeit des Gesetzgebungsverfahrens (dafür *Engels/Natter* BB-Beil. Heft 8/1989, 1 (13)) oder zu einem früheren Zeitpunkt, etwa 1972, zugrunde legt. Korrigiert hat er in jedem Fall die Entscheidung des 7. Senats zu den Prokuristen. Auch die Tendenz ist eindeutig. Es sollte einer (weiteren) Einengung des Begriffs vorgebeugt werden.

70 Da die Rechtsprechung die ratio des § 5 Abs. 3 BetrVG nicht darin sieht, dass ein AN Gesprächspartner des BR ist und schon gar nicht in einer bloßen Vorgesetztenstellung, sondern in dem aus seiner unternehmerischen Tätigkeit herrührenden Interessengegensatz, hat das zu einer eher restriktiven Auslegung des L.A.-Begriffs geführt.

§ 18a Zuordnung der leitenden Angestellten bei Wahlen

(1) [1]**Sind die Wahlen nach § 13 Abs. 1 und nach § 5 Abs. 1 des Sprecherausschussgesetzes zeitgleich einzuleiten, so haben sich die Wahlvorstände unverzüglich nach Aufstellung der Wählerlisten, spätestens jedoch zwei Wochen vor Einleitung der Wahlen, gegenseitig darüber zu unterrichten, welche Angestellten sie den leitenden Angestellten zugeordnet haben; dies gilt auch, wenn die Wahlen ohne Bestehen einer gesetzlichen Verpflichtung zeitgleich eingeleitet werden.** [2]**Soweit zwischen den Wahlvorständen kein Einvernehmen über die Zuordnung besteht, haben sie in gemeinsamer Sitzung eine Einigung zu versuchen.** [3]**Soweit eine Einigung zustande kommt, sind die Angestellten entsprechend ihrer Zuordnung in die jeweilige Wählerliste einzutragen.**

(2) [1]**Soweit eine Einigung nicht zustande kommt, hat ein Vermittler spätestens eine Woche vor Einleitung der Wahlen erneut eine Verständigung der Wahlvorstände über die Zuordnung zu versuchen.** [2]**Der Arbeitgeber hat den Vermittler auf dessen Verlangen zu unterstützen, insbesondere die erforderlichen Auskünfte zu erteilen und die erforderlichen Unterlagen zur Verfügung zu stellen.** [3]**Bleibt der Verständigungsversuch erfolglos, so entscheidet der Vermittler nach Beratung mit dem Arbeitgeber.** [4]**Absatz 1 Satz 3 gilt entsprechend.**

(3) [1]**Auf die Person des Vermittlers müssen sich die Wahlvorstände einigen.** [2]**Zum Vermittler kann nur ein Beschäftigter des Betriebs oder eines anderen Betriebs des Unternehmens oder Konzerns oder der Arbeitgeber bestellt werden.** [3]**Kommt eine Einigung nicht zustande, so schlagen die Wahlvorstände je eine Person als Vermittler vor; durch Los wird entschieden, wer als Vermittler tätig wird.**

(4) [1]**Wird mit der Wahl nach § 13 Abs. 1 oder 2 nicht zeitgleich eine Wahl nach dem Sprecherausschussgesetz eingeleitet, so hat der Wahlvorstand den Sprecherausschuss entsprechend Absatz 1 Satz 1 erster Halbsatz zu unterrichten.** [2]**Soweit kein Einvernehmen über die Zuordnung besteht, hat der Sprecherausschuss Mitglieder zu benennen, die anstelle des Wahlvorstands an dem Zuordnungsverfahren teilnehmen.** [3]**Wird mit**

der Wahl nach § 5 Abs. 1 oder 2 des Sprecherausschussgesetzes nicht zeitgleich eine Wahl nach diesem Gesetz eingeleitet, so gelten die Sätze 1 und 2 für den Betriebsrat entsprechend.

(5) [1]**Durch die Zuordnung wird der Rechtsweg nicht ausgeschlossen.** [2]**Die Anfechtung der Betriebsratswahl oder der Wahl nach dem Sprecherausschussgesetz ist ausgeschlossen, soweit sie darauf gestützt wird, die Zuordnung sei fehlerhaft erfolgt.** [3]**Satz 2 gilt nicht, soweit die Zuordnung offensichtlich fehlerhaft ist.**

Übersicht

I. Vorbemerkung

§ 18a regelt die Zuordnung zu den L.A. bei den Wahlen zum BR und zum SprA. Ziel ist es, für diese Wahlen, die im Regelfall zeitgleich abzuhalten sind, ein kostengünstiges Verfahren zur Verfügung stellen, das eine rasche, eindeutige, für beide Wahlen einheitliche und möglichst einvernehmliche Zuordnung erlaubt (*Bauer* NZA-Beil. 1989, 20 (22); *Buchner* NZA-Beil. 1989, 2 (11); *Hromadka* DB 1988, 753 (755); *Wlotzke* DB 1989, 111 (124)). § 18a gilt nicht für das vereinfachte Wahlverfahren nach § 14a (AR/*Maschmann* BetrVG § 18a Rn. 1; ErfK/*Koch* BetrVG § 18a Rn. 1). 1

II. Zuordnungsverfahren

1. Überblick

§ 18a unterscheidet zwischen dem Zuordnungsverfahren bei zeitgleicher Einleitung der Wahlen zum SprA und zum BR und bei nicht zeitgleicher Einleitung. Als Normalfall sieht das Gesetz die zeitgleiche Einleitung an, wie sie § 13 Abs. 1 BetrVG und § 5 Abs. 1 SprAuG für die regelmäßigen Wahlen zu den beiden 2

Belegschaftsvertretungen vorschreiben. Diesem Fall stellt es den anderen gleich, dass die Wahlen ohne gesetzliche Verpflichtung zeitgleich eingeleitet werden.

3 Der Unterschied zwischen dem Verfahren bei zeitgleicher und nicht zeitgleicher Einleitung der Wahlen besteht nur darin, dass im ersten Fall Beteiligte des Zuordnungsverfahrens die beiden Wahlvorstände sind, im zweiten der Wahlvorstand für die anstehende Wahl und die amtierende Vertretung der anderen Belegschaftsgruppe.

4 Die Beteiligten des Zuordnungsverfahrens haben eine Einigung darüber zu versuchen, welche AN den L.A. zuzuordnen sind. Gelingt ihnen das nicht, dann haben sie einen Vermittler zu bestellen, der nach einem erneuten Einigungsversuch über die Zuordnung entscheidet. Für die Durchführung des Verfahrens gibt § 18a einen zeitlichen Rahmen von mindestens zwei Wochen vor.

5 Ablauf des Zuordnungsverfahrens

1. Gegenseitige Unterrichtung (unverzüglich, dh ohne schuldhaftes Zögern, § 121 Abs. 1 S. 1 BGB, nach Aufstellung der Wählerlisten)
   a) Unterrichtende
      aa) bei zeitgleicher Einleitung der Wahlen (spätestens zwei Wochen vor Einleitung der Wahlen): gegenseitige Unterrichtung der Wahlvorstände für BR- und SprA-Wahl über die Zuordnung zu den L.A.
      bb) bei nicht zeitgleicher Wahl: gegenseitige Unterrichtung des Wahlvorstands für die BR-Wahl und des SprA bzw. des Wahlvorstands für die SprA-Wahl und des BR über die Zuordnung zu den L.A.
   b) Ergebnis
      aa) bei Einvernehmen: Eintragung in die jeweilige Wählerliste
      bb) mangels Einvernehmens: Einigungsversuch in gemeinsamer Sitzung
2. Gemeinsame Sitzung (spätestens eine Woche vor Einleitung der Wahlen)
   a) Teilnehmer
      aa) bei zeitgleicher Wahl: der Wahlvorstände
      bb) bei nicht zeitgleicher Wahl: des Wahlvorstands und vom SprA bzw. vom BR benannter Mitglieder
   b) Ergebnis
      aa) bei Einigung: Eintragung in die jeweilige Wählerliste
      bb) mangels Einigung: Vermittlungsverfahren
3. Vermittlungsverfahren (spätestens eine Woche vor Einleitung der Wahlen)
   a) Bestellung eines Vermittlers
      aa) durch Einigung der Wahlvorstände auf eine bestimmte Person
      bb) mangels Einigung: durch Los
   b) Verständigungsversuch durch den Vermittler
      aa) Verständigung gelingt: Eintragung in die jeweilige Wählerliste
      bb) Verständigung gelingt nicht: Entscheidung durch den Vermittler und Eintragung in die jeweilige Wählerliste.

6 Das Zuordnungsverfahren ist obligatorisch. Das Gesetz sieht aber keine Sanktion für den Fall vor, dass eine der beiden Seiten (oder beide) gehindert ist (sind) oder sich weigert (weigern), das Verfahren durchzuführen oder an den einzelnen Schritten mitzuwirken Der BR kann eine SprA-Wahl nicht durch einstweilige Verfügung verhindern, wenn kein Zuordnungsverfahren durchgeführt worden ist (LAG Hamm 24.4.1990, NZA 1990, 704). Nicht geregelt ist auch umgekehrt die Frage, ob die Beteiligten sich freiwillig dem Verfahren unterziehen oder von der einen (nicht zeitgleiche Einleitung von Wahlen) zu der anderen (zeitgleiche Einleitung) Variante wechseln können.

2. Verfahren zur einvernehmlichen Zuordnung

a) Wahl beider Belegschaftsvertretungen. aa) Zeitgleich einzuleitende Wahlen (regelmäßige Wahlen). Die regelmäßigen Wahlen zu SprA und BR finden zeitgleich alle vier Jahre in der Zeit vom 1.3. bis 31.5. statt (§ 5 Abs. 1 S. 1 SprAuG, § 13 Abs. 1 BetrVG); die Verpflichtung zur zeitgleichen Einleitung galt erstmals für die Wahlen im Jahr 1990. Die Wahlvorstände für beide Wahlen haben die Wahlen zeitgleich einzuleiten, dh sie müssen ihre Wahlausschreiben am selben Tag erlassen (§ 3 Abs. 1 S. 2 WO SprAuG, § 3 Abs. 1 S. 2 WOBetrVG). Dieser Termin, den sie untereinander abzusprechen haben, ist maßgebend für die Fristen im Rahmen des Zuordnungsverfahrens. 7

Ist ein USprA zu wählen (§ 20 SprAuG), so hat der Wahlvorstand für diese Wahl den Termin mit allen BR-Wahlvorständen abzusprechen (DKW/*Trümner* § 18a Rn. 54; *Fitting* § 13 Rn. 14, § 18a Rn. 23 ff.; GK-BetrVG/*Jacobs* § 13 Rn. 23; GK-BetrVG/*Kreutz* § 18a Rn. 21). 8

Nehmen die L.A. eines Betriebs mit weniger als zehn L.A. an der SprA-Wahl des räumlich nächstgelegenen Betriebs teil (§ 1 Abs. 2 SprAuG), dann hat der Wahlvorstand dieses Betriebs den Termin mit dem Wahlvorstand für die BR-Wahlen des Betriebs, in dem gewählt wird, und mit dem Wahlvorstand des Betriebs, dessen L.A. an der Wahl im Nachbarbetrieb teilnehmen, abzusprechen (*Fitting* § 18a Rn. 25; Richardi BetrVG/*Thüsing* § 18a Rn. 9; aA GK-BetrVG/*Kreutz* § 18a Rn. 22). 9

Die Wahlvorstände haben nach ihrer Bestellung die Wahlen unverzüglich (= ohne schuldhaftes Zögern, § 121 Abs. 1 S. 1 BGB) einzuleiten und dazu insbesondere die Wählerlisten aufzustellen (§ 7 Abs. 4 S. 1 SprAuG, § 18 Abs. 1 BetrVG, § 2 Abs. 1 WO SprAuG, § 2 Abs. 1 WOBetrVG). Dabei haben sie unter Beachtung des § 5 Abs. 3, 4 BetrVG in eigener Verantwortung zu entscheiden, welche AN sie den L.A. zuordnen. Der AG hat sie durch Auskünfte und Überlassung der erforderlichen Unterlagen zu unterstützen (§ 2 Abs. 2 WO SprAuG, § 2 Abs. 2 WOBetrVG). Nach Aufstellung der Wählerliste haben sie einander unverzüglich darüber zu unterrichten, welche AN sie den L.A. zugeordnet haben (Abs. 1 S. 1). Der Wahlvorstand für die SprA-Wahl muss den Wahlvorstand für die BR-Wahl also über seine Wählerliste informieren, der Wahlvorstand für die BR-Wahl den Wahlvorstand für die SprA-Wahl darüber, wen er nicht in seine Wählerliste aufgenommen hat. Die Unterrichtung bedarf keiner Form (DKW/*Trümner* § 18a Rn. 13; *Fitting* § 18a Rn. 14; GK-BetrVG/*Kreutz* § 18a Rn. 44; aA Richardi BetrVG/*Thüsing* § 18a Rn. 14, der Schriftlichkeit als Voraussetzung annimmt); sinnvollerweise erfolgt sie schriftlich, etwa durch Austausch der Wählerlisten (GK-BetrVG/*Kreutz* § 18a Rn. 44). 10

Weichen Zuordnungen voneinander ab, so haben beide Wahlvorstände über ihre je eigene Zuordnung neu zu beraten. Bleibt es danach auch nur in einem Fall bei einer unterschiedlichen Zuordnung, so haben sie in gemeinsamer Sitzung eine Einigung zu versuchen (Abs. 1 S. 2). Die Sitzung hat spätestens eine Woche vor Erlass der Wahlausschreiben stattzufinden. Teilnahmeberechtigt sind die Mitglieder der Wahlvorstände einschließlich der nicht stimmberechtigten Mitglieder (§ 16 Abs. 1 S. 6 BetrVG, ErfK/*Koch* BetrVG § 18a Rn. 2; *Fitting* § 18a Rn. 19; GK-BetrVG/*Kreutz* § 18a Rn. 50; Richardi BetrVG/*Thüsing* § 18a Rn. 19; aA DKW/*Trümner* § 18a Rn. 17 f.). Die Sitzungsleitung obliegt, sofern nichts anderes vereinbart wird, den Vorsitzenden der beiden Wahlvorstände gemeinsam (*Fitting* § 18a Rn. 20; GK-BetrVG/*Kreutz* § 18a Rn. 51). Gegenstand der gemeinsamen 11

Beratung sind nur die strittigen Fälle (Abs. 1 S. 2: „soweit"); Ziel muss eine einvernehmliche Zuordnung sein (Abs. 1 S. 2). Eine gemeinsame Abstimmung findet nicht statt; sie wäre auch nicht zulässig (*Fitting* § 18a Rn. 21; Richardi BetrVG/*Thüsing* § 18a Rn. 20). Jeder Wahlvorstand hat vielmehr nach der gemeinsamen Erörterung für sich zu entscheiden; der Beschluss kann im Rahmen der gemeinsamen Sitzung gefasst werden (ErfK/*Koch* BetrVG § 18a Rn. 2; *Fitting* § 18a Rn. 21; GK-BetrVG/*Kreutz* § 18a Rn. 52). Gelingt eine Einigung, dann ist (sind) der (die) AN entsprechend seiner (ihrer) Zuordnung in die jeweilige Wählerliste einzutragen (Abs. 1 S. 3); soweit sie nicht gelingt, ist ein Vermittler einzuschalten (Abs. 2 S. 1).

12 Kann ein Wahlvorstand ein Zuordnungsverfahren nicht oder nicht so rechtzeitig durchführen, dass die Belegschaftsvertretung rechtzeitig gewählt werden kann – der andere Wahlvorstand wird nicht rechtzeitig bestellt oder er boykottiert oder verzögert die Durchführung des Zuordnungsverfahrens –, so kann er die Wahl ohne Zuordnungsverfahren durchführen (DKW/*Trümner* § 18a Rn. 7; *Fitting* § 18a Rn. 26 f., 30; GK-BetrVG/*Kreutz* § 18a Rn. 35; Richardi BetrVG/*Thüsing* § 18a Rn. 27 f.). Die ordnungsgemäße und das heißt auch die rechtzeitige Durchführung der Wahl hat Vorrang (*Fitting* § 18a Rn. 27, § 13 Rn. 16); das Zuordnungsverfahren ist nur ein Hilfsmittel. Leitet ein Wahlvorstand die Wahl ein, um sie rechtzeitig vor dem Ende der Amtszeit der Belegschaftsvertretung durchzuführen, so endet ein begonnenes Zuordnungsverfahren (DKW/*Trümner* § 18a Rn. 76 ff.; *Fitting* § 18a Rn. 28; Richardi BetrVG/*Thüsing* § 18a Rn. 28). Die Wahlvorstände können das Verfahren aber auf freiwilliger Grundlage weiterführen, wenn Aussicht besteht, dass das Ergebnis noch zumindest bei einer der beiden Wahlen berücksichtigt werden kann (*Fitting* § 18a Rn. 29; Richardi BetrVG/*Thüsing* § 18a Rn. 28). Da die Wahlvorstände zeitgleiche Wahlen vereinbaren können mit der Folge, dass dann ein Zuordnungsverfahren durchzuführen ist, kann es ihnen nicht verwehrt sein, gleich ein Zuordnungsverfahren zu vereinbaren, wenn damit ohne Nachteile für das Wahlverfahren insgesamt das vom Gesetz gewollte Ziel erreicht werden kann. Ist ein Wahlvorstand nicht rechtzeitig bestellt worden und hat der andere das Zuordnungsverfahren deshalb mit der Belegschaftsvertretung begonnen, dann tritt er in das Verfahren ein, wenn der andere Wahlvorstand bestellt wird, ehe er die Wahl eingeleitet hat (*Fitting* § 18a Rn. 31; Richardi BetrVG/*Thüsing* § 18a Rn. 29). Ist die Wahl allerdings bereits eingeleitet, dann bleibt es bei dem Verfahren nach Abs. 4; jeder Wahlvorstand führt das Zuordnungsverfahren mit der Belegschaftsvertretung der anderen Gruppe durch.

13 **bb) Zeitgleich eingeleitete Wahlen (außerhalb der regelmäßigen Wahlen).** Sind außerhalb der regelmäßigen Wahlen für beide Belegschaftsvertretungen Wahlen durchzuführen (zB wenn BR und SprA gleichzeitig zurückgetreten sind oder wenn ein neuer Betrieb errichtet wird) und beschließen die Wahlvorstände für beide Wahlen eine zeitgleiche Einleitung der Wahlen, dann haben sie in gleicher Weise wie bei den regelmäßigen Wahlen das Zuordnungsverfahren durchzuführen (Abs. 1 S. 1 Hs. 2).

14 **cc) Wahlen in zeitlichem Zusammenhang (außerhalb der regelmäßigen Wahlen).** Die zeitgleiche Einleitung der Wahlen, die die Pflicht zur gemeinsamen Durchführung des Zuordnungsverfahrens auslöst, steht im Ermessen der Wahlvorstände. Daher spricht nichts dagegen, ihnen die Durchführung des gemeinsamen Zuordnungsverfahrens nicht nur bei vereinbarter zeitgleicher Einleitung, sondern auch bei Einleitung der Wahlen in zeitlichem Zusammenhang zu erlauben (DKW/*Trümner* § 18a Rn. 26; *Fitting* § 18a Rn. 32 f.). Wenn sich die Wahlvorstände nicht darauf verständigen, das Zuordnungsverfahren gemeinsam durchzuführen, ist Abs. 4 anzuwenden: Die Wahlvorstände haben das Zuordnungsverfahren mit der Vertretung der jeweils anderen Belegschaftsgruppe durchzuführen (*Fitting* § 18a Rn. 35; aA GK-BetrVG/*Kreutz* § 18a Rn. 26, 28 f., 34, der in diesem Fall Abs. 4 weder für direkt noch für entsprechend anwendbar hält und deshalb die Durchführung eines Zuordnungsverfahrens gänzlich ablehnt).

b) Wahl nur einer Belegschaftsvertretung. Ist nur *ein* Vertretungsorgan zu wählen – der SprA oder der BR –, dann existiert nur ein Wahlvorstand, nämlich der für diese Wahl. Um dennoch das Zuordnungsverfahren nach § 18a durchführen zu können, überträgt der Gesetzgeber dem amtierenden Vertretungsorgan die Funktion des zweiten Wahlvorstands. Sieht man von dieser Besonderheit ab, so verläuft das Verfahren wie bei den zeitgleichen Wahlen: **15**

Der Wahlvorstand hat die amtierende Belegschaftsvertretung unverzüglich nach Aufstellung der Wählerliste, spätestens jedoch zwei Wochen vor Einleitung der Wahl, darüber zu unterrichten, welche AN er den L.A. zugeordnet hat (Abs. 4 S. 1, 3, Abs. 1 S. 1). Die amtierende Belegschaftsvertretung hat dem Wahlvorstand ihrerseits unverzüglich mitzuteilen, ob sie die Zuordnung für zutreffend hält. Wenn ja, ist das Zuordnungsverfahren abgeschlossen, die Wählerliste bleibt unverändert; wenn nein, hat die amtierende Belegschaftsvertretung Mitglieder aus ihrer Mitte zu benennen, die anstelle des Wahlvorstands – als „Wahlvorstandsersatz" – an dem Zuordnungsverfahren teilnehmen (Abs. 4 S. 2, 3). Wie viele und welche Mitglieder das Vertretungsorgan benennt, steht in seinem Ermessen. Infrage kommt auch die Benennung aller Mitglieder oder nur eines Mitglieds (GK-BetrVG/*Kreutz* § 18a Rn. 93; Richardi BetrVG/*Thüsing* § 18a Rn. 33, aA *Fitting* § 18a Rn. 39); da die Mitglieder jeweils durch Beschluss entscheiden, sollte zur Vermeidung von Pattsituationen immer eine ungerade Zahl benannt werden (ErfK/*Koch* BetrVG § 18a Rn. 3; *Fitting* § 18a Rn. 39; GK-BetrVG/*Kreutz* § 18a Rn. 93). Mit Rücksicht auf die Kostentragungspflicht des AG dürfen dem „Wahlvorstandsersatz" jedoch nicht mehr Mitglieder angehören als dem Wahlvorstand im Fall einer tatsächlichen Wahl (Richardi BetrVG/*Thüsing* § 18a Rn. 33). Der weitere Verfahrensablauf folgt dem bei den zeitgleichen Wahlen. **16**

Hat bei der Wahl zur amtierenden Belegschaftsvertretung kein Zuordnungsverfahren stattgefunden, dann können die beiden Wählerlisten voneinander abweichen. Für künftige Wahlen ist die Zuordnung im Rahmen des Zuordnungsverfahrens nach Abs. 4 maßgebend. **17**

Das Zuordnungsverfahren entfällt, wenn kein SprA oder BR besteht. Der Wahlvorstand für die anstehende Wahl entscheidet dann allein über die Zuordnung. Die Rechtsfolge des Abs. 5 S. 2 tritt nicht ein; es gilt § 8 Abs. 1 SprAuG (DKW/*Trümner* § 18a Rn. 33 ff.; *Fitting* § 18a Rn. 41; GK-BetrVG/*Kreutz* § 18a Rn. 36). Kein Zuordnungsverfahren findet auch statt, wenn die BR-Wahl im vereinfachten Verfahren nach § 14a BetrVG durchzuführen ist (*Fitting* § 18a Rn. 4; ErfK/*Koch* § 18a Rn. 1). **18**

3. Vermittlungsverfahren

Soweit eine einvernehmliche Zuordnung auch nur eines AN nicht gelingt, ist ein Vermittler einzuschalten. Er muss zunächst noch einmal versuchen, eine einvernehmliche Zuordnung durch die beiden Wahlvorstände – bei nicht zeitgleicher Einleitung der Wahlen: durch den Wahlvorstand für die anstehende Wahl **19** und den „Wahlvorstandsersatz" – herbeizuführen (Abs. 2 S. 1). Da dieser Versuch spätestens eine Woche vor Einleitung der Wahlen zu erfolgen hat, muss der Vermittler noch in der zweiten Woche vor Erlass des Wahlausschreibens bestellt werden. Am besten geschieht das unmittelbar in der gemeinsamen Sitzung, sobald sich zeigt, dass die Wahlvorstände bzw. Wahlvorstand und „Wahlvorstandsersatz" sich nicht auf die Zuordnung aller AN einigen können (*Fitting* § 18a Rn. 51a).

20 **a) Vermittlungsfähige Personen.** Zum Vermittler kann jeder im Betrieb, im Unternehmen oder im (Gleichstellungs- oder Unterordnungs-) Konzern Beschäftigte bestellt werden (Abs. 3 S. 2). Zu den Beschäftigten zählen alle AN einschließlich der L.A., der AG und die in § 5 Abs. 2 BetrVG genannten Personen (*Fitting* § 18a Rn. 43 f.; GK-BetrVG/*Kreutz* § 18a Rn. 57; *Reich* § 18a Rn. 10; Richardi BetrVG/*Thüsing* § 18a Rn. 38; aA für L.A. DKW/*Trümner* § 18a Rn. 57). Mitgliedschaft im BR oder im SprA schließt die Fähigkeit, als Vermittler tätig zu sein, nicht aus (*Fitting* § 18a Rn. 44; GK-BetrVG/*Kreutz* § 18a Rn. 59; Richardi BetrVG/*Thüsing* § 18a Rn. 40), wohl aber die Mitgliedschaft im Wahlvorstand oder „Wahlvorstandsersatz", denn dieser hat sich bereits in der einen oder anderen Richtung festgelegt (*Fitting* § 18a Rn. 44; *Düwell/Brors* § 18a Rn. 10; aA GK-BetrVG/*Kreutz* § 18a Rn. 59; Richardi BetrVG/*Thüsing* § 18a Rn. 40). Besondere Voraussetzungen wie eine bestimmte Betriebszugehörigkeit oder eine bestimmte Stellung im Betrieb werden nicht verlangt. Aber natürlich empfiehlt sich die Einigung auf einen AN, der sowohl mit den rechtlichen (DKW/*Trümner* § 18a Rn. 63; *Fitting* § 18a Rn. 44) als auch mit den tatsächlichen Voraussetzungen der Zuordnung vertraut ist (*Fitting* § 18a Rn. 44). Nicht zum Vermittler bestellt werden können Externe, also Richter, Anwälte oder Vertreter von Gewerkschaften oder Arbeitgeberverbänden, und zwar auch dann nicht, wenn sie als (ständige) Berater für Unternehmen oder BR tätig sind (DKW/*Trümner* § 18a Rn. 56; *Düwell/Brors* § 18a Rn. 9; *Fitting* § 18a Rn. 43). Ausgeschlossen sind auch die Pensionäre des Unternehmens, weil und wenn sie keine Beschäftigten des Unternehmens mehr sind (DKW/*Trümner* § 18a Rn. 56; *Fitting* § 18a Rn. 44; GK-BetrVG/*Kreutz* § 18a Rn. 57).

21 **b) Bestellung des Vermittlers.** Zu bestellen ist *ein* Vermittler (*Fitting* § 18a Rn. 42; GK-BetrVG/*Kreutz* § 18a Rn. 65). Das gilt auch bei Streitigkeiten über die Zuordnung mehrerer AN zu den L.A.

22 Anders ist es, wenn ein Unternehmenswahlvorstand für die Wahl eines USprA beteiligt ist. Hier kann sowohl jeder Wahlvorstand für die BR-Wahl – im Fall des Abs. 4: jeder BR-"Wahlvorstandsersatz" – als auch der Wahlvorstand für die Wahl zum USprA verschiedene Vermittler für die einzelnen Betriebe vorschlagen (*Fitting* § 18a Rn. 49; GK-BetrVG/*Kreutz* § 18a Rn. 66; Richardi BetrVG/*Thüsing* § 18a Rn. 42).

23 Über die Person des Vermittlers haben die beteiligten Wahlvorstände bzw. Wahlvorstand und „Wahlvorstandsersatz" sich zu einigen (Abs. 3 S. 1). Das kann dadurch geschehen, dass beide Wahlvorstände bzw. Wahlvorstand und „Wahlvorstandsersatz" dieselbe Person vorschlagen oder dass der eine sich dem Vorschlag des anderen anschließt oder indem sie sich in einer gemeinsamen Sitzung auf einen der beiden Vorschläge oder auf eine dritte Person einigen. Sowohl dem Vorschlag als auch der Zustimmung zu einem Vorschlag der anderen Seite hat ein Beschluss vorauszugehen (*Fitting* § 18a Rn. 48; GK-BetrVG/*Kreutz* § 18a Rn. 64; Richardi BetrVG/*Thüsing* § 18a Rn. 43). Die Abstimmung muss nicht geheim erfolgen (*Fitting* § 18a Rn. 48; Richardi BetrVG/*Thüsing.* § 18a Rn. 43). Dem

Wahlvorstand ist es auch unbenommen, seinen Vorsitzenden mit der Bestellung des Vermittlers zu betrauen (GK-BetrVG/*Kreutz* § 18a Rn. 64; Richardi BetrVG/*Thüsing* § 18a Rn. 43).

24 Können sich die Wahlvorstände bzw. der Wahlvorstand mit dem „Wahlvorstandsersatz" nicht auf einen Vermittler einigen, so schlagen sie je eine – und nur eine – Person als Vermittler vor. Durch Los wird dann entschieden, wer als Vermittler tätig wird (Abs. 3 S. 3). Die Ausgestaltung des Losverfahrens (zB Münzwurf) obliegt den Beteiligten (*Fitting* § 18a Rn. 50; GK-BetrVG/*Kreutz* § 18a Rn. 69). Aus Beweisgründen sollten jeweils mehrere Mitglieder beider Seiten bei der Auslosung anwesend sein (*Fitting* § 18a Rn. 50; GK-BetrVG/*Kreutz* § 18a Rn. 69).

25 Zu keinem Losentscheid kommt es, wenn keine der beiden Parteien oder nur eine der beiden eine Person als Vermittler vorschlägt oder vorschlagen kann (DKW/*Trümner* § 18a Rn. 65 f.; *Fitting* § 18a Rn. 51; GK-BetrVG/*Kreutz* § 18a Rn. 71). Damit ist das Vermittlungsverfahren gescheitert (DKW/*Trümner* § 18a Rn. 65 f.; *Fitting* § 18a Rn. 51; GK-BetrVG/*Kreutz* § 18a Rn. 70 f.; Richardi BetrVG/*Thüsing* § 18a Rn. 46), es sei denn, der Wahlvorstand(s"ersatz"), der keinen Vorschlag machen will oder kann, akzeptiert den Vorschlag der Gegenseite (*Fitting* § 18a Rn. 51). Eine Ersatzbestellung des Vermittlers durch das ArbG kommt nicht in Betracht (ErfK/*Koch* BetrVG § 18a Rn. 3; DKW/*Trümner* § 18a Rn. 67; *Fitting* § 18a Rn. 51; GK-BetrV/*Kreutz* § 18a Rn. 63; Richardi BetrVG/*Thüsing* § 18a Rn. 46). Jeder Wahlvorstand – bzw. im Fall des Abs. 4 der Wahlvorstand – hat vielmehr über die offenen Fälle selbst zu entscheiden und die Wählerliste nach seinem pflichtgemäßen Ermessen zu erstellen. Der Vorteil, dass die Wahlen nur bei offensichtlich fehlerhafter Zuordnung angefochten werden können, geht allerdings verloren (DKW/*Trümner* § 18a Rn. 66; *Fitting* § 18a Rn. 51, 69 ff.). Um der Gefahr einer kostspieligen Wiederholung der Wahl zu entgehen, bleibt nur die Möglichkeit, im einstweiligen Rechtsschutzverfahren noch während der Wahl eine Zuordnung der umstrittenen AN zu versuchen.

26 Der Vermittler ist bestellt, sobald er das Amt angenommen hat. Das kann ausdrücklich durch Erklärung gegenüber den beiden Wahlvorständen bzw. dem Wahlvorstand und dem „Wahlvorstandsersatz" geschehen, aber auch konkludent, indem er seine Tätigkeit aufnimmt. Niemand ist zur Übernahme der Vermittlung verpflichtet (GK-BetrVG/*Kreutz* § 18a Rn. 72; *Fitting* § 18a Rn. 59).

4. Rechtsstellung des Vermittlers

27 Das Amt des Vermittlers ist ein Ehrenamt (ErfK/*Koch* BetrVG § 18a Rn. 3; GK-BetrVG/*Kreutz* § 18a Rn. 72; Richardi BetrVG/*Thüsing* § 18a Rn. 47). Der Vermittler erhält für seine Tätigkeit keine Vergütung (ErfK/*Koch* BetrVG § 18a Rn. 3; *Fitting* § 18a Rn. 60; Richardi BetrVG/*Thüsing* § 18a Rn. 47); der AG darf ihm wegen des Begünstigungsverbots nach § 8 Abs. 2 S. 3 SprAuG bzw. § 20 Abs. 2 BetrVG auch keine Vergütung zahlen (*Fitting* § 18a Rn. 59; GK-BetrVG/*Kreutz* § 18a Rn. 74). Eine entsprechende Vereinbarung wäre nichtig (§ 134 BGB; *Fitting* § 18a Rn. 59; GK-BetrVG/*Kreutz* § 18a Rn. 74); der AG würde sich strafbar machen (§ 34 Abs. 1 Nr. 1 SprAuG bzw. § 119 Abs. 1 Nr. 1 BetrVG).

28 Der Vermittler übt seine Tätigkeit grds. während der Arbeitszeit aus. Er ist insoweit unter Fortzahlung des Entgelts von der Arbeit freizustellen (§ 8 Abs. 3 S. 2 SprAuG bzw. § 20 Abs. 3 S. 2 BetrVG, ErfK/*Koch* BetrVG § 18a Rn. 3; *Fitting* § 18a Rn. 60; GK-BetrVG/*Kreutz* § 18a Rn. 74; Richardi BetrVG/*Thüsing* § 18a

Rn. 48). Kann er die Tätigkeit aus betrieblichen Gründen nicht während der Arbeitszeit ausüben, so hat er Anspruch auf Freizeitausgleich (§ 37 Abs. 3 BetrVG analog; *Fitting* § 18a Rn. 60; GK-BetrVG/*Kreutz* § 18a Rn. 74). Das gilt nicht, wenn der Vermittler L.A. ist (GK-BetrVG/*Kreutz* § 18a Rn. 74; aA *Fitting* § 18a Rn. 60).

29 Der Vermittler ist bei seiner Tätigkeit frei von Weisungen, und zwar sowohl von Weisungen des AG als auch von Weisungen der Wahlvorstände (ErfK/*Koch* BetrVG § 18a Rn. 3; *Fitting* § 18a Rn. 59; GK-BetrVG/*Kreutz* § 18a Rn. 78; Richardi BetrVG/*Thüsing* § 18a Rn. 52). Er darf bei seiner Tätigkeit von niemandem behindert werden, etwa durch Vorenthaltung der für seine Tätigkeit erforderlichen Auskünfte oder Unterlagen (GK-BetrVG/*Kreutz* § 18a Rn. 75), und er darf wegen seiner Tätigkeit weder begünstigt noch benachteiligt werden (§ 8 Abs. 2 S. 1, 3 SprAuG bzw. § 20 Abs. 1 S. 1, Abs. 2 BetrVG). Die Zuwiderhandlung ist strafbar (§ 34 Abs. 1 Nr. 1 SprAuG bzw. § 119 Abs. 1 Nr. 1 BetrVG; *Fitting* § 18a Rn. 59; GK-BetrVG/*Kreutz* § 18a Rn. 75).

30 Der Vermittler ist zur Geheimhaltung aller Betriebs- und Geschäftsgeheimnisse verpflichtet, die ihm im Rahmen des Vermittlungsverfahrens bekannt werden. Die Verpflichtung folgt sowohl aus § 29 SprAuG, § 79 Abs. 2 BetrVG analog (nur so: GK-BetrVG/*Kreutz* § 18a Rn. 76), als auch aus dem Arbeitsvertrag (nur so: ErfK/*Koch* § 18a Rn. 3; *Fitting* § 18a Rn. 59). Sie besteht auch nach Beendigung des Vermittlungsverfahrens und nach einem eventuellen Ausscheiden aus dem Unternehmen fort. Ein Verstoß gegen die Geheimhaltungspflicht ist wegen des strafrechtlichen Analogieverbots nicht strafbewehrt (*Fitting* § 18a Rn. 59; GK-BetrVG/*Kreutz* § 18a Rn. 76); er kann aber, da zugleich ein Verstoß gegen den Arbeitsvertrag vorliegt, eine Abmahnung und in schweren Fällen eine Kündigung nach sich ziehen.

5. Tätigkeit des Vermittlers

31 Der Vermittler hat zunächst erneut, dh trotz fehlgeschlagenen Einigungsversuchs in der gemeinsamen Sitzung, eine Verständigung der Wahlvorstände über die Zuordnung der strittigen Fälle zu versuchen. Dieser Versuch ist spätestens eine Woche vor Einleitung der Wahlen vorzunehmen (Abs. 2 S. 1). Der Einigungsversuch hat sich auf die strittigen Fälle zu beschränken; einvernehmlich entschiedene Fälle darf der Vermittler von sich aus nicht mehr aufgreifen, auch wenn er die Entscheidung für falsch hält (*Fitting* § 18a Rn. 52; GK-BetrVG/*Kreutz* § 18a Rn. 79).

32 Der AG hat den Vermittler auf dessen Verlangen zu unterstützen, vor allem muss er ihm die erforderlichen Auskünfte erteilen und die notwendigen Unterlagen zur Verfügung stellen (Abs. 2 S. 2). Zu den erforderlichen Auskünften zählen alle Informationen, die Anhaltspunkte dafür geben, ob die Merkmale des § 5 Abs. 3 und 4 BetrVG erfüllt sind (*Fitting* § 18a Rn. 53; GK-BetrVG/*Kreutz* § 18a Rn. 82). Dazu gehören auf der einen Seite Informationen über Ziele und Struktur des Unternehmens einschließlich eventueller Betriebs- und Geschäftsgeheimnisse, auf der anderen Informationen über Art und Umfang der Tätigkeit des AN. Stützt sich der Vermittler auf § 5 Abs. 3, 4 BetrVG, so sind ihm auch das Gehalt des AN und das Gehalt zu nennen, ab dem L.A., wenn keine Sonderumstände vorliegen (noch in der Einarbeitung, Gehalt „eingefroren"), im Unternehmen beschäftigt werden (ErfK/*Koch* § 18a Rn. 3; *Fitting* § 18a Rn. 53; GK-BetrVG/*Kreutz* § 18a Rn. 82; kritisch: HWGNRH/*Nicolai* § 18a Rn. 9). Zu den Unterlagen zählen vor allem Organigramme, Stellen- und Stellenbesetzungspläne, Tätigkeitsbeschreibungen und Anforderungsprofile (GK-BetrVG/*Kreutz* § 18a Rn. 81); ein Anspruch auf Einsicht in die Personalakte besteht nicht (*Düwell/Brors* § 18a Rn. 11; *Fitting* § 18a Rn. 53; GK-BetrVG/*Kreutz* § 18a Rn. 81; Richardi BetrVG/*Thüsing* § 18a Rn. 51). Unabhängig davon kann der Vermittler sich Erkenntnisse auch bei dem betreffenden AN oder bei den Betriebsverfassungsorganen verschaffen (*Fitting* § 18a Rn. 54; GK-BetrVG/*Kreutz* § 18a Rn. 83). Ein Sachverständigengutachten einholen kann er nicht (GK-BetrVG/*Kreutz* § 18a Rn. 83; aA bei Einverständnis des AG *Düwell/Brors* § 18a Rn. 11; *Fitting* § 18a Rn. 54). Der Gesetzgeber hat das Verfahren bewusst als internes Verfahren ausgestaltet, und die Beteiligten haben den Vermittler gerade wegen seiner Sachkunde ausgewählt.

Es liegt im Ermessen des Vermittlers, wie er die Verständigung versucht. Wenn 33
die Wahlvorstände bzw. der Wahlvorstand und der „Wahlvorstandsersatz“ einverstanden sind, hat er mit ihnen getrennt oder gemeinsam die Sach- und Rechtslage zu erörtern. Die Erörterung beschränkt sich auf die strittigen Fälle. Die Wahlvorstände entscheiden, ob sie sich seiner Meinung anschließen oder nicht; ändern sie ihre ursprüngliche Ansicht, so fassen sie wiederum Beschluss und korrigieren die Wählerlisten entsprechend (*Fitting* § 18a Rn. 55; GK-BetrVG/*Kreutz* § 18a Rn. 85).

Bleibt der Verständigungsversuch erfolglos, so entscheidet der Vermittler nach 34
Beratung mit dem AG (Abs. 2 S. 3). Die Entscheidung muss nicht schriftlich niedergelegt und sie muss nicht begründet werden, beides ist allerdings empfehlenswert (*Fitting* § 18a Rn. 57; GK-BetrVG/*Kreutz* § 18a Rn. 87), wobei eine mündliche Begründung in aller Regel genügt. Die Entscheidung wird nicht dadurch unwirksam, dass der Vermittler die erforderliche Beratung mit dem AG unterlässt (*Fitting* § 18a Rn. 56; GK-BetrVG/*Kreutz* § 18a Rn. 86; Richardi BetrVG/*Thüsing* § 18a Rn. 53) oder dass er sie erst nach Einleitung der Wahl(en) trifft (*Fitting* § 18a Rn. 58; GK-BetrVG/*Kreutz* § 18a Rn. 88).

Die Wahlvorstände haben die AN entsprechend der Zuordnung durch den 35
Vermittler in die Wählerlisten einzutragen (Abs. 2 S. 4 iVm Abs. 1 S. 3). Sie sind aber nicht daran gehindert, einvernehmlich die durch den Vermittler getroffene Zuordnung zu ändern (GK-BetrVG/*Kreutz* § 18a Rn. 89; einschränkend zur Möglichkeit einer einvernehmlichen nachträglichen Änderung *Fitting* § 18a Rn. 57).

III. Rechtsfolgen der Zuordnung

Die Zuordnung im Verfahren nach § 18a hat nur *eine* Wirkung: Die Anfechtung 36
der BR- und/oder SprA-Wahl mit der Begründung, die Zuordnung sei fehlerhaft, ist ausgeschlossen, sofern die Zuordnung nicht offensichtlich fehlerhaft ist (Abs. 5). Der Gesetzgeber wollte lediglich verhindern, dass wegen einer unrichtigen Zuordnung uU gleich zwei (aufwendige) Wahlen wiederholt werden müssen. Das bedeutet im Einzelnen:

Die Zuordnung wirkt nur für die jeweilige(n) Wahl(en) des SprA und/oder 37
des BR. Sie bindet weder die Wahlvorstände für die Aufsichtsratswahlen nach dem MitbestG und nach dem DrittelbG, noch bestimmt sie unmittelbar den Status von AN außerhalb der Wahlen (DKW/*Trümner* § 18a Rn. 69; *Fitting* § 18a Rn. 63; GK-BetrVG/*Kreutz* § 18a Rn. 4 f.; Richardi BetrVG/*Thüsing* § 18a Rn. 54). Lediglich mittelbar über § 5 Abs. 4 Nr. 1 hat sie Auswirkung auf die Feststellung des Status und damit uU auf nachfolgende Wahlen.

38 Durch die Zuordnung wird – schon wegen ihrer begrenzten Wirkung (ArbG Frankfurt a. M. 20.12.1988, NZA 1989, 941) – der Rechtsweg nicht ausgeschlossen (Abs. 5 S. 1). Ob jemand L.A. ist, kann jederzeit, auch im Zusammenhang mit Wahlen und während des Zuordnungsverfahrens oder nach dessen Abschluss, im Statusverfahren geprüft werden (DKW/*Trümner* § 18a Rn. 74 f.; *Fitting* § 18a Rn. 64 f.; GK-BetrVG/*Kreutz* § 18a Rn. 105 f.). Antragsberechtigt sind BR, SprA, AG, beide Wahlvorstände und der betroffene AN, nicht dagegen ein Vermittler oder eine Gewerkschaft (DKW/*Trümner* § 18a Rn. 74; GK-BetrVG/*Kreutz* § 18a Rn. 106; aA *Fitting* § 18a Rn. 66: Antragsberechtigung auch der im Rahmen des Zuordnungsverfahrens nicht beteiligten im Betrieb vertretenen Gewerkschaften). Ergeht eine rechtskräftige Entscheidung noch während laufender Wahl, so ist die Wählerliste entsprechend zu berichtigen (DKW/*Trümner* § 18a Rn. 75; ErfK/*Koch* BetrVG § 18a Rn. 4; *Fitting* § 18a Rn. 67; GK-BetrVG/*Kreutz* § 18a Rn. 107). Unabhängig davon kann der Status eines L.A. jederzeit als Vorfrage in einem Urteilsverfahren, zB in einem Kündigungsschutzprozess, geprüft und festgestellt werden (*Fitting* § 18a Rn. 63).

39 Die SprA- und/oder die BR-Wahl ist wegen fehlerhafter Zuordnung nur dann anfechtbar, wenn die Zuordnung offensichtlich fehlerhaft war. Entsprechendes gilt für einen Einspruch gegen die Wählerliste (§ 4 Abs. 2 S. 2, 3 WO SprAuG, § 4 Abs. 2 S. 2, 3 WOBetrVG). Offensichtlich ist die Fehlerhaftigkeit, wenn sie sich jemandem, der mit den Gegebenheiten des Betriebs und des Unternehmens vertraut ist, geradezu aufdrängt (DKW/*Trümner* § 18a Rn. 70; ErfK/*Koch* BetrVG § 18a Rn. 4; *Fitting* § 18a Rn. 70; Richardi BetrVG/*Thüsing* § 18a Rn. 59), insbesondere wenn die Kriterien des § 5 Abs. 3 und Abs. 4 eindeutig verkannt wurden (LAG Baden-Württemberg 29.4.2011, BB 2011, 1268; DKW/*Trümner* § 18a Rn. 71; *Fitting* § 18a Rn. 70; Richardi BetrVG/*Thüsing* § 18a Rn. 59): zB Handlungsvollmacht der Prokura gleichgestellt; bloße Einstellungsbefugnis als ausreichend angesehen; einmalige kurzzeitige Krankheitsvertretung als Tätigkeit eines L.A. gewertet. Oder wenn zweifelsfrei von unrichtigen Tatsachen ausgegangen wurde (Richardi BetrVG/*Thüsing* § 18a Rn. 59), wenn die Wählerliste nicht berichtigt wurde, obwohl die Zuordnung noch vor dem Wahltag in einem Statusverfahren rechtskräftig festgestellt wurde (*Fitting* § 18a Rn. 70; GK-BetrVG/*Kreutz* § 18a Rn. 103; Richardi BetrVG/*Thüsing* § 18a Rn. 59) oder wenn das Zuordnungsverfahren an schweren Mängeln litt (zB kein Verständigungsversuch in gemeinsamer Sitzung, Vermittler ein Externer; LAG Baden-Württemberg 29.4.2011, BB 2011, 1268; *Fitting* § 18a Rn. 71; aA GK-BetrVG/*Kreutz*. § 18a Rn. 101).

40 Ausgeschlossen ist unter den Voraussetzungen des Abs. 5 nur die Anfechtung der Wahl des BR oder des SprA als Gremium, nicht aber die Anfechtung der Wahl eines einzelnen Mitglieds eines dieser Gremien wegen Nichtwählbarkeit (ErfK/*Koch* BetrVG § 18a Rn. 4; *Fitting* § 18a Rn. 72; GK-BetrVG/*Kreutz* § 18a Rn. 104). Wird nach Abschluss der Wahl festgestellt, dass ein AN, der in den SprA oder in den BR gewählt wurde, kein L.A. bzw. L.A. ist, so verliert er mit Rechtskraft der Entscheidung sein Amt (§ 9 Abs. 2 Nr. 6 SprAuG, § 24 Nr. 6 BetrVG analog; *Fitting* § 18a Rn. 73 ff.; GK-BetrVG/*Kreutz* § 18a Rn. 104).

IV. Rechtsstreitigkeiten über das Zuordnungsverfahren

41 Streitigkeiten über die Durchführung des Zuordnungsverfahrens, wie die Pflicht zur gegenseitigen Unterrichtung, zur Abhaltung einer gemeinsamen Sit-

zung, zur Bestellung eines Vermittlers oder zur Unterrichtung durch den AG, entscheidet das ArbG im Beschlussverfahren (§ 2a Abs. 1 Nr. 1 oder Nr. 2, Abs. 2; §§ 80 ff. ArbGG; *Düwell/Brors* § 18a Rn. 13 f.; *Fitting* § 18a Rn. 76; Richardi BetrVG/*Thüsing* § 18a Rn. 61). Antragsberechtigt sind die jeweils beteiligten Organe (*Fitting* § 18a Rn. 76; GK-BetrVG/*Kreutz* § 18a Rn. 111). Wegen der Eilbedürftigkeit kommt regelmäßig ein Antrag auf Erlass einer einstweiligen Verfügung (§ 85 Abs. 2 ArbGG) in Betracht (*Fitting* § 18a Rn. 76, § 18 Rn. 36 f.; GK-BetrVG/*Kreutz* § 18a Rn. 111).

Kündigungsschutzgesetz

in der Fassung der Bekanntmachung vom 25. August 1969 (BGBl. I S. 1317),

zuletzt geändert durch Art. 2 BetriebsrätemodernisierungsG vom 14.6.2021 (BGBl. I S. 1762)

§ 14 Angestellte in leitender Stellung

(1) **Die Vorschriften dieses Absatzes gelten nicht**

1. **in Betrieben einer juristischen Person für die Mitglieder des Organs, das zur gesetzlichen Vertretung der juristischen Person berufen ist,**
2. **in Betrieben einer Personengesamtheit für die durch Gesetz, Satzung oder Gesellschaftsvertrag zur Vertretung der Personengesamtheit berufenen Personen.**

(2) [1]**Auf Geschäftsführer, Betriebsleiter und ähnliche leitende Angestellte, soweit diese zur selbständigen Einstellung oder Entlassung von Arbeitnehmern berechtigt sind, finden die Vorschriften dieses Abschnitts mit Ausnahme des § 3 Anwendung.** [2]**§ 9 Abs. 1 Satz 2 findet mit der Maßgabe Anwendung, dass der Antrag des Arbeitgebers auf Auflösung des Arbeitsverhältnisses keiner Begründung bedarf.**

Übersicht

I. Vorbemerkung

1 Vielfach wird angenommen, die L.A. hätten keinen Kündigungsschutz. Das ist doppelt irrig. Erstens haben die allermeisten L.A. denselben Schutz bei Kündigungen wie die übrigen AN. Zum zweiten haben auch die (wenigen) in § 14 Abs. 2 KSchG genannten (höheren) L.A. einen Schutz bei ungerechtfertigten Kündigungen. Allerdings haben sie keinen Bestandsschutz, sondern nur einen Abfindungsschutz, dh sie verlieren ihren Arbeitsplatz bei einer Kündigung auch dann, wenn kein Kündigungsgrund vorliegt. Fehlt es aber an einem Kündigungsgrund, dann haben sie nach § 9 Abs. 1 S. 2 KSchG Anspruch auf Abfindung.

II. Überblick

§ 14 Abs. 1 bestimmt, dass Organmitglieder, dh Vorstände und Geschäftsführer, keinen Kündigungsschutz haben. Das ist nach heutigem Verständnis eine Selbstverständlichkeit, denn diese Personen sind Dienst- und nicht Arbeitnehmer (BAG 17.1.2002, NZA 2002, 854: „nur klarstellende Bedeutung"). Abs. 2 enthält eine Definition der L.A., die von der des § 5 Abs. 3 BetrVG abweicht. § 14 ist nicht ganz leicht zu verstehen, wenn man nicht seine lange Vorgeschichte kennt (dazu *Hromadka* FS 50 Jahre Bundesarbeitsgericht, 2004, 395 ff.). 2

§ 14 KSchG geht auf § 12 Abs. 2 BRG 1920 zurück und dieser wiederum auf einen Schiedsspruch im Metallarbeiterstreik von 1919, der den Gesprächspartnern der Betriebsräte die Arbeitnehmereigenschaft absprach. Als Gesprächspartner der Betriebsräte definierte § 12 Abs. 2 BRG die Organmitglieder und die L.A. Da das BRG den Kündigungsschutz kollektivrechtlich – durch Einspruch beim BR – regelte (§ 84 BRG) und die Gesprächspartner des BR nicht von diesem vertreten wurden, hatten sie keinen Kündigungsschutz. Im Dritten Reich wurde der Kündigungsschutz auf alle AN ausgedehnt (§ 56 Abs. 1 AOG). Der Bundesgesetzgeber nahm die L.A. 1951 im KSchG – ebenso wie die Ländergesetze in der Zeit der alliierten Besatzung – wieder vom Kündigungsschutz aus. Zur Umschreibung bediente er sich der Definition des § 12 Abs. 2 BRG, obwohl er den Kündigungsschutz jetzt nicht mehr kollektiv-, sondern individualrechtlich ausgestaltete. Der Bezug zum Betriebsverfassungsrecht ging vollends verloren, als der Gesetzgeber im BetrVG 1952 für die L.A. eine eigene, von § 14 Abs. 2 KSchG abweichende Umschreibung verwendete. Erschwerend für die Auslegung kommt hinzu, dass die vom Gesetzgeber 1920 verwendeten Begriffe – Geschäftsführer, Betriebsleiter – einen Bedeutungswandel durchgemacht haben, der ihren ursprünglichen Sinn verdunkelt. 3

III. Gesetzliche Vertreter juristischer Personen und Vertreter von Personengesamtheiten (Abs. 1)

1. Anwendungsbereich

Gesetzliche Vertreter iSd Abs. 1 sind die Vorstandsmitglieder von Aktiengesellschaften (§ 78 Abs. 1 AktG), Genossenschaften (§ 24 Abs. 1 GenG), rechtsfähigen Vereinen (§ 26 Abs. 2 BGB) und Stiftungen (§ 86 iVm § 26 Abs. 2 BGB), die Geschäftsführer von GmbHs, die nicht beamteten organschaftlichen Vertreter von Personen des öffentlichen Rechts sowie in SEs und SCEs bei dualistischer Struktur die Vorstandsmitglieder (SE: Art. 39 VO-SE iVm §§ 76 ff. AktG; SCE: Art. 37 VO-SCE iVm §§ 24 f. GenG), bei monistischer die geschäftsführenden Direktoren (SE: Art. 43 VO-SE iVm §§ 20, 40 f. SEAG; SCE: Art. 42 VO-SCE iVm §§ 22 f. SCEAG). Eine Beschränkung der Vertretungsmacht im Innenverhältnis durch gesellschafts- oder arbeitsrechtliche Weisungen iSd § 37 Abs. 1 GmbHG schadet nicht (BAG 17.1.2002, NZA 2002, 854); dasselbe gilt für eine gegenständliche Beschränkung der Vertretungsbefugnis (BAG 21.9.2017, NZA 2018, 358). Nicht unter Abs. 1 fallen die Mitglieder des Aufsichtsrats (nicht zur Vertretung berufen), Direktoren und Prokuristen (keine gesetzlichen Vertreter). 4

Abs. 1 ist auch anwendbar, wenn das der Organstellung zugrunde liegende Anstellungsverhältnis ganz ausnahmsweise ein Arbeitsvertrag ist (BAG 21.9.2017, 5

NZA 2018, 358; 27.4.2021, NZA 2021, 857: „allenfalls in extremen Ausnahmefällen“: s. aber auch BAG 17.6.2020, DB 2020, 292) oder wenn der EuGH einen Organvertreter – etwa den Geschäftsführer einer GmbH – aufgrund seiner weiten Auslegung des Begriffs Weisungsrecht als AN iSd Unionsrechts qualifiziert (Linck/Krause/*Bayreuther* § 14 Rn. 8 m. ausf. Begr). Ein Arbeitsverhältnis würde voraussetzen, dass die Gesellschaft, eine – über ihr gesellschaftsrechtliches Weisungsrecht hinausgehende – Weisungsbefugnis auch bezüglich der Umstände hat, unter denen der Geschäftsführer seine Leistung zu erbringen hat, und die konkreten Modalitäten der Leistungserbringung durch arbeitsbegleitende und verfahrensorientierte Weisungen bestimmen kann (BAG 27.4.2021, NJW 2021, 2059).

6 Die Organstellung muss im Zeitpunkt des Zugangs der Kündigung bestehen. Das BAG hält es aber nicht für ausgeschlossen, „dass sich die Fiktion (sc. des Abs. 1) uneingeschränkt auf dasjenige Anstellungsverhältnis bezieht, das schuldrechtliche Grundlage für die Organstellung ist oder ggf. auch war, solange es allein um die Kündigung dieses Vertragsverhältnisses geht. Darauf wäre es dann ggf. ohne Einfluss, wenn ein Organmitglied sein Amt selbst durch Niederlegung aufgegeben hat oder wenn ihm die Kündigung …erst nach dem Widerruf seiner Bestellung durch die Gesellschaft zugeht.“ (BAG 21.9.2017, NZA 2018, 358) Die Frage stellt sich nur in dem höchst seltenen Fall, dass der Organstellung ein Arbeitsverhältnis zugrunde lag. Aus dem Dienstvertrag wird allein durch den Abberufungsakt kein Arbeitsverhältnis (BAG 21.1.2019, NZA 2019. 490).

2. Rechtsfolge

7 Rechtsfolge der Zugehörigkeit zu dem Personenkreis des Abs. 1 ist der Ausschluss des gesetzlichen Kündigungsschutzes. Soweit der Bestellung eines Vorstandsmitglieds oder eines Geschäftsführers – wie in aller Regel – ein Dienstvertrag zugrunde liegt, versteht sich das von selbst. Die Kündigung eines Dienstvertrags ist lediglich an den allgemeinen Bestimmungen (§§ 138, 242 BGB, AGG; BGH 26.3.2019, NZA 2019, 706) zu messen (Linck/Krause/*Bayreuther* § 14 Rn. 3). Der Kündigungsschutz entfällt aber auch, wenn Grundlage für die Organstellung ausnahmsweise ein Arbeitsverhältnis ist (BAG 21.9.2017, NZA 2018, 358; BAG 21.1.2019, NZA 2019, 490). Die Vorschrift des § 14 Abs. 1 wird nur vor dem Hintergrund ihres Vorläufers, des § 12 Abs. 2 BRG, verständlich. Zur Zeit der Entstehung von § 12 Abs. 2 BRG (1920) galten Organvertreter generell als AN.

8 § 14 Abs. 1 dient dem Schutz der vertretenen Gesellschaft. Sie kann deshalb darauf verzichten. Für den Fall einer Kündigung – gleich aus welchem Grund – kann sowohl ein Abfindungs- als auch ein Bestandsschutz vereinbart werden. Letzteres ist bspw. anzunehmen, wenn mit der Gesellschaft oder mit der Muttergesellschaft für die Dauer der Organstellung ausdrücklich oder konkludent ein Ruhensvertrag vereinbart wurde. Der Ruhensvertrag lebt nach der Abberufung wieder auf (zu Vorstehendem ErfK/*Kiel* KSchG § 14 Rn. 7 f.).

3. „Beförderung“ vom Arbeitnehmer zum Organ

9 Wird ein AN zu einem Organmitglied „befördert“, so sollte und wird er in den allermeisten Fällen anstelle seines Arbeitsvertrags einen Dienstvertrag erhalten. Dabei gibt es zwei Stolpersteine. Zuständig für den Abschluss des Dienstvertrags mit dem Organmitglied sind die Gesellschafter, für die Aufhebung des Arbeitsvertrags ein gesetzlicher oder gewillkürter Vertreter des Unternehmens, also der Aufsichtsrat bzw. die Geschäftsführung oder ein Generalbevollmächtigter, ein Pro-

kurist oder ein Handlungsbevollmächtigter. Zum zweiten bedarf die Aufhebung des Arbeitsvertrags der Schriftform (§ 623 BGB). Probleme entstehen, wenn zwar das richtige Organ (der Aufsichtsrat bzw. die Gesellschafter) den Dienstvertrag abschließt, dieses Organ aber zugleich schriftlich oder mündlich den Arbeitsvertrag aufhebt oder wenn über den Arbeitsvertrag gar nichts vereinbart wird. Der Arbeitsvertrag bleibt dann wegen § 623 BGB neben dem Dienstvertrag bestehen, kann aber nicht mehr erfüllt werden; er ruht.

BAG und hL setzen sich über die zwei Hürden hinweg: Es werde vermutet, **10**
dass das Arbeitsverhältnis durch den Abschluss des Dienstvertrags aufgehoben werde. Die Gesellschafter besitzen gewissermaßen eine Annexkompetenz für alle mit der Organbestellung zusammenhängenden Fragen (Linck/Krause/*Bayreuther* § 14 Rn. 13). Das Schriftformerfordernis des § 623 BGB werde durch die Schriftform des Dienstvertrags erfüllt. Der Arbeitsvertrag könne zwar als Ruhensvertrag weitergeführt werden; das bedürfe aber einer ausdrücklichen Vereinbarung (ausf. zu Vorstehendem Linck/Krause/*Bayreuther* § 14 Rn. 11 ff.; *Schmitt-Rolfes* NZA-Beil. 2014, 37).

IV. Leitende Angestellte (Abs. 2)

1. Personenkreis

Rechtsprechung und Literatur tun sich mit der Auslegung des Abs. 2 S. 1 **11**
schwer. Sicher ist nur, dass mit dem Geschäftsführer nicht der Geschäftsführer einer GmbH gemeint ist und dass mit dem Betriebsleiter ursprünglich nicht der Leiter eines Betriebs iSd BetrVG gemeint war. Sicher ist auch, dass der Kreis der L.A. iSd § 14 KSchG nicht mit dem des § 5 Abs. 3 BetrVG identisch, sondern dass er wesentlich kleiner ist. Ausdruck der leitenden Funktion des Angestellten im Betrieb und Unternehmen sei die Einstellungs- oder Entlassungsbefugnis in einem wesentlichen Bereich des Unternehmens (BAG 19.4.2012, NZA 2013, 27).

Zum Verständnis des § 14 Abs. 2 muss man bis hinter das BRG zurückgehen. **12**
Nach dem Schiedsspruch im Berliner Metallarbeiterstreik von 1919 waren keine Arbeitnehmer nur die „selbständigen Geschäftsführer und Betriebsleiter, die Vorgesetzte aller übrigen im Betriebe oder in der Betriebsabteilung, für die ein Abteilungsbetriebsrat besteht, beschäftigten Arbeitnehmer sind." Das BRG 1920 übernahm die Geschäftsführer und Betriebsleiter – dh die Leiter von Verwaltungs- und Fertigungsabteilungen –, nicht aber die Abteilungsbetriebsräte; die Betriebsabteilungen blieben trotzdem stehen, und sie haben es sogar in das KSchG 69 geschafft. Die Vorgesetztenstellung wurde durch Einstellungs- und Entlassungsbefugnis ersetzt, da mit ihr „nicht irgendwelcher Einfluss auf die Arbeits- und Rechtsverhältnisse verbunden sei." Das war sachgerecht, denn Einstellungen und Entlassungen wurden seinerzeit noch von den Abteilungen selbst wahrgenommen. Noch 1974 hatte rund ein Viertel der L.A. Einstellungs- und Entlassungsbefugnis für eine größere Zahl von AN (*Witte/Bronner,* Die leitenden Angestellten, Eine empirische Untersuchung, Teil I, 1974, S. 65, Teil II, 1975, S. 33). Durch die gewählte Umschreibung sah man die „oberste Schicht" gekennzeichnet, „die … in erster Linie Obliegenheiten des Arbeitgebers erfüllt und allen übrigen Arbeitnehmern gegenüber den Arbeitgeber darstellt oder vertritt." 1951 wurden den Geschäftsführern „ähnliche leitende Personen" hinzugefügt, „soweit diese zur

selbständigen Einstellung oder Entlassung von Arbeitnehmern berechtigt sind". Damit waren anscheinend vor allem die Personalleiter gemeint (vgl. Stellungnahme des Bundesrates zu § 16 Abs. 4 SGG, Anl. 2 zu BT-Drs. 6/2006, 2), die als Leiter von Verwaltungsabteilungen aber bereits zu den Geschäftsführern zählten. Zugleich wurde das „soweit sie" durch „soweit diese" ersetzt. Seitdem wurde und wird heftig darüber gestritten, ob Einstellungs- oder Entlassungsbefugnis nur die ähnlichen L.A. haben müssen oder auch die Geschäftsführer und Betriebsleiter (ausf. und kritisch dazu Linck/Krause/*Bayreuther* § 14 Rn. 21 ff.).

13 Das BAG interpretiert Betriebsleiter als Leiter eines Betriebs iSd BetrVG. Wer innerhalb eines Unternehmens einen selbständigen Betrieb eigenverantwortlich führt, dabei bedeutungsvolle unternehmerische Teilaufgaben wahrnimmt, Vorgesetzter der im Betrieb Beschäftigten ist, Weisungsrechte ausübt und bei seiner Tätigkeit einen erheblichen Entscheidungsspielraum hat, ist L.A. iSd § 14 Abs. 2. „Wenn der Gesetzgeber in § 14 Abs. 2 KSchG den Betriebsleiter als Regelbeispiel eines leitenden Angestellten nennt, so folgt daraus, dass ein Betriebsleiter … regelmäßig als leitender Angestellter iSv § 14 Abs. 2 KSchG anzusehen ist" (BAG 25.11.1993, NZA 1994, 837). Ob unter Betriebsleiter auch Leiter wichtiger Abteilungen zu zählen sind, ist streitig, aber ohne Bedeutung, weil das BAG sie bei entsprechender unternehmerischer Kompetenz als ähnliche leitende Angestellte ansieht (BAG 27.9.2001, NZA 2002, 1277).

14 Dem Tatbestandsmerkmal „Geschäftsführer" kommt bei der Auslegung des Begriffs „Betrieb" durch das BAG keine eigene Bedeutung zu. Ein Geschäftsführer, etwa der Leiter einer Bankfiliale, kann – je nach rechtlicher Konstruktion der Verwaltungseinheit – Betriebsleiter sein oder als Leiter einer Verwaltungsabteilung zu den „ähnlichen leitenden Angestellten" zählen.

15 Die ähnlichen leitenden Angestellten müssen eine Schlüsselstellung einnehmen und eine Führungsfunktion bekleiden (ErfK/*Kiel* KSchG § 14 Rn. 13). Die Zugehörigkeit zu dieser Gruppe setzt nach Ansicht des BAG die selbstständige Leitung zumindest einer Betriebsabteilung voraus. „Der Leiter der Betriebsabteilung muss Vorgesetzter einer nicht ganz geringen Zahl von Personen sein, denn die Funktion eines Geschäftsführers oder eines Betriebsleiters liegt darin, dass er ein Direktionsrecht gegenüber mehreren (anderen) Arbeitnehmern ausübt." (BAG 28.9.1961, AP KSchG § 1 Personenbedingte Kündigung Nr. 1) Ähnlicher leitender Angestellter ist also etwa der Leiter eines Zentralbereichs eines Unternehmens mit mindestens 2000 AN (BAG 27.9.2001, NZA 2002, 1277) oder der Gesamtpersonalleiter für etwa 1000 AN, wenn er sich nicht mit dem zuständigen Fachvorgesetzten abstimmen muss (LAG Niedersachsen 8.1.2004, NZA-RR 2004, 524).

15a Im Ergebnis spielt die Abgrenzung der drei Tatbestände voneinander keine Rolle. Das BAG interpretiert den gemeinten Personenkreis als Betriebsleiter und Abteilungsleiter mit entsprechenden Führungsaufgaben. Es nutzt das Tatbestandsmerkmal der ähnlichen leitenden Angestellten als Auffangtatbestand und subsumiert darunter diese Abteilungsleiter (BAG 27.9.2001, NZA 2002, 1277). Entscheidend ist die Unternehmerfunktion, die in der selbständigen Einstellungs- oder Entlassungsbefugnis zum Ausdruck kommt. Folgerichtig hat das BAG in einer Entscheidung von 2012 sich mit den drei Merkmalen (Betriebsleiter, Geschäftsführer, ähnliche leitende Angestellte) nicht auseinandergesetzt, sondern nur diese Befugnis geprüft (BAG 19.4.2012, NZA 2013, 27).

16 Sowohl der Betriebsleiter – so BAG und hL – als auch die ähnlichen leitenden Angestellten müssen zur selbstständigen Einstellung oder (anders als in § 5 Abs. 3 S. 2 Nr. 1 nicht „und") Entlassung einer bedeutenden Anzahl von Arbeitnehmern oder einer gewissen Anzahl bedeutender Arbeitnehmer befugt sein. Es genügt die Befugnis für eine begrenzte Gruppe von AN, wenn diese für das Unternehmen, insbesondere für dessen unternehmerischen Erfolg, von Bedeutung sind (BAG 19.4.2012, NZA 2013, 27; 27.9.2001, NZA 2002, 1277). Die Einstellungs- und Entlassungsbefugnis für fünf AN, davon vier L.A., die ihrerseits nachgeordnete AN einstellen und entlassen konnten, reicht deshalb aus (BAG 27.9.2001, NZA 2002, 1277).

Die Einstellungs- oder Entlassungsbefugnis muss einen wesentlichen Teil der Tätigkeit des Angestellten ausmachen und tatsächlich ausgeübt werden. Dafür kommt es nicht allein auf den zeitlichen Anteil an seiner Tätigkeit an. Maßgeblich ist, ob sie von wesentlicher Bedeutung für das Unternehmen und damit als Teil der Tätigkeit qualitativ nicht unwesentlich ist (BAG 19.4.2012, NZA 2013, 27). 17

Die Befugnis zu selbständiger Einstellung oder Entlassung muss im Außen- („kann“) wie im Innenverhältnis („darf“) bestehen. Der Angestellte muss also Generalvollmacht, Prokura oder zumindest Handlungsvollmacht haben. Die Bevollmächtigung für einen Einzelfall genügt nicht, ebenso wenig eine bloße Krankheits- oder Urlaubsvertretung; anders ggf. eine ständige Vertretung (BAG 25.7.2002, NZA 2002, 1040). Einer Befugnis zur selbständigen Entscheidung über Einstellungen oder Entlassungen steht nicht entgegen, wenn unternehmensinterne Richtlinien oder Beratungspflichten oder Vorgaben, etwa zu Stellenplan oder Stellenbesetzungsplan, zu beachten sind (BAG 19.4.2012, NZA 2013, 27; 27.9.2001, NZA 2002, 1277). An der Selbstständigkeit fehlt es jedoch, wenn der Angestellte nicht allein entscheiden kann, insbesondere wenn für die Kündigung eine zweite Unterschrift erforderlich ist, es sei denn, dass diese lediglich Kontrollzwecken dient (BAG 27.9.2001, NZA 2002, 1277). In keinem Fall ist es ausreichend, wenn ein Angestellter lediglich verbindliche Vorschläge machen kann, die nur unter bestimmten Voraussetzungen abgelehnt werden (BAG 19.4.2012, NZA 2013, 27). 18

2. Abfindungsschutz

Auf L.A. iSd § 14 Abs. 2 sind die Bestimmungen des KSchG (§§ 1–13) mit der Maßgabe anwendbar, dass sie keinen Einspruch gegen die Kündigung beim BR (§ 3) einlegen können (§ 14 Abs. 2 S. 1) und dass bei einer sozial ungerechtfertigten Kündigung der Antrag des AG auf Auflösung des Arbeitsverhältnisses keiner Begründung bedarf (§ 14 Abs. 2 S. 2) mit der Folge, dass ihnen in einem solchen Fall eine Abfindung zusteht (§ 9 Abs. 1). 19

Bei der Prüfung, ob die Kündigung sozial gerechtfertigt ist, ist zu berücksichtigen, dass der AG Vertrauen in Leistung und Verhalten des L.A. haben muss und dass die Stellung eines L.A. besondere Pflichten mit sich bringt. Dabei kommt der Vorbildfunktion besondere Bedeutung zu. 20

Der Einspruch beim BR ist ausgeschlossen, da L.A nicht vom BR vertreten werden. Streitig ist, ob sie stattdessen Einspruch beim SprA einlegen können. Das Einspruchsrecht beim BR stammt aus dem BRG 20 und löste dort den Kündigungsschutz aus. Heute ist ein evtl. Einspruchsrecht beim SprA schon deshalb ohne Bedeutung, weil der AG den SprA vor jeder Kündigung zu hören hat (§ 31 Abs. 2 SprAuG) und weil der L.A. zu einem Gespräch mit dem AG zur Wahrnehmung seiner Belange ein Mitglied des SprA zur Unterstützung und Vermittlung hinzuziehen kann (§ 26 Abs. 1 SprAuG). 21

22 Ist die Kündigung sozial ungerechtfertigt, so kann der AG die Auflösung des Arbeitsverhältnisses beantragen, ohne dass er darlegen und beweisen muss, dass Gründe vorliegen, die eine den Betriebszwecken dienliche weitere Zusammenarbeit nicht erwarten lassen. Für ihn empfiehlt es sich aber im eigenen Interesse, Gründe vorzutragen (dazu *Vogel* NZA 2002, 313 (316); Linck/Krause/*Bayreuther* KSchG § 14 Rn. 32). Das Gericht hat das Arbeitsverhältnis aufzulösen und den AG zur Zahlung einer angemessenen Entschädigung zu verurteilen (§ 9 Abs. 1 S. 2). Bei der Bemessung der Entschädigung sind der vom Gesetz vorgegebene geringere Kündigungsschutz für L.A. und die Gründe, die zum Verlust des Vertrauens und damit zur Kündigung geführt haben, gegeneinander abzuwägen. Die Höchstsumme der Entschädigung beträgt zwölf, bei entsprechendem Lebens- und Dienstalter 15 bzw. 18 Monatsgehälter (§ 10 Abs. 1, 2 S. 2).

23 Keinen Auflösungsantrag kann der Arbeitgeber stellen, wenn die Kündigung nicht (allein) mangels sozialer Rechtfertigung, sondern (auch) aus anderen Gründen unwirksam ist (zB wegen nicht ordnungsgemäßer Anhörung des SprA, BAG 27.9.2001, NZA 2002, 1277). Ist die Kündigung sozial gerechtfertigt, so endet das Arbeitsverhältnis, ohne dass der L.A. Anspruch auf Abfindung hat.

24 Unberührt bleibt der Sonderkündigungsschutz nach §§ 168, 174 SGB IX (schwerbehinderte Menschen), § 18 Abs. 1 S. 1 BEEG und § 17 MuSchG (ErfK/*Kiel* § 14 Rn. 18).

Arbeitszeitgesetz

vom 6. Juni 1994 (BGBl. I S. 1170),
zuletzt geändert durch Art. 52 Viertes BürokratieentlastungsG vom 23.10.2024 (BGBl. 2024 I Nr. 323)

§ 18 Nichtanwendung des Gesetzes

(1) **Dieses Gesetz ist nicht anzuwenden auf**
1. **leitende Angestellte i.S.d. § 5 Abs. 3 des Betriebsverfassungsgesetzes sowie Chefärzte,**
2. **Leiter von öffentlichen Dienststellen und deren Vertreter sowie Arbeitnehmer im öffentlichen Dienst, die zu selbständigen Entscheidungen in Personalangelegenheiten befugt sind,**

(...)

§ 17 Abs. 1 RL 2003/88/EG (Arbeitszeitrichtlinie)

(1) Unter Beachtung der allgemeinen Grundsätze des Schutzes der Sicherheit und der Gesundheit der Arbeitnehmer können die Mitgliedstaaten (von den Arbeitszeitregelungen) abweichen, wenn die Arbeitszeit wegen der besonderen Merkmale der ausgeübten Tätigkeit nicht gemessen und/oder nicht im voraus festgelegt wird oder von den Arbeitnehmern selbst festgelegt werden kann, und zwar insbesondere in Bezug auf nachstehende Arbeitnehmer:
a) leitende Angestellte oder sonstige Personen mit selbständiger Entscheidungsbefugnis

(...)

Übersicht

Mitteilung zu Auslegungsfragen in Bezug auf die Richtlinie 2003/88/EG des Europäischen Parlaments und des Rates über bestimmte Aspekte der Arbeitszeitgestaltung (2023/C 109/01):

Infolgedessen ist die Kommission der Auffassung, dass unter die Ausnahmeregelung bestimmte hochrangige Führungskräfte fallen könnten, deren gesamte Arbeitszeit nicht gemessen oder im Voraus festgelegt wird, da sie nicht verpflichtet sind, zu bestimmten Zeiten am Arbeitsplatz anwesend zu sein, sondern über ihre Einteilung selbst entscheiden können. Auch könnte die Ausnahmeregelung beispielsweise für bestimmte Experten, erfahrene Anwälte in einem Beschäftigungsverhältnis oder Wissenschaftler gelten, die ihre Arbeitszeit weitgehend selbst festlegen.

I. Leitende Angestellte

1 Das ArbZG kennt – anders als das KSchG – keinen eigenen Begriff des L.A (rechtspolitisch zur Definition der LA im Arbeitszeitrecht *Henssler* NZA 2016, 1425; *Hromadka* FS Henssler, 2023, 267). Es verweist vielmehr auf die betriebsverfassungsrechtliche Definition in § 5 Abs. 3 BetrVG. Zur Auslegung ist ggf. auf § 5 Abs. 4 zurückzugreifen (*Anzinger/Koberski* § 18 Rn. 7; *Baeck/Deutsch/Winzer* § 18 Rn. 17 mN). § 18 Abs. 1 Nr. 1 verweist nicht eigens auf diesen Absatz, da er nur Hilfsfunktion bei der Subsumtion hat und nicht Teil der Definition ist.

II. Chefärzte

2 Chefarzt ist der ärztliche Leiter eines Krankenhauses oder einer Krankenhausabteilung. Auf die Form, in der das Krankenhaus betrieben wird – privat- oder öffentlich-rechtlich oder kirchlich – kommt es nicht an (*Anzinger/Koberski* § 18 Rn. 10). Der Chefarzt trägt innerhalb seines Bereichs die ärztliche Gesamtverantwortung und unterliegt bei seinen medizinisch-fachlichen Aufgaben keinen Weisungen. Er ist Vorgesetzter des ärztlichen und nicht-ärztlichen Personals in seiner Abteilung und diesem gegenüber weisungsbefugt (zu Vorstehendem *Anzinger/Koberski* § 18 Rn. 11; *Baeck/Deutsch/Winzer* § 18 Rn. 19). Oberärzte fallen, auch wenn sie ständige Vertreter eines Chefarztes sind, nicht unter § 18 Abs. 1 Nr. 2; dasselbe gilt für Werksärzte (LAG Baden-Württemberg 31.3.1977, AP BetrVG 1972 § 5 Nr. 17). Chefärzte sind L.A. iSd § 5 Abs. 3 BetrVG (→ BetrVG § 5 Abs. 3, 4 Rn. 44) nur, wenn sie ausnahmsweise dessen Voraussetzungen erfüllen. Sie werden also in aller Regel ebenso wie die übrigen Ärzte vom BR vertreten, und sie genießen den allgemeinen Kündigungsschutz.

III. Öffentlicher Dienst

3 Dienststellenleiter (zum Begriff der Dienststelle § 6 Abs. 1 BPersVG) und deren (ständige) Vertreter sowie AN mit selbständiger Entscheidungsbefugnis in Personalangelegenheiten sind die in §§ 8, 15 Abs. 2 Nr. 4 BPersVG genannten Personen, die nicht in den Personalrat wählbar sind. Personalangelegenheiten sind die mitbestimmten Personalsachen nach § 75 Abs. 3 BPersVG. Selbständige Entscheidungsbefugnis haben idR nur die Leiter der Personalstellen (*Anzinger/Koberski* § 18 Rn. 18). Voraussetzung ist ein (privatrechtliches) Arbeitsverhältnis; auf Beamte, Richter und Soldaten ist das ArbZG nicht anwendbar.

IV. Kein Arbeitszeitschutz

4 L.A., Chefärzte und die og Personen im öffentlichen Dienst unterfallen nicht den Vorschriften über den Arbeitszeitschutz. Für sie gelten weder die Bestimmungen über Höchstarbeitszeiten noch die über Pausen und Ruhezeiten oder über Sonn-, Feiertags- und Nachtarbeiten. Ihre Arbeitszeit richtet sich allein nach ihrem Arbeitsvertrag und ggf. nach einem einschlägigen Tarifvertrag; idR sind sie aber von den Tarifverträgen ausgenommen (so etwa vom MTV für akademisch gebildete Angestellte in der chemischen Industrie, vom TVöD und von der TV-Ärzte/VKA).

Anhang 2. Erste Verordnung zur Durchführung des Sprecherausschußgesetzes (Wahlordnung zum Sprecherausschußgesetz – WOSprAuG)

vom 28. September 1989 (BGBl. I S. 1798),
zuletzt geändert durch Art. 1 VO zur Änd. der Wahlordnung zum SprecherausschussG vom 20.1.2022 (BGBl. I S. 69)

Erster Teil Wahl des Sprecherausschusses

Erster Abschnitt Allgemeine Vorschriften

§ 1 Wahlvorstand

(1) Die Leitung der Wahl obliegt dem Wahlvorstand.

(2) Der Wahlvorstand kann sich eine schriftliche Geschäftsordnung geben. Er kann leitende Angestellte als Wahlhelfer zu seiner Unterstützung bei der Durchführung der Stimmabgabe und bei der Stimmenzählung, in Betriebsteilen und Betrieben im Sinne des § 1 Abs. 2 des Gesetzes auch bei der Bekanntmachung von Mitteilungen heranziehen.

(3) Die Beschlüsse des Wahlvorstands werden mit einfacher Stimmenmehrheit seiner Mitglieder gefaßt. Die Sitzungen des Wahlvorstands finden als Präsenzsitzung statt. Über jede Sitzung des Wahlvorstands ist eine Niederschrift aufzunehmen, die mindestens den Wortlaut der gefaßten Beschlüsse enthält. Die Nieder-

schrift ist vom Vorsitzenden und einem weiteren Mitglied des Wahlvorstands zu unterzeichnen.

(4) Abweichend von Absatz 3 Satz 2 kann der Wahlvorstand beschließen, dass die Teilnahme an einer nicht öffentlichen Sitzung des Wahlvorstands mittels Video- und Telefonkonferenz erfolgen kann. Dies gilt nicht für Sitzungen des Wahlvorstands
1. zur Prüfung eingereichter Vorschlagslisten nach § 6 Absatz 2 Satz 2,
2. zur Durchführung eines Losverfahrens nach § 9 Absatz 1.

Es muss sichergestellt sein, dass Dritte vom Inhalt der Sitzung keine Kenntnis nehmen können. Eine Aufzeichnung der Sitzung ist unzulässig. Die mittels Video- und Telefonkonferenz Teilnehmenden bestätigen ihre Teilnahme gegenüber dem Vorsitzenden in Textform. Die Bestätigung ist der Niederschrift nach Absatz 3 beizufügen.

(5) Erfolgt die Sitzung des Wahlvorstands mit der zusätzlichen Möglichkeit der Teilnahme mittels Video- und Telefonkonferenz, gilt auch eine Teilnahme vor Ort als erforderlich.

§ 2 Wählerliste

(1) Der Wahlvorstand hat für jede Wahl des Sprecherausschusses eine Liste der leitenden Angestellten (Wählerliste) aufzustellen. Die leitenden Angestellten sollen mit Familienname, Vorname und Geburtsdatum in alphabetischer Reihenfolge aufgeführt werden.

(2) Der Arbeitgeber hat dem Wahlvorstand alle für die Anfertigung der Wählerliste erforderlichen Auskünfte zu erteilen und die erforderlichen Unterlagen zur Verfügung zu stellen. Er hat den Wahlvorstand insbesondere bei Feststellung der in § 5 Abs. 3 des Betriebsverfassungsgesetzes genannten Personen zu unterstützen.

(3) Wahlberechtigt und wählbar sind nur leitende Angestellte, die in die Wählerliste eingetragen sind.

(4) Ein Abdruck der Wählerliste und ein Abdruck dieser Verordnung sind vom Tage der Einleitung der Wahl (§ 3 Abs. 1) bis zum Abschluß der Stimmabgabe an einer oder mehreren geeigneten Stellen zur Einsichtnahme auszulegen. Der Abdruck der Wählerliste soll die Geburtsdaten der leitenden Angestellten nicht enthalten. Ergänzend können der Abdruck der Wählerliste und die Verordnung mittels der im Betrieb vorhandenen Informations- und Kommunikationstechnik bekannt gemacht werden. Die Bekanntmachung ausschließlich in elektronischer Form ist nur zulässig, wenn alle leitenden Angestellten von der Bekanntmachung Kenntnis erlangen können und Vorkehrungen getroffen werden, dass Änderungen der Bekanntmachung nur vom Wahlvorstand vorgenommen werden können.

§ 3 Wahlausschreiben

(1) Spätestens sechs Wochen vor dem ersten Tag der Stimmabgabe erläßt der Wahlvorstand ein Wahlausschreiben, das vom Vorsitzenden und von mindestens einem weiteren Mitglied des Wahlvorstands zu unterschreiben ist. Mit Erlaß des Wahlausschreibens ist die Wahl des Sprecherausschusses eingeleitet. Der erste Tag der Stimmabgabe soll spätestens eine Woche vor dem Tag liegen, an dem die Amtszeit des Sprecherausschusses abläuft.

(2) Das Wahlausschreiben muß folgende Angaben enthalten:

1. das Datum seines Erlasses;
2. die Bestimmung des Orts, an dem die Wählerliste und diese Verordnung ausliegen, sowie im Fall der Bekanntmachung in elektronischer Form (§ 2 Absatz 4 Satz 3 und 4) wo und wie von der Wählerliste und der Verordnung Kenntnis genommen werden kann;
3. daß nur leitende Angestellte wählen oder gewählt werden können, die in die Wählerliste eingetragen sind und daß Einsprüche gegen die Wählerliste (§ 4 Abs. 1) nur vor Ablauf von zwei Wochen seit dem Erlaß des Wahlausschreibens schriftlich beim Wahlvorstand eingelegt werden können; der letzte Tag der Frist und im Fall des § 40 Absatz 2 zusätzlich die Uhrzeit sind anzugeben;
4. die Zahl der zu wählenden Mitglieder des Sprecherausschusses (§ 4 Abs. 1 des Gesetzes);
5. die Mindestzahl von leitenden Angestellten, von denen ein Wahlvorschlag unterzeichnet sein muß (§ 6 Abs. 4 des Gesetzes);
6. daß Wahlvorschläge vor Ablauf von zwei Wochen seit dem Erlaß des Wahlausschreibens (§ 5 Abs. 1) beim Wahlvorstand, wenn mehrere Mitglieder des Sprecherausschusses zu wählen sind, in Form von Vorschlagslisten einzureichen sind; der letzte Tag der Frist und im Fall des § 40 Absatz 2 zusätzlich die Uhrzeit sind anzugeben;
7. daß die Stimmabgabe an die Wahlvorschläge gebunden ist und daß nur solche Wahlvorschläge berücksichtigt werden dürfen, die fristgerecht (Nr. 6) eingereicht sind;
8. die Bestimmung des Orts, an dem die Wahlvorschläge bis zum Abschluß der Stimmabgabe aushängen;
9. Ort, Tag und Zeit der Stimmabgabe;
10. den Hinweis auf die Möglichkeit der schriftlichen Stimmabgabe sowie die Betriebsteile und Betriebe im Sinne des § 1 Abs. 2 des Gesetzes, für die schriftliche Stimmabgabe nach § 23 Absatz 3 beschlossen ist;
11. den Ort, an dem Einsprüche, Wahlvorschläge und sonstige Erklärungen gegenüber dem Wahlvorstand abzugeben sind (Betriebsadresse des Wahlvorstands).

(3) Der Wahlvorstand soll im Wahlausschreiben darauf hinweisen, daß bei der Aufstellung von Wahlvorschlägen die Geschlechter nach Maßgabe des § 4 Abs. 2 des Gesetzes berücksichtigt werden sollen.

(4) Ein Abdruck des Wahlausschreibens ist vom Tage seines Erlasses bis zum letzten Tag der Stimmabgabe an einer oder mehreren geeigneten, den leitenden Angestellten zugänglichen Stellen vom Wahlvorstand auszuhängen und in gut lesbarem Zustand zu erhalten. Ergänzend kann das Wahlausschreiben mittels der im Betrieb vorhandenen Informations- und Kommunikationstechnik bekannt gemacht werden. § 2 Absatz 4 Satz 4 gilt entsprechend. Ergänzend hat der Wahlvorstand das Wahlausschreiben den Personen nach § 23 Absatz 2 postalisch oder elektronisch zu übermitteln; der Arbeitgeber hat dem Wahlvorstand die dazu erforderlichen Informationen zur Verfügung zu stellen.

§ 4 Einspruch gegen die Wählerliste

(1) Einsprüche gegen die Richtigkeit der Wählerliste können mit Wirksamkeit für die Wahl des Sprecherausschusses nur vor Ablauf von zwei Wochen seit Erlaß des Wahlausschreibens beim Wahlvorstand schriftlich eingelegt werden.

(2) Über Einsprüche nach Absatz 1 hat der Wahlvorstand unverzüglich zu entscheiden. Der Einspruch ist ausgeschlossen, soweit er darauf gestützt wird, daß die Zuordnung nach § 18a des Betriebsverfassungsgesetzes fehlerhaft erfolgt sei. Satz 2 gilt nicht, soweit die nach § 18a Abs. 1 oder 4 Satz 3 des Betriebsverfassungsgesetzes am Zuordnungsverfahren Beteiligten die Zuordnung übereinstimmend für offensichtlich fehlerhaft halten. Wird der Einspruch für begründet erachtet, ist die Wählerliste zu berichtigen. Die Entscheidung des Wahlvorstands ist dem Angestellten, der den Einspruch eingelegt hat, unverzüglich schriftlich mitzuteilen; die Entscheidung muß dem Angestellten spätestens am Tage vor dem Beginn der Stimmabgabe zugehen.

(3) Nach Ablauf der Einspruchsfrist soll der Wahlvorstand die Wählerliste nochmals auf ihre Vollständigkeit hin überprüfen. Im übrigen kann nach Ablauf der Einspruchsfrist die Wählerliste nur bei Schreibfehlern, offenbaren Unrichtigkeiten, in Erledigung rechtzeitig eingelegter Einsprüche oder bei Eintritt eines leitenden Angestellten in den Betrieb bis zum Abschluss der Stimmabgabe berichtigt oder ergänzt werden.

Zweiter Abschnitt Wahl mehrerer Mitglieder des Sprecherausschusses

Erster Unterabschnitt Einreichung und Bekanntmachung von Vorschlagslisten

§ 5 Vorschlagslisten

(1) Sind mehrere Mitglieder des Sprecherausschusses zu wählen, erfolgt die Wahl auf Grund von Vorschlagslisten. Die Vorschlagslisten sind von den leitenden Angestellten vor Ablauf von zwei Wochen seit Erlaß des Wahlausschreibens beim Wahlvorstand einzureichen.

(2) Jede Vorschlagsliste soll mindestens doppelt so viele Bewerber aufweisen, wie Mitglieder des Sprecherausschusses zu wählen sind.

(3) In jeder Vorschlagsliste sind die einzelnen Bewerber in erkennbarer Reihenfolge unter fortlaufender Nummer und unter Angabe von Familienname, Vorname und Geburtsdatum aufzuführen. Die schriftliche Zustimmung der Bewerber zur Aufnahme in die Liste ist beizufügen.

(4) Wenn kein anderer Unterzeichner der Vorschlagsliste ausdrücklich als Listenvertreter bezeichnet ist, wird der an erster Stelle benannte Unterzeichner als Listenvertreter angesehen. Der Listenvertreter ist berechtigt und verpflichtet, dem Wahlvorstand die zur Beseitigung von Beanstandungen erforderlichen Erklärungen abzugeben sowie Erklärungen und Entscheidungen des Wahlvorstands entgegenzunehmen.

(5) Die Unterschrift eines leitenden Angestellten zählt nur auf einer Vorschlagsliste. Hat ein leitender Angestellter mehrere Vorschlagslisten unterzeichnet, hat er auf Aufforderung des Wahlvorstands binnen einer ihm gesetzten angemessenen Frist, spätestens jedoch vor Ablauf von drei Arbeitstagen, zu erklären, welche Unterschrift er aufrechterhält. Unterbleibt die fristgerechte Erklärung, wird sein

Name auf der zuerst eingereichten Vorschlagsliste gezählt und auf den übrigen Listen gestrichen; sind mehrere Vorschlagslisten, die von demselben leitenden Angestellten unterschrieben sind, gleichzeitig eingereicht worden, entscheidet das Los darüber, auf welcher Vorschlagsliste die Unterschrift gilt.

(6) Eine Verbindung von Vorschlagslisten ist unzulässig.

(7) Ein Bewerber kann nur auf einer Vorschlagsliste vorgeschlagen werden. Ist sein Name mit seiner schriftlichen Zustimmung auf mehreren Vorschlagslisten aufgeführt, hat er auf Aufforderung des Wahlvorstands vor Ablauf von drei Arbeitstagen zu erklären, welche Bewerbung er aufrechterhält. Unterbleibt die fristgerechte Erklärung, ist der Bewerber auf sämtlichen Listen zu streichen.

§ 6 Prüfung der Vorschlagslisten

(1) Der Wahlvorstand hat dem Überbringer der Vorschlagsliste oder, falls die Vorschlagsliste auf eine andere Weise eingereicht wird, dem Listenvertreter den Zeitpunkt der Einreichung schriftlich zu bestätigen.

(2) Der Wahlvorstand hat die eingereichten Vorschlagslisten, wenn die Liste nicht mit einem Kennwort versehen ist, mit Familienname und Vorname der beiden in der Liste an erster und zweiter Stelle benannten Bewerber zu bezeichnen. Er hat die Vorschlagsliste unverzüglich, möglichst binnen einer Frist von zwei Arbeitstagen nach ihrem Eingang, zu prüfen und bei Ungültigkeit oder Beanstandung einer Liste den Listenvertreter unverzüglich schriftlich unter Angabe der Gründe zu unterrichten.

§ 7 Ungültige Vorschlagslisten

(1) Ungültig sind Vorschlagslisten,

1. die nicht fristgerecht eingereicht worden sind,
2. auf denen die Bewerber nicht in erkennbarer Reihenfolge aufgeführt sind,
3. die bei der Einreichung nicht die erforderliche Zahl von Unterschriften (§ 6 Abs. 4 des Gesetzes) aufweisen. Die Rücknahme von Unterschriften auf einer eingereichten Vorschlagsliste beeinträchtigt deren Gültigkeit nicht; § 5 Abs. 5 bleibt unberührt.

(2) Ungültig sind auch Vorschlagslisten,

1. auf denen die Bewerber nicht in der in § 5 Abs. 3 bestimmten Weise bezeichnet sind,
2. wenn die schriftliche Zustimmung der Bewerber zur Aufnahme in die Vorschlagsliste nicht vorliegt,
3. wenn die Vorschlagsliste infolge von Streichung gemäß § 5 Abs. 5 nicht mehr die erforderliche Zahl von Unterschriften aufweist,

falls diese Mängel trotz Beanstandung nicht binnen einer Frist von drei Arbeitstagen beseitigt werden.

§ 8 Nachfrist für Vorschlagslisten

(1) Ist nach Ablauf der in § 5 Abs. 1 genannten Frist für die Wahl keine gültige Vorschlagsliste eingereicht, hat dies der Wahlvorstand sofort in gleicher Weise bekanntzumachen wie das Wahlausschreiben (§ 3 Abs. 4) und eine Nachfrist von

einer Woche für die Einreichung von Vorschlagslisten zu setzen. In der Bekanntmachung ist darauf hinzuweisen, daß die Wahl nur stattfinden kann, wenn innerhalb der Nachfrist mindestens eine gültige Vorschlagsliste eingereicht wird.

(2) Wird trotz Bekanntmachung nach Absatz 1 eine gültige Vorschlagsliste nicht eingereicht, hat der Wahlvorstand sofort bekanntzumachen, daß die Wahl nicht stattfindet.

§ 9 Bekanntmachung der Vorschlagslisten

(1) Nach Ablauf der in § 5 Abs. 1 sowie der in den §§ 7 und 8 genannten Fristen ermittelt der Wahlvorstand durch das Los die Reihenfolge der Ordnungsnummern, die den eingereichten Vorschlagslisten zugeteilt werden (Liste 1 usw.). Die Listenvertreter sind zu der Losentscheidung rechtzeitig einzuladen.

(2) Spätestens eine Woche vor Beginn der Stimmabgabe hat der Wahlvorstand die als gültig anerkannten Vorschlagslisten bis zum Abschluß der Stimmabgabe in gleicher Weise bekanntzumachen wie das Wahlausschreiben nach § 3 Absatz 4 Satz 1 bis 3.

Zweiter Unterabschnitt Wahlverfahren bei mehreren Vorschlagslisten

§ 10 Stimmabgabe

(1) Der Wähler kann seine Stimme nur für eine der als gültig anerkannten Vorschlagslisten abgeben. Die Stimmabgabe erfolgt durch Abgabe von Stimmzetteln.

(2) Auf den Stimmzetteln sind die Vorschlagslisten nach der Reihenfolge der Ordnungsnummern sowie unter Angabe der beiden an erster und zweiter Stelle benannten Bewerber mit Familienname und Vorname untereinander aufzuführen; bei Listen, die mit Kennworten versehen sind, ist auch das Kennwort anzugeben. Die Stimmzettel müssen dieselbe Größe, Farbe, Beschaffenheit und Beschriftung haben.

(3) Der Wähler kennzeichnet die von ihm gewählte Vorschlagsliste durch Ankreuzen an der im Stimmzettel hierfür vorgesehenen Stelle und faltet ihn in der Weise, dass seine Stimme nicht erkennbar ist.

(4) Stimmzettel, die mit einem besonderen Merkmal versehen sind oder aus denen sich der Wille des Wählers nicht unzweifelhaft ergibt oder die andere Angaben als die in Absatz 1 genannten Vorschlagslisten, einen Zusatz oder sonstige Änderungen enthalten, sind ungültig.

§ 11 Wahlvorgang

(1) Der Wahlvorstand hat geeignete Vorkehrungen zu treffen, daß der Wähler den Stimmzettel im Wahlraum unbeobachtet kennzeichnen kann. Für die Aufnahme der Stimmzettel sind eine oder mehrere Wahlurnen zu verwenden. Vor Beginn der Stimmabgabe sind die Wahlurnen vom Wahlvorstand zu verschließen. Sie müssen so eingerichtet sein, daß die eingeworfenen Stimmzettel nicht herausgenommen werden können, ohne daß die Wahlurnen geöffnet werden.

(2) Während des Zeitraums der Stimmabgabe müssen immer mindestens zwei Mitglieder des Wahlvorstands im Wahlraum anwesend sein; sind Wahlhelfer bestellt (§ 1 Abs. 2 Satz 2), genügt die Anwesenheit eines Mitglieds des Wahlvorstands und eines Wahlhelfers.

(3) Der Wähler gibt seinen Namen an und wirft den gefalteten Stimmzettel in die Wahlurne ein, nachdem die Stimmabgabe in der Wählerliste vermerkt worden ist.

(4) Wer infolge seiner Behinderung bei der Stimmabgabe beeinträchtigt ist, kann eine Person seines Vertrauens bestimmen, die ihm bei der Stimmabgabe behilflich sein soll, und teilt dies dem Wahlvorstand mit. Wahlbewerber, Mitglieder des Wahlvorstands sowie Wahlhelfer dürfen nicht zur Hilfeleistung herangezogen werden. Die Hilfeleistung beschränkt sich auf die Erfüllung der Wünsche des Wählers zur Stimmabgabe; die Person des Vertrauens darf gemeinsam mit dem Wähler die Wahlzelle aufsuchen. Sie ist zur Geheimhaltung der Kenntnisse verpflichtet, die sie bei der Hilfeleistung zur Stimmabgabe erlangt hat. Die Sätze 1 bis 4 gelten entsprechend für des Lesens unkundige Wähler.

(5) Nach Abschluß der Stimmabgabe sind die Wahlurnen zu versiegeln, wenn die Stimmauszählung nicht unmittelbar nach Beendigung der Wahl durchgeführt wird.

§ 12 Öffentliche Stimmauszählung

(1) Unverzüglich nach Abschluß der Stimmabgabe nimmt der Wahlvorstand öffentlich die Auszählung der Stimmen vor. Sofern eine schriftliche Stimmabgabe erfolgt ist, führt der Wahlvorstand vor Beginn der Stimmauszählung das Verfahren nach § 25 durch.

(2) Nach Öffnung der Wahlurnen entnimmt der Wahlvorstand die Stimmzettel und zählt die auf jede Vorschlagsliste entfallenden Stimmen zusammen. Dabei ist die Gültigkeit der Stimmzettel zu prüfen.

(3) Befindet sich in der Wahlurne ein Wahlumschlag mit mehreren gekennzeichneten Stimmzetteln (§ 25 Absatz 1 Satz 3), so werden die Stimmzettel, wenn sie vollständig übereinstimmen, nur einfach gezählt, andernfalls als ungültig angesehen.

§ 13 Verteilung der Sitze

(1) Die auf die einzelnen Vorschlagslisten entfallenen Stimmenzahlen werden in einer Reihe nebeneinander gestellt und sämtlich durch 1, 2, 3, 4 usw. geteilt. Die ermittelten Teilzahlen sind nacheinander reihenweise unter den Zahlen der ersten Reihe aufzuführen, bis höhere Teilzahlen, als aus früheren Reihen für die Zuweisung von Sitzen in Betracht kommen, nicht mehr entstehen.

(2) Unter den so gefundenen Teilzahlen werden so viele Höchstzahlen ausgesondert und der Größe nach geordnet, wie Mitglieder des Sprecherausschusses zu wählen sind. Jede Vorschlagsliste erhält so viele Sitze zugeteilt, wie Höchstzahlen auf sie entfallen. Wenn die niedrigste in Betracht kommende Höchstzahl auf mehrere Vorschlagslisten zugleich entfällt, entscheidet das Los darüber, welcher Vorschlagsliste dieser Sitz zufällt.

(3) Wenn eine Vorschlagsliste weniger Bewerber enthält, als Höchstzahlen auf sie entfallen, gehen die überschüssigen Sitze auf die folgenden Höchstzahlen der anderen Vorschlagslisten über.

(4) Die Reihenfolge der Bewerber innerhalb der einzelnen Vorschlagslisten bestimmt sich nach der Reihenfolge ihrer Benennung.

§ 14 Wahlniederschrift

(1) Nachdem ermittelt ist, wer gewählt ist, hat der Wahlvorstand in einer Niederschrift festzustellen:
1. die Gesamtzahl der abgegebenen Stimmen und die Zahl der abgegebenen gültigen Stimmen;
2. die auf jede Liste entfallenen Stimmenzahlen;
3. die berechneten Höchstzahlen;
4. die Verteilung der berechneten Höchstzahlen auf die Listen;
5. die Zahl der ungültigen Stimmen;
6. die Namen der in den Sprecherausschuß gewählten Bewerber;
7. gegebenenfalls besondere während der Wahl des Sprecherausschusses eingetretene Zwischenfälle oder sonstige Ereignisse.

(2) Die Niederschrift ist vom Vorsitzenden und von mindestens einem weiteren Mitglied des Wahlvorstands zu unterschreiben.

§ 15 Benachrichtigung der Gewählten

(1) Der Wahlvorstand hat die als Mitglieder des Sprecherausschusses gewählten leitenden Angestellten unverzüglich schriftlich von ihrer Wahl zu benachrichtigen. Erklärt der Gewählte nicht binnen drei Arbeitstagen nach Zugang der Benachrichtigung dem Wahlvorstand, daß er die Wahl ablehne, gilt die Wahl als angenommen.

(2) Lehnt ein Gewählter die Wahl ab, tritt an seine Stelle der in derselben Vorschlagsliste in der Reihenfolge nach ihm benannte, nicht gewählte Bewerber.

§ 16 Bekanntmachung des Wahlergebnisses und der Gewählten

Sobald die Mitglieder des Sprecherausschusses endgültig feststehen, hat der Wahlvorstand das Wahlergebnis und die Namen der Gewählten durch zweiwöchigen Aushang in gleicher Weise bekanntzumachen wie das Wahlausschreiben nach § 3 Absatz 4 Satz 1 bis 3. Ein Abdruck der Wahlniederschrift (§ 14) ist dem Arbeitgeber unverzüglich zu übersenden.

§ 17 Aufbewahrung der Wahlakten

Der Sprecherausschuß hat die Wahlakten mindestens bis zur Beendigung seiner Amtszeit aufzubewahren.

Dritter Unterabschnitt Wahlverfahren bei nur einer Vorschlagsliste

§ 18 Stimmabgabe

(1) Ist für die Wahl nur eine gültige Vorschlagsliste eingereicht, kann der Wähler seine Stimme nur für solche Bewerber abgeben, die in der Vorschlagsliste aufgeführt sind.

(2) Auf den Stimmzetteln sind die Bewerber unter Angabe von Familienname und Vorname in der Reihenfolge aufzuführen, in der sie auf der Vorschlagsliste benannt sind.

(3) Der Wähler kennzeichnet die von ihm gewählten Bewerber durch Ankreuzen an der im Stimmzettel hierfür vorgesehenen Stelle und faltet ihn in der Weise, dass seine Stimme nicht erkennbar ist; er darf nicht mehr Bewerber ankreuzen, als Mitglieder des Sprecherausschusses zu wählen sind. § 10 Abs. 1 Satz 2, Abs. 2 Satz 2 und Abs. 4 sowie die §§ 11 und 12 Abs. 1 gelten entsprechend.

§ 19 Stimmauszählung

Nach Öffnung der Wahlurnen entnimmt der Wahlvorstand die Stimmzettel und zählt die auf jeden Bewerber entfallenden Stimmen zusammen; § 12 Abs. 2 Satz 2 und Abs. 3 gilt entsprechend.

§ 20 Ermittlung der Gewählten

Gewählt sind die Bewerber, die die meisten Stimmen erhalten haben. Bei Stimmengleichheit entscheidet das Los.

§ 21 Wahlniederschrift, Bekanntmachung

(1) Nachdem ermittelt ist, wer gewählt ist, hat der Wahlvorstand in einer Niederschrift außer den Angaben nach § 14 Abs. 1 Nr. 1 und 5 bis 7 die auf jeden Bewerber entfallenen Stimmenzahlen festzustellen. § 14 Abs. 2, § 15 Abs. 1 sowie die §§ 16 und 17 gelten entsprechend.

(2) Lehnt ein Gewählter die Wahl ab, tritt an seine Stelle der nicht gewählte Bewerber mit der nächsthöchsten Stimmenzahl.

Dritter Abschnitt Wahl nur eines Mitglieds des Sprecherausschusses

§ 22 Verfahren

(1) Ist nur ein Mitglied des Sprecherausschusses zu wählen, erfolgt die Wahl auf Grund von Wahlvorschlägen; § 5 Abs. 1 Satz 2 und Abs. 2 bis 5, die §§ 6 bis 8 sowie § 9 Abs. 2 gelten für die Wahlvorschläge entsprechend.

(2) Der Wähler kann seine Stimme nur für solche Bewerber abgeben, die in einem Wahlvorschlag nach Absatz 1 benannt sind.

(3) Auf den Stimmzetteln sind die Bewerber in alphabetischer Reihenfolge unter Angabe von Familienname und Vorname aufzuführen. Der Wähler kennzeichnet den von ihm gewählten Bewerber durch Ankreuzen an der im Stimmzettel hierfür vorgesehenen Stelle. § 18 Abs. 3 und § 19 gelten entsprechend.

(4) Gewählt ist der Bewerber, der die meisten Stimmen erhalten hat. Bei Stimmengleichheit entscheidet das Los. § 21 gilt entsprechend.

(5) Das Ersatzmitglied ist in einem getrennten Wahlgang zu wählen (§ 6 Abs. 3 Satz 2 des Gesetzes). Auf die Wahl finden die Absätze 1 bis 4 Anwendung.

(6) Wahlvorschläge müssen bei ihrer Einreichung für die Wahl nach Absatz 1 oder für die Wahl nach Absatz 5 gekennzeichnet sein. Leitende Angestellte können sowohl einen Wahlvorschlag nach Absatz 1 als auch einen Wahlvorschlag nach Absatz 5 unterzeichnen. Ein Bewerber kann sowohl für eine Wahl nach Absatz 1 als auch für eine Wahl nach Absatz 5 vorgeschlagen werden.

(7) Die Bewerber für die Wahl nach Absatz 1 sind getrennt von den Bewerbern für die Wahl nach Absatz 5 auf demselben Stimmzettel aufzuführen. Der Wähler darf bei der Wahl nach Absatz 1 und Absatz 5 seine Stimme nicht demselben Wahlbewerber geben; hierauf ist auf dem Stimmzettel hinzuweisen. Gibt der Wähler bei der Wahl nach Absatz 1 und Absatz 5 seine Stimme demselben Bewerber, ist nur die für die Wahl nach Absatz 1 abgegebene Stimme gültig.

(8) Das Wahlausschreiben muß unbeschadet der Vorschrift des § 3 auch die Angabe enthalten, daß

1. das Ersatzmitglied in einem getrennten Wahlgang gewählt wird,
2. Wahlvorschläge bei ihrer Einreichung für die Wahl nach Absatz 1 oder für die Wahl nach Absatz 5 zu kennzeichnen sind,
3. Wahlberechtigte sowohl einen Wahlvorschlag nach Absatz 1 als auch einen Wahlvorschlag nach Absatz 5 unterzeichnen können,
4. ein Bewerber sowohl für die Wahl nach Absatz 1 als auch für die Wahl nach Absatz 5 vorgeschlagen werden kann,
5. der Wähler bei der Wahl nach Absatz 1 und Absatz 5 seine Stimme nicht demselben Wahlbewerber geben darf.

Vierter Abschnitt Schriftliche Stimmabgabe

§ 23 Voraussetzungen

(1) Einem leitenden Angestellten, der im Zeitpunkt der Stimmabgabe verhindert ist, seine Stimme persönlich abzugeben, hat der Wahlvorstand auf sein Verlangen

1. das Wahlausschreiben,
2. die Vorschlagslisten,
3. den Stimmzettel und den Wahlumschlag,
4. eine vorgedruckte, vom Wähler abzugebende Erklärung, in der dieser gegenüber dem Wahlvorstand versichert, daß er den Stimmzettel persönlich gekennzeichnet hat, sowie
5. einen größeren Freiumschlag, der die Anschrift des Wahlvorstands und als Absender den Namen und die Anschrift des leitenden Angestellten sowie den Vermerk „Schriftliche Stimmabgabe" trägt,

auszuhändigen oder zu übersenden. Die Wahlumschläge müssen sämtlich die gleiche Größe, Farbe, Beschaffenheit und Beschriftung haben. Der Wahlvorstand soll dem Wähler ferner ein Merkblatt über die Art und Weise der schriftlichen Stimmabgabe (§ 24) aushändigen oder übersenden. Der Wahlvorstand hat die Aushändigung oder die Übersendung der Unterlagen in der Wählerliste zu vermerken.

(2) Wahlberechtigte, von denen dem Wahlvorstand bekannt ist, dass sie
1. im Zeitpunkt der Wahl nach der Eigenart ihres Beschäftigungsverhältnisses, insbesondere im Außendienst oder mit Telearbeit Beschäftigte, oder
2. vom Erlass des Wahlausschreibens bis zum Zeitpunkt der Wahl aus anderen Gründen, insbesondere bei Ruhen des Arbeitsverhältnisses oder Arbeitsunfähigkeit,

voraussichtlich nicht im Betrieb anwesend sein werden, erhalten die in Absatz 1 bezeichneten Unterlagen, ohne dass es eines Verlangens der Wahlberechtigten bedarf. Der Arbeitgeber hat dem Wahlvorstand die dazu erforderlichen Informationen zur Verfügung zu stellen.

(3) Für Betriebsteile und Betriebe im Sinne des § 1 Abs. 2 des Gesetzes kann der Wahlvorstand die schriftliche Stimmabgabe beschließen. Der Wahlvorstand hat den leitenden Angestellten die in Absatz 1 bezeichneten Unterlagen auszuhändigen oder zu übersenden.

§ 24 Stimmabgabe

Der Wähler gibt seine Stimme in der Weise ab, daß er
1. den Stimmzettel unbeobachtet persönlich kennzeichnet und so faltet und in dem Wahlumschlag verschließt, dass die Stimmabgabe erst nach Auseinanderfalten des Stimmzettels erkennbar ist,
2. die vorgedruckte Erklärung unter Angabe des Orts und des Datums unterschreibt und
3. den Wahlumschlag und die unterschriebene vorgedruckte Erklärung in dem Freiumschlag verschließt und diesen so rechtzeitig an den Wahlvorstand absendet oder übergibt, daß er vor Abschluß der Stimmabgabe vorliegt.

Der Wähler kann unter den Voraussetzungen des § 11 Absatz 4 die in den Nummern 1 bis 3 bezeichneten Tätigkeiten durch eine Person des Vertrauens verrichten lassen.

§ 25 Verfahren bei der Stimmabgabe

(1) Zu Beginn der öffentlichen Sitzung zur Stimmauszählung nach § 12 öffnet der Wahlvorstand die bis zum Ende der Stimmabgabe (§ 3 Absatz 2 Nummer 9) eingegangenen Freiumschläge und entnimmt ihnen die Wahlumschläge sowie die vorgedruckten Erklärungen. Ist die schriftliche Stimmabgabe ordnungsgemäß erfolgt (§ 24), so vermerkt der Wahlvorstand die Stimmabgabe in der Wählerliste, öffnet die Wahlumschläge und legt die Stimmzettel in die Wahlurne. Befinden sich in einem Wahlumschlag mehrere gekennzeichnete Stimmzettel, werden sie in dem Wahlumschlag in die Wahlurne gelegt.

(2) Verspätet eingehende Freiumschläge hat der Wahlvorstand mit einem Vermerk über den Zeitpunkt des Eingangs ungeöffnet zu den Wahlunterlagen zu

nehmen. Die Freiumschläge sind einen Monat nach Bekanntgabe des Wahlergebnisses ungeöffnet zu vernichten, wenn die Wahl nicht angefochten worden ist.

Fünfter Abschnitt Abstimmung über die Wahl eines Sprecherausschusses

Erster Unterabschnitt Vorbereitung der Abstimmung

§ 26 Art der Abstimmung

(1) Ist der Wahlvorstand nach § 7 Abs. 2 des Gesetzes gewählt, hat er unverzüglich eine geheime Abstimmung darüber herbeizuführen, ob ein Sprecherausschuß gewählt werden soll. Der Wahlvorstand beschließt, ob die Abstimmung in einer Versammlung oder durch schriftliche Stimmabgabe erfolgt. Die Abstimmung muß spätestens drei Wochen vor dem Tag liegen, an dem die Wahl des Sprecherausschusses eingeleitet wird (§ 3 Abs. 1).

(2) Der Wahlvorstand hat eine Liste der nach § 7 Abs. 3 des Gesetzes Abstimmungsberechtigten (Abstimmungsliste) aufzustellen. § 2 Abs. 1 Satz 2 sowie Abs. 2 und 4 gilt entsprechend. Abstimmungsberechtigt sind nur leitende Angestellte, die in die Abstimmungsliste eingetragen sind. Die Abstimmungsliste kann bei Schreibfehlern oder offenbaren Unrichtigkeiten bis zum Abschluss der Stimmabgabe berichtigt oder ergänzt werden.

Zweiter Unterabschnitt Abstimmung in einer Versammlung

§ 27 Einladung und Abstimmungsausschreiben

(1) Hat der Wahlvorstand beschlossen, daß die Abstimmung in einer Versammlung erfolgen soll, hat er unverzüglich den Zeitpunkt für die Versammlung festzusetzen. Spätestens vier Wochen vor dem Tag der Versammlung hat er hierzu einzuladen und ein Abstimmungsausschreiben zu erlassen. Das Abstimmungsausschreiben ist vom Vorsitzenden und von mindestens einem weiteren Mitglied des Wahlvorstands zu unterschreiben.

(2) Das Abstimmungsausschreiben muß folgende Angaben enthalten:
1. das Datum seines Erlasses;
2. die Bestimmung des Orts, an dem die Abstimmungsliste und diese Verordnung ausliegen;
3. daß durch die Abstimmung geklärt wird, ob ein Sprecherausschuß gewählt werden soll;
4. das an der Abstimmung nur Angestellte teilnehmen können, die in die Abstimmungsliste eingetragen sind;
5. daß ein Sprecherausschuß nur dann gewählt wird, wenn dies die Mehrheit der Abstimmungsberechtigten verlangt;
6. Ort, Tag und Zeit der Versammlung;
7. den Hinweis auf die Möglichkeit der schriftlichen Stimmabgabe.

(3) Das Abstimmungsausschreiben ist bis zum Tag der Versammlung in gleicher Weise wie das Wahlausschreiben (§ 3 Abs. 4) bekanntzumachen mit der Maßgabe,

dass die Übermittlung nach § 3 Absatz 4 Satz 4 an die in § 30 Absatz 2 genannten Personen zu erfolgen hat.

§ 28 Stimmabgabe

(1) Die Abstimmung erfolgt durch Abgabe von Abstimmungszetteln, die so gefaltet sind, dass die Stimmabgabe erst nach Auseinanderfalten der Abstimmungszettel erkennbar ist. Die Abstimmungszettel dürfen nur die Frage an den Abstimmungsberechtigten enthalten, ob er für oder gegen die Wahl eines Sprecherausschusses stimmt. Der Abstimmende gibt seine Stimme in der Weise ab, daß er auf dem Abstimmungszettel das vorgedruckte „Ja" oder „Nein" ankreuzt. Die Abstimmungszettel müssen dieselbe Größe, Farbe, Beschaffenheit und Beschriftung haben.

(2) Abstimmungszettel, die mit einem besonderen Merkmal versehen sind oder aus denen sich der Wille des Abstimmenden nicht unzweifelhaft ergibt oder die andere als die in Absatz 1 genannten Angaben, einen Zusatz oder sonstige Änderungen enthalten, sind ungültig.

§ 29 Abstimmungsvorgang

Der Wahlvorstand hat geeignete Vorkehrungen zu treffen, daß der Abstimmende den Abstimmungszettel im Versammlungsraum unbeobachtet kennzeichnen und falten kann. § 11 Absatz 1 Satz 2 bis 4 sowie Absatz 2 bis 5 gilt entsprechend.

§ 30 Schriftliche Stimmabgabe bei Verhinderung

(1) Einem Abstimmungsberechtigten, der im Zeitpunkt der Versammlung verhindert ist, seine Stimme persönlich abzugeben, hat der Wahlvorstand auf sein Verlangen

1. das Abstimmungsausschreiben,
2. den Abstimmungszettel und den Abstimmungsumschlag,
3. eine vorgedruckte, vom Abstimmenden abzugebende Erklärung, in der dieser gegenüber dem Wahlvorstand versichert, daß er den Abstimmungszettel persönlich gekennzeichnet hat, sowie
4. einen größeren Freiumschlag, der die Anschrift des Wahlvorstands und als Absender den Namen und die Anschrift des Abstimmungsberechtigten sowie den Vermerk „Schriftliche Stimmabgabe" trägt,

auszuhändigen oder zu übersenden. Die Abstimmungsumschläge müssen die gleiche Größe, Farbe, Beschaffenheit und Beschriftung haben. Der Wahlvorstand soll dem Abstimmungsberechtigten ferner ein Merkblatt über die Art und Weise der schriftlichen Stimmabgabe (Absatz 3) aushändigen oder übersenden. Der Wahlvorstand hat die Aushändigung oder die Übersendung der Unterlagen in der Abstimmungsliste zu vermerken.

(2) Abstimmungsberechtigte, von denen dem Wahlvorstand bekannt ist, dass sie

1. im Zeitpunkt der Versammlung nach der Eigenart ihres Beschäftigungsverhältnisses, insbesondere im Außendienst oder mit Telearbeit Beschäftigte, oder

2. vom Erlass des Abstimmungsausschreibens bis zum Zeitpunkt der Versammlung aus anderen Gründen, insbesondere bei Ruhen des Arbeitsverhältnisses oder Arbeitsunfähigkeit,

voraussichtlich nicht im Betrieb anwesend sein werden, erhalten die in Absatz 1 bezeichneten Unterlagen, ohne dass es eines Verlangens der Abstimmungsberechtigten bedarf. Der Arbeitgeber hat dem Wahlvorstand die dazu erforderlichen Informationen zur Verfügung zu stellen.

(3) Der Abstimmende gibt seine Stimme in der Weise ab, daß er
1. den Abstimmungszettel unbeobachtet persönlich kennzeichnet und so faltet und in dem Abstimmungsumschlag verschließt, dass die Stimmabgabe erst nach Auseinanderfalten des Abstimmungszettels erkennbar ist,
2. die vorgedruckte Erklärung unter Angabe des Orts und des Datums unterschreibt und
3. den Abstimmungsumschlag und die unterschriebene vorgedruckte Erklärung in dem Freiumschlag verschließt und diesen so rechtzeitig an den Wahlvorstand absendet oder übergibt, daß er vor Abschluß der Abstimmung vorliegt.

(4) Unmittelbar nach Abschluss der Abstimmung öffnet der Wahlvorstand in öffentlicher Sitzung die bis zu diesem Zeitpunkt eingegangenen Freiumschläge und entnimmt ihnen die Abstimmungsumschläge sowie die vorgedruckten Erklärungen. Ist die schriftliche Stimmabgabe ordnungsgemäß erfolgt (Absatz 3), so vermerkt der Wahlvorstand die Stimmabgabe in der Abstimmungsliste, öffnet die Abstimmungsumschläge und legt die Abstimmungszettel in die Wahlurne. Befinden sich in einem Abstimmungsumschlag mehrere gekennzeichnete Abstimmungszettel, werden sie in dem Abstimmungsumschlag in die Wahlurne gelegt.

(5) Verspätet eingehende Freiumschläge hat der Wahlvorstand mit einem Vermerk über den Zeitpunkt des Eingangs ungeöffnet zu den Wahlunterlagen zu nehmen. Die Freiumschläge sind einen Monat nach Bekanntgabe des Ergebnisses der Wahl des Sprecherausschusses ungeöffnet zu vernichten, wenn die Wahl nicht angefochten worden ist.

§ 31 Öffentliche Stimmauszählung

(1) Unverzüglich nach Abschluß der Abstimmung nimmt der Wahlvorstand öffentlich die Auszählung der Stimmen vor. Sofern eine schriftliche Stimmabgabe erfolgt ist, führt der Wahlvorstand vor Beginn der Stimmauszählung das Verfahren nach § 30 Absatz 4 durch.

(2) Nach Öffnung der Wahlurnen entnimmt der Wahlvorstand die Abstimmungszettel und stellt fest, wieviele Stimmen für die Wahl eines Sprecherausschusses abgegeben worden sind. Dabei ist die Gültigkeit der Abstimmungszettel zu prüfen; § 12 Abs. 3 gilt entsprechend.

§ 32 Bekanntmachung des Abstimmungsergebnisses

(1) Der Wahlvorstand hat die Zahl der Abstimmungsberechtigten und die Zahl der für die Wahl eines Sprecherausschusses abgegebenen Stimmen in einer Niederschrift festzuhalten; § 14 Abs. 2 gilt entsprechend.

(2) Der Wahlvorstand gibt unverzüglich das Abstimmungsergebnis durch zweiwöchigen Aushang in gleicher Weise wie das Wahlausschreiben nach § 3 Absatz 4

Satz 1 bis 3 bekannt. Ein Abdruck der Abstimmungsniederschrift (Absatz 1) ist dem Arbeitgeber unverzüglich zu übersenden.

(3) Ist ein Sprecherausschuß nicht zu wählen, endet das Amt des Wahlvorstands mit der Bekanntgabe des Abstimmungsergebnisses.

Dritter Unterabschnitt Schriftliche Abstimmung

§ 33 Verfahren bei schriftlicher Abstimmung

(1) Hat der Wahlvorstand schriftliche Stimmabgabe beschlossen, hat er unverzüglich den Zeitpunkt festzusetzen, bis zu dem die Freiumschläge bei ihm eingegangen sein müssen. Spätestens vier Wochen vor diesem Zeitpunkt hat er ein Abstimmungsausschreiben zu erlassen, das vom Vorsitzenden und von mindestens einem weiteren Mitglied des Wahlvorstands zu unterschreiben ist.

(2) Das Abstimmungsausschreiben muß neben den in § 27 Abs. 2 Nr. 1 bis 5 genannten Angaben die weitere Angabe enthalten, daß die Abstimmung durch schriftliche Stimmabgabe erfolgt und die Freiumschläge bis zu dem vom Wahlvorstand hierfür gesetzten Zeitpunkt bei ihm eingegangen sein müssen. Das Abstimmungsausschreiben ist bis zu diesem Zeitpunkt in gleicher Weise wie das Abstimmungsausschreiben nach § 27 Absatz 3 bekanntzumachen.

(3) Der Wahlvorstand hat den Abstimmungsberechtigten die in § 30 Abs. 1 genannten Unterlagen auszuhändigen oder zu übersenden. Er soll den Abstimmungsberechtigten ferner ein Merkblatt über die Art und Weise der schriftlichen Stimmabgabe (Absatz 4 Satz 2) aushändigen oder übersenden. Er hat die Aushändigung oder Übersendung der Unterlagen in der Abstimmungsliste zu vermerken.

(4) Für die schriftliche Stimmabgabe gelten § 28 Absatz 1 Satz 2 bis 4 und Absatz 2 sowie § 11 Absatz 4 entsprechend. § 30 Absatz 3 gilt entsprechend mit der Maßgabe, daß der Freiumschlag vor Ablauf der vom Wahlvorstand gesetzten Frist (Absatz 1 Satz 1) vorliegen muß.

(5) Unmittelbar nach Ablauf der Frist (Absatz 1 Satz 1) öffnet der Wahlvorstand in öffentlicher Sitzung die bis zu diesem Zeitpunkt eingegangenen Freiumschläge und entnimmt ihnen die Abstimmungsumschläge sowie die vorgedruckten Erklärungen. Ist die schriftliche Stimmabgabe ordnungsgemäß erfolgt (Absatz 4 Satz 2), so vermerkt der Wahlvorstand die Stimmabgabe in der Abstimmungsliste, öffnet die Abstimmungsumschläge und legt die Abstimmungszettel in die Wahlurne. § 11 Absatz 1 Satz 3 und 4 sowie Absatz 5, § 30 Absatz 5, § 31 Absatz 1 Satz 1 und § 32 gelten entsprechend.

Zweiter Teil Besondere Vorschriften für den Unternehmenssprecherausschuß

§ 34 Wahl des Unternehmenssprecherausschusses

Für die Wahl des Unternehmenssprecherausschusses sind die §§ 1 bis 25 mit der Maßgabe anzuwenden, daß

1. ein Abdruck der Wählerliste und ein Abdruck dieser Verordnung an geeigneter Stelle in jedem Betrieb des Unternehmens zur Einsichtnahme auszulegen ist (§ 2 Abs. 4 Satz 1),
2. Mitteilungen, die vom Unternehmenswahlvorstand bekanntzumachen sind, in jedem Betrieb des Unternehmens auszuhängen sind,
3. der Unternehmenswahlvorstand leitende Angestellte als Wahlhelfer zu seiner Unterstützung auch bei der Bekanntmachung von Mitteilungen in den einzelnen Betrieben des Unternehmens heranziehen kann (§ 1 Abs. 2 Satz 2),
4. die Listenvertreter leitende Angestellte des Betriebs, in dem der Unternehmenswahlvorstand die Losentscheidung über die Reihenfolge der Ordnungsnummern der Vorschlagslisten (§ 9 Abs. 1) herbeizuführen hat, damit beauftragen können, an ihrer Stelle an der Losentscheidung teilzunehmen,
5. der Unternehmenswahlvorstand auch für einzelne Betriebe des Unternehmens die schriftliche Stimmabgabe beschließen kann (§ 23 Absatz 3 Satz 1),
6. das Wahlausschreiben die Angabe enthalten muß, ob für einzelne Betriebe des Unternehmens die schriftliche Stimmabgabe beschlossen ist (§ 3 Abs. 2 Nr. 10).

§ 35 Voraussetzungen für die Wahl des Unternehmenswahlvorstands

(1) Die Einladung zu einer Versammlung zur Wahl eines Unternehmenswahlvorstands ist in gleicher Weise wie das Wahlausschreiben (§ 3 Abs. 4) in jedem Betrieb des Unternehmens spätestens vier Wochen vor dem Tag der Versammlung bekanntzumachen. Die Einladung muß das Datum ihrer Bekanntmachung sowie die Namen der einladenden leitenden Angestellten und ihre Anschrift (Betriebsadresse) enthalten.

(2) Ein Unternehmenswahlvorstand kann nicht gewählt werden, wenn in der Mehrzahl der Betriebe des Unternehmens jeweils die Mehrheit der leitenden Angestellten für die Wahl von Sprecherausschüssen gestimmt hat (§ 7 Abs. 2 Satz 4 des Gesetzes, §§ 26 bis 33) und dies einem der leitenden Angestellten, die zur Wahl des Unternehmenswahlvorstands eingeladen haben, spätestens eine Woche vor dem Tag der Versammlung von den Betriebswahlvorständen unter Beifügung eines Abdrucks der Abstimmungsniederschrift (§ 32 Abs. 1) mitgeteilt wird. Sind die Mitteilungen nach Satz 1 rechtzeitig erfolgt, haben die einladenden leitenden Angestellten unverzüglich in gleicher Weise wie das Wahlausschreiben (§ 3 Abs. 4) in jedem Betrieb des Unternehmens bekanntzumachen, daß die Versammlung zur Wahl des Unternehmenswahlvorstands nicht stattfindet.

(3) Sind die Mitteilungen nach Absatz 2 Satz 1 nicht rechtzeitig erfolgt, kann die Wahl von Sprecherausschüssen nicht mehr durchgeführt werden. Dies haben die leitenden Angestellten, die zur Wahl des Unternehmenswahlvorstands eingeladen haben, unverzüglich in gleicher Weise wie das Wahlausschreiben (§ 3 Abs. 4) in jedem Betrieb des Unternehmens bekanntzumachen. Satz 1 gilt nicht, wenn kein Unternehmenswahlvorstand gewählt wird oder die Mehrheit der leitenden Angestellten des Unternehmens nicht für die Wahl eines Unternehmenssprecherausschusses stimmt (§ 20 Abs. 1 des Gesetzes, § 36); für die Bekanntmachung gilt Satz 2 oder, falls ein Unternehmenswahlvorstand gewählt worden ist, § 32 Abs. 2 Satz 1 und § 34 Nr. 2 entsprechend.

§ 36 Abstimmung über die Wahl eines Unternehmenssprecherausschusses

Ist der Wahlvorstand für die Wahl eines Unternehmenssprecherausschusses gewählt (§ 20 Abs. 1 Satz 2, § 7 Abs. 2 des Gesetzes), hat er unverzüglich eine geheime Abstimmung darüber herbeizuführen, ob ein Unternehmenssprecherausschuß gewählt werden soll. § 26 Abs. 1 Satz 2 und 3 und Abs. 2 sowie die §§ 27 bis 34 Nr. 1 bis 3 gelten entsprechend.

§ 37 Wechsel von Sprecherausschüssen zum Unternehmenssprecherausschuß

Bestehen in einem Unternehmen Sprecherausschüsse und stellen ein Zwanzigstel der leitenden Angestellten, jedoch mindestens drei leitende Angestellte des Unternehmens bei dem Sprecherausschuß der Hauptverwaltung oder, sofern ein solcher nicht besteht, bei dem Sprecherausschuß des nach der Zahl der leitenden Angestellten größten Betriebs einen Antrag auf Wahl eines Unternehmenssprecherausschusses (§ 20 Abs. 2 des Gesetzes), hat der Sprecherausschuß unverzüglich eine geheime Abstimmung darüber herbeizuführen, ob ein Unternehmenssprecherausschuß gewählt werden soll. Der Antrag muß spätestens ein Jahr vor Beginn des für die regelmäßigen Wahlen festgelegten Zeitraums (§ 5 Abs. 1 Satz 1 des Gesetzes) bei dem Sprecherausschuß eingehen. § 26 Abs. 1 Satz 2 und Abs. 2, die §§ 27 bis 32 Abs. 1 und 2 sowie die §§ 33 und 34 Nr. 1 bis 3 gelten entsprechend.

§ 38 Wechsel vom Unternehmenssprecherausschuß zu Sprecherausschüssen

Besteht ein Unternehmenssprecherausschuß und stellen ein Zwanzigstel der leitenden Angestellten, jedoch mindestens drei leitende Angestellte des Unternehmens einen Antrag auf Wahl von Sprecherausschüssen (§ 20 Abs. 3 des Gesetzes), hat der Unternehmenssprecherausschuß unverzüglich eine geheime Abstimmung darüber herbeizuführen, ob Sprecherausschüsse gewählt werden sollen. Der Antrag muß spätestens ein Jahr vor Beginn des für die regelmäßigen Wahlen festgelegten Zeitraums (§ 5 Abs. 1 Satz 1 des Gesetzes) bei dem Unternehmenssprecherausschuß eingehen. § 26 Abs. 1 Satz 2 und Abs. 2, die §§ 27 bis 32 Abs. 1 und 2 sowie die §§ 33 und 34 Nr. 1 bis 3 gelten entsprechend.

Dritter Teil Besondere Vorschriften für die Seeschiffahrt

§ 39 Teilnahme der Kapitäne an der Wahl

Werden in Landbetrieben von Seeschiffahrtsunternehmen Sprecherausschüsse gewählt, finden die §§ 1 bis 38 mit folgender Maßgabe Anwendung:

1. Der Arbeitgeber hat dem Wahlvorstand die Häfen, die die einzelnen zum Seeschiffahrtsunternehmen gehörenden Schiffe anlaufen, sowie die voraussichtlichen jeweiligen Liegezeiten anzugeben (§ 2 Abs. 2).
2. Der Wahlvorstand übersendet jedem Kapitän einen Abdruck der Wählerliste und einen Abdruck dieser Verordnung (§ 2 Abs. 4).

3. Mitteilungen, die im Landbetrieb bekanntzumachen sind, übersendet der Wahlvorstand jedem Kapitän. Die Versendung hat gleichzeitig mit der Bekanntgabe zu erfolgen; mit der Versendung beginnen die Fristen zu laufen.
4. Die in § 3 Abs. 1 Satz 1 genannte Frist für den Erlaß des Wahlausschreibens wird auf zwölf Wochen verlängert.
5. Das Wahlausschreiben muß die Angabe enthalten, daß
   a) Einsprüche gegen die Wählerliste nur vor Ablauf von fünf Wochen seit dem Erlaß des Wahlausschreibens eingelegt werden können (§ 3 Abs. 2 Nr. 3);
   b) Wahlvorschläge vor Ablauf von fünf Wochen seit dem Erlaß des Wahlausschreibens beim Wahlvorstand einzureichen sind (§ 3 Abs. 2 Nr. 6);
   c) die Kapitäne in Briefwahl abstimmen (§ 3 Abs. 2 Nr. 10).
6. Die in § 4 Abs. 1 genannte Frist für Einsprüche gegen die Wählerliste wird auf fünf Wochen verlängert. § 4 Abs. 2 Satz 5 zweiter Halbsatz findet keine Anwendung.
7. Die in § 5 Abs. 1 Satz 2 genannte Frist für die Einreichung von Vorschlagslisten wird auf fünf Wochen verlängert.
8. Die in § 9 Abs. 2 genannte Frist für die Bekanntmachung der Vorschlagslisten wird auf fünf Wochen verlängert.
9. Die Kapitäne stimmen in Briefwahl ab. § 23 Abs. 1 sowie die §§ 24 und 25 gelten entsprechend. Gleichzeitig mit der Versendung der Vorschlagslisten übersendet der Wahlvorstand jedem Kapitän die zur schriftlichen Stimmabgabe erforderlichen Unterlagen.
10. Die Abstimmungen nach den §§ 26, 36, 37 und 38 erfolgen durch schriftliche Stimmabgabe. § 33 gilt entsprechend.

Vierter Teil Übergangs- und Schlußvorschriften

§ 40 Berechnung der Fristen

(1) Für die Berechnung der in dieser Verordnung festgelegten Fristen finden die §§ 186 bis 193 des Bürgerlichen Gesetzbuchs entsprechende Anwendung.

(2) Mit der Bestimmung des letzten Tages einer Frist nach Absatz 1 kann der Wahlvorstand eine Uhrzeit festlegen, bis zu der ihm Erklärungen nach § 4 Absatz 1, § 5 Absatz 1 und 7 Satz 2, § 7 Absatz 2 sowie § 8 Absatz 1 Satz 1 zugehen müssen. Diese Uhrzeit darf nicht vor dem Ende der Arbeitszeit der Mehrheit der Wähler an diesem Tag liegen.

§ 41 (weggefallen)

§ 42 Inkrafttreten

Diese Verordnung tritt am Tage nach der Verkündung in Kraft.

Anhang 3. Mustertexte

I. Geschäftsordnung für den Sprecherausschuss (SprA) des Betriebs (ab 3 Mitgliedern)

Diese Geschäftsordnung kann sinngemäß auch von Unternehmenssprecherausschüssen (§ 20 SprAuG) verwendet werden.

Übersicht

Der SprA vertritt die Belange der Leitenden Angestellten (L.A.) des Betriebs …… gegenüber der Betriebsleitung.

Zur Ordnung der internen Geschäftsführung im Rahmen seiner Aufgaben gibt sich der SprA für die Dauer seiner Amtszeit gemäß § 13 Abs. 5 SprAuG in Ergänzung der §§ 11 ff. SprAuG die folgende Geschäftsordnung.

1. Beschlussfassung über die Geschäftsordnung

1.1. Die Geschäftsordnung kann nur mit der Mehrheit der in § 4 Abs. 1 SprAuG vorgeschriebenen Zahl der Mitglieder des SprA beschlossen, geändert oder aufgehoben werden.

1.2. [1]Der Beschluss kann nur gefasst werden, wenn mindestens die Hälfte der Mitglieder des SprA an der Beschlussfassung teilnimmt. [2]Stellvertretung durch Ersatzmitglieder ist zulässig.

2. Organe des SprA

Organe des SprA sind
- der Vorsitzende und dessen Stellvertreter und
- die Versammlung des SprA.

3. Wahl des Vorsitzenden und dessen Stellvertreters

3.1. [1]Der SprA wählt aus seiner Mitte in **getrennten Wahlgängen** zunächst den **Vorsitzenden** des SprA und danach dessen **Stellvertreter.** [2]Die Wahlen können auch virtuell (zB Skype, Teams, WebEx, Zoom) durchgeführt werden.

3.2. [1]**Scheidet** der **Vorsitzende** aus dem SprA **aus,** so ist innerhalb eines Monats nach dem Ausscheiden eine Neuwahl vorzunehmen. [2]Bis zur Neuwahl übt der **Stellvertreter** das Amt des Vorsitzenden und ein vom SprA gemäß Ziffer 9. bestimmtes Mitglied das Amt des Stellvertreters aus.

3.3. [1]**Scheidet** der **Stellvertreter** des Vorsitzenden aus dem SprA **aus,** so ist innerhalb eines Monats nach dem Ausscheiden eine Neuwahl vorzunehmen. [2]Bis zur Neuwahl übt ein vom SprA gemäß Ziffer 9. bestimmtes Mitglied das Amt des Stellvertreters aus.

3.4. [1]Sind der **Vorsitzende und** dessen **Stellvertreter nicht mehr Mitglieder** des **SprA,** so werden ihre Ämter bis zur Neuwahl von Mitgliedern verwaltet, die auf einer von dem nach Lebensjahren ältesten Mitglied des SprA einzuberufenden Sitzung vom SprA eingesetzt werden. [2]Eine Neuwahl ist unverzüglich durchzuführen. [3]Dasselbe gilt, wenn der Vorsitzende und dessen Stellvertreter einzeln oder gemeinsam ihre **Ämter niederlegen,** aber Mitglieder **im SprA bleiben.**

4. Aufgaben des Vorsitzenden

4.1. [1]Der Vorsitzende des SprA – im Falle seiner Verhinderung sein Stellvertreter – **beruft** die **Sitzungen** des SprA **ein,** legt die vorläufige **Tagesordnung** fest und gibt sie mit der Einladung bekannt. [2]Er **leitet** die **Sitzungen** und **Abstimmungen,** übt während der Sitzung das **Hausrecht** aus und **unterzeichnet** zusammen mit einem weiteren Mitglied des SprA die **Niederschrift.**

4.2. Der Vorsitzende kann, in Abstimmung mit dem SprA, **Vertreter** der **Betriebsleitung** zu den Sitzungen oder zu einzelnen Tagesordnungspunkten **einladen.**

4.3. Der Vorsitzende kann, in Abstimmung mit dem SprA, **fachkundige Berater** und **Auskunftspersonen** an Sitzungen oder zur Erörterung einzelner Tagesordnungspunkte teilnehmen lassen, falls die Mehrheit der Mitglieder des SprA nicht widerspricht.

4.4. [1]Der Vorsitzende kann nach seinem Ermessen einen **Protokollführer** zu den Sitzungen des SprA hinzuziehen. [2]Der Protokollführer wird vom Vorsitzenden bestimmt. [3]Grundsätzlich ist das Protokoll von einem Mitglied des SprA zu erstellen. [4]Die Mitglieder des SprA können durch einstimmigen Beschluss auch ein Nicht-SprA-Mitglied zum Protokollführer ernennen.

4.5. Der Vorsitzende hat die Mitglieder auf die ihnen durch §§ 29, 31 Abs. 3 SprAuG auferlegten **Geheimhaltungspflichten** und die Folgen bei einem Verstoß hinzuweisen.

4.6. [1]Die **laufenden Geschäfte** führt der Vorsitzende. [2]Durch Beschluss des SprA können ihm **weitere Aufgaben** übertragen werden.

4.7. Der Vorsitzende soll mindestens einmal im Jahr die **Versammlung der L.A.** des Betriebs unter Bekanntgabe der vom SprA beschlossenen Tagesordnung einberufen.

5. Ersatzmitglieder

5.1. [1]**Scheidet** ein Mitglied des **SprA** aus, so rückt ein Ersatzmitglied nach. [2]Dies gilt entsprechend für die Stellvertretung eines **zeitweilig verhinderten** Mitglieds.

5.2. [1]Der SprA legt in seiner ersten Sitzung die **Reihenfolge** der Ersatzmitglieder nach den folgenden Regeln fest und verzeichnet diese Reihenfolge in einer namentlichen Ersatzmitgliederliste. [2]Sind die Mitglieder des SprA aus nur **einer Vorschlagsliste** gewählt worden, so bestimmt sich die Reihenfolge der Ersatzmitglieder nach der Höhe der von jedem einzelnen Bewerber erreichten Stimmenzahl.

5.3. [1]Standen **mehrere Vorschlagslisten** zur Wahl, so werden die Ersatzmitglieder derjenigen Vorschlagsliste entnommen, der die zu ersetzenden Mitglieder angehörten. [2]Ist diese Vorschlagsliste erschöpft, so werden die noch fehlenden Ersatzmitglieder den anderen Vorschlagslisten entsprechend § 10 Abs. 2 S. 2 SprAuG entnommen.

5.4. Der Vorsitzende **lädt** anstelle des verhinderten Mitglieds das Ersatzmitglied zu der Sitzung des SprA **ein.**

5.5. In Ausnahmefällen, zB bei einer Verhinderung erst kurz vor der Sitzung, kann das Ersatzmitglied für das verhinderte Mitglied auch **ohne Ladung** an der Sitzung teilnehmen.

5.6. Besteht der SprA aus **einer Person,** so rückt in den Fällen des 5.1. das gewählte Ersatzmitglied nach.

6. Entsendung in den GSprA

[1]Der SprA entsendet eines seiner Mitglieder in den GSprA. [2]Für dieses Mitglied bestellt der SprA aus seiner Mitte mindestens ein Ersatzmitglied. [3]Bei mehreren Ersatzmitgliedern legt der SprA die Reihenfolge fest. [4]Diese Reihenfolge teilt der Vorsitzende des SprA dem Vorsitzenden des GSprA mit.

7. Geschäftsführung

7.1. Der **Vorsitzende vertritt** den **SprA** im Rahmen der von diesem gefassten Beschlüsse.

7.2. Ohne entsprechenden Beschluss des SprA sind **einzelne Mitglieder** nicht berechtigt, für diesen verbindliche Erklärungen abzugeben.

7.3. [1]Die Führung der **Gespräche** und **Verhandlungen** mit der **Betriebsleitung** ist grds. Aufgabe des Vorsitzenden des SprA. [2]Sofern der Vorsitzende es für notwendig hält, kann er weitere Mitglieder des SprA zu den Gesprächen und Verhandlungen hinzuziehen.

7.4. [1]**Erklärungen,** die dem **SprA gegenüber** abzugeben sind, nimmt der Vorsitzende, bei seiner Verhinderung dessen Stellvertreter entgegen. [2]Für den Fall, dass auch der Stellvertreter verhindert ist, bestimmt der SprA aus seiner Mitte mit einfacher Mehrheit ein Mitglied, das dann die Erklärungen entgegennimmt. [3]Von dieser Festlegung ist die Betriebsleitung zu verständigen. [4]Der Vorsitzende des SprA hat sicherzustellen, dass er über die Abwesenheit einzelner Mitglieder des SprA stets rechtzeitig informiert wird.

7.5. **Mitteilungen** der **Betriebsleitung** nach § 31 SprAuG – insbesondere über Kündigungen – müssen mit Rücksicht auf die vom Gesetz vorgeschriebenen sehr kurzen Erklärungsfristen sofort nach Erhalt im SprA behandelt werden.

8. Sitzungen des SprA

8.1. [1]Die **Sitzungen** des SprA finden **nach Bedarf** statt, mindestens aber einmal im Monat. [2]Die Sitzungen können auch **virtuell** (zB Skype, Teams, WebEx, Zoom) abgehalten werden. [3]Die Termine sind vom Vorsitzenden des SprA am Ende des Kalenderjahres für das kommende Kalenderjahr festzulegen und bekanntzugeben. [4]Die Sitzungen des SprA werden vom Vorsitzenden einberufen.

8.2. [1]Die **Einberufung** soll grds. in **Textform** (auch durch E-Mail, SMS, Fax, WhatsApp, Telegram) und mindestens eine Woche vor der Sitzung erfolgen. [2]Aus wichtigem Grund kann ausnahmsweise (fern-)mündlich und unter Verkürzung der Frist einberufen werden; dies gilt nicht, wenn ein Mitglied des SprA widerspricht.

8.3. [1]In der Einberufung sind **Ort** (nicht im virtuellen Format) und **Zeit** der Sitzung sowie die vorläufige **Tagesordnung** anzugeben. [2]Auf die Angabe der Tagesordnung kann verzichtet werden, wenn sie auf der letzten Sitzung bekannt gegeben wurde und das einzuberufende Mitglied hierbei anwesend war.

8.4. [1]**Vorschläge** zur **Tagesordnung** können von **jedem Mitglied** bis zum 3. Tag vor der Sitzung dem Vorsitzenden mitgeteilt werden. [2]Rechtzeitig eingebrachte Vorschläge gibt der Vorsitzende den anderen Mitgliedern des SprA in geeigneter Form vor der Sitzung bekannt. [3]Sie müssen in der Sitzung behandelt werden.

8.5. Über nicht in der vorläufigen Tagesordnung enthaltene oder nicht rechtzeitig vor der Sitzung eingebrachte Vorschläge und Themen kann Beschluss nur gefasst werden, wenn alle Mitglieder des SprA anwesend sind und sich einstimmig mit der Behandlung in der Sitzung einverstanden erklärt haben.

8.6. [1]Der Vorsitzende hat eine Sitzung des SprA einzuberufen, wenn dies die **Betriebsleitung beantragt.** [2]Der Gegenstand, dessen Beratung verlangt wird, ist in der Tagesordnung zu nennen.

8.7. 1Der Vorsitzende hat ferner eine Sitzung des SprA einzuberufen, wenn dies mindestens **ein Drittel seiner Mitglieder beantragt.** 2Der Gegenstand, dessen Beratung beantragt wird, ist in der Tagesordnung zu nennen.

8.8. [1]Die **Vertreter** der **Betriebsleitung nehmen** an den Sitzungen des SprA **teil,** die auf ihr Verlangen anberaumt sind. [2]Ferner nehmen sie an den Sitzungen teil, zu denen ein Vertreter der Betriebsleitung durch den SprA ausdrücklich eingeladen wurde.

8.9. [1]Eine Sitzung gilt auch dann als ordnungsgemäß einberufen, wenn alle Mitglieder versammelt sind und einstimmig auf die Förmlichkeit der Einladung verzichtet haben. [2]Ebenso müssen sich die Mitglieder einstimmig auf eine Tagesordnung und auf die in der Sitzung zu behandelnden Themen verständigt haben.

8.10. Die Sitzungen des SprA finden grds. als **Präsenzsitzungen** statt.

8.11. [1]Abweichend von Ziffer 8.10. kann die Teilnahme an einer Sitzung des SprA auch mittels **Video- und Telefonkonferenz** erfolgen, **wenn**

1. nicht mindestens ein Viertel der Mitglieder des SprA binnen einer vom Vorsitzenden zu bestimmenden Frist diesem gegenüber widerspricht und

2. sichergestellt ist, dass Dritte vom Inhalt der Sitzung keine Kenntnis nehmen können.

[2] Eine **Aufzeichnung** der Sitzung ist unzulässig.

8.12. Erfolgt die Sitzung des SprA mit der zusätzlichen Möglichkeit der Teilnahme mittels Video- und Telefonkonferenz, gilt auch eine Teilnahme vor Ort als **erforderlich.**

8.13. Nimmt ein Mitglied des SprA mittels Video- und Telefonkonferenz an der Sitzung teil, so hat es seine Teilnahme gegenüber dem Vorsitzenden in Textform zu bestätigen.

9. Beschlüsse des SprA

9.1. Beschlüsse des SprA können nur in ordnungsgemäß einberufenen Sitzungen (s. 8.) gefasst werden.

9.2. Die Beschlussfassung in Form eines schriftlichen oder mündlichen **Umlaufverfahrens** ohne Sitzung ist nicht zulässig.

9.3. 1Der SprA ist nur beschlussfähig, wenn mindestens die Hälfte seiner Mitglieder an der Beschlussfassung teilnimmt. 2Stellvertretung durch Ersatzmitglieder ist zulässig; im Übrigen ist eine Stellvertretung oder Bevollmächtigung nicht möglich.

9.4. [1]Die Beschlüsse bedürfen zu ihrer Gültigkeit der Mehrheit der anwesenden Mitglieder. [2]Stimmenthaltung gilt als Ablehnung. [3]Bei Stimmengleichheit ist ein Antrag abgelehnt.

9.5. [1]Betrifft eine Beschlusssache ein Mitglied des SprA persönlich, ist es von der Teilnahme an der Abstimmung ausgeschlossen. [2]An seiner Stelle nimmt das für ihn zuständige Ersatzmitglied an der Beschlussfassung teil.

9.6. Ziffer 9.5. gilt nicht für Wahlen im SprA, mit der Folge dass, ein zur Wahl stehendes Mitglied an der Abstimmung über seine Wahl teilnehmen kann.

10. Abstimmungen und Wahlen

10.1. Die Abstimmungen und Wahlen erfolgen idR durch **offene Stimmabgabe.**

10.2. Es muss **verdeckt** abgestimmt/gewählt werden, wenn ein Mitglied dies verlangt.

11. Niederschrift

11.1. [1]Über jede Sitzung des SprA ist eine Niederschrift anzufertigen.
[2]Aus der Niederschrift muss sich der Ablauf der Sitzung ergeben.
[3]Zu protokollieren sind insbesondere:
- Beginn und Ende der Sitzung;
- Namen der Anwesenden;
- Namen der Teilnehmer, die die Sitzung verlassen und ab wann;
- Namen der Fehlenden;
- die Tagesordnung;
- die Sitzungsleitung:
- die Form der Abstimmung;

– der Wortlaut der Beschlüsse;
– die Ja- und Nein-Stimmen sowie die Stimmenthaltungen.

11.2. [1]Die Niederschrift wird vom Vorsitzenden des SprA und vom Schriftführer **unterzeichnet.** [2]Der Niederschrift ist eine **Anwesenheitsliste** beizufügen, in die sich jeder Teilnehmer der Sitzung eigenhändig mit Unterschrift einzutragen hat.

11.3. [1]Jedes Mitglied des SprA und jedes teilnehmende Ersatzmitglied erhält eine Kopie der Niederschrift. [2]Teilnehmer, die dem SprA nicht angehören, können die Niederschrift ganz oder auszugsweise erhalten, wenn dies vom SprA beschlossen wird.

11.4. [1]Der SprA beschließt in jeder Sitzung, ob und in welcher Weise eine **Mitteilung** über die Sitzung **an** die **L.A.** erfolgt. [2]Mitteilungen des SprA können durch Aushang oder in anderer geeigneter Form bekanntgemacht werden. [3]Sie werden vom Vorsitzenden und einem weiteren Mitglied des SprA unterzeichnet.

12. Bekanntmachungen, Mitteilungen

[1]Bekanntmachungen und Mitteilungen an die Mitglieder des SprA außerhalb der Sitzungen erfolgen durch den Vorsitzenden, im Verhinderungsfall durch dessen Stellvertreter. [2]Sie erfolgen grds. in Textform (auch durch E-Mail, SMS, Fax, WhatsApp, Telegram). [3]In Eilfällen können Mitteilungen auch (fern-)mündlich erfolgen.

13. Versammlung der Leitenden Angestellten des Betriebs einschließlich zugeordnete Betriebe

13.1. Der SprA-Vorsitzende soll mindestens **einmal im Kalenderjahr** eine Versammlung der L.A. des Betriebs (L.A.-Versammlung) einberufen.

13.2. [1]Die **Einberufung** erfolgt unter Bekanntgabe der Tagesordnung, des Orts und des Zeitpunkts, in Form einer schriftlichen Mitteilung an jeden L.A. [2] Hierbei ist eine Frist von mindestens 2 Wochen einzuhalten.

13.3. Auf **Antrag** der **Betriebsleitung** oder eines **Viertels** der **L.A.** des Betriebs hat der SprA-Vorsitzende eine L.A.-Versammlung einzuberufen und den beantragten Beratungsgegenstand auf die Tagesordnung zu setzen.

13.4. Der **SprA-Vorsitzende** erstattet auf der L.A.-Versammlung einen **Tätigkeitsbericht.**

13.5. [1]Die **Betriebsleitung** ist zu der L.A.-Versammlung unter Mitteilung der Tagesordnung einzuladen. [2]Sie ist berechtigt in der L.A.-Versammlung zu sprechen. [3]Sie hat über Angelegenheiten der L.A. sowie über die wirtschaftliche Lage und Entwicklung des Betriebs zu berichten, soweit dadurch nicht Betriebs- oder Geschäftsgeheimnisse gefährdet werden.

13.6. [1]Der **SprA-Vorsitzende** leitet die L.A.-Versammlung und sorgt für deren ordnungsgemäßen und zügigen Verlauf und die Erledigung der Tagesordnung. [2]Er übt während der Dauer der L.A.-Versammlung das **Hausrecht** aus.

13.7. Der SprA-Vorsitzende kann die Teilnahme von **Sachverständigen** oder von **Auskunftspersonen** zulassen, auch wenn diese nicht dem Kreis der L.A. des Unternehmens angehören.

13.8. Über den Verlauf der L.A.-Versammlung ist eine **Niederschrift** anzufertigen.

13.9. [1]Im Falle der **Verhinderung** des **SprA-Vorsitzenden** tritt sein Stellvertreter an seine Stelle.
[2] Für den Fall, dass auch sein Stellvertreter verhindert ist, bestimmt der SprA rechtzeitig vor der L.A.-Versammlung aus seiner Mitte den Versammlungsleiter.

14. Bestellung des Wahlvorstands für die Neuwahl der SprA

14.1. Spätestens **10 Wochen vor Ablauf** seiner **Amtszeit** bestellt der SprA einen aus 3 oder einer höheren ungeraden Zahl von L.A. des Betriebs bestehenden WV und einen von ihnen als Vorsitzenden.
14.2. Der **WV hat** die Wahl unverzüglich einzuleiten, sie durchzuführen und nach Abschluss der Wahl öffentlich die Auszählung der Stimmen vorzunehmen, deren Ergebnis in einer Niederschrift festzustellen und im Betrieb bekanntzugeben.
14.3. Der WV hat die **Wahlunterlagen** dem SprA-Vorsitzenden zur Aufbewahrung zu übergeben.

15. Einsicht in Unterlagen, Aufbewahrung

15.1. Die Mitglieder und die Ersatzmitglieder des SprA haben das Recht, die Unterlagen des SprA jederzeit einzusehen.
15.2. Der Vorsitzende hat alle Unterlagen im SprA-Büro zu sammeln und sie am Ende seiner Amtszeit dem Vorsitzenden des neu gewählten SprA zu übergeben.
Diese Geschäftsordnung wurde in der Sitzung des SprA am .... beschlossen.

II. Geschäftsordnung für den Gesamtsprecherausschuss (GSprA) des Unternehmens

Übersicht

Der GSprA vertritt die Belange der Leitenden Angestellten (L.A.) des Unternehmens …… gegenüber der Unternehmensleitung, soweit diese nicht durch die einzelnen Sprecherausschüsse (SprA) innerhalb ihrer Betriebe behandelt werden können oder ein SprA den GSprA schriftlich beauftragt, eine Angelegenheit für ihn zu behandeln.

Zur Ordnung der internen Geschäftsführung im Rahmen seiner Aufgaben gibt sich der GSprA für die Dauer seiner Amtszeit gemäß §§ 19 Abs. 1, 13 Abs. 5 SprAuG die folgende Geschäftsordnung.

1. Beschlussfassung über die Geschäftsordnung

1.1. Die Geschäftsordnung kann nur mit der Mehrheit der Stimmen der Mitglieder des GSprA beschlossen, geändert oder aufgehoben werden.

1.2. [1]Der Beschluss kann nur gefasst werden, wenn mindestens die Hälfte der Mitglieder des GSprA an der Beschlussfassung teilnimmt und die Teilnehmenden mindestens die Hälfte aller Stimmen vertreten. [2]Stellvertretung durch Ersatzmitglieder ist zulässig (§ 19 Abs. 3 SprAuG).

2. Organe des GSprA

Organe des GSprA sind
- der Vorsitzende und dessen Stellvertreter,
- der Geschäftsführende Ausschuss (GfA) und
- die Versammlung des GSprA.

3. Wahl des Vorsitzenden und dessen Stellvertreters

3.1. [1]Der GSprA wählt aus seiner Mitte in **getrennten Wahlgängen** zunächst den **Vorsitzenden** des GSprA und danach dessen **Stellvertreter.** [2]Die Wahlen können auch **virtuell** (zB Skype, Teams, WebEx, Zoom) durchgeführt werden.

3.2. [1]**Scheidet** der **Vorsitzende** aus dem GSprA **aus,** so ist innerhalb eines Monats nach dem Ausscheiden eine Neuwahl vorzunehmen. [2]Bis zur Neuwahl üben der Stellvertreter das Amt des Vorsitzenden und ein vom GSprA (ggf.: GfA) bestimmtes Mitglied das Amt des Stellvertreters aus.

3.3. [1]**Scheidet** der **Stellvertreter** des Vorsitzenden aus dem GSprA **aus,** so ist innerhalb eines Monats nach dem Ausscheiden eine Neuwahl vorzunehmen. [2]Bis zur Neuwahl übt ein vom GSprA (ggf.: GfA) bestimmtes Mitglied das Amt des Stellvertreters aus.

3.4. [1]Sind der **Vorsitzende und** dessen **Stellvertreter nicht mehr Mitglieder** des **GSprA,** so werden ihre Ämter bis zur Neuwahl von Mitgliedern verwaltet, die der GSprA (ggf.: GfA) hierfür bestimmt. [2]Können durch die vorstehenden Vertretungsregelungen die Ämter des Vorsitzenden und des Stellvertreters nicht mehr besetzt werden, so verwalten bis zur Neuwahl der Vorsitzende des SprA der Hauptverwaltung und dessen Stellvertreter diese Ämter. [3]Dasselbe gilt, wenn der Vorsitzende und dessen Stellvertreter einzeln oder gemeinsam ihre Ämter niederlegen, aber Mitglieder im GSprA bleiben.

3.5. Die regelmäßige **Amtszeit** des Vorsitzenden und seines Stellvertreters **endet** jeweils spätestens am 31. Juli des Jahres, in dem gemäß § 5 Abs. 1 SprAuG die regelmäßigen Wahlen des SprA stattfinden.

4. Aufgaben des Vorsitzenden

4.1. [1]Der Vorsitzende des GSprA **beruft** die **Sitzungen** des GSprA **ein,** legt die vorläufige **Tagesordnung** fest und gibt sie mit der Einladung bekannt. [2]Er **leitet** die **Sitzungen** und **Abstimmungen,** übt während der Sitzung das **Hausrecht** aus und **unterzeichnet** zusammen mit einem weiteren Mitglied des GSprA (ggf.: GfA) die **Niederschrift.**

4.2. Der Vorsitzende kann, in Abstimmung mit dem GSprA (ggf.: GfA), **Vertreter** der **Unternehmensleitung** zu den Sitzungen oder zu einzelnen Tagesordnungspunkten des GSprA einladen.

4.3. [1]Der Vorsitzende kann, in Abstimmung mit dem GSprA (ggf.: GfA), **fachkundige Berater** und **Auskunftspersonen** an Sitzungen oder zur Erörterung einzelner Tagesordnungspunkte teilnehmen lassen. [2]Als solche Personen können zB der Vertreter der L.A. im Aufsichtsrat und sein Ersatzmitglied an der Sitzung teilnehmen.

4.4. [1]Der Vorsitzende kann nach seinem Ermessen einen **Protokollführer** zu den Sitzungen des GSprA hinzuziehen. [2]Der Protokollführer wird vom Vorsitzenden bestimmt. [3]Grundsätzlich ist das Protokoll von einem Mitglied des GSprA zu erstellen. [4]Die Mitglieder des GSprA können durch einstimmigen Beschluss auch ein Nicht-GSprA-Mitglied zum Protokollführer ernennen.

4.5. Der Vorsitzende hat die Mitglieder auf die ihnen durch §§ 29, 31 Abs. 3 SprAuG auferlegten **Geheimhaltungspflichten** und die Folgen bei einem Verstoß hinzuweisen.

4.6. [1]Die **laufenden Geschäfte** führt der Vorsitzende. [2]Durch Beschluss des GSprA (ggf.: GfA) können ihm **weitere Aufgaben** übertragen werden.

5. Ersatzmitglieder

5.1. [1]**Scheidet** ein **Mitglied** des GSprA **aus,** so rückt ein Ersatzmitglied nach. [2]Dies gilt entsprechend für die Vertretung eines **zeitweilig verhinderten Mitglieds.**

5.2. Der GSprA legt auf seiner ersten Sitzung die **Reihenfolge** der **Ersatzmitglieder** fest und verzeichnet diese Reihenfolge in einer namentlichen Ersatzmitgliederliste.

6. Geschäftsführender Ausschuss (GfA)

6.1. [1]Der **GSprA bildet** einen **GfA** mit ...... Mitgliedern. [2]Dem GfA gehören der GSprA-Vorsitzende, dessen Stellvertreter sowie ...... weitere GSprA-Mitglieder an, die der GSprA aus seiner Mitte wählt.

6.2. Der GfA führt die **laufenden Geschäfte** des GSprA im Rahmen der von diesem gefassten Beschlüsse.

6.3. [1]Zu den **Aufgaben** des GfA gehören:

- Vorbereitung der Sitzungen des GSprA;
- Erstattung des Tätigkeitsberichts in den Sitzungen des GSprA;
- Führen von Gesprächen und Verhandlungen mit der Unternehmensleitung;
- Formulierung von Beschlussanträgen und Vereinbarungen mit der Unternehmensleitung;
- Behandlung von Angelegenheiten, aus denen wesentliche Nachteile für L.A. entstehen können (§ 32 Abs. 2 SprAuG);
- Verbindung zum GBR und zu anderen Organen der Betriebsverfassung.

[2] Der GSprA kann dem GfA durch besonderen Beschluss weitere Aufgaben zuweisen.

7. Entsendung in den KSprA

[1]Der GSprA wählt aus seiner Mitte mit einfacher Mehrheit mindestens einen Vertreter und ein Ersatzmitglied in den KSprA. [2]Bei mehreren Ersatzmitgliedern legt der GSprA die Reihenfolge fest. [3]Diese Reihenfolge teilt der Vorsitzende des GSprA dem Vorsitzenden des KSprA mit.

8. Zusammensetzung des GSprA

8.1. [1]Jeder SprA entsendet eines seiner Mitglieder in den GSprA. [2]Für dieses Mitglied bestellt der SprA mindestens ein Ersatzmitglied. [3]Werden mehrere Ersatzmitglieder bestellt, so ist deren Reihenfolge durch den SprA namentlich festzulegen. [4]Besteht der SprA aus einer Person, so gilt das gewählte Ersatzmitglied als bestellt.

8.2. Ist ein Mitglied des GSprA verhindert, an der Sitzung teilzunehmen, so hat es unverzüglich den Vorsitzenden davon zu verständigen.

8.3. Der Vorsitzende lädt anstelle des verhinderten Mitglieds das ihm gemäß § 16 Abs. 3 SprAuG genannte Ersatzmitglied zu der Sitzung des GSprA ein.

8.4. In Ausnahmefällen, zB wenn sich eine Verhinderung erst kurz vor der Sitzung ergibt, kann das Ersatzmitglied für das verhinderte Mitglied auch ohne Ladung an der Sitzung teilnehmen.

9. Geschäftsführung

9.1. Der **Vorsitzende vertritt** den **GSprA** im Rahmen der von diesem (ggf.: und dem GfA) gefassten Beschlüsse.

9.2. Ohne entsprechenden Beschluss des GSprA (ggf.: oder der GfA) sind **einzelne Mitglieder** des GSprA nicht berechtigt, für diesen verbindliche Erklärungen abzugeben.

9.3. [1]Die Führung der Gespräche und Verhandlungen mit der **Unternehmensleitung** ist grds. Aufgabe des Vorsitzenden des GSprA (ggf.: des GfA). [2]Sofern der Vorsitzende es für notwendig hält, kann er weitere Mitglieder des GSprA zu den Gesprächen und Verhandlungen hinzuziehen. (Ggf.: Der GfA kann diese Aufgabe von Fall zu Fall auf den Vorsitzenden und dessen Stellvertreter übertragen, die dann diese Aufgabe gemeinsam wahrnehmen.)

9.4. [1]**Erklärungen,** die dem **GSprA gegenüber** abzugeben sind, nimmt der Vorsitzende, bei seiner Verhinderung dessen Stellvertreter entgegen. [2]Für den Fall, dass auch der Stellvertreter verhindert ist, bestimmt der GSprA (ggf.: GfA) aus seiner Mitte mit einfacher Mehrheit ein Mitglied, das dann die Erklärungen entgegennimmt. [3]Von dieser Festlegung ist die Unternehmensleitung zu verständigen. [4]Der Vorsitzende des GSprA hat sicherzustellen, dass er über die Abwesenheit einzelner Mitglieder des GSprA stets rechtzeitig informiert wird.

10. Sitzungen des GSprA

10.1. [1]Die **Sitzungen** des GSprA finden nach **Bedarf** statt, mindestens aber einmal im Kalendervierteljahr. [2]Die Sitzungen können auch **virtuell** (zB Skype, Teams, WebEx, Zoom) abgehalten werden. [3]Die Termine sind vom Vorsitzenden des GSprA am Ende des Kalenderjahres für das kommende Kalenderjahr festzulegen und bekanntzugeben. [4]Die Sitzungen des GSprA werden vom Vorsitzenden einberufen.

10.2. [1]Die **Einberufung** soll grds. in **Textform** (auch durch E-Mail, SMS, Fax, WhatsApp, Telegram) und mindestens 2 Wochen vor der Sitzung erfolgen. [2]Aus wichtigem Grund kann ausnahmsweise (fern-)mündlich und unter Verkürzung der Frist einberufen werden; dies gilt nicht, wenn ein Mitglied des GSprA widerspricht.

10.3. [1]In der Einberufung sind **Ort** (nicht beim virtuellen Format) und **Zeit** der Sitzung sowie die vorläufige **Tagesordnung** anzugeben. [2]Auf die Angabe der Tagesordnung kann verzichtet werden, wenn sie auf der letzten Sitzung bekannt gegeben wurde und das einzuberufende Mitglied hierbei anwesend war.

10.4. [1]**Vorschläge** zur **Tagesordnung** können von **jedem Mitglied** bis zum 14. Tag vor der Sitzung dem Vorsitzenden mitgeteilt werden. [2]Rechtzeitig eingebrachte Vorschläge gibt der Vorsitzende den anderen Mitgliedern des GSprA in geeigneter Form vor der Sitzung bekannt. [3]Sie müssen in der Sitzung behandelt werden.

10.5. Über nicht in der vorläufigen Tagesordnung enthaltene oder rechtzeitig vor der Sitzung eingebrachte Vorschläge und Themen kann Beschluss nur gefasst werden, wenn sich von den erschienenen Mitgliedern des GSprA ¾ mit der Behandlung in der Sitzung einverstanden erklärt haben.

10.6. [1]Der Vorsitzende hat eine Sitzung des GSprA einzuberufen, wenn dies die **Unternehmensleitung beantragt.** [2]Der Gegenstand, dessen Beratung verlangt wird, ist in der Tagesordnung zu nennen.

10.7. [1]Der Vorsitzende hat ferner eine Sitzung des GSprA einzuberufen, wenn dies mindestens **ein Drittel seiner Mitglieder beantragt.** [2]Die beantragenden Mitglieder müssen mindestens ein Drittel aller Stimmen vertreten. [3]Der Gegenstand, dessen Beratung beantragt wird, ist in der Tagesordnung zu nennen.

10.8. [1]Die **Vertreter** der **Unternehmensleitung nehmen** an den **Sitzungen** des GSprA **teil,** die auf ihr Verlangen anberaumt sind. [2]Ferner nehmen sie an den Sitzungen teil, zu denen ein Vertreter der Unternehmensleitung durch den GSprA ausdrücklich eingeladen wurde.

10.9. [1]Eine Sitzung gilt auch dann als ordnungsgemäß einberufen, wenn alle Mitglieder versammelt sind und einstimmig auf die Förmlichkeit der Einladung verzichtet haben. [2]Ebenso müssen sich die Mitglieder einstimmig auf eine Tagesordnung und auf die in der Sitzung zu behandelnden Themen verständigt haben.

10.10. Die Sitzungen des GSprA finden grds. als **Präsenzsitzungen** statt.

10.11. [1]Abweichend von Ziffer 10.10. kann die Teilnahme an einer Sitzung des GSprA auch mittels **Video- und Telefonkonferenz** erfolgen, **wenn**

1. nicht mindestens ein Viertel der Mitglieder des GSprA binnen einer vom Vorsitzenden zu bestimmenden Frist diesem gegenüber widerspricht und
2. sichergestellt ist, dass Dritte vom Inhalt der Sitzung keine Kenntnis nehmen können.

[2] Eine **Aufzeichnung** der Sitzung ist unzulässig.

10.12. Erfolgt die Sitzung des GSprA mit der zusätzlichen Möglichkeit der Teilnahme mittels Video- und Telefonkonferenz, gilt auch eine Teilnahme vor Ort als **erforderlich.**

10.13. Nimmt ein Mitglied des GSprA mittels Video- und Telefonkonferenz an der Sitzung teil, so hat es seine **Teilnahme** gegenüber dem Vorsitzenden in Textform zu **bestätigen.**

11. Beschlüsse des GSprA

11.1. Beschlüsse des GSprA können nur in ordnungsgemäß einberufenen Sitzungen (siehe 10.) gefasst werden.

11.2. Die Beschlussfassung in Form eines schriftlichen oder mündlichen **Umlaufverfahrens** ohne Sitzung ist nicht zulässig.

11.3. [1]Der GSprA ist nur **beschlussfähig,** wenn

- mindestens die Hälfte seiner Mitglieder an der Beschlussfassung teilnimmt und
- die teilnehmenden Mitglieder mindestens die Hälfte aller Stimmen vertreten.

[2]**Stellvertretung** durch Ersatzmitglieder ist zulässig; im Übrigen ist eine Stellvertretung oder Bevollmächtigung nicht möglich.

11.4. [1]Beschlüsse bedürfen zu ihrer **Gültigkeit** der Mehrheit der Stimmen der anwesenden Mitglieder. [2]Stimmenthaltung gilt als Ablehnung. [3]Bei Stimmengleichheit kommt kein Beschluss zustande. [4]Mitglieder, die mittels Video- und Telefonkonferenz an der Beschlussfassung teilnehmen, gelten als anwesend.

11.5. [1]Betrifft eine Beschlusssache ein Mitglied des GSprA **persönlich,** ist es von der Teilnahme an der Abstimmung ausgeschlossen. [2]An seiner Stelle nimmt das für ihn zuständige Ersatzmitglied an der Beschlussfassung teil.

11.6. Ziffer 5 gilt nicht für **Wahlen** im GSprA, mit der Folge, dass ein zur Wahl stehendes Mitglied an der Abstimmung über seine Wahl teilnehmen kann.

12. Abstimmungen und Wahlen

12.1. Die Abstimmungen und Wahlen erfolgen idR durch **offene Stimmabgabe.**

12.2. Es muss **verdeckt** abgestimmt/gewählt werden, wenn ein Mitglied dies verlangt.

12.3. Jedes Mitglied kann die von ihm vertretenen Stimmen nur **geschlossen abgeben.**

13. Ermittlung und Berechnung der Stimmanteile

13.1. Jedes Mitglied des GSprA hat so viele Stimmen, wie in dem Betrieb, in dem es gewählt wurde, L.A. am Wahltag in der Wählerliste der L.A. eingetragen waren.

13.2. Vor jeder Abstimmung stellt der Vorsitzende fest, ob der GSprA nach Ziffer 11.3. dieser Geschäftsordnung beschlussfähig ist.

14. Niederschrift

14.1. [1]Über jede Sitzung des GSprA ist eine Niederschrift anzufertigen. [2]Aus der Niederschrift muss sich der Ablauf der Sitzung ergeben.
[3]Zu protokollieren sind insbesondere:
- Beginn und Ende der Sitzung;
- Namen der Anwesenden;
- Namen der Teilnehmer, die die Sitzung verlassen und ab wann;
- Namen der Fehlenden;
- die Tagesordnung;
- die Sitzungsleitung;
- die Form der Abstimmung;
- der Wortlaut der Beschlüsse;
- die Ja- und Nein-Stimmen sowie die Stimmenthaltungen.

14.2. [1]Die Niederschrift wird vom Vorsitzenden des GSprA und vom Schriftführer **unterzeichnet.** [2]Der Niederschrift ist eine **Anwesenheitsliste** beizufügen, in die sich jeder Teilnehmer der Sitzung eigenhändig mit Unterschrift einzutragen hat.

14.3. [1]Jedes Mitglied des GSprA und jedes teilnehmende Ersatzmitglied erhält eine **Kopie** der Niederschrift. [2]Teilnehmer, die dem GSprA nicht angehören, können die Niederschrift ganz oder auszugsweise erhalten, wenn dies vom GSprA beschlossen wird.

14.4. [1]Der GSprA beschließt in jeder Sitzung, ob und in welcher Weise eine **Mitteilung** über die Sitzung **an** die **L.A.** erfolgt. [2]Mitteilungen des GSprA können durch Aushang oder in anderer geeigneter Form bekanntgemacht werden.

[3]Sie werden vom Vorsitzenden und einem weiteren Mitglied des GSprA unterzeichnet.

15. Bekanntmachungen, Mitteilungen

[1]Bekanntmachungen und Mitteilungen an die Mitglieder des GSprA außerhalb der Sitzungen erfolgen durch den Vorsitzenden bzw. im Verhinderungsfall durch dessen Stellvertreter. [2]Sie erfolgen grds. in Textform (auch durch E-Mail, Fax, WhatsApp, Telegram). [3]In Eilfällen können Mitteilungen auch (fern-)mündlich erfolgen.

16. Einsicht in Unterlagen, Aufbewahrung

16.1. Die Mitglieder und die Ersatzmitglieder des GSprA haben das Recht, die Unterlagen des GSprA jederzeit einzusehen.

16.2. Der Vorsitzende hat alle Unterlagen im GSprA-Büro zu sammeln und sie am Ende seiner Amtszeit dem Vorsitzenden des neu gewählten GSprA zu übergeben.

Diese Geschäftsordnung wurde in der Sitzung des GSprA am …… beschlossen.

III. Geschäftsordnung für den Konzernsprecherausschuss (KSprA) des Konzerns

Übersicht

Der KSprA vertritt die Belange der Leitenden Angestellten (L.A.) des Konzerns …… gegenüber der Konzernleitung, soweit diese nicht durch die einzelnen Gesamtsprecherausschüsse (GSprA) oder Unternehmenssprecherausschüsse (USprA) innerhalb ihrer Unternehmen behandelt werden können oder ein GSprA oder USprA den KSprA schriftlich beauftragt, eine Angelegenheit für ihn zu behandeln.

Zur Ordnung der internen Geschäftsführung im Rahmen seiner Aufgaben gibt sich der KSprA für die Dauer seiner Amtszeit gemäß §§ 24 Abs. 1, 13 Abs. 5 SprAuG die folgende Geschäftsordnung.

1. Beschlussfassung über die Geschäftsordnung

1.1. Die Geschäftsordnung kann nur mit der Mehrheit der Stimmen der Mitglieder des KSprA beschlossen, geändert oder aufgehoben werden.

1.2. [1]Der Beschluss kann nur gefasst werden, wenn mindestens die Hälfte der Mitglieder des KSprA an der Beschlussfassung teilnimmt und die Teilnehmenden mindestens die Hälfte aller Stimmen vertreten. [2]Stellvertretung durch Ersatzmitglieder ist zulässig (§ 24 Abs. 1 iVm § 19 Abs. 3 SprAuG).

2. Organe des KSprA

Organe des KSprA sind
– der Vorsitzende und dessen Stellvertreter und
– die Versammlung des KSprA.

3. Wahl des Vorsitzenden und dessen Stellvertreters

3.1. [1]Der KSprA wählt aus seiner Mittein **getrennten Wahlgängen** zunächst den **Vorsitzenden** des KSprA und danach dessen **Stellvertreter.** [2]Die Wahlen können auch **virtuell** (zB Skype, Teams, WebEx, Zoom) durchgeführt werden.

3.2. [1]**Scheidet** der **Vorsitzende** aus dem KSprA **aus,** so ist innerhalb eines Monats nach dem Ausscheiden eine Neuwahl vorzunehmen. [2]Bis zur Neuwahl übt der Stellvertreter das Amt des Vorsitzenden und ein vom KSprA bestimmtes Mitglied das Amt des Stellvertreters aus.

3.3. [1]**Scheidet** der **Stellvertreter** des Vorsitzenden aus dem KSprA **aus,** so ist innerhalb eines Monats nach dem Ausscheiden eine Neuwahl vorzunehmen. [2]Bis zur Neuwahl übt ein vom KSprA bestimmtes Mitglied das Amt des Stellvertreters aus.

3.4. [1]Sind der **Vorsitzende** und dessen **Stellvertreter nicht mehr Mitglieder** des KSprA, so werden ihre Ämter bis zur Neuwahl von Mitgliedern verwaltet, die der KSprA hierfür bestimmt. [2]Können durch die vorstehenden Vertretungsregelungen die Ämter des Vorsitzenden und des Stellvertreters nicht mehr besetzt werden, so verwalten bis zur Neuwahl der Vorsitzende des GSprA der Muttergesellschaft und dessen Stellvertreter diese Ämter. [3]Dasselbe gilt, wenn der Vorsitzende und dessen Stellvertreter einzeln oder gemeinsam ihre Ämter niederlegen, aber Mitglieder im KSprA bleiben.

3.5. Die **regelmäßige Amtszeit** des Vorsitzenden und seines Stellvertreters **endet** jeweils spätestens am 1. November des Jahres in dem gemäß § 5 Abs. 1 SprAuG die regelmäßigen Wahlen der SprA stattfinden.

4. Aufgaben des Vorsitzenden und seines Stellvertreters

4.1. [1]Der Vorsitzende des KSprA – im Falle seiner Verhinderung sein Stellvertreter – **beruft** die **Sitzungen** des KSprA **ein,** legt die vorläufige **Tagesordnung** fest und gibt sie mit der Einladung bekannt. [2]Er **leitet** die **Sitzungen** und **Abstimmungen,** übt während der Sitzung das **Hausrecht** aus und **unterzeichnet** zusammen mit einem weiteren Mitglied des KSprA die **Niederschrift.**

4.2. Der Vorsitzende kann in Abstimmung mit dem KSprA **Vertreter** der **Konzernleitung** zu den Sitzungen oder zu einzelnen Tagesordnungspunkten einladen.

4.3. [1]Der Vorsitzende kann in Abstimmung mit dem KSprA **fachkundige Berater** und **Auskunftspersonen** an Sitzungen bzw. bei der Erörterung einzelner Tagesordnungspunkte teilnehmen lassen, falls zwei Drittel der anwesenden Mitglieder des KSprA nicht widersprechen. [2]Als solche Personen können zB der Vertreter der L.A. im Aufsichtsrat und sein Ersatzmitglied an der Sitzung teilnehmen. 4.4. [1]Der Vorsitzende kann nach seinem Ermessen einen **Protokollführer** zu den Sitzungen des KSprA hinzuziehen. [2]Der Protokollführer wird vom Vorsitzenden bestimmt. [3]Grds. ist das Protokoll von einem Mitglied des KSprA zu erstellen. Die Mitglieder des KSprA können durch einstimmigen Beschluss auch ein Nicht-KSprA-Mitglied zum Protokollführer ernennen.

4.5. Der Vorsitzende hat die Mitglieder auf die ihnen durch §§ 29, 31 Abs. 3 SprAuG auferlegten **Geheimhaltungspflichten** und die Folgen bei einem Verstoß hinzuweisen.

4.6. [1]Die **laufenden Geschäfte** führt der Vorsitzende. [2]Durch Beschluss des KSprA können ihm **weitere Aufgaben** übertragen werden.

5. Ersatzmitglieder

5.1. [1]**Scheidet** ein **Mitglied** des KSprA **aus,** so rückt ein Ersatzmitglied nach. [2]Dies gilt entsprechend für die Vertretung eines **zeitweilig verhinderten** Mitglieds.

5.2. Der KSprA legt in seiner ersten Sitzung die **Reihenfolge** der **Ersatzmitglieder** fest und verzeichnet diese Reihenfolge in einer namentlichen Ersatzmitgliederliste.

6. Zusammensetzung des KSprA

6.1. [1]Jeder GSprA bzw. USprA entsendet eines seiner Mitglieder in den KSprA. [2]Für dieses Mitglied bestellt der GSprA bzw. USprA aus seiner Mitte mindestens ein Ersatzmitglied. [3]Werden mehrere Ersatzmitglieder bestellt, so ist deren Reihenfolge durch den GSprA bzw. den USprA namentlich festzulegen.

6.2. Ist ein Mitglied des KSprA verhindert, an der Sitzung teilzunehmen, so hat es unverzüglich den Vorsitzenden davon zu verständigen.

6.3. Der Vorsitzende lädt anstelle des verhinderten Mitglieds das ihm gemäß § 21 Abs. 3 SprAuG genannte Ersatzmitglied zu der Sitzung des KSprA ein.

6.4. In Ausnahmefällen, zB wenn sich eine Verhinderung erst kurz vor der Sitzung ergibt, kann für das verhinderte Mitglied das Ersatzmitglied auch ohne Ladung an der Sitzung teilnehmen.

7. Geschäftsführung

7.1. Der **Vorsitzende vertritt** den **KSprA** im Rahmen der von diesem gefassten Beschlüsse.

7.2. Ohne entsprechenden Beschluss des KSprA sind **einzelne Mitglieder** des KSprA nicht berechtigt, für diesen verbindliche Erklärungen abzugeben.

7.3. [1]Die Führung der Gespräche und Verhandlungen mit der Konzernleitung ist grds. Aufgabe des Vorsitzenden des KSprA gemeinsam mit dem stellvertretenden Vorsitzenden des KSprA. [2]Sofern der Vorsitzende es für notwendig hält, kann er weitere Mitglieder des KSprA zu den Gesprächen und Verhandlungen hinzuziehen.

7.4. [1]**Erklärungen,** die dem **KSprA gegenüber** abzugeben sind, nimmt der Vorsitzende, bei seiner Verhinderung dessen Stellvertreter entgegen. [2]Für den Fall, dass auch sein Stellvertreter verhindert ist, bestimmt der KSprA aus seiner Mitte mit einfacher Mehrheit ein Mitglied, das dann die Erklärungen entgegennimmt. [3]Von dieser Festlegung ist die Konzernleitung zu verständigen.[4]Der Vorsitzende des KSprA hat sicherzustellen, dass er über die Abwesenheit einzelner Mitglieder des KSprA stets rechtzeitig informiert wird.

8. Sitzungen des KSprA

8.1. [1]Die Sitzungen des KSprA finden idR zweimal im Kalenderjahr statt. [2]Die Termine sind vom Vorsitzenden des KSprA am Ende des Kalenderjahres für das kommende Kalenderjahr festzulegen und bekanntzugeben. [3]Die Sitzungen des KSprA werden vom Vorsitzenden einberufen.

8.2. [1]Die Einberufungsoll grds. in Textform (auch durch E-Mail, SMS, Fax, WhatsApp, Telegram)und mindestens 2 Wochen vor der Sitzung erfolgen. [2]Aus wichtigem Grund kann ausnahmsweise (fernmündlich und unter Verkürzung der Frist einberufen werden; dies gilt nicht, wenn ein Mitglied des KSprA widerspricht.

8.3. [1]In der Einberufung sind **Ort** (nicht beim virtuellen Format) und **Zeit** der Sitzung sowie die vorläufige **Tagesordnung** anzugeben. [2]Auf die Angabe der Tagesordnung kann verzichtet werden, wenn sie auf der letzten Sitzung bekannt gegeben wurde und das einzuberufende Mitglied hierbei anwesend war.

8.4. [1]**Vorschläge** zur **Tagesordnung** können von **jedem Mit**glied bis zum 10. Tag vor der Sitzung dem Vorsitzenden mitgeteilt werden. [2]Rechtzeitig eingebrachte Vorschläge gibt der Vorsitzende den anderen Mitgliedern des KSprA in geeigneter Form vor der Sitzung bekannt. [3]Sie müssen in der Sitzung behandelt werden. [4]Über nicht in der vorläufigen Tagesordnung enthaltene oder nicht rechtzeitig vor der Sitzung eingebrachte Vorschläge und Themen kann Beschluss nur gefasst werden, wenn sich von den erschienenen Mitgliedern des KSprA ¾ mit der Behandlung in der Sitzung einverstanden erklärt hat.

8.5. [1]Der Vorsitzende hat eine Sitzung des KSprA einzuberufen, wenn dies die **Konzernleitung** beantragt hat. [2]Der Gegenstand, dessen Beratung verlangt wird, ist in der Tagesordnung zu nennen.

8.6. [1]Der Vorsitzende hat ferner eine Sitzung des KSprA einzuberufen, wenn dies mindestens **zwei seiner Mitglieder** beantragen. [2]Der Gegenstand, dessen Beratung beantragt wird, ist in der Tagesordnung zu nennen.

8.7. [1]Die Ersatzmitglieder werden zu allen KSprA-Sitzungen eingeladen und können auch an allen Sitzungen teilnahmen, wenn kein Vertretungsfall vorliegt. [2]Ein Stimmrecht steht ihnen nur im Falle der Vertretung eines Mitglieds zu.

8.8. [1]Die **Vertreter** der **Konzernleitung** nehmen an den Sitzungen des KSprA teil, die auf ihr Verlangen anberaumt sind. [2]Ferner nehmen sie an den Sitzungen teil, zu denen ein Vertreter der Konzernleitung durch den KSprA ausdrücklich eingeladen wurde.

8.9. [1]Eine Sitzung gilt auch dannals ordnungsgemäß einberufen, wenn **alle Mitglieder** versammelt sind und **einstimmig** auf die Förmlichkeit der Einladung verzichtet haben. [2]Ebenso müssen sich die Mitglieder einstimmig auf eine Tagesordnung und auf die in der Sitzung zu behandelnden Themen verständigt haben.

8.10. Die Sitzungen des KSprA finden grds. als **Präsenzsitzung** statt.

8.11. [1]Abweichend von 8.10 kann die Teilnahme an einer Sitzung des KSprA auch mittels **Video- und Telefonkonferenz** (zB Skype, Teams, WebEx, Zoom) erfolgen, wenn

1. nicht mindestens ein Viertel der Mitglieder des KSprA binnen einer vom Vorsitzenden zu bestimmenden Frist diesem gegenüber widerspricht und
2. sichergestellt ist, dass Dritte vom Inhalt der Sitzung keine Kenntnis nehmen können.

[2]Eine **Aufzeichnung** der Sitzung ist unzulässig.

8.12. Erfolgt die Sitzung des KSprA mit der zusätzlichen Möglichkeit der Teilnahme mittels Video- und Telefonkonferenz, gilt auch eine Teilnahme vor Ort als **erforderlich.**

8.13. Nimmt ein Mitglied des KSprA mittels **Video- und Telefonkonferenz** an der Sitzung teil, so hat es seine Teilnahme gegenüber dem Vorsitzenden in Textform zu **bestätigen.**

9. Beschlüsse des KSprA

9.1. Beschlüsse des KSprA können nur in ordnungsgemäß einberufenen Sitzungen gefasst werden.

9.2. Die Beschlussfassung in Form eines schriftlichen oder mündlichen **Umlaufverfahrens** ohne Sitzung ist nicht zulässig.

9.3. [1]Der KSprA ist nur **beschlussfähig,** wenn
- mindestens die Hälfte seiner Mitglieder an der Beschlussfassung teilnimmt und
- die teilnehmenden Mitglieder mindestens die Hälfte aller Stimmen vertreten.

[2]Stellvertretung durch Ersatzmitglieder ist zulässig; im Übrigen ist eine Stellvertretung oder Bevollmächtigung nicht möglich.

9.4. [1]Beschlüsse bedürfen zu ihrer Gültigkeit der Mehrheit der anwesenden Mitglieder. [2]**Stimmenthaltung** gilt als Ablehnung. [3]Bei **Stimmengleichheit** kommt kein Beschluss zustande.

9.5. [1]Betrifft eine Beschlusssache **ein Mitglied** des KSprA **persönlich,** ist es von der Teilnahme an der Abstimmung ausgeschlossen. [2]An seiner Stelle nimmt das für ihn zuständige Ersatzmitglied an der Beschlussfassung teil.

9.6. Ziffer 9.5. gilt nicht für **Wahlen** im KSprA, mit der Folge, dass ein zur Wahl stehendes Mitglied an der Abstimmung über seine Wahl teilnehmen kann.

10. Abstimmungen und Wahlen

10.1. Die Abstimmungen und Wahlen erfolgen idR durch **offene Stimmabgabe.**

10.2. Es muss **verdeckt** abgestimmt/gewählt werden, wenn ein Mitglied dies verlangt.

10.3. Jedes Mitglied kann die von ihm vertretenen Stimmen nur **geschlossen abgeben.**

11. Ermittlung und Berechnung der Stimmanteile

11.1. Jedes Mitglied des KSprA hat so viele Stimmen, wie in dem Unternehmen, in dem es gewählt wurde, L.A. am Wahltag in der Wählerliste der L.A. eingetragen waren.

11.2. Vor jeder Abstimmung stellt der Vorsitzende fest, ob der KSprA nach Ziffer 9.3. dieser Geschäftsordnung beschlussfähig ist.

12. Niederschrift

12.1. [1]Über jede Sitzung des KSprA ist eine Niederschrift anzufertigen. [2]Aus der Niederschrift muss sich der Ablauf der Sitzung ergeben.

[3]Zu protokollieren sind insbesondere:
- Beginn und Ende der Sitzung;
- Namen der Anwesenden;
- Namen der Teilnehmer, die die Sitzung verlassen und ab wann;
- Namen der Fehlenden;
- die Tagesordnung;
- die Sitzungsleitung;
- die Form der Abstimmung;
- der Wortlaut der Beschlüsse;
- die Ja- und Nein-Stimmen sowie die Stimmenthaltungen.

12.2. [1]Die Niederschrift ist vom Vorsitzenden des KSprA und vom Schriftführer zu unterzeichnen. [2]Der Niederschrift ist eine **Anwesenheitsliste** beizufügen, in die sich jeder Teilnehmer der Sitzung eigenhändig mit Unterschrift einzutragen hat.

12.3. [1]Jedes Mitglied des KSprA und jedes teilnehmende Ersatzmitglied erhält eine **Kopie** der **Niederschrift.** [2]Teilnehmer, die dem KSprA nicht angehören, können die Niederschrift ganz oder auszugsweise erhalten, wenn dies vom KSprA beschlossen wird.

12.4. [1]Der KSprA beschließt in jeder Sitzung, ob und in welcher Weise eine **Mitteilung** über die **Sitzung** an die L.A. erfolgt. [2]Mitteilungen des KSprA können durch Aushang oder in anderer geeigneter Form bekanntgemacht werden. [3]Sie werden vom Vorsitzenden und einem weiteren Mitglied des KSprA unterzeichnet.

13. Bekanntmachungen, Mitteilungen

[1]Bekanntmachungen und Mitteilungen an die Mitglieder des KSprA außerhalb der Sitzungen erfolgen durch den Vorsitzenden, im Verhinderungsfall durch dessen Stellvertreter. [2]Sie erfolgen grds. in Textform (auch durch E-Mail, SMS, Fax, WhatsApp, Telegram).

[3]In Eilfällen können Mitteilungen auch (fern-)mündlich erfolgen.

14. Einsicht in Unterlagen, Aufbewahrung

14.1. Die Mitglieder und die Ersatzmitglieder des KSprA haben das Recht, die Unterlagen des KSprA jederzeit einzusehen.

14.2. Der Vorsitzende hat alle Unterlagen im KSprA-Büro zu sammeln und sie am Ende seiner Amtszeit dem Vorsitzenden des neu gewählten KSprA zu übergeben.

Diese Geschäftsordnung wurde in der Sitzung des KSprA am ...... beschlossen.

IV. Rahmenvereinbarung gemäß §§ 28, 32 SprAuG zur Regelung der Belange Leitender Angestellter im Zusammenhang mit Restrukturierungsmaßnahmen und der Beendigung von Arbeitsverhältnissen auf Wunsch des Arbeitgebers zwischen Unternehmensleitung …… und Gesamtsprecherausschuss

Übersicht

Präambel

Auf der Grundlage der bisherigen konstruktiven und vertrauensvollen Zusammenarbeit zwischen der Unternehmensleitung und dem Gesamtsprecherausschuss der Leitenden Angestellten (GSprA) wird die nachfolgende Rahmenvereinbarung gemäß § 28 Abs. 2 SprAuG mit unmittelbarer und zwingender Wirkung für die Arbeitsverhältnisse der Leitenden Angestellten (L.A.) geschlossen. Diese Vereinbarung gilt als Vereinbarung iSd § 32 Abs. 2 SprAuG.

Aufgrund ihrer herausgehobenen verantwortungsvollen Stellung im Unternehmen werden für die L.A. Regelungen vereinbart, die im Verhältnis zu den Regelungen zwischen Unternehmensleitung und Betriebsrat in der Gesamtbetrachtung mindestens gleichwertig sind. Das gilt insbesondere für die **Vermeidung** von **betriebsbedingten Kündigungen.**

Beide Seiten vereinbaren Lösungen auf der Grundlage gegenseitigen Vertrauens und großer Fairness, die den Einsatz externer Anwälte für individuelle Vereinbarungen erübrigen sollen. Es besteht Einigkeit, dass Umfang und Höhe der individuellen Vereinbarungen mit den L.A. den Konditionen dieser Vereinbarung entsprechen sollen.

1. Geltungsbereich

Diese Rahmenvereinbarung gilt für anfallende Restrukturierungsmaßnahmen in Deutschland und für einvernehmliche Beendigungen des Arbeitsverhältnisses auf ausdrücklichen Wunsch des Unternehmens.

Für alle L.A. des Unternehmens gelten einheitliche Konditionen für den Ausgleich wirtschaftlicher Nachteile.

Diese Vereinbarung gilt nicht für L.A.,
- deren Arbeitsverhältnis aufgrund einer Befristung endet,
- die auf eigenen Wunsch das Unternehmen verlassen,
- bei denen ein wichtiger Grund iSv § 626 BGB zur Beendigung des Arbeitsverhältnisses vorliegt,
- mit denen bereits eine Altersteilzeit vereinbart wurde.

2. Maßnahmen bei Wegfall der Beschäftigungsmöglichkeit

2.1. Versetzungen

Soweit möglich, werden L.A. auf vergleichbaren freien Arbeitsplätzen – auch in anderen Betrieben des Unternehmens bzw. des Konzerns – beschäftigt.

Zur Vermittlung offener Stellen können sich L.A. an folgende Abteilung wenden: ……

Falls eine gleichwertige Aufgabe nicht gefunden werden kann, prüft das Unternehmen, ob eine Aufgabe mit niedrigerer Funktionsstufe angeboten werden kann. In diesen Fällen bleiben für die Dauer von einem Jahr (ab dem 10. Dienstjahr) bzw. 2 Jahren (ab dem 15. Dienstjahr) das Grundgehalt plus die Variable bei 100 % Zielerreichung garantiert.

Bei Versetzungen soll auch von vertretbaren **Anpassungsqualifizierungen** von grds. nicht länger als 6 Monaten Gebrauch gemacht werden. Dabei sind **schwerbehinderte L.A.** besonders zu berücksichtigen.

Für **Konzernübertritte** gilt Folgendes:
L.A., die in eine Konzerngesellschaft übertreten, erhalten eine pauschalierte und nicht rückzahlbare Abfindung iHv …… EUR brutto, sofern sich ihr Dienstsitz um mehr als 100 km verändert. In diesem Fall besteht kein Anspruch auf sonstige Leistungen aus dieser Vereinbarung. Die Zahlung wird zum Monatsletzten des Austrittsmonats fällig.

2.2. Angebot von Altersteilzeitverträgen im Blockmodell

L.A., die spätestens einen Monat nach Unterbreitung eines schriftlichen Angebots eine Vereinbarung zur Altersteilzeit im Blockmodell mit kürzestmöglicher Laufzeit abschließen, erhalten zusätzlich zu den Firmenleistungen für einen Altersteilzeitvertrag eine Zahlung iHv …… % des Jahresgehalts plus variabler Einkommenskomponente (bei einer Zielerreichung von 100 %), mindestens jedoch …… EUR. Stichtag für das Einkommen ist das Datum des firmenseitigen schriftlichen Vertragsangebots.

2.3. Aufhebungsverträge

Bei Abschluss eines Aufhebungsvertrags spätestens 3 Monate nach Unterbreitung eines schriftlichen Angebots mit einem Austrittstermin spätestens 1 Jahr nach Unterbreitung des Angebots erhält der L.A. eine Abfindung für den Verlust des Arbeitsplatzes nach folgender Maßgabe:

2.3.1. Abfindungsberechnung. 2.3.1.1. Grundbetrag = 100 %: (1/12 des Jahresgehalts + 1/12 der variablen Einkommenskomponente bei einer Zielerreichung von 100 %) × Dienstjahre.

Für **L.A. in Teilzeitbeschäftigung** wird für die Berechnung der Abfindungsleistungen grds. das Teilzeitentgelt zugrunde gelegt.
Für Teilzeitbeschäftigte, die **früher** in **Vollzeit** gearbeitet haben, wird das Einkommen auf Vollzeitbeschäftigung hochgerechnet, wenn der Wechsel von Vollzeit auf Teilzeit innerhalb der letzten **24 Monate vor Ausscheiden** oder innerhalb einer noch laufenden **Elternzeit** erfolgte.
Dies gilt auch für L.A. in einem Teilzeitbeschäftigungsverhältnis, die innerhalb einer noch laufenden Elternzeit ihre Arbeitszeit weiter reduziert haben. In diesem Fall erfolgt die Hochrechnung auf die Teilzeitbeschäftigung vor der Elternzeit.

Für **L.A. ≥ 60. Lebensjahr** beträgt der Grundbetrag höchstens die Summe der Jahresgehälter plus der variablen Einkommenskomponente (bei einer Zielerreichung von 100 %) sowie die Standardbeiträge zur betrieblichen Altersversorgung, die dem L.A. nach dem Ausscheiden bis zum frühestmöglichen Altersrentenbezug zustehen würden, jedoch maximal …… EUR brutto.

2.3.1.2. Anreizprämie: Erhöhung des Abfindungsgrundbetrags. Bei Abschluss eines Aufhebungsvertrags innerhalb eines Monats nach Unterbreitung eines schriftlichen Angebots: + 25 % des Grundbetrags.

Stichtag für Einkommen, Dienstjahre und Lebensalter: Datum des firmenseitigen schriftlichen Vertragsangebots.

2.3.2. Schwerbehindertenzuschlag. Schwerbehinderte L.A. sowie diesen gemäß § 2 Abs. 3 SGB IX Gleichgestellte erhalten einen Zuschlag von …… EUR brutto je 10 Grad der Behinderung.

2.3.3. Kinderzuschlag/Pflegezuschlag/Alleinerziehende/ Kinderbetreuungszuschuss. L.A. mit Kindern erhalten einen Zuschlag von ...... EUR brutto je Kind. Berücksichtigt werden nur Kinder, für die dem L.A. ein Kinderfreibetrag nach § 32 EStG zusteht.

Maßgeblich ist idR die Eintragung auf der Bescheinigung über elektronische Lohnsteuerabzugsmerkmale aus der ELSTAM-Datenbank. Weicht der auf der Bescheinigung angegebene Kinderfreibetrag von der tatsächlichen Anzahl der Kinderfreibeträge ab, so wird auf einen entsprechenden Nachweis des L.A. (zB Geburtsurkunde) die tatsächliche Anzahl der Kinderfreibeträge berücksichtigt.

L.A. mit **behinderten** bzw. **pflegebedürftigen Kindern** oder mit **pflegebedürftigen Angehörigen** (Nachweispflicht beim L.A. nach Einstufung der Pflegekasse), erhalten einen zusätzlichen Betrag von ...... EUR brutto.

Alleinerziehende (Nachweispflicht beim L.A.) erhalten einen zusätzlichen Betrag von ...... EUR brutto.

L.A., die zeitlich vor dem für die Beantragung des **Kinderbetreuungszuschusses** maßgeblichen Zeitraum (jeweils Oktober bis November des darauffolgenden Geschäftsjahres) für das relevante Geschäftsjahr auf Veranlassung des Arbeitgebers aus dem Arbeitsverhältnis ausscheiden, können den steuerfreien Kinderbetreuungszuschuss für die Monate des relevanten Geschäftsjahres, in denen sämtliche übrigen Voraussetzungen erfüllt sind, dennoch beantragen.

2.3.4. Aktienprogramme. 2.3.4.1. Aktienzusagen/Stock Awards. Wenn ein L.A. aus dem Unternehmen ausscheidet – auch wenn dies auf ausdrücklichen Wunsch des Arbeitgebers erfolgt – verfällt nach den Richtlinien über **Stock Awards** (= Zusage einer bestimmten Anzahl von Aktien nach Ablauf einer firmenseitig bestimmten Wartefrist) der Anspruch auf die ihm bereits zugesagten Stock Awards.

Als Ausgleich hierfür erhält der L.A. eine **Ausgleichszahlung,** die sich auf Basis des durchschnittlichen Schlusskurses der Unternehmens-Aktie im XETRA-Handel im Monat vor Unterbreitung des firmenseitigen schriftlichen Angebots, errechnet. Dabei wird für die Zielparameter ein Zielerreichungsgrad von 100 % zugrunde gelegt.

2.3.4.2. Share Matching Plan/Gratisaktien für langfristig gehaltene Aktien. Wenn ein L.A. aus dem Unternehmen ausscheidet – auch wenn dies auf ausdrücklichen Wunsch des Arbeitgebers erfolgt – verfällt nach den Bedingungen des **Share Matching Plans** (= Zusage von Gratisaktien nachdem vom L.A. mit eigenem Geld zum Börsenkurs gekaufte Aktien eine vom Arbeitgeber vorgegebene Zeit gehalten wurden) der Anspruch auf die in Aussicht gestellten Matching-Aktien.

Als Ausgleich hierfür erhält der L.A. eine **Ausgleichszahlung,** die sich auf Basis des durchschnittlichen Schlusskurses der Unternehmens-Aktie im XETRA-Handel im Monat vor Unterbreitung des firmenseitigen schriftlichen Angebots errechnet. Diese Ausgleichszahlung bemisst sich pro ratierlich an den verfallenden Ansprüchen auf Matching-Aktien, dh der Ausgleich wird anteilig für den bis zum Ausscheiden aus dem Unternehmen bereits abgelaufenen Teil der Sperrfrist geleistet (Stichtag ist der letzte Tag des Monats, in dem die Beschäftigung endet).

2.3.5. Betriebliche Altersversorgung/Nichterreichen der Unverfallbarkeit. Ein L.A., der in einem Zeitraum von bis zu 12 Monaten nach Ausscheiden aus dem Unternehmen einen Unverfallbarkeitsanspruch bei der betrieblichen

Altersversorgung erwerben würde, erhält einen Zuschlag zur Abfindung iHv ...... (= X) EUR.

Ein L.A., dessen betriebliche Altersversorgung zwischen dem 13. und dem 24. Monat nach Ausscheiden aus dem Unternehmen einen Unverfallbarkeitsanspruch bei der betrieblichen Altersversorgung erwerben würde, erhält einen Zuschlag zur Abfindung iHv X/2 EUR.

2.3.6. Kündigungsfristausgleich. Der L.A. kann auf seinen Wunsch – sofern dringende betriebliche Bedürfnisse nicht entgegenstehen – vom Arbeitgeber bis zum Ablauf seiner fiktiven Kündigungsfrist unter Fortzahlung aller Bezüge **unwiderruflich freigestellt** werden.

Alternativ kann der L.A. vor Ablauf der fiktiven Kündigungsfrist ausscheiden. Der **Zeitraum** bis zum Ablauf dieser Frist wird dann **abgegolten.**

In diesem Fall endet das Arbeitsverhältnis unmittelbar mit allen Rechten und Pflichten.

Der noch ausstehende Vergütungsanspruch wird dem Abfindungsbetrag nach 2.3.1. zugeschlagen und errechnet sich gemäß nachfolgender Tabelle:

Betriebszugehörigkeitsjahre	Kündigungsfrist (Stichtag: Ausscheiden aus dem Unternehmen)	Kündigungsfristausgleich
≥ 2 bis < 5	1 Monat	1 x JE*)/12
≥ 5 bis < 8	2 Monate	2 x JE/12
≥ 8 bis < 10	3 Monate	3 x JE/12
≥ 10 bis < 12	4 Monate	4 x JE/12
≥ 12 bis < 15	5 Monate	5 x JE/12
≥ 15 bis < 20	6 Monate	6 x JE/12
≥ 20	7 Monate	7 x JE/12

*) JE = Jahresgehalt plus variable Einkommenskomponente (bei einer Zielerreichung von 100 %)

2.3.7. Neuorientierung/Newplacement. Jeder L.A., der das Angebot zu einem Aufhebungsvertrag annimmt, hat Anspruch auf **Newplacement-Unterstützung** (= Hilfe bei der Suche nach einem neuen Arbeitsplatz) durch eine professionelle Personalberatungsfirma im Umfang von maximal ...... % des Jahresgehalts plus variable Einkommenskomponente (bei einer Zielerreichung von 100 %).

Alternativ kann der L.A. an einem **Existenzgründungsprogramm** bei einem professionellen Anbieter teilnehmen. In diesem Fall erhält er zusätzlich ...... EUR brutto, die für im Zusammenhang mit der Existenzgründung stehende **Umsetzungsmaßnahmen** gedacht sind (zB Erstellung einer Homepage, Druck von Werbematerial).

Bei Verzicht auf og Unterstützungsangebote erfolgt keine Auszahlung des nicht in Anspruch genommenen Betrags.

2.3.8. Ausschluss von Zahlungen. Wird ein Arbeitsverhältnis mit
- dem Unternehmen,
- einer Landesgesellschaft,

– einem von dem Unternehmen beherrschten anderen Unternehmen oder
– einem Unternehmen, mit dem eine Vereinbarung zur Dienstzeitanrechnung besteht,

unmittelbar nach der Beendigung des Arbeitsverhältnisses mit dem Unternehmen aufgenommen, besteht kein Anspruch auf die Zahlungen nach dieser Rahmenvereinbarung.

2.4. Wechsel in eine betriebsorganisatorisch eigenständige Einheit (§§ 110 f. SGB III)/Qualifizierungsgesellschaft

Wenn das Unternehmen den von der Restrukturierung betroffenen Mitarbeitern den Wechsel in eine betriebsorganisatorisch eigenständige Einheit innerhalb des Unternehmens oder den Übertritt in eine externe Qualifizierungsgesellschaft anbietet, gilt dieses Angebot (mit den jeweils dort geregelten Konditionen) entsprechend auch für die L.A.

2.5. Ringtausch

Im Rahmen von Restrukturierungsmaßnahmen werden Möglichkeiten eines Ringtauschs standort- und einheitsübergreifend innerhalb Deutschlands genutzt.

Ein **Ringtausch** liegt vor, wenn ein L.A. seine Bereitschaft zum Abschluss eines Aufhebungsvertrags (mit oder ohne Wechsel/Übertritt in eine beE) oder eines Altersteilzeitvertrags bekundet, der nicht unter den Geltungsbereich dieser Vereinbarung fällt.

Diese Möglichkeiten eines Ringtauschs werden nach Absprache zwischen den jeweils örtlich zuständigen SprA – falls betroffen SchwbV – und Betriebsleitungen genutzt. Sofern keine betrieblichen Erfordernisse dagegen sprechen, kann das Arbeitsverhältnis einvernehmlich beendet werden.

Der frei werdende Arbeitsplatz ist nach Absprache zwischen dem örtlichen SprA und der örtlichen Betriebsleitung von einem L.A. zu besetzen, dessen Arbeitsplatz entfällt, soweit dies fachlich – ggf. mit einer vertretbaren Anpassungsqualifizierung von grds. nicht länger als 6 Monaten – möglich ist.

3. Dienstjubiläum

L.A., die innerhalb von 12 Monaten nach dem Zeitpunkt der Beendigung des Arbeitsverhältnisses ihr Dienstjubiläum begehen würden, erhalten 90 % des Jubiläumsgelds nach der Unternehmensrichtlinie.

4. Arbeitgeberdarlehen

Arbeitgeberdarlehen werden aufgrund des Ausscheidens nach dieser Regelung nicht vorzeitig fällig. Die Unternehmensleitung behält sich eine entsprechende Besicherung vor. Ist der L.A. nicht zu einer entsprechenden Besicherung bereit, wird die Rückzahlung des Arbeitgeberdarlehens mit Ausscheiden aus dem Unternehmen (bzw. der Beschäftigungsgesellschaft) fällig.

5. Zwischenzeugnis

L.A., denen ein Aufhebungsvertrag angeboten wird, erhalten auf ihren Wunsch bereits vor Vertragsunterzeichnung ein qualifiziertes wohlwollendes Zwischenzeugnis.

6. Rückzahlungsverpflichtung

Wird innerhalb eines Zeitraums von 3 Jahren nach dem Ausscheiden aus dem Unternehmen ein Arbeitsverhältnis mit
- dem Unternehmen,
- einer Landesgesellschaft,
- einem von dem Unternehmen beherrschten Unternehmen,
- einem Unternehmen, an dem das Unternehmen mit mindestens 50 % beteiligt ist oder
- einem Unternehmen, mit dem eine Vereinbarung zur Dienstzeitanrechnung besteht,

aufgenommen, besteht eine Rückzahlungsverpflichtung der Zahlungen gemäß dieser Rahmenvereinbarung durch den L.A. für den zu 3 Jahren fehlenden Zeitraum in Höhe von 1/36 der og Zahlungen je Monat.

Für den Zeitraum eines **befristeten Arbeitsverhältnisses** in einem der og Unternehmen besteht – auch bei mehrmaliger Verlängerung der Befristung – keine Verpflichtung zu anteiliger Rückzahlung.

Wird das befristete Arbeitsverhältnis dagegen in ein **unbefristetes Arbeitsverhältnis** überführt, gilt die Rückzahlungsverpflichtung ab Beginn des unbefristeten Arbeitsverhältnisses.

Die **Rückzahlungsmodalitäten** werden jeweils in einer **gesonderten Vereinbarung** mit dem betroffenen L.A. festgelegt, wobei die Rückzahlung (ohne Auswirkung auf die Höhe der Rückzahlungsverpflichtung) frühestens 7 Monate nach Beginn des Arbeitsverhältnisses erfolgt. Für den Fall, dass ein unbefristetes Arbeitsverhältnis in den ersten 7 Monaten der Beschäftigung durch den Arbeitgeber beendet wird, entfällt die Rückzahlungsverpflichtung. Wird zu oder nach diesem Beendigungszeitpunkt und innerhalb von 3 Jahren nach dem Ausscheiden aus dem Unternehmen erneut ein Arbeitsverhältnis mit einem der og Unternehmen aufgenommen, so besteht ab diesem Zeitpunkt eine Rückzahlungsverpflichtung.

7. Fälligkeit und steuerrechtliche Behandlung

Zahlungen gemäß dieser Rahmenvereinbarung werden grds. zum Monatsletzten des Austrittsmonats fällig.

L.A. und Unternehmen können einvernehmlich die Fälligkeit der Zahlungen nach dieser Vereinbarung auf einen Zeitpunkt nach dem Ausscheiden aus dem Unternehmen festlegen.

Die Auszahlung der Abfindungssumme kann auch einvernehmlich auf 2 Auszahlungstermine aufgeteilt werden, von denen einer im Austrittsjahr und einer im Jahr nach dem Austritt liegt.

Die Auszahlung des Betrags erfolgt gemäß den jeweils gültigen steuer- und sozialversicherungsrechtlichen Regelungen.

Für die Abfindungszahlungen (inkl. Zuschläge) kann eine **Entgeltumwandlung** nach den Regelungen zur Deferred Compensation vorgenommen werden.

8. Klageverzicht

Erhebt ein L.A. im Zusammenhang mit dieser Vereinbarung oder mit dem darauf beruhenden Aufhebungsvertrag Klage vor dem Arbeitsgericht, so erhält er keine Leistungen auf der Grundlage dieser Vereinbarung.

9. Vererbbarkeit und Abtretung

Abfindungsansprüche sind ab Eingang des vom L.A. unterzeichneten Abfindungsvertragsangebots bei der zuständigen Personalabteilung und vor Fälligkeit vererbbar, jedoch nicht abtretbar.

10. Doppelansprüche

Doppelansprüche, die sich aus anderen Regelungen ergeben, sind ausgeschlossen.

11. Härteklausel

Falls in Einzelfällen besondere Härten auftreten sollten, die durch die vorstehende Vereinbarung nicht abgedeckt erscheinen, werden die jeweilige Betriebsleitung und der örtliche SprA hierüber eine individuelle Lösung herbeiführen.

12. Beilegung von Meinungsverschiedenheiten

Kommt es bei der Anwendung dieser Vereinbarung zu Meinungsverschiedenheiten, werden die Unternehmensleitung und der Vorsitzende des GSprA im Sinne einer vertrauensvollen Zusammenarbeit eine tragfähige Lösung finden.

13. Salvatorische Klausel

Sollten einzelne Bestimmungen dieser Vereinbarung – gleich aus welchem Rechtsgrund – unwirksam sein oder werden, so bleiben die übrigen Regelungen bestehen.

Die unwirksame Regelung ist durch eine neue Regelung zu ersetzen, die dem von den Parteien mit der ersetzten Regelung gewollten Zweck möglichst nahe kommt.

Dasselbe gilt hinsichtlich eventueller Lücken sowie für den Fall gesetzlicher Änderungen, die die Durchführung dieser Vereinbarung behindern oder gefährden.

14. Geltungsdauer

Diese Vereinbarung ist auf **unbestimmte Zeit** geschlossen.

Sie kann von beiden Seiten unter Einhaltung der **Kündigungsfrist** von 3 Monaten nach § 28 Abs. 2 S. 4 SprAuG *(ggf. kann eine andere Kündigungsfrist vereinbart werden)* erstmals zum …… gekündigt werden.

……
Ort, Datum

…… ……
Unternehmensleitung Gesamtsprecherausschuss

V. Inklusionsvereinbarung zwischen dem Unternehmen ......, der Gesamtschwerbehindertenvertretung und dem Gesamtsprecherausschuss gemäß § 166 SGB IX iVm § 28 Abs. 2 SprAuG

Das Schwerbehindertenrecht, insbesondere die Stellung des schwerbehinderten Arbeitnehmers, ist im Teil 3 des SGB IX geregelt.

Es dient vor allem dem Schutz und der Förderung von schwerbehinderten und diesen gemäß § 151 SGB IX gleichgestellten behinderten Menschen.

Eine zentrale Rolle hierbei nimmt die **Schwerbehindertenvertretung** (SchwbV gemäß §§ 176 ff. SGB IX) ein. Sie besteht aus einer Vertrauensperson und wenigstens einem stellvertretenden Mitglied und wird in Betrieben mit wenigstens fünf schwerbehinderten Beschäftigten gewählt (§ 177 Abs. 1 S. 1 SGB IX).

Die SchwbV wird von *allen* schwerbehinderten Arbeitnehmern im Betrieb gewählt (§ 177 Abs. 2 SGB IX) und ist folglich auch legitimierte Vertretung der schwerbehinderten Leitenden Angestellten (L.A.).

Schwerbehinderte L.A. können aber nicht als SchwbV gewählt werden (§ 177 Abs. 3 SGB IX).

Neben der SchwbV wird der **BR** – nicht aber der **Sprecherausschuss** (SprA) – mit Aufgaben nach dem SGB IX betraut.

Um auch dem SprA eine Mitwirkung beim Schutz der von ihm vertretenen schwerbehinderten L.A. zu ermöglichen, wird folgende freiwillige Inklusionsvereinbarung geschlossen:

Übersicht

Präambel

Ziel dieser Inklusionsvereinbarung ist, die Beschäftigung von schwerbehinderten Menschen auszubauen, zu fördern und behinderungsbedingte Nachteile auszugleichen.

Unter Berücksichtigung von Art. 3 Abs. 3 S. 2 des Grundgesetzes („Niemand darf wegen seiner Behinderung benachteiligt werden"), des Neunten Sozialgesetzbuchs (SGB IX), des Allgemeinen Gleichbehandlungsgesetzes (AGG) sowie weiterer Gesetze und Verordnungen zum Schutz schwerbehinderter Menschen wird diese Inklusionsvereinbarung abgeschlossen.

Firmenleitung, Gesamtschwerbehindertenvertretung (GSchwbV) und Gesamtsprecherausschuss (GSprA) stimmen darin überein, dass Menschen mit Behinderung im besonderen Maße die aktive Unterstützung des Unternehmens erhalten. Somit wird Chancengleichheit und Inklusion auf allen betrieblichen Ebenen gewährleistet. Die nachhaltige berufliche Inklusion von Menschen mit Behinderung ist nur durch eine partnerschaftliche und vertrauensvolle Zusammenarbeit aller Beteiligten möglich.

Die Beschäftigung von schwerbehinderten Menschen ist eine wichtige gesellschaftliche Verpflichtung des Unternehmens. Den örtlichen Betriebsleitungen, den Beauftragten des Arbeitgebers, den SprA, den BR und den SchwbV kommt gemeinsam die wichtige Aufgabe zu, die Inklusion schwerbehinderter Menschen in betrieblichen Prozessen zu gewährleisten und kontinuierlich auszubauen.

1. Ziele der Inklusionsvereinbarung

- Erfüllung der gesetzlichen **Beschäftigungsquote** von 5 % unter besonderer Berücksichtigung von schwerbehinderten Frauen (§ 154 Abs. 1 S. 2 SGB IX) und besonderer Gruppen schwerbehinderter Menschen iSv § 155 SGB IX;
- **Arbeitsplatzerhalt** und **Arbeitsplatzsicherung** für in Ziffer 2. genannte Personen;
- Förderung der **Neueinstellung** von schwerbehinderten L.A.;
- **Qualifizierung** schwerbehinderter L.A.;
- Planung und Durchführung präventiver **Inklusions-** und **Rehabilitationsmaßnahmen** (§§ 166 f. SGB IX);
- **Barrierefreiheit** in den Betrieben sowie bei den betrieblichen Kommunikationsmedien;
- Ergonomische und soweit erforderlich behindertengerechte **Gestaltung der Arbeitsplätze.**

2. Geltungsbereich/Personenkreis

Die Inklusionsvereinbarung gilt für alle Standorte des Unternehmens und kommt für die schwerbehinderten L.A. und gleichgestellten behinderten L.A. des Unternehmens zur Anwendung.

3. Grundsätze der Personalplanung

Das Unternehmen hat auf wenigstens 5 % der Arbeitsplätze schwerbehinderte Menschen zu beschäftigen (§ 154 Abs. 1 SGB IX). Dieses Ziel soll im Rahmen der Personalplanung durch Beachtung der in dieser Inklusionsvereinbarung getroffenen Grundsätze berücksichtigt werden.

4. Grundsätze für Stellenausschreibung und Stellenbesetzung

4.1. Bei internen **Stellenausschreibungen** wird darauf hingewiesen, dass schwerbehinderte L.A. bei gleicher Qualifikation bevorzugt berücksichtigt werden.

4.2. Bei der **Besetzung** einer **Stelle** sind schwerbehinderte Bewerber mit gleicher Qualifikation bevorzugt zu berücksichtigen. Bei der Feststellung, dass eine Stelle nicht mit schwerbehinderten Bewerbern besetzt werden kann, ist die zuständige SchwbV rechtzeitig und umfassend zu beteiligen und der zuständige SprA anzuhören.

4.3. Bei **Versetzungen** und **Delegationen** dürfen schwerbehinderten L.A. keine Nachteile bzgl. Entwicklungs- und Aufstiegsmöglichkeiten entstehen.

4.4. Vor jeder **beabsichtigten Neueinstellung** ist zu prüfen, ob der freie Arbeitsplatz mit einem schwerbehinderten Menschen, insbesondere mit einem bei der Agentur für Arbeit arbeitslos oder arbeitsuchend gemeldeten schwerbehinderten Menschen, besetzt werden kann (§ 164 Abs. 1 S. 1. SGB IX).

4.5. Bei der zuständigen Stelle der **Agentur für Arbeit** ist nachzufragen, ob geeignete Menschen mit Schwerbehinderung gemeldet sind. Über Vermittlungsvorschläge der Agentur für Arbeit sowie über vorliegende Bewerbungen von Menschen mit Schwerbehinderung werden die SchwbV und der SprA unverzüglich informiert (§ 164 Abs. 1 S. 2–4).

4.6. Schwerbehinderte Bewerber, die sich auf eine interne Stellenausschreibung beworben haben und die die Anforderungen der Stelle erfüllen, sind grds. zu einem **Vorstellungsgespräch** einzuladen. Die SchwbV ist vorher zu informieren.

4.7. **Befristete Einstellungen:**
Bei schwerbehinderten L.A. mit befristeter Einstellung wird spätestens drei Monate vor Fristablauf die Möglichkeit einer Übernahme geprüft. Über das Ergebnis der Prüfung werden die SchwbV und der SprA informiert.

4.8. **Berichterstattung** im **Sozialbericht:**
Die Anzahl neu eingestellter schwerbehinderter Mitarbeiter (inkl. L.A.) ist Gegenstand des Sozialberichts, der jährlich im Wirtschaftsausschuss des Unternehmens vorgestellt wird.

Sofern die Beschäftigungsquote unternehmensweit noch nicht erfüllt ist und die SchwbV oder der SprA mit der beabsichtigten Entscheidung über die Besetzung einer Stelle nach vorstehenden Ziffern 4.2. und 4.4. nicht einverstanden ist, erfolgt unter Darlegung der Gründe eine Erörterung mit der Unternehmensleitung. Im Rahmen dieser Erörterung ist dem für die Stellenbesetzung nicht berücksichtigten schwerbehinderten Bewerber Gelegenheit zu geben, Stellung zu beziehen.

5. Umgang mit und Förderung von schwerbehinderten Mitarbeitern

5.1. Schwerbehinderte Mitarbeiter sind so zu beschäftigen, dass sie ihre **Fähigkeiten** und **Kenntnisse einbringen** und **weiterentwickeln** können.

5.2. In den jährlichen **Mitarbeitergesprächen** sind zwischen Führungskraft und schwerbehinderten Mitarbeitern Maßnahmen verbindlich festzulegen, die das berufliche Fortkommen unterstützen und ggf. behinderungsbedingte Nachteile auszugleichen helfen. Auf Wunsch des Mitarbeiters ist die **SchwbV** zu beteiligen. Die jeweilige Personalorganisation soll die Führungskräfte entsprechend beraten und unterstützen.

6. Qualifizierungsmaßnahmen

6.1. Schwerbehinderte L.A. werden bei gleicher Eignung und Befähigung bei internen Qualifizierungsmaßnahmen zur Förderung ihres beruflichen Fortkommens **bevorzugt berücksichtigt.** Bei externen Qualifizierungsmaßnahmen soll schwerbehinderten L.A. die Teilnahme im zumutbaren Umfang erleichtert werden.

6.2. Bei **Änderungen** der **Arbeits- und Betriebsorganisation** sollen für schwerbehinderte L.A. rechtzeitig Qualifizierungsmaßnahmen angeboten werden. SprA und SchwbV sind über die Qualifizierungsmaßnahmen zu informieren und in die Planung einzubinden.

6.3. **SprA** und **SchwbV** haben bei anstehenden Qualifizierungsmaßnahmen ein **Vorschlagsrecht.**

7. Schulung von Führungskräften

Bei **Führungskräfteschulungen** ist auf die Einhaltung dieser Inklusionsvereinbarung und des SGB IX hinzuweisen. Bei diesen Führungskräfteschulungen ist die Bedeutung des vorurteilsfreien und gleichberechtigten Umgangs mit schwerbehinderten Mitarbeitern zu vermitteln.

Die **GSchwbV** unterstützt bei der Erstellung des Schulungskonzepts.

8. Inklusionsbeauftragte des Arbeitgebers gemäß § 181 SGB IX

8.1. Der Arbeitgeber bestellt an den Standorten des Unternehmens Inklusionsbeauftragte. Sie werden namentlich der zuständigen **Agentur für Arbeit** bzw. den **Integrationsämtern** bekannt gegeben und sind in das **Verzeichnis der Schwerbehindertenvertrauenspersonen** des Unternehmens aufzunehmen.

8.2. Vor der Bestellung eines Beauftragten ist die örtliche **SchwbV** rechtzeitig zu informieren und ihr ist Gelegenheit zur Stellungnahme zu geben.

8.3. Der Inklusionsbeauftragte des Arbeitgebers sollte eine **führende Funktion** innerhalb der Personalorganisation ausüben oder Mitglied der Betriebsleitung sein. Die Inklusionsbeauftragten haben darauf zu achten, dass die dem Arbeitgeber obliegenden Verpflichtungen nach dem SGB IX erfüllt werden. Sie wirken auf die Einhaltung dieser Inklusionsvereinbarung hin.

8.4. Die Inklusionsbeauftragten des Arbeitgebers sollen an **Schulungen** über die gesetzlichen Aufgaben und Pflichten teilnehmen, die zB über das Integrationsamt angeboten werden.

9. Betriebliches Zusammenwirken

9.1. Betriebsleitung, SchwbV, SprA, BR und der Inklusionsbeauftragte des Arbeitgebers **arbeiten vertrauensvoll** zur Eingliederung schwerbehinderter Mitarbeiter in den Betrieben **zusammen** und treffen sich turnusmäßig zu gemeinsamen Besprechungen.
Wesentliche Aufgaben sind die Überprüfung der Integrationsmaßnahmen, sowie die Sicherung der Zusammenarbeit mit dem Integrationsamt, den Agenturen für Arbeit und den Bildungsträgern.

9.2. Die örtlichen **SchwbV** und der **SprA** sind mindestens einmal im Jahr über die betrieblichen Maßnahmen zur Integration schwerbehinderter Mitarbeiter zu **informieren.** Dabei legt der Beauftragte des Arbeitgebers entsprechende Analysen und Betrachtungen vor und erläutert diese. Für das gesamte Unternehmen erfolgt ein Bericht gegenüber der **GSchwbV.**

10. Arbeitsplatzgestaltung, Arbeitsumfeld, Arbeitsorganisation

10.1. **Schwerbehinderte L.A.** haben **Anspruch** auf eine möglichst dauerhafte und behindertengerechte Beschäftigung, bei der sie ihre Fähigkeiten und Kenntnisse einbringen und weiterentwickeln können (§ 164 Abs. 3 und 4 SGB IX).

10.2. Der **Arbeitgeber verpflichtet sich,** bei Veränderung von Arbeitsabläufen die SchwbV zu beteiligen (§ 178 Abs. 2 SGB IX). Dabei ist auf die behindertengerechte Gestaltung der Arbeitsplätze zu achten. Das Arbeitsumfeld behinderter Mitarbeiter (zB Besprechungszimmer, Sozialeinrichtungen, Pausenräume, Arbeitszugang) wird behindertengerecht und barrierefrei gestaltet. Gebäude, Verkehrswege, Inneneinrichtungen, vorhandene und noch in Planung befindliche Wechselarbeitsplätze sind unter Beachtung der entsprechenden einschlägigen DIN-Normen frei von Zugangs- bzw. Kommunikationsbarrieren zu gestalten. Die SchwbV wird in Bauangelegenheiten rechtzeitig unterrichtet und vor der Entscheidung angehört.

10.3. Bei der **Einführung neuer Formen** von **Arbeitsorganisation** (zB Projektarbeit, Teamarbeit/Gruppenarbeit) sind die Belange schwerbehinderter Mitarbeiter zu berücksichtigen und die technischen und organisatorischen Voraussetzungen zu schaffen.

10.4. **Schwer Mobilitätseingeschränkte** können bei Flugreisen die Businessklasse nutzen, sofern dies durch die betriebsärztliche Dienststelle für erforderlich gehalten wird.

11. Betriebliche Prävention gemäß § 167 SGB IX

11.1. In Zusammenarbeit mit dem **betriebsärztlichen Dienst** ist der Arbeitsplatz oder das Arbeitsumfeld von Mitarbeitern, die aufgrund ihrer Behinderung ihre bisherige Tätigkeit nicht mehr oder nicht mehr im vollen Umfang wahrnehmen können, zu überprüfen und – wenn erforderlich – neu zu gestalten.

11.2. Bei erkennbaren personen-, verhaltens- oder betriebsbedingten **Beschäftigungsschwierigkeiten,** die das Arbeitsverhältnis von schwerbehinderten Mitarbeitern gefährden könnten, sind die SchwbV, der SprA sowie das Integrationsamt entsprechend den gesetzlichen Regelungen frühzeitig einzuschalten. Der Arbeitgeber wird zusammen mit den Interessenvertretungen unter Beteiligung des Integrationsamtes nach Alternativen und Lösungen suchen, die das Ziel haben, dass das Arbeitsverhältnis möglichst dauerhaft fortgesetzt werden kann.

11.3. Kann wegen einer Behinderung die Tätigkeit nicht mehr oder nur teilweise ausgeübt werden, so ist der **Arbeitsplatz** dieser Mitarbeiter unter Berücksichtigung ihrer gesundheitlichen und behinderungsbedingten Einschränkungen **behindertengerecht umzugestalten.** Dabei sollen alle **Fördermöglichkeiten** externer Stellen ausgeschöpft werden. Die Instrumente gemäß § 167 SGB IX sind anzuwenden.

12. Umgang mit schwerbehinderten Mitarbeitern bei Restrukturierungsmaßnahmen

12.1. Für schwerbehinderte Mitarbeiter besteht ein **besonderer Kündigungsschutz** nach §§ 168 ff. SGB IX. Das Unternehmen ist sich der besonderen sozialen Verpflichtung sowie seiner Verantwortung gegenüber schwerbehinderten Mitarbeitern bewusst. Aus diesem Grund dürfen schwerbehinderte Mitarbeiter auf Abbau- und Namenslisten, die im Zuge von freiwilligen Personalreduzierungsmaßnahmen erstellt werden, erst aufgenommen werden, nachdem folgendes Verfahren durchgeführt wurde:

12.2. Die SchwbV ist vor der beabsichtigten **Aufnahme** eines schwerbehinderten Mitarbeiters auf eine **Namensliste** frühzeitig einzubinden, um ggf. Arbeitsplatz erhaltende Maßnahmen einzuleiten. Individuelle Maßnahmen sind festzulegen (zB Qualifizierung, Versetzung, Einbeziehung von Integrationsfachdiensten). Die Umsetzung ist durch die Führungskraft unter Einbeziehung der zuständigen Personalorganisation entsprechend zu dokumentieren und der SchwbV und dem SprA zu erläutern.

12.3. **Ausgenommen** hiervon sind Angebote zur Aufhebung des Arbeitsverhältnisses im Zuge von freiwilligen Personalreduzierungsmaßnahmen, die auf Wunsch des schwerbehinderten Mitarbeiters erfolgen.

13. Interne Schlichtung

Sollten auf örtlicher Ebene zu den vereinbarten Themen aus dieser Inklusionsvereinbarung nicht auflösbare Meinungsverschiedenheiten entstehen oder keine einvernehmliche Lösung gefunden werden, wird zur internen Schlichtung eine interne Schlichtungsstelle angerufen, um eine einvernehmliche Lösung zu erreichen. Die örtliche Betriebsleitung, die Arbeitgeberbeauftragten für Schwerbehindertenfragen, die SchwbV oder der SprA können die interne Schlichtungsstelle anrufen. Diese setzt sich zusammen aus dem firmenseitigen Ansprechpartner der GSchwbV bzw. dessen Stellvertreter, der Personalabteilung, einem Mitglied der GSchwbV und einem Mitglied des GSprA.

14. Geltungsdauer und Bekanntmachung

Diese Inklusionsvereinbarung tritt mit sofortiger Wirkung in Kraft. Sie ist auf **unbestimmte Zeit** geschlossen und kann mit einer **Kündigungsfrist** von 3 Monaten zum Kalenderjahresende schriftlich gekündigt werden. Sie wirkt bis zum Abschluss einer neuen Vereinbarung nach.

Diese Inklusionsvereinbarung wird in geeigneter Weise im Unternehmen **bekannt gemacht.**

15. Salvatorische Klausel

Sollten einzelne Bestimmungen dieser Vereinbarung – gleich aus welchem Rechtsgrund – unwirksam sein oder werden, so bleiben die übrigen Regelungen bestehen.

Die unwirksame Regelung ist durch eine neue Regelung zu ersetzen, die dem von den Parteien mit der ersetzten Regelung gewollten Zweck möglichst nahe kommt.

Dasselbe gilt hinsichtlich eventueller Lücken sowie für den Fall gesetzlicher Änderungen, die die Durchführung dieser Vereinbarung behindern oder gefährden.

……
Ort, Datum

……	……	……
Unternehmensleitung	Gesamtschwerbehindertenvertretung	Gesamtsprecherausschuss

Anhang 4. Der Sprecherausschuss in weiteren Gesetzen

Gesetz über Europäische Betriebsräte (Europäische Betriebsräte-Gesetz – EBRG)

vom 7.12.2011 (BGBl. I S. 2650), zuletzt geändert durch Art. 6f Gesetz zur Stärkung des Schutzes der Bevölkerung und insbesondere vulnerabler Personengruppen vor COVID-19 vom 16.9.2022 (BGBl. I S. 1454)

Auszug

Hervorhebungen durch Verfasser

Übersicht

§ 11 Bestellung inländischer Arbeitnehmervertreter

(1) [1]Die nach diesem Gesetz oder dem Gesetz eines anderen Mitgliedstaates auf die im Inland beschäftigten Arbeitnehmer entfallenden Mitglieder des besonderen Verhandlungsgremiums werden in gemeinschaftsweit tätigen Unternehmen vom Gesamtbetriebsrat (§ 47 des Betriebsverfassungsgesetzes) bestellt. [2]Besteht nur ein Betriebsrat, so bestellt dieser die Mitglieder des besonderen Verhandlungsgremiums.

(2) [1]Die in Absatz 1 Satz 1 genannten Mitglieder des besonderen Verhandlungsgremiums werden in gemeinschaftsweit tätigen Unternehmensgruppen vom Konzernbetriebsrat (§ 54 des Betriebsverfassungsgesetzes) bestellt. [2]Besteht neben dem Konzernbetriebsrat noch ein in ihm nicht vertretener Gesamtbetriebsrat oder Betriebsrat, ist der Konzernbetriebsrat um deren Vorsitzende und um deren Stellvertreter zu erweitern; die Vorsitzenden und ihre Stellvertreter gelten insoweit als Konzernbetriebsratsmitglieder.

(3) Besteht kein Konzernbetriebsrat, werden die in Absatz 1 Satz 1 genannten Mitglieder des besonderen Verhandlungsgremiums wie folgt bestellt:

a) Bestehen mehrere Gesamtbetriebsräte, werden die Mitglieder des besonderen Verhandlungsgremiums auf einer gemeinsamen Sitzung der Gesamtbetriebsräte bestellt, zu welcher der Gesamtbetriebsratsvorsitzende des nach der Zahl der wahlberechtigten Arbeitnehmer größten inländischen Unternehmens einzuladen hat. Besteht daneben noch mindestens ein in den Gesamtbetriebsräten nicht vertretener Betriebsrat, sind der Betriebsratsvorsitzende und dessen Stellvertreter zu dieser Sitzung einzuladen; sie gelten insoweit als Gesamtbetriebsratsmitglieder.
b) Besteht neben einem Gesamtbetriebsrat noch mindestens ein in ihm nicht vertretener Betriebsrat, ist der Gesamtbetriebsrat um den Vorsitzenden des

Betriebsrats und dessen Stellvertreter zu erweitern; der Betriebsratsvorsitzende und sein Stellvertreter gelten insoweit als Gesamtbetriebsratsmitglieder. Der Gesamtbetriebsrat bestellt die Mitglieder des besonderen Verhandlungsgremiums. Besteht nur ein Gesamtbetriebsrat, so hat dieser die Mitglieder des besonderen Verhandlungsgremiums zu bestellen.

c) Bestehen mehrere Betriebsräte, werden die Mitglieder des besonderen Verhandlungsgremiums auf einer gemeinsamen Sitzung bestellt, zu welcher der Betriebsratsvorsitzende des nach der Zahl der wahlberechtigten Arbeitnehmer größten inländischen Betriebs einzuladen hat. Zur Teilnahme an dieser Sitzung sind die Betriebsratsvorsitzenden und deren Stellvertreter berechtigt; § 47 Absatz 7 des Betriebsverfassungsgesetzes gilt entsprechend.

d) Besteht nur ein Betriebsrat, so hat dieser die Mitglieder des besonderen Verhandlungsgremiums zu bestellen.

(4) Zu Mitgliedern des besonderen Verhandlungsgremiums können auch die in § 5 Absatz 3 des Betriebsverfassungsgesetzes genannten Angestellten bestellt werden.

(5) Frauen und Männer sollen entsprechend ihrem zahlenmäßigen Verhältnis bestellt werden.

§ 18 Europäischer Betriebsrat kraft Vereinbarung

(1) [1]Soll ein Europäischer Betriebsrat errichtet werden, ist schriftlich zu vereinbaren, wie dieser ausgestaltet werden soll. [2]Dabei soll insbesondere Folgendes geregelt werden:

1. Bezeichnung der erfassten Betriebe und Unternehmen, einschließlich der außerhalb des Hoheitsgebietes der Mitgliedstaaten liegenden Niederlassungen, sofern diese in den Geltungsbereich einbezogen werden,
2. Zusammensetzung des Europäischen Betriebsrats, Anzahl der Mitglieder, Ersatzmitglieder, Sitzverteilung und Mandatsdauer,
3. Aufgaben und Befugnisse des Europäischen Betriebsrats sowie das Verfahren zu seiner Unterrichtung und Anhörung; dieses Verfahren kann auf die Beteiligungsrechte der nationalen Arbeitnehmervertretungen abgestimmt werden, soweit deren Rechte hierdurch nicht beeinträchtigt werden,
4. Ort, Häufigkeit und Dauer der Sitzungen,
5. die Einrichtung eines Ausschusses des Europäischen Betriebsrats einschließlich seiner Zusammensetzung, der Bestellung seiner Mitglieder, seiner Befugnisse und Arbeitsweise,
6. die für den Europäischen Betriebsrat zur Verfügung zu stellenden finanziellen und sachlichen Mittel,
7. Klausel zur Anpassung der Vereinbarung an Strukturänderungen, die Geltungsdauer der Vereinbarung und das bei ihrer Neuverhandlung, Änderung oder Kündigung anzuwendende Verfahren, einschließlich einer Übergangsregelung.

(2) § 23 gilt entsprechend.

§ 23 Bestellung inländischer Arbeitnehmervertreter

(1) [1]Die nach diesem Gesetz oder dem Gesetz eines anderen Mitgliedstaates auf die im Inland beschäftigten Arbeitnehmer entfallenden Mitglieder des Europäischen Betriebsrats werden in gemeinschaftsweit tätigen Unternehmen vom

Gesamtbetriebsrat (§ 47 des Betriebsverfassungsgesetzes) bestellt. [2]Besteht nur ein Betriebsrat, so bestellt dieser die Mitglieder des Europäischen Betriebsrats.

(2) [1]Die in Absatz 1 Satz 1 genannten Mitglieder des Europäischen Betriebsrats werden in gemeinschaftsweit tätigen Unternehmensgruppen vom Konzernbetriebsrat (§ 54 des Betriebsverfassungsgesetzes) bestellt. [2]Besteht neben dem Konzernbetriebsrat noch ein in ihm nicht vertretener Gesamtbetriebsrat oder Betriebsrat, ist der Konzernbetriebsrat um deren Vorsitzende und um deren Stellvertreter zu erweitern; die Vorsitzenden und ihre Stellvertreter gelten insoweit als Konzernbetriebsratsmitglieder.

(3) Besteht kein Konzernbetriebsrat, werden die in Absatz 1 Satz 1 genannten Mitglieder des Europäischen Betriebsrats wie folgt bestellt:

a) Bestehen mehrere Gesamtbetriebsräte, werden die Mitglieder des Europäischen Betriebsrats auf einer gemeinsamen Sitzung der Gesamtbetriebsräte bestellt, zu welcher der Gesamtbetriebsratsvorsitzende des nach der Zahl der wahlberechtigten Arbeitnehmer größten inländischen Unternehmens einzuladen hat. Besteht daneben noch mindestens ein in den Gesamtbetriebsräten nicht vertretener Betriebsrat, sind der Betriebsratsvorsitzende und dessen Stellvertreter zu dieser Sitzung einzuladen; sie gelten insoweit als Gesamtbetriebsratsmitglieder.
b) Besteht neben einem Gesamtbetriebsrat noch mindestens ein in ihm nicht vertretener Betriebsrat, ist der Gesamtbetriebsrat um den Vorsitzenden des Betriebsrats und dessen Stellvertreter zu erweitern; der Betriebsratsvorsitzende und sein Stellvertreter gelten insoweit als Gesamtbetriebsratsmitglieder. Der Gesamtbetriebsrat bestellt die Mitglieder des Europäischen Betriebsrats. Besteht nur ein Gesamtbetriebsrat, so hat dieser die Mitglieder des Europäischen Betriebsrats zu bestellen.
c) Bestehen mehrere Betriebsräte, werden die Mitglieder des Europäischen Betriebsrats auf einer gemeinsamen Sitzung bestellt, zu welcher der Betriebsratsvorsitzende des nach der Zahl der wahlberechtigten Arbeitnehmer größten inländischen Betriebs einzuladen hat. Zur Teilnahme an dieser Sitzung sind die Betriebsratsvorsitzenden und deren Stellvertreter berechtigt; § 47 Absatz 7 des Betriebsverfassungsgesetzes gilt entsprechend.
d) Besteht nur ein Betriebsrat, so hat dieser die Mitglieder des Europäischen Betriebsrats zu bestellen.

(4) Die Absätze 1 bis 3 gelten entsprechend für die Abberufung.

(5) Eine ausgewogene Vertretung der Arbeitnehmer nach ihrer Tätigkeit sollte so weit als möglich berücksichtigt werden; Frauen und Männer sollen entsprechend ihrem zahlenmäßigen Verhältnis bestellt werden.

(6) [1]Das zuständige Sprecherausschussgremium eines gemeinschaftsweit tätigen Unternehmens oder einer gemeinschaftsweit tätigen Unternehmensgruppe mit Sitz der zentralen Leitung im Inland kann einen der in § 5 Absatz 3 des Betriebsverfassungsgesetzes genannten Angestellten bestimmen, der mit Rederecht an den Sitzungen zur Unterrichtung und Anhörung des Europäischen Betriebsrats teilnimmt, sofern nach § 22 Absatz 2 mindestens fünf inländische Vertreter entsandt werden. [2]§ 35 Absatz 2 und § 39 gelten entsprechend.

§ 36 Unterrichtung der örtlichen Arbeitnehmervertreter

(1) Der Europäische Betriebsrat oder der Ausschuss (§ 30 Absatz 2) berichtet den örtlichen Arbeitnehmervertretern oder, wenn es diese nicht gibt, den Arbeit-

nehmern der Betriebe oder Unternehmen über die Unterrichtung und Anhörung.

(2) [1]Das Mitglied des Europäischen Betriebsrats oder des Ausschusses, das den örtlichen Arbeitnehmervertretungen im Inland berichtet, hat den Bericht in Betrieben und Unternehmen, in denen Sprecherausschüsse der leitenden Angestellten bestehen, auf einer gemeinsamen Sitzung im Sinne des § 2 Absatz 2 des Sprecherausschussgesetzes zu erstatten. [2]Dies gilt nicht, wenn ein nach § 23 Absatz 6 bestimmter Angestellter an der Sitzung zur Unterrichtung und Anhörung des Europäischen Betriebsrats teilgenommen hat. [3]Wird der Bericht nach Absatz 1 nur schriftlich erstattet, ist er auch dem zuständigen Sprecherausschuss zuzuleiten.

Erläuterungen zum Gesetz über Europäische Betriebsräte

Übersicht

I. Allgemeines

1 Das Gesetz über Europäische Betriebsräte (Europäische Betriebsräte-Gesetz – EBRG; in Kraft seit 1.11.1996; BGBl. I S. 548, 2022; neugefasst durch Bekanntmachung vom 7.12.2011) dient der **Umsetzung** der **Europäischen Richtlinie 2009/38/EG des Europäischen Parlaments und des Rates vom 6.5.2009 „über die Einsetzung eines Europäischen Betriebsrats oder die Schaffung eines Verfahrens zur Unterrichtung und Anhörung der Arbeitnehmer in gemeinschaftsweit operierenden Unternehmen und Unternehmensgruppen**“ (ABl. L 122 vom 16.5.2009, 28).

Damit erhielt das deutsche Betriebsverfassungsrecht (BetrVG und SprAuG) eine europarechtliche Ergänzung. Die neu geschaffenen „Europäischen Betriebsräte“ haben allerdings keinen eigenen Aufgaben- und Zuständigkeitsbereich mit echten Mitbestimmungsrechten wie deutsche Betriebsräte, sondern nur Unterrichtungs- und Anhörungsrechte (Anhörungsrechte iSd EBRG umfassen auch die Beratung iSd BetrVG), und das auch nur in wirtschaftlichen Angelegenheiten.

Ihre Funktion entspricht mehr der eines Wirtschaftsausschusses nach § 106 BetrVG. In der Konzernpraxis hat sich gezeigt, dass die Interessen der Arbeitnehmervertreter aus den einzelnen europäischen Mitgliedstaaten keineswegs immer gleichgerichtet, sondern oft entgegengesetzt sind.

Beispiel:

Soll ein Betrieb von Deutschland nach Portugal verlagert werden, so kämpfen die deutschen Arbeitnehmervertreter gegen den Verlust der Arbeitsplätze, während sich die portugiesischen Arbeitnehmer über die neuen Arbeitsplätze freuen und die Arbeitnehmervertreter der anderen Länder sich meist neutral verhalten.

Am 18.6.2011 sind zur **Umsetzung** der **neugefassten EU-Richtlinie über Europäische Betriebsräte** Neuregelungen des Europäische Betriebsräte-Gesetzes in Kraft getreten, mit denen das Recht der Arbeitnehmer auf Unterrichtung und Anhörung in grenzüberschreitenden Angelegenheiten gestärkt wurde. Im Wesentlichen wurde das Recht auf rechtzeitige und umfassende Information über geplante Umstrukturierungsmaßnahmen gestärkt. Darüber hinaus wurden Verbesserungen für die praktische Arbeit des EBR eingeführt, wie zB das Recht auf Teilnahme an erforderlichen Schulungen. 2

Obwohl dieses Gesetz insbesondere die Mitwirkungsrechte der AN in europaweit tätigen Unternehmen stärken will, die nicht zu den L.A. zählen, befassen sich einige Regelungen ausdrücklich mit den **Belangen** der **L.A.** 3

II. Geltungsbereich des EBRG

Erfasst werden vom EBRG gemeinschaftsweit tätige Unternehmen mit Sitz in Deutschland und gemeinschaftsweit tätige Unternehmensgruppen, deren herrschendes Unternehmen seinen Sitz in Deutschland hat (§ 2 Abs. 1). 4

Mitgliedstaaten iSd EBRG sind die Mitgliedstaaten der Europäischen Union sowie die anderen Vertragsstaaten des Abkommens über den Europäischen Wirtschaftsraum (Island, Liechtenstein Norwegen), § 2 Abs. 3. Seit dem 1.1.2021 ist **Großbritannien** kein Mitglied des Europäischen Wirtschaftsraums (EWR) mehr, was Folgen für EBR haben kann. Die meisten EBR-Vereinbarungen legen nämlich fest, dass ihr Geltungsbereich den EWR umfasst, weshalb seit 1.1.2021 die britischen EBR-Mitglieder nicht mehr Teil des EBR sind. Da die Richtlinie 2009/38/EG auch die Teilnahme von Vertretern aus **Drittländern** an EBR zulässt, muss – wenn die Teilnahme der britischen Beschäftigten an EBR weiterhin gewünscht ist – die EBR-Vereinbarung entsprechend angepasst werden.

Gemäß § 3 Abs. 1 ist ein **Unternehmen gemeinschaftsweit tätig,** wenn es mindestens 1.000 AN in den Mitgliedstaaten und davon jeweils mindestens 150 AN in mindestens zwei Mitgliedstaaten beschäftigt. 5

Für **Unternehmensgruppen** gilt gemäß § 3 Abs. 2 ebenfalls die Mindestanforderung der 1.000 AN. Einer Gruppe müssen mindestens zwei Unternehmen angehören, die ihren Sitz in verschiedenen Mitgliedstaaten haben und jeweils mindestens 150 AN in verschiedenen Mitgliedstaaten beschäftigen. 6

Bei der **Berechnung** der **Zahl** der **AN** werden gemäß § 4 S. 1 auch **L.A.** mitgerechnet, da sie als AN ebenfalls von den Regelungen des EBRG erfasst werden (*Goldschmidt* S. 266; aA AR/*Heckelmann/Wolf* EBRG § 4 Rn. 1; *Engels/Müller* DB 1996, 981; *Fitting* EBRG Übersicht Rn. 22; HWGNRH/*Rose* Einl. Rn. 163). 7

Anders als die Gesetze zur SE und SCE (s. Anhang 4 IV und V) enthält das EBRG selbst keine Definition des AN-Begriffs. Der **AN-Begriff des EBRG** ist – nicht zuletzt wegen des ausdrücklichen Verweises in § 4 S. 1 EBRG – mit dem des § 5 Abs. 1 BetrVG gleichzusetzen, unter welchen auch unzweifelhaft **L.A.** fallen (AR/*Maschmann* BetrVG § 5 Rn. 13; *Fitting* § 5 Rn. 347; GK-BetrVG/*Raab* § 5 Rn. 159). Die Erwähnung der **L.A.** und ihrer **Vertretungen** in §§ 11 Abs. 4, 23 Abs. 6, 36 Abs. 2 EBRG geben den **L.A.** zudem einen besonderen Minderheitenschutz – ähnlich dem im SEBG –; sie sind weder überflüssig noch ein Redaktionsversehen (aA MHdB ArbR/*Joost* § 366 Rn. 24; MHdB ArbR/*Grau* § 354 Rn. 13). 8

III. Besonderes Verhandlungsgremium

9 Wird ein Antrag auf Bildung eines solchen Gremiums gestellt, ist darüber auch der **SprA** als Arbeitnehmervertretung zu informieren (§ 9 Abs. 3 analog).

10 Das besondere Verhandlungsgremium hat gemäß § 8 die **Aufgabe,** mit der zentralen Leitung eine Vereinbarung über eine grenzübergreifende Unterrichtung und Anhörung der AN abzuschließen.

11 Die **Zusammensetzung** des Gremiums ergibt sich aus § 10 und hängt u.a. davon ab, auf welcher Organisationsebene ein BR besteht.

Die Mitglieder werden durch den BR bestellt. Gemäß § 11 Abs. 4 können auch **L.A.** in das besondere Verhandlungsgremium berufen werden.

IV. Errichtung eines Europäischen Betriebsrats

12 Ein EBR kann durch **Vereinbarung** (§§ 18 ff.) **oder kraft Gesetzes** (§§ 21 ff.) errichtet werden.

13 Die Errichtung eines EBR **kraft Gesetzes** ist gegenüber einer Errichtung durch Vereinbarung **subsidiär** (*Fitting* EBRG Übersicht Rn. 71). Sie gilt nur für die in § 21 Abs. 1 S. 1, 2 vorhergesehenen Fälle:

- die zentrale Leitung verweigert die Aufnahme von Verhandlungen innerhalb von sechs Monaten nach Antragstellung,
- wenn innerhalb von drei Jahren nach Antragstellung keine Vereinbarung zustande kommt oder
- die zentrale Leitung und das besondere Verhandlungsgremium das vorzeitige Scheitern der Verhandlungen erklären.

Kommt ein EBR kraft Gesetzes zustande, so muss dieser vier Jahre nach der konstituierenden Sitzung mit der Mehrheit der Stimmen seiner Mitglieder einen Beschluss darüber fassen, ob mit der zentralen Leitung eine Vereinbarung nach § 17 ausgehandelt werden soll (§ 33 S. 1). In der Praxis haben 99 % der Unternehmen von der **Vereinbarungslösung** Gebrauch gemacht (http://www.euro-betriebsrat.de/pdf/eurogatede.pdf.

14 In Europa gibt es derzeit ca. **1.100 EBR;** in ca. 1.500 weiteren Unternehmen könnten EBR gegründet werden. Rund **200** der Unternehmen mit einem EBR haben ihren Sitz in **Deutschland** (https://www.worker-participation.eu/European-Works-Councils/Facts-Figures.

1. Europäischer Betriebsrat kraft Gesetzes

15 **L.A.** können – da sie Arbeitnehmer iSd EBRG sind – zu **Vollmitgliedern** eines EBR kraft Gesetzes bestellt werden (§ 22). Zudem besteht gemäß § 23 Abs. 6 die Möglichkeit, einen L.A. mit **Rederecht** in den Sitzungen zur Unterrichtung und Anhörung des EBR zu entsenden, wenn dem EBR mindestens fünf inländische Arbeitnehmer angehören. Wer für die Entsendung des L.A. zuständig ist, hängt von der Sprecherverfassung im Unternehmen/Konzern ab; im Einzelfall kann das der SprA, der USprA, der GSprA oder der KSprA sein (*Goldschmidt* S. 266).

16 Die **Kosten** eines L.A. (Reise- und Aufenthaltskosten), der gemäß § 23 Abs. 6 entsandt wird, trägt die zentrale Leitung des Unternehmens (§ 39 Abs. 1 S. 3).

17 Der L.A. unterfällt der **Geheimhaltungs**- und **Vertraulichkeitspflicht** gemäß § 35 Abs. 2 und unterliegt der Strafandrohung des § 44 Abs. 1 Nr. 1.

Die **SprA** sind **vom EBR** über die Unterrichtung und Anhörung zu **informieren** (§ 36 Abs. 2 S. 1). Das kann in einer gemeinsamen Sitzung von BR und SprA gemäß § 2 Abs. 2 SprAuG geschehen. Keine Informationspflicht besteht, wenn ein vom SprA bestimmter L.A. an der Sitzung zur Unterrichtung und Anhörung des EBR teilgenommen hat (§ 36 Abs. 2 S. 2). Wird ein schriftlicher Bericht erstattet, ist er auch dem zuständigen SprA zuzuleiten (§ 36 Abs. 2 S. 3). 18

2. Europäischer Betriebsrat kraft Vereinbarung

Auch in einen EBR kraft Vereinbarung können **L.A.** – ggf. unter Einbeziehung des SprA (*Engels/Müller* DB 1996, 981; *Fitting* EBRG Übersicht Rn. 22; aA *Düwell* EBRG § 18 Rn. 4; Küttner/*Eisemann* Europäischer Betriebsrat Rn. 5) – als Vollmitglieder bestellt werden (*Engels/Müller* DB 1996, 981). Die Zusammensetzung des EBR ist ausdrücklich der Vereinbarung überlassen (§ 18 Abs. 1 Nr. 2). 19

Gesetz über die Mitbestimmung der Arbeitnehmer (Mitbestimmungsgesetz – MitbestG)

vom 4.5.1976 (BGBl. I S. 1153),
zuletzt geändert durch Art. 17 des Gesetzes zur Ergänzung und Änderung der Regelungen für die gleichberechtigte Teilhabe von Frauen an Führungspositionen in der Privatwirtschaft und im öffentlichen Dienst vom 7.8.2021 (BGBl. I S. 3311)

Auszug

Hervorhebungen durch Verfasser

Übersicht

§ 3 Arbeitnehmer und Betrieb

(1) [1]Arbeitnehmer im Sinne dieses Gesetzes sind

1. die in § 5 Abs. 1 des Betriebsverfassungsgesetzes bezeichneten Personen mit Ausnahme der in § 5 Abs. 3 des Betriebsverfassungsgesetzes bezeichneten **leitenden Angestellten,**
2. die in § 5 Abs. 3 des Betriebsverfassungsgesetzes bezeichneten **leitenden Angestellten.**

[2]Keine Arbeitnehmer im Sinne dieses Gesetzes sind die in § 5 Abs. 2 des Betriebsverfassungsgesetzes bezeichneten Personen.

(2) [1]Betriebe im Sinne dieses Gesetzes sind solche des Betriebsverfassungsgesetzes. [2]§ 4 Abs. 2 des Betriebsverfassungsgesetzes ist anzuwenden.

§ 7 Zusammensetzung des Aufsichtsrats

(1) [1]Der Aufsichtsrat eines Unternehmens

1. mit in der Regel nicht mehr als 10.000 Arbeitnehmern setzt sich zusammen aus je sechs Aufsichtsratsmitgliedern der Anteilseigner und der Arbeitnehmer;
2. mit in der Regel mehr als 10.000, jedoch nicht mehr als 20.000 Arbeitnehmern setzt sich zusammen aus je acht Aufsichtsratsmitgliedern der Anteilseigner und der Arbeitnehmer;

3. mit in der Regel mehr als 20.000 Arbeitnehmern setzt sich zusammen aus je zehn Aufsichtsratsmitgliedern der Anteilseigner und der Arbeitnehmer.

[2]Bei den in Satz 1 Nr. 1 bezeichneten Unternehmen kann die Satzung (der Gesellschaftsvertrag) bestimmen, dass Satz 1 Nr. 2 oder 3 anzuwenden ist. [3]Bei den in Satz 1 Nr. 2 bezeichneten Unternehmen kann die Satzung (der Gesellschaftsvertrag) bestimmen, dass Satz 1 Nr. 3 anzuwenden ist.

(2) Unter den Aufsichtsratsmitgliedern der Arbeitnehmer müssen sich befinden

1. in einem Aufsichtsrat, dem sechs Aufsichtsratsmitglieder der Arbeitnehmer angehören, vier Arbeitnehmer des Unternehmens und zwei Vertreter von Gewerkschaften;
2. in einem Aufsichtsrat, dem acht Aufsichtsratsmitglieder der Arbeitnehmer angehören, sechs Arbeitnehmer des Unternehmens und zwei Vertreter von Gewerkschaften;
3. in einem Aufsichtsrat, dem zehn Aufsichtsratsmitglieder der Arbeitnehmer angehören, sieben Arbeitnehmer des Unternehmens und drei Vertreter von Gewerkschaften.

(3) [1]Unter den Aufsichtsratsmitgliedern der Arbeitnehmer eines in § 1 Absatz 1 genannten, börsennotierten Unternehmens müssen im Fall des § 96 Absatz 2 Satz 3 des Aktiengesetzes Frauen und Männer jeweils mit einem Anteil von mindestens 30 Prozent vertreten sein. [2]Satz 1 gilt auch für ein nicht börsennotiertes Unternehmen mit Mehrheitsbeteiligung des Bundes im Sinne des § 393a Absatz 1 des Aktiengesetzes oder des § 77a Absatz 1 des Gesetzes betreffend die Gesellschaften mit beschränkter Haftung.

(4) [1]Die in Absatz 2 bezeichneten Arbeitnehmer des Unternehmens müssen das 18. Lebensjahr vollendet haben und ein Jahr dem Unternehmen angehören. [2]Auf die einjährige Unternehmensangehörigkeit werden Zeiten der Angehörigkeit zu einem anderen Unternehmen, dessen Arbeitnehmer nach diesem Gesetz an der Wahl von Aufsichtsratsmitgliedern des Unternehmens teilnehmen, angerechnet. [3]Diese Zeiten müssen unmittelbar vor dem Zeitpunkt liegen, ab dem die Arbeitnehmer zur Wahl von Aufsichtsratsmitgliedern des Unternehmens berechtigt sind. [4]Die weiteren Wählbarkeitsvoraussetzungen des § 8 Abs. 1 des Betriebsverfassungsgesetzes müssen erfüllt sein.

(5) Die in Absatz 2 bezeichneten Gewerkschaften müssen in dem Unternehmen selbst oder in einem anderen Unternehmen vertreten sein, dessen Arbeitnehmer nach diesem Gesetz an der Wahl von Aufsichtsratsmitgliedern des Unternehmens teilnehmen.

§ 9 Aufsichtsratsmitglieder der Arbeitnehmer, Grundsatz

(1) Die Aufsichtsratsmitglieder der Arbeitnehmer (§ 7 Abs. 2) eines Unternehmens mit in der Regel mehr als 8.000 Arbeitnehmern werden durch Delegierte gewählt, sofern nicht die wahlberechtigten Arbeitnehmer die unmittelbare Wahl beschließen.

(2) Die Aufsichtsratsmitglieder der Arbeitnehmer (§ 7 Abs. 2) eines Unternehmens mit in der Regel nicht mehr als 8.000 Arbeitnehmern werden in unmittelbarer Wahl gewählt, sofern nicht die wahlberechtigten Arbeitnehmer die Wahl durch Delegierte beschließen.

(3) [1]Zur Abstimmung darüber, ob die Wahl durch Delegierte oder unmittelbar erfolgen soll, bedarf es eines Antrags, der von einem Zwanzigstel der wahlberechtigten Arbeitnehmer des Unternehmens unterzeichnet sein muss. [2]Die Abstimmung ist geheim. [3]Ein Beschluss nach Absatz 1 oder 2 kann nur unter Beteiligung von mindestens der Hälfte der wahlberechtigten Arbeitnehmer und nur mit der Mehrheit der abgegebenen Stimmen gefasst werden.

§ 10 Wahl der Delegierten

(1) In jedem Betrieb des Unternehmens wählen die Arbeitnehmer in geheimer Wahl und nach den Grundsätzen der Verhältniswahl Delegierte.

(2)–(3) (…)

(4) [1]Wird für einen Wahlgang nur ein Wahlvorschlag gemacht, so gelten die darin aufgeführten Arbeitnehmer in der angegebenen Reihenfolge als gewählt. [2]§ 11 Abs. 2 ist anzuwenden.

§ 11 Errechnung der Zahl der Delegierten

(1) (…)

(2) [1]Unter den Delegierten müssen in jedem Betrieb die in § 3 Abs. 1 Nr. 1 bezeichneten Arbeitnehmer und die leitenden Angestellten entsprechend ihrem zahlenmäßigen Verhältnis vertreten sein. [2]Sind in einem Betrieb mindestens neun Delegierte zu wählen, so entfällt auf die in § 3 Abs. 1 Nr. 1 bezeichneten Arbeitnehmer und die leitenden Angestellten mindestens je ein Delegierter; dies gilt nicht, soweit in dem Betrieb nicht mehr als fünf in § 3 Abs. 1 Nr. 1 bezeichnete Arbeitnehmer oder leitende Angestellte wahlberechtigt sind. [3]Soweit auf die in § 3 Abs. 1 Nr. 1 bezeichneten Arbeitnehmer und die leitenden Angestellten lediglich nach Satz 2 Delegierte entfallen, vermehrt sich die nach Absatz 1 errechnete Zahl der Delegierten des Betriebs entsprechend.

(3) [1]Soweit nach Absatz 2 auf die in § 3 Abs. 1 Nr. 1 bezeichneten Arbeitnehmer und die leitenden Angestellten eines Betriebs nicht mindestens je ein Delegierter entfällt, gelten diese für die Wahl der Delegierten als Arbeitnehmer des Betriebs der Hauptniederlassung des Unternehmens. [2]Soweit nach Absatz 2 und nach Satz 1 auf die in § 3 Abs. 1 Nr. 1 bezeichneten Arbeitnehmer und die leitenden Angestellten des Betriebs der Hauptniederlassung nicht mindestens je ein Delegierter entfällt, gelten diese für die Wahl der Delegierten als Arbeitnehmer des nach der Zahl der wahlberechtigten Arbeitnehmer größten Betriebs des Unternehmens.

(4)–(5) (…)

§ 12 Wahlvorschläge für Delegierte

(1) [1]Zur Wahl der Delegierten können die wahlberechtigten Arbeitnehmer des Betriebs Wahlvorschläge machen. [2]Jeder Wahlvorschlag muss von einem Zwanzigstel oder 50 der jeweils wahlberechtigten in § 3 Abs. 1 Nr. 1 bezeichneten Arbeitnehmer oder der leitenden Angestellten des Betriebs unterzeichnet sein.

(2) Jeder Wahlvorschlag soll mindestens doppelt so viele Bewerber enthalten, wie in dem Wahlgang Delegierte zu wählen sind.

§ 15 Wahl der unternehmensangehörigen Aufsichtsratsmitglieder der Arbeitnehmer

(1) [1]Die Delegierten wählen die Aufsichtsratsmitglieder, die nach § 7 Abs. 2 Arbeitnehmer des Unternehmens sein müssen, geheim und nach den Grundsätzen der Verhältniswahl für die Zeit, die im Gesetz oder in der Satzung (im Gesellschaftsvertrag) für die durch das Wahlorgan der Anteilseigner zu wählenden Mitglieder des Aufsichtsrats bestimmt ist. [2]Dem Aufsichtsrat muss ein leitender Angestellter angehören.

(2) [1]Die Wahl erfolgt auf Grund von Wahlvorschlägen. [2]Jeder Wahlvorschlag für

1. Aufsichtsratsmitglieder der Arbeitnehmer nach § 3 Abs. 1 Nr. 1 muss von einem Fünftel oder 100 der wahlberechtigten Arbeitnehmer des Unternehmens unterzeichnet sein;
2. das Aufsichtsratsmitglied der **leitenden Angestellten** wird auf Grund von Abstimmungsvorschlägen durch Beschluss der wahlberechtigten **leitenden Angestellten** aufgestellt. Jeder Abstimmungsvorschlag muss von einem Zwanzigstel oder 50 der wahlberechtigten **leitenden Angestellten** unterzeichnet sein. Der Beschluss wird in geheimer Abstimmung gefasst. Jeder **leitende Angestellte** hat so viele Stimmen, wie für den Wahlvorschlag nach Absatz 3 Satz 2 Bewerber zu benennen sind. In den Wahlvorschlag ist die nach Absatz 3 Satz 2 vorgeschriebene Anzahl von Bewerbern in der Reihenfolge der auf sie entfallenden Stimmenzahlen aufzunehmen.

(3) [1]Abweichend von Absatz 1 findet Mehrheitswahl statt, soweit nur ein Wahlvorschlag gemacht wird. [2]In diesem Fall muss der Wahlvorschlag doppelt so viele Bewerber enthalten, wie Aufsichtsratsmitglieder auf die Arbeitnehmer nach § 3 Abs. 1 Nr. 1 und auf die leitenden Angestellten entfallen.

§ 17 Ersatzmitglieder

(1) [1]In jedem Wahlvorschlag kann zusammen mit jedem Bewerber für diesen ein Ersatzmitglied des Aufsichtsrats vorgeschlagen werden. [2]Für einen Bewerber, der Arbeitnehmer nach § 3 Abs. 1 Nr. 1 ist, kann nur ein Arbeitnehmer nach § 3 Abs. 1 Nr. 1 und für einen leitenden Angestellten nach § 3 Abs. 1 Nr. 2 nur ein leitender Angestellter als Ersatzmitglied vorgeschlagen werden. [3]Ein Bewerber kann nicht zugleich als Ersatzmitglied vorgeschlagen werden.

(2) Wird ein Bewerber als Aufsichtsratsmitglied gewählt, so ist auch das zusammen mit ihm vorgeschlagene Ersatzmitglied gewählt.

(3) Im Fall des § 96 Absatz 2 Satz 3 des Aktiengesetzes ist das Nachrücken eines Ersatzmitgliedes ausgeschlossen, wenn dadurch der Anteil von Frauen und Männern unter den Aufsichtsratsmitgliedern der Arbeitnehmer nicht mehr den Vorgaben des § 7 Absatz 3 entspricht; § 18a Absatz 2 Satz 2 gilt entsprechend.

§ 18 Unmittelbare Wahl der Aufsichtsratsmitglieder der Arbeitnehmer

[1]Sind nach § 9 die Aufsichtsratsmitglieder der Arbeitnehmer in unmittelbarer Wahl zu wählen, so sind die Arbeitnehmer des Unternehmens, die das 18. Lebensjahr vollendet haben, wahlberechtigt. [2]§ 7 Satz 2 des Betriebsverfassungsgesetzes gilt entsprechend. [3]Für die Wahl sind die §§ 15 bis 17 mit der Maßgabe anzuwen-

den, dass an die Stelle der Delegierten die wahlberechtigten Arbeitnehmer des Unternehmens treten.

§ 21 Anfechtung der Wahl von Delegierten

(1) Die Wahl der Delegierten eines Betriebs kann beim Arbeitsgericht angefochten werden, wenn gegen wesentliche Vorschriften über das Wahlrecht, die Wählbarkeit oder das Wahlverfahren verstoßen worden und eine Berichtigung nicht erfolgt ist, es sei denn, dass durch den Verstoß das Wahlergebnis nicht geändert oder beeinflusst werden konnte.

(2) [1]Zur Anfechtung berechtigt sind
1. mindestens drei wahlberechtigte Arbeitnehmer des Betriebs,
2. der Betriebsrat,
3. der **Sprecherausschuss,**
4. das zur gesetzlichen Vertretung des Unternehmens befugte Organ.

[2]Die Anfechtung ist nur binnen einer Frist von zwei Wochen, vom Tage der Bekanntgabe des Wahlergebnisses an gerechnet, zulässig.

§ 22 Anfechtung der Wahl von Aufsichtsratsmitgliedern der Arbeitnehmer

(1) Die Wahl eines Aufsichtsratsmitglieds oder eines Ersatzmitglieds der Arbeitnehmer kann beim Arbeitsgericht angefochten werden, wenn gegen wesentliche Vorschriften über das Wahlrecht, die Wählbarkeit oder das Wahlverfahren verstoßen worden und eine Berichtigung nicht erfolgt ist, es sei denn, dass durch den Verstoß das Wahlergebnis nicht geändert oder beeinflusst werden konnte.

(2) [1]Zur Anfechtung berechtigt sind
1. mindestens drei wahlberechtigte Arbeitnehmer des Unternehmens,
2. …
3. der **Gesamt- oder Unternehmenssprecherausschuss** des Unternehmens oder, wenn in dem Unternehmen nur ein **Sprecherausschuss** besteht, der **Sprecherausschuss** sowie, wenn das Unternehmen herrschendes Unternehmen eines Konzerns ist, der **Konzernsprecherausschuss,** soweit ein solcher besteht,
4. …
5. der **Gesamt**- oder **Unternehmenssprecherausschuss** eines anderen Unternehmens, dessen Arbeitnehmer nach diesem Gesetz an der Wahl der Aufsichtsratsmitglieder des Unternehmens teilnehmen, oder, wenn in dem anderen Unternehmen nur ein **Sprecherausschuss** besteht, der **Sprecherausschuss,**
6. jede nach § 16 Abs. 2 vorschlagsberechtigte Gewerkschaft,
7. das zur gesetzlichen Vertretung des Unternehmens befugte Organ.

[2]Die Anfechtung ist nur binnen einer Frist von zwei Wochen, vom Tag der Veröffentlichung im Bundesanzeiger an gerechnet, zulässig.

§ 23 Abberufung von Aufsichtsratsmitgliedern der Arbeitnehmer

(1) [1]Ein Aufsichtsratsmitglied der Arbeitnehmer kann vor Ablauf der Amtszeit auf Antrag abberufen werden. [2]Antragsberechtigt sind für die Abberufung eines

1. (...)
2. Aufsichtsratsmitglieds der **leitenden Angestellten** drei Viertel der wahlberechtigten **leitenden Angestellten,**
3. (...)

(2) [1]Ein durch Delegierte gewähltes Aufsichtsratsmitglied wird durch Beschluss der Delegierten abberufen. [2]Dieser Beschluss wird in geheimer Abstimmung gefasst; er bedarf einer Mehrheit von drei Vierteln der abgegebenen Stimmen.

(3) [1]Ein von den Arbeitnehmern unmittelbar gewähltes Aufsichtsratsmitglied wird durch Beschluss der wahlberechtigten Arbeitnehmer abberufen. [2]Dieser Beschluss wird in geheimer, unmittelbarer Abstimmung gefasst; er bedarf einer Mehrheit von drei Vierteln der abgegebenen Stimmen.

(4) Die Absätze 1 bis 3 sind für die Abberufung von Ersatzmitgliedern entsprechend anzuwenden.

Erläuterungen zu MitbestG und 3. Wahlordnung zum MitbestG (Anhang 4 III)

Übersicht

I. L.A. und SprA in der Unternehmensmitbestimmung

1 Von den in Deutschland bestehenden 3 Mitbestimmungsgesetzen sieht allein das **MitbestG** die Berücksichtigung der L.A. mit einem eigenen Aufsichtsratsmandat zwingend vor (§ 15 Abs. 1 S. 2). Das **Montan-MitbestG** erwähnt die L.A. nicht, schließt sie aber auch nicht ausdrücklich aus. Das **DrittelbG** nimmt die L.A. dagegen ausdrücklich von der Mitbestimmung aus (§ 3 Abs. 1).

II. Zusammensetzung des Aufsichtsrats, Verteilung der Sitze

2 Dem Aufsichtsrat gehören in gleicher Zahl Mitglieder der Anteilseigner und der Arbeitnehmer an.

Zusammensetzung der **Arbeitnehmerseite** (§ 7) in Unternehmen mit in der Regel

– > 2.000 und ≤ 10.000 Arbeitnehmer: 1 L.A. + 3 „Arbeitnehmer ohne L.A.“ + 2 Gewerkschaftsvertreter;

- > 10.000 und ≤ 20.000 Arbeitnehmer: 1 L.A. + 5 „Arbeitnehmer ohne L.A." + 2 Gewerkschaftsvertreter;
- > 20.000 Arbeitnehmer: 1 L.A. + 6 „Arbeitnehmer ohne L.A." + 3 Gewerkschaftsvertreter.

Das **MitbestG übernimmt** in § 3 Abs. 1 S. 1 die **Begriffe** „leitender Angestellter" und „Arbeitnehmer" aus § 5 Abs. 3 und 4 bzw. Abs. 1 **BetrVG.** 3

Die auf die Arbeitnehmergruppen („L.A." und „Arbeitnehmer ohne L.A.") entfallenden Sitze werden nach dem **Gruppenproporz** verteilt (RVJ/*Raiser/Jacobs* § 15 Rn. 7; Habersack/Henssler/*Henssler* § 15 Rn. 26 ff.; WKS/*Wißmann* § 15 Rn. 10). Jede Arbeitnehmergruppe kann so viele Aufsichtsratssitze beanspruchen, wie es ihrem Anteil an der gesamten Belegschaft entspricht (RVJ/*Raiser/Jacobs* § 15 Rn. 7; WKS/*Wißmann* § 15 Rn. 10). Da nach dieser Berechnungsmethode auf die L.A. regelmäßig kein Mitglied entfallen würde (die L.A. stellen im Durchschnitt der deutschen Wirtschaft nur ca. 2 % aller Arbeitnehmer), statuiert § 15 Abs. 1 S. 2 einen **Minderheitenschutz (**RVJ/*Raiser/Jacobs* § 15 Rn. 1, 8; Habersack/Henssler/*Henssler* § 15 Rn. 29, 26; WKS/*Wißmann* § 15 Rn. 13, 5): Dem Aufsichtsrat muss mindestens ein L.A. angehören. Aufsichtsräte mit mehr als einem L.A. gibt es in der Unternehmenspraxis nur, wenn ein Arbeitnehmer nach seinem Amtsantritt zum L.A. („befördert") wird. Dieser **Aufstieg** führt **nicht** zum **Verlust** des Aufsichtsratsmandats (§ 24 Abs. 2). 4

Durch das **Gesetz für die gleichberechtigte Teilhabe von Frauen und Männern an Führungspositionen in der Privatwirtschaft und im öffentlichen Dienst** vom 24.4.2015 (BGBl. 642, 654 ff.; ausf. zur Entstehungsgeschichte des umstrittenen Gesetzes – Geschlechterproporz schlägt Wählerwille von Männern und Frauen – *Seibert* NZG 2016, 16 ff.) wurde für ca. 100 paritätisch zusammengesetzte Aufsichtsräte (nicht für Aufsichtsräte mit Drittelbeteiligung nach DrittelbG) börsennotierter Unternehmen (nur Aktiengesellschaften, KGaA und SE, nicht dagegen GmbH und Genossenschaften (Liste der erfassten Unternehmen bei *Pütz/Weckes* Report Mitbestimmungsförderung Nr. 1/2014 S. 5) eine **zwingende Geschlechterquote** eingeführt. **Gesamterfüllung** für *alle* Aufsichtsratsmitglieder nach § 96 Abs. 2 AktG: mindestens 30 % Frauen und mindestens 30 % Männer. 5

Der neue Abs. 3 des § 7 bestimmt für den Fall der (von einer der Aufsichtsratsbänke gewünschten) **Getrennterfüllung** der Geschlechterquote sowohl auf der Anteilseignerseite als auch auf der Arbeitnehmerseite, dass auf der Arbeitnehmerseite (L.A., „Arbeitnehmer ohne L.A.", Gewerkschaftsvertreter) des Aufsichtsrats mindestens 30 % Frauen und mindestens 30 % Männer vertreten sein müssen. Bei Erfüllung dieser Quote auf Arbeitnehmerseite ist auch das wegen § 15 Abs. 1 S. 2 gewählte Aufsichtsratsmitglied der L.A. zu berücksichtigen (ErfK/*Oetker* MitbestG § 7 Rn. 2; *Herb* DB 2015, 964 (965); *Röder/Arnold* NZA 2015, 279 (281)). 6

Für den Fall, dass diese Quote durch die (männlichen und weiblichen) Wähler nicht erreicht wurde, bestimmt § 18a die gesetzlichen Konsequenzen für das Wahlergebnis der **„Arbeitnehmer ohne L.A."** und der **Gewerkschaftsvertreter:** 7

- In einem **Aufsichtsrat** mit **6 oder 8 Arbeitnehmervertretern** müssen unter den „Arbeitnehmern ohne L.A." jeweils mindestens eine Frau und mindestens ein Mann und unter den Gewerkschaftsvertretern jeweils eine Frau und ein Mann vertreten sein.
- In einem **Aufsichtsrat** mit **10 Arbeitnehmervertretern** müssen unter den „Arbeitnehmern ohne L.A." mindestens 2 Frauen und mindestens 2 Männer und unter den Gewerkschaftsvertretern eine Frau und ein Mann vertreten sein.

Die durch eine für unwirksam erklärte Wahl nicht besetzten Aufsichtsratssitze (**Grundsatz des „leeren Stuhls“)** werden im Wege der gerichtlichen Ersatzbestellung nach § 104 AktG oder der Nachwahl besetzt.

8 **Veränderungen** des **Geschlechterproporzes nach** der **Aufsichtsratswahl** durch Ausscheiden einzelner Aufsichtsratsmitglieder haben keine Auswirkungen auf das Mandat der anderen Aufsichtsräte (ErfK/*Oetker* MitbestG § 18a Rn. 1). Bei **Nachbesetzungen** des Aufsichtsrats ist jedoch der **Geschlechterproporz** nach § 18a zu beachten. Die **Geschlechtsumwandlung** eines Aufsichtsratsmitglieds nach Amtsantritt hat keine Auswirkung auf die Erfüllung der Geschlechterquote (ErfK/*Oetker* MitbestG § 18a Rn. 1).

9 Das **Wahlergebnis** für den (einen) Vertreter der **L.A.** wird durch die gesetzlich vorgeschriebene geschlechtergerechte Korrektur auf der Arbeitnehmerbank des Aufsichtsrats nicht berührt (ErfK/*Oetker* MitbestG § 18a Rn. 3; Spindler/Stilz/*Spindler* AktG § 96 Rn. 34; *Herb* DB 2015, 964 (965); *Röder/Arnold* NZA 2015, 279 (281)).

III. Rechte und Aufgaben des Aufsichtsrats

10 Arbeitnehmer- und Anteilseignervertreter haben im Aufsichtsrat dieselbe Rechtsstellung. Der Aufsichtsrat ist **Aufsichts- und Überwachungsorgan** gegenüber der Geschäftsführung des Vorstands (§ 111 Abs. 1 AktG), jedoch **keine „Obergeschäftsführung“.**

Zu den **Hauptaufgaben** des Aufsichtsrats gehört u.a.:

- Bestellung und Widerruf der Bestellung der Vorstandsmitglieder (§ 31 MitbestG, § 84 AktG),
- Abschluss von Verträgen mit den Vorstandsmitgliedern (§ 112 AktG),
- Festlegung des Gehalts der Vorstandsmitglieder (§ 87 AktG),
- Prüfung und Feststellung des Jahresabschlusses (§§ 170 ff. AktG),
- Überprüfung der Rechenschaftslegung des Vorstands (§ 111 Abs. 2 S. 1 AktG),
- Einberufung einer Hauptversammlung, wenn das Wohl der Gesellschaft es erfordert (§ 111 Abs. 3 AktG).

IV. Wahlvorbereitung durch die SprA und das Unternehmen

11 Den SprA weist das MitbestG vor allem Aufgaben im Rahmen des Wahlverfahrens zu.

Einzelheiten hierzu regeln die **Wahlordnungen;** dabei gilt die

- **1. Wahlordnung** in Unternehmen mit nur einem Betrieb,
- **2. Wahlordnung** in Unternehmen mit mehreren Betrieben,
- **3. Wahlordnung** in einem Unternehmen, an dessen Aufsichtsratswahl auch Arbeitnehmer anderer Unternehmen des Konzerns teilnehmen.

12 Das **Wahlverfahren** wird formell durch die schriftliche Mitteilung des Unternehmens eingeleitet, dass Aufsichtsratsmitglieder zu wählen sind (§ 2 1.–3. WO).

Diese Mitteilung hat u.a. an jeden SprA und ggf. an den KSprA und die GSprA (USprA) zu gehen. Darüber hinaus muss die Mitteilung bekannt gemacht werden. Dies kann – wie bei der Wählerliste oder beim Wahlausschreiben (§§ 2 Abs. 4, 3 Abs. 4 WOSprAuG) – durch Aushang an wenigstens einer geeigneten Stelle erfolgen. Die Bekanntmachung liegt in der Verantwortung des Unternehmens.

Das eigentliche Wahlverfahren wird – wie bei der Wahl zum SprA und zum BR – vom Wahlvorstand betrieben (§ 3 1.–3. WO). 13

Im Geltungsbereich der

- **1. Wahlordnung** wird ein **Betriebswahlvorstand** gebildet.
- **2. Wahlordnung** wird auf Unternehmensebene ein **Unternehmenswahlvorstand** gebildet.
  Auf Betriebsebene wird die Wahl in dessen Auftrag und nach dessen Richtlinien durch Betriebswahlvorstände durchgeführt.
- **3. Wahlordnung** wird auf Konzernebene ein **Hauptwahlvorstand** gebildet. Er wird von Betriebswahlvorständen unterstützt.
  Einen zwischengeschalteten Unternehmenswahlvorstand gibt es seit 2002 nicht mehr.

Die **Wahlvorstände** sind unverzüglich nach der Wahlmitteilung des Unternehmens zu errichten. Sie bestehen grds. aus 3 Mitgliedern. Darunter muss sich mindestens ein L.A. befinden, wenn in der jeweiligen Ebene wenigstens 5 wahlberechtigte L.A. beschäftigt sind (*Fuchs/Köstler/Pütz* Rn. 258, 266; RVJ/*Raiser* vor § 9 Rn. 8; Habersack/Henssler/*Henssler* vor § 9 Rn. 11). 14

Die auf die **L.A.** entfallenden **Mitglieder** werden vom **SprA** der jeweiligen Ebene bestellt (RVJ/*Raiser* vor § 9 Rn. 11; Habersack/Henssler/*Henssler* vor § 9 Rn. 16). Besteht kein KSprA, so hat diese Aufgabe der GSprA des nach der Zahl der L.A. größten Unternehmens. Besteht in diesem Unternehmen kein GSprA, so liegt die Aufgabe beim SprA des nach der Zahl der L.A. größten Betriebs dieses Unternehmens. 15

Besteht **in keinem Unternehmen** ein **SprA,** so geht die Aufgabe auf die L.A. des Unternehmens mit der größten Zahl der L.A. über. Sie wählen die eigentlich vom SprA zu bestellenden Mitglieder. Die Einladung zu der Versammlung soll aus dem Kreis der L.A. kommen. Ausnahmsweise kann aber auch der BR die Initiative ergreifen (*Goldschmidt* S. 145). 16

Sollte sich **kein L.A. bereitfinden,** das Amt des Wahlvorstandsmitglieds anzunehmen, so kann der Wahlvorstand auch ohne einen Vertreter der L.A. gebildet werden (für die Auslegung von § 5 Abs. 2 als strenge Sollvorschrift *Fuchs/Köstler/Pütz* Rn. 266). 17

V. Die Aufgaben der Wahlvorstände

Ist der Betriebswahlvorstand gebildet, so erstellt er unverzüglich eine **Wählerliste,** und zwar getrennt nach den Arbeitnehmergruppen „L.A." und „Arbeitnehmer ohne L.A." (§ 8 Abs. 1 1.–3. WO; *Fuchs/Köstler/Pütz* Rn. 278 ff.). Hierfür sind ihm vom Unternehmen alle erforderlichen Auskünfte zu erteilen (§ 8 Abs. 3 1.–3. WO). 18

Ab Bekanntgabe der Wählerliste können Arbeitnehmer innerhalb einer Woche schriftlich ihre **Umgruppierung** von „L.A." zu „Arbeitnehmern ohne L.A." und umgekehrt verlangen (§ 10 Abs. 1 1.–3. WO). Stimmt dem auch nur ein Mitglied des Betriebswahlvorstands zu, so ist dem Verlangen zu entsprechen. Auch für diese Zustimmung gilt eine einwöchige Frist (§ 10 Abs. 2 1.–3. WO). Mitglieder mit abweichender Meinung können das **Arbeitsgericht** anrufen (§ 10 Abs. 3 1.–3. WO). 19

Nach § 9 Abs. 2 erfolgt die Wahl in **Unternehmen** mit idR nicht **mehr als 8.000 Arbeitnehmern** (inkl. L.A.) grds. **unmittelbar,** in **größeren Unterneh-** 20

men grds. durch **Delegierte** (§ 9 Abs. 1). Von diesen Grundsätzen kann abgewichen werden, wenn dies von den Arbeitnehmern in geheimer Abstimmung so beschlossen wird (§ 9 Abs. 3).

1. Wahl der Delegierten

21 Der Wahl der Aufsichtsratsmitglieder geht in **Unternehmen** mit **mehr als 8.000 Arbeitnehmern** (inkl. L.A.) die Wahl der Delegierten voraus. Die dafür notwendigen Wahlvorschläge werden nach „L.A." und „Arbeitnehmer ohne L.A." getrennt und können nur aus der jeweiligen Gruppe kommen. Die Delegierten der beiden Arbeitnehmergruppen werden in **getrennten Wahlgängen** gewählt (§ 53 Abs. 2 1.WO, § 59 Abs. 2 2. + 3.WO; RVJ/*Raiser* § 10 Rn. 18; Habersack/Henssler/*Henssler* § 10 Rn. 9). Das ändert nichts daran, dass es sich um eine **gemeinsame Wahl** handelt (Habersack/Henssler/*Henssler* § 10 Rn. 9). Die Delegierten werden von allen Wahlberechtigten in **geheimer Verhältniswahl** gewählt (Habersack/Henssler/*Henssler* § 10 Rn. 10).

22 Wird für einen Wahlgang nur *ein* Wahlvorschlag gemacht, so kommt es nach § 10 Abs. 4 zu einer **„Friedenswahl"** (RVJ/*Raiser* § 10 Rn. 17; Habersack/Henssler/*Henssler* § 10 Rn. 12 f.). Die im Wahlvorschlag aufgeführten Bewerber gelten dann in der angegebenen Reihenfolge als gewählt.

23 Die **Zahl** der Delegierten insgesamt und die Zahl der den L.A. zustehenden Delegierten wird vom obersten Wahlvorstand errechnet (§ 11, § 52 Abs. 1 1.WO, § 56 Abs. 1 2.WO, § 56 Abs. 2 3.WO; *Fuchs/Köstler/Pütz* Rn. 361 ff.). Unter den Delegierten müssen die L.A. entsprechend ihrem zahlenmäßigen Verhältnis vertreten sein. Sind mindestens 9 Delegierte zu wählen, so muss sich unter diesen wenigstens je ein Vertreter der beiden Arbeitnehmergruppen befinden (§ 11 Abs. 2).

2. Wahl der Aufsichtsratsmitglieder

24 Auch die eigentliche Wahl der Aufsichtsratsmitglieder findet aufgrund von **getrennten Wahlvorschlägen** in **getrennten Wahlgängen,** aber als **gemeinsame Wahl** statt. Durch die ebenfalls zu wählenden Gewerkschaftsvertreter (§ 16) erhöht sich die Zahl der Wahlvorschlagsgruppen und der Wahlgänge auf 3. Die Möglichkeit der Friedenswahl besteht nicht (Habersack/Henssler/*Henssler* § 15 Rn. 6).

25 Das Aufsichtsratsmitglied der L.A. wird von allen Arbeitnehmern bzw. Delegierten gewählt. Das führt zu einem Mangel an demokratischer Legitimation durch die zahlenmäßig weit unterlegenen L.A., der durch das **Abstimmungsverfahren über** den **Wahlvorschlag** der **L.A.** (§ 15 Abs. 2 Nr. 2) kompensiert werden soll (RVJ/*Raiser/Jacobs* § 15 Rn. 25; Habersack/Henssler/*Henssler* § 15 Rn. 74; WKS/*Wißmann* § 15 Rn. 85, 87; Reformvorschläge zu dieser Sonderregelung für das Aufsichtsratsmitglied der L.A. bei Sieg/Hafner-Tomaschek NZA 2024, 1330).

26 Diese separate Vorwahl wird zunächst durch eine **Bekanntmachung** des obersten Wahlvorstands eingeleitet. Der erforderliche Inhalt findet sich in § 28 1.WO bzw. § 30 2.+3.WO.

27 Nach Erlass dieser Bekanntmachung können die L.A. **Abstimmungsvorschläge** (in denen Frauen und Männer vertreten sein *sollen*) beim obersten Wahlvorstand einreichen (§ 29 Abs. 1 1.WO bzw. § 31 Abs. 1 2.+3.WO). Diese müssen von mindestens 1/20 oder 50 wahlberechtigten L.A. unterzeichnet sein. Die Ein-

reichungsfrist soll 2 Wochen ab Bekanntmachung betragen (§ 29 Abs. 1 1.WO bzw. § 31 Abs. 1 2.+3.WO). Ist in den Vorschlag neben dem Bewerber ein Ersatzmitglied aufgenommen, so muss im Wahlvorschlag kenntlich gemacht werden, wer als Bewerber und wer als Ersatzmitglied vorgeschlagen wird (§ 29 Abs. 2 1.WO bzw. § 31 Abs. 2 2.+3.WO).

Auf der Grundlage der eingegangenen Abstimmungsvorschläge beschließt der oberste Wahlvorstand eine Wahlliste. In dieser müssen mindestens 2 Bewerber aufgeführt sein (*Fuchs/Köstler/Pütz* Rn. 305; RVJ/*Raiser/Jacobs* § 15 Rn. 25; WKS/*Wißmann* § 15 Rn. 86; die genaue Zahl bestimmt sich nach § 15 Abs. 3 MitbestG, wonach doppelt so viele Bewerber aufgeführt sein müssen, wie Aufsichtsratsmitglieder auf die L.A. entfallen; in der Praxis stellen die L.A. nie mehr als ein Aufsichtsratsmitglied). Die Abstimmung der L.A. über die Vorschläge erfolgt nach § 32 Abs. 5 S. 2 3.WO als reine **Briefwahl.** Dabei hat jeder L.A. 2 Stimmen. Bei nur zwei Bewerbern kann er auch beiden Bewerbern eine Stimme geben. **28**

Alle wahlberechtigten Arbeitnehmer (bei unmittelbarer Wahl, § 18) bzw. alle Delegierten (bei Delegiertenwahl, § 15 Abs. 1) **wählen** aus den beiden, von den L.A. in der Vorwahl gewählten Kandidaten, das Aufsichtsratsmitglied der L.A. (RVJ/*Raiser/Jacobs* § 15 Rn. 28; WKS/*Wißmann* § 15 Rn. 87). **29**

VI. Anfechtung der Wahlen

Sowohl die Wahl eines **Delegierten** (§ 21) als auch die Wahl eines **Aufsichtsratsmitglieds** (§ 22) kann **angefochten** werden. Die Voraussetzungen gleichen denen der Anfechtung der SprA-Wahl. Anfechtungsberechtigt sind die SprA der jeweiligen Ebene oder ein Quorum von 3 unternehmens- bzw. betriebsangehörigen Arbeitnehmern. Ein unterlegener Wahlbewerber braucht daher wenigstens 2 weitere Wahlberechtigte zur Unterstützung seines Antrags. **30**

Die Anfechtung der Wahl der **Delegierten** unterscheidet sich von den Wahlanfechtungen in der Betriebsverfassung dadurch, dass auch ein einzelner Abschnitt des Wahlverfahrens gesondert angefochten werden kann (Habersack/Henssler/*Henssler* § 21 Rn. 1). Anfechtungsgründe, die in der Delegiertenwahl wurzeln, werden so dem Verfahren nach § 22 entzogen. Wird die Wahl der Delegierten nicht rechtzeitig (§ 21 Abs. 2 S. 2) angefochten, so können die Anfechtungsgründe nicht mehr bei der Anfechtung der gesamten Aufsichtsratswahl geltend gemacht werden (RVJ/*Raiser/Jacobs* § 21 Rn. 1; Habersack/Henssler/*Henssler* § 22 Rn. 2, 10). Nach *Raiser* gilt dieser Ausschluss jedoch nicht für diejenigen, die zwar nach § 22, nicht aber nach § 21 anfechtungsberechtigt sind, da diese nicht auf die Zweiwochenfrist des § 21 verwiesen werden können, innerhalb welcher Anfechtungsgründe die in der Delegiertenwahl wurzeln, vorgebracht werden müssen (str., ausführliche Darstellung in RVJ/*Raiser/Jacobs* § 22 Rn. 3 und WKS/*Wißmann* § 22 Rn. 41 ff.; aA Habersack/Henssler/*Henssler* § 22 Rn. 2; WKS/*Wißmann* § 22 Rn. 43 f.). Die Anfechtung der Delegiertenwahl kann sich regelmäßig nicht auf die laufende Aufsichtsratswahl auswirken, denn die Delegierten können ihr Amt bis zu einer rechtskräftigen Entscheidung im Anfechtungsverfahren ausüben (RVJ/*Raiser/Jacobs* § 21 Rn. 11; WKS/*Wißmann* § 21 Rn. 27). Insbesondere wird die Aufsichtsratswahl durch die Anfechtung der Delegiertenwahl nicht aufgeschoben (RVJ/*Raiser/Jacobs* § 21 Rn. 11; Habersack/Henssler/*Henssler* § 21 Rn. 35; WKS/*Wißmann* § 21 Rn. 27). Nur bei ganz besonders schwerwiegenden Verstößen **31** gegen wesentliche Wahlvorschriften, die geeignet sind, auch das Ergebnis der Aufsichtsratswahl zu beeinflussen, kommt eine **einstweilige Verfügung** gegen die Fortsetzung der Wahl gemäß § 85 Abs. 2 ArbGG in Betracht (RVJ/*Raiser/Jacobs* § 21 Rn. 12; Habersack/Henssler/*Henssler* § 21 Rn. 35; WKS/*Wißmann* § 22 Rn. 90).

32 § 22 regelt die Anfechtung der Wahl eines **Aufsichtsratsmitglieds.** Dabei muss sich das Verfahren entgegen dem Wortlaut des Gesetzes nicht zwangsläufig auf ein einzelnes Mitglied oder Ersatzmitglied beschränken, vielmehr kann Gegenstand der Anfechtung auch die Wahl aller in einem Wahlgang Gewählten oder die Wahl **aller Aufsichtsratsmitglieder** sein (RVJ/*Raiser/Jacobs* § 22 Rn. 14; Habersack/Henssler/*Henssler* § 22 Rn. 3; WKS/*Wißmann* § 22 Rn. 23).

33 Die Wahlanfechtung setzt **Verstöße** gegen **wesentliche Vorschriften** über das **Wahlrecht,** die **Wählbarkeit** oder das **Wahlverfahren** voraus. Wesentliche Vorschriften sind die zwingend ausgestalteten Vorschriften der §§ 9–18 und der einschlägigen Wahlordnung (*Fuchs/Köstler/Pütz* Rn. 612; RVJ/*Raiser* § 22 Rn. 6).

34 Das von der Rechtsprechung für die Betriebsratswahl entwickelte vorgezogene **gerichtliche Kontrollverfahren** kann auch im Anwendungsbereich des MitbestG beschritten werden, sodass einzelne Elemente des Wahlverfahrens bereits während dessen Verlaufs im Beschlussverfahren gemäß § 2a Abs. 1 Nr. 3, Abs. 2 ArbGG angegriffen werden können (Näheres in RVJ/*Raiser/Jacobs* § 22 Rn. 24 ff.; Habersack/Henssler/*Henssler* Vor § 9 Rn. 58 ff.; WKS/*Wißmann* § 22 Rn. 70 ff.). Durch die rechtzeitige Behebung fehlerhaften Handelns oder Unterlassens sollen spätere Wahlanfechtungen (§§ 21, 22) erübrigt oder zumindest beschleunigt werden (RVJ/*Raiser/Jacobs* § 22 Rn. 24; Habersack/Henssler/*Henssler* vor § 9 Rn. 59; WKS/*Wißmann* § 22 Rn. 71).

VII. Nichtigkeit der Wahlen

35 Die **Nichtigkeit** der Wahl von Delegierten und/oder Aufsichtsratsmitgliedern ist nur in ganz besonderen Ausnahmefällen – hauptsächlich bei besonders schwerwiegenden und evidenten Verstößen gegen Vorschriften über das Wahlverfahren – gegeben (RVJ/*Raiser/Jacobs* § 21 Rn. 13, § 22 Rn. 20; Habersack/Henssler/*Henssler* § 21 Rn. 38, § 22 Rn. 26; WKS/*Wißmann* § 21 Rn. 3, § 22 Rn. 5). Beispiele: Fehlen der Wählbarkeitsvoraussetzungen in der Person des Arbeitnehmervertreters oder Wahl ohne vorher erforderliches Statusverfahren (antragsberechtigt ist auch der Konzern-/Gesamt-/Sprecherausschuss nach § 97 ff. AktG; RVJ/*Raiser/Jacobs* § 22 Rn. 21 f.; Habersack/Henssler/*Henssler* § 21 Rn. 38; WKS/*Wißmann* § 22 Rn. 7).

Das **Nichterreichen** der **Geschlechterquote** bei der Wahl der Aufsichtsratsmitglieder führt zur Nichtigkeit der Wahl und zu einem „leeren Stuhl" (§ 18a; WKS/*Wißmann* § 22 Rn. 19 ff., § 18a Rn. 13 ff., 20 ff.; *Velten* NZA-RR 2016, 623).

36 **Keine Nichtigkeit** der Wahl liegt dagegen vor, wenn ein Arbeitnehmer als Arbeitnehmervertreter für die L.A. gewählt wird, obwohl er kein L.A. ist (WKS/*Wißmann* § 22 Rn. 14; *Velten* NZA-RR 2016, 623 (624)). Das Gleiche gilt umgekehrt, wenn ein L.A. als Vertreter der „Arbeitnehmer ohne L.A." gewählt wird.

37 Die Nichtigkeit der Wahl kann von **jedem jederzeit** ohne formale Voraussetzungen insbesondere ohne Einhaltung einer Frist (uU kommt aber eine Verwir-

kung in Betracht) **geltend gemacht** werden (RVJ/*Raiser/Jacobs* § 21 Rn. 14; Habersack/Henssler/*Henssler* § 21 Rn. 36 f.; WKS/*Wißmann* § 22 Rn. 15).

VIII. Abberufung von Aufsichtsratsmitgliedern

Das Aufsichtsratsmitglied der L.A. kann vor Ablauf seiner Amtszeit auf **Antrag** 38
von 3/4 der wahlberechtigten L.A. (nicht antragsberechtigt sind die anderen Arbeitnehmer) **abberufen** werden (§ 23 Abs. 1 Nr. 2).

Über die Abberufung **entscheiden** je nach Wahlart entweder alle Delegierten 39
(bei Delegiertenwahl, § 23 Abs. 2) oder alle wahlberechtigten Arbeitnehmer (bei unmittelbarer Wahl, § 23 Abs. 3).

Dritte Wahlordnung zum Mitbestimmungsgesetz (3. WOMitbestG)

vom 27.5.2002 (BGBl. I S. 1741), zuletzt geändert durch Art. 20 des Gesetzes zur Ergänzung und Änderung der Regelungen für die gleichberechtigte Teilhabe von Frauen an Führungspositionen in der Privatwirtschaft und im öffentlichen Dienst vom 7.8.2021 (BGBl. I S. 3311).

Auszug

Hervorhebungen durch Verfasser

Kommentierung bei Anhang 4 II (→ MitbestG Rn. 1 ff.)

Übersicht

§ 2 Bekanntmachung der Unternehmen

(1) [1]Das Unternehmen, in dessen Aufsichtsrat Mitglieder der Arbeitnehmerinnen und Arbeitnehmer zu wählen sind, teilt spätestens 25 Wochen vor dem voraussichtlichen Beginn der Amtszeit der zu wählenden Aufsichtsratsmitglieder der Arbeitnehmer den anderen Unternehmen, deren Arbeitnehmerinnen und Arbeitnehmer nach § 4 oder § 5 des Gesetzes an der Wahl teilnehmen, schriftlich mit, dass Aufsichtsratsmitglieder der Arbeitnehmer zu wählen sind. [2]In der Mitteilung ist ferner anzugeben:

1. der voraussichtliche Beginn der Amtszeit der zu wählenden Aufsichtsratsmitglieder der Arbeitnehmer;
2. die Zahl der zu wählenden Aufsichtsratsmitglieder der Arbeitnehmer;
3. bei einem börsennotierten Unternehmen der Anteil, mit dem Frauen und Männer nach § 96 Absatz 2 Satz 1 des Aktiengesetzes jeweils mindestens im Aufsichtsrat vertreten sein müssen;
4. bei einem börsennotierten Unternehmen, ob der Geschlechteranteil nach § 96 Absatz 2 Satz 1 des Aktiengesetzes gemäß § 96 Absatz 2 Satz 2 des Aktiengesetzes vom Aufsichtsrat insgesamt zu erfüllen ist (Gesamterfüllung) oder ob der Gesamterfüllung nach § 96 Absatz 2 Satz 3 des Aktiengesetzes widersprochen

wurde, mit der Folge, dass der Geschlechteranteil für diese Wahl von der Anteilseignerseite und der Seite der Arbeitnehmer getrennt zu erfüllen ist (Getrennterfüllung);
5. die Firmen und die Anschriften der Unternehmen, deren Arbeitnehmerinnen und Arbeitnehmer an der Wahl teilnehmen und deren Betriebe, sowie die Zahlen der in diesen Unternehmen und Betrieben in der Regel beschäftigten Arbeitnehmerinnen und Arbeitnehmer.

(2) [1]Jedes Unternehmen macht die in Absatz 1 bezeichnete Mitteilung unverzüglich bekannt. [2]Die Bekanntmachung kann durch Aushang an einer oder mehreren geeigneten, den Wahlberechtigten zugänglichen Stellen in den Betrieben des Unternehmens und durch Einsatz der im Unternehmen vorhandenen Informations- und Kommunikationstechnik erfolgen. [3]Der Einsatz der Informations- und Kommunikationstechnik ist nur zulässig, wenn der Adressatenkreis dieser Bekanntmachungsform von der Bekanntmachung Kenntnis erlangen kann und Vorkehrungen getroffen sind, damit nur das jeweilige Unternehmen Änderungen der Bekanntmachung vornehmen kann.

(3) [1]Das Unternehmen, in dessen Aufsichtsrat Mitglieder der Arbeitnehmerinnen und Arbeitnehmer zu wählen sind, übersendet die Mitteilung nach Absatz 1 unverzüglich
1. dem Konzernbetriebsrat und dem **Konzernsprecherausschuss,**
2. den Gesamtbetriebsräten und den **Gesamtsprecherausschüssen (Unternehmenssprecherausschüssen),**
3. den in den Unternehmen bestehenden Betriebsräten und **Sprecherausschüssen,**
4. den in den Unternehmen vertretenen Gewerkschaften,
5. (…)

(…)

§ 3 Wahlvorstände

(1) Die rechtzeitige Einleitung und die Durchführung der Wahl sowie die Feststellung des Wahlergebnisses obliegen dem Hauptwahlvorstand.

(2) In den einzelnen Betrieben jedes Unternehmens wird die Wahl im Auftrag und nach den Richtlinien des Hauptwahlvorstands durch Betriebswahlvorstände durchgeführt.

(3) [1]Die Wahlvorstände werden unverzüglich nach der in § 2 bezeichneten Bekanntmachung gebildet. [2]Die Geschlechter sollen entsprechend ihrem zahlenmäßigen Verhältnis vertreten sein.

§ 4 Zusammensetzung des Hauptwahlvorstands

(1) [1]Der Hauptwahlvorstand besteht aus drei Mitgliedern. [2]Die Arbeitnehmervertretungen, die nach Absatz 4 Mitglieder des Hauptwahlvorstands bestellen, können die Zahl der Mitglieder erhöhen, wenn dies zur ordnungsgemäßen Durchführung der Wahl erforderlich ist. [3]Der Hauptwahlvorstand muss aus einer ungeraden Zahl von Mitgliedern bestehen. [4]Mitglieder des Hauptwahlvorstands können nur Wahlberechtigte von Unternehmen sein, deren Arbeitnehmerinnen und Arbeitnehmer an der Wahl teilnehmen.

(2) [1]Im Hauptwahlvorstand sollen die in § 3 Abs. 1 Nr. 1 des Gesetzes bezeichneten Arbeitnehmer und die leitenden Angestellten angemessen vertreten sein. [2]Dem Hauptwahlvorstand muss, wenn in den Unternehmen, deren Arbeitnehmerinnen und Arbeitnehmer an der Wahl teilnehmen, insgesamt mindestens fünf wahlberechtigte leitende Angestellte beschäftigt sind, mindestens ein leitender Angestellter angehören.

(3) Für jedes Mitglied des Hauptwahlvorstands kann für den Fall seiner Verhinderung ein Ersatzmitglied bestellt werden.

(4) (…)

(5) [1]Der Konzernsprecherausschuss bestellt die auf die leitenden Angestellten entfallenden Mitglieder des Hauptwahlvorstands. [2]Besteht kein Konzernsprecherausschuss, so werden diese Mitglieder des Hauptwahlvorstands

1. vom **Gesamtsprecherausschuss (Unternehmenssprecherausschuss)** des nach der Zahl der wahlberechtigten leitenden Angestellten größten Unternehmens, dessen Arbeitnehmerinnen und Arbeitnehmer an der Wahl teilnehmen und in dem ein **Sprecherausschuss** besteht, oder, wenn in dem Unternehmen nur ein **Sprecherausschuss** besteht, vom **Sprecherausschuss** bestellt oder,
2. falls in keinem Unternehmen ein **Sprecherausschuss** besteht, in einer **Versammlung der leitenden Angestellten** des nach der Zahl der wahlberechtigten **leitenden Angestellten** größten Betriebs der Unternehmen, deren Arbeitnehmerinnen und Arbeitnehmer an der Wahl teilnehmen, mit der Mehrheit der abgegebenen Stimmen gewählt.

§ 5 Zusammensetzung des Betriebswahlvorstands

(1) [1]Der Betriebswahlvorstand besteht aus drei Mitgliedern. [2]Der Betriebsrat kann die Zahl der Mitglieder erhöhen, wenn dies zur ordnungsgemäßen Durchführung der Wahl erforderlich ist. [3]Der Betriebswahlvorstand muss aus einer ungeraden Zahl von Mitgliedern bestehen. [4]Mitglieder des Betriebswahlvorstands können nur Wahlberechtigte des Betriebs sein.

(2) [1]Im Betriebswahlvorstand sollen die in § 3 Abs. 1 Nr. 1 des Gesetzes bezeichneten Arbeitnehmer und die leitenden Angestellten angemessen vertreten sein. [2]Dem Betriebswahlvorstand muss, wenn in dem Betrieb mindestens fünf wahlberechtigte leitende Angestellte beschäftigt sind, mindestens ein leitender Angestellter angehören.

(3) Für jedes Mitglied des Betriebswahlvorstands kann für den Fall seiner Verhinderung ein Ersatzmitglied bestellt werden.

(4) (…)

(5) [1]Die auf die leitenden Angestellten entfallenden Mitglieder werden von dem für den Betrieb zuständigen Sprecherausschuss bestellt. [2]Besteht kein Sprecherausschuss, so werden die in Satz 1 bezeichneten Mitglieder des Betriebswahlvorstands in einer Versammlung der leitenden Angestellten des Betriebs mit der Mehrheit der abgegebenen Stimmen gewählt.

(6) (…)

§ 8 Wählerliste

(1) [1]Der Betriebswahlvorstand stellt unverzüglich nach seiner Bildung eine Liste der Wahlberechtigten des Betriebs (Wählerliste) auf, getrennt nach den in § 3

Abs. 1 Nr. 1 des Gesetzes bezeichneten Arbeitnehmern und den leitenden Angestellten. [2]Die Wahlberechtigten sollen in alphabetischer Reihenfolge mit Familienname, Vorname und Geburtsdatum aufgeführt werden. [3]Das Aufstellen der Wählerliste kann durch Einsatz der im Betrieb vorhandenen Informations- und Kommunikationstechnik erfolgen, wenn Vorkehrungen getroffen sind, damit nur der Wahlvorstand Änderungen in der Wählerliste vornehmen kann.

(2) [1]Jedes Mitglied des Betriebswahlvorstands ist verpflichtet darauf hinzuwirken, dass die Wahlberechtigten in der Wählerliste in zutreffender Weise in Arbeitnehmer nach § 3 Abs. 1 Nr. 1 des Gesetzes und leitende Angestellte eingeteilt werden. [2]Die Mitglieder des Betriebswahlvorstands sollen hierüber um eine Beschlussfassung ohne Gegenstimme bemüht sein. [3]Hat der Betriebswahlvorstand hierüber ausschließlich Beschlüsse ohne Gegenstimme gefasst, so ist § 10 nicht anzuwenden.

(3) [1]Das Unternehmen hat den Betriebswahlvorständen alle für die Anfertigung der Wählerliste erforderlichen Auskünfte zu erteilen und die erforderlichen Unterlagen zur Verfügung zu stellen. [2]Es hat die Betriebswahlvorstände insbesondere bei der Einteilung in Arbeitnehmer nach § 3 Abs. 1 Nr. 1 des Gesetzes und leitende Angestellte zu unterstützen.

(4) Der Betriebswahlvorstand berichtigt oder ergänzt die Wählerliste unverzüglich, wenn eine Arbeitnehmerin oder ein Arbeitnehmer

1. in den Betrieb eintritt oder aus ihm ausscheidet,
2. das 18. Lebensjahr vollendet oder
3. die Eigenschaft als in § 3 Abs. 1 Nr. 1 des Gesetzes bezeichneter Arbeitnehmer oder **leitender Angestellter** wechselt,

oder wenn sich in sonstiger Weise die Voraussetzungen, auf denen eine Eintragung in der Wählerliste beruht, ändern.

(5) An Wahlen und Abstimmungen können nur Arbeitnehmerinnen und Arbeitnehmer teilnehmen, die in der Wählerliste eingetragen sind.

§ 9 Bekanntmachung über die Bildung der Wahlvorstände und die Wählerliste

(1)–(2) (…)

(3) Hat der Betriebswahlvorstand bei der Aufstellung der Wählerliste nach § 8 Abs. 1 über die Eintragung der Wahlberechtigten als in § 3 Abs. 1 Nr. 1 des Gesetzes bezeichnete Arbeitnehmer oder leitende Angestellte nicht ausschließlich Beschlüsse ohne Gegenstimme gefasst, so muss die Bekanntmachung nach Absatz 2 auch die folgenden Angaben enthalten:

1. dass jede Arbeitnehmerin und jeder Arbeitnehmer innerhalb von einer Woche seit Erlass der Bekanntmachung schriftlich vom Betriebswahlvorstand die Änderung der eigenen Eintragung als in § 3 Abs. 1 Nr. 1 des Gesetzes bezeichneter Arbeitnehmer oder **leitender Angestellter** in der Wählerliste verlangen kann; der letzte Tag der Frist ist anzugeben;
2. dass dem Änderungsverlangen nach Nummer 1 zu entsprechen ist, wenn ein Mitglied des Betriebswahlvorstands dem Verlangen zustimmt;
3. dass gegen die Richtigkeit der Wählerliste nur Einspruch eingelegt werden kann, soweit nicht nach Nummer 1 eine Änderung der Wählerliste verlangt werden kann.

§ 10 Änderungsverlangen

(1) Jede Arbeitnehmerin und jeder Arbeitnehmer kann innerhalb von einer Woche seit Erlass der Bekanntmachung nach § 9 Abs. 2 und 3 schriftlich vom Betriebswahlvorstand verlangen, dass die eigene Eintragung in der Wählerliste als in § 3 Abs. 1 Nr. 1 des Gesetzes bezeichneter Arbeitnehmer oder leitender Angestellter geändert wird.

(2) [1]Dem Änderungsverlangen nach Absatz 1 ist zu entsprechen, wenn ein Mitglied des Betriebswahlvorstands dem Verlangen zustimmt. [2]Eine Zustimmung nach Satz 1 kann nur innerhalb einer Woche nach Ablauf der in Absatz 1 bestimmten Frist erteilt werden; sie ist schriftlich gegenüber dem Betriebswahlvorstand zu erklären.

(3) Gegen die Änderung der Eintragung nach Absatz 2 kann das Arbeitsgericht von einem Mitglied des Betriebswahlvorstands, das dem Änderungsverlangen nicht zugestimmt hat, angerufen werden.

§ 30 Bekanntmachung über die Abstimmung für den Wahlvorschlag der leitenden Angestellten

(1) [1]Der Hauptwahlvorstand erlässt gleichzeitig mit der Bekanntmachung nach § 13 eine Bekanntmachung über die Abstimmung für den Wahlvorschlag der leitenden Angestellten. [2]Die Bekanntmachung muss folgende Angaben enthalten:

1. den für die Bekanntmachung bestimmten Zeitpunkt;
2. die Zahl der Bewerberinnen und Bewerber, die der Wahlvorschlag der leitenden Angestellten enthalten muss;
3. bei börsennotierten Unternehmen im Fall der Gesamterfüllung, die zur Erreichung des Geschlechteranteils nach § 96 Absatz 2 Satz 1 und 4 des Aktiengesetzes erforderliche Anzahl an Frauen und Männern im Aufsichtsrat;
4. bei börsennotierten Unternehmen im Fall der Getrennterfüllung, die zur Erreichung des Geschlechteranteils nach § 7 Absatz 3 des Gesetzes in Verbindung mit § 96 Absatz 2 Satz 4 des Aktiengesetzes erforderliche Anzahl an Frauen und Männern unter den Aufsichtsratsmitgliedern der Arbeitnehmer;
5. dass der Wahlvorschlag der leitenden Angestellten auf Grund von Abstimmungsvorschlägen durch Beschluss der wahlberechtigten leitenden Angestellten in geheimer Abstimmung aufgestellt wird;
6. dass in jedem Abstimmungsvorschlag für jede Bewerberin oder für jeden Bewerber jeweils ein Ersatzmitglied des Aufsichtsrats vorgeschlagen werden kann;
7. die Mindestzahl der wahlberechtigten leitenden Angestellten, von denen ein Abstimmungsvorschlag für die Abstimmung der leitenden Angestellten unterzeichnet sein muss;
8. die Zahl der Bewerberinnen und Bewerber, die jeder leitende Angestellte in der Abstimmung ankreuzen kann;
9. dass als Bewerberinnen und Bewerber nach der Reihenfolge der auf sie entfallenden Stimmenzahlen nur so viele leitende Angestellte in den Wahlvorschlag aufgenommen werden, wie er insgesamt Bewerberinnen und Bewerber enthalten muss und dass bei Stimmengleichheit das Los entscheidet;
10. dass die in den Abstimmungsvorschlägen zusammen mit den Gewählten aufgeführten Ersatzmitglieder in den Wahlvorschlag der leitenden Angestellten als Ersatzmitglieder des Aufsichtsrats aufgenommen werden;

11. bei börsennotierten Unternehmen, dass das Nachrücken eines Ersatzmitglieds, dessen Wahl nach dem 31. Dezember 2015 erfolgt ist, ausgeschlossen ist, wenn dadurch der Geschlechteranteil nach § 7 Absatz 3 des Gesetzes nicht mehr eingehalten würde;
12. den Zeitpunkt, bis zu dem Abstimmungsvorschläge für die Abstimmung der leitenden Angestellten beim Hauptwahlvorstand eingereicht werden können;
13. die Anschrift des Hauptwahlvorstands;
14. dass die leitenden Angestellten in Briefwahl abstimmen;
15. den Zeitpunkt, bis zu dem die Wahlbriefe beim Hauptwahlvorstand eingehen müssen.

(2) Der Hauptwahlvorstand kann die Bekanntmachungen nach Absatz 1, § 13 und § 26 in einer Bekanntmachung zusammenfassen.

(3) [1]Der Hauptwahlvorstand übersendet die Bekanntmachung den Betriebswahlvorständen und teilt ihnen schriftlich den Zeitpunkt mit, von dem ab sie in den Betrieben bekannt zu machen ist. [2]Jeder Betriebswahlvorstand ergänzt die Bekanntmachung um die Angabe, wo oder wie die Abstimmungsberechtigten von den Abstimmungsvorschlägen Kenntnis erlangen können.

(4) § 26 Abs. 4 und 5 ist entsprechend anzuwenden.

§ 31 Abstimmungsvorschläge der leitenden Angestellten

(1) [1]Für den Beschluss über den Wahlvorschlag der leitenden Angestellten können die wahlberechtigten leitenden Angestellten Abstimmungsvorschläge machen; in diesen sollen Frauen und Männer vertreten sein. [2]Jeder Abstimmungsvorschlag muss von einem Zwanzigstel oder 50 der wahlberechtigten leitenden Angestellten unterzeichnet sein. [3]Abstimmungsvorschläge sind innerhalb einer vom Hauptwahlvorstand zu bestimmenden Frist beim Hauptwahlvorstand schriftlich einzureichen. [4]Die Frist soll zwei Wochen betragen. [5]Sie beginnt mit dem für die Bekanntmachung nach § 30 bestimmten Zeitpunkt.

(2) [1]In jedem Abstimmungsvorschlag kann für jede Bewerberin oder für jeden Bewerber jeweils ein leitender Angestellter als Ersatzmitglied des Aufsichtsrats vorgeschlagen werden. [2]§ 29 Abs. 1 Satz 3 bis 5 ist entsprechend anzuwenden.

(3)–(4) (…)

(5) [1]Ist nach Ablauf der in Absatz 1 bezeichneten Frist kein gültiger Abstimmungsvorschlag eingereicht, so teilt dies der Hauptwahlvorstand unverzüglich den Betriebswahlvorständen mit. [2]Jeder Betriebswahlvorstand macht die Mitteilung in gleicher Weise bekannt wie Abstimmungsvorschläge und fordert unter Hinweis auf den bevorstehenden Ablauf der zur Einreichung von Wahlvorschlägen bestimmten Frist erneut dazu auf, Abstimmungsvorschläge einzureichen.

§ 32 Abstimmung der leitenden Angestellten

(1) Der Hauptwahlvorstand setzt den Tag der Abstimmung derleitenden Angestellten so fest, dass der Wahlvorschlag der leitenden Angestellten spätestens neun Wochen seit dem für die Bekanntmachung nach § 26 bestimmten Zeitpunkt vorliegt.

(2) [1]Jeder Abstimmungsberechtigte kann insgesamt so viele Bewerberinnen und Bewerber ankreuzen, wie der Wahlvorschlag der leitenden Angestellten insgesamt

Bewerberinnen und Bewerber enthalten muss. [2]Eine gesonderte Stimmabgabe für ein Ersatzmitglied des Aufsichtsrats ist nicht zulässig.

(3) (...)

(4) [1]Die abstimmende Person kennzeichnet die von ihr Gewählten durch Ankreuzen an den im Stimmzettel hierfür vorgesehenen Stellen. (...)

(5)–(9) (...)

§ 59 Wahlausschreiben für die Wahl der Delegierten

(1) [1]Unverzüglich nach Eingang der in § 58 bezeichneten Mitteilung erlässt der Betriebswahlvorstand ein Wahlausschreiben für die Wahl der Delegierten. [2]Es muss folgende Angaben enthalten:

1.–5. (...)

6. die Zahl der zu wählenden Delegierten, getrennt nach Delegierten der in § 3 Abs. 1 Nr. 1 des Gesetzes bezeichneten Arbeitnehmer und Delegierten der **leitenden Angestellten;**

7.–8. (...)

9. die Mindestzahl der wahlberechtigten **leitenden Angestellten,** von denen ein Wahlvorschlag für Delegierte der **leitenden Angestellten** unterzeichnet sein muss;

10.–18. (...)

(2) Wahlgang im Sinne dieses Abschnitts ist

1. die Wahl der Delegierten der in § 3 Abs. 1 Nr. 1 des Gesetzes bezeichneten Arbeitnehmer;
2. die Wahl der Delegierten der **leitenden Angestellten.**

Gesetz über die Beteiligung der Arbeitnehmer in einer Europäischen Gesellschaft (SE-Beteiligungsgesetz – SEBG)

vom 22.12.2004 (BGBl. I S. 3675, 3686),

zuletzt geändert durch Art. 6g Gesetz zur Stärkung des Schutzes der Bevölkerung und insbesondere vulnerabler Personengruppen vor COVID-19 vom 16.9.2022 (BGBl. I S. 1454)

Auszug

Hervorhebungen durch den Verfasser

Übersicht

§ 1 Zielsetzung des Gesetzes

(1) [1]Das Gesetz regelt die Beteiligung der Arbeitnehmer in einer Europäischen Gesellschaft (SE), die Gegenstand der Verordnung (EG) Nr. 2157/2001 des Rates vom 8. Oktober 2001 über das Statut der Europäischen Gesellschaft (ABl. EG Nr. L 294 S. 1) ist. [2]Ziel des Gesetzes ist, in einer SE die erworbenen Rechte der Arbeitnehmer (Arbeitnehmerinnen und Arbeitnehmer) auf Beteiligung an Unternehmensentscheidungen zu sichern. [3]Maßgeblich für die Ausgestaltung der Beteiligungsrechte der Arbeitnehmer in der SE sind die bestehenden Beteiligungsrechte in den Gesellschaften, die die SE gründen.

(2) [1]Zur Sicherung des Rechts auf grenzüberschreitende Unterrichtung, Anhörung, Mitbestimmung und sonstige Beteiligung der Arbeitnehmer wird eine Vereinbarung über die Beteiligung der Arbeitnehmer in der SE getroffen. [2]Kommt es nicht zu einer Vereinbarung, wird eine Beteiligung der Arbeitnehmer in der SE kraft Gesetzes sichergestellt.

(3) Die Vorschriften dieses Gesetzes sowie die nach Absatz 2 zu treffende Vereinbarung sind so auszulegen, dass die Ziele der Europäischen Gemeinschaft, die Beteiligung der Arbeitnehmer in der SE sicherzustellen, gefördert werden.

(4) Die Grundsätze der Absätze 1 bis 3 gelten auch für strukturelle Änderungen einer gegründeten SE sowie für deren Auswirkungen auf die betroffenen Gesellschaften und ihre Arbeitnehmer.

§ 2 Begriffsbestimmungen

(1) [1]Der Begriff des Arbeitnehmers richtet sich nach den Rechtsvorschriften und Gepflogenheiten der jeweiligen Mitgliedstaaten. [2]Arbeitnehmer eines inländischen Unternehmens oder Betriebs sind Arbeiter und Angestellte einschließlich der zu ihrer Berufsausbildung Beschäftigten und der in § 5 Abs. 3 Satz 2 des Betriebsverfassungsgesetzes genannten leitenden Angestellten, unabhängig davon, ob sie im Betrieb, im Außendienst oder mit Telearbeit beschäftigt werden. [3]Als Arbeitnehmer gelten auch die in Heimarbeit Beschäftigten, die in der Hauptsache für das Unternehmen oder den Betrieb arbeiten.

(2)–(5) (…)

(6) Arbeitnehmervertretung bezeichnet jede Vertretung der Arbeitnehmer nach dem Betriebsverfassungsgesetz (Betriebsrat, Gesamtbetriebsrat, Konzernbetriebsrat oder eine nach § 3 Abs. 1 Nr. 1 bis 3 des Betriebsverfassungsgesetzes gebildete Vertretung).

(7)–(12) (…)

§ 4 Information der Leitungen

(1) [1]Das besondere Verhandlungsgremium ist auf Grund einer schriftlichen Aufforderung der Leitungen zu bilden. [2]Es hat die Aufgabe, mit den Leitungen eine schriftliche Vereinbarung über die Beteiligung der Arbeitnehmer in der SE abzuschließen.

(2) [1]Wenn die Leitungen die Gründung einer SE planen, informieren sie die Arbeitnehmervertretungen und Sprecherausschüsse in den beteiligten Gesellschaften, betroffenen Tochtergesellschaften und betroffenen Betrieben über das Gründungsvorhaben. [2]Besteht keine Arbeitnehmervertretung, erfolgt die Information gegenüber den Arbeitnehmern. [3]Die Information erfolgt unaufgefordert und unverzüglich nach Offenlegung des Verschmelzungsplans, des Gründungsplans für eine Holdinggesellschaft, des Umwandlungsplans oder nach Abschluss der Vereinbarung eines Plans zur Gründung einer Tochtergesellschaft.

(3)–(4) (…)

§ 6 Persönliche Voraussetzungen der auf das Inland entfallenden Mitglieder des besonderen Verhandlungsgremiums

(1) Die persönlichen Voraussetzungen der Mitglieder des besonderen Verhandlungsgremiums richten sich nach den jeweiligen Bestimmungen der Mitgliedstaaten, in denen sie gewählt oder bestellt werden.

(2) [1]Zu Mitgliedern des besonderen Verhandlungsgremiums wählbar sind im Inland Arbeitnehmer der Gesellschaften und Betriebe sowie Gewerkschaftsvertreter. [2]Frauen und Männer sollen entsprechend ihrem zahlenmäßigen Verhältnis gewählt werden. [3]Für jedes Mitglied ist ein Ersatzmitglied zu wählen.

(3) Gehören dem besonderen Verhandlungsgremium mehr als zwei Mitglieder aus dem Inland an, ist jedes dritte Mitglied ein Vertreter einer Gewerkschaft, die in einem an der Gründung der SE beteiligten Unternehmen vertreten ist.

(4) Gehören dem besonderen Verhandlungsgremium mehr als sechs Mitglieder aus dem Inland an, ist mindestens jedes siebte Mitglied ein leitender Angestellter.

§ 8 Zusammensetzung des Wahlgremiums; Urwahl

(1) [1]Die nach diesem Gesetz oder dem Gesetz eines anderen Mitgliedstaats auf die im Inland beschäftigten Arbeitnehmer der an der Gründung der SE beteiligten Gesellschaften, betroffenen Tochtergesellschaften und betroffenen Betriebe entfallenden Mitglieder des besonderen Verhandlungsgremiums werden von einem Wahlgremium in geheimer und unmittelbarer Wahl gewählt. [2]Im Fall des § 6 Abs. 3 ist jedes dritte Mitglied auf Vorschlag einer Gewerkschaft zu wählen, die in einem an der Gründung der SE beteiligten Unternehmen vertreten ist. [3]Wird nur ein Wahlvorschlag gemacht, muss dieser mindestens doppelt so viele Bewerber enthalten wie Vertreter von Gewerkschaften zu wählen sind. [4]Jeder Wahlvorschlag einer Gewerkschaft muss von einem Vertreter der Gewerkschaft unterzeichnet sein. [5]Im Fall des § 6 Abs. 4 ist jedes siebte Mitglied auf Vorschlag der Sprecherausschüsse zu wählen; Satz 3 gilt entsprechend. [6]Besteht in einem beteiligten Unternehmen oder in einer beteiligten Unternehmensgruppe kein Sprecherausschuss, können die leitenden Angestellten Wahlvorschläge machen; ein Wahlvorschlag muss von einem Zwanzigstel oder 50 der wahlberechtigten leitenden Angestellten unterzeichnet sein.

(2)–(7) (…)

§ 11 Information über die Mitglieder des besonderen Verhandlungsgremiums

(1) [1]Die Wahl oder Bestellung der Mitglieder des besonderen Verhandlungsgremiums soll innerhalb von zehn Wochen nach der in § 4 Abs. 2 und 3 vorgeschriebenen Information erfolgen. [2]Den Leitungen sind unverzüglich die Namen der Mitglieder des besonderen Verhandlungsgremiums, ihre Anschriften sowie die jeweilige Betriebszugehörigkeit mitzuteilen. [3]Die Leitungen haben die örtlichen Betriebs- und Unternehmensleitungen, die dort bestehenden Arbeitnehmervertretungen und Sprecherausschüsse sowie die in inländischen Betrieben vertretenen Gewerkschaften über diese Angaben zu informieren.

(2) (…)

§ 21 Inhalt der Vereinbarung

(1)–(5) (…)

(6) [1]Unbeschadet des Verhältnisses dieses Gesetzes zu anderen Regelungen der Mitbestimmung der Arbeitnehmer im Unternehmen muss in der Vereinbarung im Fall einer durch Umwandlung gegründeten SE in Bezug auf alle Komponenten der Arbeitnehmerbeteiligung zumindest das gleiche Ausmaß gewährleistet werden, das in der Gesellschaft besteht, die in eine SE umgewandelt werden soll. [2]Dies gilt auch bei einem Wechsel der Gesellschaft von einer dualistischen zu einer monistischen Organisationsstruktur und umgekehrt.

§ 36 Sitzverteilung und Bestellung

(1) (…)

(2) Soweit die Mitgliedstaaten über die Besetzung der ihnen zugewiesenen Sitze keine eigenen Regelungen treffen, bestimmt der SE-Betriebsrat die Arbeitnehmervertreter im Aufsichts- oder Verwaltungsorgan der SE.

(3) [1]Die Ermittlung der auf das Inland entfallenden Arbeitnehmervertreter des Aufsichts- oder Verwaltungsorgans der SE erfolgt durch ein Wahlgremium, das sich aus den Arbeitnehmervertretungen der SE, ihrer Tochtergesellschaften und Betriebe zusammensetzt. [2]Für das Wahlverfahren gelten § 6 Abs. 2 bis 4, § 8 Abs. 1 Satz 2 bis 5, Abs. 2 bis 7 und die §§ 9 und 10 entsprechend mit der Maßgabe, dass an die Stelle der beteiligten Gesellschaften, betroffenen Tochtergesellschaften und betroffenen Betriebe die SE, ihre Tochtergesellschaften und Betriebe treten. [3]Das Wahlergebnis ist der Leitung der SE, dem SE-Betriebsrat, den Gewählten, den Sprecherausschüssen und Gewerkschaften mitzuteilen.

(4) [1]Die nach den Absätzen 2 und 3 ermittelten Arbeitnehmervertreter werden der Hauptversammlung der SE zur Bestellung vorgeschlagen. [2]Die Hauptversammlung ist an diese Vorschläge gebunden.

§ 37 Abberufung und Anfechtung

(1) [1]Ein Mitglied oder ein Ersatzmitglied der Arbeitnehmer aus dem Inland im Aufsichts- oder Verwaltungsorgan kann vor Ablauf der Amtszeit abberufen werden. [2]Antragsberechtigt sind

1. die Arbeitnehmervertretungen, die das Wahlgremium gebildet haben;
2. in den Fällen der Urwahl mindestens drei wahlberechtigte Arbeitnehmer;
3. für ein Mitglied nach § 6 Abs. 3 nur die Gewerkschaft, die das Mitglied vorgeschlagen hat;
4. für ein Mitglied nach § 6 Abs. 4 nur der **Sprecherausschuss,** der das Mitglied vorgeschlagen hat.

[3]Für das Abberufungsverfahren gelten die §§ 8 bis 10 entsprechend mit der Maßgabe, dass an die Stelle der beteiligten Gesellschaften, betroffenen Tochtergesellschaften und betroffenen Betriebe die SE, ihre Tochtergesellschaften und Betriebe treten; abweichend von § 8 Abs. 5 und § 10 Abs. 1 Satz 3 bedarf der Beschluss einer Mehrheit von drei Vierteln der abgegebenen Stimmen. [4]Die Arbeitnehmervertreter sind von der Hauptversammlung der SE abzuberufen.

(2) [1]Die Wahl eines Mitglieds oder eines Ersatzmitglieds der Arbeitnehmer aus dem Inland im Aufsichts- oder Verwaltungsorgan kann angefochten werden, wenn gegen wesentliche Vorschriften über das Wahlrecht, die Wählbarkeit oder das Wahlverfahren verstoßen worden und eine Berichtigung nicht erfolgt ist, es sei denn, dass durch den Verstoß das Wahlergebnis nicht geändert oder beeinflusst werden konnte. [2]Zur Anfechtung berechtigt sind die in Absatz 1 Satz 2 Genannten, der SE-Betriebsrat und die Leitung der SE. [3]Die Klage muss innerhalb eines Monats nach dem Bestellungsbeschluss der Hauptversammlung erhoben werden.

§ 47 Geltung nationalen Rechts

(1) Dieses Gesetz berührt nicht die den Arbeitnehmern nach inländischen Rechtsvorschriften und Regelungen zustehenden Beteiligungsrechte, mit Ausnahme

1. der Mitbestimmung in den Organen der SE;
2. der Regelung des Europäische Betriebsräte-Gesetzes, es sei denn, das besondere Verhandlungsgremium hat einen Beschluss nach § 16 gefasst.

(2) [1]Regelungen und Strukturen über die Arbeitnehmervertretungen einer beteiligten Gesellschaft mit Sitz im Inland, die durch die Gründung der SE als

eigenständige juristische Person erlischt, bestehen nach Eintragung der SE fort. [2]Die Leitung der SE stellt sicher, dass diese Arbeitnehmervertretungen ihre Aufgaben weiterhin wahrnehmen können.

Erläuterungen zum SE-Beteiligungsgesetz

Übersicht

I. Rechtsgrundlage und Gründung einer SE

Seit dem 29.12.2004 besteht für Unternehmen in Deutschland die Möglich- 1
keit – neben den traditionellen Rechtsformen (insbesondere AG, GmbH, KG, OHG) –, die Rechtsform einer **Europäischen Gesellschaft** (Societas Europaea – SE) zu wählen.

Rechtsgrundlage hierfür sind die **EU-Verordnung** Nr. 2157/2001 des Rates 2
vom 8.10.2001 **(SE-VO)** und die dazu ergangene **EU-Richtlinie** 2001/86/EG des Rates vom 8.10.2001 zur Ergänzung des Statuts der Europäischen Gesellschaft hinsichtlich der Beteiligung der Arbeitnehmer (**SE-RL;** ABl. 294, 22).

Zur Umsetzung dieser europäischen Vorgaben verabschiedete der deutsche 3
Gesetzgeber das **Gesetz zur Ausführung der Verordnung** (EG) Nr. 2157/2001 des Rates vom 8.10.2001 über das Statut der Europäischen Gesellschaft (SE-Ausführungsgesetz – **SEAG**) und das **Gesetz über die Beteiligung der Arbeitnehmer in einer Europäischen Gesellschaft** (SE-Beteiligungsgesetz – **SEBG;** BGBl. I 3675).

Die SE ist eine Kapitalgesellschaft, deren Grundkapital in Aktien zerlegt ist und 4
mindestens 120.000 EUR beträgt (Art. 1 Abs. 2, Art. 4 Abs. 2 SE-VO).

Sie kann gemäß Art. 2 und 3 SE-VO in folgenden Fällen **gegründet** werden (*Goldschmidt* S. 268; NFK/*Nagel* § 2 Rn. 4–13; WKS/*Kleinsorge* EU-Recht Rn. 23):

1. Verschmelzung von nationalen AG aus mindestens 2 Mitgliedstaaten,
2. Gründung einer Holding (Holding-SE) durch Unternehmen (AG oder GmbH), die in mindestens 2 Mitgliedstaaten ihren Sitz haben,

3. Umwandlung einer AG, wenn diese seit mindestens 2 Jahren eine Tochtergesellschaft in einem anderen Mitgliedstaat hat,
4. Gründung einer Tochtergesellschaft (Tochter-SE) mehrerer Gesellschaften iSd Art. 54 AEUV aus mindestens 2 Mitgliedstaaten,
5. Abgründung einer Tochter-SE durch eine Mutter-SE.

5 Am 31.12.2021 gab es europaweit 3.358, davon 749 operativ tätige SE mit mindestens 5 Arbeitnehmern, davon hatten 459 (61 %) ihren Sitz in Deutschland. Davon haben **283** eine **dualistische** und **176** eine **monistische Unternehmensstruktur.**

Von den 283 SE mit dualistischer Unternehmensstruktur haben 19 SE die **paritätische Mitbestimmung** (ADAC, Allianz, BASF, B. Braun, Bilfinger, BP Europa, Cariad, Dekra, Delivery Hero, Deutsche Telekom Service Europe, E.ON, MAN Energy Solutions, MAN Truck & Bus, RWE Generation, SAP, SGL Carbon, Traton, Uniper, WM) und **49** eine **Drittelbeteiligung** der Arbeitnehmer, bei 2 SE lag die Mitbestimmung zwischen Parität und Drittelbeteiligung (Verhältnis Anteilseigner- zu Arbeitnehmervertretern bei GfK SE 6:4, bei Sopra Steria SE 3:2). In den 176 deutschen SE mit monistischer Unternehmensstruktur gibt es nur ein einziges Unternehmen (Lindner SE) mit Arbeitnehmervertretern im Aufsichtsrat (Drittelbeteiligung). Bei 388 SE (84 %) gibt es maximal Informations- und Konsultationsrechte des SE-Betriebsrats, aber keine Mitbestimmung im Aufsichts- oder Verwaltungsrat (Daten bei www.imu-boeckler.de).

II. Organe der SE

6 Welche Organe eine SE neben der **Hauptversammlung** der Anteilseigner hat, ist davon abhängig, ob das dualistische (§§ 15 ff. SEAG) oder das monistische System (§§ 20 ff. SEAG) als Unternehmensverfassung gewählt wird.

1. Dualistisches System

7 Wird das in Deutschland, Österreich und den Niederlanden nach nationalem Recht vorgesehene dualistische System gewählt, gibt es ein geschäftsführendes Organ, den **Vorstand,** und ein getrenntes Kontrollorgan, den **Aufsichtsrat.**

2. Monistisches System

8 Wird das in den meisten Ländern Europas übliche monistische System gewählt, sind Geschäftsführung und Kontrolle in einem einzigen Organ, dem **Verwaltungsrat** (im Vereinigten Königreich: board of directors, in Frankreich: conseil d'administration), vereinigt.

III. Unternehmensbeteiligung der Arbeitnehmer

1. Zielsetzung des SEBG

9 Das SEBG regelt die Beteiligung der Arbeitnehmer in einer SE und hat eine dreifache Zielsetzung:

1. In einer SE sollen die erworbenen Rechte der Arbeitnehmer auf Beteiligung an Unternehmensentscheidungen gesichert werden. Maßgeblich für die Ausgestaltung der Beteiligungsrechte der Arbeitnehmer in der SE sind die beste-

hendeden Beteiligungsrechte in den Gesellschaften, die die SE gründen (**„Vorher-Nachher-Prinzip“**, § 1 Abs. 1; NFK/*Nagel* SEBG § 2 Rn. 12).
2. Zur Sicherung des Rechts auf grenzüberschreitende Unterrichtung, Anhörung, Mitbestimmung und sonstige Beteiligung der Arbeitnehmer soll eine Vereinbarung über die Beteiligung der Arbeitnehmer in der SE getroffen werden (**„Vorrang für Verhandlungslösungen“**, § 1 Abs. 2 S. 1; WKS/*Kleinsorge* EU-Recht Rn. 18).
3. Kommen Unternehmensleitung und Arbeitnehmervertretung diesem Gesetzesauftrag nicht nach, wird eine **Beteiligung** der Arbeitnehmer in der SE **kraft Gesetzes** sichergestellt (**„gesetzliche Auffangregelung“**, § 1 Abs. 2 S. 2; WKS/*Kleinsorge* EU-Recht Rn. 32 ff.).

2. Arbeitnehmerbeteiligung als Voraussetzung einer SE-Gründung

a) Bildung und Zusammensetzung eines besonderen Verhandlungsgremiums. Wenn **Unternehmensleitungen** die Gründung einer SE planen, müssen sie nach § 4 Abs. 2 und 3 „die Arbeitnehmervertretungen und **Sprecherausschüsse**“ in den beteiligten Gesellschaften, betroffenen Tochtergesellschaften und betroffenen Betrieben über das Gründungsvorhaben **informieren.** Obwohl der Arbeitnehmerbegriff des SEBG auch die **L.A.** erfasst (§ 2 Abs. 1 S. 2 iVm § 5 Abs. 3 S. 2 BetrVG), rechnet der Gesetzgeber deren Vertretung – den SprA – gemäß § 2 Abs. 6 nicht zu den Arbeitnehmervertretungen (hierzu zählt er nur die Vertretung der Arbeitnehmer nach dem BetrVG; NFK/*Nagel* § 2 Rn. 15). 10

Um die Rechtsform einer SE annehmen zu können, muss die **Unternehmensleitung** die **Arbeitnehmervertretungen** (aber **nicht** die **SprA**) schriftlich **auffordern,** ein **besonderes Verhandlungsgremium** (BVG) zu **bilden** (§ 4 Abs. 1). Anders als bei der Gründung eines BR, SprA oder EBR, muss bei der SE die Initiative nicht von der Arbeitnehmerseite ausgehen! 11

Für die in jedem Mitgliedstaat beschäftigten AN der beteiligten Gesellschaften, betroffenen Tochtergesellschaften und betroffenen Betriebe werden Mitglieder für das BVG gewählt oder bestellt. Für jeden Anteil der in einem Mitgliedstaat beschäftigten AN, der 10 % der Gesamtzahl der in allen Mitgliedstaaten beschäftigten AN der beteiligten Gesellschaften und der betroffenen Tochtergesellschaften oder betroffenen Betriebe oder einen Bruchteil davon beträgt, ist ein Mitglied aus diesem Mitgliedstaat in das BVG zu wählen oder zu bestellen (§ 5 Abs. 1).

Das BVG hat die Aufgabe, mit der Leitung eine **Vereinbarung** über die Beteiligung der AN in der SE **abzuschließen.**

Zu **Mitgliedern** des BVG können in Deutschland Arbeitnehmer der Gesellschaften und Betriebe sowie Gewerkschaftsvertreter gewählt werden (§ 5 Abs. 1, § 6 Abs. 2 S. 1). Da auch **L.A.** Arbeitnehmer iSd § 2 Abs. 1 S. 2 sind, können auch sie in das BVG gewählt werden. Müssen diesem Gremium mehr als 6 Mitglieder aus Deutschland angehören, so ist gemäß § 6 Abs. 4 mindestens **jedes 7. Mitglied** ein **L.A.** Die Mitglieder des BVG werden durch ein Wahlgremium in geheimer und unmittelbarer Wahl gewählt (§§ 8 ff.). **Jedes 7. Mitglied** ist auf **Vorschlag** des **SprA** zu wählen (§ 8 Abs. 1 S. 5). Plant ein Konzern eine SE-Gründung, so sprechen Praktikabilitätserwägungen dafür, dem SprA der höchsten Ebene das Vorschlagsrecht zu gewähren. Sind konzernunabhängige Unternehmen an der Gründung beteiligt, so haben auch deren SprA – wiederum auf höchster Ebene – ein Vorschlagsrecht. Werden SprA von Tochtergesellschaften oder von 12

Betrieben nicht durch SprA auf höherer Ebene vertreten, so haben auch diese ein Vorschlagsrecht (NFK/*Kleinsorge* § 8 Rn. 9 f.). Besteht im Unternehmen/Konzern **kein SprA,** dann können die **L.A.** Wahlvorschläge machen; ein Wahlvorschlag muss von mindestens 1/20 oder 50 wahlberechtigten L.A. unterzeichnet sein (§ 8 Abs. 1 S. 6).

13 Die **Konzernleitung** hat die örtlichen Betriebs- und Unternehmensleitungen, die dort bestehenden Arbeitnehmervertretungen und **SprA** sowie die in inländischen Betrieben vertretenen Gewerkschaften über die Namen der BVG-Mitglieder, deren Anschriften und Betriebszugehörigkeit zu **informieren** (§ 11 Abs. 1 S. 3).

14 **b) Inhalt einer Beteiligungsvereinbarung.** Der Inhalt einer Vereinbarung über die Beteiligung der AN in einer SE ist den Verhandlungspartnern grds. freigestellt (**Gestaltungsautonomie;** § 21 Abs. 1).

15 § 21 Abs. 1 Nr. 1–6 enthält allerdings einige **Mindestvorgaben für** einen **SE-BR:**

- Geltungsbereich der Vereinbarung;
- Zusammensetzung des SE-BR, die Anzahl seiner Mitglieder und die Sitzverteilung, einschließlich der Auswirkungen der Zahl der in der SE beschäftigten AN;
- Befugnisse und Verfahren zur Unterrichtung und Anhörung des SE-BR;
- Häufigkeit der Sitzungen des SE-BR;
- für den SE-BR bereitzustellende finanzielle und materielle Mittel;
- Zeitpunkt des Inkrafttretens der Vereinbarung und ihre Laufzeit; ferner die Fälle, in denen die Vereinbarung neu ausgehandelt werden soll und das dabei anzuwendende Verfahren.

16 Wenn kein SE-BR gebildet wird, haben die Parteien die Durchführungsmodalitäten des Verfahrens oder der Verfahren zur Unterrichtung und Anhörung gemäß den oben genannten Mindestvorgaben festzulegen (§ 21 Abs. 2).

17 Für den Fall, dass die Parteien eine Vereinbarung über die Mitbestimmung in Unternehmensorganen treffen, ist deren Inhalt festzulegen.

Insbesondere soll nach § 21 Abs. 3 Folgendes vereinbart werden:

- Zahl der Mitglieder des Verwaltungs- oder Aufsichtsorgans der SE, welche die AN wählen oder bestellen können oder deren Bestellung sie empfehlen oder ablehnen können;
- Verfahren, nach dem die AN diese Mitglieder wählen oder bestellen oder deren Bestellung empfehlen oder ablehnen können, und
- Rechte dieser Mitglieder.

18 **In allen Fällen** einer **SE-Gründung** (Umwandlung einer AG, Verschmelzung von mindestens 2 AG, Gründung einer Holding, Gründung einer Tochter, Gründung einer Tochter-SE durch eine Mutter-SE; Art. 2 und 3 SE-VO) ist ein **Unterrichtungs**- und **Anhörungsverfahren** auf grenzüberschreitender Ebene zu gewährleisten. Hierfür sehen §§ 23 ff. SEBG ein eigenständiges Vertretungsorgan der AN vor, den SE-BR, der weitgehend die gleichen Funktionen im Bereich der grenzüberschreitenden Unterrichtung und Anhörung erfüllt wie der EBR, welcher in einer SE grds. nicht zu errichten ist (§ 47 Abs. 1 Nr. 2).

19 Nur wenn sich Unternehmens- und AN-Seite darauf verständigen, entweder gar keine Verhandlungen über ein Unterrichtungs- und Anhörungsverfahren aufzunehmen oder bereits aufgenommene Verhandlungen abzubrechen (§ 16) ist das **EBRG** anzuwenden. Damit soll ein **unionsweiter Mindeststandard** an **AN-**

Beteiligung gesichert werden (WKS/*Kleinsorge* Rn. 40; NFK/*Kleinsorge* Einf. SE Rn. 46).

c) Vereinbarung über die Mitbestimmung in den SE-Gesellschaftsorganen. Ob die Verhandlungspartner – neben dem Unterrichtungs- und Anhörungsverfahren – auch eine Vereinbarung über die Mitbestimmung der AN in den Gesellschaftsorganen der SE abschließen, ist ihnen grds. freigestellt (**Abschlussfreiheit;** WKS/*Kleinsorge* EU-Recht Rn. 30). 20

Die Beteiligung der AN in den Organen einer SE (Verwaltungs- bzw. Aufsichtsrat) ist sowohl beim monistischen als auch beim dualistischen System frei verhandelbar (§ 21). Der **Gestaltungsfreiheit** sind keine Grenzen gesetzt. Dh es können bestehende Beteiligungsformen (nach DrittelbG, MitbestG oder Montan-MitbestG), Mischformen, gänzlich neue Systeme aber auch der Verzicht auf jegliche Mitbestimmung vereinbart werden (NFK/*Freis* § 21 Rn. 7; WKS/*Kleinsorge* EU-Recht Rn. 104). Ziel der vom SEBG eingeräumten Freiheit ist es, einen sinnvollen Ausgleich zwischen den unterschiedlichen Interessen und Rechtslagen der an der SE beteiligten Unternehmen aus verschiedenen Mitgliedstaaten zu schaffen (NFK/*Freis* § 21 Rn. 6; WKS/*Kleinsorge* EU-Recht Rn. 26, 86). 21

Eine **Ausnahme** von der Gestaltungsfreiheit gilt allerdings für den in der Unternehmenspraxis häufigen Fall der **Umwandlung** einer **AG in** eine **SE.** Hier muss gemäß § 21 Abs. 6 in Bezug auf alle Komponenten der AN-Beteiligung zumindest das gleiche Ausmaß gewährleistet werden, das in der Gesellschaft besteht, die in eine SE umgewandelt werden soll. Das gilt auch für den **Wechsel** zwischen **dualistischer** und **monistischer Organisationsstruktur** (§ 21 Abs. 6). 22

Wurde das „Verschlechterungsverbot" bislang im Wesentlichen auf den Anteil der von Arbeitnehmerseite bestimmten Aufsichts- oder Verwaltungsratsmitglieder bezogen, so hat der EuGH 2022 entschieden (auf Vorabentscheidungsersuchen des BAG Bestätigung von dessen Rechtsauffassung in einem von der IG Metall und ver.di gegen die SAP SE geführten Verfahren durch Urt. v. 18.10.2022 – C-677/20), dass auch der gesonderte **Wahlgang nach § 16 Abs. 2 MitbestG,** der den Gewerkschaften einen erheblichen Einfluss auf die Zusammensetzung des Aufsichtsrats sichert, zum prägenden und damit unantastbaren Inhalt der bisherigen beizubehaltenden Mitbestimmung zählt.

Eine in den Medien (FAZ vom 22.4.2008; Berliner Zeitung vom 20.2.2015; *Lange,* Die Mitbestimmung bei der Europäischen Aktiengesellschaft, S. 93 ff.; zur politischen Debatte *Teichmann* ZIP 2014, 1049; zum juristischen Streitstand, inwieweit mitbestimmungseinschränkende Gestaltungsfreiheit besteht, s. *Deilmann/Häferer* NZA 2017, 607) immer wieder diskutierte **Flucht aus** der **Mitbestimmung** durch Umwandlung in eine SE ist deshalb nicht möglich. Vielmehr sollen gemäß § 21 Abs. 4 schon bei Gründung einer SE Vereinbarungen über das Verfahren bei zukünftigen strukturellen Änderungen getroffen werden, um bereits erworbene Rechte der AN zu schützen (WKS/*Kleinsorge* EU-Recht Rn. 109). Die Mitgliedstaaten sind nach Art. 11 SE-RL sogar dazu verpflichtet, geeignete Maßnahmen zu treffen, um zu verhindern, dass eine SE dazu missbraucht wird, den AN Beteiligungsrechte zu entziehen oder vorzuenthalten. 23

In der **Unternehmenspraxis** führen Vereinbarungen über die Mitbestimmung nach der Rechtsformumwandlung von einer AG in eine SE regelmäßig zu kleineren Aufsichtsräten mit internationalerer Zusammensetzung. Allerdings besteht die Verkleinerung auf der Arbeitnehmerseite meist nur im **Wegfall** des **L.A.** (einzige 24

Ausnahme von der faktischen europarechtlichen L.A.-Verdrängung aus der Unternehmensmitbestimmung ist derzeit noch die SAP SE).

25 **Geschützt** wird durch die gesetzliche Regelung allerdings **nur** der bereits **erworbene „Mitbestimmungs-Besitzstand"** (WKS/*Kleinsorge* EU-Recht Rn. 84, 109). Durch eine Mitbestimmungs-Vereinbarung kann zB für die Zukunft die Drittel-Beteiligung auch bei Überschreiten der 2.000er-AN-Grenze für die paritätische Mitbestimmung festgeschrieben werden oder ein 12er-Aufsichtsrat bei Überschreiten der 10.000er-AN-Grenze für den 16er-Aufsichtsrat („Einfriereffekt").

26 **d) Gesetzliche Auffangregelung bei Scheitern der BVG-Verhandlungen.** Können sich die Verhandlungspartner nicht innerhalb von 6 Monaten, bzw. 12 Monaten bei vereinbarter Verlängerung, über ein Informations- und Anhörungsverfahren einigen, so richtet sich die Beteiligung der AN nach der **Auffangregelung** in §§ 23 ff. und 34 ff. Diese umfasst die Unterrichtungs- und Anhörungsrechte der AN und regelt die – je nach Fallkonstellation anzuwendende – Mitbestimmung der AN im Aufsichts- oder Verwaltungsrat der SE.

27 Diese **Auffangregelung** gilt allerdings **nicht,** wenn das BVG mit 2/3-Mehrheit seiner Mitglieder, die mindestens 2/3 der AN in mindestens 2 Mitgliedstaaten vertreten, beschließt, keine Verhandlungen aufzunehmen oder bereits aufgenommene Verhandlungen abzubrechen (§ 22 Abs. 1 Nr. 2 iVm § 16 Abs. 1 S. 1).

3. Inländische Beteiligungsrechte auf der Betriebsebene

28 Bei Gründung einer SE (mit Sitz im Inland, vgl. § 3 Abs. 1) bleiben die nationalen inländischen Beteiligungsrechte auf der Betriebsebene grds. unberührt (§ 47 Abs. 1). Für Betriebe einer SE in Deutschland **gelten** damit **weiterhin** das **BetrVG** und das **SprAuG.** BR/GBR/KBR sowie SprA/GSpA/USprA/KSprA bleiben bestehen.

Gesetz über die Beteiligung der Arbeitnehmer und Arbeitnehmerinnen in einer Europäischen Genossenschaft (SCEBeteiligungsgesetz – SCEBG)

vom 14.8.2006 (BGBl. I S. 1911, 1917),

zuletzt geändert durch Art. 6h Gesetz zur Stärkung des Schutzes der Bevölkerung und insbesondere vulnerabler Personengruppen vor COVID-19 vom 16.9.2022 (BGBl. I S. 1454)

Auszug

Hervorhebungen durch Verfasser

Übersicht

§ 1 Zielsetzung des Gesetzes

(1) [1]Dieses Gesetz regelt die Beteiligung der Arbeitnehmer in einer Europäischen Genossenschaft, die Gegenstand der Verordnung (EG) Nr. 1435/2003 des Rates vom 22. Juli 2003 über das Statut der Europäischen Genossenschaft (SCE) (ABl. EU Nr. L 207 S. 1) ist. [2]Ziel dieses Gesetzes ist, in einer Europäischen Genossenschaft die erworbenen Rechte der Arbeitnehmer (Arbeitnehmerinnen und Arbeitnehmer) auf Beteiligung an Unternehmensentscheidungen zu sichern. [3]Maßgeblich für die Ausgestaltung der Beteiligungsrechte der Arbeitnehmer in der Europäischen Genossenschaft sind die bestehenden Beteiligungsrechte in den beteiligten juristischen Personen, die die Europäische Genossenschaft gründen.

(2) [1]Zur Sicherung des Rechts auf grenzüberschreitende Unterrichtung, Anhörung, Mitbestimmung und sonstige Beteiligung der Arbeitnehmer wird eine Vereinbarung über die Beteiligung der Arbeitnehmer in der Europäischen Genossenschaft getroffen. [2]Kommt es nicht zu einer Vereinbarung, wird eine Beteiligung der Arbeitnehmer in der Europäischen Genossenschaft kraft Gesetzes sichergestellt.

(3) Die Vorschriften dieses Gesetzes sowie die Vereinbarung nach Absatz 2 sind so auszulegen, dass die Ziele der Europäischen Gemeinschaft, die Beteiligung der Arbeitnehmer in der Europäischen Genossenschaft sicherzustellen, gefördert werden.

(4) Die Grundsätze der Absätze 1 bis 3 gelten auch für strukturelle Änderungen einer gegründeten Europäischen Genossenschaft sowie für deren Auswirkungen auf die betroffenen Unternehmen und Betriebe und ihre Arbeitnehmer.

§ 2 Begriffsbestimmungen

(1) [1]Der Begriff des Arbeitnehmers richtet sich nach den Rechtsvorschriften und Gepflogenheiten der jeweiligen Mitgliedstaaten. [2]Arbeitnehmer eines inländischen Unternehmens oder Betriebs sind Arbeiter und Angestellte einschließlich der zu ihrer Berufsausbildung Beschäftigten und der in § 5 Abs. 3 Satz 2 des Betriebsverfassungsgesetzes genannten leitenden Angestellten, unabhängig davon, ob sie im Betrieb, im Außendienst oder mit Telearbeit beschäftigt werden. [3]Als Arbeitnehmer gelten auch die in Heimarbeit Beschäftigten, die in der Hauptsache für die juristische Person oder den Betrieb arbeiten.

(2)–(12) (…)

§ 4 Information der Leitungen

(1) [1]Ist die Gründung einer Europäischen Genossenschaft durch mindestens zwei juristische Personen oder durch Umwandlung geplant, informieren die Leitungen die Arbeitnehmervertretungen und Sprecherausschüsse in den beteiligten juristischen Personen, betroffenen Tochtergesellschaften und betroffenen Betrieben über das Gründungsvorhaben. [2]Besteht keine Arbeitnehmervertretung, erfolgt die Information gegenüber den Arbeitnehmern. [3]Die Information erfolgt unaufgefordert und unverzüglich nach Offenlegung des Verschmelzungsplans, nach der Erstellung der Satzung der Europäischen Genossenschaft oder nach Offenlegung des Umwandlungsplans.

(2)–(3) (…)

§ 6 Persönliche Voraussetzungen der auf das Inland entfallenden Mitglieder des besonderen Verhandlungsgremiums

(1)–(3) (…)

(4) Gehören dem besonderen Verhandlungsgremium mehr als sechs Mitglieder aus dem Inland an, ist mindestens jedes siebte Mitglied ein leitender Angestellter.

§ 8 Zusammensetzung des Wahlgremiums; Urwahl

(1) [1]Die nach diesem Gesetz oder dem Gesetz eines anderen Mitgliedstaats auf die im Inland beschäftigten Arbeitnehmer der an der Gründung der Europäischen Genossenschaft beteiligten juristischen Personen, betroffenen Tochtergesellschaften und betroffenen Betriebe entfallenden Mitglieder des besonderen Verhandlungsgremiums werden von einem Wahlgremium in geheimer und unmittelbarer Wahl gewählt. [2]Im Fall des § 6 Abs. 3 ist jedes dritte Mitglied auf Vorschlag einer Gewerkschaft zu wählen, die in einer der an der Gründung der Europäischen Genossenschaft beteiligten juristischen Personen, betroffenen Tochtergesellschaften oder betroffenen Betriebe vertreten ist. [3]Wird nur ein Wahlvorschlag gemacht, muss dieser mindestens doppelt so viele Bewerber enthalten wie Vertreter von

Gewerkschaften zu wählen sind. [4]Jeder Wahlvorschlag einer Gewerkschaft muss von einem Vertreter der Gewerkschaft unterzeichnet sein. [5]Im Fall des § 6 Abs. 4 ist jedes siebte Mitglied auf Vorschlag der Sprecherausschüsse zu wählen; Satz 3 gilt entsprechend. [6]Besteht in einer der beteiligten juristischen Personen, betroffenen Tochtergesellschaften oder betroffenen Betriebe kein Sprecherausschuss, können die leitenden Angestellten Wahlvorschläge machen; ein Wahlvorschlag muss von einem Zwanzigstel oder 50 der wahlberechtigten leitenden Angestellten unterzeichnet sein.

(2)–(7) (…)

§ 11 Information über die Mitglieder des besonderen Verhandlungsgremiums

(1) [1]Die Wahl oder Bestellung der Mitglieder des besonderen Verhandlungsgremiums soll innerhalb von zehn Wochen nach der in § 4 Abs. 1 und 2 vorgeschriebenen Information erfolgen. [2]Den Leitungen sind unverzüglich die Namen der Mitglieder des besonderen Verhandlungsgremiums, ihre Anschriften sowie die jeweilige Betriebszugehörigkeit mitzuteilen. [3]Die Leitungen haben die örtlichen Betriebs- und Unternehmensleitungen, die dort bestehenden Arbeitnehmervertretungen und Sprecherausschüsse sowie die in inländischen Betrieben vertretenen Gewerkschaften über diese Angaben zu informieren.

(2) (…)

§ 36 Sitzverteilung und Bestellung

(1)–(2) (…)

(3) [1]Die Ermittlung der auf das Inland entfallenden Arbeitnehmervertreter des Aufsichts- oder Verwaltungsorgans der Europäischen Genossenschaft erfolgt durch ein Wahlgremium, das sich aus den Arbeitnehmervertretungen der Europäischen Genossenschaft, ihrer Tochtergesellschaften und ihrer Betriebe zusammensetzt. [2]Für das Wahlverfahren gelten § 6 Abs. 2 bis 4, § 8 Abs. 1 Satz 2 bis 5, Abs. 2 bis 7 und die §§ 9 und 10 entsprechend mit der Maßgabe, dass an die Stelle der beteiligten juristischen Personen, betroffenen Tochtergesellschaften und betroffenen Betriebe die Europäische Genossenschaft, ihre Tochtergesellschaften und ihre Betriebe treten. [3]Das Wahlergebnis ist der Leitung der Europäischen Genossenschaft, dem SCE-Betriebsrat, den Gewählten, den Sprecherausschüssen und Gewerkschaften mitzuteilen.

(4) (…)

§ 37 Abberufung und Anfechtung

(1) [1]Ein Mitglied oder ein Ersatzmitglied der Arbeitnehmer aus dem Inland im Aufsichts- oder Verwaltungsorgan der Europäischen Genossenschaft kann vor Ablauf der Amtszeit abberufen werden. [2]Antragsberechtigt sind

1. die Arbeitnehmervertretungen, die das Wahlgremium gebildet haben,
2. in den Fällen der Urwahl mindestens drei wahlberechtigte Arbeitnehmer,
3. für ein Mitglied nach § 6 Abs. 3 nur die Gewerkschaft, die das Mitglied vorgeschlagen hat,

4. für ein Mitglied nach § 6 Abs. 4 nur der **Sprecherausschuss,** der das Mitglied vorgeschlagen hat.

[3]Für das Abberufungsverfahren gelten die §§ 8 bis 10 entsprechend mit der Maßgabe, dass an die Stelle der beteiligten juristischen Personen, betroffenen Tochtergesellschaften und betroffenen Betriebe die Europäische Genossenschaft, ihre Tochtergesellschaften und ihre Betriebe treten; abweichend von § 8 Abs. 5 und § 10 Abs. 1 Satz 3 bedarf der Beschluss einer Mehrheit von drei Vierteln der abgegebenen Stimmen. [4]Die Arbeitnehmervertreter sind von der Generalversammlung der Europäischen Genossenschaft abzuberufen.

(2) (…)

§ 49 Geltung nationalen Rechts

(1) Dieses Gesetz berührt nicht die den Arbeitnehmern nach inländischen Rechtsvorschriften und Regelungen zustehenden Beteiligungsrechte, mit Ausnahme
1. der Mitbestimmung in den Organen der Europäischen Genossenschaft,
2. der Regelung des Europäische Betriebsräte-Gesetzes, es sei denn, das besondere Verhandlungsgremium hat einen Beschluss nach § 16 gefasst.

(2) [1]Regelungen und Strukturen über die Arbeitnehmervertretungen einer beteiligten juristischen Person mit Sitz im Inland, die durch die Gründung der Europäischen Genossenschaft als eigenständige juristische Person erlischt, bestehen nach Eintragung der Europäischen Genossenschaft fort. [2]Die Leitung der Europäischen Genossenschaft stellt sicher, dass diese Arbeitnehmervertretungen ihre Aufgaben weiterhin wahrnehmen können.

Aktiengesetz (AktG)

vom 6.9.1965 (BGBl. I S. 1089),
zuletzt geändert durch Art. 18 Viertes BürokratieentlastungsG vom 23.10.2024 (BGBl. 2024 I Nr. 323)

Auszug

Hervorhebungen durch Verfasser

Übersicht

§ 96 Zusammensetzung des Aufsichtsrats

(1) Der Aufsichtsrat setzt sich zusammen
- bei Gesellschaften, für die das Mitbestimmungsgesetz gilt, aus Aufsichtsratsmitgliedern der Aktionäre und der Arbeitnehmer,
- bei Gesellschaften, für die das Montan-Mitbestimmungsgesetz gilt, aus Aufsichtsratsmitgliedern der Aktionäre und der Arbeitnehmer und aus weiteren Mitgliedern,
- bei Gesellschaften, für die die §§ 5 bis 13 des Mitbestimmungsergänzungsgesetzes gelten, aus Aufsichtsratsmitgliedern der Aktionäre und der Arbeitnehmer und aus einem weiteren Mitglied,
- bei Gesellschaften, für die das Drittelbeteiligungsgesetz gilt, aus Aufsichtsratsmitgliedern der Aktionäre und der Arbeitnehmer,
- bei Gesellschaften, für die das Gesetz über die Mitbestimmung der Arbeitnehmer bei einer grenzüberschreitenden Verschmelzung vom 21. Dezember 2006 (BGBl. I S. 3332) in der jeweils geltenden Fassung gilt, aus Aufsichtsratsmitgliedern der Aktionäre und der Arbeitnehmer,
- bei Gesellschaften, für die das Gesetz über die Mitbestimmung der Arbeitnehmer bei grenzüberschreitendem Formwechsel und grenzüberschreitender Spaltung vom 4. Januar 2023 (BGBl. 2023 I Nr. 10) in der jeweils geltenden Fassung gilt, aus Aufsichtsratsmitgliedern der Aktionäre und der Arbeitnehmer,
- bei den übrigen Gesellschaften nur aus Aufsichtsratsmitgliedern der Aktionäre.

(2) [1]Bei börsennotierten Gesellschaften, für die das Mitbestimmungsgesetz, das Montan-Mitbestimmungsgesetz oder das Mitbestimmungsergänzungsgesetz gilt, setzt sich der Aufsichtsrat zu mindestens 30 Prozent aus Frauen und zu mindestens 30 Prozent aus Männern zusammen. [2]Der Mindestanteil ist vom Aufsichtsrat insgesamt zu erfüllen. [3]Widerspricht die Seite der Anteilseigner- oder Arbeitnehmervertreter auf Grund eines mit Mehrheit gefassten Beschlusses vor der Wahl der Gesamterfüllung gegenüber dem Aufsichtsratsvorsitzenden, so ist der Mindestanteil für diese Wahl von der Seite der Anteilseigner und der Seite der Arbeitneh-

mer getrennt zu erfüllen. [4]Es ist in allen Fällen auf volle Personenzahlen mathematisch auf- beziehungsweise abzurunden. [5]Verringert sich bei Gesamterfüllung der höhere Frauenanteil einer Seite nachträglich und widerspricht sie nun der Gesamterfüllung, so wird dadurch die Besetzung auf der anderen Seite nicht unwirksam. [6]Eine Wahl der Mitglieder des Aufsichtsrats durch die Hauptversammlung und eine Entsendung in den Aufsichtsrat unter Verstoß gegen das Mindestanteilsgebot ist nichtig. [7]Ist eine Wahl aus anderen Gründen für nichtig erklärt, so verstoßen zwischenzeitlich erfolgte Wahlen insoweit nicht gegen das Mindestanteilsgebot. [8]Auf die Wahl der Aufsichtsratsmitglieder der Arbeitnehmer sind die in Satz 1 genannten Gesetze zur Mitbestimmung anzuwenden.

(3) [1]Bei börsennotierten Gesellschaften, die aus einer grenzüberschreitenden Verschmelzung, einem grenzüberschreitenden Formwechsel oder einer grenzüberschreitenden Spaltung hervorgegangen sind und bei denen nach dem Gesetz über die Mitbestimmung der Arbeitnehmer bei einer grenzüberschreitenden Verschmelzung oder nach dem Gesetz über die Mitbestimmung der Arbeitnehmer bei grenzüberschreitendem Formwechsel und grenzüberschreitender Spaltung das Aufsichts- oder Verwaltungsorgan aus derselben Zahl von Anteilseigner- und Arbeitnehmervertretern besteht, müssen in dem Aufsichts- oder Verwaltungsorgan Frauen und Männer jeweils mit einem Anteil von mindestens 30 Prozent vertreten sein. [2]Absatz 2 Satz 2, 4, 6 und 7 gilt entsprechend.

(4) Nach anderen als den zuletzt angewandten gesetzlichen Vorschriften kann der Aufsichtsrat nur zusammengesetzt werden, wenn nach § 97 oder nach § 98 die in der Bekanntmachung des Vorstands oder in der gerichtlichen Entscheidung angegebenen gesetzlichen Vorschriften anzuwenden sind.

§ 98 Gerichtliche Entscheidung über die Zusammensetzung des Aufsichtsrats

(1) Ist streitig oder ungewiss, nach welchen gesetzlichen Vorschriften der Aufsichtsrat zusammenzusetzen ist, so entscheidet darüber auf Antrag ausschließlich das Landgericht, in dessen Bezirk die Gesellschaft ihren Sitz hat.

(2) [1]Antragsberechtigt sind

1. der Vorstand,
2. jedes Aufsichtsratsmitglied,
3. jeder Aktionär,
4. der Gesamtbetriebsrat der Gesellschaft oder, wenn in der Gesellschaft nur ein Betriebsrat besteht, der Betriebsrat,
5. der **Gesamt-** oder **Unternehmenssprecherausschuss** der Gesellschaft oder, wenn in der Gesellschaft nur ein **Sprecherausschuss** besteht, der **Sprecherausschuss,**
6. der Gesamtbetriebsrat eines anderen Unternehmens, dessen Arbeitnehmer nach den gesetzlichen Vorschriften, deren Anwendung streitig oder ungewiss ist, selbst oder durch Delegierte an der Wahl von Aufsichtsratsmitgliedern der Gesellschaft teilnehmen, oder, wenn in dem anderen Unternehmen nur ein Betriebsrat besteht, der Betriebsrat,
7. der **Gesamt-** oder **Unternehmenssprecherausschuss** eines anderen Unternehmens, dessen Arbeitnehmer nach den gesetzlichen Vorschriften, deren Anwendung streitig oder ungewiss ist, selbst oder durch Delegierte an der Wahl von Aufsichtsratsmitgliedern der Gesellschaft teilnehmen, oder,

wenn in dem anderen Unternehmen nur ein **Sprecherausschuss** besteht, der **Sprecherausschuss,**
8. mindestens ein Zehntel oder einhundert der Arbeitnehmer, die nach den gesetzlichen Vorschriften, deren Anwendung streitig oder ungewiss ist, selbst oder durch Delegierte an der Wahl von Aufsichtsratsmitgliedern der Gesellschaft teilnehmen,
9. Spitzenorganisationen der Gewerkschaften, die nach den gesetzlichen Vorschriften, deren Anwendung streitig oder ungewiss ist, ein Vorschlagsrecht hätten,
10. Gewerkschaften, die nach den gesetzlichen Vorschriften, deren Anwendung streitig oder ungewiss ist, ein Vorschlagsrecht hätten.

[2]Ist die Anwendung des Mitbestimmungsgesetzes oder die Anwendung von Vorschriften des Mitbestimmungsgesetzes streitig oder ungewiss, so sind außer den nach Satz 1 Antragsberechtigten auch je ein Zehntel der wahlberechtigten in § 3 Abs. 1 Nr. 1 des Mitbestimmungsgesetzes bezeichneten Arbeitnehmer oder der wahlberechtigten leitenden Angestellten im Sinne des Mitbestimmungsgesetzes antragsberechtigt.

(3) Die Absätze 1 und 2 gelten sinngemäß, wenn streitig ist, ob der Abschlussprüfer das nach § 3 oder § 16 des Mitbestimmungsergänzungsgesetzes maßgebliche Umsatzverhältnis richtig ermittelt hat.

(4) [1]Entspricht die Zusammensetzung des Aufsichtsrats nicht der gerichtlichen Entscheidung, so ist der neue Aufsichtsrat nach den in der Entscheidung angegebenen gesetzlichen Vorschriften zusammenzusetzen. [2]§ 97 Abs. 2 gilt sinngemäß mit der Maßgabe, dass die Frist von sechs Monaten mit dem Eintritt der Rechtskraft beginnt.

§ 99 Verfahren

(1) Auf das Verfahren ist das Gesetz über das Verfahren in Familiensachen und in den Angelegenheiten der freiwilligen Gerichtsbarkeit anzuwenden, soweit in den Absätzen 2 bis 5 nichts anderes bestimmt ist.

(2) 1Das Landgericht hat den Antrag in den Gesellschaftsblättern bekanntzumachen. 2Der Vorstand und jedes Aufsichtsratsmitglied sowie die nach § 98 Abs. 2 antragsberechtigten Betriebsräte, Sprecherausschüsse, Spitzenorganisationen und Gewerkschaften sind zu hören.

(3) [1]Das Landgericht entscheidet durch einen mit Gründen versehenen Beschluss. [2]Gegen die Entscheidung des Landgerichts findet die Beschwerde statt. [3]Sie kann nur auf eine Verletzung des Rechts gestützt werden; § 72 Abs. 1 Satz 2 und § 74 Abs. 2 und 3 des Gesetzes über das Verfahren in Familiensachen und in den Angelegenheiten der freiwilligen Gerichtsbarkeit sowie § 547 der Zivilprozessordnung gelten sinngemäß. [4]Die Beschwerde kann nur durch die Einreichung einer von einem Rechtsanwalt unterzeichneten Beschwerdeschrift eingelegt werden. [5]Die Landesregierung kann durch Rechtsverordnung die Entscheidung über die Beschwerde für die Bezirke mehrerer Oberlandesgerichte einem der Oberlandesgerichte oder dem Obersten Landesgericht übertragen, wenn dies der Sicherung einer einheitlichen Rechtsprechung dient. [6]Die Landesregierung kann die Ermächtigung auf die Landesjustizverwaltung übertragen.

(4) [1]Das Gericht hat seine Entscheidung dem Antragsteller und der Gesellschaft zuzustellen. [2]Es hat sie ferner ohne Gründe in den Gesellschaftsblättern bekannt-

zumachen. [3]Die Beschwerde steht jedem nach § 98 Abs. 2 Antragsberechtigten zu. [4]Die Beschwerdefrist beginnt mit der Bekanntmachung der Entscheidung im Bundesanzeiger, für den Antragsteller und die Gesellschaft jedoch nicht vor der Zustellung der Entscheidung.

(5) [1]Die Entscheidung wird erst mit der Rechtskraft wirksam. [2]Sie wirkt für und gegen alle. [3]Der Vorstand hat die rechtskräftige Entscheidung unverzüglich zum Handelsregister einzureichen.

(6) [1]Die Kosten können ganz oder zum Teil dem Antragsteller auferlegt werden, wenn dies der Billigkeit entspricht. [2]Kosten der Beteiligten werden nicht erstattet.

§ 104 Bestellung durch das Gericht

(1) [1]Gehört dem Aufsichtsrat die zur Beschlussfähigkeit nötige Zahl von Mitgliedern nicht an, so hat ihn das Gericht auf Antrag des Vorstands, eines Aufsichtsratsmitglieds oder eines Aktionärs auf diese Zahl zu ergänzen. [2]Der Vorstand ist verpflichtet, den Antrag unverzüglich zu stellen, es sei denn, dass die rechtzeitige Ergänzung vor der nächsten Aufsichtsratssitzung zu erwarten ist. [3]Hat der Aufsichtsrat auch aus Aufsichtsratsmitgliedern der Arbeitnehmer zu bestehen, so können auch den Antrag stellen

1. der Gesamtbetriebsrat der Gesellschaft oder, wenn in der Gesellschaft nur ein Betriebsrat besteht, der Betriebsrat, sowie, wenn die Gesellschaft herrschendes Unternehmen eines Konzerns ist, der Konzernbetriebsrat,
2. der **Gesamt-** oder **Unternehmenssprecherausschuss** der Gesellschaft oder, wenn in der Gesellschaft nur ein **Sprecherausschuss** besteht, der **Sprecherausschuss** sowie, wenn die Gesellschaft herrschendes Unternehmen eines Konzerns ist, der **Konzernsprecherausschuss,**
3. der Gesamtbetriebsrat eines anderen Unternehmens, dessen Arbeitnehmer selbst oder durch Delegierte an der Wahl teilnehmen, oder, wenn in dem anderen Unternehmen nur ein Betriebsrat besteht, der Betriebsrat,
4. der **Gesamt-** oder **Unternehmenssprecherausschuss** eines anderen Unternehmens, dessen Arbeitnehmer selbst oder durch Delegierte an der Wahl teilnehmen, oder, wenn in dem anderen Unternehmen nur ein **Sprecherausschuss** besteht, der **Sprecherausschuss,**
5. mindestens ein Zehntel oder einhundert der Arbeitnehmer, die selbst oder durch Delegierte an der Wahl teilnehmen,
6. Spitzenorganisationen der Gewerkschaften, die das Recht haben, Aufsichtsratsmitglieder der Arbeitnehmer vorzuschlagen,
7. Gewerkschaften, die das Recht haben, Aufsichtsratsmitglieder der Arbeitnehmer vorzuschlagen.

[4]Hat der Aufsichtsrat nach dem Mitbestimmungsgesetz auch aus Aufsichtsratsmitgliedern der Arbeitnehmer zu bestehen, so sind außer den nach Satz 3 Antragsberechtigten auch je ein Zehntel der wahlberechtigten in § 3 Abs. 1 Nr. 1 des Mitbestimmungsgesetzes bezeichneten Arbeitnehmer oder der wahlberechtigten leitenden Angestellten im Sinne des Mitbestimmungsgesetzes antragsberechtigt. [5]Gegen die Entscheidung ist die Beschwerde zulässig.

(2) [1]Gehören dem Aufsichtsrat länger als drei Monate weniger Mitglieder als die durch Gesetz oder Satzung festgesetzte Zahl an, so hat ihn das Gericht auf Antrag auf diese Zahl zu ergänzen. [2]In dringenden Fällen hat das Gericht auf

Antrag den Aufsichtsrat auch vor Ablauf der Frist zu ergänzen. [3]Das Antragsrecht bestimmt sich nach Absatz 1. [4]Gegen die Entscheidung ist die Beschwerde zulässig.

(3) Absatz 2 ist auf einen Aufsichtsrat, in dem die Arbeitnehmer ein Mitbestimmungsrecht nach dem Mitbestimmungsgesetz, dem Montan-Mitbestimmungsgesetz oder dem Mitbestimmungsergänzungsgesetz haben, mit der Maßgabe anzuwenden,

1. dass das Gericht den Aufsichtsrat hinsichtlich des weiteren Mitglieds, das nach dem Montan-Mitbestimmungsgesetz oder dem Mitbestimmungsergänzungsgesetz auf Vorschlag der übrigen Aufsichtsratsmitglieder gewählt wird, nicht ergänzen kann,
2. dass es stets ein dringender Fall ist, wenn dem Aufsichtsrat, abgesehen von dem in Nummer 1 genannten weiteren Mitglied, nicht alle Mitglieder angehören, aus denen er nach Gesetz oder Satzung zu bestehen hat.

(4) [1]Hat der Aufsichtsrat auch aus Aufsichtsratsmitgliedern der Arbeitnehmer zu bestehen, so hat das Gericht ihn so zu ergänzen, dass das für seine Zusammensetzung maßgebende zahlenmäßige Verhältnis hergestellt wird. [2]Wenn der Aufsichtsrat zur Herstellung seiner Beschlussfähigkeit ergänzt wird, gilt dies nur, soweit die zur Beschlussfähigkeit nötige Zahl der Aufsichtsratsmitglieder die Wahrung dieses Verhältnisses möglich macht. [3]Ist ein Aufsichtsratsmitglied zu ersetzen, das nach Gesetz oder Satzung in persönlicher Hinsicht besonderen Voraussetzungen entsprechen muss, so muss auch das vom Gericht bestellte Aufsichtsratsmitglied diesen Voraussetzungen entsprechen. [4]Ist ein Aufsichtsratsmitglied zu ersetzen, bei dessen Wahl eine Spitzenorganisation der Gewerkschaften, eine Gewerkschaft oder die Betriebsräte ein Vorschlagsrecht hätten, so soll das Gericht Vorschläge dieser Stellen berücksichtigen, soweit nicht überwiegende Belange der Gesellschaft oder der Allgemeinheit der Bestellung des Vorgeschlagenen entgegenstehen; das gleiche gilt, wenn das Aufsichtsratsmitglied durch Delegierte zu wählen wäre, für gemeinsame Vorschläge der Betriebsräte der Unternehmen, in denen Delegierte zu wählen sind.

(5) Die Ergänzung durch das Gericht ist bei börsennotierten Gesellschaften, für die das Mitbestimmungsgesetz, das Montan-Mitbestimmungsgesetz oder das Mitbestimmungsergänzungsgesetz gilt, nach Maßgabe des § 96 Absatz 2 Satz 1 bis 5 vorzunehmen.

(6) Das Amt des gerichtlich bestellten Aufsichtsratsmitglieds erlischt in jedem Fall, sobald der Mangel behoben ist.

(7) [1]Das gerichtlich bestellte Aufsichtsratsmitglied hat Anspruch auf Ersatz angemessener barer Auslagen und, wenn den Aufsichtsratsmitgliedern der Gesellschaft eine Vergütung gewährt wird, auf Vergütung für seine Tätigkeit. [2]Auf Antrag des Aufsichtsratsmitglieds setzt das Gericht die Auslagen und die Vergütung fest. [3]Gegen die Entscheidung ist die Beschwerde zulässig; die Rechtsbeschwerde ist ausgeschlossen. [4]Aus der rechtskräftigen Entscheidung findet die Zwangsvollstreckung nach der Zivilprozessordnung statt.

§ 250 Nichtigkeit der Wahl von Aufsichtsratsmitgliedern

(1) Die Wahl eines Aufsichtsratsmitglieds durch die Hauptversammlung ist außer im Falle des § 241 Nr. 1, 2 und 5 nur dann nichtig, wenn

1. der Aufsichtsrat unter Verstoß gegen § 96 Absatz 4, § 97 Abs. 2 Satz 1 oder § 98 Abs. 4 zusammengesetzt wird;

2. die Hauptversammlung, obwohl sie an Wahlvorschläge gebunden ist (§§ 6 und 8 des Montan-Mitbestimmungsgesetzes), eine nicht vorgeschlagene Person wählt;
3. durch die Wahl die gesetzliche Höchstzahl der Aufsichtsratsmitglieder überschritten wird (§ 95);
4. die gewählte Person nach § 100 Abs. 1 und 2 bei Beginn ihrer Amtszeit nicht Aufsichtsratsmitglied sein kann;
5. die Wahl gegen § 96 Absatz 2 verstößt.

(2) Für die Klage auf Feststellung, dass die Wahl eines Aufsichtsratsmitglieds nichtig ist, sind parteifähig

1. der Gesamtbetriebsrat der Gesellschaft oder, wenn in der Gesellschaft nur ein Betriebsrat besteht, der Betriebsrat, sowie, wenn die Gesellschaft herrschendes Unternehmen eines Konzerns ist, der Konzernbetriebsrat,
2. der **Gesamt-** oder **Unternehmenssprecherausschuss** der Gesellschaft oder, wenn in der Gesellschaft nur ein **Sprecherausschuss** besteht, der **Sprecherausschuss** sowie, wenn die Gesellschaft herrschendes Unternehmen eines Konzerns ist, der **Konzernsprecherausschuss,**
3. der Gesamtbetriebsrat eines anderen Unternehmens, dessen Arbeitnehmer selbst oder durch Delegierte an der Wahl von Aufsichtsratsmitgliedern der Gesellschaft teilnehmen, oder, wenn in dem anderen Unternehmen nur ein Betriebsrat besteht, der Betriebsrat,
4. der **Gesamt-** oder **Unternehmenssprecherausschuss** eines anderen Unternehmens, dessen Arbeitnehmer selbst oder durch Delegierte an der Wahl von Aufsichtsratsmitgliedern der Gesellschaft teilnehmen, oder, wenn in dem anderen Unternehmen nur ein **Sprecherausschuss** besteht, der **Sprecherausschuss,**
5. jede in der Gesellschaft oder in einem Unternehmen, dessen Arbeitnehmer selbst oder durch Delegierte an der Wahl von Aufsichtsratsmitgliedern der Gesellschaft teilnehmen, vertretene Gewerkschaft sowie deren Spitzenorganisation.

(3) [1]Erhebt ein Aktionär, der Vorstand, ein Mitglied des Vorstands oder des Aufsichtsrats oder eine in Absatz 2 bezeichnete Organisation oder Vertretung der Arbeitnehmer gegen die Gesellschaft Klage auf Feststellung, dass die Wahl eines Aufsichtsratsmitglieds nichtig ist, so gelten § 246 Abs. 2, Abs. 3 Satz 1 bis 4, Abs. 4, §§ 247, 248 Abs. 1 Satz 2, §§ 248a und 249 Abs. 2 sinngemäß. [2]Es ist nicht ausgeschlossen, die Nichtigkeit auf andere Weise als durch Erhebung der Klage geltend zu machen.

Arbeitsgerichtsgesetz (ArbGG)

in der Fassung der Bekanntmachung vom 2.7.1979 (BGBl. I S. 853, 1036),
zuletzt geändert durch Art. 3 des Gesetzes zur Einführung eines Leitentscheidungsverfahrens beim Bundesgerichtshof vom 24.10.2024 (BGBl. 2024 I Nr. 328)

Auszug

Hervorhebungen durch Verfasser

Übersicht

§ 2a Zuständigkeit im Beschlussverfahren

(1) Die Gerichte für Arbeitssachen sind ferner ausschließlich zuständig für

1. Angelegenheiten aus dem Betriebsverfassungsgesetz, soweit nicht für Maßnahmen nach seinen §§ 119 bis 121 die Zuständigkeit eines anderen Gerichts gegeben ist;
2. Angelegenheiten aus dem **Sprecherausschussgesetz,** soweit nicht für Maßnahmen nach seinen §§ 34 bis 36 die Zuständigkeit eines anderen Gerichts gegeben ist;
3. Angelegenheiten aus dem Mitbestimmungsgesetz, dem Mitbestimmungsergänzungsgesetz und dem Drittelbeteiligungsgesetz, soweit über die Wahl von Vertretern der Arbeitnehmer in den Aufsichtsrat und über ihre Abberufung mit Ausnahme der Abberufung nach § 103 Abs. 3 des Aktiengesetzes zu entscheiden ist;

3a. Angelegenheiten aus den §§ 177, 178 und 222 des Neunten Buches Sozialgesetzbuch;

3b. Angelegenheiten aus dem Gesetz über Europäische Betriebsräte, soweit nicht für Maßnahmen nach seinen §§ 43 bis 45 die Zuständigkeit eines anderen Gerichts gegeben ist;

3c.–3d. …

3e. Angelegenheiten aus dem SE-Beteiligungsgesetz vom 22. Dezember 2004 (BGBl. I S. 3675, 3686) mit Ausnahme der §§ 45 und 46 und nach den §§ 34 bis 39 nur insoweit, als über die Wahl von Vertretern der Arbeitnehmer in das Aufsichts- oder Verwaltungsorgan sowie deren Abberufung mit Ausnahme der Abberufung nach § 103 Abs. 3 des Aktiengesetzes zu entscheiden ist;

3f. Angelegenheiten aus dem SCE-Beteiligungsgesetz vom 14. August 2006 (BGBl. I S. 1911, 1917) mit Ausnahme der §§ 47 und 48 und nach den §§ 34 bis 39 nur insoweit, als über die Wahl von Vertretern der Arbeitnehmer in das Aufsichts- oder Verwaltungsorgan sowie deren Abberufung zu entscheiden ist;

3g. Angelegenheiten aus dem Gesetz über die Mitbestimmung der Arbeitnehmer bei einer grenzüberschreitenden Verschmelzung vom 21. Dezember 2006

(BGBl. I S. 3332) in der jeweils geltenden Fassung mit Ausnahme der §§ 34 und 35 und nach den §§ 23 bis 28 nur insoweit, als über die Wahl von Vertretern der Arbeitnehmer in das Aufsichts- oder Verwaltungsorgan sowie deren Abberufung mit Ausnahme der Abberufung nach § 103 Abs. 3 des Aktiengesetzes zu entscheiden ist;

3h. Angelegenheiten aus dem Gesetz über die Mitbestimmung der Arbeitnehmer bei grenzüberschreitendem Formwechsel und grenzüberschreitender Spaltung vom 4. Januar 2023 (BGBl. 2023 I Nr. 10) in der jeweils geltenden Fassung mit Ausnahme der §§ 38 und 39 und nach den §§ 25 bis 30 nur insoweit, als über die Wahl von Vertretern der Arbeitnehmer in das Aufsichts- oder Verwaltungsorgan sowie deren Abberufung mit Ausnahme der Abberufung nach § 103 Absatz 3 des Aktiengesetzes zu entscheiden ist;

4.–6. (…)

(2) In Streitigkeiten nach diesen Vorschriften findet das Beschlussverfahren statt.

§ 10 Parteifähigkeit

[1]Parteifähig im arbeitsgerichtlichen Verfahren sind auch Gewerkschaften und Vereinigungen von Arbeitgebern sowie Zusammenschlüsse solcher Verbände; in den Fällen des § 2a Abs. 1 Nr. 1 bis 3f sind auch die nach dem Betriebsverfassungsgesetz, dem Sprecherausschussgesetz, dem Mitbestimmungsgesetz, dem Mitbestimmungsergänzungsgesetz, dem Drittelbeteiligungsgesetz, dem § 222 des Neunten Buches Sozialgesetzbuch, dem § 51 des Berufsbildungsgesetzes und den zu diesen Gesetzen ergangenen Rechtsverordnungen sowie die nach dem Gesetz über Europäische Betriebsräte, dem SE-Beteiligungsgesetz, dem SCE-Beteiligungsgesetz, dem Gesetz über die Mitbestimmung der Arbeitnehmer bei einer grenzüberschreitenden Verschmelzung und dem Gesetz über die Mitbestimmung der Arbeitnehmer bei grenzüberschreitendem Formwechsel und grenzüberschreitender Spaltung beteiligten Personen und Stellen Beteiligte. (…)

§ 82 Örtliche Zuständigkeit

(1) [1]Zuständig ist das Arbeitsgericht, in dessen Bezirk der Betrieb liegt. [2]In Angelegenheiten des Gesamtbetriebsrats, des Konzernbetriebsrats, der Gesamtjugendvertretung oder der Gesamt- Jugend- und Auszubildendenvertretung, des Wirtschaftsausschusses und der Vertretung der Arbeitnehmer im Aufsichtsrat ist das Arbeitsgericht zuständig, in dessen Bezirk das Unternehmen seinen Sitz hat. [3]Satz 2 gilt entsprechend in Angelegenheiten des Gesamtsprecherausschusses, des Unternehmenssprecherausschusses und des Konzernsprecherausschusses.

(2)–(6) (…)

§ 83 Verfahren

(1)–(2) (…)

(3) In dem Verfahren sind der Arbeitgeber, die Arbeitnehmer und die Stellen zu hören, die nach dem Betriebsverfassungsgesetz, dem Sprecherausschussgesetz, dem Mitbestimmungsgesetz, dem Mitbestimmungsergänzungsgesetz, dem Drittelbeteiligungsgesetz, den §§ 177, 178 und 222 des Neunten Buches Sozialgesetz-

buch, dem § 18a des Berufsbildungsgesetzes und den zu diesen Gesetzen ergangenen Rechtsverordnungen sowie nach dem Gesetz über Europäische Betriebsräte, dem SE-Beteiligungsgesetz, dem SCE-Beteiligungsgesetz, dem Gesetz über die Mitbestimmung der Arbeitnehmer bei einer grenzüberschreitenden Verschmelzung und dem Gesetz über die Mitbestimmung der Arbeitnehmer bei grenzüberschreitendem Formwechsel und grenzüberschreitender Spaltung im einzelnen Fall beteiligt sind.

(4)–(5) (…)

Stichwortverzeichnis

Stichwortverzeichnis

Stichwortverzeichnis

Stichwortverzeichnis

Stichwortverzeichnis

Stichwortverzeichnis